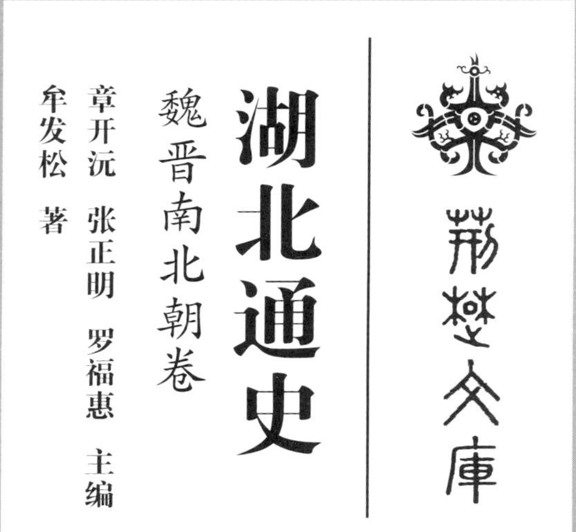

湖北通史

魏晋南北朝卷

章开沅 张正明 罗福惠 主编

牟发松 著

荆楚文库编纂出版委员会

华中师范大学出版社

湖北通史·魏晋南北朝卷

HUBEI TONGSHI · WEIJINNANBEICHAO JUAN

图书在版编目（CIP）数据

湖北通史·魏晋南北朝卷/章开沅，张正明，罗福惠主编；牟发松著.
—武汉：华中师范大学出版社，2018.10

ISBN 978-7-5622-8330-0

Ⅰ. ①湖…

Ⅱ. ①章… ②张… ③罗… ④牟…

Ⅲ. ①湖北—地方史—魏晋南北朝时代

Ⅳ. ①K296.3

中国版本图书馆 CIP 数据核字（2018）第 181604 号

责任编辑：王文琴

整体设计：范汉成　曾显惠　思　蒙

责任校对：肖绪旭

责任印制：王兴平

出版发行：华中师范大学出版社（中国·武汉）

地址：湖北省武汉市洪山区珞喻路 152 号

电话：（027）67863220　　邮编：430079

录排：武汉兴和彩色印务有限公司

印刷：湖北新华印务有限公司

开本：720mm×1000mm　1/16

印张：31.75　　插页：12

字数：441 千字

版次：2018 年 12 月第 1 版　2018 年 12 月第 1 次印刷

定价：127.00 元

出版说明

湖北乃九省通衢，北学南学交会融通之地，文明昌盛，历代文献丰厚。守望传统，编纂荆楚文献，湖北渊源有自。清同治年间设立官书局，以整理乡邦文献为旨趣。光绪年间张之洞督鄂后，以崇文书局推进典籍集成，湖北乡贤身体力行之，编纂《湖北文征》，集元明清三代湖北先哲遗作，收两千七百余作者文八千余篇，洋洋六百万言。卢氏兄弟辑录湖北先贤之作而成《湖北先正遗书》。至当代，武汉多所大学、图书馆在乡邦典籍整理方面亦多所用力。为传承和弘扬优秀传统文化，湖北省委、省政府决定编纂大型历史文献丛书《荆楚文库》。

《荆楚文库》以"抢救、保护、整理、出版"湖北文献为宗旨，分三编集藏。

甲、文献编。收录历代鄂籍人士著述，长期寓居湖北人士著述，省外人士探究湖北著述。包括传世文献、出土文献和民间文献。

乙、方志编。收录历代省志、府县志等。

丙、研究编。收录今人研究评述荆楚人物、史地、风物的学术著作和工具书及图册。

文献编、方志编录籍以1949年为下限。

研究编简体横排，文献编繁体横排，方志编影印或点校出版。

《荆楚文库》编纂出版委员会

2015年11月

古隆中

位于今湖北襄阳市，东汉末年诸葛亮隐居于此。

蜀相孔明

赤壁

位于今湖北赤壁市西北，公元208年孙权与刘备联军败曹操于此。

江陵城

位于今湖北荆州市区，六朝时长期为荆州治所。

白帝城风景

位于重庆奉节县城东，公元222年，刘备在夷陵之战中大败，次年病死于白帝城。

西陵峡

长江三峡之一，其东段峡谷，地势险峻，六朝时为兵争之要冲。

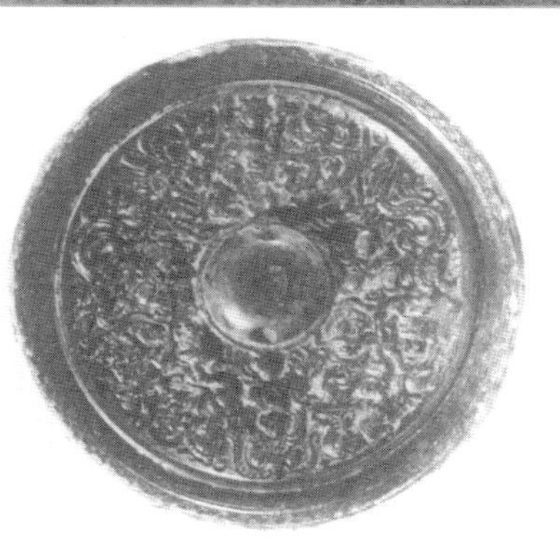

孙吴黄武六年（277年）分段式重列神兽镜（湖北省博物馆供稿）

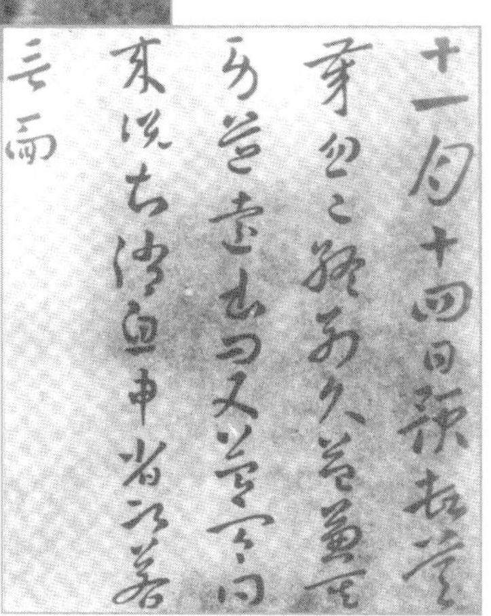

晋杜预手迹

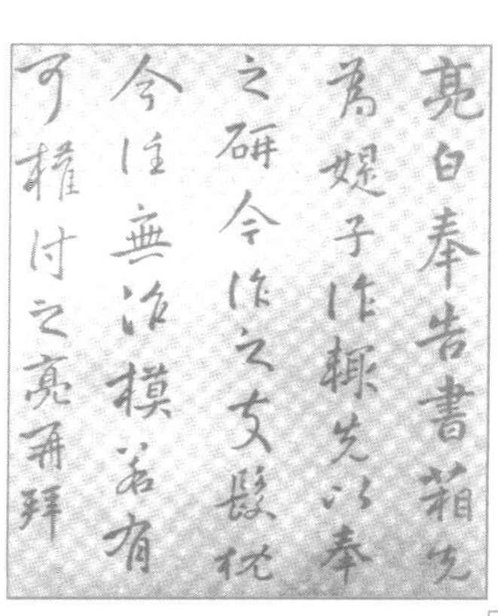
亮白奉告書箱先
爲媞子作榡先以奉
之研今作之支髮枕
令往無須模若有
可權付之亮再拜

晋庾亮手札

宋文帝刘义隆像
（选自刘显叔编撰《中国历史图说 · 魏晋南北朝》图版，台北世新出版社 1984 年版）

晋刘弘玉印
（选自《文物》1993 年第 11 期图版）

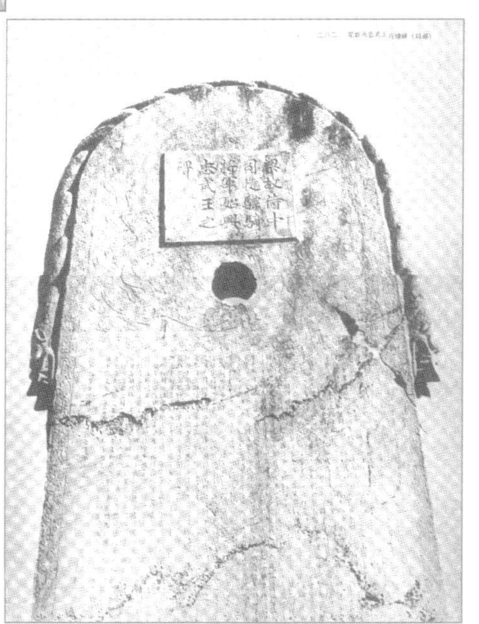
梁始兴忠武王萧憺碑
（选自姚迁等编著《六朝艺术》图版，文物出版社 1981 年版）

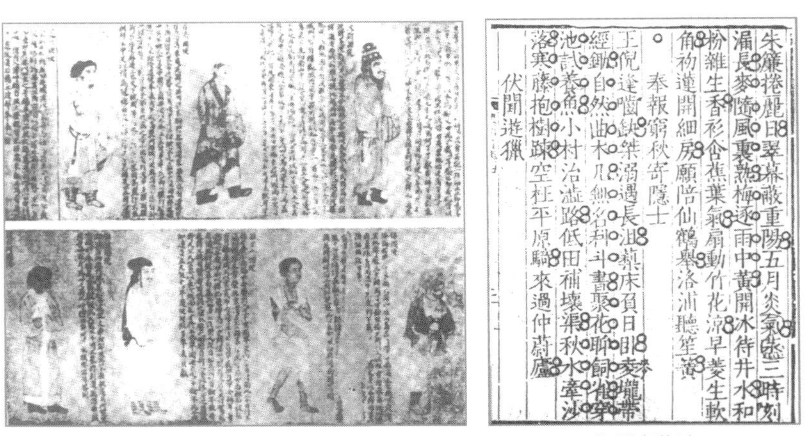
朱簾捲麗日翠幕蔽重陽五月炎氣歇三時刻
漏長麥隨風裹熟梅逐雨中黄開冰待井水和
粉雜生香衫含蕉葉氣扇動竹花涼早菱生軟
角初蓮開細房願陪仙鶴舉洛浦聽笙簧

奉報窮秋寄隱士

王倪逢嚙缺桀溺遇長沮藜床負日臥麥䕽帶
經鋤自然曲木几無名科斗書聚花聊飼雀穿
池試養魚小村治澁路低田補壞渠秋水牽沙
落寒藤抱樹蹤空柱平原騎來過仲蔚廬

伏聞遊獵

梁元帝萧绎《职贡图》　　北周庾信诗

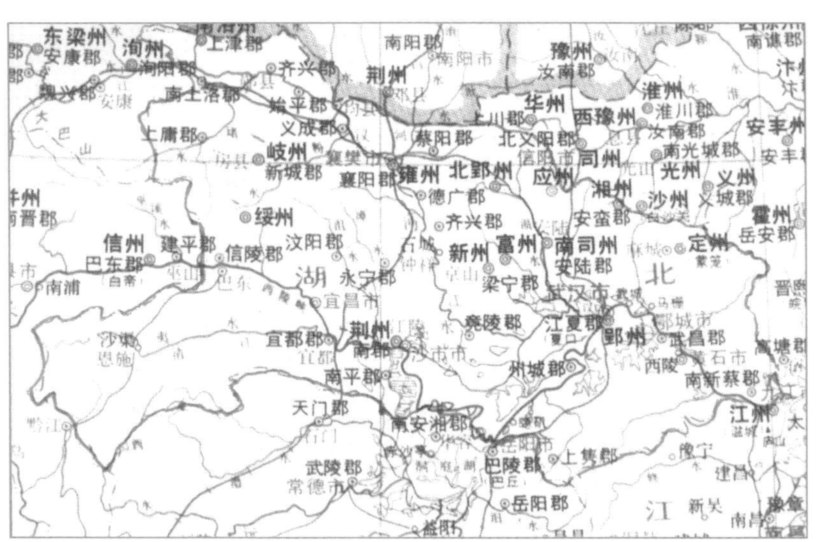

梁朝今湖北地区政区图
（选自谭其骧主编《中国历史地图集》第4册，中国地图出版社1982年版）

前　　言

本卷讨论魏晋南北朝时期今湖北地区的历史。

今湖北地区在两汉魏晋时期为荆州的核心部分，荆州治所始终是湖北地区的政治中心和军事重镇。两汉时荆州大致相当于今鄂、湘二省之地，而北至今河南南阳，南及两广北部。三国时魏、吴瓜分并对置荆州，其中魏国将荆州扩展到今鄂西北、陕东南一带。东晋南朝时荆州屡有分合，如在今湖南地区及两广北部析置湘州（治今长沙），在今湖北汉水下游、长江中游岳阳鄂城间，西至湖南沅水流域分置郢州（治今武汉），在今湖北汉水中上游流域及河南南阳地区侨置雍州（治今襄阳），然而今湖北地区始终是荆州的核心部分，并且自两汉以来均为荆州治所所在（其间亦偶有短时期他移）。魏晋南北朝时期的荆州具有特别重要的历史地位，作为荆州核心部分的今湖北地区，其历史发展亦独具特色且影响深远。

介乎秦汉和隋唐两个统一帝国之间的魏晋南北朝，具有很多自己的时代特征，这些特征亦深深影响到本时期的湖北历史。

一

战乱频仍，分裂割据，朝代更迭频繁，统治中心多元化，是魏晋南北朝时期政治格局的突出特点。这一特点使湖北地区长期处于不同政权的分割之中。在各地军阀割据称雄的东汉末年，自初平元年（190 年）刘表出刺荆州，到建安十三年（208 年）曹操南征，刘表忧惧而卒，其子刘琮束手告降，刘表专制荆州达 19 年之久。赤壁之战以后，曹操、刘备、孙权割据荆州，湖北地区一分为三。建安二十五年（220 年）曹丕称帝，即使是徒有其名的统一王朝也不复存在，汉帝国的废墟上鼎立起魏、蜀、吴三个王国，湖北从此进入魏晋南北朝亦即所谓“六朝”时代，吴、东晋、宋、齐、梁、陈六个割据王朝相继统治湖北地区。其间西晋曾一度短暂统一，但自太康元年（280 年）灭吴，相对安定的局面不过维持了 20 余年，到晋惠帝太安二年（303 年），当李特在四川建元立国，拉开十六国的序幕，张昌也在荆州揭竿举事，湖北随即陷入两晋之际的动乱之中。实际上在六朝时期，湖北全境也并非总是在江左建康朝廷的版图之内，大多数情况下都是由南北两个乃至更多的分立政权所割据，如前秦、北魏都曾在一个时期内据有湖北一部，而如陈朝，湖北地区更是瓜分豆剖，其中只有很小一块属于南朝的陈国，其余为北齐、北周、北周附庸后梁所分占。

湖北地处天下要冲，交通十分便利。长江横贯东西，连接吴蜀，由大江入湘、入赣，无不便捷；汉水由江夏逶迤而北以至西北，自襄阳西北行入汉中、关中，北行入南阳、洛阳，或水或陆，皆有通道。如此重要的战略位置，使得湖北在分裂割据的六朝时期，总是成为诸割据政权的必争之地。三国鼎立由以最终形成的重要战役赤壁之战、襄樊之战、夷陵之战，均发生在湖北。使南北对峙格局稳定下来的淝水之战，虽决战于淝水，其序幕却是前此爆发的襄阳争夺战，其结局亦与荆州的形势关系莫大。西晋灭吴，当然也是在建康落幕，但最重要或者说决定性的战事，仍是在湖北境内。如果吴军锁钥峡路，或退其次扼守夏口，王濬的楼船便不能顺江东下，直捣建康。

魏晋南北朝是社会等级和阶层分化至为复杂的时期，其中最引人注目的现象，是门阀士族阶层经过东汉以来的形成发展，在魏晋时期逐渐固化为统治阶级中的一个特殊阶层，他们占据权力中心，出现了所谓“门阀政治”，或者说门阀士族的联合统治。早在东汉末年，大姓名士已处于左右政局的重要地位，三国西晋政权的上层统治者大抵是这一阶层中的人物，或者其子孙。在侨姓门阀以及江东大族拥戴下建立的东晋政权，门阀政治的特征最为明显。尽管司马氏皇室作为第一家族仍凌驾于其他家族之上，但掌握国家实权，或者说在权力中心起主导作用的，乃是先后相继的琅邪王氏、颍川庾氏、谯国桓氏、陈郡谢氏以及太原王氏等侨姓士族。门阀联合政治的实现，一方面是通过士族垄断朝廷高官，控制权力中枢，另一方面，毋宁说是更重要的方面，则是由当权士族出镇荆州，通过相互策应、制约，保持内外势力均衡。

东晋一朝荆扬关系多次出现紧张，甚至干戈相见。执政于建康的琅邪王氏与都督江荆等州、驻镇武昌的颍川庾氏，秉权于朝廷的陈郡谢氏与都督荆江等州、驻镇江陵的谯国桓氏，都曾发生过公开或者隐蔽的对抗。从晋元帝、晋明帝到晋孝武帝，也曾试图削弱或控制荆州，以收"强本弱枝"之效，但都不曾根本解决问题。从晋元帝时荆、江二州牧王敦自武昌称兵向阙，到东晋末桓玄自江陵兴师东下，篡晋自立，无不显示出荆州左右东晋政局的特殊地位。这当然与南北分裂形势下荆州的重要战略地位有关，同时也与当时的政治结构分不开。

时至南朝，仅仅凭借门第血统即可坐至公卿的门阀士族，在优裕的环境中日益丧失其政治、军事能力，地位逐渐衰落。宋齐开国皇帝皆以布衣成帝业，他们及其后继者往往重用非门阀士族出身的所谓"寒人"执掌军政大权。同时以宗室出任州镇，以加强对方镇特别是对荆州的控制。与此同时，还相继采取了一系列弱荆、分荆的政策，以削弱荆州对于中央的离心力。刘裕即位伊始，就对荆州的军队数量作了限制，又效法东晋分荆故伎，分荆州十郡置湘州。他还以荆州"上流形胜，地广兵强，遗诏诸子次第居之"①。南朝时的荆州照例由皇子出镇。宋文帝时，又从荆州割出五郡为雍州，东晋侨置的雍州从此实土化。宋孝武帝时又对雍州诸侨郡县进行了土断。郢州也是在宋孝武帝时分置的，其督区包括豫州、司州的两个郡（南齐时为都督郢、司、寿三州），并自立于荆州统府之外。宋孝武帝时还废除了兵力可观的南蛮校尉府。这些举措都深刻影响到湖北的行政建制和军事配置，进而影响到荆州内部的力量关系

---

①《宋书》第 68 卷《武二王·南郡王义宣传》，中华书局点校本 1974 年版，第 1 798 页。

乃至荆扬关系。

两汉时期，湖北地区的政治军事中心从来在江陵。东汉末年，刘表任荆州刺史，驻治襄阳。当时的襄阳不仅是荆州的政治军事中心，还因中原大乱，北方残破，这里一度麇集了来自“关西、兖、豫”的上千学士①，人文学术之盛一时蔚为全国的文化中心。三国割据时的湖北地区，武昌两度作为孙吴的首都，或者为孙吴荆州牧所治，乃为建邺之外的第一重镇。夏口、江陵、襄阳则为三方必争之地，一旦夺取，必以重兵把守。西晋灭吴以前，其荆州治于襄阳，后仍还治江陵。雍州、郢州与荆州鼎足而三地成为湖北地区内的最高一级地方行政机构，并且从此基本稳定下来，构成古代湖北地区内部的三个中心，正是在南朝时期。

为了能有效地防御北朝的攻击，牵制荆州，从荆州分置的雍郢二州，特别是雍州，拥有强大的军事力量。东晋时襄阳已开始在对北防御中显示出独特的战略地位，但东晋的襄阳始终是荆州的屏藩和附属。入宋以后，雍州刺史例督雍梁南北秦四州及荆州竟陵、随二郡（此二郡后属郢州，再后随郡又自郢州划属司州，但仍属雍州督区），还兼领宁蛮府，宁蛮府的职能在宋齐时还有所加强。元嘉二十二年（445 年）武陵王骏出镇雍州，开皇子重镇雍州之例，而在皇子出镇时，雍州督府不再隶属于荆州统府。南朝襄阳已稳定掌握着汉沔地区的军事指挥权，独立地行使长江中游对北防御的重责。一方面是弱荆，一方面是强雍，彼升此降，使荆雍之间的力量对比发生了重大变化。时至南齐，雍州的军事实力已超过荆州，故有“荆州本畏襄阳人”之语的出现。新设置并脱离荆州统府的郢州，亦因其险要的地理位置，以及地处荆扬之间的战略势位，也对荆州形成制约。

南朝的荆州虽然因分割而力量有所削弱，但荆州仍是督区广大的统府，如宋元嘉初刘义康出镇荆州，即以骠骑将军都督荆湘雍益梁宁南北秦八州，其后殆成惯例。因而荆州仍具有相当的实力，在上流处于举足

---

①《后汉书》第 74 卷下《刘表传》，中华书局点校本 1965 年版，第 2 421 页。

轻重的地位。南朝的好几位皇帝，例如宋文帝，都曾有过出镇荆州的经历，有的在出镇荆州时培植了自己的势力。建康出现权力争夺，或者建康、江州出现事变，荆州的向背仍至关重要。只是随着雍州、郢州的崛起和独立，使荆州在和扬州的对抗中往往受到雍、郢的掣肘，甚至取决于它们的向背。对比沈攸之、萧衍的两次举事，即可一目了然。侯景之乱时，荆州萧绎的方略是"攘外必先安内"，先解决了来自湘州、雍州的威胁，逼走了郢州的邵陵王萧纶，然后才全力援台，平定侯景之乱。也正是因为雍州的问题没有根本解决，雍州的萧詧联合西魏攻破江陵，使梁元帝荆州政权一朝覆灭。

雍州、郢州的升重诚然起到了"分荆楚之势"的作用，但荆雍郢三州均在湖北，故就整个湖北地区而言，其战略地位和政治军事实力未尝稍减。正是依靠本地区的实力，梁武帝进兵建康，创建梁朝，梁元帝得以平定侯景，一度"中兴"。

陈朝尽失荆州江北之地，故隋朝灭陈之役，中游既无荆州、襄阳屏障，长江顿失天堑之险。贺若弼、韩擒虎兵破建康，既中流无虞，也就无须益州杨素的楼船东下了。

六朝时期湖北军事政治地位之重要，若不论楚国时代，恐怕是空前的。《宋书》卷66《何尚之传》末史臣论曰："江左以来，树根本于扬越，任推毂于荆楚。……荆扬司牧，事同二陕。"盛弘之《荆州记》亦称："自晋室东迁，王居建业，则以荆扬为京师根本之所寄，荆楚为重镇，上流之所总，拟周之分陕，故有西陕之号焉。"① 这里的分陕取西周"周公主陕东、召公主陕西"夹辅王室之义②，强调的是以宗室分镇荆扬。不过这是南朝的情况，东晋时并未以宗王出总上流。但"江左大镇，

① 《太平寰宇记》第146卷《山南东道五·荆州》引，中华书局点校本2007年版，第2 831页；《太平御览》第167卷《州郡部一三》所引略同，中华书局1960年版，第813页。

② 《南齐书》第15卷《州郡志下·荆州》，中华书局点校本1972年版，第274页。

莫过荆扬”，则符合整个六朝时代的历史实际。东晋人何充说荆州“得贤则中原可定，势弱则社稷同忧”，注重的是荆州的积极作用；唐朝人杜佑说荆州地位要重，“是以上游之寄必详择其人焉”，强调的是它的消极方面。无论如何，偏安于江左的建康政权，若没有巩固的上流屏障，则难以稳固立国。荆州的要重，既是六朝时代南北分裂的客观形势所造成的，那么，只要这一形势不变，尽管西陕“兵强财富，地逼势危，称兵跋扈，无代不有”①，分陕之策就还要继续执行下去。

二

魏晋南北朝是一个民族矛盾异常尖锐，同时又是民族融合逐步深入的时代。民族矛盾、阶级矛盾、统治阶级内部矛盾的相互交织，导致干戈扰攘、政局动荡，人民生活极不安定。其中人口的大量减耗与频繁流徙，堪称空前，而地界南北的湖北地区，尤当其冲。早在东汉三国之际，北方因董卓之乱破坏惨重，关中兖、豫等地人民流入荆州者多达十余万家，后闻本土稍安才相率返回②。后来刘备入蜀，亦带走一大批荆州人。三国鼎立的局面形成后，边境争夺中的人口掠夺与强制迁徙亦不辍于史。但对六朝时期湖北影响最大的，还是西晋末年至刘宋中期南迁的北方流民。

在西晋末诸王混战中，秦雍流民成批涌入汉中、巴蜀，其中就有一支由汉沔顺流进入南阳，人数接近十万。刘弘出任荆州刺史时（303—306），境内有北方流民十余万户（其中相当一部分当为自汉中流入者）。约略同时，由于秦雍流民的涌入以及李氏据蜀引起的动荡，巴蜀之民沿长江成批流徙到荆湘一带，人数至少也有十余万。淝水之战后前秦政权

① 杜佑撰、王文锦等点校：《通典》第183卷《州郡十三·古荆州》，中华书局点校本1988年版，第4 892页。

② 《后汉书》第74卷下《刘表传》，中华书局点校本1965年版，第2 421页；《三国志》第21卷《魏书·卫觊传》，中华书局点校本1959年版，第610页。

瓦解，即《宋书·州郡志三》雍州刺史条所谓“胡亡氐乱”，北方雍秦流民再次大规模南出樊沔，进入襄阳，侨雍州就是在这时设置的。晋宋之际，刘裕一度收复关中，不久得而复失，三辅流民又一次涌入襄沔。

与北方流民南迁相对的，是大批蛮族由原居地向北方迁徙。《魏书》第101卷《蛮传》载，自刘（渊）、石（勒）之乱后，“诸蛮无所忌惮，故其族类，渐得北迁”，以至“陆浑以南，满于山谷，宛洛萧条，略为丘墟矣”。《魏书》说的是在今湖北西北与河南西南交界地带，蛮族向北边的推进。实际上在今鄂豫交界，东自大别山、桐柏山，西至汉水中游，汉水支流淅川、湍河及其发源地伏牛山，其间的山地、河谷之中，均有为数众多的蛮族居处，且多自今湖北迁来。这一线也是当时南北对立政权的交界地带，著名的义阳三关所扼之大别山、桐柏山之间的通路，随枣走廊与南阳盆地，汉水及其支流丹、淅航道，是当时北方人民南迁的重要路线，也是诸山区蛮族北上东进或迁徙往还之所经。作为南北交界地区，这一带统治比较薄弱，甚至有所空白，南北政权都乐于利用缓冲于其间的蛮族作为境上捍蔽。当时南北政权既不具备很快攻灭对方的能力，因而南北统治者也都尽量对蛮族进行拉拢、招抚，使之站到自己一边。蛮族更是充分利用这一形势，依违于南北间，为自己争取生存空间。

东晋南朝时期湖北地区蛮族的迁徙运动，还表现在从山区向平地、河谷的移动，从而使其分布地域和活动范围扩大。《南齐书》第58卷《蛮传》称蛮族“布荆、湘、雍、郢、司等五州界”，也就是说在今湖北境内是无州不有。在西晋末“刘石之乱”时，石勒一度攻破豫州、江夏，势力范围西及南阳，北据淮汝，南抵长江，其兵锋所及，汉族人民纷纷他迁，而居住在鄂东一带的“西阳蛮”却乘机崛起，变得十分活跃起来，其活动范围的扩展在以后表现得尤其明显。刘宋时期，汉水流域的“竟陵蛮”、“雍州蛮”也空前活跃，汉水以北今南阳盆地南部、西南部，汉东大洪山地区、随枣走廊，汉南襄宜平原周围山地丘陵，可以说所在皆有，其居住地“多依山谷”，也有河谷平原。还有大批的蛮民从山谷迁到或被引诱、强迁到河谷平地。另外还有荆州的宜都、建平诸“峡中蛮”和“沮漳蛮”。前者沿长江三峡居住，虽“所居皆深山重阻，人迹罕至”，但因地扼峡路，早在吴蜀兵争时就为双方所重，东晋南朝时期依然活跃，动辄“断遏水路”，以至影响到荆州的兴衰。后者所在之沮漳流域，虽“水陆纡险”，但仍有“田土肥美”的河谷之地为其所据。晋末桓玄还曾将一部分“沮漳降蛮”从深远之处迁出立郡。南朝时沮漳蛮势力“凶盛”，多次与当地政权发生激烈冲突。总之，东晋至南朝中期的湖北，号称“群蛮充斥”，“屡为民患”，蛮族人数之众，分布之广，势力之强，对湖北乃至中央政权影响之大，实为前所罕见。

六朝时期北方流民的涌入和本地蛮族的迁徙，对湖北的影响是多方面的。

首先，它部分弥补了本地区因战乱所造成的人口损耗。时人论荆州之要重，所谓“士民殷富”，“户口殷实”，“荆扬二州，户口半天下”，以及所谓“资实兵甲，居朝廷之半”，都离不开雄厚的人力资源。

其次，它改变了湖北地区的人口及民族构成。如雍州在孝武帝太元后期，也就是所谓“胡亡氐乱”后，“旧民甚少，新户稍多”。东晋南朝时期流徙雍州的新户已反客为主，其中有北方汉族人民，北方少数民族人，也有氐人，以及辗转迁徙而来的西域康居胡人，更有外地迁来或自本地深险之处迁出的大批蛮人。当时湖北地区南北士庶、汉族少数民族之间杂居共处的现象，十分突出。

其三，它影响到湖北地区的地方军政建制。六朝时期的湖北，出现了南蛮、宁蛮等府，以及大量的左郡左县，还有为数甚多的侨置郡县，乃至侨州。侨置机构的土断、实土化也引起了郡县隶属关系的变化。这正是新的人口及民族构成在地方机构设置上的反映。

其四，它导致了湖北地方社会势力的重组。如汉魏时期的襄阳大族蔡氏，已在西晋末流民动乱中“一宗都尽”，东晋南朝时江陵的地方大族，则是此间举宗迁来的南阳旧族。东晋南朝的雍州地区，通过侨置机构的实土化、土断以及侨郡由属府而属州的改革，通过重新“条次士族"，更是组成了新的地域社会格局。

其五，它对湖北军事政治格局乃至中央政局影响深远。由流民直接发动或因流民而引致的张昌、杜弢起义，以及起义军被镇压、收编，对东晋荆州军事集团的形成不无关系。东晋荆州雄据上流，遥制朝权，所依靠的军事、经济实力，在相当程度上取资于侨流人民（包括蛮族）。雍州在晋宋时期终于居重坐大，成为上流对北防御、牵制荆州的"兵马重镇"，更与侨流势力有直接关系。雍州地方社会势力及武装集团后来卷入中央政争，成为齐梁朝廷将领、兵源之所出。如前辈学者陈寅恪早就指出的，长江下游以京口为基地的和长江上游以襄阳为基地的两个"南来北人武力集团"，及其二者之先后衰退、彼此代兴，所影响于东晋南朝政局者至巨。而西阳蛮势力在荆扬交争中，峡中蛮在荆蜀交争中，雍州蛮、义阳蛮在南北政权争夺中，也曾发挥过举足轻重的作用。

其六，它促进了湖北地区的民族融合。迁至湖北境内的北边、西北诸少数民族，隋唐时期只能从其祖籍旧贯上略见其踪迹。东晋南朝时十分活跃的蛮族，既与汉人错居杂处，"列为郡县"，并通过和平的或暴力的交往，在隋朝时就"同之齐人"，"与诸华不别"了。

其七，它对湖北地区的经济、文化、社会风俗的影响，亦在在可数。北来人民本身就是生产力诸要素中最重要的劳动力资源，他们还带来了北方的生产技术和经验。陶侃镇武昌时开办的"夷市"，作为"互市人"往来于姑臧、长安、襄阳间的粟特胡商，西曲中所见与蛮族等少数民族有关的商业发展，亦足见其影响。至于文化风俗方面，这里只略举两端，余可概见。一是东晋时期自北方迁至襄阳的释道安佛教团体。这位后世被誉为"印手菩萨"的道安高僧及其徒众，曾滞居襄阳20年左右，他在当地的传教和译经活动，在湖北，应该说是在中国佛教史上留下了极其重要的影响。再就是东汉时作为"帝乡"的宛襄地区，也就是南朝的雍州，长期以来多出文臣雅士，而在东晋南朝时俗尚骑射，民风劲悍，为猛将劲兵渊薮。如所周知，这也与当地的南迁北人武力集团以及"群蛮充斥"有关。

三

六朝时期是秦汉大一统帝国形成以后第一个分裂较长的时期。如果说此期西晋帝国的崩溃与所谓“五胡乱华”有关，那么，东汉末三国鼎立局面的形成，则是在没有游牧民族入侵的背景下发生的。当时人以及后人都注意到秦岭（及汉水）、长江（及汉水）的天然屏障在三国鼎立局面形成以及维持中的巨大作用，即《三国志》第45卷《邓芝传》所谓“蜀有重险之固，吴有三江之阻”。但三国归晋，隋、唐一统之时，仍然是江山依旧。分裂局面形成的因素确实至为复杂，分裂因素的表现形式更是扑朔迷离，但经济因素，特别是从区域角度着眼的地区经济成长，以及在此基础上的区域特点的形成，还是最为重要、最为根本的因素。东汉时期江南的经济发展，六朝时期荆扬地区经济的进一步增长，乃是六朝诸政权的立国之本，或者说基础条件。

人们注意到，在中国古史上南北经济相对地位的重大变化，或者说南方经济的大踏步发展，往往发生在分裂时期。人们还乐于引用《宋书》第54卷以及第66卷卷末传论来说明晋宋时期荆扬地区的经济发展。六朝时期的南方经济的长足进步应是事实，南北经济的相对地位也有变化，但这是以北方经济受到严重破坏为前提的。我们知道，在南北分裂时代，通常是北方战乱更甚，南方要相对安定一些。《宋书》第54卷卷末传论谈到荆扬地区的经济发展，就强调了“三十有九载兵车无用”，“百许年中无风尘之警”，“区域之内，晏如也”。唯其如此（当然还有民族、文化因素），在分裂战乱时代，北方人民才大量南徙。这样，战乱所造成的人口减耗，南方就相对轻微一些，甚至个别地区还一度有所增益。还有一个方面，那就是结束分裂、统一南北的任务，通常是由北方政权来完成的。相对而言，南方政权似乎更倾向于保境安民，这也在一定程度上有利于经济文化的发展。

但就六朝时期南方经济的发展程度及地位而言，尽管《宋书》传论中荆扬并提，实际上二者之间还是有差别的。传论称丹扬、会稽“一岁或稔，则数郡忘饥”，“良畴亦数十万顷，膏腴上地，亩直一金，鄠杜之间，不能比也”，显示其农业耕作技术水平与单产量之高，决不比北方的先进地区逊色。但这局限于三吴地区。荆州农业较发达的地区大致在沿江一带，以及接壤北方的襄阳、南阳地区，但这些地方也远未达到三吴的水平。若就南方更广阔的地域来说，发展就更不平衡。荆州在六朝时期的重要性，主要还是体现在军事、政治地位上，即在于其“居上流之重”的战略位置，“地广兵强”的军事实力。辖区广大、人力物力雄厚固然属于经济优势，但这却取决于荆州的行政地位和政治形势。而且《宋书》第 54 卷卷末传论所谓荆、扬二州“居户境域过半于天下”，是指尚“包括湘沅、跨巫山而掩邓塞”的荆州，即未分置湘、雍、郢、司诸州之前的荆州。史称既经分置，以湖北为中心的荆州就随之而“虚耗”了。

相对于其显赫的政治、军事地位，六朝时期湖北地区的经济发展及其地位要逊色得多。在这一时期，“国之西门”的西陵，“鄢郢北门”的襄阳，“据上（荆）下（扬）之中”的夏口，总分陕之重的江陵，赋予湖北地区极高的军事、政治价值，一旦南北失和，东西交争，这些价值更迅速上扬。但“四战之地、五达之郊”的通衢位置，也使湖北饱受兵燹之害。从三国在荆州的殊死争夺，到西魏破江陵后的空城北徙，以及其间的流民起事，蛮族暴动，荆扬之争，挥师北伐与胡骑南侵，动乱战祸更仆难数，史不绝书。大量南来的流民、出山的蛮众，以及荷锄扶犁的农丁，被征为操戈执戟的士兵。甚至为数有限的一点残余劳动力，也几乎被搜刮殆尽，消耗于兵火之中。

在高门大族王氏、庾氏、桓氏等，以及名士猛将殷仲堪、沈攸之等，还有南朝宗室刘义宣、萧嶷、萧绎等出镇荆州时，拥有相当大的独立权限，包括对广大督区内赋税的征调、支配权，以及军队的征发、指挥权，郡守甚至刺史的实际任命权（形式上仍须朝廷任命）。他们中有的人也很重视发展农业生产，注重境内的治理。他们还通过伐蛮责赕，聚敛财货，并凭借荆州的交通优势，经商致富。因此荆州号称“殷旷”，“资用丰积”，士马强盛，兵器、舟船精良。但他们在荆州所聚敛的巨量财富，除了一部分中饱私囊外，大都投入军备，用于内争及北伐，或借以割据自重，以实现其政治野心。可以说，这些物质财富很少投入社会再生产中去，更没有用于改善劳动者的生活、生产条件，其对湖北社会经济的发展，经济地位的提高，作用甚微。较之同时期的三吴地区，相形见绌。

史实还表明，六朝时期的湖北地方官，有以军队劫掠过往商旅的石崇、司马兼，也有醉时多醒时少的王忱，但也出了不少勤廉为政的循吏，如陶侃、杜预、刘义庆、刘道产等等。北方政权遣任湖北境内的地方官，似乎良吏更多。在他们的治理下，湖北的社会经济一度获得较大发展，农业、手工业及商业均有所进步。但相对于几乎是经常性的军事动员，以及频繁的临战、战争状态，他们在任上所取得的经济成果不免被大量抵销。

这里并非有意贬低六朝湖北地区的经济发展成就，从下文的论述可知，当时湖北的经济在各方面都有醒目的进步，这里只是意在说明，千百万劳动人民，包括北方流民和蛮族人民，以生命和血汗辛勤创造的经济成果，并没有在推动湖北社会经济的进一步发展中充分发挥应有的效益。

这里也不否认军事、政治地位对经济发展的积极作用。如孙吴时两度定都武昌（今鄂州），就曾经有力地促进了当地的矿冶、铜器铸造、兵器制造及造船等手工业。而且一个地区的军事、政治地位，必须凭借一定的经济基础。土地瘠薄，农业资源贫乏，有赖于自扬州溯流供给，这些都是孙吴最终放弃以武昌为都的原因所在，尽管从当时三国鼎立形势下的战略地位而言，武昌可能比建康还更适合为都。我们强调的是，由于特殊的历史背景和政治格局，六朝时湖北的政治、军事地位十分显赫，但这并不能代表它的经济地位。以湖北为中心的荆州，当时曾经长期作为都督八州的统府，但荆府的督区是一种军事、行政区划，并不是一种经济区划，其治所江陵是一个军事政治中心，并不是区域内的经济中心。在当时的荆州督区内，还没有出现一个类似上游的益州、下游的扬州，能够在经济上堪称中心从而将其督区大致联聚起来的都会。而且由于政治格局和军事形势的变动，荆州督府内的某一部分有时会突然变得更加重要，从而导致荆州统府的治所不断移动，表明在六朝时期，即使在政治、军事上江陵也并不总是荆州的中心。

随着南朝分荆政策的成功实施，雍州、郢州的分置与崛起，江陵在湖北地区内的传统中心地位也受到了挑战。而随着天下一统时代的重新到来，正如唐人张九龄《登荆州城楼》所云：

> 古往山川在，今来郡邑殊。北疆虽入郑，东距岂防吴。……上流空有处，中土复何虞。枕席夷三峡，关梁豁五湖。承平无异境，守隘莫论夫。①

虽山川依旧，却因南北统一，“承平无异境”，已不须江陵锁钥峡路、夏口控扼江湖、襄阳镇捍北关了。隋唐时的湖北也不是等闲之地，但其军事、政治地位终究不如六朝时期显赫，至少已不再有“推毂分陕”之重，唯有当时取得的经济、文化及民族融合的成果，在以后的历史中默默地然而却是长期、强韧地发挥着自己的影响。

四

东汉末年因洛阳残破而在刘表统治下的荆州所形成的人文学术中心，随着建安十三年（208 年）曹操平荆州而迅速瓦解，聚集在襄阳的文人学士也一朝星散，或北返依归曹操，或西随刘备入蜀，或辗转投奔孙吴。东晋南朝时期，是南方经济开发和文化发展的重要时期，湖北的人文进步虽为其显赫的政治军事地位所掩盖，却也显示出自己的地域特色。《隋书·地理志》荆州后序称：“自晋氏南迁之后，南郡、襄阳，皆为重镇，四方凑会，故益多衣冠之绪，稍尚礼义经籍焉。九江襟带所在，江夏、竟陵、安陆，各置名州，为藩镇重寄，人物乃与诸郡不同。”由隋唐统治

① 《全唐诗》第 49 卷，上海古籍出版社 1986 年版，第 151 页。

者主持编写的《隋书》，对六朝南方的经济、文化状况的描写多有曲笔，这里不论①。《隋书》将东晋南朝湖北的人文发展与北人南迁、藩镇重寄联系起来，在一定程度上反映了此期湖北文化的特色。

《隋书》提到的几个藩镇，特别是南郡（荆州治所）、襄阳（雍州治所）、夏口（郢州治所），是东晋南朝的几个军事重镇，当时出镇诸州者，刘宋前率为高门、名将，南朝时例为宗室，他们的幕府内往往集中了全国著称的文人、名士，史籍中留下了不少关于他们的逸事佳话。这些文士确实大多不是荆楚人，但也有不少荆楚人活跃其间，他们共同创造出六朝荆州的名士风流。但《隋书》称襄阳之“稍尚礼义经籍”也是因为晋室南迁四方凑会，则与史实颇为不合。东晋名士、襄阳望族习凿齿所撰《襄阳耆旧记》，将特定的地域和人物联系在一起，显示出襄阳深厚的地域人文特点。习凿齿没世前后，正是所谓“胡亡氐乱”、大批北方流人涌入侨雍州之时，此后襄阳反倒是俗尚戎武了。不过这一批武人的后代，如河东柳氏，有的凭借其父祖的军功门荫，投戈习文，以学尚名世，从容步入政界，并力图挤入文士圈。尽管他们一时还很难为旧族名士圈所认同、接纳。《隋书·地理志》所谓“稍尚礼义经籍焉”，大概就是指的这一批人。

在荆扬冲突常常白热化、荆州政局动荡多故的东晋南朝时期，荆州本地的名族乡望中，出了一大批高士逸民，备见宋、齐史传。面对风云变幻的险恶政局，他们避之唯恐不及，这使他们居于政治、军事中心的外缘，却因此得以专心从事于学问与艺术创造，当然也包括研究与他们的隐士生活最切近的玄学、佛学。宗炳、炳孙宗测、刘虬等人，即是其杰出代表。他们在佛学、绘画、音律以及文学等方面的成就，使他们的名字长留史册。

东晋南朝时期的荆州，是当时的佛教重镇之一。东晋时期道安教团

---

① 牟发松：《唐代长江中游的经济与社会》，武汉大学出版社 1989 年版，第 18、31 页。

在襄阳的活动已在上文提到。如果说三国两晋时代湖北的佛教还处在传入阶段，其发展主要有赖于外来僧侣的推动，那么，时至南朝，荆州的佛教进入显著发展的时代。当时佛教信仰已遍及社会各阶层，寺院的修建和出家的僧侣日益增多，并吸引了大批前来游学传道的高僧。特别是在最高统治者带头奉佛、佞佛的梁朝，湖北地区佛教文化的发展达于鼎盛，这不仅表现在寺院的建设、信众的增多上，还表现在佛学研究的深入，佛教影响下新的社会风尚的形成，可以说，此期佛教信仰已成为本地区社会文化生活的一部分。

荆州地方大族、郡望南阳却在永嘉之乱后世居江陵的宗懔，著有《荆楚岁时记》，表明荆楚社会风俗的地域特色非常鲜明。其中反映出大量与佛教有关的风俗行事，这显然是在六朝时期形成的。

宗懔曾长期担任梁湘东王萧绎的幕僚，也是后来萧绎江陵政权的骨干。在萧绎出镇荆州时，幕下文人学士云集，王宫藏书近十万卷。当侯景攻陷建康后，萧绎在江陵称帝，建康文士纷纷西上荆州，荆州自东汉末以来再次成为全国人文学术中心。值得注意的是，萧绎政权中的文士，有相当一批人是荆楚本地人士，如声闻南北的第一流文士庾信，即祖籍荆州南阳，世居江陵。这反映了六朝时期湖北人文的显著进步。梁末荆州的文化中心地位没有维持多久，随着西魏大军攻破江陵，近十万卷图书付之一炬，文物衣冠尽被掳掠北去。但六朝时期荆州的文化成就，却通过隋唐文化的“南朝化”，得以保存、发扬，影响于后世。

五

本卷讨论之湖北地区，系指今天的湖北省。这一地区在两汉时隶属荆州，是荆州的治所所在；隋唐以降，例为几个最高地方行政区所分割，直到清代才独立为今天的湖北省。而在六朝时期，湖北地区的行政建制非常复杂，下文将专章考述。为了照顾当时的隶属关系，讨论中有时不免要稍稍逸出今天的湖北范围。有时候也以“荆州”、“荆楚”概指今湖北地区。

本卷讨论之时期“魏晋南北朝”，或称“六朝”，始于公元220年（汉献帝延康元年、魏文帝黄初元年）曹丕代汉称帝，建立魏国，终于公元589年（隋文帝开皇九年、陈后主祯明三年）隋灭陈。叙述此期历史，一般上溯到东汉王朝实际崩溃的汉献帝时代，从晋陈寿的《三国志》，到时下史著，率皆如此。尽管这样的划分早就受到过刘知几的责难①，但它还是很切合汉魏之际历史发展过程的实际的。而本卷上限之所以断于魏国初立，一则为了照顾《湖北通史》全书的布局，另则也因三国鼎分天下的形势，直到曹魏代汉，以及这一年前后的襄樊之役、夷陵之战，才真正稳定地确立下来。当然在本卷的撰述中，自不免有时要前溯后延。

本卷于前辈时贤成果多有参考利用，虽已随文注明，仍在此深表谢忱。卷末参考文献、索引由武汉大学图书馆杨福美女士制成，特此说明。

① 刘知几撰、浦起龙释：《史通通释》第4卷《断限》，上海古籍出版社1978年版，第96页。

目　录

第一章　自然环境变迁与政区建制沿革

第一节　水系变迁及水、旱等自然灾害

相对于动荡变幻的人世沧桑，六朝时期湖北地区地理环境的变迁终究十分缓慢。但这一时期的自然面貌，特别是对于区域开发最为敏感的水系，仍有若干变化。当时出现的水、旱、地震、山崩等自然灾害，也曾对农业生产和人民的生命财产造成严重影响。本节将凭借前人的研究成果和所能掌握的资料，对之稍作勾勒。至于气候变化、植被及动物分布变迁与社会经济发展的关系亦至巨，只是由于我们掌握的资料更少，不得不从略。

一、水系变迁

六朝时期湖北的水文变化，由于时隔久远，今天已难把握，如围绕着云梦泽的变迁，专业研究者即有歧说①。下面主要根据历史地理学界比较通行的研究成果，略作概述。

据谭其骧先生等的研究，今江汉平原的古云梦泽，到秦汉时代，由于长江在江陵以东继续通过夏、涌二水分流分砂，使荆江三角洲不断东扩，并与来自今潜江一带向东南发展的汉江三角洲会合，形成江汉陆上三角洲。魏晋南朝时期，江汉陆上三角洲和云梦泽变化较大。约自东汉以后，涌水的分流分砂量激增，涌水以南的长江东岸又形成了鹤穴分流，以致荆江三角洲向东延伸的同时，迅速南进，迫使原华容县南的云梦泽

---

① 石泉、蔡述明：《古云梦泽研究》，湖北教育出版社1996年版，第175～187页。

主体向下游方向的东部转移。其结果，一是华容县南境（西晋）监利县的增设，一是先秦时已有邑聚的城陵矶至武汉的长江西侧泛滥平原，大部沦为湖泽。时届唐宋，历史上著名的云梦泽主体基本淤为平陆。

秦汉时代，摆脱三峡羁绊的长江在今松滋老城西北开始形成分汊河道，南为江，北为沱。魏晋时代，江、沱的分流量逐渐趋于平衡，因此到东晋南朝之际，江、沱又分别称为外江、内江。内江流量增大的结果是沮水下游被江水劫夺，从而江水紧逼江陵城南。东晋时开始沿江岸创筑金堤，以保护江陵城的安全。由于江水的劫逼，沮水南下，遂形成江陵西南的北江分汊河道，与南江相对。枝江县西的江（外江）、沱（内江）汊道之间，江陵县以西的南、北二江之间，形成了数以百计的沙洲，最大者号称百里洲。南、北二江流至江陵城南才破洲通会，形成深广的河床浩荡东去。

云梦泽的变化直接影响到荆江河床的塑造。魏晋南朝时期，随着云梦泽主体向东部转移，今石首境内的荆江河段，开始改变湖沼区的漫流状态，塑造自身的河床。而同时期监利境内的荆江河段，依旧以漫流形式通过云梦泽区。直到唐宋时期，江汉平原的云梦泽完全解体，监利境内的泽体消失，荆江统一河床的塑造方告完毕。唐代及以前的荆江统一河床形成之际，由于穴口汊道众多，沙洲大量发育，江流呈分汊型，通过穴口、汊流分泄流量，荆江表现出河床水位变幅小、流量比较均匀的水文特征，故洪水过程不显著，“江患差少”。

荆江以下的城陵矶至湖口河段，可分为顺直分汊和弯曲分汊两种河型，二者各为三段，交错相接。顺直分汊河型往往有较多矶头濒临江边，甚至成对称地夹锁江道，因而河道长期以来比较稳定。弯曲分汊河型两侧的地貌形态有显著差异，右岸为丘陵山地，矶头较多，左岸多为开阔的泛滥平原，利于弯曲分汊河道的发展。弯曲分汊型的河道在历史时期变化较大，其演变中表现为边滩的形成与江心洲的增长。如石码头—沙帽山河段，六朝以前江中沙洲总数两倍于今，且多为久经开发的大型沙洲，如蒲圻洲、沙阳洲；武汉市至西塞山河段的沙洲也远较今天为多，如有名的武洲、峥嵘洲以及举洲等①。

长江中游的水系状况及其变迁，构成此期湖北地区经济社会发展的重要背景。在当时的生产力条件下，这一背景是一个框架，它限制了当时社会经济开发的范围。它也是一个舞台，规定了当时人类政治、军事、社会活动的具体场景。晋太康元年（280年）置于沙洲之上的蒲圻县、汉阳县，就只能是这些沙洲形成以后并经过人类长期开发以后才有可能出现②。枝江、江陵间的上百个沙洲，今黄冈西北长江中的峥嵘洲，都曾或直接或间接地影响到东晋末桓玄的政治、军事活动③。这些我们还要在下面的章节中谈到。

以上谈到的水文变迁，大都属于自然的演化。桓温出镇时在江陵修筑的金堤，也不过是针对江水进逼而采取的防御措施。由于人的主观活动所造成的水系改变，当时也有其例。杜预都督荆州时，鉴于“旧水道唯沔汉达江陵千数百里，北无通路”，又因“荆蛮”依恃巴丘湖，不服政教，“乃开杨口，起夏水达巴陵千余里，内泻长江之险，外通零桂之漕”④。杨水即《汉书·地理志》南郡临沮县条提到的自江陵流入沔水的阳水。杨口即杨水入沔之口，见于《水经注·沔水》。杜预所建，是一项

① 中国科学院《中国自然地理》编辑委员会：《中国自然地理·历史自然地理》，科学出版社1982年版，第87～123页。以上即据之写成。鲁西奇、潘晟所著《汉水中下游河道变迁与堤防》（武汉大学出版社2004年版）一书第一章、第二章，对汉水中下游河道、汉水下游支流与分流河道的历史变迁，进行了深入的考察，在前人基础上得出了许多新的结论。如指出历史时期汉水中游河道受地形条件的限制，变动幅度不大，主要在河谷内左右摆动。而汉水下游流经宽阔的泛滥平原，历史上河道曾有过多次迁徙，但也主要发生在隋唐以后。该书对六朝时期汉水下游支流及分流河道的考察，主要围绕夏水、阳（杨）水、沌水进行，尽管限于文献阙略，仍揭示了许多以前模糊不明的变化轨迹，值得参考。

② 中国科学院《中国自然地理》编辑委员会：《中国自然地理·历史自然地理》，科学出版社1982年版，第114页。

③《晋书》第10卷《安帝纪》，中华书局点校本1974年版，第256页；郦道元著、陈桥驿校证：《水经注校证》第34卷《江水》，中华书局2007年版，第795页。

④《晋书》第34卷《杜预传》，中华书局点校本1974年版，第1 031页。

巨大的水利工程，它通过对杨水、夏水的改造，将汉水和长江进一步通连，改善了湖北境内的交通，当然主要还是出于政治、军事目的。杜预之后，这一水路系统又续有修浚①。至于农田水利建设中对水系的改造利用，也间见史籍，但这类活动对自然水系的触动不大。

二、水、旱、地震等自然灾害

关于六朝时期湖北的自然灾害情况，下面以正史资料为主，分门别类，列了一个简表。请见下表。

魏晋南北朝湖北水、旱、地震等灾害简表

表 1-1 水 灾

时间	地点及灾情	资料出处
太和四年九月 230	大雨霖 30 余日，伊洛河汉皆溢，岁以凶饥	《三国志》3/97 《晋书》24/821②
嘉平三年（吴太元元年）251	大风，江海涌溢，平地深 8 尺	《三国志》47/1 148
咸宁二年闰九月 276	荆州 5 郡水，流 4 000 余家	《晋书》3/66③
咸宁三年七月 277	荆州大水	《晋书》24/813《宋书》33/951
咸宁三年九月 277	荆、兖等 7 州大水	《晋书》3/68④

① 郦道元著、陈桥驿校证：《水经注校证》第 28 卷《沔水》，中华书局 2007 年版，第 670 页；李文澜：《江汉平原开发的历史考察》（上篇），黄惠贤、李文澜主编：《古代长江中游的经济开发》，武汉出版社 1988 年版，第 61 页。

② 时间栏年月后的数字为公元年数。资料出处栏书名后、斜线前的数字为卷数，斜线后的数字为页码。下同。

③ 闰九月，《晋书》第 27 卷《五行志上》（中华书局点校本 1974 年版，第 813 页）作闰七月，《宋书》第 33 卷《五行志四》（中华书局点校本 1974 年版，第 951 页）作八月，陈垣：《二十史朔闰表》（中华书局 1962 年版，第 49 页）亦作闰九月。此据《晋书》第 3 卷《武帝纪》。

④ 九月，《晋书》第 27 卷《五行志上》（中华书局点校本 1974 年版，第 814 页），《宋书》第 33 卷《五行志四》（中华书局点校本 1974 年版，第 952 页）均作十月。

续表

时间	地点及灾情	资料出处
咸宁四年七月 278	荆、扬等 6 州 20 郡国大水，伤秋稼，坏屋室，有死者	《晋书》27/814
太康二年六月 281	江夏、泰山水，流居人 300 余家	《晋书》3/73《宋书》33/952
太康四年七月 283	荆、扬等 6 州 20 郡国大水，伤秋稼，坏屋室，有死者	《晋书》3/75 《宋书》33/952①
元康二年六月 292	荆、扬等 5 州水	《晋书》27/814
元康五年六月 295	荆、扬等 6 州大水，遣使赈贷	《晋书》4/93《宋书》33/952
元康六年五月 296	荆、扬 2 州大水	《晋书》4/94
元康八年九月 298	荆、扬等 5 州大水	《晋书》4/94
永宁元年七月 301	南阳大水	《宋书》33/953
永宁元年十月 301	义阳南阳霖雨，淹害秋麦	《宋书》30/885
永昌二年五月 323	荆州大水	《晋书》27/815
太元六年六月 381	荆、扬、江 3 州大水	《晋书》9/231
太元十五年八月 390	沔中诸郡大水	《晋书》9/238
太元十七年至隆安三年 392—399	连年水旱，一度蜀水大出，漂浮江陵数千家，荆州刺史殷仲堪以堤防失修贬降军号②	《晋书》84/2 197
太元十九年七月 394	荆、徐 2 州大水，伤秋稼，遣使赈恤	《晋书》9/240
太元二十年六月 395	荆、徐 2 州大水	《晋书》9/241

① 《晋书》第 3 卷《武帝纪》不具月份，《晋书》第 27 卷《五行志上》（中华书局点校本 1974 年版，第 814 页）作十二月，似不合时节，又云七月兖州大水，当有误脱。此据《宋书》第 33 卷《五行志四》。

② 《晋书》第 84 卷《殷仲堪传》（中华书局点校本 1974 年版，第 2 194 页）称仲堪太元十七年（392 年）出镇荆州（据同书第 9 卷《孝武帝纪》，十一月受任）后，连年水旱，又云“其后蜀水大出”，但不具“大出”年月。仲堪出镇荆州，吴廷燮《东晋方镇年表》系于太元十九年（394 年），《二十五史补编》第 3 册，中华书局 1955 年版，第3 474 页。

续表

时间	地点及灾情	资料出处
隆安三年 399	荆州大水，平地 3 丈	《晋书》10/252
元嘉十八年五月 441	江水沔水泛滥，没居民，害苗稼，六月遣使赈赡	《宋书》33/957 5/88
大明二年九月 458	襄阳大水，遣使赈赡	《宋书》6/122
大明四年八月 460	雍州（治襄阳）大水，遣军部赈给	《宋书》6/126
昇明元年七月 477	雍州大水，二年二月，蠲雍州缘沔灾民租布三年	《宋书》10/194 33/958
永明七年正月 489	雍州频岁水旱，原四年前逋租	《南齐书》3/55①
天监六年 507	荆州大水，江溢堤坏	《梁书》22/354②
普通元年七月 520	江淮海并溢	《梁书》3/64
开皇六年二月 586	山南、荆、淅等 7 州水，遣使赈恤	《隋书》1/23③

表 1-2 旱　灾

时间	地点及灾情	资料出处
永嘉三年五月 309	大旱，河洛江汉皆可涉	《晋书》5/119 28/839 《宋书》31/907
太元十七年至隆安三年 392—399	荆州连年水旱	《晋书》84/2 197
永明七年正月 489	雍州频岁水旱，原四年前逋租	《南齐书》3/55
天监四年 505	荆州大旱	《南史》52/1 301④
天监十五年七月 516	荆州大旱	《隋书》23/648

① 《南齐书》，中华书局点校本 1972 年版。
② 《梁书》，中华书局点校本 1973 年版。
③ 《隋书》，中华书局点校本 1973 年版。
④ 《南史》，中华书局点校本 1975 年版。

续表

时间	地点及灾情	资料出处
普通七年七月 526	荆州亢旱	《太平御览》728/3 230
侯景之乱时 548—552	西阳郡旱俭	《颜氏家训》5/371①
建德二年 573	安州大旱，水绝流	《周书》30/525

表 1-3　地震、山崩

时间	地点及灾情	资料出处
元康四年 294	二月上庸地震，六月山崩地坼，杀20余人，八月上庸四处山崩地陷，广30丈，长130丈，水出杀人，大饥，九月，赦诸州遭震灾者	《宋书》34/992 《晋书》4/92 29/895 29/899
元康四年十一月 294	南阳地震	《晋书》29/895
永嘉三年十月 309	荆、湘 2 州地震	《晋书》29/896
永嘉三年十月 309	宜都夷道山崩	《晋书》29/899 5/119
永嘉三年七月 309	当阳地裂 3 所，广 3 丈，长 300 余步	《晋书》29/896 《宋书》34/998
咸和二年二月 327	江陵地震	《晋书》29/896
隆和二年二月 363	江陵地震	《宋书》34/995②

① 颜之推撰、王利器集解：《颜氏家训集解》，上海古籍出版社 1980 年版。

② 按“江陵地震”，《晋书》第 29 卷《五行志下》（中华书局点校本 1974 年版，第 897 页）记作兴宁二年（364 年），《晋书》第 8 卷《哀帝纪》（第 208 页）亦作兴宁二年（364 年）。《宋书》第 34 卷《五行志五》记作隆和二年（363 年）二月庚寅，较《晋书》早一年，且二月丁巳朔，无庚寅，似应以《晋书》所记为准。按《宋书》成书早于《晋书》，且《宋书》《晋书》二书《五行志》载“江陵地震”之灾，乃对应于出镇荆州（治江陵）的“桓温专政”之事。而桓温专政态势日趋显著，正是在晋哀帝隆和元年（362 年）即位之后，故《宋书》《晋书》二书《五行志》并载“隆和元年（362 年）四月甲戌，地震，是时政在将相，人主南面而已”。咸和二年（327 年）桓温又加“侍中、大司马、都督中外诸军事、录尚书事、假黄钺”，真正是权兼中外，位极人臣，故《宋书·五行志》记此年“江陵地震”，颇切时事。次年，即兴宁二年（364 年），史载桓温率军东下，虽因朝廷遣使制止而顿军赭圻，但更逼近建康，《晋书》记此年地震，亦合事宜。本表姑两存之。

续表

时间	地点及灾情	资料出处
兴宁二年二月 364	江陵地震	《晋书》8/208 29/897
太兴元年二月 318	武昌、西阳、庐陵、豫章地震山崩	《晋书》29/899
太兴元年十二月 318	武昌、西阳、庐陵、豫章地震，涌水出，山崩	《晋书》29/896

表 1-4 其 他

时间	地点及灾情	资料出处
黄初六年 225	时岁大寒，水道冰，舟不得入江	《三国志》2/85
咸宁四年 278	荆、扬等州 20 郡国蝗	《晋书》29/889《宋书》34/986
永嘉四年十一月 310	襄阳火，死者 3 000 余人	《晋书》27/805①
太兴中 318—321	武昌火灾	《晋书》27/806
元兴三年四月 404	江陵雨雹	《晋书》29/876
大明三年二月 459	荆州饥，三月，原田租布各有差	《宋书》6/123
永明八年七月 490	司、雍 2 州比岁不稔，雍州八年以前司州七年以前逋租悉原	《南齐书》3/55

① 《宋书》第 32 卷《五行志三》（中华书局点校本，1974 年版，第 934 页），与表中所注《晋书》第 27 卷《五行志上》（中华书局点校本，1974 年版，第 805 页）所载同。按《晋书》第 27 卷《五行志上》又称："（元兴）三年（404），卢循攻略广州，刺史吴隐之闭城固守。其十月壬戌夜，火起。时百姓避寇盈满城内，隐之惧有应贼者，但务严兵，不先救火。由是府舍焚烧，烧死者万余人，因遂散溃，悉为贼擒。"《宋书》第 32 卷《五行志三》所载此条与《晋志》略同，唯末尾多一句："殆与襄阳火同占也。"按《宋志》成书于齐梁之际，早于唐初成书的《晋志》，后者实抄录前者，《晋志》无"殆与襄阳火同占"句，当系抄落，《宋志》此句可证《晋志》《宋志》所载永嘉四年（310）十一月"襄阳火，烧（《宋志》无"烧"字）死者三千余人"属实。《晋书》第 5 卷《孝怀帝纪》（第 121 页）永嘉四年（310）十一月条称"襄阳大疫，死者三千余人"，当有误，今不取。

上表所据之资料受到很多局限。一是很不完备。很多灾害情况并没有记载，有限的记载后来又有散佚，必定还有一些资料我们失于搜集。历代史臣对灾异的记载，充满了浓厚的天人感应观念和政治鉴戒目的，这也不免影响到灾异资料的全面性和真实性。其次，有一些资料由于缺乏明确的地域概念，使本表碍难采用。如《晋书》第9卷《孝武帝纪》太元十七年（392年）载："十二月己未，地震。是岁，自秋不雨。"仅据此条资料，很难确断地震范围是否包括湖北地区，而太元十七年（392年）及以后几年，湖北正是水灾严重的时期，这年"自秋不雨"的旱情很可能不及湖北。又如《晋书》第27卷《五行志上》载晋穆帝永和四年（348年）五月、五年五月、六年五月，均有"大水"，旨在说明，"时幼主冲弱，母后临朝，又将相大臣各执权政"，以致"阴胜阳"发大水，至于发在什么地方，作史者并不关心，今天已难究悉。尽管荆、扬地域多发大水，也不便贸然定断，如《晋书》第27卷《五行志上》载太康六年（285年）四月，"郡国十大水，坏庐舍"，据太康四年（283年）荆州发过大水推测，六年发生大水的地区似乎有可能包括荆州，但据《宋书》第33卷《五行志四》，这一年发大水的郡国属于青、凉、幽、冀等州。因此这些地域概念不明确的资料，本表一般不予阑入。最后，表中的荆州在魏晋及宋前期辖地辽阔，所谓"江"、"汉"亦流域甚广，发生在荆州及"江"、"汉"的水旱灾害不一定都发生在或影响到湖北，这也是需要说明的。

上表中的资料尽管十分粗略，还是反映了此期湖北的自然灾害方面的一些大致情况。

魏晋南北朝凡370年（220—589年），湖北地区见于记载的水灾约30次，旱灾8次，平均10年才有1次，总的来说还是十分少的。就湖北内部而言，以汉水流域最多。其中荆州与扬、江及北方诸州同时发生水患的次数有十余次，概称"荆州大水"的还有几次，故湖北境内的水患频率不算突出，特别是较之后世①。

---

① 竺可桢：《中国历史上气候之变迁》所附中国历代各省水灾、旱灾分布表，《竺可桢文集》，科学出版社1979年版，第64～65页。按：此表主要据类书编成，故于六朝时期湖北地区的资料多所遗漏。

就时间的分布而言，从晋武帝咸宁二年（276 年）到晋惠帝永宁元年（301 年）的四分之一个世纪中，见于记载的水灾有 12 次，占总次数的 40%。若不限于荆州，这一时期中的咸宁元年（275 年）、二年、三年、四年，太康二年（281 年）、四年、五年、六年、七年、八年，元康二年（292 年）、五年、六年、八年，均有“大水”发生，几乎是无年不有。其地域范围或南或北，甚至由南而北广达 20 个郡国、6 至 7 个州，其损失有的十分惨重，乃至“流四千余家”、“杀三百余人”①。看来，这是一个全国范围连续发生水灾的时期，湖北也没有例外。而且这一时期的后半，正是政局动荡、八王混战之际，水灾仍然吸引了史家的注意，被载诸史籍，可见灾情很是严重。

再一个水灾分布比较集中的时期是东晋孝武帝太元年间（376—396 年），加上稍后的隆安三年（399 年）荆州一次“平地三丈”的大水，这期间荆州有 6 次大水的记录，占总记录次数的 20%。其间殷仲堪曾任荆州刺史，史称当时荆州“连年水旱”，可见当时虽连年大水，也仍然发生过旱灾。

荆州的水灾，有的是因本地长期阴雨或者陡降暴雨所致。因不在上表时限内（仅早 1 年）而未列入表中的建安二十四年（219 年）的襄阳大水，即因大霖雨，山洪暴发，以致“汉水溢，平地水数丈”②。上表中太和四年（230 年）、隆安三年（399 年）、昇明元年（477 年）等几次大水，也是如此。而如殷仲堪任荆州刺史时“蜀水大出，漂浮江陵数千家”，显然是上流客水所造成的灾害。

长江、汉水纵横流贯的湖北地区，旱灾的威胁远不及水灾，上表中亦可见，旱灾发生的频率远远低于水灾③。但永嘉三年（309 年）所发生

---

① 《晋书》第 27 卷《五行志上》，中华书局点校本 1974 年版，第 813～814 页；《宋书》第 33 卷《五行志四》，中华书局点校本 1974 年版，第 951～952 页。

② 《三国志》第 17 卷《魏书·于禁传》，中华书局点校本 1959 年版，第 524 页；同书第 26 卷《魏书·满宠传》，第 722 页。

③ 但就全国范围而言，四世纪时“旱灾之数骤增，而雨灾之数则骤减”，天气趋于干旱，见竺可桢：《中国历史上气候之变迁》，《竺可桢文集》，科学出版社 1979 年版，第 60 页。

的一次全国性大旱灾仍引人注目。《宋书》《晋书》均载“河洛江汉皆可涉”，《晋书·怀帝纪》乃称“江汉河洛皆竭”，又《初学记》引臧荣绪《晋书》，亦称“永嘉三年淮濮水竭”①，可见这一年黄河、长江、淮河几大水系均因大旱，枯竭可涉。这一年荆湘二州发生地震。宜都、夷道山崩，当阳地裂，大灾次年，襄阳又大疫，死者3 000余人②，而政治上正值永嘉之乱，真是天灾人祸并作，湖北人民备罹艰难。

降水与气候的关系十分密切。据著名科学家竺可桢通过物候学研究所得出的结论，“到东汉时代即公元之初，我国天气有趋于寒冷的趋势”。这种寒冷气候，“直到第四世纪前半期达到顶点”，年平均温度大约比现在低2℃～4℃。南北朝时的南方，年平均气温仍比现在低1℃～2℃，但已开始转暖，时至隋唐已比现在的气温要高③。这些结论能够得到文献的证实，在湖北地区亦有反映。

上表中黄初六年（225年）长江流域“大寒”、“水道冰，舟不得入江”条，竺教授曾引以为据。此类记录尚多，如吴赤乌四年（241年），亦有“大雪，平地深三尺，鸟兽死者大半”的酷寒记载④。气温升降，雨量也相对增减，自然应该影响到长江及其支流的水量。上表中所列湖北地区两次水灾集中的时期，一次是3世纪最后25年，一次是4世纪最后25年，东汉以来的寒冷趋势在4世纪前半期“达到顶点”，这两次持续而显著的降水、洪水过程，似乎显示出了气候将由寒转暖的新动向。不过六朝时期湖北地区的几次旱灾记载，多在4世纪中期以后，又与此趋势不尽符合。当然，正如竺可桢教授所指出的，由于受到记录详略、时事治乱、水利兴废、受灾地区人口交通状况等等因素的影响，有关水

① 徐坚等：《初学记》第6卷《地部·淮》，中华书局1962年版，第128页。

② 《晋书·五行志》《宋书·五行志》作“襄阳火”，见上表本条注。按：当以大疫为是，当时的居住条件及居民密度，火灾人员伤亡不应有如此之多。

③ 竺可桢：《中国近五千年来气候变迁的初步研究》，《竺可桢文集》，科学出版社1979年版，第481～482页。

④ 《三国志》第47卷《吴书·吴主传》，中华书局点校本1959年版，第1 144页。

旱灾害次数、程度、范围方面的历史记载，不能说绝对可信，据以得出的全国性的水旱灾害变化及动向，也只能是一种大致的趋势①。

上表中关于六朝时期湖北地区的地震记载共有10次，但地震发生的年份实际上只有5个（隆和二年、兴宁二年必有一误，姑依《晋书》），盖因地震波及的空间范围较大，各地均有记载，或者地震的前震、主震、余震相隔时间较长，被分别予以记载，从而导致一次地震被重复或交叉记载。

地震发生的5个年份为公元294年、309年、318年、327年、364年。从公元294年到327年的30余年中，所发生地震次数占六朝370年中湖北所发生地震（当然限于有记载者）次数总和的80%，可见在地震发生的时间分布上相当集中。

在地震发生的区域上，也同样很集中。这5个年份的地震，有两个年份发生在江陵，一个年份在江陵附近的宜都夷道、当阳及荆湘交界，一个年份在鄂西北的上庸（治今竹山西，下注今地均指其治所所在）及相毗邻的南阳，还有一个年份在鄂东隔江相对的武昌（今鄂城）、西阳（今黄冈）及相邻接的豫章（今江西南昌）、庐陵（今江西吉水）。

其中元康四年（294年）的上庸、南阳地震，正发生在所谓“秦岭地震带”。秦岭是我国南北两个不同自然区的天然界限，其南部，约自汉中、安康一线以南，为南秦岭。徽、成盆地以东，襄阳、南阳凹陷以西一段，为东秦岭。据地质学者研究，南秦岭与东秦岭之间为断层接触，其间有一个地震带，震中约沿汉中、安康、竹山一带分布，秦岭东端的南阳凹陷亦当包括在这一地震带中②。江陵位于华南地台江汉凹陷地带的西南部，境内有白垩纪至下第三纪沉积形成的江陵凹陷，其以荆州城为中心，包括江陵和宜昌、宜都、枝江、公安等地，这种构造软弱的凹

---

① 竺可桢：《中国近五千年来气候变迁的初步研究》，《竺可桢文集》，科学出版社1979年版，第58～59页。

② 李善邦：《中国地震》，地震出版社1981年版，第264～265、309页。

陷地带“容易产生不稳定状态”，构成地震活动区①。永嘉三年（309年）、咸和二年（327年）、兴宁二年（364年）相继发生在江陵及侧近地区的几次地震，当与江陵凹陷地质有关。

湖北地区的水旱及地震灾害等，在魏晋南北朝时期见于史载者骤然增多。个中原因复杂，但有一点是无可置疑的，那就是由于此间湖北地区的经济开发程度提高，人口密集程度提高，活动范围增大，灾害对人民生产生活所造成的损失比过去更大，从而使人们比过去更容易更深切地感知到它的存在。

长江自冲破三峡进入中游地区以后，便无所羁绊，浩荡东去。但从东晋开始，人们在它扬流所经的第一个大都会江陵城旁，修起了一道“金堤”，试图对它有所约束。上表可见，东晋太元十九年（394年），梁天监六年（507年），汹涌“大出”的“蜀水”两度打破这种人为的限制，并顺水漂走数千户人家。不过堤防的修筑，仍表明了人们企图控制长江的美好愿望和初步努力，拉开了至今未息的征服长江的序幕。当然，诸如地震，面对它足以造成山崩地裂的巨大能量，当时的人们，甚至今天的人们，还只能以敬畏的心情祈求它少来肆虐。另外，我们还看到，当时朝廷及州县机构，通过其社会职能，如遣使安抚，蠲免租税，以至开仓赈恤，对减少自然灾害的危害，仍发挥了不可低估的作用。上表所列晋孝武帝太元十七年（392年）江陵大水，冲走数千家，荆州刺史殷仲堪即因堤防失修、汛期防守不严而受到降军号的处罚。可见地方长官有维护当地水利设施之责。

魏晋南北朝时期湖北的自然灾害对本地社会经济及人民生命财产的严重影响，上表中已显而易见。它对军事的影响有时也很直接。如建安二十四年（219年）曹魏刘蜀樊城之役，曹军于禁等七军皆没，就因汉水突涨，平地水深数丈所致，可谓“人算不如天算”。在东晋末年殷仲堪与桓玄的军事对抗中，殷仲堪以失败结局的一个重要原因，也与当时荆

---

① 江陵县县志编纂委员会：《江陵县志》第6卷，湖北人民出版社1990年版，第73页，参上揭李善邦《中国地震》第285页。

州连年水旱有关①，对此将在下文中论及。

第二节 政区建置沿革

魏晋南北朝时期地方行政建制及其沿革的复杂，在中国历史上恐怕是空前绝后的。这当然是因为两汉统一帝国崩溃后，南北分裂，政区变化频繁所致。湖北地当南北之交，在南北争夺中，疆埸一彼一此，其政区的设置及归属亦变动不居，因而更形复杂。清洪亮吉撰《补三国疆域志》，自序中曾列举十难，大抵是资料缺乏，记载舛互②。若要重现六朝湖北的政区建制，至少有如下困难。

其一，是记载阙略。《三国志》《梁书》《陈书》均无地理志，《隋书·地理志》虽兼括梁、陈，毕竟以隋代政区为主。《晋书》虽有地理志，然而“惟详太始太康”，永嘉以后，“仅掇数语”③。

其二，是郡国县邑置废不恒，隶属关系多所改易④。所谓“省置交加，日回月徙”，“昨属荆、豫，今隶司、兖”⑤。

其三，出于多种原因的郡县滥置，所谓“一郡分为四五，一县割成两三”。

其四，因北方流民南迁而出现的侨置郡县，所谓“寄寓迁流，迄无定托，邦名邑号，难或详书”。

其五，因蛮族出山而出现的所谓“左郡左县”。

---

① 据《晋书》殷仲堪、杨佺期、桓玄诸传，安帝隆安三年（399年），桓玄举兵攻仲堪，仲堪急召镇守襄阳的杨佺期率部来江陵，共抗桓玄。佺期担心江陵粮食不足，但仲堪绐称江陵有储粮，结果佺期兵至无食，以致覆败。江陵原本有储粮，乃因荆州连年大水，“仲堪振恤饥者”，使得“仓廪空虚”。

② 《二十五史补编》第3册，中华书局1955年版，第2 997页。

③ 洪亮吉：《东晋疆域志》自序，《二十五史补编》第3册，中华书局1955年版，第3 580页。

④ 《三国志》第4卷《魏书·齐王芳纪》，中华书局点校本1959年版，第127页；同书第2卷《魏书·文帝纪》，第76页。

⑤ 《宋史》第11卷《志序》，中华书局点校本1974年版，第205页。

其六，因分裂割据而出现的州郡对置与遥领虚封。

其七，由以上情况出现的州郡县之同名异地、同地异名等①。

以上正显示了魏晋南北朝时期湖北地方行政建制的一些基本特点。本节拟根据有关史志以及后人的补表补志，对此期湖北的政区建置沿革略作勾勒。

一、三国时期

1. 魏

赤壁大败以后，曹操仍遣曹仁困守江陵经年，后被迫放弃，将战略据点北缩至襄阳、樊城一带，但仍占领东汉荆州北部之大片土地，并于该地区设置荆州。曹魏荆州初治襄阳，后移治宛（今河南南阳）。正始四年（243 年）移治新野（今属河南）。曹魏荆州共设置 7 郡：南阳，南乡，江夏，襄阳，魏兴，上庸，新城。

兹将公元 262 年（魏景元三年）魏荆州郡县地在湖北者条列如下②：南阳郡（治宛县，今河南南阳）：

随县（治今随县）、平林（治今随县北）③、安昌（治今枣阳南）、蔡

---

① 《宋书》第 11 卷《志序》，中华书局点校本 1974 年版，第 205 页；《晋书》第 14 卷《地理志》序，中华书局点校本 1974 年版，第 414 页；洪亮吉、谢钟英：《补三国疆域志补注》洪序、谢序；《二十五史补编》第 3 册，中华书局 1955 年版，第 2 997～2 998 页。

② 主要参考吴增仅撰、杨守敬补正：《三国郡县表附考证》，《二十五史补编》，中华书局 1955 年版，第 2 821～2 968 页；谭其骧：《中国历史地图册》第 3 册第 17 图“魏荆州”，地图出版社 1982 年版，以及有关正史、地志，此不赘注。又本书所注今地，一般依据中国地图出版社编制出版之《中国地图册》1990 年第7 版，或谭其骧主编《中国历史地图册》所标今地，地图出版社 1982 年版。

③ 魏文帝黄初三年（222 年），分南阳郡立义阳郡，平林、安昌等五县划属义阳。齐王芳正始元年（240 年）义阳郡废，平林、安昌等县还属南阳郡，明帝景初元年（237 年）自襄阳郡割属义阳的鄀县亦于此时还属襄阳郡。以上详见胡阿祥等：《中国行政区划通史・三国两晋南朝卷》第 3 编第 1 章第 8 节，复旦大学出版社 2017 年第 2 版，第 380～381 页。

阳（治今枣阳西南）、邓县（治今襄阳北）、襄乡（治当在今枣阳西南）①

南乡郡（治酂县，今老河口市西北）：

酂县（魏初曾为酂国，治今老河口市西北）、筑阳（治今谷城东）、阴县（治今老河口市东北）、武当（治今丹江口市西北）

江夏郡（始治石阳，今汉川西北，后移治上昶城，今云梦南）：

石阳（治今汉川西北）、安陆（治今云梦）、南新市（治今应城西北）

襄阳郡（治襄阳，今襄阳市）：

襄阳（治今襄阳）、山都（治今襄阳西北）②、中庐（治今襄阳西

① 襄乡县，《后（续）汉书》第22卷《郡国志四》（中华书局点校本1965年版，第3 477页）荆州南阳郡有此县。《晋书》第15卷《地理志下》（中华书局点校本1974年版，第455页）荆州南阳及析自南阳的义阳等郡均无。吴增仅撰、杨守敬补正《三国郡县表附考证》（《二十五史补编》，中华书局1955年版，第2 876～2 878页）第3卷魏荆州南阳郡不载。谭其骧主编《中国历史地图集·三国时期图组》（地图出版社1982年版）第19图“魏荆州”亦不载。胡阿祥等著《中国行政区划通史·三国两晋南朝卷》（复旦大学出版社2017年第2版，第378～379页）第3编第1章第8节，综据沈约《宋书·州郡志》转录徐爰《宋书·州郡志》文、《文选》李善注及《水经注·沔水》等文献，考证得出魏荆州南阳郡实有襄乡县。其说可从。

② 山都县，《后（续）汉书》第22卷《郡国志四》（中华书局点校本1965年版，第3 476页）属荆州南阳郡，《晋书》第15卷《地理志下》（中华书局点校本1974年版，第455页）属荆州襄阳郡。《宋书》第37卷《州郡志三》属雍州新野郡：“山都男相，汉旧县，属南阳，《晋太康地志》属襄阳，《永初郡国》及何、徐属新野。”又“雍州襄阳公相”条称：“魏武帝平荆州，分南郡编以北及南阳之山都立。”（中华书局点校本1974年版，第1 136～1 137页）则山都于东汉献帝建安十三年属曹操平刘表时分置的襄阳郡，诸志记载明确。上揭吴增仅《三国郡县表附考证》（《二十五史补编》，中华书局1955年版，第2 880页）第3卷魏荆州襄阳郡属县有山都，亦见载于谭其骧主编《中国历史地图集·三国时期图组》（地图出版社1982年版）第19图“魏荆州”襄阳郡内。胡阿祥等著《中国行政区划通史·三国两晋南朝卷》（复旦大学出版社2017年第2版，第377～378页）第3编第1章第8节，据《三国志》第47卷《吴书·孙权传》、《水经注》第28卷《沔水》、第31卷《淯水》相关记载，认为曹魏时山都仍属南阳郡。然而其说似尚不足以否定《晋书·地理志》《宋书·州郡志》所载，详考不赘。

南)、邵县(治今宜城北)、宜城(治今宜城南)、鄀县(治今宜城东南)、临沮(治今远安西北)、旍阳(治今枝江东北一带)

魏兴郡(治西城,今陕西安康西):

平阳(治今郧西西)、钖县(治今陕西白河,其辖地当错入湖北)

上庸郡(治上庸,今竹山西南):

上庸(治今竹山西南)、武陵(治今竹山西北)、建始(治今竹山西北)、巫、安富、广昌(巫以下三县不详地望)

新城郡(治房陵,今房县):

房陵(治今房县)、昌魏(治今房县西南)、绥阳(治今神农架林区东南)、沶乡(治今南漳西南)、武陵(治今竹山县东)

2. 蜀

刘备是赤壁之战的最大得利者,他乘机占领了荆州的南部零陵、桂阳、武陵、长沙四郡,地当今湖南全省及湖北西南一部。后来孙权又把南郡(荆州治所)借给刘备(所谓借荆州)。其后围绕着荆州的借与还,孙吴、刘蜀之间屡有争斗,曹魏亦角逐其间。至建安二十四年(219 年)魏蜀襄樊之役关羽败死,三年后吴蜀夷陵之战陆逊制胜,刘蜀最终退出荆州。建安二十四年,曹魏控制的位于今鄂西北的所谓东三郡地区,一度为刘蜀占领,但旋为曹魏夺还。故三国时期刘蜀的疆域未及湖北。

3. 吴

三国时期,除了曹魏控制的湖北北部以外,湖北其他地区均为孙吴所得。当然,在湖北境内汉水以东的长江北岸地带,魏吴之间曾有激烈争夺,疆域亦有彼此,但总的格局基本不变。下面仍以公元 262 年(吴永安五年)为准,将吴在湖北地区所设置的州郡县建制条列如下①:

荆州南郡(初治江陵,后移治公安城,今公安):

① 主要参考吴增仅撰、杨守敬补正:《三国郡县表附考证》,《二十五史补编》第 3 册,中华书局 1955 年版,第 2 821～2 968 页;谭其骧:《中国历史地图册》第 3 册第 29～30 图“吴荆州”,地图出版社 1982 年版,以及有关正史、地志,此不赘注。

江陵（治今江陵）、编（治今荆门北）、当阳（治今当阳东）、华容（治今监利北）、枝江（治今枝江西北）、孱陵（治今公安西南）、作唐（治今公安西南）、旌阳（治今枝江东北一带）、监利（治今监利东北）

荆州宜都郡（治夷道，今宜都）：

夷道（治今宜都）、西陵（治今宜昌）、佷山（治今长阳西）

荆州建平郡（治巫县，今重庆巫山南）：

秭归（治今秭归）、兴山（治今兴山北）、信陵（治今秭归东南）、沙渠（治今恩施）、建始（地望不详）

荆州江夏郡（初治沙羡，后移治武昌，今鄂城）：

武昌（治今鄂城）、沙羡（治今武汉市）、阳新（治今阳新西南）、下雉（治今阳新东）、竟陵（治今潜江东北）、云杜（治今京山）、安陆（治今云梦）、南新市（治今京山东北）①

扬州蕲春郡（治蕲春，今蕲春西南）：

蕲春（治今蕲春西南）、寻阳（治今黄梅西南）、邾县（治今黄冈北）、安丰（治今黄冈、蕲春之间）②

荆州长沙郡（治今湖南长沙市）：

下隽（治今通城西北）、蒲圻（治今蒲圻东北）

二、西晋时期

西晋太康元年（280年）灭吴，南北暂归一统，魏、吴对置的荆州亦重归为一，除鄂东一隅外，湖北地区尽在西晋荆州的辖区之内。《晋

① 上列孙吴荆州江夏郡位于今湖北境内诸属县，参考了黄惠贤：《公元三至十九世纪鄂东南地区经济开发的历史考察（上篇）》，黄惠贤等主编：《古代长江中游的经济开发》，武汉出版社1988年版。胡阿祥等著：《中国行政区划通史·三国两晋南朝卷》第3编第3章第2节，复旦大学出版社2017年第2版，第525～528页。

② 胡阿祥等著：《中国行政区划通史·三国两晋南朝卷》第3编第3章第1节，据《宋书·州郡志二》“江州”条等资料，考证得出吴蕲春郡有安丰县，其说可从，复旦大学出版社2017年第2版，第490页。

书·地理志·序》称太康元年“既平孙氏，凡增置郡国二十有三”，其中地在（或错入）今湖北者有随郡、义阳、南平等郡国。但据考证，随郡为惠帝时增置，义阳曹魏时已置，南郡系吴南平郡更名，不得云增置①，可见《晋书·地理志》所述，颇有失照之处。不过《晋志》虽因体例及精确性方面的问题多遭后人非议，但它仍是后世了解西晋太康初年州郡设置的基本资料。下面依据《晋志》，并参照有关的前人研究成果，将西晋太康初年湖北的州郡建置胪列于下：

荆州义阳郡（治新野，今属河南）：

蔡阳（治今枣阳西）、安昌（治今枣阳南）、厥西（治今随县西北）、平林（治今随县东北）、随县（治今随县）、邓县（治今襄阳北）

荆州南乡郡（治酂县，今老河口市西北）：

酂县（治今老河市西北）、阴县（治今老河口市西北）、筑阳（治今谷城北）、武当（治今丹江口市西北）、汎阳（治今谷城西）②

荆州魏兴郡（治兴晋，今郧西西北）：

兴晋（治今郧西西北）、长利（治今郧西西南）

荆州上庸郡（治上庸，今竹山）：

上庸（治今竹山）、武陵（治今竹山西）、微阳（治今竹溪东）、北巫、安富、广昌③（北巫以下地望不详，或在今湖北境）

荆州新城郡（治房陵，今房县）：

房陵（治今房县）、昌魏（治今房县南）、绥阳（治今神农架林区

---

① 钱大昕：《廿二史考异》第19卷《晋书·地理志上》，商务印书馆1958年版，第393～394页：毕沅：《晋书地理志新补正》，《二十五史补编》，中华书局1955年版第3册，第3 532页；方恺：《新校晋书地理志》序，《二十五史补编》第3册，第3 561页。

② 胡阿祥等著：《中国行政区划通史·三国两晋南朝卷》第4编第1章第16节引据《宋书·州郡志》，称晋武帝太康五年（284年）立汎阳县，属南乡郡，其说可从，复旦大学出版社2017年第2版，第715页。

③ 胡阿祥等著：《中国行政区划通史·三国两晋南朝卷》第4编第1章第16节，据《宋书·州郡志》所引《晋地记》，称武帝太康元年改上庸郡之广昌子国为庸昌，旋于二年废，其说可从，复旦大学出版社2017年第2版，第716页。

南)、涢乡（治今南漳西南）

荆州襄阳郡（治襄阳，今襄阳）：

襄阳（治今襄阳）、山都（治今襄阳西北）、中庐（治今襄阳西南）、邔县（治今宜城北）、宜城（治今宜城北）、上黄（治今宜城西南）、临沮（治今远安西北）

荆州建平郡（治巫县，今重庆巫山）：

兴山（治今兴山北）、秭归（治今秭归）、信陵（治今秭归东）、建始（治今建始）、沙渠（治今恩施）

荆州宜都郡（治夷陵，今宜昌西）：

夷陵（治今宜昌西）、佷山（治今长阳西）、夷道（治今宜都）

荆州南郡（治江陵，今荆州）：

江陵（治今荆州）、编县（治今荆门北）、鄀县（治今宜城西南）、当阳（治今当阳东）、旍阳（治今枝江东北一带）、枝江（治今枝江东北）、华容（治今监利北）、州陵（治今洪湖东）、石首（治今石首）、监利（治今监利东）

荆州南平郡（治江安，今公安西北）：

江安（治今公安西北）、孱陵（治今公安西南）、作唐（治今公安西南）

荆州江夏郡（治安陆，今云梦）：

安陆（治今云梦）、南新市（治今云梦东北）、云杜（治今京山）、曲陵（治今汉川西北）、竟陵（治今潜江西北）、滠阳（治今黄陂西南）

荆州武昌郡（治武昌，今鄂城）：

武昌（治今鄂城）、鄂县（治今鄂城西南）、沙羡（治今武汉武昌）、沙阳（治今嘉鱼东北）、高陵（治今黄州区、蕲春之间）①

---

① 高陵，孙吴时为扬州蕲春郡安丰县，晋武帝太康元年改名，属武昌，详见《宋书》第36卷《州郡志三・江州》“寻阳太守”，中华书局点校本1974年版，第1 086页。《晋书》第15卷《地理志下・荆州》（中华书局点校本1974年版，第458页）武昌郡之“官陵”县，当即“高陵”之讹。参胡阿祥等著：《中国行政区划通史・三国两晋南朝卷》第4编第1章第16节，复旦大学出版社2017年第2版，第723页。

荆州长沙郡（治临湘，今湖南长沙）：

蒲圻（治今赤壁市东北）、下隽（治今通城西北）

豫州弋阳郡（治弋阳，今河南潢川西）：

西陵（治今新洲西）、邾县（治今黄冈北）、蕲春（治今蕲春西南）

扬州庐江郡（治舒县，今安徽舒城）：

寻阳（治今黄梅西南）

以上所列西晋太康初年湖北州郡建置，在以后又有变化，特别是惠帝一朝，频有分析改置。如惠帝元康元年（291 年），“有司奏荆、扬二州疆土广远，统理尤难”，于是割扬州豫章、鄱阳等 7 郡，荆州武昌、桂阳、安成 3 郡，共 10 郡，“因江水之名而置江州”，其后历东晋南朝不废①。惠帝时又曾以荆州新城、魏兴、上庸 3 郡隶梁州，分义阳郡立随郡，分江夏立竟陵郡。惠帝末年天下大乱，置废更不规范，如一度因李特据蜀，割南郡之华容、州陵、监利 3 县别立丰都县，又合 4 县置成都郡，以为成都王颖封国，实开东晋成批侨置郡县的先河②。

三、东晋时期

永嘉之乱以后，晋室南渡，偏安江左，州郡地理变化之大，钱大昕认为只有秦平六国普行郡县所造成的舆地变化，方可与之为比。他所说的变化就是指的因流民南迁而出现的侨置郡县，以及由之而引起的“名实混淆”问题。他还谈到了东晋疆域伸缩多变所造成的州郡置废不常等问题③。而这些问题，在当时的湖北地区均称突出。因为湖北是东晋时期最大的流民寄寓区、侨州郡县设置区之一，又是境接南北的疆埸之

① 《晋书》第 15 卷《地理志》，中华书局点校本 1974 年版，第 458、463 页；上揭陈桥驿《水经注校证》第 35 卷《江水注》云晋惠帝永平中置江州，中华书局 2007 年版，第 807 页。按：永平元年（291 年）三月改元元康。

② 《晋书》第 15 卷《地理志》荆州后序，中华书局点校本 1974 年版，第 458 页。

③ 洪亮吉：《东晋疆域志》钱大昕序及自序，《二十五史补编》第 3 册，中华书局 1955 年版，第 3 579～3 580 页。

地。因而其州郡建置的复杂，堪称“地理参差其详难举”、“千回百改巧历不算”①。今存《晋书·地理志》修于唐初，所述为太康初政区，于东晋一代政区沿革，略有提及而已，并无系统、完备的记载。下面所列东晋湖北州郡建置，主要根据清人洪亮吉《东晋疆域志》一书，并参考《宋书》《南齐书》《晋书》之州郡、地理志，以及其他有关地志。关于东晋南朝侨州郡县的设置及其地望，对夏日新《东晋南朝长江中游地区侨州郡县考》及胡阿祥《东晋南朝侨州郡县的设置及其地理分布》二文，多有参考②。

1. 湖北地区内的实州郡县

荆州南郡（荆州初治武昌，今鄂城，其后迁徙无常处，后定治江陵，今荆州）：

江陵、编县、当阳、华容、枝江、旍阳、州陵、监利③

荆州南平郡（治江安，今公安西北）：

江安、孱陵、作唐

荆州武宁郡（治乐乡，今荆门北）：

长林（治今荆门）、乐乡（治今荆门北）

荆州江夏郡（治安陆，今云梦）：

安陆、滠阳、沌阳（治今汉阳东）、曲陵、惠怀（治今仙桃市）④

荆州竟陵郡（治石城，今潜江境）：

竟陵、南新市、云杜、霄城（治今应城西南）、新阳（今京山境）

---

① 《宋书》第35卷《州郡志》序，中华书局点校本1974年版，第1 028页。

② 夏文见黄惠贤、李文澜主编：《古代长江中游的经济开发》，武汉出版社1988年版；胡文见《历史地理》第8～9辑，上海人民出版社1990年版。

③ 县治与前代无变化，则不注今地。

④ 《宋书》第37卷《州郡志三·郢州》江夏太守：“惠怀子相，江左立。”则惠怀为东晋时置立。参胡阿祥等著：《中国行政区划通史·三国两晋南朝卷》第5编第1章第9节，复旦大学出版社2017年第2版，第840页。地望据谭其骧：《中国历史地图集》第4册，第34～35图“南朝齐荆州、郢州、湘州”所标南齐时惠怀所在，中国地图出版社1982年版。

荆州襄阳郡（治襄阳，今襄阳）：

襄阳、宜城、中庐、临沮、上黄、鄀县、襄乡、邔县

荆州顺阳郡（治酂县，今老河口市西北）：

酂县、武当、阴县、筑阳、汎阳

荆州义阳郡（治平阳，今河南信阳）：

厥西、安昌

荆州随郡（治随县，今随州）：

随县、平林

荆州新野郡（治新野，今属河南）：

蔡阳、邓县、山都

荆州建平郡（治巫县，今重庆巫山）：

信陵、兴山、建始、秭归、归乡（治今秭归南）、沙渠、永新、永宁、平乐、新乡、南陵（永新以下地望不详）

荆州宜都郡（治夷道，今宜都）：

夷陵、夷道、佷山、宜昌①

湘州长沙郡（治临湘，今长沙）：

下隽、蒲圻

江州武昌郡（治武昌，今鄂城）：

武昌、阳新、沙羡、沙阳、鄂县、高陵

2. 侨州郡县②

长宁郡（侨置于南郡境，今荆门西北）：

长宁、绥安、僮阳、绥宁

弘农郡（侨置于今松滋西北）

---

① 胡阿祥等著：《中国行政区划通史·三国两晋南北朝卷》第5编第1章第9节，据《宋书·州郡志》，谓宜昌似东晋所置，其说可从，复旦大学出版社2017年第2版，第845页。

② 侨置县邑多不详地望，只大致标其郡治今地。

县无考

豫州（一度侨置于邾城，今黄冈市西北；移侨武昌，今鄂州）

南豫州安丰郡（侨置于寻阳，今黄梅西南）

县无考①

豫州新蔡郡（侨置于今广济东）：

蕲阳（即蕲春）

豫州西阳郡（侨置于今黄冈东）：

西阳、西陵、邾

新兴郡（侨置于南郡境，今荆州）：

云中、九原、定襄、宕渠、广牧、新丰

南河东郡（侨置于南郡境，今荆州）：

广戚、闻喜、弘农、临汾、松滋、安邑、永安、谯

义阳郡（侨置于南郡境，今荆州）：

县无考

义阳郡（侨置于襄阳境，今襄阳）

平氏、襄乡

东义阳郡（当侨置于南郡境，今荆州）：

县无考

汶阳郡（侨置于南郡境，今荆州）：

汶阳、僮阳、沮阳、高安

汝南郡（侨置于江夏郡，今武汉市）：

汝南

绥安郡（侨置于江夏郡，今武汉市）：

---

① 上列弘农郡、豫州、南豫州安丰郡，均据胡阿祥等著：《中国行政区划通史·三国两晋南朝卷》第10编第1章，“《晋书·地理志》司兖豫诸州之部侨州郡县考表”，复旦大学出版社2017年第2版，第1 509、1 531、1 542页。又本章侨州郡县部分，这次修订时对胡氏此书多有参考。

县无考
梁州（侨置于襄阳，今襄阳，后徙）
秦州（侨置于襄阳，今襄阳，后徙）
司州（侨置于襄阳，今襄阳，后徙）
雍州（侨置于襄阳，今襄阳）
雍州京兆郡（侨置于襄阳，今襄阳）：
蓝田、郑、池阳、新康、南霸城
雍州始平郡（侨置于襄阳，今襄阳）：
始平、平阳、清水、槐里
雍州扶风郡（侨置于襄阳，今襄阳）：
郿县、魏昌
雍州河南郡（侨置于襄阳，今襄阳）：
阳城、缑氏、河南、新城、河阴
雍州广平郡（侨置于襄阳，今襄阳）：
易阳、曲周、邯郸、广平
雍州义成郡（侨置于襄阳，今襄阳）：
下蔡、平阿、义成、万年
雍州北河南郡（侨置于襄阳，今襄阳）：
县不详
雍州义阳郡（侨置于今枣阳市东北一带）：
县不详
梁州南上洛郡（侨置于今陕西白河南，辖地当错入湖北）：
阳亭、上洛、商县、流民、拒阳
梁州北上洛郡（侨置于今郧西西北）：
上洛、北商、酆阳、阳亭、北拒阳
梁州新兴郡（侨置于今竹溪西）：
新兴、吉阳、东关
梁州上庸郡（治今竹山西南）：

新安、北吉阳[1]

南新蔡郡（侨置于今黄梅西）：

苞信、慎县、宋县

附：十六国时期在湖北所置州郡县（多为临时设置）[2]

后赵荆州：江夏郡、襄阳郡、南郡、义阳郡、顺阳郡

前秦荆州：襄阳郡、顺阳郡

前燕荆州：南阳郡（其他郡不可考）

后秦荆州：襄阳郡、顺阳郡

东豫州：新蔡郡

四、宋齐时期

宋齐二代正史均设有州郡志，宋志“大较以大明八年（464 年）为正”，齐志所述则为明帝建武朝（494—498 年）版图。下面据以列出宋齐时期设于湖北的州郡县邑。经过东晋以来历次土断，侨旧政区被混合编制，南北地名分合交叉，有些当地旧有县邑，被转属于侨州郡，侨旧政区呈混融趋势。因而南朝以下州郡县邑不再侨、旧分列。

1. 宋

荆州南郡（治今荆州）：

江陵、华容、当阳、临沮、编县、枝江

荆州南平郡（治今公安西北）：

江安、孱陵、作唐、南安

荆州宜都郡（治今宜都）：

夷道、佷山、宜昌、夷陵

---

① 《宋书》第 37 卷《州郡志三·梁州》“上庸太守”系实郡，属县新安见于《永初郡国》，“本建平流民”，当系承自东晋的侨县。又有北吉阳，仅见于《永初郡国》，亦当为侨县，中华书局点校本 1974 年版，第 1 148 页。

② 主要根据洪亮吉：《十六国疆域志》，《二十五史补编》，中华书局 1955 年版，第 4 083～4 209 页。

荆州建平郡（治今重庆巫山）：

秭归、归乡、沙渠、新乡（辖地不详）、南陵、建始、信陵、兴山、永新、永宁、平乐①

荆州武宁郡（治今荆门北）：

乐乡、长林

荆州汶阳郡（治今远安西北）：

汶高安、僮阳、沮阳

荆州新兴郡（约今荆州东北一带）：

定襄、广牧、新丰

荆州南河东郡（治今松滋西北）：

闻喜、永安、松滋、谯县

荆州永宁郡（治今荆门西北）：

长宁、上黄

郢州江夏郡（治今武汉）：

汝南、沌阳、孝昌、惠怀、沙阳、滠阳、蒲圻

郢州竟陵郡（治今钟祥）：

苌寿、竟陵、新市、霄城、新阳、云杜

郢州巴陵郡（治今湖南岳阳）：

下隽、监利、州陵

郢州武昌郡（治今鄂州）：

武昌、阳新、鄂县

郢州西阳郡（治今黄冈东）：

西阳、西陵、孝宁、蕲阳、义安、蕲水左县、东安左县、建宁左县、希水左县、阳城左县②

---

① 据《宋书》第37卷《州郡志三·荆州》“建平太守”，东晋末建平郡所领南陵以下七县，宋永初（420—422年）后即废，中华书局点校本1974年版，第1 122页。

② 左郡县今地多不详。

郢（司）州安陆郡（治今安陆）：

安陆、应城[①]、曲陵

郢州建宁左郡（治今建宁左县、阳城左县）

建宁左县、阳城左县[②]

郢州安蛮左郡（治今安陆一带）

郢（司）州随郡（治今随县）：

随县、永阳、阙西、西平林

江州南新蔡郡（治今黄梅一带）：

苞信、慎、宋、阳唐左县

雍州襄阳郡（治今襄阳）：

襄阳、中庐、邔县

雍州新野郡（治今河南新野）：

山都、池阳、交木、蔡阳、宜城

雍州顺阳郡（治今河南淅川南）：

槐里、清水（地望不详，或错入湖北）

雍州京兆郡（治今襄阳北）：

杜县、邓县、新丰

雍州始平郡（治今丹江口市西北）：

武当、始平、武功、平阳

雍州扶风郡（治今谷城）：

筑阳、郿县、汎阳

雍州南上洛郡（治今襄阳、河南南阳一带）：

上洛、商县

雍州河南郡（初治襄阳，后移沔北）：

---

① 安陆云“领县二”，而下仅列安陆一县，实脱应城县，说见《宋书》第36卷“校勘记”第62条，中华书局点校本1974年版，第1 114页。

② 据《宋书》第37卷《州郡志三·郢州》“西阳太守”，西阳境内大明八年（464年）以前有建宁左郡，后废入西阳，中华书局点校本1974年版，第1 128页。

河南、新城、河阴、棘阳、襄乡

雍州广平郡（治今丹江口市东南）：

广平、鄀县、比阳、阴县

雍州义成郡（治今丹江口市北）：

义成、万年

雍州冯翊郡（治今宜城西南）：

鄀县、高陆、莲勺

雍州南天水郡（治今宜城东）：

华阴、西县、略阳、河阳

雍州建昌郡（治今襄阳一带）：

永兴、安宁

雍州昌国郡（治今襄阳一带）

雍州华山郡（治今宜城）：

华山、蓝田、上黄

梁州新兴郡（治今竹溪西南）：

吉阳、东关

梁州北上洛郡（治今郧西西北）：

北上洛、丰阳、流民、阳亭、拒阳、商县、西丰阳

梁州南上洛郡（治今陕西白河南，辖区当错入湖北）：

上洛、商县、流民、丰阳、渠阳、义县

梁州新城郡（治今房县）：

房陵、绥阳、昌魏、祁乡、阆阳、乐平

梁州上庸郡（治今竹山西南）：

上庸、安富、北巫、微阳、武陵、吉阳、新安、广昌

2. 齐

荆州南郡（治今荆州）：

江陵、华容、枝江、临沮、编县、当阳

荆州南平郡（治今公安西南）：

孱陵、江安、作唐、南安

荆州宜都郡（治今宜都）：

夷道、佷山、夷陵、宜昌

荆州武宁郡（治今荆门北）：

乐乡、长林

荆州河东郡（治今松滋西北）：

闻喜、松滋、谯县、永安

荆州汶阳郡（治今远安西北）：

僮阳、沮阳、高安

荆州新兴郡（治今荆州东）：

定襄、新丰、广牧

荆州永宁郡（治今荆门西北）：

长宁、上黄

荆州建平郡（治今重庆巫山）：

秭归、归乡、沙渠、新乡（地望不详）

郢州江夏郡（治今武汉）：

沙阳、蒲圻、滠阳、汝南、沌阳、惠怀

郢州竟陵郡（治今钟祥）：

竟陵、云杜、霄城、苌寿、新市、新阳

郢州巴陵郡（治今湖南岳阳）：

下隽、州陵、监利

郢州武昌郡（治今鄂州）：

武昌、鄂县、阳新、义宁、真阳

郢州西阳郡（治今黄冈东）：

西陵、蕲阳、西阳、孝宁、希水左县、蕲水左县、期思、义安左县、东安左县（期思以下地望不详）

郢州齐兴郡（治今钟祥北一带）：

上蔡、绥怀、齐康、茸波、绥平、齐宁（绥怀以下地望不详）

郢州东牂牁郡（治今应城西北一带）：

南新市、宜县、南平阳、西新市、西平阳、东新市

郢州方城左郡（地望不详，当在大洪山西、南侧或今黄冈浠水一带）：

城阳、归义

郢州北新阳郡（地望不详，当在大洪山西、南侧一带）：

西新阳、安吉、长宁

郢州义安左郡（地望不详，当在大洪山西、南侧或今黄冈浠水一带）：

绥安

郢州南新阳左郡（地望不详，当在大洪山西、南侧一带）：

南新阳、新兴、北新阳、角陵、新安

郢州北遂安左郡（地望不详，当在大洪山西、南侧或今黄冈浠水一带）：

东城、绥化、富城、南城、新安

郢州新平左郡（地望不详，当在今安陆京山一带）：

平阳、新市、安城

郢州建安左郡（治今应城西南）：

霄城

江州南新蔡郡（治今黄梅一带）：

慎、苞信、阳唐左县、宋

司州南义阳郡（治今安陆东北）：

孝昌、平阳、平春、平舆、义昌、南安（平舆以下地望不详）

司州随郡（治今随州）：

随县、永阳、阙西、安化

司州安陆郡（治今安陆）：

安陆、应城、新市、新阳、宣化

司州齐安郡（治今麻城西南）：

齐安、南安、始安、义城、义昌、义安（始安以下地望不详）

司州安蛮左郡（治今黄陂北）：

木兰、新化、怀县、中聂阳、南聂阳、安蛮、虔化①（怀县以下地望不详）

司州永宁左郡（治今应城西南一带）：

曲陵、中曲陵、孝怀、安德（中曲陵以下地望不详）

司州东义阳左郡（地望不详，当在今河南信阳南、湖北广水、大悟一带）：

永宁、革音、威清、永平

司州东新安左郡（地望不详，当在今随州安陆一带）：

第五、南平林、始平、始安、平林、义昌、固城、新化、西平

司州新城左郡（地望不详，当在今应城孝感一带）：

孝怀、中曲、南曲陵、怀昌

司州围山左郡（地望不详，当在今孝感应城一带）：

及刺、章平、北曲、洛阳、围山、曲陵

司州建宁左郡（治今麻城西南）：

建宁、阳城

司州北随安左郡（地望不详，治今随州北一带）：

济山、油潘

司州东随安左郡（地望不详，当在今应山东北一带）：

西随、高城、牢山

豫州齐昌郡（治今蕲春西南）：

齐昌、永兴、阳塘、保城（阳塘以下地望不详）

雍州襄阳郡（治今襄阳）：

襄阳、中庐、邔县、建昌

雍州新野郡（治今河南新野）：

山都、惠怀

雍州始平郡（治今丹江口市西北）：

---

①《南齐书》第15卷《州郡志下·司州》（中华书局点校本1972年版，第280页）本郡无虔化县。胡阿祥等著：《中国行政区划通史·三国两晋南朝卷》第7编第1章第16节，据《南齐书·祥瑞志》补，其说可从，复旦大学出版社2017年第2版，第1 099页。

武当、平阳、武阳[①]、始平（武阳以下地望不详）

雍州广平郡（治今丹江口市西南）：

鄼县、比阳、广平、阴县

雍州京兆郡（治今襄阳北）：

鄀县、杜县、新丰、魏县（新丰以下地望不详）

雍州扶风郡（治今谷城）：

筑阳、郿县、汎阳

雍州冯翊郡（治今宜城南）：

鄀县、莲勺、高陆

雍州南天水郡（治今宜城东）：

略阳、华阴、西县（华阴以下地望不详）

雍州义成郡（治今丹江口市北）：

万年、义成

雍州建昌郡（地望不详）：

永兴、安宁

雍州华山郡（治今宜城）：

蓝田、华山、上黄

雍州南上洛、北河南、弘农、顺（从）阳、西汝南（辖地在今河南，治泌阳北）、北上洛、齐安、齐康、招义 9 郡，齐明帝时为北魏所占，且大多地望不详。

（雍州）宁蛮府西新安、义宁、南襄（治今南漳）、北建武、蔡阳（治今枣阳西南）、永安、安定（治今南漳西北）、怀化、武宁、新阳、义安（治今襄阳西北）、高安、左义阳、南襄城（辖地在今河南，治桐柏西北）、广昌（治今枣阳）、东襄城、北襄城（辖地在今河南，治方城）、怀安、北弘农、西弘农、析阳（辖地在今河南，治西峡）、北义阳（辖地在今河南，治泌阳北）、汉广、中襄城 24 郡，多地望

---

① 武阳，《宋书》第 37 卷《州郡志三 · 雍州》（中华书局点校本 1974 年版，第1 139 页）“始平太守”作武功，疑是。

不详，且左义阳以下12郡为北魏所占。

梁州南新城郡（治今房县）：

房陵、绥阳、昌魏、祁乡、阆阳、乐平（阆阳以下地望不详）

梁州上庸郡（治今竹山西南）：

上庸、武陵、齐安、北巫、微阳、新丰、新安、吉阳

梁州北上洛郡（治今郧西西北）

上洛、商县、丰阳、流民、秬阳、阳亭、齐化、西丰阳、东郍阳、齐宁、京兆、新宁、新附（商县以下12县地望不详）

梁州南上洛郡（地望不详，治今陕西白河南一带，辖区当错入湖北）

上洛、商、流民、北丰阳、渠阳、义阳（商县以下5县地望不详）

梁州齐兴郡（治今郧县）：

郧乡、锡县、齐兴、安昌、安富、略阳（齐兴以下4县地望不详）

五、梁陈及北齐北周（后梁）时期

梁朝初年，版图“奄有旧吴”，天监十年（511年），有州22，大抵依宋、齐之旧，唯沔北五郡已失之于齐末，司州北部在梁初复为北魏占据。其后梁武帝“务恢境宇，频事经略”，又以“旧州遐阔，多有析置”，逮其大同（535—546年）末年全盛之时，“州一百七，郡县亦称于此”。当时湖北尽在梁境之内。陈朝承梁侯景之乱，“土宇弥蹙”，“西亡蜀汉，北丧淮肥”①，陈宣帝时一度克复淮南、淮西，但未几得而复失，仅能限江自保而已。当此之时，湖北为三国（陈、周、齐）四方（加上周附庸国后梁）瓜分豆剖。

梁、陈二代正史无志，与梁陈相对的齐（含东魏）、周（含西魏）二代正史亦无志。《隋书·地理志》号称五代史志，其郡县注文往往前溯梁、陈、齐、周，但终究以隋代政区为主，只有在记述隋代政区的置废沿革时才涉及前朝，因而有关四代政区建置的记载并不系统，更不全面。下文主要根据后人的补志及有关研究成果，大致条列梁朝设置于湖北地

---

①《隋书》第29卷《地理志·序》，中华书局点校本1973年版，第807页。

区的州一级政区，以略见其形势。陈朝则因江北之土渐失，设州较少，故及于郡。

1. 梁

下述梁代湖北的政区设置约以武帝中大同元年（546 年）梁全盛时为准。主要参考了徐文范《东晋南北朝舆地表》年表第 7 卷所列“梁武帝（中大同元年）疆域（表）”①，谭其骧《中国历史地图册》第 4 册第 42～43 页梁朝简图（以中大同元年为准）②，洪齮孙《补梁疆域志》相关部分③，以及《隋书·地理志》等有关地志。

荆州（治今荆州）

郡州（治今荆州东）

宜州（治今宜昌）

雍州（治今襄阳）

宁蛮府（治今襄阳）

兴州（治今丹江口市西北）

岐州（治今房县）

绥州（治今神农架林区东南一带）

南洛州（治今郧县西北）

郢州（治今武汉）

北新州（治今钟祥一带）

土州（治今随州东北）

富州（治今随州、钟祥一带）

洄州（治今随州、钟祥一带）

泉州（治今随州、钟祥一带）

豪州（治今随州、钟祥一带）

南司州（治今安陆）

①《二十五史补编》第 5 册，中华书局 1955 年版，第 6 843～6 846 页。

② 谭其骧：《中国历史地图册》第 4 册，中国地图出版社 1982 年版。

③《二十五史补编》第 4 册，中华书局 1955 年版，第 4 361～4 431 页。

北郢州（治今随州西北）

新州（治今京山）

北湘州（治大冶关城，今安陆东北一带）

定州（治蒙笼城，今麻城东）

应州（治今广水）

义州（治今罗田东）

在武帝中大同元年前后，特别是梁末，还有不少州见于史籍。如梁武帝初年所置北新州（治苌寿，今钟祥，旋即分立土、富等五州），梁元帝所立鲁州（或治鲁山戍，今武汉西）、西荆州（约治今监利北）、沙州（治今嘉鱼东北）、隽州（治今通城西北）、北江州（治鹿城关，今麻城西）等等①，鉴于其存在时间短暂，故上文未曾列出。

2. 陈

陈代湖北的州郡设置约以陈宣帝太建四年（572 年）为准，主要参考了徐文范《东晋南北朝舆地表》年表第 9 卷太建五年（573 年）所列“陈太建初疆域（表）”②，谭其骧《中国历史地图册》第 4 册第 44～45 页陈朝简图（以太建四年为准）③，近人臧励龢《补陈疆域志》相关部分④，以及《隋书·地理志》等有关地志。

荆州（治今公安附近）

荆州河东郡（治今松滋西北）

荆州宜都郡（治今宜都）

荆州南平郡（治今公安西南）

信州（治安蜀城，今宜昌江对岸西）

郢州（治今武汉）

---

① 以上诸州的设置沿革，详见胡阿祥等著《中国行政区划通史·三国两晋南朝卷》（复旦大学出版社 2017 年第 2 版，第 1 220～1 223 页）第 8 编第 1 章第 5 节有关梁“江汉诸州”的论考。

②《二十五史补编》第 5 册，中华书局 1955 年版，第 6 876～6 879 页。

③ 谭其骧：《中国历史地图册》第 4 册，中国地图出版社 1982 年版。

④《二十五史补编》第 4 册，中华书局 1955 年版，第 4 443～4 475 页。

郢州江夏郡（治今武汉）

郢州上隽郡（治今蒲圻）

郢州武昌郡（治今鄂州）

3. 北齐

北齐在湖北的政区设置约以北齐后主武平三年（572 年）为准，主要参考了徐文范《东晋南北朝舆地表》年表第 9 卷所列“北齐天保末疆域（表）”①，谭其骧《中国历史地图册》第 4 册第 65～66 页陈朝简图（以武平三年为准）②，以及《隋书·地理志》等有关地志。

北江州（治鹿城关，今麻城西）

南定州（治蒙笼城，今麻城东）

衡州（治今麻城、新洲间）

南司州（治今黄陂东）

浐州（治今黄陂）

巴州（治今黄冈东南）

蕲州（治今蕲春）

雍州（治今蕲春东）

南豫州（治今随州唐县镇）③

4. 北周

下列北周及后梁在湖北的政区设置约以北周武帝建德元年（572 年）为准，主要参考了徐文范《东晋南北朝舆地表》年表第 9 卷“建德二年”条所列“周建德初疆域（表）”④，王仲荦《北周地理志》⑤，以及谭其骧《中国历史地图册》第 4 册第 67～68 页北周简图（以建德元年为准）⑥。

上州（治今郧西西北）

---

①④《二十五史补编》第 5 册，中华书局 1955 年版，第 6 865～6 869，6 879～6 882 页。

②⑥ 谭其骧：《中国历史地图册》第 4 册，中国地图出版社 1982 年版。

③ 详见牟发松等著：《中国行政区划通史·十六国北朝卷》下编第 3 章第 69 节，复旦大学出版社 2017 年版，第 754 页。

⑤ 王仲荦：《北周地理志》，中华书局 1980 年版。

丰州（治今丹江口市西北）
罗州（治今竹山）
迁州（治今房县）
绥州（治今神农架林区东南）
亭州（治今恩施东）
硖州（治今宜昌）
襄州（治今襄阳）
顺州（治今随州北）
随州（治今随州）
郢州（治今钟祥）
安州（治今安陆）
沔州（治今汉川东南）
复州（治今仙桃）
应州（治今应山西北）
土州（治今随州东北）
澴州（治今孝感北）
岳州（治今孝感北）
温州（治今京山）
蔡州（治今枣阳西南）
昌州（治今枣阳）
唐州（治今随州西北）
江州（治今宜昌）
江州（治今汉川）①
蕲州（治今蕲春）
弋州（治今新洲）

---

① 北周有二江州。一见《隋书》第31卷《地理志下》（中华书局点校本1973年版，第890页）"清江郡巴山县"，"周置江州"，开皇"十八年改江州为津州"，治今宜昌；一见同书同卷"沔阳郡甑山县"，西魏"置江州"，周置甑山县，建德二年（573年）州废，治今汉川。

衡州（治今黄冈西北）

黄州（治今黄陂）

亭州（治蒙笼城，今麻城东）①

北江州（治鹿城关，今麻城西）

平州（治今当阳）

施州（治今恩施）

业州（治今建始）

5. 后梁（北周藩国）

荆州（治今荆州）

鄀州（治今钟祥西北）

基州（治今荆门东南）

平州（治今当阳）

由于湖北地界南北，是南北政权竞相角逐之地，疆域变动频繁，政区的分合置废至为复杂。如北周天和二年（567年），北周就曾在湖北地区一举废并多个州，包括沮州（治今南漳）、均州（治今随州西北）、款州（治今随州西北）、湏州（治今随州西北）、归州（治今随州西北）、宪州（治今枣阳一带）②，等等。又如隋竟陵郡的长寿（治今钟祥东南）一

---

① 北周有二亭州。一见《隋书》（中华书局点校本1973年版，第890页）第31卷《地理志下》“清江郡”，“周置亭州，（隋）大业初改为庸州”，治今恩施东；一见同书同卷第894页“永安郡麻城县”，陈“置定州”，“周改州曰亭州”，开皇初州废，治今麻城东。

② 沮州之废，见《隋书》第31卷《地理志下》“襄阳郡南漳县”，中华书局点校本1973年版，第891页。并请参见牟发松等著：《中国行政区划通史·十六国北朝卷》下编第6章第42节，复旦大学出版社2017年版，第1 010页。均州、款州、湏州、归州之废，见《隋书》第31卷《地理志下》“汉东郡唐城县”，第892页。宪州之废，见《隋书》第31卷《地理志下》“安陆郡吉阳县”，第893页；《周书》第2卷《文帝纪下》西魏废帝三年（554年）春正月、同书第5卷《武帝纪上》天和二年（567年）夏四月乙巳，中华书局点校本1971年版，第34、74页；上揭牟发松等著：《中国行政区划通史·十六国北朝卷》下编第6章第59节，第1 021页。

县之地，北周曾置有石城郡，又有前承梁朝而置的北新州及梁宁等8郡，周武帝保定中（561—565年），“州及八郡总管”皆废入石城郡，后来又于石城郡置郢州①。当时州郡的置废变化之纷繁，于此可见一斑。故以上所列州，大抵以建德二年（573年）及其以后见存的州为主，此前置而复废者及其分并过程，皆略而未论，其中挂漏错讹之处，亦自所难免。

① 《隋书》卷31卷《地理志下》“竟陵郡长寿县”，中华书局点校本1973年版，第889页；《太平寰宇记》第144卷《山南东道三》“郢州”，中华书局点校本2007年版，第2 799页。

第二章　三国鼎峙及荆州逐鹿

第一节　孙刘失和与吴蜀荆州之争

赤壁之战孙刘联军的胜利，使孙吴的势力向西扩展到荆州地区东部，江东基地更加巩固；刘备乘机占领荆州江南四郡，"飘零屡挫"半生，总算有了一块较为稳定的地盘，可资再图发展。曹操虽然没有实现统一南方的初衷，毕竟还是占领了襄阳，消除了许昌近在肘腋的威胁，也不能说一无所得。一般认为赤壁之战奠定了未来的三国鼎立之局，这当然是对的，但这一认识乃是根据后来的历史发展及其结果逆推得出的，就当时而言，至少刘备还没有实力与曹、孙鼎足而三，况且三家对未来的规划都是天下一统，而非三足鼎立。赤壁战后三家瓜分荆州的现实，实为孙刘失和、三家逐鹿荆州埋下了伏线。

一、三国鼎立局面中荆州的重要地位

"吴有长江之险，蜀有崇山（秦岭）之阻"①，这是三国分立及其疆界划分的自然地理基础。以湖北②为中心的荆州，正处在三国鼎峙的交界地带，荆州在三国鼎立局面的形成、巩固以及破坏中的重要作用，可以说在当时就已是"英雄所见略同"。

荀彧早在建安九年（204 年）就为曹操划策："先定河北"，"然后修复旧京"，最后"南临荆州"，便"天下大定"③。前此四载的建安五年

---

① 《三国志》第 1 卷《魏书・武帝纪》，中华书局点校本 1959 年版，第 43 页。

② 本书中"湖北"、"湖北地区"，均指今湖北省。

③ 《三国志》第 10 卷《魏书・荀彧传》，中华书局点校本 1959 年版，第 314 页。

(200年)，鲁肃亦曾与孙权密谋于帷幄，他认为“汉室不可复兴”，已稳固占据北方的曹操亦“不可卒除”，孙氏唯有在南方发展：第一步是“鼎足江东”，第二步是进据荆州（剿除刘表），第三步则是占领益州，“竟长江所极据而有之”，形成南北对峙之局，然后徐图天下以成帝业。赤壁之战前夕，甘宁向孙权献计，也谈到“南荆之地，山陵形便，江川流通，诚是国之西势”，他劝孙权先取江夏黄祖，既而“鼓行而西，西据楚关”，然后“渐规巴蜀”。甘宁所言，即是鲁肃密策的第二、第三步。约略同时而稍后，鲁肃又进言孙权：“夫荆楚与国邻接，水流顺北，外带江汉，内阻山陵，有金城之固，沃野万里，士民殷富，若据而有之，此帝王之资也。”①

约略同时，诸葛亮向刘备上了名闻千古的《隆中对》，指出北方的曹操，江东的孙权，都已有相当势力，刘备难与争锋。“荆州北据汉沔，利尽南海，东连吴会，西通巴蜀”，而刘表力不能守，可先取荆州；“益州险塞，沃野千里，天府之土”，而刘璋暗弱，可继取益州。然后是“跨有荆益，保其岩阻”，和抚戎越，“结好孙权”，一旦时机成熟，便从荆、益两路出兵中原，“则霸业可成，汉室可兴”②。

上述可见，三国统治者当时都以夺取荆州作为实现自己长远目标也就是统一天下的关键一步，荆州被视为“帝王之资”。但对于孙权和刘备来说，面对曹操挟天子以令诸侯的政治优势及其强大的经济、军事力量，“帝业”尚属渺茫难期的远景，夺取荆州这一用武之地，仍是他们目前保持既有势力乃至获取生存空间的急迫追求，也是他们实现“竟长江所极”、“跨有荆益”这一中期目标（霸业）的基础条件。

荆州所以如此要重，总结上述几位谋士的意见，集中体现在以下两个方面。一是经济地位：沃野万里，利尽南海，士民殷富；一是战略位置：当东西南北之冲，山陵形便，江川流通，有金城之固，为用武之国。

---

①《三国志》第54卷《吴书·鲁肃传》，中华书局点校本1959年版，第1 268页；同书第55卷《吴书·甘宁传》，第1 292页。

②《三国志》第35卷《蜀书·诸葛亮传》，中华书局点校本1959年版，第912页。

二、借还荆州与孙、刘构隙

赤壁之战孙刘联军的胜利是双方联盟的结果，孙刘联盟则是形势逼迫的结果。就曹、刘、孙三方力量对比而言，孙、刘不联合就无以抵抗曹操。赤壁之战以后，三方力量对比有所改变，但孙、刘任何一方的力量都不敌曹操，它决定了孙、刘之间还必须唇齿相依。这只是问题的一个方面，若从上述诸葛亮和鲁肃、甘宁分别为孙、刘所做的战略规划来看，孙、刘都不会满意对方在荆州的军事存在。

当时刘备的境遇十分窘迫。所据荆州江南四郡，本是荆州境内相对落后之区，备既“北畏曹公之强”，又“东惮孙权之逼”，近则惧孙夫人变生肘腋①。建安十五年（210年），刘备亲自东下，向孙权要求“都督荆州”，也就是要把孙吴占领的荆州数郡划归自己管辖。这在吴国内部引起了纷争，坚决反对的有周瑜。鲁肃则劝孙权以荆州借刘备，共拒曹操，孙权最后还是采纳了鲁肃的意见。据说曹操正在写信，听到这一消息后不禁“落笔于地”②。

孙权借荆州予刘备，并不意味着放弃全有长江流域的初衷。据《三国志》第54卷《吴书·周瑜传》，也是在建安十五年，周瑜“诣京（即后来的京口）见权”，请求西取益州，进窥汉中，继夺襄阳，然后东西并举以图曹操。这与《隆中对》如出一辙。孙权同意了周瑜的请求，同时还向刘备发出了共同取蜀的信息。

周瑜西还江陵准备入蜀的行装，不料中途病卒于巴丘（今湖南岳阳）。依据当时的形势，即使周瑜不死，也不大可能实现进占巴蜀的目标，因为在吴蜀之间，横亘着由于赤壁之战而强大起来的刘备③。对于

---

① 《三国志》第37卷《蜀书·法正传》，中华书局点校本1959年版，第960页。

② 《三国志》第54卷《吴书·鲁肃传》《吴书·周瑜传》，中华书局点校本1959年版，第1 270、1 264页。

③ 田余庆：《〈隆中对〉再认识》，《历史研究》1989年第5期。

孙权共取巴蜀的邀请，史称刘备“欲自图蜀，拒答不听”，态度十分强硬，并在军事上作了相应部署，层层设防以备吴军。孙权若要强行越过荆州的刘备，势必要兵戎相见，周瑜既死，孙权也不敢轻启衅端，图蜀之事至少暂时作罢①。

据《三国志·鲁肃传》，周瑜临终前仍对荆州的刘备势力念念于怀，他在给孙权的遗书中，称“刘备寄寓有似养虎”。借得孙吴荆州诸郡的刘备有如猛虎添翼，迅速着手实施诸葛亮“跨有荆益”的既定方略。建安十六年（211 年）刘备入蜀，十九年（214 年），攻占成都。二十年（215年），鉴于刘备已得益州，孙权遣使刘备，索还当年所借的荆州。

既然是借，当然就得还。但今日的刘备，实力已非昔比，荆州在实现“隆中对”方略中的重要地位，又不待言说，所以孙权的索还，不啻与虎谋皮。尽管如此，刘备也没有否认当年的借地之事，只是说：“吾方图凉州，凉州定，乃尽以荆州与吴耳。”充其量是拖赖而已。刘备有借不还，“而欲以虚词引岁”，使得孙权盛怒难耐，他不禁大骂刘备为“猾虏”，同时又命令吕蒙袭取长沙、桂阳、零陵 3 郡。刘备迅速做出反应，命关羽进驻益阳，收复失地，自己亲率大军坐镇公安，以为后援。当年的患难交情已在严酷的利害冲突中荡然无存。一场恶战已是一触即发。

当时镇守益阳与关羽对峙的吴军统帅为鲁肃，他是当年促成孙刘联盟的第一人，也是主张借荆州给刘备的，为了维持双方的联盟关系，他邀请关羽“单刀赴会”于两军阵前，企图以谈判的方式解决争端。但话不投机，不欢而散。这场战争终于还是避免了，那是因为曹操攻占汉中，刘备惟恐益州有失，不得不与孙权媾和，最后以湘水为界平分荆州，将湘江东边本属自己的长沙、桂阳 2 郡拱手割与孙权，自据零陵、武陵与南郡南部②。

---

①《三国志》第 54 卷《吴书·周瑜传》，中华书局点校本 1959 年版，第 1 264 页；同书第 32 卷《蜀书·先主传》，第 881 页。

②《三国志》第 54 卷《吴书·鲁肃传》，中华书局点校本 1959 年版，第 1 272 页；同书第 47 卷《吴书·吴主传》，第 1 119 页。

这一次孙刘荆州之争总算和平解决，双方又恢复了同盟关系。但引起争端的荆州问题并没有真正解决，双方本就脆弱的联盟关系，又因此次冲突蒙上了浓重的阴影。

三、襄樊之役与孙、刘反目

无论从总体战略，还是从自身安全出发，孙吴都不会长久容忍刘蜀势力在荆州的存在。刚刚平息的荆州之争表明，一旦吴蜀反目，蜀军顺江东下，对孙吴的威胁将决不亚于来自曹魏的进攻。孙吴正在积极寻求时机，以全部占有荆州，而这一机会很快就因关羽北攻襄、樊而到来。

留镇荆州的蜀将关羽是三国名将，号称“万人敌”。但此人孤高自傲，“善待卒伍而骄于士大夫”①，武勇有余而外交谋略不足。继鲁肃与关羽对镇荆州的吴将，则是“士别三日当刮目相待”的吕蒙，素以足智多谋著称。建安二十四年（219 年）五月，刘备夺取汉中。七月，关羽率众北伐襄、樊，试图夺取曹军占据的荆州北部，以便和汉中相呼应，倘若此行成功，诸葛亮“跨有荆益”的蓝图就全部实现了。关羽的北伐应该说十分顺利，又得天之助，八月一场大雨，山洪暴发，汉水骤涨，平地水深数丈，魏将于禁等七军皆没，曹仁坚守的樊城，遭到蜀军和洪水的双重围困，水只要再涨几尺，全城将不攻自没。当时曹操除遣军救援外，赶紧将主力从关中撤出，并坐镇洛阳亲自指挥。还一度准备移都邺城，以避关羽军锋。

但曹魏不愧“谋士如云”，曹操的智囊人物司马懿、蒋济都看到“刘备、孙权外亲内疏”，建议曹操采取外交攻势，施计离间，“遣人劝（孙权）蹑其（关羽）后，许割江南以封权，则樊围自解”。史称曹操接受了他们的建议，孙权果然“引兵西袭公安、江陵，羽遂见禽”②。但孙吴偷袭荆州，却是早已蓄谋。对于“黄雀在后”，关羽也不是全无警觉，因而

① 《三国志》第 36 卷《蜀书·张飞传》，中华书局点校本 1959 年版，第 944 页。

② 《三国志》第 14 卷《魏书·蒋济传》，中华书局点校本 1959 年版，第 450 页。

北行时“多留备兵”。后吕蒙假称病笃还建业，代之以声名未闻的年轻将领陆逊，关羽才放心抽调留守部队赴樊助攻。陆逊上任后又修书关羽，盛赞其功业，多方恭维，顿兵坚城之下的关羽遂对后方防务更加麻痹①。

孙权见袭取江陵的时机业已成熟，遂向曹操表示，愿意“讨羽自效”，并希望曹操对此保密。但曹方“应权以密”，实际上很快就将这一消息公布，使围中魏军“志气百倍”，关羽军心摇动，是去是留犹豫难决。后知江陵陷落，关羽才急忙撤围回救，却为时已晚，最后败死麦城。当关羽撤围南走时，魏军又放行不追，以免孙权疑虑曹军，也意在进一步加深孙、刘间的矛盾，坐收渔翁之利②。

在这一场三方斗智斗勇的角逐中，曹操假孙权之手消灭了关羽，不但解除了襄、樊的围困，而且使蜀汉自荆、益两路进军中原的计划彻底破产。曹魏还促成了孙刘联盟的破裂，从而使自己在外交上居于主动地位。襄樊之役的最大得利者是孙吴，它夺得关羽控制的荆州部分，其势力延伸到三峡以东，封锁了刘备东出的大门。当年鲁肃密策中的“据扬取荆、窥探上游”部分，至此完全实现。襄樊之役的失败使刘蜀势力全部退出荆州，这种情况如果不改变，诸葛亮“跨有荆益”的方略将归于流产。

四、夷陵之战与孙、刘复交

襄樊之役后全国政局出现了重大变化。首先是曹丕于公元 220 年 10 月代汉称帝，建立魏国，改元黄初，徒存名义的汉室在名义上也不复存在，历史正式步入三国时代。次年 4 月，以汉室继承人自居的刘备亦于成都称帝，建立汉国。也是在这一年，孙权因争夺荆州与刘备结下深仇，遣使称藩于魏，受封为吴王。并将国都从建业（今南京）西迁至武

① 《三国志》第 54 卷《吴书·吕蒙传》《吴书·陆逊传》，中华书局点校本 1959 年版，第 1 278、1 344 页。

② 《三国志》第 14 卷《魏书·董昭传》，中华书局点校本 1959 年版，第 440 页；同书第 23 卷《魏书·赵俨传》，第 670 页。

昌（今鄂州），同时又任命陆逊为镇西将军，统军出镇巫县、秭归，以便固守西线，确保荆州。吴在外交上、军事上已作好了应战蜀军的准备。

视同手足的关羽被杀，刘备势力被逐出荆州，昔日盟友成为仇敌，都是刘备难以接受的现实。章武元年（221 年）七月，称帝不到三个月的刘备差不多举全国之兵，顺江东下攻吴，以收复荆州。

这是一次颇具冒险性的军事赌注，因为“水军顺流，进易退难”①，一旦失利，将“不善其归”。蜀国内部对此举意见不一，史称“群臣谏者甚众”。跟随刘备多年的旧将赵云，认为蜀汉的头号敌人是曹操而不是孙权，“不应置魏，先与吴战”，而且“兵势一交，不得卒解”。他的意见十分中肯，并具有代表性。没有资料表明刘备曾就此事咨询过诸葛亮，也没见诸葛亮就此事正面表态。但诸葛亮事后曾惋惜地说，若法正不死，便有可能劝阻刘备东征②。由此推知，诸葛亮并不赞成此举，但他深知，当时处在激愤情绪中的刘备已不可能接受任何不同意见，所以他明智地采取了保留态度。

据《蜀书·先主传》，刘备出兵之初，孙权曾“遣书请和”，当时诸葛亮兄、吴南郡太守诸葛瑾也曾致书刘备，希望刘备顾全大局，以吴蜀联盟、恢复汉室为重③。看来孙吴还在作最后的外交努力，但都遭到刘备的拒绝。孙权于是以陆逊为统帅，率军抵抗。

蜀军顺流而下，很快收复了吴军所占领的巫县、秭归。自秭归出发时，蜀将黄权鉴于顺流而下，易进难退，曾向刘备建议，以自己为先锋，前驱尝寇，刘备率大军为后镇。这是一个稳健而有回旋余地的战略，但刘备未曾接受，而是任命黄权督江北蜀军，以防魏师④。

---

①《三国志》第 43 卷《蜀书·黄权传》，中华书局点校本 1959 年版，第 1 044 页。

②《三国志》第 36 卷《蜀书·赵云传》，中华书局点校本 1959 年版，第 951 页；同书第 37 卷《蜀书·法正传》，第 962 页。

③《三国志》第 52 卷《吴书·诸葛瑾传》，中华书局点校本 1959 年版，第 1 232 页。

④《三国志》第 43 卷《蜀书·黄权传》，中华书局点校本 1959 年版，第 1 043 页；《资治通鉴》第 69 卷《魏纪》文帝黄初三年（222 年）二月，中华书局 1956 年版，第 2 200 页。

自巫峡至夷陵（今宜昌东），沿江数百里间，高山连云，地形复杂。章武二年（222年）二月，蜀军自长江南岸缘山截岭，推进到夷陵猇亭，受到吴军阻截，便舍舟登陆，处处结营，“树栅连营七百余里”。当时武陵蛮夷纷纷归降，形势对于蜀军仍是十分有利的。但面对蜀军的挑战，吴军统帅陆逊却集中5万优势兵力，坚壁不应。而蜀军自兴师东下，前后历七八月之久，已是军老兵疲。直到这年六月，陆逊才利用盛夏发动火攻，大破刘备于猇亭，蜀军几乎全军覆没，刘备自己也险些被吴将孙桓活捉。后乘夜色突围，逾山越岭，先退至秭归，再退至白帝城，得以幸免。在吴军的追击下，蜀军“舟船器械，水步军资，一时略尽，尸骸飘流，塞江而下”。次年三月，刘备在白帝城病笃不治①。

这一次吴蜀荆州之争仍然是以蜀的失败告终。对于夷陵之战的结局，战争尚在进行时魏文帝曹丕就有预料，称：“备不晓兵，岂有七百里营可以拒敌者乎?”陆机亦称三峡地带“重山积险”，“川厄流迅”，“虽有锐师百万，启行不过千夫”，“故刘氏之伐，陆公喻之长蛇”。这些都道出了蜀军的致命弱点②。刘备何以不充分利用“长江上流建瓴之势”，乘流急进，迅速决战，而是作“长蛇”蠕动式的连营屯驻，终致师老兵疲，一朝覆败？看来他还是缺乏决战决胜的信心，考虑到进易退难，预筹退路。而倾师攻吴，本来就是一个有风险的赌注，但他又不愿意孤注一掷。预筹退路旨在稳健，要稳健莫过于不争荆州。但放弃荆州，就无以“跨有荆益”，不能“跨有荆益”，就将放弃诸葛亮《隆中对》为之筹划、自己为之奋斗的“霸业”。

但《隆中对》还有一个重要的内容，就是“结好孙权”。当荆州的得失为吴国存亡所系时，“跨有荆益”就与“结好孙权”不可兼得。另一方

---

① 《资治通鉴》第69卷《魏纪》文帝黄初二年（221年）、三年（222年），中华书局1956年版，第2 189～2 205页，参《三国志》孙权、陆逊、黄权、孙桓诸传。

② 《三国志》第2卷《魏书·文帝纪》，中华书局点校本1959年版，第80页；陆机：《辨亡论》，《文选》第53卷，中华书局1977年版，第740页。

面，“跨有荆益”只是关系到刘备未来的霸业，而不能“结好孙权”，若魏吴联手，或仅仅因为没有吴的牵制，使曹军得以全力攻蜀，刘蜀就将面临眉睫之祸。刘备终究还是一个有识见的政治家。当重图荆州的尝试遭到惨败之后，吴蜀之间的友好关系很快就恢复了。据《三国志・孙权传》，黄武元年（222 年）十二月，“（孙）权使太中大夫郑泉聘刘备于白帝，始复通也”。注引《江表传》又称：“权云：‘近得玄德（刘备）书，已深引咎，求复旧好。’”夷陵之战后，大概是刘备首先发出了重修旧好的信息，然后由战胜方孙权正式遣使复交。

实际上只要魏、蜀、吴三国国力对比不发生根本变化，吴蜀结盟对于双方都具有同等的迫切性和重要性。夷陵之战刚结束，魏国就派曹仁伐吴，因为魏国并不满意孙吴的表面归附，吴本来也没有准备真正归附。蜀章武三年（223 年）刘备病死于白帝城，孙权派专使吊唁，以示友好，蜀执政诸葛亮抓紧时机进一步修复同盟关系。是年十月，邓芝使吴，与吴建立了共抗曹魏的同盟关系，孙吴断然与魏绝交。公元 229 年孙权称帝，改元黄龙，诸葛亮力排众议，放下汉室正统继承者的架子，遣卫尉陈震前往武昌祝贺，正式签订了“若有害汉则吴伐之，若有害吴则汉伐之”的军事同盟条约。条约还以函谷关为界中分天下，实际上是相互承认对方的领土，并预分了魏国目前的疆土①。条约表明，蜀汉已正式放弃了对荆州的觊觎，放弃了“跨有荆益”的既定模式，同时也表明吴蜀双方都放弃了当年鲁肃、诸葛亮分别规划的一统天下之业，肯定了三国鼎立的现实局面。

条约签订后，孙权把国都从武昌东迁建业，表明蜀为友邻，已无西顾之忧。蜀国也表现出相应的姿态：“徙鲁王永为甘陵王，梁王理为安平王，皆以鲁、梁在吴分界也。”② 以示对条约的尊重，对虽在曹魏

---

①《三国志》第 47 卷《吴书・孙权传》，中华书局点校本 1959 年版，第 1 130、1 134 页；同书第 45 卷《蜀书・邓芝传》，第 1 071 页；同书第 39 卷《蜀书・陈震传》，第 985 页。

②《三国志》第 33 卷《蜀书・后主传》，中华书局点校本 1959 年版，第 896 页。

治下但在理论上已是吴国领土主权的尊重。吴蜀荆州之争正式拉下了帷幕。

第二节 魏、吴在荆州的抗衡

襄樊之役，魏采用了正确的外交、军事战略，得以保留在荆州北部的统治。作为襄樊之役的一个插曲，当时及稍后，魏、蜀之间，实际上吴亦卷入，在所谓东三郡即今鄂西北地区，曾发生激烈的角逐。夷陵之战后，蜀国退出荆州，此后的荆州之争便在魏、吴双方进行，激烈争夺的地区仍在湖北，特别是襄阳、南郡、江夏等战略要地。

一、东三郡之争

房陵郡，治今房县；上庸郡，治今竹山西南；西城郡，治今陕西安康。三郡在两汉时均为汉中郡属县，在益州刺史部。汉魏之际的建安年间，三县均升格为郡，《华阳国志·汉中志》谓其地“在汉中之东，故蜀汉谓之东三郡”①。

建安末年，东三郡是魏、蜀、吴的交界地区，三国都力图将三郡地区纳入自己的势力范围。三郡未入蜀时，蒯祺为房陵太守，当是刘表据襄阳时所置任，后入魏。建安二十年（215年）曹操平定张鲁进入汉中，设置西城、上庸二郡②。上庸太守申耽及其弟申仪，本在西城、上庸间聚众数千家，与张鲁、曹操往来，是割境自保的宗豪。建安二十四年（219年）刘备夺据汉中，命其宜都太守孟达率部曲4 000，“从秭归北攻房陵”，杀蒯祺。刘备又“阴恐（孟）达难独任”，遣其养子刘封自汉中

---

① 常璩撰、任乃强校注：《华阳国志校补图注》第2卷，上海古籍出版社1987年版，第89页。本小节对田余庆《东三郡与蜀魏历史》一文多有参考，此文收入田余庆：《秦汉魏晋史探微》，中华书局1993年版。

②《三国志》第1卷《武帝纪》，中华书局点校本1959年版，第45页。

顺汉水东下，与孟达会师上庸，以统孟达之军。申耽、申仪兄弟降蜀，分别被任以上庸、西城太守①。

这一年秋天，关羽发兵围攻襄、樊，“连呼封、达”，令发兵相助，但刘封、孟达借口“山郡初附，未可动摇”，始终没有响应关羽的求援。是年冬，陆逊乘关羽樊城退败，率军驱逐蜀汉官吏，进入三峡，据有秭归。又从秭归北攻房陵，大破房陵太守邓辅、南乡太守郭睦，并破降诸大姓、蛮夷君长，“前后斩获招纳凡数万计”②。大致同时，东三郡的两位蜀军主帅刘封、孟达之间却发生内讧，至次年七月，孟达率众降魏③。魏合房陵、上庸、西城三郡为新城郡，以达领新城太守，“委以西南之任”。上庸太守申耽、申仪兄弟亦降魏，魏以申仪为魏兴太守④。几百年来一直隶属益州的东三郡，自此改属曹魏的荆州刺史部⑤。孟达降后数月，曹丕代汉建魏，任命夏侯尚为征南将军，领荆州刺史，假节都督南方诸军事。《三国志》第9卷《魏书·夏侯尚传》载：“尚奏：‘刘备别军在上庸，山道险难，彼不我虞，若以奇兵潜行，出其不意，则独克之势也。’遂勒诸军击破上庸，平三郡九县。”此所谓“刘备别军”，即指刘封军，他在魏军和孟达的打击下，逃奔成都。夏侯尚“所勒诸军”，即包括徐晃的魏军，孟达的降军，可能还有申仪所统部曲。这是魏国对东三郡的一次重大整顿。在此稍后，夏侯尚“自上庸通道，西行七百余里，山民蛮夷多服从者，五六年间，降附数千家”，从而扩大了魏国西南疆的控制面，加强了对东三郡的统治。

孟达入魏后，甚得文帝曹丕宠遇，与总统荆州防务的魏军统帅夏侯

①④《三国志》第40卷《蜀书·刘封传》，中华书局点校本1959年版，第991～994页。

②《三国志》第58卷《吴书·陆逊传》，中华书局点校本1959年版，第1 345页。

③《三国志》第2卷《魏书·文帝纪》，中华书局点校本1959年版，第60页。

⑤《宋书》第37卷《州郡志三》，中华书局点校本1974年版，第1 145页；上揭常璩撰、任乃强校注：《华阳国志校补图注·汉中志》第2卷，上海古籍出版社1987年版，第89页。

尚也有良好关系。但孟达恃才好术，先后事刘璋、刘备、曹魏，数经反覆。对于他入魏后受到重用，魏廷当时就有不同意见。文帝既死，明帝即位，与孟达亲善的夏侯尚也已亡故，孟达“自以羁旅，久在疆埸，心不自安”，而诸葛亮得知这一情况后，又乘机进行了一系列的策反活动。魏太和二年（228年）二月，孟达起兵叛魏。在此之前，“魏兴太守申仪与达有隙，密表达与蜀潜通”，明帝起初还不相信。据《晋书》第1卷《宣帝纪》及《三国志》第3卷《魏书·明帝纪》的有关记载，当时魏国负责荆州防务的司马懿，曾派员到孟达处观察，并修书慰喻，以稳住孟达。与此同时，司马懿亲自率军，自宛（今南阳）倍道兼行1 200里，八日军抵上庸城下，分八道强攻，不过旬有六日，便擒斩孟达。这是中国古代军事史上一次有名的快速反应战。当时孟达在给诸葛亮的信中估计，宛城去洛阳800里，离上庸1 200里，当司马懿得知孟达反时，“当表上天子，比相反覆”，就要费一个月时间，那时候孟达已从容作好防御准备，而且司马懿“必不自来”。战事的进程及结果，均出乎孟达的预料。

《晋书·宣帝纪》称孟达“连吴固蜀，潜图中国”，可知孟达叛魏前不仅与蜀相诸葛亮频有通连，与吴国也有来往。当魏将司马懿奇袭上庸围攻孟达之时，史称“吴、蜀各遣其将向西城安桥、木兰塞以救（孟）达”。

东三郡地交魏、蜀、吴三国，它在三国鼎立过程中具有重要的作用。蜀从西南，魏自东北，曾先后占据三郡之地，但都未越过三郡深入对方其他郡县。魏一度自上庸西扩700里，当已染指蜀国之地，但后人或谓西行700里为“侈言”，且这一带重峦叠嶂，多为缓冲双方的中间地带。有的学者指出，诸葛亮草庐作对时所说的“跨有荆益”，主要不是指占据三峡跨有荆益，而是指占据汉沔东三郡而跨有荆益。东三郡是诸葛亮所谓横跨荆益的漫长桥梁，这一地带遍布群山，险塞四固，颇符合“保其岩阻”的设想。刘备入汉中窥伺秦川，关羽北攻襄樊威慑宛洛，东三郡本应居中联络策应，但孟达、刘封不曾响应关羽呼召，这是“隆中对”跨有荆益、两路北伐中原战略的一次时机尚不成熟下的失败尝试。

孙权也同样看重东三郡。据《三国志》第60卷、第55卷《吴书》吕岱、周泰传，建安十六年（211年），吴将吕岱曾率军沿东三郡内山道西出，因张鲁“嫌疑断道”不遂。关羽败死，孙权曾以将军周泰为汉中太守，但属于遥领。与此同时，陆逊曾遣将进攻房陵，已如前述。至太和二年（228年）司马懿突袭孟达，吴军又远道奔赴上庸、魏兴地区救援。但由于地势阻隔，吴国对于东三郡，终究是鞭长莫及。据《三国志》第27卷《魏书·王昶传》：嘉平二年（250年）冬至三年春，魏征南将军王昶曾遣新城太守州泰自东三郡攻袭吴国巫县、秭归等地，吴军被迫南撤，魏军在江北掌握了较大的主动权。但沿长江两岸的军事要地，魏军仍无力固守，最后还是回到吴军手中。

自孟达覆败，当地的申氏势力同归于尽，魏国从此巩固了对东三郡的统治。稍后蜀失荆州，蜀国由三峡或由东三郡跨有荆益的方略成为泡影，对东三郡的争夺就失去了原有的意义。魏吴的争夺主要在江汉地区和江淮地区进行。东三郡作为三国边界地区的敏感性，随着形势的变化业已消失。

二、南郡、宜都、建平地区的争夺

从公元219年襄樊之役爆发到公元222年夷陵之战结束的四年时间，孙吴为了夺取荆州，抗击蜀军，向曹魏称藩纳贡。这实际上是吴国为了达成其军事目的而采取的一种外交策略，故孙权“外托事魏，而诚心不款”。但魏的基本国策是消灭蜀、吴，统一全国，所以它并不满足这种缺乏诚意的表面归附。魏黄初三年（222年）九月，夷陵之战刚刚结束，因孙权没有按照约定遣子入魏为质，魏国便出兵三路大举攻吴①。

这三路大军一路出洞口（今安徽和县境），一路出濡须（濡须水，今安徽巢湖运漕河），另有一路由上军大将军曹真、征南大将军夏侯尚、左将军张郃、右将军徐晃率领，进围南郡。当时吴国方面镇守南郡的是征

① 《三国志》第47卷《吴书·吴主传》，中华书局点校本1959年版，第1 125页。

北将军朱然，前来援救江陵抗击魏军的吴将有左将军诸葛瑾、平北将军潘璋、将军杨粲。

尽管魏军压境，孙权还在作外交努力，他“卑辞上书，求自改厉”，说假若罪不可恕，“当奉还土地民人”，远隐交州。魏文帝曹丕的答复措辞委婉，实际上并无余地，说只要质子朝到，便“夕召兵还”。孙权当然没有隐身交州，而是马上改元称尊，以示不臣于魏，并率军“临江拒守”。魏文帝曹丕则亲自坐镇于魏荆州治所宛城，直接指挥荆州一路战事。

三路战事，南郡一路尤为艰苦。据《三国志》朱然、夏侯尚、潘璋等传，222年年底，吴将孙盛督率万人在江陵中洲（即有名的百里洲）上筑立围坞，以为南郡外援。次年（223年）正月，曹真使猛将张郃夺取江陵中洲，南郡便与外面断了联系。魏既占领中洲，夏侯尚又分兵3万作浮桥，自北而南渡军洲上，以增围城之兵。孙权遣潘璋、杨粲奋力解围，不能奏效。又命诸葛瑾率大军救援，瑾为儒将，“性弘缓，推道理，作计画”，甚为可观，却不能临机应变，终为夏侯尚以火攻击退，也未能解围。这时南郡城中“兵多肿病，堪战者才五千人”，魏军在外面“起土山，凿地道，立楼橹临城，弓矢雨注”，但守将朱然仍镇静自若，一有机会，还主动出击，曾攻破魏军的两个屯营。

时为冬春之交，江水浅狭，魏军欲乘船运步骑至中洲，立营洲上，并作浮桥往来于南北。董昭闻讯上疏文帝说，“今屯渚中，至深也；浮桥而济，至危也；一道而行，至狭也”。皆为兵家之所忌，加之“江水向长，一旦暴增”，其后果将不堪设想。文帝于是急诏魏军撤退。在撤退时由于挤过一道浮桥，加之吴军从上下游同时攻击，部队疏散得很慢，总算勉勉强强地撤出。当时吴将潘璋已在上游50里处制作了大批苇筏，准备在水涨时点火，顺流而下以烧浮桥。在魏军撤走后不过10天，江水就大涨。若非董昭运筹帷幄，此役的结局势必改写。

魏军自黄初三年（222年）冬围攻荆州，历时半年，无功而返。东边两路亦无战绩，至黄初四年（223年）春均相继撤回。

吴蜀荆州之争结束后的第一次吴魏荆州之争，以吴国的胜利告终，但它只是以后吴魏之间在荆州旷日持久的对垒、争斗活剧的序幕。此后相当一段时期内，是吴国主动发起进攻，争夺襄樊、江夏，魏国军队很少有机会兵临江陵。

魏太和二年（228 年），吴将周鲂施诈降之计，引诱魏军来攻。当时魏军也是兵分三路，由曹休率大军向寻阳（今黄梅境），接应周鲂，西路由司马懿率领，自汉水南下，进攻江陵。后曹休中计大败，江陵方向的进攻也被瓦解①。

自夷陵之战以来，吴国南郡的防务一直由名将朱然主持。赤乌十一年（248 年）正月，朱然城江陵，进一步增加了江陵的防守能力。次年三月，朱然病卒，其子朱绩袭领父兵，为乐乡（今江陵附近）督，依然负责江陵一带防务，只是他的权力与威望远远不能与其父相比。这时负责魏国荆州防务的是征南将军王昶，他上表建议，趁吴国内衅（立嫡之争），自东三郡袭击吴国三峡长江以北地区。当时朱然新死，王昶大概认为是一个机会。魏国遂遣新城太守州泰进袭巫县、秭归，荆州刺史王基前攻夷陵，王昶则亲自率军围攻江陵。

王昶并没有如期攻下江陵城，被迫退兵。朱绩邀约镇守公安的吴将诸葛融一同追击王昶，结果诸葛融没有依约前来，朱绩单军独进，被王昶设伏打败。赤乌十三年（250 年）正月，王基、州泰二军在夷陵等地获得了胜利，攻下吴国在当地的一个军用仓库，缴获大米 30 余万斛，并纳降数千口。不过，魏军并没有攻下吴国的江陵、夷陵等军事要地，自江陵至三峡沿江一线，仍在吴国的牢固控制之下②。

此后直到蜀亡，荆州西线江陵、三峡沿江安然无事。魏甘露二年（257 年），诸葛诞叛魏归吴，魏将王昶曾屯兵夹石以逼江陵，主要是为

---

①《三国志》第 9 卷《魏书·曹休传》，中华书局点校本 1959 年版，第 279 页。

②《三国志》第 27 卷《魏书》王昶、王基传，中华书局点校本 1959 年版，第 749、752 页；同书第 56 卷《吴书·朱然附子绩传》，第 1 308 页。

了牵制江陵方面的吴将朱绩等，“使不得东”。景元四年（263 年）魏大举伐蜀，蜀告急于吴。吴曾遣将丁封、孙异自沔中以救汉，当时汉中为魏国控制，吴国当是自巫县、秭归等地，出军进攻相邻的魏东三郡。诚如胡三省所言，其救援力度之微，有如“激西江之水以救涸辙之鱼”，不过是基于盟约的一种道义上的表示而已①。后闻蜀亡，吴迅即集结大量军队，西攻永安（今重庆市奉节东），外托救蜀，实为乘机分割蜀土。结果遭到蜀守将罗宪的顽强抵抗，魏荆州刺史胡烈又率大军进攻夷陵，以救罗宪，吴军被迫东撤②。

三、襄阳、江夏地区的争夺

荆州地区魏、吴争夺最激烈的依然是战略要地襄阳。江夏方面的战事也往往与争夺襄阳相联系。当时魏、吴对置江夏郡，吴江夏郡在汉水以东长江以北的辖地极小，且很不稳定，疆埸常有彼此。魏、吴在这一带的实际分界线为汉水、长江。只有夺取了魏的襄阳郡、江夏郡，吴在荆州的统治才算真正巩固。

上述公元 223 年吴国挫败魏国的大举攻伐之后不久，孙权又遣将“轻行掩袭”魏蕲春太守晋宗，生擒而归。晋宗原为吴将，后叛投魏国，被任为蕲春太守，驻扎在去江数百里的魏、吴边界地带，多次侵犯吴境，并企图袭击武昌附近的安乐城。武昌是孙吴故都，亦是军事重镇，晋宗的军事力量如此迫近的存在，对于武昌来说实为肘腋之患，故孙权恨之切齿，必欲除之而后快③。

魏黄初七年（226 年）八月，孙权乘曹丕新死，亲率大军 5 万，围

---

① 《资治通鉴》第 78 卷《魏纪》元帝景元四年（263 年）十月，中华书局 1956 年版，第 2 469 页。

② 《三国志》第 48 卷《吴书·三嗣主·孙休传》，中华书局点校本 1959 年版，第 1 161 页。

③ 《三国志》第 47 卷《吴书·吴主传》，中华书局点校本 1959 年版，第 1 130 页；同书第 60 卷《贺齐传》，第 1 380 页。

攻魏江夏郡治石阳城，同时遣诸葛瑾、张霸进攻襄阳。魏江夏太守文聘坚守不动，孙权围20余日，“不克而还”。襄阳一路亦被魏军打败①。此后吴国又多次发兵进攻魏襄阳、江夏。

魏青龙二年（吴嘉禾三年，234年），吴、蜀克期大举伐魏。二月，诸葛亮率众10万由斜谷攻魏。五月，吴主率军攻围魏合肥新城，命陆逊、诸葛瑾将兵万余入江夏、沔口，前击襄阳，另有一路向广陵、淮阳。后孙权在新城败退，东路亦退，唯陆、诸葛孤军悬在襄阳。陆逊“催人种葑豆，与诸将弈棋射戏如常”，并继续作进攻准备，以稳定军心，迷惑敌人，然后徐徐撤退，全军而还，还军时还沿路攻击魏江夏郡新市、安陆、石阳等城，多所斩获。这年八月，诸葛亮亦卒于军中。这是吴、蜀复盟后一次规模最大的联合行动，仍因多种原因以失败告终②。

吴嘉禾六年（237年），赤乌四年（241年）、九年（246年），可能还有赤乌五年（242年），以朱然为统帅的吴军，曾多次进攻魏襄、樊及江夏、柤中等地，双方动员了大量的兵力。其中如赤乌四年（魏正始二年）之役，吴将朱然、孙伦5万人围樊城，另以诸葛瑾、步骘率军攻柤中，魏荆州刺史先以轻兵临围救援，魏太傅司马懿继而督诸军来救，这时吴军才撤围退兵。双方牵动的兵力达十数万③。同年八月，驻镇武昌总管荆州防务的陆逊，在武昌对岸的邾城新筑了城池，“常用三万兵守之”，当是为了加强争夺江夏的力量。而据《三国志》第27卷《魏书·王昶传》，由于魏都督荆豫诸军事王昶的建议，魏正始四年（243年），将荆州都督刺史治所从宛南移到新野，以改变“宛去襄阳三百里，有急不足相赴”的状况，从而大大加强了襄阳的防务。魏嘉平年间，荆州刺史王基又将魏江夏郡治从石阳向南推进到上昶，以逼夏口。这些都反映

① 《三国志》第47卷《吴书·吴主传》，中华书局点校本1959年版，第1 132页；同书第18卷《魏书·文聘传》，第539页。

② 《三国志》第47卷《吴书·吴主传》，中华书局点校本1959年版，第1 140页；同书第58卷《陆逊传》，第1 351页。

③ 《三国志》第4卷《魏书·三少帝纪》，中华书局点校本1959年版，第119页。

了魏吴之间在江夏、襄阳地区的激烈争夺。

魏明帝曾经说过："先帝东置合肥，南守襄阳，西固祁山，贼来辄破于三城之下者，地有所必争也。"① 襄阳是魏国拱卫许都、南伐东吴并实现全国统一的战略基地，在与吴国的争夺中，始终是针锋相对，绝不相让。直到蜀亡以至吴灭，都是如此。而自孙权故世以后，吴国由于内乱，已丧失与魏国争夺襄阳的实力，吴、魏荆州之争方趋于平寂。

① 《三国志》第3卷《魏书·明帝纪》，中华书局点校本1959年版，第103页。

第三章　西晋时期的荆州

第一节　蜀亡以后晋将羊祜在荆州的经营

司马昭灭蜀之后，原计划休兵 3 年，然后“因巴蜀顺流之势，水陆并进”，平定孙吴①。灭蜀当年，司马昭晋位晋公，胁迫魏帝给他授予例为权臣篡位之阶的所谓“九锡”，次年又进号晋王，在封国内设置百官，其废魏自立之心，既路人皆知，有关准备工作也已完全就绪。魏元帝咸熙二年（265 年）八月，即将称帝的司马昭突然病死，改朝换代的工作以及原计划中的伐吴战争，便只能由晋王世子，即后来的晋武帝司马炎来完成。司马炎受魏禅称帝之后，虽然又过了 15 年才兴师伐吴，但伐吴的准备工作在灭蜀之后就已开始，其中一个重要的步骤就是以重臣羊祜出镇荆州。

一、羊祜出镇荆州

蜀汉降晋后，吴名曰救蜀，实为割地，兴师西上，进围巴东，魏遣荆州刺史胡烈率大军南下，攻吴西陵，“围魏救赵”，最后迫使吴军撤围，已见前文。晋武帝即位前后，主持荆州防务的有都督荆州诸军事、征南大将军陈骞，以及上面提到的荆州刺史胡烈，此外还有都督沔北诸军事、平南将军卢钦。陈骞于泰始初调任扬州后，荆州军事由胡烈主管②。泰

---

①《晋书》第 2 卷《文帝纪》，中华书局点校本 1974 年版，第 38 页。

②《晋书》第 35 卷《陈骞传》，中华书局点校本 1974 年版，第 1 035 页；同书第 44 卷《卢钦传》，第 1 255 页。

始四年（268年）冬十月，吴将施绩（即朱然子朱绩）进击晋江夏，吴将万郁攻袭晋襄阳。据《晋南乡太守郛休碑》载，吴军这次出动的兵力众达3万，汉南一带多为吴军占领。当时晋“边境骚动”，晋廷遣后将军田璋协助荆州刺史胡烈抵抗吴军，并派宗室、太尉、中领军将军司马望“统中军步骑二万，出屯龙陂（即摩陂，今河南郏县东），为二方（即江夏、襄阳）重镇，假节，加大都督诸军事”，直到田璋、胡烈击退吴军，司马望才班师回朝①。这是入晋以后晋、吴双方在汉水流域最严重的一次军事冲突，以致晋国朝野震惊，出动中军。但这也是吴军最后一次兵临襄阳。

灭蜀之后，晋从西、北二面对吴形成包围，西沿大江东下，北由汉水南下，均有顺流之便。晋武帝早有灭吴之志，只是“群臣多以为不可”，“赞成其计”的大臣唯有羊祜、张华、杜预三人。其中最早与武帝密谋伐吴之策的便是一代名将羊祜②。

羊祜出身汉魏名门，自羊祜上溯，已连续有九世出任“二千石”以上的官职。其父为曹魏时上党太守，母蔡氏为汉代名儒蔡邕之女，姐姐嫁与司马懿之子，即身后被追认为晋景帝的司马师为妻。自己所娶又是魏皇室成员夏侯霸之女。在曹魏后期曹氏集团与司马氏集团的殊死争斗中，羊祜因与双方均有姻亲关系，所以采取回避态度，不曾卷入纷争，体现出清醒的政治头脑。曹魏末年司马氏实际控制朝政以后，羊祜加入司马氏集团，逐渐跻身于该集团核心层中，又在魏晋嬗代之际立下佐命功勋。

羊祜自泰始五年（269年）春受任都督荆州诸军事，出镇襄阳，至咸宁四年（278年）秋病重离任，主持荆州军事凡10年。羊祜在荆州的10年经营，不仅使荆州成为西晋南境一个强大的军事重镇，一个巩固的伐吴基地，而且还为西晋伐吴树立了也许比军事优势作用更大的政治优势。

---

① 《晋书》第3卷《武帝纪》，中华书局点校本1974年版，第58页；同书第37卷《宗室·司马孚传》，第1 086页；《宋书》第23卷《天文志》，中华书局点校本1974年版，第693页。

② 《晋书》第34卷《羊祜传》，中华书局点校本1974年版，第1 013～1 025页。以下关于羊祜事迹多据此传，凡引此传者不另出注。

羊祜到镇伊始，首先着手进行经济、文化建设。他在荆州广开学校，以移风俗；下书禁止所辖地方官吏滥建官邸，以节约民力。他施用计策，使孙吴撤掉了对襄阳威胁最大的石城（在今钟祥）守军，得以将边境巡逻戍守的军队减掉一半，并将减下来的军队“分以垦田八百余顷，大获其利”。羊祜初来，“军无百日之粮”，及至离任之时，蓄备的粮食足够10年军需。这不仅增加了荆州的军事实力，而且还多少会减轻当地编民的经济负担。

羊祜在任期间，荆州都督的军政权力更加集中，兵力进一步加强。出镇荆州前，羊祜担任尚书左仆射、卫将军等要职，都督荆州时仍带卫将军号，并率领卫将军本营兵马到镇。到镇以后，武帝下诏撤罢原江（沔）北都督，将原江北都督所统汉东、江夏诸军全部划归羊祜指挥，遂“都督万里”，“所统八万余人”。后来羊祜又相继晋升为车骑将军、征南大将军，并享受开府如三司（三公）之仪的特殊待遇，“得专辟召”，即自用官属权。

当时孙吴主持荆州军事的主帅陆抗，为名将陆逊之子，也是一位出色的军事家。经过几次较量，特别是羊祜上任不久，吴西陵督步阐降晋，羊祜与荆州刺史杨肇奉命率兵援接，为陆抗击败，羊祜深知对手绝非等闲之辈，灭吴亦非一朝一夕之事，因而一面继续蓄积实力，伺机而动，一面“增修德信”，着眼长远，对东吴边境军民施加影响，开展政治攻势。

羊祜允许晋、吴双方的边民来去自由。每当与吴军发生军事冲突，他都与对方商定交战的时间，不搞突然袭击。部将“有欲进谲诈之策者”，羊祜总是“饮以醇酒”，将其灌醉，“使不得言”。有部下在边界俘得吴军将领的两个小孩，羊祜立即下令将其遣送还家。羊祜还释放被俘的敌将；对守节战死的吴将，亦“厚加殡敛”，“以礼遣还”；对于来降的吴军将领，更是优待有加。若行军经过吴境，“刈谷为粮”，羊祜要求部下如数作价，“送绢偿之”。部队会猎，羊祜约束部下不得越过边界。吴人杀伤的禽兽“而为晋兵所得者”，也要送还对方。

对于战场上的对手吴国主将陆抗，羊祜亦待之以礼，维持着正常而友好的关系，常有“使命交通”。陆抗曾经送酒给羊祜，“祜饮之不疑”。陆抗有病，羊祜赠之以药，“抗亦推心服之”，部下劝谏陆抗不要太轻信，陆抗说：“羊祜岂是那种下毒的小人！”对于羊祜以德怀服的策略，陆抗深知只能以德报德，如果对着干，只会对自己不利，而无损于对方。他曾告诫部下：“现在羊祜专门积德，倘若我们专门为恶，便是未曾交手，我们就已被人家打败了。现在我们只须谨守边界就行了，千万不能贪图对方的小便宜。”①

在羊祜、陆抗对镇荆州期间，吴、晋交境地带“余粮栖亩而不犯，牛马逸而入境，可宣告而取”，处于相对和平的状态。吴国人对羊祜“翕然悦服”，十分尊重，不直呼其名，只称“羊公”。许多吴军将士为其感怀，“前后降者不绝”。咸宁三年（277 年）五月，吴将夏详、邵颛率众 7 000 余人来降②，其中，当初羊祜所送还的两位孩子的父亲，亦“率其属”同来。曾被活捉而为羊祜礼释的吴将邓香，有感于羊祜恩德，也在稍后率部降晋。习凿齿称赞羊祜“恢大同之略”，“振义网以罗强吴，明兼爱以革暴俗，易生民之视听，驰不战乎江表”，使“（吴国）百姓怀严敌之德，阖境有弃主之虑”，“故能德音悦畅，而襁负云集，殊邻异域，义让交弘，自吴之遇敌，未有若此者也”。在羊祜强大的政治攻势下，陆抗亦“亲行”善道，以德制德，“使彼德靡所加，而此善流闻”，从而“倾敌而不以甲兵之力，保国而不浚沟池之固”③。双方当然都是出于一种攻心战术，但斗德比善，无论如何较之斗狠比暴、生灵涂炭，对社会对人民要有利一些。

---

①《三国志》第 58 卷《吴书·陆逊附子抗传》，中华书局点校本 1959 年版，第 1 357 页。

②《晋书》第 3 卷《武帝纪》（中华书局点校本 1974 年版，第 67 页）作夏祥、邵凯，《资治通鉴》第 80 卷《晋纪》（中华书局 1956 年版，第 2 546 页）武帝咸宁三年（277 年）五月作邵颛、夏祥，前者从《羊祜传》，后者从《武帝纪》。

③《三国志》第 58 卷《吴书·陆逊附子抗传》注引《汉晋春秋》，中华书局点校本 1959 年版，第 1 357～1 358 页。

在双方“力均而智侔”的边境对抗中，羊祜推行信义攻势的同时，又在军事上实施蚕食战略。如上所述，他先是用计使吴国放弃石城之守，解除了襄阳的切近之患。既而“进据险要，开建五城，收膏腴之地，夺吴人之资”，使“石城以西，尽为晋有”。《太平寰宇记》第145卷《山南东道襄州》引郭仲产（《南雍州记》）称，汉东沔北长期为“战伐之地”，“自羊公镇此，吴不复入”。羊祜注重整体实力的抗衡，而不在乎一城一池的争夺。咸宁三年（277年），先是吴将夏详等率众7 000余来降，这年冬，吴夏口督孙慎侵入西晋弋阳、江夏境，“略千余家而去”①。由于事后羊祜没有派兵追击，晋武帝遣使查问原因，并要求将荆州治所向南迁徙。羊祜回答说，“江夏去襄阳八百里，比知贼问，贼去亦已经日矣”，遣军救援，只能是徒劳往返。如果仅仅为了我个人“免责”，无功而“劳师”，恐怕不合事宜。他又说，“疆埸之间，一彼一此”，胜败固兵家常事，如果因敌方的一次进犯偶然失利，便移徙州治，“贼出无常，亦未知州之所宜据也”。都督府与州治相近，原为集中兵力，防止分散，不可因一时失利贸然改变。足见羊祜镇边，志在长驾远驭，不为眼前利害所动。

通过羊祜在荆州的长期经营，加之晋、吴内部的政治变化，两国荆州边境双方的力量对比，正在迅速地向着有利于西晋的方面转化。及至泰始十年（274年）吴军主帅陆抗病死，孙吴荆州前线再也找不出堪与羊祜抗衡的对手，荆州边界的晋军实力已占据明显的优势，应该说，西晋灭吴的条件已基本成熟。

二、羊祜上疏灭吴及其筹措

鉴于灭吴的条件已基本成熟，咸宁二年（276年），羊祜不失时机地在荆州上疏晋武帝，请求伐吴。

他在疏中追述了蜀亡以来的南北关系，指出晋“南和吴会”，本在使

---

①《晋书》第3卷《武帝纪》，中华书局点校本1974年版，第68页；《三国志》第48卷《吴书·三嗣主传》，中华书局点校本1959年版，第1 172页。

“海内得以休息”，而吴国背信弃义，多次挑起边衅，只有发动大规模的战争，扫平吴国，才能天下太平，永无兵役。他认为不能以春秋诸侯争霸来比类晋、吴关系，而应早日统一天下。他劝告晋武帝既要听取臣下的不同意见，更要有自己的独立决断。

他对灭蜀、灭吴的条件进行了对比分析，认为两国交兵，只有势均力敌时，自然环境的“险阻”才会起作用。如果“轻重不齐，强弱异势”，山水之险便无济于事。“蜀之为国，非不险也”，及平蜀之时，“曾无藩篱之限”，魏军势如破竹，“径至成都”。吴国的地理条件远不如蜀国，“今江淮之难，不过剑阁，山川之险，不过岷汉”，而“孙皓之暴，侈于刘禅，吴人之困，甚于巴蜀”，反观“大晋兵众，多于前世，资储器械，盛于往时”，今不乘机灭吴，军事优势就会在日常的消耗中丧失。

他还筹划了平吴战争的具体方略。“梁、益（今四川、陕西地区）之兵水陆俱下；荆楚（今湖北北部、西北部）之众进临江陵（今荆州）；平南、豫州（今湖北东北、河南西南一带晋军）直指夏口（今武汉）；徐、扬、青、兖（今皖北、苏北一带晋军）并向秣陵（今南京）。”几路大军同时进击，多方疑误，吴军无法集中兵力，势必顾此失彼，加之孙皓“恣情任意，与下多忌”，“将疑于朝，士困于野”，如一处倾覆，必内部动摇，全线崩溃，估计整个灭吴之役会很快取得胜利。

羊祜为未来平吴战争所规划的四路大军，有两路将决战于荆州，梁、益一路顺流而下，也将先在荆州决战，可见荆州是平吴战争的关键地区。而羊祜已在荆州经营多年，“缮甲训卒，广为戎备”，因此他的上疏是以荆州的军事实力为基础的，从而是切实可行的。但羊祜的平吴规划仍遭到朝内多数大臣的否定，权臣贾充、荀勖更是激烈反对。为此羊祜又再次上表，作进一步的申论。

咸宁四年（278 年）八月，羊祜因病回朝，又向武帝“面陈伐吴之计”，后因病重不能入朝，又向前来探病的中书令张华面授伐吴机宜，并说，今“吴人虐政已甚，可不战而克”，一旦孙皓不在位，“吴人更立令主，虽百万之众，长江未可而越”，孙吴终将成为后患。张华亦“深赞成其计”。这时晋武帝才下定决心伐吴，并要求羊祜带病指挥。

这年十一月，以灭吴为己任的羊祜终于病重不治，赍志以殁。一年后（279年）灭吴战争发动，元帅虽是过去反对征吴的贾充，但五路出兵的方略，与羊祜生前的设计基本相同。吴平，庆功会上晋武帝“执爵流涕”说：“此羊太傅之功也。”武帝的话实未过奖。因羊祜不仅长期经营荆州，奠定了平吴基础；抗疏伐吴，规划了平吴方略，而且还为平吴做了两件最为重要的准备工作。

其一，羊祜认为“伐吴必藉（巴蜀）上流之势”，因此他密表武帝，应在益州多修舟楫，大办水军，“为顺流之计”；并指出正在益州刺史任上的王濬，就是一个不可多得的治理水军的人才。当时晋廷正准备将王濬调任大司农，因为羊祜的密表晋武帝才改变主意。“王濬楼船下益州，金陵王气黯然收”，后来的平吴之役，正如羊祜当年所料。

其二，羊祜临终前，“乃举杜预自代”。杜预同样没有辜负羊祜的荐举。羊祜在荆州未竟的灭吴准备工作，杜预到任后继续进行，并最终作为灭吴战争的统帅之一，实现了羊祜生前未酬的壮志。

羊祜“立身清俭”，生前不以功名为意，但他在荆州的经营，特别是以德服人的风范，为他赢得了无比的哀荣。他死后，晋武帝“素服哭之”，哀痛无比，那一天出奇的冷，“帝涕泪沾须鬓”，都结成了冰。更为感人的是，当噩耗传到荆州，正赶上襄阳城的一个大集日，满集的人闻讯“莫不号恸”，都无心做生意，竟至罢市。这一天，整个襄阳城的街头巷尾都是一片哭泣之声，甚至“吴守边将士亦为之泣”。“襄阳百姓于岘山祜平生游憩之所建碑立庙”，每到岁时节令，都前来祭祀。由于人们一看见记述他事迹的石碑就要落泪，所以这块碑又名“堕泪碑”①。因“户”“祜”读音相同，荆州人还自觉避羊祜的名讳，把屋室称作门，不称“户”，连“户曹”也改称辞曹。

① 郦道元著、陈桥驿校证：《水经注校证》第28卷《沔水》，中华书局2007年版，第664页。

第二节 荆州江防与孙吴立国

“吴有长江之险”，是孙吴得以立国的军事地理基础。曹丕代汉称帝以后，黄初五年（224年）、六年两次率兵南下，饮马长江，但面对浩浩荡荡的江水，曹丕只能望洋兴叹：“魏虽有武骑千群，无所用之，未可图也！”“嗟乎！固天所以限南北也。”“观兵临江水，水流何汤汤……谁云江水广，一苇可以航？”①

立国江南的东吴要保有长江之险，首先必须巩固长江上游，纵不能如鲁肃所说，“竟长江所极据而有之”，至少须保有荆州长江防线。赤壁之战前夕，孙权延见群下问计，主降派的一个重要依据是，“将军（孙权）大势，可以拒操者，长江也”，而曹操既得荆州，以（原刘表）水军顺江东下，“此为长江之险，已与我（吴）共之矣”②。正是由于荆州江防对孙吴政权的极端重要性，所以孙权必须与刘备殊死争夺荆州。而孙吴之亡，在军事上也首先亡于荆州长江防线的崩溃。

一、孙吴荆州江防要镇

据《三国志》第48卷《吴书·三嗣主孙皓传》注引《吴录》，吴甘露元年（晋泰始元年，265年）魏禅晋前夕，吴使纪陟使魏，魏实际当权者司马昭与纪陟有如下一段对话：

> （昭）问：“吴之戍备几何？”（陟）对曰：“自西陵以至江都，五千七百里。”又问曰：“道里甚远，难为坚固？”对曰：“疆界虽远，

---

① 《三国志》第2卷《魏书·文帝纪》，中华书局点校本1959年版，第85页；李吉甫撰、贺次君点校：《元和郡县图志》第25卷《江南道一·润州》，中华书局1983年版，第591页；《资治通鉴》第70卷，《魏纪》文帝黄初五年（224年）九月、黄初六年（225年）十月，中华书局1956年版，第2 219、2 225页。

② 《三国志》第54卷《吴书·周瑜传》，中华书局点校本1959年版，第1 261页。

而其险要必争之地，不过数四，犹人虽有八尺之躯靡不受患，其护风寒亦数处耳。”

根据《宋书》第35卷至37卷《郡国志》所载道里，从吴国西境建平郡东抵建业，水路4 380里，再加上自建康至入海口一段，吴国境内长江，按当时道里，当如纪陟所说，有5 000余里。同样据《宋书》第35卷至37卷《郡国志》推算，吴国荆州境内自建平郡巫县（今重庆巫山北）至江夏郡柴桑（今江西九江北）一段，约3 000里。吴国在长江沿线建立了许多军事据点，驻军镇守，并设置哨所，以烽火传递消息，史称这种烽火台“皆缘江相望，或百里，或五十、三十里，寇至则举以相告，一夕可行万里。孙权时合暮举火于西陵（今宜昌），鼓三竟，达吴郡南沙（今江苏常熟西北）”①。在纪陟所谓“险要必争”之地，则设重镇，配备精兵良将，储积船舰军实，以捍卫江防。当时扼守荆州江防，是整个长江防线的重点，故荆州长江沿线所设军事重镇尤多。下面自西而东，将诸镇及镇将之可考者（镇将大致按任职时间前后）条列如下②：
西陵都督、督（治今宜昌东）：

陆逊（以宜都太守、荆州牧镇西陵。《三国志》第58卷《吴书·陆逊传》）

步骘
步协（《三国志》第52卷《吴书·步骘传》）

陆胤（《三国志》第61卷《吴书·陆凯传》）

步阐（《三国志》第52卷《吴书·步骘传》）

张政（《晋书》第34卷《杜预传》）

留宪（一作刘宪。《晋书》第3卷《武帝纪》、第34卷《杜预传》）

---

①《三国志》第47卷《吴书·吴主传》，中华书局点校本1959年版，第1 148页。

② 洪饴孙：《三国职官表》，《二十五史补编》第2册，中华书局1955年版，第2 811～2 812页。

时又有钟离徇以偏将军戍西陵，以及西陵监郑广、宜道监陆晏、丹杨监盛纪，又信陵、建平亦当有督、监之设（《晋书》第3卷《武帝纪》、第42卷《王濬传》，《三国志》第60卷《吴书·钟离牧传》）。

乐乡都督、督（治今松滋东北长江边）：

朱绩（即施绩。《三国志》第56卷《吴书·朱然传》）

陆抗（《三国志》第58卷《吴书·陆逊传》）

孙歆（《晋书》第34卷《杜预传》，《三国志》第51卷《吴书·孙贲传》）

中夏督（为乐乡都督下之水军督）：

陆景（《三国志》第58卷《吴书·陆逊传》，《晋书》第3卷《武帝纪》）

江陵督（治今荆州）：

吕蒙（以南郡太守镇江陵。《三国志》第54卷《吴书·吕蒙传》）

朱然（《三国志》第56卷《吴书·朱然传》）

张咸（《晋书》第58卷《吴书·陆逊传》）

伍延（《晋书》第34卷《杜预传》）

公安督（治今公安西北）：

周胤（《三国志》第54卷《吴书·周瑜传》）

诸葛瑾（《三国志》第52卷《吴书·诸葛瑾传》）

诸葛融（《三国志》第52卷《吴书·诸葛瑾传》）

钟离牧（《三国志》第60卷《吴书·钟离牧传》）

孙遵（《三国志》第58卷《吴书·陆逊传》）

巴丘督、都督（治今湖南岳阳）：

孙松（《三国志》第51卷《吴书·孙翊传》）

陆凯（《三国志》第61卷《吴书·陆凯传》）

万彧（《三国志》第48卷《吴书·孙皓传》）

陆口·蒲圻督（今赤壁市西北）：

鲁肃（时为建安年间。《三国志》第54卷《吴书·鲁肃传》）

吕蒙（《三国志》第 54 卷《吴书・吕蒙传》）

潘璋（《三国志》第 55 卷《吴书・潘璋传》）

吕岱（《三国志》第 60 卷《吴书・吕岱传》）

吕凯（蒲圻监。《三国志》第 60 卷《吴书・吕岱传》）

夏口都督、督（治今武汉）：

程普（《三国志》第 55 卷《吴书・程普传》）

孙皎（《三国志》第 51 卷《吴书・孙皎传》）

孙奂（领江夏太守。《三国志》第 51 卷《吴书・孙皎传》）

孙承（领江夏太守。《三国志》第 51 卷《吴书・孙皎传》）

孙邻（《三国志》第 51 卷《吴书・孙贲传》）

孙壹（《三国志》第 51 卷《吴书・孙皎传》）

孙秀（《三国志》第 51 卷《吴书・孙匡传》）

王蕃（夏口监军。《三国志》第 65 卷《吴书・王蕃传》）

鲁淑（《三国志》第 54 卷《吴书・鲁肃传》）

孙慎（《三国志》第 48 卷《吴书・孙皓传》）

沔中督（当治今汉阳、汉川一带）：

张梁（《三国志》第 51 卷《吴书・孙皎传》）

孙邻（《三国志》第 51 卷《吴书・孙贲传》）

武昌都督、督（治今鄂州）：

陆逊（以大将军先后与潘濬、吕岱镇武昌，共掌留事。《三国志》第 58 卷《吴书・陆逊传》、第 61 卷《潘濬传》、第 60 卷《吕岱传》）

诸葛恪（以大将军代逊镇武昌，时分武昌为左右两部。《三国志》第 64 卷《吴书・诸葛恪传》、第 60 卷《吕岱传》）

孙琳（《三国志》第 64 卷《吴书・孙琳传》）

孙述（《三国志》第 51 卷《吴书・孙贲传》）

鲁淑（《三国志》第 54 卷《吴书・鲁肃传》）

虞昺（《三国志》第 57 卷《吴书・虞翻传》）

陶璜（《晋书》第 57 卷《陶璜传》）

武昌左部督：

徐平（《三国志》第 57 卷《吴书·虞翻传》）

范慎（《三国志》第 48 卷《吴书·孙皓传》、第 58 卷《孙登传》）

薛莹（《三国志》第 53 卷《吴书·薛综传》）

武昌右部督：

吕岱（《三国志》第 60 卷《吴书·吕岱传》）

滕胤（代吕岱，未到镇。《三国志》第 64 卷《吴书·滕胤传》）

陆凯（《三国志》第 61 卷《吴书·陆凯传》）

半州都督（当治今武穴境）：

潘璋（《三国志》第 55 卷《吴书·潘璋传》）

甘宁（《三国志》第 55 卷《吴书·甘宁传》）

孙虑（《三国志》第 59 卷《吴书·孙虑传》）

张奋（《三国志》第 52 卷《吴书·张昭传》）

朱绩（《三国志》第 56 卷《吴书·朱然传》）

柴桑督（治今江西九江北）：

诸葛恪（《三国志》第 64 卷《吴书·诸葛恪传》）

陆抗（《三国志》第 58 卷《吴书·陆逊传》）

陆式（《三国志》第 61 卷《吴书·陆凯传》）

二、吴荆州江防系统的形成及分区

以上荆州江防诸镇，有时委任一大将总督，通常是分为上下两个大督区。但诸镇各有辖境，分守要害，其中尤以西陵、乐乡、江陵、夏口、武昌等地为重镇。

关羽败死以后，孙权自己驻镇公安，以陆逊屯驻西陵，“守峡口以备蜀”。魏黄初二年（221 年），孙权“自公安都鄂，改名武昌”，一直到黄龙元年（229 年）移都建业，武昌均是吴国的政治、军事中心。武昌之地“襟带江沔，依阻湖山，左控庐淝，右连襄汉”，就整个长江防线而言，“武昌实江东镇戍之中，非但捍御上流而已，缓急赴告，骏奔不难”①。孙权初都武昌，既在于其地山川形势便于设防，更在于这里能够兼顾上下流，特别是当时与上流蜀国的关系十分紧张，一场决战势难避免。问题是孙吴立国的经济基础在于长江下游，立都武昌，须从下游扬州溯流 2 000 里供给，长年累月如此，劳民而伤财。所以在公元 229 年吴蜀双方正式结成战略伙伴关系，来自上流的威胁完全解除后，孙吴立即还都建业。

另一个问题又接踵而来。当时吴国既与蜀结盟，魏国马上成为头号敌人，且魏、吴对置荆州，隔江沔相对，军事冲突时有发生。定都建业，朝廷日常供给自不须逆流而上，但“一旦有警”，“水道溯流二千里”，必然“不相赴及”。所以孙权迁都建业前夕，“以此怀疑”，犹豫不决。他为此专门在夏口的水军船坞中“大会百官议之”，以集思广益。他在会上说：“诸将吏勿拘位任，其有计者，为国言之。”诸将中有的建议“立栅栅夏口”，有的建议在夏口拦数道铁锁，以预防魏军顺沔水而下的攻击。这种战术上的防御措施，“(孙) 权皆以为非计”。有一个名不见经传的小将张梁，越席而献计曰：“遣将入沔，与敌争利，形势既成，彼不敢干也。使武昌有精兵万人，付智略者任将，常使严整。一旦有警，应声相赴。作甘水城，轻舰数千，诸所宜用，皆使备具。如此开门延敌，敌自不来也。”张梁的策略是主动出击，争夺汉沔，以攻为守。以智略之将统精兵，重戍武昌；作甘水城为水军基地，多储军实，以轻舰数千组成水上突击队：常备不懈，随时应急。孙权“以梁计为最得”，采纳了他的建议，并予以破格提拔②。张梁后来官至沔中督，此督盖为实施张梁主动出击汉沔之计而设置。其后吴军亦多次出击，进攻魏国的江夏、襄阳。至于武昌，迁都建业以后，仍是陪都，以太子孙登留守，又拜陆逊为上

---

① 顾祖禹撰、贺次君等点校：《读史方舆纪要》第 76 卷《湖广二・武昌府》，中华书局 2005 年版，第 3 520 页；《晋书》第 45 卷《王湛附王述传》，中华书局点校本 1974 年版，第 1 962 页。

② 《三国志》第 51 卷《吴书・孙奂传》，中华书局点校本 1959 年版，第 1 209 页。

大将军，右都护，辅太子，镇武昌，与太常潘濬共掌留事，总统上流(荆州及附近扬州豫章等三郡）军政。赤乌二年（239 年），城沙羡（今武昌西金口），四年（241 年），城邾（今黄冈），陆逊在这所与武昌对江相望的邾城，配备了 3 万兵驻守①。陆逊为孙吴一代名将，以富于谋略著称，当时武昌驻军至少也有 4 万以上，可知张梁以精兵谋将重戍武昌的建议被完全付诸实施。

赤乌八年（245 年）陆逊卒，孙权以诸葛恪为大将军，假节，驻武昌，代逊领荆州事。与此同时，又将武昌都督分为左右两部，迁吕岱为上大将军，督右部。右部督防区自武昌上至蒲圻、陆口，中包上流另一重镇夏口，以及沔中②。左部督则当自武昌下至半州、柴桑，从其人选、督区来看，其重要性似稍逊于右部。终吴一代，武昌例为建业之外的最大政治、军事中心，如所周知，在孙皓朝，又一度迁都武昌。

西去武昌 100 余里的夏口，由于地扼江、沔合流之口，势据形要，“三国争衡，为吴之要害，吴常以重兵镇之”，曹魏称夏口为吴之“心喉”，其在军事上的价值较之武昌应当更为重要。顾祖禹称：“孙氏都武昌，非不知其危险墝确，仅恃一水之限也，以江夏迫临江、汉，形势险露，特设重镇，以为外拒，而武昌退处于后，可从容而图应援耳。名为都武昌，实以保江夏也，未有江夏破而武昌可无事者。”可知夏口、武昌本相为表里，互为掎角。所以关于迁都建业后中流的防御，诸将首先想到的是在夏口拦木栅，施铁锁。实际上早在黄武二年（223 年），吴即“城江夏山”，“以安屯戍”③，驻有重兵，而从前所列督将可见，夏口督

① 《三国志》第 47 卷《吴书·吴主传》，中华书局点校本 1959 年版，第 1 143～1 144 页；同书第 58 卷《吴书·陆逊传》，第 1 349 页；《晋书》第 66 卷《陶侃传》，中华书局点校本 1974 年版，第 1 778 页。

② 《三国志》第 64 卷《吴书·诸葛恪传》，中华书局点校本 1959 年版，第 1 433 页；同书第 60 卷《吴书·吕岱传》，第 1 386 页。

③ 《元和郡县图志》第 27 卷《江南道三·鄂州》，中华书局 1983 年版，第 643 页；《读史方舆纪要》第 75 卷《湖广方舆纪要序》，中华书局 2005 年版，第 3 485 页。

的人选，多为孙吴宗室。后来武昌右部督区中包夏口，上至蒲圻，当是为了便于对夏口、武昌一线江防的统一部署和相互协调，大概同时也有相互牵制以免尾大不掉之意。

在荆州长江防线的上段即西陵至巴丘一线，孙吴时常为一大督区。

建安二十四年（219 年）襄樊之役关羽覆败，陆逊受任宜都太守，镇守西陵，后升镇西将军，复又受命为大都督指挥夷陵之战，他在当时曾上疏说："夷陵要害，国之关限，虽为易得，亦复易失。失之非徒损一郡之地，荆州可忧。今日争之，当令必谐。"按夷陵扼守峡口，若夷陵有失，峡口洞开，蜀军乘顺流之便，荆州的确难以保守。夷陵之战后，来自上流蜀国的威胁依然存在，所以陆逊虽升任荆州牧，仍驻镇西陵。黄武七年（228 年）一度受任大都督统军迎击魏将曹休，事后仍还镇西陵。直到黄龙元年（229 年）吴蜀复盟，陆逊才移镇武昌，总督上流。但仍以宿将步骘代陆逊都督西陵①。

如前所述，吴蜀复盟后，荆州的争夺主要在吴魏两方进行。陆逊移镇武昌之后，吴西陵至巴丘一线江防，镇将有西陵都督步骘，公安督诸葛瑾，以将军假节镇江陵的朱然。三人均为宿将，名位相当，各统大军，驻守要害，似乎并无轩轾，但朱然既接替此前驻镇江陵并主持荆州防务的吕蒙，后来又多次总统诸军攻围魏襄、樊及相中，当是西陵至巴丘一线的吴军主帅。至少在诸葛瑾、陆逊、步骘相继过世后，瑾子融、骘子协"虽各袭任，（孙）权特复使（朱）然总为大督"，正式总管巴丘以上江防②。

吴赤乌十二年（249 年）朱然卒，其子绩袭父业，但所任为乐乡督，江陵另有镇将。朱绩后与公安督诸葛融不和，一度调离，由诸葛融兼督乐乡。建兴二年（253 年）诸葛融被迫自杀，朱绩复任乐乡督，假节，

① 《三国志》第 58 卷《吴书·陆逊传》，中华书局点校本 1959 年版，第 1 345～1 349 页。

② 上述步骘、诸葛瑾、朱然，各见《三国志·吴书》本传。

至永安初“迁上大将军、都护督，自巴丘上迄西陵”，继承了其父朱然总统荆州江防上段的“大督”之任，但仍驻节乐乡，不在江陵。约略同时，永安二年（259 年），拜陆抗为“镇军将军，都督西陵，自关羽（濑）至白帝（城）”，其督区略与朱然重合，而且其时尚有西陵都督步协（或协弟阐）。当时蜀国政乱，魏灭蜀在即，吴国以陆抗都督西陵，盖为加强上流防御力量。至建衡二年（270 年）朱绩卒，“拜（陆）抗都督信陵、西陵、夷道、乐乡、公安诸军事，治乐乡”。自此公安以上江防，由陆抗专统。当时蜀国已亡，魏已禅晋，西晋正在加紧部署灭吴，而就当时晋、吴国势及综合实力而言，显然是晋占绝对优势，而加之其他因素，荆州长江防线上的晋吴对峙，对吴国越来越不利。

三、蜀亡以后吴国的荆州江防形势

孙权晚年，性多疑忌，对于驻镇武昌总统上流的陆逊，不再像过去那样信重，后因太子废立，“听用谗言”，孙权“累遣中使责让（陆）逊”，使得一代名将陆逊“愤恚致卒”。孙权之后，吴国内乱迭起，政治日趋腐败，对荆州江防影响极大。

孙亮建兴元年（252 年），执政的诸葛恪“不欲诸王处江滨兵马之地”，将驻镇武昌的齐王奋强制移徙豫章。

建兴二年（253 年），孙亮与孙峻谋杀诸葛恪，又遣军攻围恪弟、公安督诸葛融，融窘迫自杀。

孙亮太平二年（257 年），执政的孙琳遣将袭击夏口督孙壹，壹降奔魏国。

孙休永安元年（258 年），乘建康腊会，谋杀出镇武昌的荆州牧孙琳。

孙皓即位，荒淫暴虐，国政日衰。甘露元年（265 年）九月，孙皓“从西陵督步阐表，徙都武昌”。而据《三国志》第 48 卷《吴书·孙皓传》注引《汉晋春秋》称：“初望气者云，荆州有王气破扬州而建业宫不利，故皓徙武昌，遣使者发民掘荆州界大臣名冢与冈连者，以压之。”阐表内容如何，史籍缺载，不得而知，推想不会以此类荒诞理由表请徙都。考虑到前此二年，魏灭蜀国，前此一年，吴欲趁蜀国新灭，兼并蜀土，与魏国在巴东、江陵发生激烈争夺，西陵督步阐表请迁都，孙皓迁都武昌，当是为了西线争夺，并为加强蜀灭以后上流荆州的防务。所谓“望气者云”，盖因孙皓臭名昭著，遂为众恶所归。

但“武昌土地，实危险而塉确”，“扬土百姓溯流供给，以为患苦”，以致有“宁饮建业水，不食武昌鱼；宁还建业死，不止武昌居”之谣，后孙皓被迫还都建业。由于孙皓大兴土木，“政事多谬”，人民穷困，国无一年之储①，还因“妄兴事役，发江边戍兵”②，严重影响到长江防务。更有甚者，由于孙皓的疑忌以至驱逼，建衡二年（270 年），夏口督孙秀率部曲 2 000 余人降西晋，三年，孙秀部将何崇又率 5 000 余人降西晋③。凤凰元年（272 年），西陵督步阐复献城降晋。

步阐据镇叛降对荆州江防的威胁最大。当时巴蜀已为西晋所有，与西北东三郡、北边襄阳、东北边江夏，对吴荆州长江一线形成包围，若西陵峡口有失，其后果不言自明。晋十分重视此次事变，遣巴东监军徐胤率水军自建平东下，荆州刺史率部西上西陵接步阐，晋荆州都督羊祜则亲领大军进击江陵以策应。吴国主持西线防务的乐乡都督陆抗自江陵率师西上，诸将以为不宜西上，他说：“江陵城固兵足，无所忧患。假令敌没江陵，必不能守，所损者小。如使西陵盘结，则南山群夷皆当扰动，则所忧虑，难可竟言也。吾宁弃江陵而赴西陵，况江陵牢固乎?”西陵的城垒，早在步骘出镇时就有建设，陆抗镇守西陵时又亲自规划，缮修备御，堪称城固粮足。所以陆抗并不急于进攻，而是更筑严围，“内以围阐，外以御寇（晋援军）”，分军抗御，“凭围”应敌，从容冷静，指挥若

---

①《三国志》第 61 卷《吴书·陆凯传》，中华书局点校本 1959 年版，第 1 400～1 402 页。

②《三国志》第 65 卷《吴书·贺邵传》，中华书局点校本 1959 年版，第 1 456～1 458 页。

③《晋书》第 13 卷《天文志下》，中华书局点校本 1974 年版，第 396 页。

定。江陵方面，到襄阳的陆路，本来平衍畅通，陆抗曾令江陵督“作大堰遏水，渐渍平中”。羊祜来攻江陵，本来想利用所遏堰水，浮船运粮，故“扬声将破堰以通步军”，不料被陆抗识破，将计就计，下令速破大堰，羊祜的计谋落空。

这场战事，以吴将陆抗大获全胜告终。步阐城破身死，杨肇大败而归，被革职为民，羊祜攻城不克，引军退还，被降军衔。这一战役的胜利，尽管不能改变吴、晋的力量对比，但吴国西线统帅陆抗在此役中所体现出来的卓越军事才能，使与陆抗对峙的羊祜深觉灭吴之事尚非朝夕。如前所述，此后一段时间，在晋吴荆州边防，是羊祜怀吴以德，陆抗应之以德的对峙时期。羊、陆均为名将，堪称“强对”，但当时吴国的政治日益败坏，陆抗既独木难撑，加之天不佑吴，凤凰三年（274 年）陆抗不幸病逝，对吴荆州江防造成不可挽回之损失。

实际上蜀亡以后，荆州江防就面临威胁，而更严重的是朝廷“政令多缺”，了无忧患意识。当时主持西线防务的陆抗，“忧深虑远”。每为之“夙夜忧怛，念至情惨”，曾几度上疏切谏。他说，敌国相抗，德均，则以强胜弱，力均，则以安制危。今吴无西蜀之援，晋国地广势强，加之吴庶政陵迟，黎民未安，国势甚危，“而议者所恃，徒以长川峻山，限带封域，此乃守国之末事，非智者之所先也”。当时，贺邵也曾在谏疏中说：“臣闻否泰无常，吉凶由人，长江之限不可久恃，苟我不守，一苇可航也。”

陆抗在临终前又扶病上疏，就荆州江防作了具体交代。他说，“西陵、建平，国之蕃表，既处下流，受敌二境（按：晋益州、荆州），若敌泛舟顺流，舳舻千里”，就不是靠其他地方能够援救得了的。他又引用其父陆逊早就说过的，西陵为“国之西门”，“若有不守，非但失一郡，则荆州非吴有也”。因而，如西陵“有虞”，“当倾国争之”。但西陵的防御情况很不乐观。陆抗说他过去镇守西陵时，曾向朝廷乞请“精兵三万”，而主管部门却因循惯例，“未肯差赴”。而现在经过步阐之叛，西陵的防御力量就更薄弱了。陆抗又说，“今臣所统千里，受敌四处①，外御强对（指羊祜、王濬等），内怀百蛮，而上下见兵财有数万，羸弊日久，难以待变”。他希望将诸幼王、黄门宦竖手下的兵马调出，“以补疆埸受敌常处，使臣所部足满八万”。他说如果不增加荆州兵马，不“省息众务”，荆江防线将十分可忧。

陆抗在“忧深虑远”中过世，而吴国的政治每况愈下。孙皓安于长江天堑，醉生梦死，陆抗遗疏未见采纳，西线不曾增兵②，陆抗所统军队为其五个儿子分领，荆州江防指挥权趋于分散。与之相反，晋荆州都督所统，羊祜时已众过 8 万，还有与吴接境的益州，王濬的水军、战舰早已整装待发，也有很强的实力。长江上流晋强吴弱的力量对比日见突出。总之，吴国荆州江防的形势因失去陆抗更为可忧。

第三节　西晋灭吴及灭吴后在荆州的经营

就吴国方面而言，陆抗故世，吴国再也找不到一个武干谋略、位望功绩堪与其比肩的西线统帅，长江虽烟波浩荡依旧，却因江防日益虚弱，已是一苇可航。就西晋方面而言，至羊祜逝世，由于他在荆州的长期经营，已为灭吴战争作好了充分准备。公元 280 年，西晋发动灭吴战争，东汉末年以来近百年的分裂割据之局一朝结束，荆州为三国分据或南北对峙的情形亦告结束。今日的湖北，除鄂东北一隅外，当时已尽在西晋荆州的畛域之内。

一、西晋灭吴之役中的荆州战事

晋咸宁四年（278 年）十一月，杜预因羊祜临终前举荐，受任镇南

① 盖指晋巴东郡、东三郡、襄阳郡、江夏郡，晋豫州亦毗邻荆州，晋伐吴大军即有一路出自豫州，或无东三郡而指晋豫州方面。

②《晋书》第 34 卷《杜预传》，中华书局点校本 1974 年版，第 1 029 页。

大将军、都督荆州诸军事，出镇襄阳。到任伊始，即“缮甲兵，耀威武”，挑选一批精兵偷袭孙吴西部重镇西陵，大破之。西陵督张政为吴国名将，“耻以无备取败，不以所丧之实告于孙皓”。杜预不愧是足智多谋、号称胸中无所不有的“杜武库”，他既知吴主孙皓疑忌臣下，于是将西陵所获俘虏通过外交途径遣还吴国首都，以达到离间效果。孙皓果然中计，迅速召回张政，任命武昌监刘宪接替其职务。当时吴“上流诸军……名将皆死，幼少当任”，而在大战前夕，杜预又施计使吴国移易重镇将帅，动摇其军心，从而为发动灭吴之役创造了良好的时机。次年秋，杜预将有关伐吴准备工作完全就绪后，上疏晋武帝，请求克期开战①。

不料晋武帝司马炎要将开战日期推到下一年。杜预知道是反对伐吴的大臣们的游说，造成了晋武帝的迟疑，于是再次上疏陈说。疏中谈到吴国兵力不足以兼顾长江上下，只能集中力量保住夏口以东，绝不会“空其国都”，而以大量兵力增援西线。他还谈到灭吴战争已是稳操胜券，乃“万安之举，未有倾败之虑”。但晋武帝见疏后仍迟迟未置可否。杜预旬月之中又第三次上表，称伐吴之举“利十有八九，而其害一二，止于无功耳”。疏到之时，张华正在陪晋武帝下棋，张华把棋盘一推，力劝晋武帝当机立断。益州刺史王濬也上疏请战，说他为伐吴所造的船舰已历7年，有的已开始朽烂，自己也年近70，“死亡无日”，当及时伐吴，以求报效，劝晋武帝切不可坐失良机②。晋武帝这才同意立即兴军伐吴。

这年十一月，晋调集大军20余万，兵分6路，沿长江上下水陆齐进，大举伐吴。其中下流两路，琅邪王司马伷往涂中（今安徽滁州），安东将军王浑往江西（今安徽和县一带）。上流4路，均以突破吴国荆州长江防线为目标：建威将军王戎往武昌，平南将军胡奋往夏口，镇南大将

---

①《晋书》第34卷《杜预传》，中华书局点校本1974年版，第1 028页。下引此传者，不再出注。

②《晋书》第42卷《王濬传》，中华书局点校本1974年版，第1 208页。

军杜预往江陵，最西一路由监梁益诸军事龙骧将军王濬率领巴蜀之卒，浮江而下。

咸宁六年（平吴后改元太康，280 年）正月，杜预军包围江陵。因江陵城防坚固，杜预围而不攻，而另遣将“循江西上”，夺取了沿江的一批城邑。同时杜预又遣将“率奇兵八百，泛舟夜渡”，攻袭江南的乐乡。按照杜预的计策，这支部队在乐乡附近的巴山上到处点火，多张旗帜，以夺敌心，而暗中伏兵于乐乡城下，伺机攻城。吴乐乡督孙歆果然见状甚惧，写信给江陵督伍延说：“北来诸军，乃飞渡江也。”一时吴军民人心惶惶，成批降晋。这时正好有自乐乡出拒王濬的一支军队大败返回，晋伏兵混杂其中，进入乐乡城内，活捉了乐乡都督孙歆。外围既已扫清，杜预军很快攻克江陵，并分兵南下，自“沅湘以南至于交广”，晋军锋所及，吴州郡望风归降，杜预“称诏而绥抚之”。

王濬一路战事最为激烈。这年正月，王濬军出蜀川，顺江而下，但始入吴境，即受到建平太守吾彦的抵抗。当年王濬在上流大造船舰，木片碎屑顺江流下，吾彦见状即向孙皓报告，请增建平兵，以防晋国攻吴，但孙皓不以为然。吾彦遂在建平防区内加固防御设施，并在江上“险碛要害之处”，以铁锁“横断江路”，“又作铁锥长丈余，暗置江中，以逆距船”。这些情况早为羊祜探得，并转告王濬。王濬预做大筏数十，“方百余步，缚草为人，被甲持杖，令善水者以筏先行，筏遇铁锥，锥辄著筏去”。又预做火炬，“长十余丈，大数十围，灌以麻油”，放在船头，一遇铁锁，即以火炬烧之，铁锁须臾熔化断绝。这样，王濬的水军得以顺江而下，通行无阻①。

是年二月初一日（公历 3 月 18 日），王濬与监巴东诸军事、广武将军唐彬攻克吴丹阳城戍（今秭归东）；初三日，攻克吴西陲重镇西陵；初五日，攻克荆门（今宜昌东）、夷道（今宜都）二城；初八日，攻破吴重

---

①《晋书》第 3 卷《武帝纪》，中华书局点校本 1974 年版，第 70～71 页；同书第 42 卷《王濬传》，第 1 208～1 209 页；同书第 57 卷《吾彦传》，第 1 562 页。

镇乐乡江防，生俘其水军都督。

与王濬攻破乐乡水军约略同时，杜预军攻破乐乡城，同月十七日，杜预军攻破江陵，而这一天胡奋一路亦攻破江安（今公安西北）。当时王戎一路，其前锋正进逼武昌，吴江夏郡及扬州蕲春郡邾、蕲春二县，先后向王戎投降①。胡奋、王戎二路虽然还没有完成自己的预定目标，即攻下夏口、武昌，但都已率部临江或已过江，正在靠近或已接近其进攻目标。

按照先前诏书的部署，王濬水军突破建平进入吴荆州江域后，应接受杜预指挥。然而杜预认为，若王濬能突破建平，自应“顺流长驱”，没有必要接受他的节制。杜预还向王濬表示，濬既克上流，应一鼓作气，乘胜东下，直逼建业。鉴于王濬一路进展顺利，晋廷亦于二月十八日下诏：要求王濬部克定巴丘后，即与胡奋、王戎二路共平江夏、武昌，然后顺流“直造秣陵（今南京）”。杜预部则留镇荆州南境（今湖南）。

王濬的水军在胡奋、王戎二部配合下，“巴丘以下，所向披靡”，“兵不血刃，攻无坚城，夏口、武昌，无相支抗”，然后自武昌泛舟东下，所至皆平，至三月十五日，“一片降幡出石头”，吴国灭亡。诚如杜预在攻克武昌后所预计的，武昌既下，兵威已振，其后的战事，“譬如破竹，数节之后，皆迎刃而解，无复著手处也”。这“数节”实即荆州长江防线，特别是“千寻铁锁沉江底”的建平、西陵。

二、西晋灭吴后杜预在荆州的经营

荆州都督羊祜在临终前曾对晋武帝说，平吴已不成问题，但吴平之后，“当劳圣虑”，“有所付授，愿审择其人”。他举杜预自代，为晋武帝认可。杜预在平定江陵、乐乡后，诏书命令他继续平定沅、湘、交、广地区，吴亡以后，又留任荆州。

《晋书》第3卷《武帝纪》称平吴以后，“其牧守已下皆因吴所置，

---

①《晋书》第43卷《王戎传》，中华书局点校本1974年版，第1 232页。

除其苛政，示之简易，吴人大悦”。但实际情况是，“吴蜀恃险，今既荡平。蜀人服化，无携贰之心；而吴人趑睢，屡作妖寇”。原吴国文武众职，皆失其位，亦有不平之心，且江东大族势力雄厚，故当时孙吴故地，皆以北兵镇守，随时准备弹压①。

荆州既定，杜预“以天下虽安，忘战必危，勤于讲武”，“又因兵威，徙将士屯戍之家，以实江北，南郡故地各树之长吏”，又将分裂时期南北对置的荆州依旧合而为一，并对郡县分划进行了若干调整（如分南郡为南平郡），重新建立地方行政体系。针对荆楚地区“蛮夷”等少数民族较多，他还动用武力“攻破山夷，错置屯营，分据要害之地，以固维持之势”。《晋书》第 34 卷《杜预传》还记载了一件事，说杜预在进攻江陵时，江陵人因杜预患瘿（颈瘤），曾对其进行人身攻击，城破后，杜预实施了严酷的报复，阖城“尽捕杀之”，《水经注》第 34 卷《江水》则称“杀城中老小，血流沾足，论者以此薄之”。以杜预之博学明智，其血腥镇压江陵军民，起因是否就是如此，姑置不论，但结合以上诸事可见，晋军之平定荆州以及统治荆州，曾充分利用其“兵威”进行镇压，以维持统治秩序。

在孙吴荆州故地的政权建设基本完成以后，杜预又着手进行文化建设。过去羊祜都督荆州时，曾“开设庠序（学校），绥怀远近，甚得江汉之心”，杜预继承了羊祜遗志，在辖区范围远比羊祜时为大的西晋荆州“修立泮宫”，即开办学校，据说社会效果也非常之好，所谓“江汉怀德，化被万里”。杜预是《左传》专家，自称有“《左传》癖”，兴学修文当为其所长。据《水经注》第 28 卷《沔水》记载，在荆州治所（襄阳）城南道东有三碑，“一碑是《晋太傅羊祜碑》，一碑是《镇南将军杜预碑》，一碑是《安南将军刘俨碑》，并是学生所立”。这些学生显然就读于羊、杜所开办的学校中。刘俨其人于史传无考，想必亦如羊、杜，是一个热心

---

①《晋书》第 52 卷《华谭传》，中华书局点校本 1974 年版，第 1 450 页；同书第 46 卷《刘颂传》，第 1 295 页。

于教化的荆州长官。

杜预在荆州的事功，对后世影响较大的还有经济开发方面。

魏、晋荆州北部，为今河南南阳和湖北襄阳地区，这里的农业生产在两汉时就号称发达，西汉邵信臣、东汉杜诗在该地区先后开办的水利工程，闻名遐迩，遗惠后世。而据《水经注》第29卷《湍水》，这些水利工程在“汉末毁废，遂不修理”，“晋太康三年（282年），镇南将军杜预复更开广，利加于民”。《水经注》第31卷《淯水》记载更为具体：“遏六门之水，下结二十九陂，诸陂散流，咸入朝水。”这一水利工程即《晋书》第34卷《杜预传》所载：“（预）修邵信臣遗迹，激用滍、淯诸水以浸原田万余顷，分疆刊石，使有定分，公私同利，众庶赖之，号曰‘杜父’。”（按：淯水即今白河，在襄阳注入汉水，湍水为白河支流。）据《水经注》第31卷所载，这一带河渠纵横，陂湖相接，杜预利用这些水利资源所修建的灌溉工程，极大地推动了当地的农业生产，产生了显著的经济效益。

《晋书》本传还记载了杜预在荆州兴建的另一件水利工程，即开杨口渠，这在第一章已有涉及。此渠“起夏水达巴陵千余里”，使夏水和汉水、长江通连，并通过长江进而与洞庭水系沟通，它既有助于长江的排洪，又改善了荆州南北间的漕运。这条渠道在社会经济方面的效用如何，史无明言。它在政治军事方面的价值，则本传有载：“南土歌之曰：‘后世无叛由杜翁，孰识智名与勇功。’”杨口渠在交通上进一步加强了荆州南北（即今湖南、湖北）的联系，它带来的物质及军队转运方面的便捷，使过去盘踞在洞庭、沅湘一带的“荆蛮”无所依恃，从而鲜有叛乱，或一有叛乱即能迅速镇压。同时我们还相信，杨口渠不仅因其排洪功能有助于当地的农业生产，而且应当在水利灌溉方面有一定的效用，也还应有满载货物的商船通航其上。

太康五年闰十二月（285年1月），杜预自荆州调任司隶校尉，赴任途中病故。杜预很看重身后之名，他曾考虑到时过境迁，“高岸为谷，深谷为陵”，因此将自己的功绩刻石为二碑，“一沉万山之下，一立岘山之上”①。二山都在襄阳，可见杜预很看重自己出任荆州时的建树。他在荆州的经营，建立并稳定了西晋在荆州的统治，在一定程度上推动了荆州的经济社会发展，同时也构成了他的“后世名”的一个重要方面。

杜预之后，先后有外戚杨济、宗室（楚王）司马玮都督荆州。史书上没有留下他们在荆州的施为，可能治绩无闻。再其后有荆州都督石崇，这是一个以生活奢侈腐化、行为“任侠无检”著称的人物。为了满足其难填的欲壑，他竟在荆州公开抢劫“远使商客，致富不赀”，此事在唐修《晋书》第33卷《石崇传》以及《世说新语》等更早的文献中均有记载，当实有其事。作为一个地方长官，竟公然行劫，其“治绩”可以想见。石崇出任荆州已是惠帝（291年即位）初年，当时八王之乱正在洛阳开端，西晋政局迅速走向动乱，整个局面失去控制，荆州亦卷入其中。

第四节　流民起事与西晋末荆州形势

自惠帝即位便开始的“八王之乱”愈演愈烈，至永康二年（301年）恶化为诸王间的混战。战乱、民族冲突、水旱灾害、疾疫及饥荒，使关中人民成批外流。他们沿着传统的避难路线，越过秦岭进入汉中、巴蜀，他们中的一部分，以及受他们节级推动的汉中、巴蜀人民，又辗转涌入荆州，从而使荆州固已存在的各种社会矛盾更加激化，终于导致大规模的民众暴动。流民起事深刻影响到两晋之际的荆州政局。

一、张昌起事

晋惠帝永康二年（300年），以南中郎将镇守荆州北部今南阳地区的

① 《晋书》第34卷《杜预传》，中华书局点校本1974年版，第1 031页。上揭陈桥驿《水经注校证》第28卷《沔水》（中华书局2007年版，第662页）称：二碑一在万山下潭中，一在岘山下水中，与此不同。

晋宗室新野公司马歆，作为齐王冏的盟军之一，参加了对赵王伦的作战，将荆州人民卷入内战之祸。歆以“功”进位新野王、都督荆州诸军事、镇南大将军后，“为政严刻，蛮夷并怨”①，进一步激化了阶级矛盾，张昌起事由此爆发。

张昌是一个出身蛮族的县吏。蛮族广泛分布于当时的荆州境内，他们饱受汉族地方政权和豪强的剥削、欺凌。而吏户在当时是一种带有世袭性的特殊户口，供官府驱使，身份低微。不过张昌出身蛮族，却能在地方政权中充任吏役，可见其汉化程度颇高。《晋书》本传称他“武力过人”，“好论攻战”，“每自占卜，言应当富贵”，则他又是一个有能力有抱负的人。当李特、李流率秦雍流民在益州地区发动起事时，张昌“潜遁半年，聚党数千人”，并根据当时的形势，“盗得幢麾（旌旗仪仗之类）”，自称为朝廷派来募兵西讨李流的使者，以便伺机大规模举事②。

太安二年（303 年）正月，晋朝派遣荆州刺史宗岱率水军 3 万增援益州，镇压巴蜀流民起事，约略同时，朝廷又下“壬午诏”（于壬午日发布的诏书），调发荆州的“武勇”，开赴益州。荆州百姓本来就不愿离乡远戍，加之张昌乘机鼓动，于是被调发的“武勇”坚决不肯应征。“而诏书催逼严速，所经之界停留五日者，二千石免（官）。”因此郡县长官都亲自驱迫被调发者上路。但被调发者走不多远，便屯聚起来，走上武装反抗道路。正好这一年江夏郡粮食丰收。聚集在这里“就食”的有数千流民。当时张昌已聚众于江夏郡治安陆县南 80 里的石岩山（山在今安陆南），不堪“壬午诏”驱迫的避役者和流民纷纷投归，队伍逐渐壮大。流民军打败了前来讨伐的江夏郡守弓钦，进而攻克了江夏郡，获得大量武器。

---

①《晋书》第 38 卷《宣五王·扶风王骏附司马歆传》，中华书局点校本 1974 年版，第 1 126 页。

②《晋书》第 100 卷《张昌传》，中华书局点校本 1974 年版，第 2 612 页。以下引自本传者，不再出注。

这时张昌提出“当有圣人出为民主”的口号，号召民众参加起事；又迎来山都县（今谷城东南）吏丘沈，尊为圣人，更名刘尼，冒充汉宗室之后，立为天子；张昌自己改名李辰，任相国以掌实权，其兄弟皆领兵；在石岩中建筑宫殿；在石岩上用竹子编成大鸟形状，“衣以五彩，聚肉于其傍，众鸟群集”，于是声称凤凰降，“玉玺、铁券、金鼓自然而至”，建年号曰“神凤”，“郊祀服色悉依汉故事”。这样，张昌就按照他在当时想象所能及的范围，即取法封建王朝模式，建立起了一个农民政权。政权的建立大大增加了起事武装军的影响和号召力，史称“群小互相扇动，人情惶惧，江沔间一时飙起，竖牙旗，鸣鼓角，以应（张）昌，旬月之间，众至三万”。当地的大姓豪族等上层分子，有的因“惶惧”而被迫参加到起事队伍中，也有一些人，如江夏旧姓江安令王伛、期思令李权、常安令吴凤、秀才吕蕤、孝廉吴畅等，则抗拒不从，纷纷逃奔外地。主要是下层群众组成的起事武装军，皆头戴绛色帽，上插羽毛，以马尾作髯，所谓“绛头毛面”，作战异常勇敢①。

荆州都督司马歆向朝廷上表讨昌，并说起事武装军“锋不可当，请台敕诸军，三道救助”。朝廷以屯骑校尉刘乔为豫州刺史，宁朔将军刘弘为荆州刺史、南蛮校尉，并命雍州刺史刘沈出蓝田，分三路攻讨张昌。由于当时诸王忙于内争，长沙王乂执政，害怕司马歆与自己的对手成都王颖连谋，因而不许歆出兵。河间王颙又不许刘沈出关，并逼夺刘沈兵。唯刘乔进屯汝南（治今河南息县），刘弘进屯宛（今河南南阳），助平南将军羊伊距守。

太安二年（303年）六月，张昌乘西晋内讧，分兵出击，自己亲率大军进攻樊城。司马歆率军出拒，大败而溃，为起事武装军所杀。张昌又乘胜攻宛，败晋大将赵骧，杀平南将军羊伊，刘弘退守梁（今河南汝州西）。然后张昌又回军进攻襄阳。一路由黄林率领，进攻豫州，受阻后

① 《资治通鉴》第85卷《晋纪》惠帝太安二年（303年）五月，中华书局1956年版，第2 680～2 681页。

回师攻破武昌。一路由陈贞等率领，南破武陵、长沙、湘东、零陵等郡。另有一路由石冰率领，东破江州、扬州，临淮人封云起兵响应，进攻徐州。一时间“荆、江、徐、扬、豫五州之境，多为昌所据”，起事武装军所到之处，即“树立牧守”，建立自己的政权，出任牧守者多是所谓“桀盗小人”即下层人民。不过据有关记载，张昌军队缺乏统一而严明的纪律，有的“但以劫掠为务”，以致“人情渐离”。当司马歆被张昌军攻杀后，晋廷即以新任荆州刺史刘弘为镇南将军、都督荆州诸军事，代歆出镇荆州。受任之初，刘弘在张昌的强大攻势下，从宛城退屯梁县，他的部将，南蛮长史陶侃、参军蒯恒及牙门将皮初，却成功地守住了襄阳。这年七月，刘弘调集大军反击，由其部将陶侃率领，进攻张昌的根据地江夏郡，豫州刺史刘乔也派部将李扬与陶侃并力，侃等“累战破昌，前后斩首数万级”。八月，荆豫地区的张昌军虽经苦战，终因兵力分散、寡不敌众，最后失败。张昌逃至下隽山（约在今通山及湖南岳阳一带），次年（永兴元年，304 年）秋被俘处死①，其他地区的起事武装军也在同年相继失败。

张昌起事从客观上声援了益州地区的流民起事，并沉重打击了西晋在荆州的统治，迫使新任都督刘弘在任上采取一些缓和社会矛盾的措施。

二、刘弘治理荆州

太安二年（303 年）秋张昌起事虽被镇压，但对于新任荆州军政长官刘弘来说，形势仍十分严峻。当时张昌在逃，随时有卷土重来的可能。其次是“益梁流人萧条猥集”，“在荆州十余万户”。这是一个庞大的流民集团，同时也是一个很大的政治隐患，因其“羁旅贫乏，多为盗贼”，一旦有“无赖之徒”从中煽动，势必“飙风骇荡”，“沧海横波”，其后果将不堪设想。其三，当时河间王颙、成都王颖正联手进攻执政洛阳的长沙王乂，诸王战乱还在升级，随时可殃及荆州。其四，荆州地区的郡县组

① 《晋书》第 4 卷《惠帝纪》，中华书局点校本 1974 年版，第 100～104 页；同书第 66 卷《刘弘传》，第 1 763～1 764 页。

织大多在张昌起事中被摧毁，统治机构及秩序亟待重建。

刘弘字和季（一作季和），沛国相（今安徽濉溪县西北）人，祖刘馥官至扬州刺史，父靖曾历庐江太守、河南尹、都督河北诸军事等地方官，二人均在《三国志》中有传，均以治绩，特别是在水利兴修方面的突出成绩而著称。刘弘“少家洛阳”，既出身于官僚贵族之家，又与晋武帝“同居永安里”，同年，还是“共研（砚台）席（座位）”的老同学，因而仕途一帆风顺，来荆州前任宁朔将军、假节监幽州诸军事，“甚有威惠”，亦有治声①。

刘弘在危难之际受任荆州后，迅速平定了张昌起事，然后便着手地方政权建设。当时“荆部守宰多阙”，弘请求朝廷后即进行补选。诏书要求“随资品选，补诸缺吏”，但刘弘在选任时却坚持“叙功铨德，随才补授”的原则，并全面衡量功勋、德行，“循名校实”即进行严格考核。于是，在平定张昌起事中立有“功勋”的陶侃、皮初等一批人，均得到提拔，其中皮初更被破格提升为荆州治所襄阳郡的太守。除遵诏补缺外，刘弘还自行调整、升转了一批郡守和县令。朝廷均予批准，只是认为皮初虽有功勋，毕竟资望太浅，“襄阳又是名郡，名器宜慎，不可授初”，而任命前东平太守夏侯陟为襄阳太守。夏侯陟是刘弘的女婿，弘上表称“陟姻亲，旧制不得相监，皮初之勋，宜见酬报”，使朝廷最后同意了对皮初的任命。他还在教令中说：“若必姻亲然后可用，则荆州十郡，安得十女婿然后为政哉！”刘弘任人唯贤，授用得人，“甚为论者所称”。他所拔用并十分器重的陶侃、应詹，还在晋室南迁后继续发挥了更重要的作用。

当时荆州新经战乱，生产破坏，影响社会稳定的隐患不少。刘弘上任后，注重恢复农业生产，“劝课农桑，宽刑省赋，岁用有余，百姓爱

---

①《三国志》第15卷《魏书·刘馥传》，中华书局点校本1959年版，第463～464页；《晋书》第66卷《刘弘传》，中华书局点校本1974年版，第1 764～1 768页。下文引自此传者，不再出注。

悦”。襄阳岘、方二山泽中，长期以来禁止百姓捕鱼。刘弘下令革除此弊，使百姓渔樵有地。对于荆州大量存在的外地流民，鉴于他们处境艰难，萍踪不定，刘弘“乃给其田种粮食”，为其提供最基本的生产、生活资料，使其安顿下来；还优待其中的上层分子，“擢其贤才，随资叙用”，将其纳入统治集团。这样不仅使流民生计有着，增加了社会劳动力，有利于恢复和发展农业生产，而且还化动乱因素为稳定因素，有助于扩大统治基础，维护社会安定。如果对比他之后荆州爆发的大规模流民起事（详下），刘弘的措置更相形见高。

当时荆州内外的政治局势异常复杂，刘弘采取明智的策略，以维护荆州的相对稳定。永兴二年（305年），东海王越用范阳王虓代刘乔为豫州刺史，刘乔的后台是在长安挟惠帝以令天下的齐王冏，故拒不受代，并击走司马虓，于是东海王越拟出兵伐乔。当时双方都希望刘弘站在自己一边，但刘弘力求中立，分别给刘乔和司马越写信，劝他们解怨释兵，同奖王室，而乔、越皆不从。他又上表晋惠帝，希望“速发明诏”，两释猜嫌，实际上此表是写给执政的河间王颙看的①。尽管刘弘的调解没有成功，但仍显示了刘弘在八王之乱中所持的比较中立的态度，这对于避免他本人以及整个荆州卷入内乱，是有好处的。当然他也不可能绝对保持中立，还是有所偏倚，总是以荆州的安定为重。陈敏之乱时，河间王颙遣亲信张光出任顺阳太守，率步骑5 000至荆州出讨陈敏。有人以为张光来者不善，劝弘斩光，但刘弘没有这样做，而是与之共讨陈敏②，因刘弘不愿因此得罪河间王而生乱，也想利用张光之力，使他协助江夏太守陶侃，阻止陈敏之乱西延至荆州。刘弘还曾不顾“运道悬远”，转运三万斛米支援与李特作战的益州刺史罗尚，部下有人反对，他说，“天下一家，彼此无异，吾今给之，则无西顾之忧矣”，也是为了避免益州战火东扩荆州。后来刘弘见河间王颙大将张方残暴，“知颙必败，遣使受东海

① 《晋书》第61卷《刘乔传》，中华书局点校本1974年版，第1 674页。
② 《晋书》第57卷《张光传》，中华书局点校本1974年版，第1 564页。

王越节度”，但他虽愿受越节度，却不曾与越联兵北上，参与诛灭河间王颙之战。

当刘弘在荆州取得政绩、“威行南服”之后，前广汉太守辛冉“以纵横之事”说弘，也就是劝刘弘乘天下大乱，纵横捭阖于各势力间，渔权自重。刘弘闻之大怒，杀掉了辛冉。本传又称当时有太乐伶人避乱流落至荆州，有人劝刘弘集中伶人制乐，刘弘不允许，说要等京师安定后，将乐人送还太乐署。刘弘还解释说，刘表在东汉末保据荆州时，曾命杜夔为天子合乐，乐成之后刘表想在庭中演练，受到杜夔的讥刺①，刘弘说他常为此事叹息，他自己决不能做这类事。这两件事表明了刘弘之恪守臣节，曾受到历代旧史家的赞扬。但《三国志》第15卷《魏书·刘馥传》注引《晋诸公赞》称：“于时（西晋末）天下虽乱，荆州安全。弘有刘景升（表）保有江汉之志，不附太傅司马越。”刘弘与司马越的关系究竟如何，姑置不论，所称刘弘欲效法汉末刘表“保有江汉”，从当时天下大乱而“荆州安全”来看，似符合事实。刘弘在八王之乱中尽量保持中立，忠于晋室，没有野心，不施纵横捭阖之策，正确估计形势，在各种势力中巧于周旋，是他得以保障“荆州安全”的一个重要原因。而这对于江汉人民来说，自是造福之举。

刘弘还能体谅下情，爱恤士卒。本传说刘弘“尝夜起”，听到城墙上打更的士兵“叹声甚苦”，他马上将他叫过来询问，见是一个年过六旬的老兵，“羸疾无襦（短袄）”，甚为怜悯，于是给予“韦袍复帽”，并责罚了主管官吏。过去荆州官府中供酒，按级别分为“优劣三品”，刘弘下令“与三军同其薄厚，自今不得分别”。他还是一个力戒空谈、主张务实的人。《太平御览》第253卷《职官部》载刘弘下达给荆州诸郡参军的教令曰：“太康以来，天下无虞，遂共尚无为，贵谈老庄，少有说事。外托论公务，内但共谈笑。今即同舟而载，安可不人人致力耶！”《北堂书钞》

---

① 按：此事见《三国志》第29卷《魏书·方技·杜夔传》，中华书局点校本1959年版，第806页。

第103卷《艺文部》则称他对“虚谈优游者必加诲抑”。《三国志》第15卷《魏书·刘馥传》注引《晋阳秋》，称刘弘在荆州有所举措，总是亲自给所部（郡）守（国）相写信，“丁宁款密”，给予详尽而具体的实施细则，使得部下感悦，“颠倒奔赴”，迅速贯彻执行。大家都说“得刘公一纸书，贤于十部从事”——比派十个州从事来督办还好。由于刘弘能“推诚感下”，关心下属，因而威信很高①。

1991年，刘弘墓在湖南安乡（西晋属荆州南平郡）发现，其出土文物之丰，随葬品制作之精巧，所体现手工技艺之高超，在已发现的西晋时期长江中游墓葬中绝无仅有②。值得注意的是，当时像刘弘这种级别的高官，死后大都归葬故乡或在首都洛阳周围营葬，而刘弘之墓却在荆州江南的南平郡出土，这不能不引起考古、历史研究者的高度兴趣，并力求索解。日本学者葭森健介推测，刘弘施行“威惠”型的善政得到了荆州人民的爱戴，其葬于荆州可能与之有关③。这一推测还不能说已成定论，但荆州民众对刘弘的怀念之情却史有明证。他卒官荆州后，史称“士女嗟痛，若丧所亲”。后因荆州局面难以控制，朝廷下诏以刘弘的儿子刘璠为顺阳内史，于是“江汉之间翕然归心”，这显然与刘弘的遗惠有关。其后璠因“得众心”，受到荆州当权者的疑忌与排挤，被迫匆匆离开荆州，其父刘弘之留葬荆州，当与璠的仓促离荆有关④。

三、西晋末荆州局势与流民起事

光熙元年（306年），刘弘在荆州病卒，他出镇襄阳期间在稳定荆土

① 韩国磐：《谈谈刘弘》，中国魏晋南北朝学会编：《魏晋南北朝史研究》，湖北人民出版社1996年版，第5页。

② 安乡县文物管理所：《湖南安乡西晋刘弘墓》，《文物》，1993年第11期。

③ 葭森健介：《魏晋时期的中央政界与地方社会——围绕西晋刘弘墓的发掘问题》，中国魏晋南北朝史学会编：《魏晋南北朝史研究》，湖北人民出版社1996年版。

④ 关于刘弘何以葬南平郡，杨德炳《刘弘与应詹》一文有说，可参考《魏晋南北朝隋唐史资料》第16辑，武汉大学出版社1998年版。

流民、缓和社会矛盾方面所取得的成效，很快就因人亡而政息。怀帝永嘉元年（307 年）代替刘弘都督荆州的高密王司马略，在任期间阶级矛盾逐渐尖锐，荆州已由号称“安全”变为“盗寇不禁”，朝廷不得不启用刘弘之子以维系民心。

永嘉三年（309 年）代司马略出镇襄阳的征南将军、假节都督荆湘交广四州诸军事的山简，前此两年出任荆州刺史的王澄，都是出身名门的贵公子，简父山涛，澄兄王衍，是声闻海内的大官僚、大名士，简、澄二人也都有父兄遗风，同样大名藉藉①。元康年间（元年为 291 年）以来，名士以任诞放达为高，当官而不理事，方是名士本色。山简出镇襄阳之时，“四方寇乱，天下分崩，王威不振，朝野危惧”，而简仍“优游卒岁，唯酒是耽”。襄阳豪族习氏，有佳园美池，“简每出嬉游，多之池上，置酒辄醉，名之曰‘高阳池’”。当时有人作儿歌形容山简在襄阳的作为：“山公出何许，往至高阳池。日夕倒载归，酩酊无所知。”王澄之出任荆州，本是身居宰辅的乃兄王衍见中原将乱，让他和王敦出居青、楚，作为“三窟”之计以“自全”王家门户的。《世说新语·简傲篇》载王澄将之镇：“王太尉（衍）及时贤送者倾路。时庭中有大树，上有鹊巢。平子（澄）脱衣巾，径上树取鹊子。凉衣拘阂树枝，便复脱去。得鹊子还，下弄，神色自若，傍若无人。”这就是当时风神爽俊号称“第一”的大名士王澄，在即将出任 100 多万人口的荆州刺史之前，在京师名流“时贤”聚会上的亮相。真是名下无虚士，王澄到任之后，“日夜纵酒，不亲庶事，虽寇戎急务，亦不以在怀”。他们在荆州的作风，与勤政务实的刘弘有天壤之别，刘弘时一度得到治理的荆州很快陷于动乱之中。

当时荆州最大的问题，是八王之乱以来陆续聚集到这里的十余万户流民。刘弘在任时曾对流民留意抚恤，但这个问题对于名士山简、王澄

① 山涛、山简父子，王衍、王澄兄弟，均于《晋书》第 43 卷有专传，中华书局点校本 1974 年版，第 1 223～1 231、1 235～1 243 页。以下引自上述诸人本传者，不再出注。

来说，自然也“不以在怀”。流民中相当一部分是新近自巴蜀东来的，大多分布在荆、湘间。分期分批自洛阳等中原地区，以及由秦雍至汉中辗转迁至荆州的，则大多集中在襄宛地区。永嘉二年（308 年）司马略在镇时“寇盗不禁”，为寇盗者主要应是“羁旅贫乏”的流民。山简上表称刘璠“得众心，恐百姓逼以为主”，也是怕这些曾受惠于刘弘的流民拥戴刘璠起事，刘璠的家属离开荆州曾得到流民首领的“卫送”，可见山简的担忧不虚。由于山简、王澄不理政事，对流民残酷压迫和剥削，以及流民与土著民间的复杂矛盾，流民终于揭竿而起。

永嘉三年（309 年），在豫州和荆州北部的北方流民因“旧居人所不礼”，发生暴动①，晋廷害怕荆州襄宛地区的关中流民随之起事，下诏命令他们还返故里。当时关中残破，已经在南阳居住多年的流民不愿回去，而荆州都督山简和南中郎将杜蕤却派兵遣送，强迫他们限期出境。永嘉四年（310 年）九月，关中流民忍无可忍，在王如的领导下聚众反抗。

王如原是京兆新丰人，如张昌一样，也是出身于低微的州武吏，“遇乱流移至宛”。他暗中结聚了流民中一批勇敢的青少年，夜袭山简、杜蕤二军，大破之。于是流民首领群起响应，各率其党“攻诸城镇、多杀令长”，很快发展到四五万众。其中长安侯脱部一度攻破南阳郡治宛城，王如军也曾“大掠沔汉，进逼襄阳”。流民军屡败晋军，荆州都督山简遣将赵同等进击王如，“经年不能克，智力并屈”，只好“婴城自守”，最后被迫自襄阳退屯夏口。荆州刺史王澄率军北上，亦被王如打败，“众溃而归”。后流民集团间发生矛盾，相互攻击，加之饥荒，或死或降，这次流民暴动遂告失败，王如也于永嘉六年（312 年）投降王敦，卒为王敦所杀②。

就在王如暴动稍后，流徙于荆湘的巴蜀流民，由于不堪当地官吏、

---

①《晋书》第 100 卷《王弥传》，中华书局点校本 1974 年版，第 2 610 页。

②《晋书》第 100 卷《王如传》，中华书局点校本 1974 年版，第 2 618～2 619 页；参同书第 5 卷《愍帝纪》，第 43 卷《山简传》《王澄传》等。

豪强的歧视和侵凌，也在蜀人李骧的领导下于乐乡（今松滋东北）举兵。他们驱杀县令，攻烧南平郡，队伍由数百人迅速发展到上万人。荆州刺史王澄派成都内史王机带兵镇压，李骧等请降，王澄假意允许，既而遣兵偷袭流民军，“沈八千余人于江中”，把他们的妻子用作军赏。这一暴行激起流民的更大怨愤，蜀中流民汝班、杜畴、蹇抚等又相继举事。这时湘州刺史荀眺以“流人皆欲反”，竟要尽杀流民，“于是益梁流人四五万家一时俱反，推杜弢为主”，一场大规模的流民起事终于爆发。

杜弢字景文，原为蜀郡成都人，父祖两代均仕晋为官，弢也曾被举为秀才①。益州流民起事，弢避乱入荆州南平（治今公安西北），太守应詹爱其才，荐任醴陵县令。杜畴、蹇抚等起事后，以杜弢“素有清望”，共推为主，“惧死求生，遂相结聚”。弢自称梁益二州牧、湘州刺史，攻打郡县，“南破零陵，东侵武昌”，杀死长沙、宜都、邵陵等郡太守，湘州刺史荀眺弃城南逃，仍被追擒，并多次打败荆州刺史王澄军，澄败奔孱陵，再奔沓中，又奔沌口。镇东大将军琅邪王睿（即以后的晋元帝，以下径称元帝）以周顗代澄为荆州刺史，亦被流民军击败，“狼狈失据”，后因陶侃遣将救之，方才得免②。起初，荆州都督山简因王如起事所逼，退屯夏口，杜弢曾向他表示率众投降之意，山简也愿意接纳，但晋军并未停止对流民军的进攻。永嘉六年（312 年）四月山简死后，元帝遣征南将军王敦率陶侃、甘卓、周访等将，“水陆十万”，围剿杜弢。

建兴元年（313 年），陶侃在武昌大破杜弢，王敦表拜侃为使持节、宁远将军、南蛮校尉、荆州刺史，主持征讨杜弢。当时荆州建平、南郡、江夏、竟陵诸郡，起兵响应杜弢的流民队伍所在多有，如王冲自称荆州刺史，占据江陵；杜曾自号南中郎将、竟陵太守，分据沔汉。时陶侃镇沌口，后移沔江，一度被杜曾打得大败，险被活捉。后率军入湘，与杜

---

①《晋书》第 100 卷《杜弢传》，中华书局点校本 1974 年版，第 2 620～2 624 页。下文引自此传者，不另出注。

②《晋书》第 69 卷《周顗传》，中华书局点校本 1974 年版，第 1 850 页。

弢对抗，“前后数十战”，旷日持久，流民军伤亡惨重，杜弢再次请降，但未被接受。后经一向同情流民的南平太守应詹转达疏通，元帝终于同意，并遣使受降，宣诏大赦。但弢虽投降，晋军“诸将殉功者攻击之不已”，弢不胜愤怒，建兴三年（315 年），杜弢与陶侃决战于长沙，流民军败溃，杜弢遁走，死于途中。这次坚持数年的流民起事终告失败。其中杜曾部仍坚持转战于竟陵、襄阳、南阳等地，数败晋军，曾再次大败晋名将陶侃。直至东晋元帝建武元年（317 年），始被周访镇压①。

荆湘流民起事被镇压以后，总统战事的元帅王敦进号镇东大将军，都督江、扬、荆、湘、交、广六州诸军事，江州刺史，驻镇武昌。平定杜弢的主将陶侃立有大功，为王敦所忌，被贬任广州刺史。王敦麾下，包括镇压荆湘流民的各路晋军以及被迫投降或战败被俘的大量流民武装，形成了一支实力雄厚的军团。敦“始自选置”督区内刺史以下官员，“浸益骄横”，专擅上流。在以王敦、王导为首的北来侨姓大族“同心翼戴”下建立的东晋王朝，皇权软弱，有“王与马共天下”之语。实际上在上流荆、江二州，司马睿尚无缘“共”之，乃为王敦的独立王国。绵亘东晋一朝的荆扬之争格局，早在东晋建立前夕就已形成。

① 《晋书》第 100 卷《杜曾传》，中华书局点校本 1974 年版，第 2 619～2 620 页；参同书第 58 卷《周访传》、第 66 卷《陶侃传》。

第四章　东晋荆州的外重局面与荆扬之争

第一节　王敦跋扈称兵　荆扬之争初开

公元317年正式建立的东晋王朝，本是在以王敦、王导为首的北来侨姓大族“同心翼戴”下成立的，因而有“王与马共天下”之语。实际上在王敦都督六州拥兵上流之后，其所统区域堪称王氏独立王国，司马氏已无缘“共”之。绵亘东晋一代的荆扬之争，很快就在王敦之乱中揭幕。

一、王敦坐大荆、江

《资治通鉴》第91卷《晋纪》称东晋元帝司马睿时，“（王）敦总征讨，导专机政，群从子弟布列显要”。胡三省注称：“怀帝永嘉五年，帝以敦刺扬州，加都督征讨诸军事，其讨华轶、杜弢、王机、杜曾，皆其功也。尚书万机之本，导录尚书事，是专机政也。”（按：永嘉五年，311年，司马睿在江东“承制署置官司，改易长吏”，江州刺史华轶拒不受命，而巴蜀流民杜弢又在湘州揭竿起事，故司马睿以王敦为征讨都督西上平乱。）敦率甘卓、周访、宋典、赵诱等军征讨华轶，轶兵败被杀。当时王敦直接统率的军队不多，平定华轶的主力军是南人甘卓（丹杨人）、周访（庐江人）所统。华轶平后，统帅王敦“威风已振”江南，实力大为扩张，寻受命进屯豫章，仍以征讨都督遣陶侃、周访、甘卓共击杜弢。平定杜弢后，如前所述，王敦加都督江、扬、荆、湘、交、广六州，江州刺史，驻镇武昌，实力更为雄厚，于是“始自选置”督区内刺史以下官，“浸益骄横”。他将平弢主将、荆州刺史陶侃左迁广州，兼并其军队，以从弟王廙代侃为荆州刺史。东晋建立后，元帝又相继加敦大将军、江州牧、荆州牧①。

当时王敦对督区的控制还不能说十分巩固。左迁广州的陶侃虽隐忍就任，但内心里对王敦终究不满。侃的儿女亲家周访仍以征讨都督屯军豫章，这也是王敦有心诛杀陶侃而未敢下手的原因之一。以湘州刺史镇长沙的甘卓，亦非王敦心腹。而原陶侃部将并不服从新任荆州刺史王廙，愍帝所任荆州刺史第五猗又和杜曾联合，“分据沔汉”，与王廙相抗②。王廙上任途中，即被叛变的原陶侃部和杜曾部打得大败。杜曾又击杀前来攻讨的王敦部将赵诱、朱轨，乘胜追击王廙，进据沔口（今汉口）。元帝命周访率军前讨杜曾，历经苦战，始得平定。起初，“王敦惧杜曾之难”，与周访相约，若周访平定杜曾，当以访为荆州刺史。杜曾既灭，王敦不践前诺，仍以王廙为荆州刺史，而以周访为梁州刺史。王廙在荆州，残酷诛戮原陶侃部将，“大失荆土之望，人情乖离”，最后被朝廷调离，诏以周访为荆州刺史，而王敦又违诏自领荆州刺史。周访对王敦恨之切齿，“阴欲图之”，部内“守宰有缺辄补，然后言上”，并不请示王敦。王敦亦视周访为眼中钉，必欲除之而后快，但访战功卓著，智勇过人，且在梁州（时治襄阳）“务农训卒”，“善于抚纳，士众皆为致死”，远近悦服，王敦“惮其强”而“不敢有异”。

元帝大兴三年（320 年）八月，周访病死于襄阳，王敦马上遣其从事中郎郭舒出监襄阳军。元帝却诏征郭舒为尚书省右丞，任命湘州刺史甘卓为梁州刺史，督沔北诸军事，接替周访镇襄阳。王敦虽没有公开反对朝廷对甘卓的任命，但违诏留下郭舒，没让他到建康任职③。不过围

---

① 以上并见《晋书》第 98 卷《王敦传》，中华书局点校本 1974 年版，第 2 553～2 566 页；同书第 66 卷《陶侃传》，第 1 768～1 779 页；同书第 58 卷《周访传》，第 1 578～1 582 页；同书第 70 卷《甘卓传》，第 1 862～1 866 页。下引以上诸传者，不再出注。

②《晋书》第 100 卷《杜曾传》，中华书局点校本 1974 年版，第 2 620～2 621 页；同书第 76 卷《王廙传》，第 2 004 页。

③《晋书》第 43 卷《郭舒传》，中华书局点校本 1974 年版，第 1 242 页。

绕甘卓北镇襄阳后空出的湘州刺史人选，朝廷与王敦之间的矛盾终于公开化。

二、荆扬构隙与王敦之乱

元帝与王氏的矛盾在渡江以后不久就已产生。由于当时双方都需要对方的支持，所以尚能彼此克制，暂时相安。但矛盾仍在继续扩大。《晋书》第98卷《王敦传》称：

> （敦）既素有重名，又立大功于江左，专任阃外，手控强兵，群从贵显，威权莫贰，遂欲专制朝廷，有问鼎之心。帝畏而恶之，遂引刘隗、刁协等以为心膂。敦益不能平，于是嫌隙始构矣。

“五马渡江”，宗室零落，几乎是孑身处于南北士族之间的晋元帝，并不甘心于主弱臣强的局面，他任用亲信刘隗、刁协、宋典等，采取了一系列加强皇权的措施，即所谓“刻碎之政”，以限制大族势力，实际上矛头是对准当权的王氏的[①]。对于刘隗、刁协的举动，王导的反应温和，主张“务在清静”，不要“察察为政”。王敦则反应强烈，他给元帝上了一封措辞尖锐的疏，为王导在朝中受冷遇鸣不平，并威胁说，如果司马睿对王氏“圣恩不终”，就将采取适当的行动。

甘卓移镇襄阳后，王敦准备以他的亲信沈充为湘州刺史[②]。刘隗“以王敦威权太盛，终不可制，劝帝出诸心腹，以镇方隅”，故元帝没有同意王敦的任命，改派其叔父、谯王承出镇湘州。临行前，元帝对司马承说，现在王敦位极人臣，仍“所求不已”，其表疏轻慢，已有无君之

---

① 唐长孺：《王敦之乱与所谓刻碎之政》，《魏晋南北朝史论拾遗》，中华书局1983年版，第151页。本节对此文多有利用，以下不再一一注明。

② 沈充，《晋书》第98卷《王敦传》作陈颁，此据《晋书》第37卷《宗室闵王承传》，中华书局点校本1974年版，第2 556、1 104页。

心。“湘州南楚险固，在上流之要，控三州之会，是用武之国”，他希望司马承到任以后，能够牵制王敦，起到藩屏王室的作用。司马承慷慨受命，但也谈到，湘州经流民起事，“地荒人鲜”，如无三年时间恢复，要牵制王敦，恐怕力不从心。承上任时，路过武昌，自然要拜见大府王敦。酒过三巡，王敦“欲观其意”，问道：“大王雅素佳士，恐非将帅才也。”承知其意，故意大言说：“公未见知耳，铅刀岂不能一割乎！”承到任后，以“湘土荒残……躬自俭约……倾心绥抚，甚有能名”①，他显然是在为即将到来的事变作紧张准备，只是王敦恐怕不会让他从容准备三年。

当时朝廷正在积极扩军备战，以对付王敦。鉴于东晋军队皆在外藩，大兴四年（321 年）五月，在刁协的建议下，元帝下诏调发沦落为扬州大族奴、客的北方平民，免除其奴、客身份，编入兵籍，分别配给亲信刘隗、戴若思的军府。二军府各配兵士在万人以上。这年七月又以戴若思为征西将军、都督司兖豫并冀雍六州诸军事、司州刺史，镇合肥；刘隗为镇北将军、都督青徐幽平四州诸军事、青州刺史，镇淮阴②。二人出镇虽以北防为名，实际上是继司马承出镇湘州后的又一防范王敦的重要军事部署。

王敦也在为起兵作最后的准备，而且周访死后，已无后顾之忧。大兴四年（321 年）九月，王敦有所忌惮的豫州刺史祖逖，因豫州在戴若思督区内，受戴统辖，加之预感到一场内战难免，北伐事业无望，悒愤发病而死，这使王敦如释重负。王敦决定起兵后，遣使告知拥有较强军事实力的梁州刺史甘卓，卓虽“心不同之”，但口头上仍答应支持。王敦又遣亲信吴兴豪门沈充以葬父为名，还乡纠合徒众。永昌元年（322 年）正月十四日，王敦以诛刘隗为名，自武昌起兵，东下建康。王敦的心腹沈充也从吴兴起兵响应。

---

① 《晋书》第 37 卷《宗室·闵王承传》，中华书局点校本 1974 年版，第 1 104 页。

② 《晋书》第 6 卷《元帝纪》，中华书局点校本 1974 年版，第 154 页；参同书第 69 卷《刘隗传》《刁协传》《戴若思传》。

王敦在宣布起兵的上疏中，条列了刘隗的大量罪状，其中最主要的一条就是发奴客为兵。这显然是在争取因发奴客为兵而蒙受损失的扬州大族，特别是损失最大的江南土著豪族的支持。

四月，王敦未遇任何抵抗，便已兵临建康石头城下。石头城守将是江南最强大的豪门周札，但周札开门迎敌，不战而降，王敦得以顺利攻入建康，诛杀异己，控制了朝政。看来王敦争取大族支持的策略取得了成效。

王敦东下后的上流，局面则非常复杂。

王敦起兵以后，甘卓没有依前约与王敦同下，而是派人到武昌谏止王敦起兵。王敦遣使责备甘卓不履前约，说自己举兵只是为了“除奸凶”，而不会危害朝廷。又说若“事济”，当升卓位为公。甘卓闻之，犹豫不决。

王敦东下前也曾遣使到湘州，向谯王承通报自己起兵缘由，并以承为军司，命令承一同东下。承深知湘州力量寡弱，但决心誓死保卫朝廷，于是移檄远近，声讨王敦的罪恶。“湘中豪俊”，所部太守，除了王敦姐夫湘东太守郑澹以外，都起兵响应，“一州之内，皆同义举”。王敦遣南蛮校尉魏乂、将军李恒率军2万来攻，司马承且战且守，以待外援。

司马承又遣主簿邓骞专程至襄阳，劝说甘卓“奉辞伐罪”，起兵讨敦。但甘卓的参军李梁建议甘卓拥兵坐观，说：若王敦事捷，必委卓以方面之任，王敦失败，朝廷必以卓代敦。邓骞则说，今甘卓既不举义讨敦，又不承王敦命，首鼠两端，有“必至之祸”。并说王敦留守之兵不多，以襄阳军府的精锐袭击武昌，势若“摧枯拉朽”。甘卓还是迟疑不决。这时王敦怕甘卓在后方生变，又遣使者乐道融来到襄阳，催甘卓务必相随东下。但乐道融反倒劝甘卓起兵讨敦，并献计曰：“当伪许应（敦）命，而驰袭武昌，敦众闻之，必不战自散，大勋可就矣。”① 甘卓内心本来不愿意从敦，听了乐道融的建议，便下定决心与王敦决裂。于

① 《晋书》第89卷《忠义·乐道融传》，中华书局点校本1974年版，第2 315页。

是与巴东监军，南平、宜都等郡太守共十余人，“俱露檄远近，陈敦肆逆，率所统致讨”。同时奉表建康，遣使分别至广州、湘州，与陶侃克期共举，请司马承坚守待援。

朝廷得知甘卓起兵反敦，群情振奋，“台内皆称万岁”，陶侃得卓信后，亦遣将率军北上。诏迁甘卓为镇南大将军、都督荆梁二州诸军事、荆州牧，梁州刺史如故，陶侃以本官领江州，命令他们率军攻打王敦的后方。王敦在武昌的守军听说甘卓来攻，“人皆奔散”。

王敦听说甘卓起兵，大惊失色，马上派甘卓的侄子（时为王敦参军）回荆州劝阻。甘卓本来多疑少决，于是停军猪口（夏水入汉水之口，约在今沔阳境），“累旬不前”。不久王敦攻入建康，控制了朝政，胁迫元帝遣使西上，命令甘卓罢兵。甘卓闻讯后内心疑惧，口里却说：元帝、太子健在，我顿军襄阳，在王敦（武昌）上流，自汉水东下武昌有顺流之势，王敦想必不敢颠覆朝廷。如果我攻占武昌，王敦无退路，必挟逼天子，以绝四海之望。因此还不如还军襄阳更思后图为上。甘卓的部下“昼夜泣谏”，建议迅速分兵断彭泽（鄱阳湖口），“（王敦）上下不得相赴，自然离散，可一战而擒”，若败退襄阳，以后连襄阳也难保全。一向宽舒温和的甘卓，却突然变得倔强横暴起来，竟违反众议，径自率军还襄阳。不久，襄阳太守周虑“密承（王）敦意”，袭杀了甘卓。建康不守，甘卓退兵，困守长沙的司马承既绝外援，很快城陷被俘，在解运武昌途中，王敦所任荆州刺史王廙承敦旨，将其杀害。王敦又以朝廷名义解除了陶侃新加的江州刺史职，使领湘州，不久又解侃湘州职，命其依前还广州。王敦东下后，上流爆发的反敦起事终于全部平息。

王敦在建康布置妥当后，依旧还镇武昌，遥控朝政。史称“暴慢愈甚，四方贡献多入己府，将相岳牧悉出其门”。上流方面，王廙病死后，王敦兄王含接任都督沔南诸军事，领南蛮校尉、荆州刺史。王含迁任都督扬州江西诸军事后，又以从弟王舒接任荆州。王敦还以从弟王彬为江州刺史。元帝死后，王敦密谋篡位，准备再次东下，从武昌移镇姑孰（今安徽当涂），自领扬州牧。晋明帝太宁二年（324年），王敦病笃，明帝下诏讨伐王敦，敦以兄王含为元帅，率众攻建康，建康未下而敦病死，含军败溃。敦无子，以含子应为嗣。王含及王应军败西奔，至荆州为含从弟、荆州刺史王舒沉杀于长江，王敦之乱终于平定。

王敦两次举兵，牵动的矛盾并不相同。他以“清君侧”即反对刘隗、刁协的“刻碎之政”为名起兵，得到南北士族的普遍支持，反映了在士族联合统治的政治体制下，士族的特殊权益甚至皇权也不得侵犯。王敦再叛，欲以“王”代“马”，自取帝位，因而遭到本家族王导在内的南北士族的共同反对，只能以失败告终①。王敦之乱，充分显示了东晋一朝君弱臣强的局面，同时也表明，司马氏皇权也不容许任何一家士族擅自废弃，取而代之。

由坐大荆、江而称兵犯阙——王敦之乱拉开了东晋一朝荆扬之争的序幕，初步显示了上流荆州方镇的强大力量及其在国家政权结构中的特殊地位。

第二节　陶侃勤政务实　荆江八州称治

由当权的侨姓大族出任方镇——最重要的方镇就是荆州，与建康的权力中枢相互策应、相互制约，是东晋政治的一个重要特征。王敦之后，出身南方寒门的陶侃出镇荆州，总统上流，则为例外。而陶侃在荆州的施为，相对于他的前任和后任，即那些出身于门阀士族、以门户利益为重的上流统帅，也有许多例外之处。

一、出身孤寒　建功荆州

陶侃字士行，原籍鄱阳，晋灭吴后移居庐江寻阳，其父陶丹曾仕吴

---

① 参见上引唐长孺：《王敦之乱与所谓刻碎之政》，《魏晋南北朝史论拾遗》，中华书局 1983 年版；又见田余庆：《东晋门阀政治》“后论”之三，北京大学出版社 1989 年版，第 338 页。

为扬武将军①。侃少年丧父，与母亲相依为命，家境“酷贫”。由于“少长孤寒”，又出身于江南少数民族溪族②，因而在看重门第的当时，陶侃不可能有什么前途。但陶侃“少有大志”，“自强不息”。其母湛氏又是一位有识见有毅力的女性，对陶侃管教甚严，并勤力纺织，以资助儿子“交结胜己”。有一年冬天，鄱阳郡孝廉范逵途经侃家，侃家穷困，“无以待宾”，湛氏将自己的头发截下出卖，“得数斛米”，又“斫诸屋柱”为薪柴，总算凑得一桌“精食”待客③。得力于范逵的推荐，陶侃终于从身份低微的贱役逐渐升到县主簿。后来又被举孝廉，进入洛阳，结识了不少上层名流，并在“性好人物”的张华的推荐下，当上了郎中。但毕竟“望非世族”，因而他始终受到洛阳达官贵人的轻视。而且当时八王之乱愈演愈烈，陶侃知道自己在洛阳不会有什么发展，于是谋得荆州南部的一个县令职务，重返南方。后来又因与上司关系紧张，弃官归乡。

晋末动乱及荆湘流民起事，为陶侃带来了投身戎旅的机会。由于荆州都督刘弘的重用，陶侃在讨伐张昌暴动中显示出过人的军事才干，并以军功封侯，升任江夏太守，成为“居大郡统强兵”的实力人物。永嘉之乱后江南的政治形势十分复杂，陶侃先是依托洛阳政权所任之江州刺史华轶，后来又与华轶告绝，转投江东司马睿所任征讨都督王敦。他在王敦率领下进讨杜弢流民军，以战功被王敦表为荆州刺史、南蛮校尉。如前所述，在平定杜弢的战事中，陶侃立有首功，威名大著，却被王敦左迁广州，而且要不是他的亲家周访屯重兵于豫章，恐怕早就成了王敦的刀下之鬼。王敦不欲陶侃镇荆州，一则怕其功高难制，再则也因王敦正想专制上流，遥控朝政，不愿将荆州假手他人。

自建兴三年（315年）至广州，至太宁三年（325年）王敦之乱平定

---

①《晋书》第66卷《陶侃传》，中华书局点校本1974年版，第1 768页。以下引自此传者，不再出注。

② 陈寅恪：《魏书司马叡传江东民族条释证及推论》，《金明馆丛稿初编》，上海古籍出版社1980年版，第80页。

③ 余嘉锡：《世说新语笺疏·贤媛》，上海古籍出版社1993年版，第689页。

后受任荆州，陶侃在广州凡十年余。当时广州受战乱影响较小，境内相对安定，但陶侃并不甘心于久任边州，而有北伐中原之志。他怕过分安逸，意气消磨，将来不堪重任，故“在州无事，辄朝运百甓（按：砖）于斋外，暮运于斋内”，以锻炼体魄，“励志勤力”，所以他在晚年仍保持着强壮的体魄和较好的精神状态，在荆州任内取得了出色的政绩。

二、勤于吏职 荆、江清晏

陶侃当年在刘弘部下作南蛮校尉时，刘弘有感于陶侃的德才，曾对陶侃说，他当年作羊祜的参军时，羊祜预计刘弘以后将继居其位，即出刺荆州，刘弘又说就他目前的观察，陶侃以后也将要取代自己，官至荆州刺史。如前所述，刘弘的预言早在建兴三年（315 年）即已实现，当时因陶侃大败杜弢，被王敦表为荆州刺史。只是后来杜弢既灭，兔死狗烹，陶侃被王敦排挤到了广州。平定王敦之后，明帝对上流方镇重新作了部署，所谓“改授荆、湘四州，以分上流之势”。太宁二年（324 年），征调江州刺史王彬为光禄勋，以应詹为江州刺史。太宁三年（325 年）五月，改任荆州刺史王舒为广州刺史，而以原广州刺史陶侃“为征西大将军、都督荆湘雍梁四州诸军事、荆州刺史”①。后又将广州刺史王舒与湘州刺史刘颉对调。

王敦两次称兵向阙，陶侃虽表示声援朝廷，却未曾实际介入，也没在平定王敦之役中立下殊功。很清楚，明帝以出身孤寒的陶侃出任重镇荆州，以及在上流的部署，都是为了改变元帝以来王氏内专机政外总上流的格局，使上流诸方镇相抗相维，避免重蹈王敦跋扈的覆辙。自太宁三年（325 年）赴任荆州，至咸和九年（334 年）病卒，陶侃出镇荆州约十年。奖拔陶侃并对侃寄予厚望的刘弘，奖拔刘弘并对弘寄予厚望的羊祜，均在荆州任上治绩斐然。正如刘弘没有辜负羊祜的希望，陶侃也没有辜负刘弘的希望，他在荆州任上的政绩亦垂诸史籍。

---

①《晋书》第 6 卷《明帝纪》，中华书局点校本 1974 年版，第 162～165 页。

大概与其出身和经历有关，陶侃对当时统治阶级上层流行的任诞清谈之风深恶痛绝。他说，“老庄浮华，非先王之法言，不可行也”，“君子当正其衣冠，摄其威仪，何有乱头养望自谓宏达邪”！因而他“勤于吏职，恭而近礼”，办公时“终日敛膝危坐”，军府众事，“千端万绪，罔有遗漏”。“远近书疏，莫不手答，笔翰如流，未尝壅滞”，“引接疏远，门无停客”，因此一天到晚忙个不停。他说，“大禹圣者，乃惜寸阴，至于众人，当惜分阴”，哪有时间“逸游荒醉”呢？若闲得无聊，“文士何不读书？武士何不射弓？”他在年轻时曾因饮酒误事，跟母亲有约，保证不再饮酒过量，从此不敢违反，就是任荆州都督时也是如此。每有宴会，他饮酒皆有定限，常常是兴致正高，而限量已到，便戛然而止。若看到部下酗酒赌博，“谈戏废事”，他或是将其酒器赌具“悉投之于江”，或是严加训斥，鞭扑相加。在他的领导下，荆州、军州二府纪律整肃，办事效率较高。

陶侃的清廉、节俭也是出了名的。他年轻时当过县里的“鱼梁吏”，曾派人给他的母亲送去一坩锅鱼鲝，不料其母将原物封还，还写信说，你用公家的东西送给我，不会给我带来什么好处，反倒使我为你担忧①。母亲的教诲对他影响深远。他在荆州时，凡有人送礼，都要问其来路，若是送礼人自己劳作所得，东西虽微不足道，也必定高兴地接受，并且数倍酬报；若是来路不明，“非理得之”，“则切厉诃辱，还其所馈”。他虑事精密，特别爱惜物力。曾主持造船，余下的木屑和竹头他都要主管人员收存起来，当时大家都莫名所以。后逢大雪，天晴雪融，官府厅前泥泞路滑，其木屑正好用来铺地。一二十年后，荆州刺史桓温伐蜀，又以陶侃所贮竹头作竹钉装船。又有一次调发竹篙，一个官吏连竹根挖起，才符合规定的尺寸，陶侃赏其节俭，“超两阶”破格录用了这一位官吏②。

陶侃治荆州，非常重视发展经济，稳定社会秩序。史称侃“练核庶

---

① 余嘉锡：《世说新语笺疏·贤媛》，上海古籍出版社 1993 年版，第 691 页。
② 余嘉锡：《世说新语笺疏·政事》，上海古籍出版社 1993 年版，第 179 页。

事，勤务稼穑，虽戎阵武士，皆劝厉之”。有一次，陶侃在外面碰到一个游手好闲的人，拿着一把尚未成熟的稻子，陶侃问他取稻子干什么用，那人说行路经过稻田，就顺手抓了一把而已。陶侃闻之大怒，说你本人不种田，而以损坏别人的劳动果实为乐，将他抓起来狠狠地鞭打了一顿。从此“百姓劝于农殖，家给人足”。王敦之乱后，荆州闹饥荒。陶侃上任后，为了稳定农业经济，“至秋熟辄籴，至饥，复（减）价粜之，士庶欢悦，咸蒙济赖”[①]。他还“尝课诸营（士兵）种柳”于都督治所武昌城内外。在他早年任武昌太守时，当时武昌境内“山夷多断江劫掠”商船，他下令诸将率军捕捉劫盗，结果发现是西阳王司马羕的部下冒充夷人作贼。但陶侃不认权贵，以大军进逼，迫使西阳王交出所有参与劫盗的人，一律斩首，从此“水陆肃清，流亡者归之盈路”。他还始终注意妥善处理与境内少数民族的关系，曾在郡东开办“夷市”，与蛮民互通有无，既发展了商业交换，又增加了地方机构的财力。他出任荆州都督后，常告诫部下不要欺压蛮民。史称陶侃在荆州，“自南陵（按：江州东界）迄于白帝（按：荆州西界）数千里中，路不拾遗”，“军民勤于农稼”，人民富足。这种说法或有夸大，但多少反映了当时的荆州社会相对稳定，经济有所发展。

陶侃有恢复中原之志。他始终密切注视着北方诸少数族政权的动向，以伺机北伐[②]。他曾委署流民帅桓宣为监沔中军事、南中郎将、江夏相，以经略襄阳。咸和七年（332年），桓宣与竟陵太守李阳、侃子平西参军陶斌，从石勒部将敦敬手中收复襄阳、樊城、新野等地。此后十余年，桓宣一直戍守襄阳，曾以少胜多，两次挫败石赵的来攻，起到了屏蔽荆州，遏制石赵南进的作用[③]。陶侃以虑事周密著称，他虽然“志在中

① （唐）欧阳询：《艺文类聚》第50卷《职官部六·刺史》引王隐《晋书》，中华书局1965年版，第894页。

② 《晋书》第95卷《艺术·戴洋传》，中华书局点校本1974年版，第2 474页。

③ 《晋书》第7卷《成帝纪》，中华书局点校本1974年版，第177页；同书第81卷《桓宣传》，第2 116页。

原”，并且一直在积极准备，但在条件未成熟时，决不轻举妄动。当时有人建议在武昌对岸的邾城驻兵镇守，陶侃总是不置可否。后来建议的人越来越多，陶侃这才率诸将过江到北岸实地考察，并分析说，“我所以设险而御寇，正以长江耳。邾城隔在江北，内无所倚，外接群夷”，在此蛮族聚居之地设镇，驻军贪利，压榨蛮民，“夷不堪命，必引寇虏”，这样反倒会引起麻烦。他还说到孙吴当年置镇邾城，守兵常有3万，“今纵有兵守之，亦无益于江南”。陶侃的后任庾亮对此不察，设镇邾城，果然城陷军亡。及至陶侃病重，仍对北伐之事念念在怀，他在遗表中说：“臣间者犹为犬马之齿尚可小延，欲为陛下西平李雄，北吞石季龙，是以遣毌（按：同‘贯’）丘奥于巴东，授桓宣于襄阳。良图未叙，于此长乖。”《晋书》第81卷《桓宣传》也谈到“侃方欲使宣北事中原，会侃薨”。从以后的情况来看，即使天假以年，陶侃也未必能顺利完成其西征、北伐计划，但在他出镇上流期间，荆州地区的对北防务是主动积极的，南北边境相对平和，北边没有发动大规模南侵，他也没有发动大规模北伐，从而使老百姓有更多的时间致力农亩。

出身贫寒而且又是南方少数族的陶侃，能够冲破门阀政治的藩篱，在两晋之际的风云变幻中出人头地，实属不易。这使他的身世颇具传奇色彩，因而在史籍中留下了不少有关他的遗闻逸事。陶侃也是一个有争议的人物，后世对他有不同的评价，不过这主要集中在政治方面，简言之就是他是否有政治野心的问题。至于他过人的才干，在荆州的出色政绩，古今人都是一致称道的。

三、宏总上流　婆娑止足

陶侃是在王敦之乱后作为明帝“分上流之势”、“强本弱枝”的一环出镇荆州的。较之前任王敦以江州刺史都督江、扬、荆、湘、交广六州（其后又自行加督宁、益二州），陶侃以荆州刺史都督荆、雍、益、梁四州，势力范围要小得多，而且偏于西陲，不像王敦所督，几乎包括了东晋所有重要的地区。当时荆扬之间的江州，是陶侃的好友应詹担任刺史、都督，詹与侃当年同为刘弘最器重的部属，为官之勤政务实，亦有侃风。应詹咸和元年（326 年）卒于江州任上，临终前致书陶侃，希望陶侃在“功名俱盛”的情况下：“宜务建洪范，虽休勿休，至公至平，至谦至顺，即自天佑之，吉无不利。人之将死，其言也善，足下察吾此诚。”[①] 所谓“至谦至顺”云云，想必应詹不会无的放矢。陶侃有何不谦不顺？还是应詹有所风闻，预为劝谏？

在应詹故世的前一年，明帝病死，太子以 5 岁即位，是为成帝。5 岁的幼童自然不能处理国政，必须依靠辅政大臣。而在顾命大臣的名单中，没有陶侃，后公布遗诏褒进大臣，还是没有陶侃。当时朝政大权实际掌握在外戚庾亮手中，庾亮一反王导优容世家大族的绥靖政策，厉行法治，试图加强中央威权，削弱方镇势力。陶侃以及同样不预顾命、褒进之列的豫州刺史祖约，都怀疑庾亮私自删改了明帝遗诏，有意把他们排出辅政大臣之外，故“深以为恨”，有“怨望”之言[②]。宫廷事密，明帝钦定的顾命大臣究竟有没有陶侃，庾亮是否在遗诏上做了手脚，恐怕当时也很少有人知其底细。但庾亮对雄居上流的陶侃不放心，陶侃对庾亮的措置不满意，双方已结衅隙，荆扬关系正在趋于紧张，则是十分明显的事实。应詹死后，庾亮以温峤继任江州刺史，镇守武昌，除了防范历阳太守苏峻以外，也是因为“征西将军陶侃有威名于荆楚，又以西夏（按：指荆州）为虞，故使峤为上流形援”。庾亮还着手修筑石头城的工事，也是为了加强建康的防卫，以对付上流的陶侃。上述应詹信中所云，或许是应詹想给他的老友传递某种来自朝廷的信息，委婉地规劝他妥善应对，以免被动“不利”。

正当庾亮和陶侃的矛盾日益激化之时，苏峻之乱爆发了。历阳内史、

---

① 《晋书》第 70 卷《应詹传》，中华书局点校本 1974 年版，第 1 861 页。

② 《晋书》第 66 卷《陶侃传》，中华书局点校本 1974 年版，第 1 768～1 779 页；同书第 73 卷《庾亮传》，第 1 915～1 924 页；同书第 67 卷《温峤传》，第 1 785～1 796 页；同书第 100 卷《祖约传》，第 2 625～2 627 页。以下引自上列诸传者，不再出注。

流民帅苏峻自恃兵强械精，“颇怀骄溢”，目无朝廷。庾亮早就有心剥夺苏峻的兵权，后因卞阐潜逃历阳事，便不顾举朝反对，果断出诏征苏峻入京。苏峻自知难免，遂推祖约为首，以讨伐庾亮为名，于咸和二年（327年）十月举兵反叛①。温峤在江州闻报，便请求率军东下援助建康，但庾亮却遣使制止温峤说：“吾忧西陲过于历阳，足下无过雷池一步也。”表明他更担心上流的陶侃乘机起事，要温峤坐镇原防区，切勿越雷池（今黄梅、安徽望江间古雷水流潴所成之湖泊）而东。当时三吴将领也请求发兵勤王，同样被庾亮拒绝。然而面对苏峻的进攻，庾亮指挥失策，又刚愎自用，一次次贻误战机，晋军节节败北，至咸和三年（328年）二月，叛军攻入台城，庾亮临阵脱逃，西依温峤。当时温峤已从武昌移镇寻阳，二人共商平讨苏峻大计，相互推为盟主，温峤的从弟温充提议，“征西（将军陶侃）位重兵强”，还是应该共同推举陶侃为盟主才好。于是温峤派都护王愆期西上，邀请陶侃共赴国难。陶侃仍以不预顾命为恨，声称自己是“疆埸外将，不敢越局”，婉词拒绝。温峤又几度遣使，陶侃还是不为之动。温峤无奈，遂遣使告知陶侃：“仁公且守，仆宜先下。”使者已出发二日，参军毛宝自外归来，劝说温峤急追前使，坚邀陶侃务必同征苏峻，若追之不及，便再遣使，仍固请陶侃同下②。毛宝深知，侃不同下，既无力平定苏峻，而且还有西顾之忧。侃总算同意，遣其部将率军东下与温峤会师，不料军行半路，陶侃复又追回。这时温峤以“（苏）峻杀其子（陶瞻），重遣书以激怒之，侃妻龚氏亦固劝自行”，陶侃才“戎服登舟”，亲自率军东下。

五月，陶侃兵至寻阳，人们都以为，陶侃与庾亮原本不和，“苏峻作乱，衅由诸庾”，陶侃一定会借机诛杀庾亮，以谢天下。庾亮自己也“忧怖无计”，后来听从温峤的建议，还是硬着头皮去拜见陶侃。庾亮本是容貌英俊、仪表非凡的大名士，其屈膝一拜，使陶侃既惊奇又感动，连忙

① 《晋书》第100卷《苏峻传》，中华书局点校本1974年版，第2 629页。

② 《晋书》第81卷《毛宝传》，中华书局点校本1974年版，第2 122页。

上前扶起庾亮，语带和解地说：“（您大名鼎鼎的）庾元规（按：亮字）何以拜起我（寒门武夫）陶士行（按：侃字）来了呢?”庾亮又“引咎责躬，深相逊谢”，声调姿态，诚恳得体而不失风度，陶侃不禁前嫌尽释，半开玩笑地说：“君侯当初修筑石头城要对付老夫，（不想）今日反来求我了?”于是设宴招待庾亮，二人谈笑风生，很是投机。席间庾亮吃薤菜，而将薤白（按：薤根）留下，陶侃问留之何用，庾亮说可以种。陶侃对之大为叹赏，说庾亮“非惟风流，兼有为政之实”①。节俭求实正是陶侃的风格，庾亮食薤留白，即使是为迎合陶侃而作的表演，也是成功的表演，这是比政治谈判更为有效的沟通，为他们携手言和共平苏峻打下了良好的基础。

但平叛之役非常艰苦，双方相持，数月不决，西军屡战不胜。温峤军粮尽，向陶侃借粮。陶侃大怒，责备温峤当初许诺不忧无将士、兵食，“惟得老仆为主耳”，而今“数战皆北，良将安在”? 又说“荆州接胡蜀二虏，仓廪当备不虞”，如果缺粮，他将率军西归荆州。温峤说：“今之事势，义无旋踵”，譬如骑虎不得中下，“(陶) 公若违众独反……义旗将回指于公矣”。峤部将毛宝、侃部将李阳也相继劝说，陶侃终于同意留下，并分米5万石以饷温峤军。九月，侃督水军进攻石头城，其部将临阵击斩苏峻，优势很快转向西军。咸和四年（329年）二月，西军终于攻下台城，苏峻之乱最后平定。

三月，论平峻之功，陶侃以元帅、盟主，升任侍中、太尉，封长沙郡公，加都督交、广、宁三州诸军事，加上原督四州，凡七州，还有同年二月新并入荆州的湘州，实则八州。陶侃以荆州治所江陵“偏远”②，移镇巴陵（今湖南岳阳）。

---

① 余嘉锡：《世说新语笺疏》容止、假谲、俭吝诸篇，上海古籍出版社1993年版，第614、857、875页。

② 《资治通鉴》第94卷《晋纪》（中华书局1956年版，第2 969页）成帝咸和四年（329年）三月条胡注释“偏远”云：“江陵偏在江北，又远建康。”

苏峻平后，温峤亦加官晋爵，仍镇江州，未久病卒，其军司刘胤代之。当时大乱初平，“流民万计布于江州”，驻镇寻阳的流民帅郭默不愿受征入京，矫诏袭杀刘胤。执政的王导以郭默骁勇难制，姑息隐忍，授以江州刺史①。陶侃在荆州闻知此事，立即起兵讨伐郭默。咸和五年（330 年）五月，郭默出降，侃斩之于军门，传首建康，江州平。诏以侃都督江州，领刺史。陶侃将都督治所从巴陵移镇武昌。

陶侃上表讨郭默时，又同时致书王导，对他纵容郭默的做法表示不满，说郭默杀江州刺史，即用为江州刺史，如果害宰相，是不是也用为宰相呢？王导在答书中说他这样做是出于策略，欲擒故纵，所谓“遵养时晦以定大事”。这显然是一种搪塞。其实王导和陶侃在对待郭默的不同态度上，反映了他们对江州的争夺，或者说反映了荆扬之间的颉颃②。王导之容忍郭默，意在笼络郭默，以对抗或牵制平定苏峻乱后势力进一步膨胀的陶侃。陶侃不待诏报迅速出兵平定郭默，也是要乘机控制江州。当年温峤邀陶侃一同东下平叛。陶侃不从，而以“越局”为词，何以现在就不怕“越局”了呢？实际上当时陶侃是想保持实力，恐怕也想待两败俱伤后收渔翁之利。毛宝建议温峤务必邀陶侃同下，一是想借重其实力，另则也怕温峤东下后上流生变。

郭默既平，陶侃遂为都督八州诸军事——若算上新并入荆州的湘州则是九州，荆、江二州刺史，从而完全控制了长江的中流和上流，其督区之广，权力之大，较之当年都督六州（时有湘州）的王敦，有过之而无不及，在东晋一朝也是屈指可数。陶侃在疾笃时所上遗表中自称“位极人臣”，洵非虚言。郭默在中原时，曾多次与石勒等交锋，北人无不畏其骁勇，听说陶侃“兵不血刃而擒之”，北人“益畏侃”。陶侃还遣将讨

① 江州刺史，《晋书》第 63 卷《郭默传》（中华书局点校本 1974 年版，第 1 716 页）作豫州刺史。此据《晋书》第 66 卷《陶侃传》，第 1 775 页；《资治通鉴》第 94 卷《晋纪》成帝咸和五年（330 年）正月条，中华书局 1965 年版，第 2 973 页。且当时豫州刺史为庾亮，见《晋书》第 73 卷《庾亮传》，第 1 921 页。

② 田余庆：《东晋门阀政治》，北京大学出版社 1989 年版，第 63～67 页。

降了五溪蛮，收复了石赵所占之襄阳、新野等地。总之，陶侃的实力和威望，在平定郭默后达到了顶峰。不仅位极人臣，而且名震敌国。上流的情形，与当年明帝以陶侃出镇荆州的初衷——分上流之势，已是大相径庭。仅仅从陶侃的都督治所，从江陵一迁于巴陵，再迁于武昌，建康政权也能感受到来自上流的压力，况且江州为陶侃所督后，荆扬之间已没有缓冲之地。

《晋书》第 73 卷《庾亮传》称："时王导辅政，主幼时艰，务存大纲，不拘细目，委任赵胤、贾宁等诸将，并不奉法，大臣患之。陶侃尝欲起兵废导，而郗鉴不从，乃止。"可见陶侃与王导的矛盾，已发展到兵戎相见的程度，只因为郗鉴不同意，所以陶侃没有起兵。郗鉴是永嘉之乱时率流民军南来的北方大族，咸和中领徐州刺史移镇京口①。京口密迩建康，为下流重镇，陶侃拟称兵犯禁，就不能不考虑郗鉴的态度。换言之，如果郗鉴支持，陶侃就要重演当年王敦的故事②。

《晋书》第 66 卷《陶侃传》称："（侃）梦生八翼，飞而上天，见天门九重，已登其八，唯一门不得入，阍者（按：守门人）以杖击之，因坠地，折其左翼……及都督八州，据上流，握强兵，潜有窥窬之志，每思折翼之祥，自抑而止。"传末唐史臣又曰："士行望非世族，俗异诸华……超居外相，宏总上流……望隆分陕，理则宜然。至于时属云屯，富逾天府，潜有包藏之志，顾思折翼之祥，悖矣！"后世史家如胡三省、王鸣盛、赵翼等，皆认为陶侃"尽心于国，老而弥笃"，所谓窥窬、包藏云云，乃属诬枉③。今就《晋书》第 66 卷《陶侃传》而言，其记述仍以

---

① 《晋书》第 67 卷《郗鉴传》，中华书局点校本 1974 年版，第 1 800 页。按：《晋书》陶侃、郗鉴传均不载陶侃欲起兵废王导事。

② 田余庆：《东晋门阀政治》，北京大学出版社 1989 年版，第 67～68 页。

③ 王鸣盛著、黄曙辉点校：《十七史商榷》第 50 卷《晋书·陶侃被诬》，上海书店出版社 2005 年版，第 369 页；赵翼著、王树民校证：《廿二史札记校证》第 7 卷《晋书·王导陶侃二传褒贬失当》，中华书局 1984 年版，第 154～156 页。《资治通鉴》第 95 卷《晋纪》成帝咸和九年（334 年）六月条胡注，中华书局 1956 年版，第 2 995 页。

褒为主。传中说陶侃有“窥窬之志”，并非全据折翼一梦；其“据上流拥强兵”，或对抗中央，或遥控中枢，皆有事实可稽。

不过荆扬对峙之局终东晋一朝皆然，既非始于，更非终于陶侃，这是当时的地缘政治格局所决定的。陶侃自称“少长孤寒，始愿有限”，在他“都督八州、宏总上流、位极人臣”之后，从总体上看，诚如《晋书》本传所说，仍能“怀止足之分，不与朝权”。他同庾亮、王导的对抗，至少在他自己看来，是因为他们在“主幼时艰”之际专制朝政。平定郭默、收复襄阳后，朝廷加以殊礼——拜大将军、剑履上殿、入朝不趋、赞拜不名，陶侃上表固让，并说他绝非虚应故事伪作礼让，如果将来自己能够实现西征北伐之志，即“枭（李）雄斩（石）勒”，则殊礼加之亦无妨。虽已桑榆晚景，陶侃仍汲汲于北伐事业。陶侃逝世前一年，自以年迈婆娑，“欲逊位归国”，因佐吏等苦留而不遂。咸和九年（334 年）六月，陶侃病重，上表逊位，遣人将“所假节麾、幢曲盖、侍中貂蝉、太尉章、荆江州刺史印传棨戟”送还朝廷，“军资器仗牛马舟船皆有定簿，封印仓库，自加管钥”，委托上佐王愆期保管，“朝野以为美谈”。他将后事安排妥当后，即自武昌登舟归长沙封国，船至武昌西数里的樊溪病故。

王夫之《读通鉴论》第 12 卷盛称刘弘有大功于东晋，其功之最又在于重用陶侃：“微弘，则陶侃无所托以尽其才”；若无陶侃平定荆襄流民起事，则江东无完土，“琅邪南迁，王导亦无资以立国”。王夫之所论不无理据。即以陶侃治荆州的绩效，临终前和平交接上流权力的措置，以及作为盟主平定苏峻之乱，使东晋王朝颠而未覆，其季年止足自抑，使荆扬矛盾争而未战，都对南方保持数十年相对安定的局面，对社会的稳定和经济的发展，作出了重要贡献，这是他的前后任所不及的。

第三节 颍川庾氏在荆州

咸和九年（334 年）陶侃故世之后，取代他出镇荆州的是庾亮。此后颍川庾氏家族、谯国桓氏家族相继专制上流，荆州之任遂成世袭之局。

一、庾亮西镇　风尘东逼

咸和四年（329 年）二月苏峻之乱平定以后，庾亮引咎自责，请求削职为民，“阖门投窜山海”。身为帝舅，且在平乱中立有功效，朝廷自然要苦苦挽留。庾亮最后要求“外镇自效”，得到允许，于是出任都督豫州扬州之江西、宣城诸军事，平西将军，豫州刺史，领宣城内史，镇芜湖①。庾亮所督计有淮南、庐江、弋阳、安丰、历阳、宣城诸郡，则建康以西、江州以东的长江两岸郡县，全控制在庾亮手中，如此迫近建康，一旦反目即短兵相接，王敦据姑孰，苏峻据历阳，殷鉴不远，故执政的王导对此很是不安②，而庾亮也想改变现状，那就是向上游的江州、荆州拓展，进一步扩大势力范围。

当时镇江州的是温峤，镇荆州的是陶侃，二人与庾亮在平苏峻时是盟友，关系不错，一时不会有冲突。但温峤本是作为刘琨使者只身南来的，陶侃出身寒门且年迈无出众子弟，在家族背景和门阀地位方面庾氏有压倒性的优势，庾亮相信，时间的推移一定会给他带来向上游拓展的机会。如前所述，上游的形势很快就出现变局。庾亮到镇不久，江州出现郭默之乱，陶侃出兵平定江州，并将江州划入了自己的势力范围。庾亮曾率步骑 2 万协助陶侃讨郭默，默破后仍还军豫州，且“不受爵赏”，将功劳全归之于元帅陶侃的英明指挥。陶侃在平苏峻之乱时已对庾亮印象颇好，平定郭默之役中庾亮的主动协作，特别是平定以后对江州没有野心，更加深了他对庾亮的好感。咸和九年（334 年）陶侃死，庾亮终于如愿以偿，都督江、荆、豫、益、梁、雍六州诸军事，领江、荆、豫三州刺史，交、广、宁之外，陶侃的地盘全部转移到庾亮手中，而且还

① 《晋书》第 73 卷《庾亮传》，中华书局点校本 1974 年版，第 1 921 页。以下引自此传者，不再出注。

② 《资治通鉴》第 94 卷《晋纪》成帝咸和四年（329 年）三月条胡注，中华书局 1956 年版，第 2 969 页；田余庆：《东晋门阀政治》，北京大学出版社 1989 年版，第 118 页。

领有地位十分重要的豫州。有资料表明，陶侃临终曾举亮自代①，庾亮总统上流，陶侃的推荐也许不起最终的决定作用，但无疑使他们之间的权力交接更为圆滑。

庾亮西上，地居分陕之重，势可顺流临下，本是他梦寐以求的。对于在建康辅弼幼帝主持朝政的王导来说，较之过去庾亮屯兵于建康侧近的芜湖，也有松一口气的感觉。但荆扬之间，或者说王导和庾亮之间，紧张的关系并没有缓和。据《晋书》第76卷《王允之传》，“咸和末”，当即咸和九年（334年）陶侃故世、庾亮都督上流徙镇武昌之后，王导的侄子王允之受任宣城内史、监扬州江西四郡事，镇于湖。则庾亮前脚刚走，王允之接踵而来，迅速进占了紧逼建康的长江两岸之地，纾解了琅邪王氏在建康的困境。次年，即咸康元年（335年）春，因石虎入侵历阳事件，王导以宰辅假黄钺出征，乘机调兵遣将，很快就完成了对豫州长江两岸的许多要地（历阳、慈湖、牛渚、芜湖等）的控制，并使前一年出镇于湖的王允之改镇豫州旧治芜湖，从而庾亮当年所统“豫州、扬州之江西、宣城诸郡”，尽归琅邪王氏的势力范围之内②。

上流的庾氏对王氏势力的西渐绝不会坐视。咸康五年（339年），以辅国将军、梁州刺史远镇魏兴（治今郧西西）的庾亮弟庾怿，突然以“所镇险远，粮运不继”，“以将军率所领还屯半洲（今九江西，约在今广济境）”。当时庾亮正在经营北伐，梁荆方面急需重兵，事实上庾亮马上又“以武昌太守陈嚣为辅国将军、梁州刺史”趣汉中，因此庾怿之远道东来，占据江州长江中的战略要地半洲，正是为了对付下游王氏家族势力的西渐。怿屯半洲未久，“寻迁辅国将军、豫州刺史，进号西中郎将，监宣城、庐江、历阳、安丰四郡军事，假节，镇芜湖”。这显然是针对上述王允之出镇芜湖而采取的一次反制措施，从而恢复了六年以前庾亮在

① 田余庆：《东晋门阀政治》，北京大学出版社1989年版，第68页。

② 《晋书》第7卷《成帝纪》、第65卷《王导传》，中华书局点校本1974年版，第179、1 752页。

豫州夹江扼逼建康的态势①。

与庾怿移屯半洲约略同时而稍前，庾亮与王导的矛盾进一步激化，眼看就要兵戎相见。据《晋书》第 73 卷《庾亮传》，过去陶侃尝欲起兵废王导，因郗鉴不从作罢。“至是，亮又欲率众黜导，又以谘鉴，而鉴又不许”。庾亮在谘询郗鉴的书札中所述王导的主要罪恶，包括“挟震主之威”，“不稽首归政”等，应该说，兴师“清君侧”已有足够理由。但这次仍因郗鉴不同意而作罢。《晋书》第 65 卷《王导传》载，王导听说庾亮将“举兵内向”时，自称与庾亮“休戚是同”，“悠悠之谈，宜绝智者之口”。又说庾亮果真如此，“吾便角巾还第”——回乌衣巷赋闲②，这又有什么可怕的呢？据说“于是谗间遂息”。王导老谋深算，举重若轻，有效地堵绝了“悠悠之口”，使一触即发的荆扬矛盾得到缓和。但王导仍时时感到来自上流的巨大压力，本传又称：“时亮虽居外镇，而执朝廷之权，既据上流，拥强兵，趣向者多归之。导内不能平，常遇西风尘起，举扇自蔽，徐曰：元规尘污人。”西风扬起的上流尘埃，不是王导的羽扇一摇就能轻巧规避的。庾亮要考虑的，仍是郗鉴的态度，郗鉴的态度之所以重要，是因郗鉴拥有的京口重兵。迭经王敦、苏峻、郭默之乱，北有强敌压境，王、庾两大门户都知道“时弊国危兵甲不可屡动”，轻启战端对谁都没有好处。咸康五年（339 年）七月王导死，征庾亮入朝，亮“固辞不入”，由其弟庾冰继王导辅政，冰在“王导新丧人情恇然”的情况下励精为治，且由“颇任威刑”转为“复存宽纵”③，在各种矛盾中周旋宁息，次年正月庾亮又死，上下流之间的紧张状态终于缓和下来，至

---

① 《晋书》第 73 卷《庾怿传》，中华书局点校本 1974 年版，第 1 926 页。关于王、庾在历阳、芜湖以及江州的争夺，本节多采用田余庆先生说，见田余庆：《东晋门阀政治》，北京大学出版社 1989 年版，第 117～129 页。

② 余嘉锡：《世说新语笺疏·雅量》，上海古籍出版社 1993 年版，第 356 页。

③ 《晋书》第 73 卷《庾冰传》，中华书局点校本 1974 年版，第 1 928 页；《资治通鉴》第 96 卷《晋纪》成帝咸康五年（339 年）七月条，中华书局 1956 年版，第 3 031～3 032 页。

少表面上趋于平静。

但王、庾两大门户之间的搏斗仍在暗中进行。在庾怿自半洲顺流而下进镇豫州（今芜湖），重新逼近建康之后不久，当是在庾亮故世以后，被庾怿逐出豫州的王允之迁为南中郎将、江州刺史①。竟溯流而上深入到庾怿的后方。这样，王允之和庾怿一上一下，恰好互换了镇防，从而在荆扬对峙的中流（豫州、江州）地带，你中有我，我中有你，呈犬牙交错状态。据《晋书》成帝纪、庾怿传，咸康八年（342 年）春，发生了豫州刺史庾怿以毒酒饷江州刺史王允之的事件，王允之密奏成帝后，成帝怒责庾怿说："大舅（按：指庾亮）已乱天下，小舅复欲尔耶!"史称庾怿闻言后即"饮鸩而卒"。从小"为舅氏所制"，"（及长）无雄武之度"的成帝，仅仅两句话就使得庾怿自杀，令人费解，当是王允之借此事制造了多方面的巨大压力，特别是舆论压力，使得执政中枢的庾冰，雄居西陕的庾翼，为了门户的长远利益，也不便援助庾怿，从而庾怿不得不以死谢罪。

庾怿自杀，王允之仍不能自安于江州。咸康八年（342 年）六月成帝死，其弟康帝即位，委政于庾冰、何充。庾冰很快想出办法造成一种态势，迫使王允之要求"自解（江）州"，入为卫将军。但新立褚皇后之父褚裒苦求外任，这时出为江州刺史，庾氏夺取江州的计划又功败垂成。次年（建元元年，343 年）十月，庾翼在荆州兴师北伐，也是"屡求出外"的庾冰，外出为都督江荆宁益梁交广七州、豫州之四郡军事，领江州刺史，假节，镇武昌，以为荆州庾翼形援，褚裒入为卫将军，领中书令。争夺多年的江州终于被庾氏取得，从而建康上游，自豫州之四郡②、江州以上，直到荆益交广，全入庾氏势力范围。

---

① 《晋书》第 76 卷《王允之传》，中华书局点校本 1974 年版，第 2 002 页。

② 《资治通鉴》第 97 卷《晋纪》（中华书局 1956 年版，第 3 056 页）康帝建元元年（343 年）条胡注谓豫州四郡为宣城、历阳、庐江、安丰四郡。钱大昕著、方诗铭等校点《廿二史考异》第 22 卷《晋书·庾冰传》条（上海古籍出版社 2004 年版，第 375 页），引据大量史实，谓此四郡当为汝南、西阳、新蔡、颍川四郡，疑钱说是。

在荆扬相持的东晋门阀政治格局中，地界荆扬的江州始终是荆扬争夺的重地。颍川庾氏在上流统治时期与建康中枢的对抗，就主要表现为对中流即江州以及豫州的明争暗夺。至庾冰居有豫州四郡及江州，庾氏在上流的势力臻于极盛。但盛极而衰，庾冰镇江州只有一年，建元二年（344 年）十一月即病死，朝廷立即以谢尚为江州刺史，企图从庾氏手中夺回江州，由于庾翼的坚决抵制未果。再过一年，庾翼又死，庾氏在上游的统治迅即瓦解①。

二、庾氏兄弟北伐与进据襄阳

庾氏兄弟在荆州的活动，经营北伐为其重要内容。在东晋历史上，北伐本来是正义的事业，倡言北伐本来是正义的口号，但自王敦以降，专制荆州的权臣，每以北伐作为影响江左政局、扩大上游实力和增益个人及家族威望的手段。

《晋书》第 6 卷《明帝纪》末“史臣曰”分析了王敦坐大荆州的原因和后果：“维扬作宇，凭带洪流，楚江恒战，方城对敌，不得不推诚将相，以总戎麾。”即建都于建康的江左政权，在军事上的保障，“实赖万里长江”②，划江而守，则上流荆楚为“国之西门”，不能不以重兵把守。东晋初荆湘流民暴动，襄宛（方城）与刘、石政权相接，故命大将统重兵于上流，以扼守长江，保障建康。“史臣曰”又称，既“总戎麾”于上流，“楼船万计，兵倍王室”，除非有“周公其人”，就不免“威权外假，嫌隙内兴”，于是有“顺流之师”如王敦。这些分析道出了荆州地处上流的地理优势是如何转化为军事、政治优势的。而居上游倡言北伐，更成为强化上游分陕势力的最佳口实③。据《晋书》第 37 卷《宗室·谯王承传》，王敦起兵前，曾“诈称北伐，悉召承（湘州）境内船乘”。陶侃有

①③ 田余庆：《东晋门阀政治》，北京大学出版社 1989 年版，第 123～129、114～115 页。

②《晋书》第 56 卷《孙绰传》，中华书局点校本 1974 年版，第 1 545 页。

中原之志，并已有具体行动，已见上述，他在平苏峻乱中因缺粮拟中途撤兵，也说到“荆州接胡蜀二虏，仓廪当备不虞”。

庾亮代陶侃总统上流以后，因石勒新死，亦有“开复中原之谋”。咸康五年（339 年）三月前后，庾亮调整了所辖地区的军事配置，以部署北伐：表请桓宣为都督沔北前锋征讨军事、平北将军、司州刺史、假节，镇襄阳；其弟庾怿为监梁雍二州军事、辅国将军、梁州刺史、假节，镇魏兴，旋改以怿徙屯江州半洲，而以武昌太守陈嚣为辅国将军、梁州刺史，趣子午道（按：关中、汉中间的通道），其弟庾翼为南蛮校尉、南郡太守、假节，镇江陵；以建威将军陶称为监江夏随义阳三郡军事、南中郎将、江夏相，率部曲 5 000 人入沔中；庾亮又解己豫州刺史职以授征虏将军毛宝，诏以宝监扬州之江西诸军事、豫州刺史，与西阳太守樊峻率精兵万人守邾城。同时遣偏军伐蜀巴郡、江阳，执成汉荆州刺史李闳、巴郡太守黄植。接着上疏请求移镇襄阳石城，作为其他诸军的后援①。

庾亮关于北伐的部署颇有值得注意者。如梁州（治魏兴）的庾怿与江州（治武昌）的陈嚣的换防，怿之脱离北伐建制远屯半洲，本是为了遏制王氏势力的西扩，进而主动东进，已见上文。其次，是将原南蛮校尉、南平太守陶称调任江夏相，并使其“以本所领二千人②自随”。陶称北渡长江取道夏口上任，照例要拜见统府庾亮，结果拜见时被庾亮逮捕弃市。按照职务权限，庾亮并不能擅杀 2 000 石郡守，尽管他事后上疏自辩，仍属先斩后奏。他之所以如此，是因为陶侃在荆州威望极高，故

① 《晋书》第 73 卷《庾亮传》《庾怿传》《庾翼传》，第 81 卷《桓宣传》《毛宝传》，第 66 卷《陶称传》，中华书局点校本 1974 年版，第 1 915～1 936、2 115～2 129、1 780～1 781 页。下文出自以上诸传者，不另出注。参《资治通鉴》第 96 卷《晋纪》成帝咸康五年（339 年）三月条，中华书局 1956 年版，第 2 027～2 028 页。

② 《晋书》第 66 卷《陶侃附子称传》，中华书局点校本 1974 年版，第 1 780 页。同书第 73 卷《庾亮传》第 1 923 页作“率部曲五千人”。

吏旧属甚多，陶侃死后，其子夏、斌、称等“各拥兵数千”。庾亮上任伊始，即上疏罪黜陶侃的世子陶夏，“亮表未至都，而夏病卒”。可见庾亮一直在蓄意诛灭陶侃后人，这次又借北伐之名，将陶称调离，进而斩除，陶氏部曲从此转归于庾亮麾下。

庾亮北伐部署中最可注意的，是关于襄阳的经营。当时襄阳的实力人物是桓宣。宣为谯国人，曾为南中郎将王含参军，与豫州诸坞主周旋，又曾协助祖逖经略中原。后苏峻联祖约叛晋，桓宣不从，率众投陶侃。如前所述，自咸和七年（332 年）陶侃命桓宣、李阳等收复襄阳后，桓宣就一直戍守在襄阳。桓宣久在淮南，其部曲多为淮南人，而淮南属扬州，故陶侃使桓宣以其淮南部曲于襄阳西北立义成郡，仍属扬州。襄阳北对强敌石赵，南面屏蔽荆州，为南北交争之地，又是北来流民聚居之所。桓宣在襄阳“绥抚侨旧，甚有称绩”，很得人心，曾多次胜利抵抗石赵的攻击。在庾亮的北伐部署中，桓宣受命为司州刺史、都督沔北前锋征讨军事，如果北伐之师成行，桓宣当是前锋主将，以旧司州即故都洛阳为进军目标。庾亮在请求北伐的上疏中说，“襄阳北接宛许，南阻汉水，其险足固，其土足食”，因此准备亲率十万大军北上，“移镇襄阳之石城下，并遣诸军罗布江沔”。如果依疏而行，庾亮的主力将全部集中在襄阳。庾亮与桓宣过去没有统属关系，庾亮以北伐的名义亲率大军移镇石城，“罗布江沔”，在于就近指挥和控制桓宣，接近襄阳以至占领襄阳，最后达到排挤襄阳实力人物桓宣的目的，如果联系此后庾翼的北伐，这样的目的是很明显的①。

但朝议以郗鉴为首，认为“资用未备不可大举”。太常蔡谟更对南北实力进行了全面对比，认为目前敌强我弱，加之攻守异势，水陆异势，从各方面看庾亮都不具备北伐的条件②。但庾亮不以为然，本传称“亮又上疏，便欲迁镇”，准备不顾朝议诏令，一意孤行了。这年七月，王导

① 田余庆：《东晋门阀政治》，北京大学出版社 1989 年版，第 131～137 页。

②《晋书》第 77 卷《蔡谟传》，中华书局点校本 1974 年版，第 2 035～2 037 页。

死，以丞相、扬州刺史征庾亮入朝辅政，庾亮也不肯就职，一心要实施预定的迁镇、北伐计划。

稍后发生的赵军入侵事件，使庾亮的既定计划胎死腹中。如前所述，过去陶侃镇武昌时，有人建议在武昌对江的邾城设镇，陶侃没有采纳，并细加释解。这次庾亮部署北伐，以大将毛宝、樊峻率精兵屯戍邾城。咸康五年（339年）八月，石虎调动大军进攻荆州北部，其中以2万骑围攻邾城。毛宝向庾亮求救，庾亮以邾城牢固，没有及时派兵增援，九月，邾城失陷，“宝、峻等率左右突围出，赴江死者六千人，宝亦溺死”。江夏郡内许多镇戍失陷，损失惨重，最后因南郡太守庾翼“屡设奇兵，潜致粮杖”，使竟陵太守李阳得以固守石城，赵军才没能继续扩大战果，掠得汉东7 000余户北归。这一战役不仅证实了当年陶侃的预见，而且证明了朝议反对庾亮移镇、北伐的正确性。庾亮自求贬官三等，虽然诏命恢复原职，但迁镇、北伐计划只好作罢，并从此郁郁不乐，“忧慨发疾”，于次年（咸康六年，340年）正月初一不治身亡。当庾亮的灵柩乘船东还时，百姓于岸上作歌谣云：“庾公上武昌，翩翩如飞鸟；庾公还扬州，白马牵流苏。”在庾亮病重时，著名的术士戴洋曾建议庾亮解去荆、江二州职，或可祛病禳灾①。但此事攸关庾氏门户利益，即使解职真能疗疾，庾亮也未必肯为，这从以后庾怿自杀以保全门户即可推知。不过从民谣和戴洋的话，仍可见邾城之败及北伐计划落空对庾亮声誉的影响。

庾亮死后，其弟庾翼继任都督江荆司雍梁益六州诸军事、安西将军、荆州刺史。亮弟庾冰当时继王导辅政，因而庾氏家族的利益并未因庾亮故世而顿受损失。庾亮在荆州是以治绩著称的②，庾翼代亮镇武昌时，因“年少超居大任，遐迩属目，虑其不称”。但翼“劳谦匪懈，戎政严明，经略深远，数年之中，公私充实，人情翕然，称其才干”。在对北防御方面也有成绩，本传称：“自河以南皆怀归附，石季龙汝南太守戴开率

---

① 《晋书》第95卷《艺术·戴洋传》，中华书局点校本1974年版，第2 475页。

② 《南齐书》第22卷《萧嶷传》，中华书局点校本1972年版，第407页。

数千人诣翼降。又遣使东至辽东，西到凉州，要（邀）给二方，欲同大举。慕容皝、张骏并报使请期。翼雅有大志，欲以灭胡平蜀为己任，言论慷慨，形于辞色。”康帝建元元年（343 年），庾翼又表请北伐。这是关系到巩固和壮大庾氏门楣的大事。同年十月，辅政建康的翼兄庾冰自求外镇江州，以为庾翼北伐声援，有庾冰在江州，即使庾翼北伐失脚，也不至于丢掉后方。

庾翼的第一封北伐疏措辞强硬。他说目前正是北伐的最好时机，故“辄发良人，不顾忿咎”，“且欲北进，移镇安陆”。现已“辄率南郡太守王愆期……等精锐三万，风驰上道”，并要求皇帝见表之日，“便决圣听，不可广询同异，以乖事会”。与此同时他还大举调发所统“六州奴及驴马”。他在表中佯称移镇安陆，实际上是要进镇襄阳。疏到建康，“帝及朝士皆遣使譬止”，但庾翼仍“违诏辄行”。他自武昌出发，至夏口再次上表，始奏请进止襄阳，权停北伐。他说：“计襄阳，荆楚之旧，西接益梁，与关陇咫尺，北去洛河，不盈千里，土沃田良，方城险峻，水路流通，转运无滞，进可以扫荡秦赵，退可以保据上流。……臣虽未获长驱中原，馘截凶丑，亦不可以不进据要害，思攻取之宜。是以辄量宜入沔，徙镇襄阳。”这里充分显示了庾翼倡言北伐的真实目的，至少是近期目标，就是要“进据要害”之地襄阳。“师次襄阳”以后，庾亮当年的夙愿终于实现，庾翼不禁志得意满，喜形于色：“大会僚佐，陈旌甲，亲授弧矢，曰：‘我之行也，若此射矣。’遂三起三叠，徒众属目，其气十倍。”进据襄阳既被庾翼视为巨大胜利，可见他原不以北伐为意①。那么，他是如何处置襄阳的实力人物桓宣的呢？

庾翼在北伐疏中称，他已“勒平北将军桓宣扑取黄季，欲并丹水，摇荡秦雍”。桓宣以孤军进攻丹水，为石赵军所败，史称庾翼怒贬其号，使移屯襄阳以东的岘山，后又以桓宣代王愆期为南郡太守。宣“望实俱丧，兼以老疾”，怏怏不得志，未之官，于建元二年（344 年）八月发愤而卒。

① 田余庆：《东晋门阀政治》，北京大学出版社 1989 年版，第 132 页。

《晋书》第75卷《范汪传》称范汪上疏劝阻庾翼进据襄阳，其中谈到庾翼进驻襄阳后，“桓宣当出”，桓宣过去在襄阳安抚侨旧，备经艰难，侨民刚刚安定下来，“而当移之”，必招致不满。范汪还谈到移镇襄阳在后勤补给方面的诸多困难，最后说，“翼岂不知兵家所患常在于此，顾以门户事任，忧责莫大……是以抗表辄行”。范汪的话表明，庾翼移镇襄阳，其结果必然是将桓宣挤出襄阳，而这正触及庾氏兄弟的本怀。范汪说庾氏不顾兵家之忌，违诏北伐，全在于门户利益，这对庾翼更是诛心之论。桓宣死后，翼以长子方之为义城太守，代领桓宣部曲；又以司马应诞为襄阳太守，参军司马勋为梁州刺史，代任桓宣之职。作为荆州屏蔽的要害之地襄阳及梁州，终于完全控制在庾氏手中①。这年十一月，庾翼兄庾冰卒于江州，翼留子方之戍襄阳，自己还镇夏口，“悉取冰所领兵自配，以兄子统为寻阳太守”，诏翼还督江州，又领豫州刺史，翼辞去豫州，复上疏请移镇乐乡，诏不许，“翼仍缮修军器，大佃积谷，欲图后举”。又遣益州刺史周抚、西阳太守曹据伐蜀，破蜀将李桓于江阳（今四川泸州）。

《晋书》第12卷《天文志》两处谈到“庾翼大发兵，谋伐石季龙，专制上流，朝廷惮之”。当庾冰出都挤走居江州的褚裒，庾翼北伐吞并桓宣占领襄阳之后，庾氏在上流的统治已是固若金汤，其实力之强足以使朝廷惧惮。《世说新语·规箴》：“小庾在荆州，公朝大会，问诸僚佐曰：‘我欲为汉高、魏武何如？’一坐莫答。”刘孝标注引宋明帝《文章志》谓“庾翼名辈”，不应狂狷如此。今从上述庾氏兄弟专制上流，行所欲行，全不把朝议诏令放在眼里，可知《世说新语》此条即或出诸传闻，亦必基于一定的事实根据。

庾氏对晋廷的威胁，很快因庾氏的衰败而化解。当庾翼移镇襄阳时，“议者或谓避衰”。庾亮、庾怿、庾冰相继亡故后，庾氏确已人才竭蹶，显露出衰落征象。永和元年（345年）七月庾翼英年病逝，临终前表子爰之行辅国将军、荆州刺史，委以后任。但庾翼的遗嘱并没有得到朝廷

① 《资治通鉴》第97卷《晋纪》康帝建元二年（344年）八月条，中华书局1956年版，第3 060页。

的认可，继总上流的是桓温。当时有人担心爰之会阻兵拒代，实际上并没有出现这样的情况，而是庾爰之、庾方之兄弟被桓温逐出荆州——流放于豫章，颍川庾氏在荆州的统治就这样匆匆结束了。

第四节　谯国桓氏在荆州

庾氏在上流经营十余年，以荆州为中心，控制了江州以上全部地境，并通过北伐，以亲信出任襄阳及梁州，还一度遣军入蜀，其势力范围之大，远非前此的王敦、陶侃所能及。但庾氏在上游的经营，不过是为谯国桓氏驱除，桓温正是凭借庾氏打下的基础得以崛起于上流，继而进逼建康中枢，几乎倾移晋室。

一、桓温在荆州的西征北伐与进逼中枢

永和元年（345 年）七月庾翼死后，关于庾翼的继承人选在朝议中引起争论。多数人认为，庾氏世居荆州，人心所归，宜依翼所请，以其子爰之代任。以侍中辅政的何充却认为："荆楚国之西门，户口百万，北带强胡，西邻劲蜀，经略险阻，周旋万里。得贤则中原可定，势弱则社稷同忧……岂可以白面年少猥当此任哉！桓温英略过人，有文武识度，西夏之任，无出温者。"① 还有一种意见是丹杨尹刘惔提出来的，他说桓温确有奇才，让他出任荆楚，必能稳定局势，也不必担心庾爰之不受代，只是桓温有野心，此一去将"不可复制"。因此"温不可使居形胜地，其位号常宜抑之"。刘惔建议由会稽王司马昱出镇荆州，他本人担任昱的军司，但"清虚寡欲尤善玄言"的司马昱没有同意。刘惔又毛遂自荐，"请自行"，朝议也没认可，因为刘惔同样是一个以"居官无官官之事"著称的清谈名士②。朝廷最后还是任命桓温为安西将军、持节、都督荆司雍

① 《晋书》第 77 卷《何充传》，中华书局点校本 1974 年版，第 2 030 页。

② 《晋书》第 75 卷《刘惔传》，中华书局点校本 1974 年版，第 1 991 页；余嘉锡：《世说新语笺疏・识鉴》，上海古籍出版社 1993 年版，第 400 页。

益梁宁六州诸军事，领护南蛮校尉、荆州刺史①。

桓温字元子，谯国龙亢（今安徽怀远西北）人。其父桓彝随元帝南渡，为宣城内史，预灭王敦有功，后死苏峻之难。桓温未满周岁，名臣温峤闻其啼声即以“英物”相许，故名之以“温”。后尚明帝女，拜驸马都尉，号称“挺雄豪之逸气，韫文武之奇才”，《世说新语》中留下不少有关他豪放不羁的逸闻。庾翼在世时极重桓温，希望成帝“勿以常人遇之，常婿畜之，宜委以方、召之任”②。

桓温出镇荆州后的第一个重大行动就是伐蜀。东晋的版图起初并不包括长江上游的益州。益州自惠帝末年即为李特领导的流民军所控制，永兴元年（304 年）特子李雄建立成汉政权。咸和九年（334 年）李雄死后，成汉出现继位之争，其后相继在位的李寿、李势竞为奢侈，以淫杀为务，臣下“人怀危惧”，“百姓疲于使役……思乱者十室而九”。李寿还一度“大修船舰，严兵缮甲”，合军 7 万，准备与石赵联合攻晋③。长江号称天堑，但难防顺流而下之军，故立国江南的六朝政权无不以取蜀为上流保障，而“势据上流易为寇盗”的成汉对东晋终究是一个威胁。陶侃曾遣将西守巴东，临终上表仍以没能“西平李雄、北吞石季龙”为憾。庾亮北伐上疏中也谈到“蜀胡二寇凶虐滋盛……蜀甚弱而胡尚强”，故遣偏军伐蜀，取得战绩。庾翼“欲以灭胡平蜀为己任”，也曾遣将伐蜀。不过陶侃、庾氏兄弟伐蜀，兵锋所及，仅仅达到晋蜀交界的巴东、江阳一带。桓温出镇荆州后的第二年，即永和二年（346 年）十一月，上疏大举伐蜀。他的上疏只是备案性质，没有也不准备等待朝廷的批复，而是“拜表即行”。

朝廷收到桓温的上表以后，“以蜀险远，而温兵寡少，深入敌场”，

---

① 《晋书》第 8 卷《穆帝纪》，中华书局点校本 1974 年版，第 192 页。同书第 98 卷《桓温传》第 2 569 页云都督四州，假节，与此不同。

② 《晋书》第 98 卷《桓温传》，中华书局点校本 1974 年版，第 2 568 页，原文成帝误为明帝，见《庾翼传》。下文引自《桓温传》者，不再出注。

③ 《晋书》第 121 卷《李寿载记》，中华书局点校本 1974 年版，第 3 045～3 046 页。

皆以为忧，只有刘惔一个人认为桓温伐蜀必胜，他说，“以蒱博（按：当时的一种赌博方式）验之，其不必得，则不为也”，桓温若无十足的把握是不会兴兵的。但刘惔又说，只怕桓温克蜀以后，“终专制朝廷”。桓温的部下对伐蜀也不看好，“众以为不可”。唯江夏相袁乔坚决支持。他认为：“蜀虽险固，方胡为弱……今溯流万里，经历天险，彼或有备，不必可克……若以精卒一万，轻军速进，比彼闻之，我已入其险要，李势君臣不过自力一战，擒之必矣。”① 温即以袁乔为前锋，自将大军西伐。次年三月攻克成都，李势投降，成汉灭亡，战事的进展确如袁乔所料。“温停蜀三旬，举贤旌善……百姓咸悦。”自蜀凯旋江陵后，桓温以平蜀之功，进位征西大将军、开府，封临贺郡公，一时威名大震。

桓温取蜀灭成汉，对巩固东晋偏安政权具有极其重要的意义②，对于桓温个人来说，则是一笔扩大上流势力进而“专制朝廷”的政治资本。鉴于桓温既前承庾氏兄弟长期经营的势力范围，又新灭成汉，会稽王司马昱以扬州刺史殷浩有盛名，朝野推服，遂引为心膂，参综朝政，与桓温对抗，于是殷浩、桓温之间“颇相疑贰”③。

这是一种新的条件下的荆扬对峙。从对峙的双方来看，以司马昱、殷浩为首的建康中枢集团，基本上是一个名士清谈集团，夙有盛名而缺乏实际军政才能；“高爽迈出”的桓温，却因不善清谈在名士圈子里受到嘲弄④，但他政治上务实，富于军事才能，有实力，有实绩，对那些盛名藉藉却无实才的清谈家如殷浩辈，并不放在眼里。史称桓温“以国无他衅，遂得相持弥年，虽有君臣之迹，亦相羁縻而已，八州士众资调，殆不为朝廷用”。对峙的双方都需要建功立业，特别是要在朝野注

---

① 《晋书》第 75 卷《刘惔传》，中华书局点校本 1974 年版，第 1 991 页；同书第 83 卷《袁乔传》，第 2 168 页。

② 周一良：《魏晋南北朝史札记·晋书·王敦桓温与南北民族矛盾》，中华书局 1985 年版，第 102 页。

③ 《晋书》第 77 卷《殷浩传》，中华书局点校本 1974 年版，第 2 045 页。

④ 余嘉锡：《世说新语笺疏·排调》，上海古籍出版社 1993 年版，第 800 页。

目的北伐事业上有所表现，以提高声望，扩大影响，从而在对峙中保持主动地位①。

永和五年（349年）四月石虎死，北方陷于混乱，这是一个北伐的天赐良机。六月，桓温自江陵移屯安陆，遣诸将经营北方，并“上疏求朝廷议水陆之宜”，以观建康动向。朝廷对于桓温的北伐表疏久未作答，而是遣征北大将军褚裒自京口抢先出师，以阻止桓温。褚裒旋即败归，忧慨发病而卒。殷浩只得亲自经营北伐，但他只是虚张声势，牵延不进。此间桓温又“屡求北伐”，而“诏书不听”②，于是桓温于永和七年（351年）十二月，“声言北伐，拜表便行”，率众四五万，浩浩荡荡顺流而下，次于武昌。桓温说是北伐，大军实则东向，朝廷上下惊惧不安。“殷浩虑为温所废”，欲去位以避之，又准备以天子名义阻止温军。最后由会稽王司马昱写信给桓温，极力劝阻，说此前未准桓温北伐，是因条件尚不具备。而桓温擅自兴师动众，传说纷纭，易致非议，希望大家都以社稷大计为重③。桓温见信后立即率军还镇，但又上疏表明自己的态度，说恢复中原，匹夫有责，何况自己统兵出镇，“职在静乱”。这次幸遇时机，故“前后表陈”北伐。此次率军东来，正是要“北扫赵魏”。“今寇贼冰消，大事垂定，晋之遗黎鹄立南望，赴义之徒慷慨即路”，不料自己的为公为国之举，引得“横议妄生”，终于坐失良机，功败垂成，不能不令人“痛心绝气”。

其实桓温此行，北伐只是借口，真实目的在于刺激朝廷北伐，将不善军阵的殷浩推向战场，以消耗朝廷实力。而建康中枢唯恐给桓温造成口实，马上由殷浩率师北伐。殷浩连年北伐，“屡战屡败”，至永和九年（354年）其前锋姚襄倒戈，损兵折将，“器械都尽”，遂告彻底失败。十

---

① 田余庆：《东晋门阀政治》，北京大学出版社1989年版，第173～178页。

② 《资治通鉴》第99卷《晋纪》穆帝永和七年（351年）十一月条，中华书局1956年版，第3 120页。

③ 《晋书》第71卷《高崧传》，中华书局点校本1974年版，第1 895页。

年，桓温“因朝野之怨”，逼朝廷废殷浩为庶人。从此朝廷已无与桓温对抗的实力人物，而且朝廷还丢掉了北伐旗帜。桓温以此为契机，成为北伐主将，使自己的威望和权力步步上升①。

永和十年（355年）二月，即殷浩被废的下一月，桓温的第一次北伐之师就从江陵上道了。温统军4万，步骑自淅川趋武关，水军从襄阳入均口，又命梁州刺史司马勋出子午道，进攻前秦。数经激战，四月，大军进至灞上（今陕西西安东）。关中百姓持牛酒迎劳，耆老感泣“不图今日复见官军”。但桓温的北伐，正如前来拜见桓温并与之扪虱而谈的关中隐士王猛所说，其意原本不在关中，而是为了建功立威以镇服江东。既已达到增益声望的目的，桓温不愿继续消耗实力，加之军粮发生危机，故“长安咫尺而不渡灞水”②，便匆匆回师了。穆帝遣侍中黄门至襄阳迎劳桓温。

永和十二年（357年）桓温再兴北伐之师，目标是占据河南的羌帅姚襄。朝廷进温征讨大都督，督司、冀二州诸军事，委以专征之任。七月桓温军发江陵，八月大败姚襄于伊水（今河南洛阳南），进据洛阳，修复晋诸帝陵寝。不久，桓温仍留将戍守洛阳，自率大军南还，同时徙降民3 000余家于江、汉之间。

两次北伐获胜，桓温声望大增，诸弟皆身居要职。弟桓云为江州刺史，加都督司、豫二州诸军事，领镇蛮护军、西阳太守，假节，他在任上，“招集众力，志在足兵，多所枉滥，众皆嗟怨。时温执权，有司不敢弹劾”。弟豁督沔中七郡军事，建威将军，新野、义成二郡太守，后因功进位右将军。弟秘为辅国将军、宣城内史。弟冲数从桓温征战，因功迁督荆州之南阳襄阳新野义阳顺阳、雍州之京兆、扬州之义成七郡军事、义成新野二郡太守，镇襄阳，后又代桓云为江州刺史③。建康以上藩镇，除了

① 田余庆：《东晋门阀政治》，北京大学出版社1989年版，第178～179页。

② 《晋书》第114卷《王猛传》，中华书局点校本1974年版，第2 930页。

③ 《晋书》第74卷《桓彝传》所附云、豁、秘、冲诸传，中华书局点校本1974年版，第1 941～1 953页。下文出自此传者，不再出注。

豫州，皆牢牢掌握在桓氏兄弟手中。穆帝升平二年（358年）八月，豫州刺史谢奕（按：谢安兄）死，或举桓云代奕为豫州刺史，尚书仆射王彪之说："云不必非才，然温居上流，割天下之半，其弟复处西藩，兵权尽出一门，亦非深根固蒂之宜也。"他觉得豫州刺史的人选，首要标准是不与建康中枢"作异"。最后仍以谢安兄谢万出任①，以抵制桓氏势力的东渐。

实际上桓氏势力正在步步进逼中枢。升平四年（360年），以桓温为南郡公，其弟冲、子济亦封公。兴宁元年（363年）五月，桓温加侍中、大司马、都督中外诸军事、录尚书事、假黄钺，其中特别重要的是都督中外与录尚书二职，前者使桓温成为东晋全部武装力量的统帅，后者意味着介入中枢，执掌朝政。兴宁二年（364年）又任桓温为扬州牧，既为内录，又牧扬州，理应入朝辅政，故二年五月、七月再征桓温入朝。八月，温进至赭圻（今安徽芜湖西南），朝廷连忙遣使止驻。三年春温移镇姑孰（今安徽当涂）②，更逼近建康，重现了当年王敦、苏峻扼守建康南门的局势。

自移镇赭圻、姑孰，桓温即离开了荆州。这时桓温权倾天下，"威势震主"，以至四方州牧皆遣上佐纲纪至姑孰向温致敬③。桓温素有野心，此时更毫无掩饰，曾公开表示心仪王敦的为人，又声称不甘寂寞，即使"不能流芳百世"，也要"遗臭万载"。其后太和四年（369年）桓温发动第三次北伐，原指望攻灭前燕，"立功河朔"，"还受九锡"，然后篡位自立。不料枋头覆败，"名实顿减"，于是废海西公而立简文帝，以为禅代之阶，形成所谓"政由桓氏，祭则寡人"的格局。后简文帝病逝，不久桓温又病逝，由于侍中王坦之、吏部尚书谢安的暗中抵制，桓温在死前终于未能如其所愿加九锡殊礼④。

---

①③《晋书》第76卷《王彪之传》，中华书局点校本1974年版，第2 010页。

②《资治通鉴》第101卷《晋纪》哀帝兴宁三年（365年）正月条，中华书局1956年版，第3 197页。

④ 田余庆：《东晋门阀政治》，北京大学出版社1989年版，第182～186页。

二、桓豁、桓冲继镇荆州与淝水战役中的西线策应

桓温移镇姑孰后，遂全力进逼中枢，而将后方荆江二镇分别委托其两位弟弟分督。兴宁三年（365年）二月，大弟桓豁监荆州、扬州之义成、雍州之京兆诸军事，领南蛮校尉、荆州刺史，小弟桓冲监江州、荆州之江夏随郡、豫州之汝南西阳新蔡颍川六郡诸军事，南中郎将，江州刺史，并假节。同年十月，梁州刺史司马勋举兵反晋，攻围益州。桓温表江夏相朱序为征讨都护前往讨伐，桓豁亦遣将桓罴攻围南郑。太和元年（366年）秋，桓豁曾与前秦在荆州北部南乡、新野等地发生激烈争夺。同年冬，晋南阳督护赵亿据宛城降前燕，桓豁又与前燕在南阳地区紧张对抗。在这些战役中，桓豁均能抗敌保境，巩固了桓氏的后方基地。桓冲实于升平五年（361年）即出任江州，领镇蛮护军、西阳谯二郡太守，以代前一年死去的江州刺史桓云。兴宁元年（363年），原徙于江州的姚襄故将张骏等在寻阳起兵北叛，时在江陵尚未到职江州的桓冲，遣将讨斩张骏，方“遽还所镇”。至兴宁三年（365年）桓冲加监江州及荆、豫六郡。太和四年（369年）桓冲又率军从桓温北伐前燕。

宁康元年（373年）七月桓温死后，诏加荆州刺史桓豁为征西将军，进督荆、宁、益、交、广五州诸军事；江州刺史桓冲为中军将军，都督扬江豫三州诸军事、扬豫二州刺史，镇姑孰；竟陵太守桓豁子桓石秀为宁远将军、江州刺史，镇寻阳。桓温在世时桓氏既得势力范围基本上保持下来，其中桓冲代替桓温执政，控制中枢。

史称桓冲一改桓温的跋扈，而“尽忠王室”。过去桓温执政时，“大辟之罪皆自己决”，而桓冲则“先上须报”，然后施行。宁康三年（375年），桓冲又将所任扬州让给谢安，自己出任徐州刺史，镇京口。《世说新语·尤悔》注引《续晋阳秋》称“桓冲本以将相异宜，才用不同，忖己德量不及谢安，故解扬州以让安”；《晋书》第74卷《桓冲传》述桓冲解扬州，既略同《续晋阳秋》，又称“谢安以时望辅政，为群情所归。冲惧逼，乃解扬州，自求外出”；《晋书》第76卷《王彪之传》则称谢安

“不欲委任桓冲，故使太后临朝决政，献替专在乎己”，将桓冲排挤出外。总之，桓冲之外出，似出于不得已，透露出谯国桓氏、陈郡谢氏在中枢的明争暗夺。

太元元年（376年），谢安又解桓冲的徐州刺史，代之以外戚兼名士的太原王蕴，冲“直以车骑将军都督豫江二州之六郡军事，自京口迁镇姑孰”。太元二年（377年），镇荆州的桓豁死，桓冲继任都督江荆梁益宁交广七州、扬州之义成、雍州之京兆、司州之河东三郡军事，领护南蛮校尉、荆州刺史，持节，又以其子嗣为江州刺史。于是桓氏势力从桓温时代由江陵而武昌而赭圻、姑孰而中枢、广陵，步步东逼，至桓温死后的桓冲时代，由中枢、京口而姑孰而江陵，逐步西撤，直到回归桓氏经营已久的上流旧地。另一方面，也是太元二年（377年），谢安兄谢奕之子谢玄自荆州桓豁征西司马卸职东下，代朱序刺兖州镇广陵，次年又兼王蕴所领徐州，并在徐兖地区组建著名的北府兵。至此，荆扬桓谢两大家族的势力范围相对固定下来，各有所守，趋于平衡，结束了桓氏步步进逼建康、荆州偏重以至几乎倾移中枢的局面。

当东晋内部的东西（荆扬）矛盾趋于平缓时，东晋、前秦之间的南北矛盾却日趋紧张。宁康元年（373年）桓温死后，前秦出兵夺取了东晋的梁、益二州。太元元年（376年）前秦灭凉、统一北方之后，东晋便成为前秦统一战争的最后一个目标。太元二年（377年），荆州刺史桓豁表名将朱序为梁州刺史，出镇襄阳以抗前秦。同年桓冲代豁都督荆州后，将防御前秦的策略确定为“全重江南，轻戍江北”，并将都督治所从江北的江陵南移到“北枕大江、西接三峡”的上明（今松滋西北），这意味着将放弃汉沔一线。谢安在下游的策略是组建北府兵，以江淮为战场抗击前秦。

太元三年（378年），苻坚命其子苻丕率步骑7万，出樊邓进攻襄阳，另有石越一路，率精骑1万出鲁阳关，慕容垂、姚苌一路，率众5万出南乡，苟池、毛当、王显一路，率众4万出武当，会攻襄阳①。桓

① 《晋书》第113卷《苻坚载记》，中华书局点校本1974年版，第2 899页。

冲主力在上明按兵不动，朱序负城抵抗，下游谢玄遣将游军淮泗以为上游形援。而秦军也采取东西策应的战略，同年七月，秦兖州刺史彭超围攻彭城。次年春，襄阳、彭城相继陷秦。谢玄率北府兵在盱眙、淮阴、君川相继大败秦军。但直到此时，主战场仍在西线，东线只是策应。

太元六年（381 年）十一月，秦荆州刺史都贵率众 2 万攻竟陵，桓冲遣南平太守桓石虔、卫军参军桓石民率水陆 2 万拒之。十二月，石虔大破秦军，斩首 7 000 级，俘虏万人。

太元七年（382 年）九月，桓冲使扬威将军朱绰击秦荆州刺史都贵于襄阳，焚践秦沔北屯田，掠 600 余户而还。

太元八年（383 年）五月，桓冲率众 10 万大举伐秦，攻襄阳；分遣前将军刘波等攻沔北诸城；辅国将军杨亮攻蜀，拔五城，进攻涪城；鹰扬将军郭铨攻武当。六月，冲别将攻克万岁、筑阳，秦将苻睿、慕容垂率步骑 5 万救襄阳，张崇救武当，张蚝、姚苌救涪城。桓冲退屯沔南。七月，郭铨及桓石虔败张崇于武当，掠 2 000 户以归。慕容垂率众追击桓冲，进临沔水，冲退还江南上明。张蚝出斜谷，杨亮引兵还。桓冲又表其兄子桓石民领襄城太守戍守夏口①。

太元八年（383 年）八月，前秦苻坚大举攻晋。十一月，双方决战于淝水，北府兵以少胜多，秦军一败而不可收拾，以至风声鹤唳，草木皆兵。

淝水大捷诚是北府兵的功绩，但西线战场也功不可没。桓冲的 10 万荆州军虽退屯江南，却获得了战略上的主动权，因秦军终究无力渡过长江天堑与桓冲决战，这样荆州军便进退自如，不似固守江北被动受敌，既避免了对自己不利的主力决战，又使得秦军在下游的决战，不能不时时顾及上游荆州军的动向。而在太元八年（383 年）五月至八月，淝水之战前夕，桓冲以 10 万大军渡江，数路伐秦，就是为了减轻建康压力而主动采取的一次大规模策应行动。荆州军的策应使得秦军顾东失西，疲于奔命，这从南侵大军的前锋慕容垂太元八年（383 年）五月前救襄阳，

---

① 以上见《资治通鉴》第 104～105 卷，《晋纪》孝武帝太元六年（381 年）十一月、七年九月、八年五月至七月条，中华书局 1956 年版，第 3 298～3 308 页。

八月又作为苻坚前锋东进寿春，十月又再赴荆州攻拔郧城，往来奔波于东西两线之间，即可见一斑。此外，苻坚南侵，也曾效法西晋灭吴故智，于太元七年（382 年）命裴元略为梓潼太守，在上游密具舟师，又于太元八年（383 年）任命羌帅姚苌为龙骧将军，督梁益军事，希望他们能像当年王濬楼船顺流而下。但在苻坚南侵过程中，这支匆匆建立的益州水师未见发挥作用，这也是因为桓冲的 10 万大军横亘于荆江，而且桓冲还于太元八年（383 年）五月，遣将主动攻蜀，拔五城，围涪城，这也使得前秦的益州水师自顾不暇。前秦朝议南侵，反对者多以晋有谢安、桓冲为辞，又说东晋“君臣辑睦，内外同心”，不可轻侮。从淝水之战及其前夕的荆扬策应，相互配合，应该说是“内外同心”，一致对外的，这也是淝水之战能取得胜利的一个重要原因①。

三、桓冲之死与三桓分据上流

在大敌当前南北矛盾上升为主要矛盾之时，荆州方镇与建康中枢，或者说上流桓氏与下流谢氏之间的矛盾退居其次，转而一致对外。但矛盾不会因此而消弭，甚至在强敌压境的情况下还时有摩擦。太元八年（383 年）七月，桓冲率军进攻襄阳不克退还上明之后，表请以戚属王荟补江州刺史，诏从之，后因王荟居丧不出，谢安便以中领军谢輶代之。史称“（冲）闻之而怒，上疏以为輶文武无堪，求自领江州，帝许之”。此事反映了桓、谢二族在大战之前，仍各以亲信争夺江州②。同年九月，苻坚倾国南侵，军已上道，“冲深以根本为虑，乃遣精锐三千来赴京都。谢安谓三千人不足以为损益，而欲外示闲暇”，因令冲军还，并修书报冲云：“朝廷处分已定，兵革无阙，西藩宜以为防。”当时谢安已遣弟谢石、

① 田余庆：《东晋门阀政治》，北京大学出版社 1989 年版，第 219～222、232 页。杨德炳：《谯国桓氏与淝水之战》，武汉大学历史系魏晋南北朝隋唐史研究室编：《魏晋南北朝隋唐史资料》第 14 辑，武汉大学出版社 1996 年版。

② 参余嘉锡《世说新语笺疏·尤悔》“桓车骑在上明畋猎”条余氏笺疏，上海古籍出版社 1993 年版，第 907 页。

侄谢玄、子谢琰及桓伊等人率军拒敌。桓冲过去以扬州让谢安，本“委之内相”，“而四方征捍，以为己任”。秦军压境，就当时将帅位望而言，元帅之任，自非桓冲莫属。当桓冲见谢安不受荆州援军，又以子弟辈为将帅，不禁忧形于色，他对下属叹息说：“谢安乃有庙堂之量，不闲将略。今大敌垂至，方游谈不暇，虽遣诸不经事少年，众又寡弱，天下事可知，吾其左衽矣！”他对北府兵的抗拒前秦，全无信心。

但时隔不久，桓冲正在上明附近打猎，忽然建康方面来了信使，告知淝水之战大获全胜，又得知原镇守襄阳被秦军俘虏的名将朱序也因此得还。听到这一消息后，史称“冲本疾病，加以惭耻，发病而卒”。桓冲死于太元九年（384 年）二月，《资治通鉴》第 105 卷称“冲闻谢玄等有功，自以失言，惭恨成疾”，胡三省注称失言“谓去年吾其左衽之言也”。《世说新语·尤悔》亦载桓冲死事，且称“谈者以为（桓冲）此死，贤于让扬之荆”。

《世说新语·尤悔》“谈者”之论，貌似费解，实则婉转道出了桓、谢二族之间的深刻矛盾。在苻秦大军压境，一场生死决战在所难免之际，东晋境内最强大的武装力量应是桓冲统帅的荆州军。桓冲“全重江南轻戍江北”的策略，诚然避免了与苻秦主力的决战，实际上是把一场不可规避的决战推给了下游的北府兵。桓冲的策略在于保存上流实力，表现出他在强敌面前，缺乏为保卫社稷生死以之的公心，也缺乏决战决胜的魄力和信心。正是在这一策略的指导下，沔汉一线被桓冲置之度外，困守襄阳孤立无援的朱序，在苻秦大军围城的情况下，城陷被俘是必然的结局。淝水之战前桓冲在上流的策应，对于下流的决战有重要的意义，但在策应中，一旦与秦军的主力接触，桓冲马上退缩上明，避免决战。这一切自然逃不过谢安的眼睛，相对于桓冲畏敌如虎、以保守实力为先，谢安沉着镇静，运筹帷幄，并且拒绝桓冲的增援，决心依靠谢家子弟率领的北府兵与强敌决一生死。而在北府兵被迫与强大的秦军作生死搏斗的关键时刻，桓冲却以畏敌之心度人，料其必败。如上所述，自“让扬之荆”以来，桓谢二族之间的争夺就一直在潜流里进行。所以当淝水大捷以后，相对于谢氏的勋业，桓冲自知失策，失言，相形见绌。桓冲本来有疾在身，深自惭恨更加重了病情，终于丧生。“谈者”所谓“此死贤于让扬”，无论是认为桓冲只是深自怨艾以至身死，而没有恼羞成怒而行跋扈之举，使他保全了令誉，也有利于家国；还是以为桓冲不死，在淝水大捷后桓谢矛盾终将激化，演为大乱，则桓冲的令誉终难保全，同样不利于家国，都反映了东晋特定历史条件下荆扬矛盾的深刻性，而不仅仅是个人品质问题①。

就个人品质而言，桓冲倒是无可非议。他自幼丧父，当时兄弟年小，家境十分贫穷，母亲生病时“须羊以解”，竟然“无由得之”，最后把桓冲质押给羊主，才得到一只羊。但冲发迹之后，至为“俭素”，衣着总是要穿旧的，有次洗浴后，其妻送以新衣，他大发脾气，命令赶快拿出去，其妻说，“衣不经新，何由而故”，他才笑着穿上②。冲又谦逊爱士，对地方贤达“礼之甚厚”。庾亮、庾翼兄弟在荆州临终之际，皆给朝廷上表，“树置亲戚”，而桓冲只是给谢安写了一封信，通篇“言不及私”，故“论者益嘉之”。当桓冲的灵柩自江陵东下时，“士女老幼皆临江瞻送，号哭尽哀”。

在谢安执政中枢、桓冲坐镇上流期间，荆扬之间虽存在现实的利害冲突，但双方都很节制，斗争方式也不失名士风范，至少没有诉诸干戈，因而能彼此配合，瓦解了前秦的攻势。桓冲临死，也没有给朝廷出难题，提出非分的要求。按照当时惯例，谢家既在对北战争中立下大功，理当

---

① 余嘉锡：《世说新语笺疏·尤悔》，上海古籍出版社 1993 年版，第 908 页；田余庆：《东晋门阀政治》，北京大学出版社 1989 年版，第 221 页。

② 余嘉锡：《世说新语笺疏·贤媛》，上海古籍出版社 1993 年版，第 695 页；《晋书》第 74 卷《桓彝附冲传》，中华书局点校本 1974 年版，第 1 952 页。按六朝士人颇有服食五石散者，服散者所穿衣服应为“薄且垢”者，“勿著新衣，多著故也”。说见巢元方：《诸病源候论》，人民卫生出版社 1955 年版，第 35 页；鲁迅：《魏晋风度及文章与药及酒之关系》，《魏晋风度及其他》，上海古籍出版社 2000 年版。但笔者不曾见到桓冲服散的任何史料证据。《晋书》第 74 卷《桓冲传》所载此事，当本于《世说新语·贤媛》，乃作为桓冲“性俭素”之例。本卷初版问世后有读者赐教称桓冲“不好著新衣”当因服散之故。今值本卷出修订本，特加此注谨予回应，并致谢忱。

出镇要藩，所以太元九年（384 年）桓冲死后，荆、江二州刺史空缺，朝廷上下都认为应把这两个重要职位授予谢玄。但谢安考虑深远：一是本家族“父子皆著大勋”，功名已盛，再出任西藩，“恐为朝廷所疑”；又担心桓氏一旦失去要职，会因怨恨而起事；另外，桓石虔在沔阳抗击前秦有功，其人骁猛，若在形胜之地后必难制。因此，谢安以桓石民为荆州刺史，桓石虔为豫州刺史，而以原豫州刺史桓伊为江州刺史。由于谢氏未因桓冲病逝借机并吞桓氏地境，而是以三桓据三州，使桓冲死后的上流权力移交问题得到妥善解决，史称“彼此无怨，各得所任”①。

三桓中的桓伊也是谯国桓氏，但他属谯国铚县，而非谯国龙亢，与桓彝一系门宗已疏。更重要的是，桓伊与谢氏子弟在淝水之战中同破苻坚，共建勋业，与谢家关系非同一般，从他在孝武帝面前借歌怨诗为谢安表白心迹，即可见知②。谢安以桓伊处于中流的江州，缓冲于荆州的桓石民与豫州的桓石虔之间，自然可以阻止荆、豫桓氏兄弟间的联合，从而桓温以来江荆以上尽统于桓氏的局面不复存在。可见淝水战后虽然还是桓氏据有上流，但已被谢安巧妙分割。太元十三年（388 年）、十四年（389 年），桓石虔、桓石民兄弟相继病卒，执政中枢的司马道子以王忱出任荆州刺史，桓氏在荆州的统治一度中绝，直到后来桓玄在荆州之暴起暴仆。

第五节　殷仲堪、桓玄之乱与东晋后期的荆州局势

淝水之战以后，太元九年（384 年）、十年（385 年）桓冲和谢安相继死亡，两大当轴士族中，无论是在中枢还是在方镇，都已找不出足以取代他们的核心人物接任权柄，而且到太元十四年（389 年），两大家族中已

---

①《晋书》第 79 卷《谢安传》，中华书局点校本 1974 年版，第 2 075 页。

②《晋书》第 81 卷《桓伊传》，中华书局点校本 1974 年版，第 2 118 页；余嘉锡：《世说新语笺疏·任诞》，上海古籍出版社 1993 年版，第 760 页。

露头角的子弟谢玄、谢石，桓石虔、桓石民，先后凋零。与此同时，孝武帝重用同母弟会稽王司马道子，道子以相权辅佐皇权，力求振兴皇室，司马氏皇权得到伸张，“政出王室”，“中兴以来号令威权多出强臣”的局面有所改观。方镇方面，北府兵所在之徐州（京口）地位进一步提高，对上游的强藩荆州形成挑战。以上种种，对东晋末荆州局势影响甚大。

一、主相之争与荆州之任

士族人物竭蹶不继，淝水大捷及北方动乱对异族南侵压力的缓解，造成了孝武帝伸张皇权的难得时机。加强皇权的主要人物是孝武帝和司马道子，而史实表明，孝武帝是昏君，司马道子是乱臣①，他们加强皇权的活动并没有取得应有的成效，而且一段时间以后，主相间的合作变为主相间的政争。当时司马道子主政，已是“势倾天下”，“朝野奔凑”，其党羽袁悦之、王国宝还劝道子进一步“专揽朝权”，示意尚书八座启奏，给道子进位丞相、假黄钺、加殊礼。孝武帝终于难以忍耐，于太元十四年（389年）借他事杀掉袁悦之，于是“朋党同异之声播于朝野”②。这年六月，正是主相矛盾白热化的关键时刻，荆州刺史桓石民死，司马道子以其妻从兄王国宝之弟王忱出任荆州，镇江陵，次年八月，又以其党庾楷为豫州刺史，镇历阳。与此相应，十五年（390年）二月，孝武帝以后兄王恭出任青、兖二州刺史，镇京口，从而使主相间在中枢的政争，扩展为上、下方镇的相持，特别是京口、江陵两藩的对立。

王忱为太原王坦之之子，其性“任达不拘”，“放酒诞节”，自称三日不饮，便“觉形神不复相亲”。他以“年少”出任重镇荆州，时人均以为

① 《魏书》第96卷《僭晋司马睿传》，中华书局点校本1974年版，第2 103页；《晋书》第64卷《司马道子传》，中华书局点校本1974年版，第1 733页；田余庆：《东晋门阀政治》，北京大学出版社1989年版，第269页。

② 余嘉锡：《世说新语笺疏·谗险》，上海古籍出版社1993年版，第891～892页；《资治通鉴》第107卷《晋纪》孝武帝太元十四年（389年）十一月条，中华书局1956年版，第3 392页。

不堪其任。但他到镇以后，史称“威风肃然，殊得物和”。

所谓“威风肃然”，是指王忱对荆州桓氏势力的压制。桓氏自桓温以降，在荆州的统治已持续半个世纪，“奕叶故义”遍布荆楚。尽管王忱刺荆时桓氏所据上游诸州均已易手，但桓氏在当地仍根基深厚，有很牢固的社会基础。当时桓温世子桓玄袭爵南郡公，弃官回到封国，优游江陵，“以才雄驾物”，而王忱“每裁抑之”。有次桓玄去拜访王忱，进去通报的人还未出来，桓玄就坐着轿子径自入内。结果王忱当着桓玄的面把守门的人鞭打了一顿，意在责备桓玄无礼。桓玄一气之下就打道回府，王忱也不挽留。几经较量，桓玄对王忱“惮而服焉”。桓温晚年欲篡晋自立，为人所共知，司马道子曾当着桓玄的面谈到“桓温晚途欲作贼”，使桓玄无以自处，因而桓玄“切齿于道子”。王忱出刺荆州为司马道子所任，王忱父王坦之又是抵制桓温篡夺的重要人物之一，这种历史关系决定了王忱与桓玄在荆州的对抗关系①，当然，这种对抗关系并不妨碍王忱与桓玄作为名士间的正常交往，如一同饮酒、清谈等。

王忱初到荆州，还比较振作，但好酒贪杯之病不改，而且“在荆州转甚，一饮或至连日不醒”，甚至“醉辄累旬”。后来“遂以此死”，时为太元十七年（392 年）十月。

王忱死后，荆州刺史空缺，觊觎此职的“朝贵”不少，而呼声最高的是司马道子的亲信、中领军王国宝。据《世说新语·纰漏》，“朝论或云国宝应作荆州”，刘孝标注引《晋安帝纪》称“王忱死，会稽王（司马道子）欲以国宝代之”，可见王国宝出任荆州，仍是由司马道子推荐。后来有消息传出说荆州刺史的任命已定，王国宝自己也认为非他莫属。而据《世说新语·识鉴》所载，时任尚书左仆射的王珣，乃王导之孙，他也与王国宝一样，认为荆州刺史一职，“自计才地必应在己”。

任命荆州刺史的诏书是在夜晚发出的，最终出任荆州的人选竟是资

---

① 《晋书》第 75 卷《王忱传》，中华书局点校本 1974 年版，第 1 972 页；同书第 64 卷《司马道子传》，第 1 733 页；田余庆：《东晋门阀政治》，北京大学出版社 1989 年版，第 274 页。

望尚浅的黄门郎殷仲堪，一时大出朝野所料。《晋书》第84卷《殷仲堪传》称，仲堪任黄门郎后“宠任转隆”，“帝以会稽王非社稷之臣，擢所亲信以为藩捍，乃授仲堪都督荆益宁三州军事、振威将军、荆州刺史、假节、镇江陵”。又称仲堪临上任时孝武帝与仲堪道别：“卿去有日，使人酸然。常谓永为廊庙之宝，而忽为荆楚之珍，良以慨恨！”可见孝武帝以殷仲堪出镇荆州，乃是非常情况下的措置，是为了从司马道子手中夺回荆州。又《世说新语·德行》云：“自杀袁悦之后，上深为晏驾后计，故先出王恭为北藩。荆州刺史王忱死，乃中诏用仲堪代焉。”可知在司马道子紧锣密鼓地策划以王国宝为荆州刺史之时，孝武帝采取了果断行动，打破了吏部选任的正常程序，直接以中诏任命殷仲堪。孝武帝把荆州方镇的控制作为他身后权力交接的部署之一，亦足见荆州刺史一职的重要性。

据《比丘尼传》第1卷《简静寺支妙音尼传》，殷仲堪之出任荆州，桓玄也起了作用。桓玄在江陵，既为王忱所挫，王忱死后，桓玄听说孝武帝准备以王恭继任荆州，而桓玄“素惮恭”，又“知殷仲堪弱才，亦易制御，意欲得之，乃遣使凭妙音尼为堪图州”。后来妙音得间在孝武帝面前为仲堪说项，谓荆州之任，“外内谈者并云无过殷仲堪，以其意虑深远，荆楚所须”，“（孝武）帝然之，遂以代忱”。此事不见于正史，但妙音尼在孝武帝时干预朝政，权倾内外，《晋书》中亦间有记载。孝武帝最初准备以王恭代忱，当是考虑到殷仲堪资望太浅，不为时论所许，又虑无人代恭，故访外论于妙音，从而使桓玄之计得行①。

与王忱之死同月，孝武帝还任命其亲信郗恢为雍州刺史，出镇襄阳，以代替数以老病表求解职的朱序②。这也是孝武帝与司马道子争夺上流的部署之一。

---

① 《比丘尼传》，《大正新修大藏经》第50册，日本大正一切经刊行会1934年版，第936页；余嘉锡：《世说新语笺疏·识鉴》，上海古籍出版社1993年版，第409～411页。

② 《晋书》第67卷《郗恢传》，中华书局点校本1974年版，第1 805页。

荆州刺史王忱死后，主相之间对上流控制权的争夺，以孝武帝大获全胜告终。下游京口，早就是由孝武帝的亲信王恭坐镇。上下强藩既已掌握在孝武帝自己人手中，势必有力地牵制中枢的司马道子，“深为晏驾后计”的孝武帝即使晏驾，似乎也可以瞑目九泉了。

天有不测风云，人事更难逆料。太元二十一年（396 年）九月，孝武帝醉卧内殿死于非命，继立的安帝是一个口不能言、寒暑饥饱不辨的白痴，这样，孝武帝朝主相对立的局面倒是结束了，不过结局却是中枢权柄全部落入司马道子手中。实际上司马道子也没有真正掌权，他嗜酒如命，整日浑浑噩噩，而是由他所信任的王国宝及国宝从弟王绪二人居中“弄权”。但其时上下强藩仍在孝武帝的亲信手中，中枢与两藩的关系日渐紧张，隆安元年（397 年），正当王国宝兄弟准备对藩镇有所处置时，王恭在京口抢先举兵。荆州很快卷入内乱之中，并随着事态的进一步发展，最终成为动乱的策源地。

二、从殷仲堪兴兵向阙到桓玄代晋称帝

殷仲堪既善清谈，又能写文章，有着很高的玄学造诣，自称“三天不读《道德经》，就觉得舌根僵硬”，因而在名士圈子里颇负盛誉。但他能否胜任上流分陕之重，时论并不看好。殷仲堪到任荆州以后，“纲目不举，而好行小惠”。他又一反王忱裁抑桓玄的态度，而对之大加纵容。史称“桓玄之在江陵，甚豪横，士庶畏之，过于仲堪”，甚至仲堪对桓玄也是“甚敬惮之”。有一次，桓玄在荆州刺史厅前戏马，手持马稍向着殷仲堪比划，似乎就要刺过来了。在场的有殷仲堪的中兵参军刘迈，他实在看不下去，就讥刺桓玄说：“你的马稍之技虽有余，但在精通义理方面则不足。”桓玄的玄学造诣确实不敌殷仲堪①，故刘迈的话触到了他的痛处，于是满脸不悦地走了。但殷仲堪见状却大惊失色，他对刘迈说：“你真是个狂人，桓玄晚上派人来刺杀你，我如何能保护你？”他叫刘迈赶快

① 余嘉锡：《世说新语笺疏·文学》，上海古籍出版社 1993 年版，第 243 页。

逃往建康躲避。桓玄果然派人来追杀，刘迈勉强得以逃脱①。雍州刺史郗恢的参军胡藩路过江陵，提醒殷仲堪对桓玄不要宠待太过，以免将来不利于己，但仲堪听了很不高兴②。殷仲堪之纵容桓玄，一是“惮其才地”，欲结为势援，另则与桓玄托妙音尼为仲堪图谋荆州有关。荆州本是桓氏发迹之地，在殷仲堪的纵容下，桓玄势力迅速扩大，直接影响到荆州政治军事局面的演变。

当王国宝准备动手削弱方镇之时，桓玄听说王恭在京口“有忧国之言”，便游说殷仲堪与王恭联兵内讨。他对殷仲堪说：“王国宝一向与你们几位作对，唯恐不能早点消灭你们。如今既执掌大权（按：时国宝为尚书仆射），与王绪相为表里，想撤换你们谁就撤换谁，哪有办不到的？王恭贵为皇上元舅，为朝野所重，他们一时还不便动他，要下手就要先拿你殷仲堪开刀。先帝破格提拔你为方面重任，人们虽都承认你玄思精妙，却并不认为你是方伯的适当人选。倘若朝廷下诏征你作中书令，另用殷觊为荆州刺史，你该如何处置？”桓玄所述，堪称洞明时局，切中要害。仲堪说他也一直为此担忧，并请桓玄为他拿主意。桓玄长期受朝廷压制，特别是对司马道子恨之入骨，“欲假仲堪兵势以作乱”，乘乱建立功业，因此他力主殷仲堪秘密遣人劝说王恭“兴晋阳之师以内匡朝廷”，然后仲堪自己“当悉荆楚之众顺流而下”，推举王恭为盟主。桓玄还说他也要奋起追随，“率荆楚豪杰荷戈先驱”，这样天下将莫不响应。殷仲堪内心赞成桓玄的意见，但真要付诸行动，仍然犹豫不决③。

当时京口王恭居元舅之尊，麾下是能征惯战的北府兵，望实俱重，朝廷畏惮，故桓玄建议殷仲堪推王恭为盟主。但殷仲堪在江陵一旦举兵，荆州都督所部之内，也可聚集相当可观的军事力量。加之桓玄加盟，桓

---

① 《晋书》第 85 卷《刘迈传》，中华书局点校本 1974 年版，第 2 211 页。

② 《宋书》第 50 卷《胡藩传》，中华书局点校本 1974 年版，第 1 443 页。

③ 《晋书》第 84 卷《殷仲堪传》，中华书局点校本 1974 年版，第 2 192～2 199 页；同书第 99 卷《桓玄传》，第 2 585～2 603 页。下文引自上列二传者，不再出注。

氏故吏宾客众多，其潜在势力十分雄厚。再就是由杨佺期率领的以襄阳为后方的流民武装，这是荆州部内一支最有战斗力的队伍。

当殷仲堪与雍州刺史郗恢、从兄南蛮校尉殷觊，及南郡相江绩，就起兵入讨事相商时，三人均不赞成。殷仲堪遂将杨佺期势力引入荆州，以佺期为军府司马，代江绩为南郡相。正在这时，王恭的使者来到荆州，邀殷仲堪、桓玄一同起兵。仲堪内心犹豫，但仍表示同意。王恭得仲堪书大喜，于是在隆安元年（397 年）四月，抗表列王国宝罪状，举兵入讨。得知王恭、殷仲堪上下两藩将联兵夹击，司马道子为了缓解紧张局势，遂杀王国宝、王绪，并遣使至王恭处，深谢愆失，以止王恭。王恭乃罢兵还京口。而在上流荆州方面，殷仲堪虽口许王恭，实意存观望，犹豫不敢下。后听说王恭已诛王国宝，始抗表起兵，只是派杨佺期率军下屯巴陵，以示呼应上流而已，旋亦退兵。

隆安二年（398 年），司马道子忌王、殷之逼，引谯王司马尚之及其弟休之以为腹心，并接受尚之建议，以道子司马王愉为江州刺史，都督江州及豫州四郡军事，以为形援，藩卫建康。豫州刺史庾楷上疏，以豫州“北带寇戎，不应使愉分督（四郡）”。朝廷不许，庾楷怒而倒向王恭，说司马尚之兄弟“专弄相权，欲假朝威贬削方镇”，其危害不下于王国宝，应及早起兵除之。“（王）恭以为然，复以谋告殷仲堪、桓玄”，殷、桓从之，仍推恭为盟主，克期同赴京师①。

王恭鉴于去年殷仲堪违期不赴，今必不动，乃先期举兵。而殷仲堪考虑到王恭去年举兵，威名已震，此次举兵，必胜无疑，自己去年观望后期，已失信于王恭，故于这年七月，应期发兵。殷仲堪以杨佺期兄弟（弟广、弟思平、从弟敬孜）率舟师为前锋，桓玄次之，自己率兵 2 万继进。八月，杨、桓兵至湓口（今江西九江），王愉无备，惶遽奔临川，被桓玄遣偏师追获。九月，杨、桓一路大败台军，兵至石头城，殷仲堪亦

① 《晋书》第 84 卷《王恭传》《庾楷传》，中华书局点校本 1974 年版，第 2 185～2 187 页。

进至芜湖。而豫州庾楷，已为司马尚之大破于牛渚，单骑奔于桓玄，王恭则因北府军将刘牢之倒戈，兵败被杀。当刘牢之率北府兵驰援京师，军于新亭之时，杨、桓见之失色，遂引军西退至蔡洲。司马道子又从左卫将军桓修（按：桓冲子）之谋，任命桓玄为江州刺史，以杨佺期代郗恢为都督梁雍秦三州诸军事、雍州刺史，黜降殷仲堪为广州刺史，遣仲堪叔父太常卿殷茂宣诏，敕令仲堪还军，而以桓修为荆州刺史，权领左卫将军府的僚属及军队到荆州，居上游核心。

这一计谋有效地分化和离间了西军。十月，殷仲堪见到诏书，大为恼怒，催促杨佺期、桓玄赶快进军。而杨、桓见诏书对自己有好处，欲顺诏罢兵，犹豫不进。殷仲堪一气之下，遽然还军荆州，并传言蔡洲杨、桓的兵众，说“你们若不各自散归，我到江陵，便杀尽你们的家人”。桓、杨将士家属多在江陵，在殷仲堪的胁迫下，杨佺期部将刘系立即率领 2 000 人西上，桓玄等大惧，于是狼狈西撤，至寻阳赶上殷仲堪。桓玄由于兵力有限，羽毛未丰，尚需殷仲堪相助；殷仲堪已被撤掉荆州刺史职务，也需要桓玄的合作。由于这种复杂的利害关系，殷仲堪与杨佺期、桓玄三人尽管“内相疑阻”，还是在寻阳重结联盟，不过这时的盟主已由殷仲堪改属桓玄。他们彼此以子弟为质，共同约定不接受朝廷诏命，又联名上书朝廷，要求为王恭伸冤，处死司马尚之、刘牢之等人。司马道子被迫让步，仍以荆州刺史职还授殷仲堪，并优诏慰抚。这时孙恩已率众起事于会稽，朝廷实已不遑顾及上游。这次起兵，桓玄是最大的得利者，取得了中流的江州。其次是杨佺期，他北上襄阳驱逐郗恢，据有雍、梁、秦三州。但殷、桓、杨之间基于利害关系的临时联盟，很快就因利益争夺趋于破裂。

桓玄在被推为盟主后，“逾自矜重”，每以寒士裁抑杨佺期。杨佺期兄弟均是骄悍强梁之辈，自谓出身北方高门弘农杨氏，“承籍华胄，江表莫比”，对歧视他们的桓玄早就怀恨在心，还在寻阳结盟时杨佺期就准备在誓坛上袭击桓玄，只因殷仲堪苦苦劝止而未果。殷仲堪知道佺期兄弟骁勇，怕他们除掉桓玄后“复为己害”，因而不让佺期对桓玄下手；但殷仲堪又担心桓玄跋扈，遂与佺期结为姻亲，引以为援。桓玄既与仲堪、佺期有隙，自知不敌，怕被吞并，隆安三年（399 年），玄上书朝廷，要求扩大督区。执政的司马道子、元显父子正好乘机离间，以坐收渔翁之利，于是将佺期所统四郡划归桓玄管辖，又以桓玄兄桓伟取代佺期兄杨广为南蛮校尉。佺期忿惧交加，适逢后秦姚兴进攻洛阳，遂调集人马，声称援洛，实欲与殷仲堪共袭桓玄。结果殷仲堪仍多方阻止，佺期孤掌难鸣，只好解严释兵。

桓玄早已觉察到杨佺期有异谋，一直在寻机吞并佺期，这时也以援救洛阳为名，率军西上，并修书殷仲堪，声称杨佺期没有及时援救洛阳，所以他要“入沔讨除佺期”，又威胁仲堪说，他现在已顿兵江口，希望仲堪杀掉杨佺期的弟弟杨广，以示无异于己，否则便要率军入江进攻江陵。仲堪既得玄书，马上加强了防御，并回书桓玄，态度强硬：“君自沔而行，不得一人入江也。”桓玄见仲堪有备，遂罢兵。此后不久荆州突发大水，平地水深三丈，仲堪因赈济灾民，仓廪耗尽，桓玄见有机可乘，遂再次兴兵西上，乘虚攻击江陵。

桓玄首先袭取了囤积有粮草的巴陵，继而在西江口（约在今监利东南①）大破仲堪的水军，又在杨口（今潜江北）败殷仲堪侄殷道护，乘胜进至距江陵只有 20 里的零口。时江陵城中乏食，人心震骇，殷仲堪见情况危急，急召杨佺期相救。佺期以江陵无食，请殷仲堪北上襄阳，合军共守，而仲堪志在全军保境，谎称江陵粮草有储。结果佺期率 8 000 精兵赴援江陵，终因粮食奇缺而惨败，殷、杨二人均为桓玄所杀，时在隆安三年（399 年）十二月。

殷仲堪自幼信奉天师道，虔诚有加，祷请鬼神不惜钱财，周人之急却不免吝啬；为政不举大纲，好以小恩小惠取悦于人。他精于医术，常常亲自为病人诊脉分药。但他生性犹豫，虑事周密却多谋少决，当断不

① 郦道元著、陈桥驿校证：《水经注校证》第 35 卷《江水》，中华书局 2007 年版，第 803 页。

断，以至败没。

桓玄既克荆、雍二州，随即上表求领荆、江二州。隆安四年（400年）三月，朝廷下诏任命桓玄为都督荆司雍秦梁益宁七州、后将军、荆州刺史，假节，而以中护军桓脩为江州刺史。玄仍上疏固求江州，朝廷只好进玄督八州及扬、豫八郡诸军事，复领江州刺史。桓玄又自行任命其兄桓伟为雍州刺史，从子桓振为淮南太守，朝廷都不敢不从。当时浙东孙恩农民军势力正盛，朝廷集中全力镇压，亦无暇西顾。

桓玄既独霸荆楚，兵马日盛，乃广树腹心，安插亲信。他以兄伟为江州刺史，镇夏口；以其军府司马刁畅为辅国将军，督八郡，镇襄阳；遣桓振等戍溢口，控扼寻阳。迁沮漳蛮民 2 000 户于江南，设立武宁郡；又招集流民立绥安郡，以扩大兵源。朝廷下诏征广州刺史刁逵、豫章太守郭昶之，玄皆擅留不遣。王敦以来下至桓温独揽上流虎视建康的局面再次重现。桓玄的气焰似乎更为嚣张，他自谓东晋天下，三分已有其二，司马氏气数已尽，多次指使属下为自己上祯祥，献符瑞，其亡晋自立之心，路人皆知。

桓玄听说孙恩军逼京都，遂戒严聚众，上疏求讨，外托勤王，实欲寻衅进兵建康。后因孙恩败退，司马元显以诏书止驻，玄方罢兵。隆安五年（401年），桓玄致书司马道子，指斥执政不能任用“时流清望”，所用无非“求利之徒”，长期以来朝政不举，终于酿成“贼造近郊”的大祸。他又说在朝君子岂能没有看法？只因顾及身家性命，所以不敢说话。我桓玄受任在外，所以才能“披写事实”。信中措辞强硬，气势咄咄逼人，司马元显读后大为恐慌，其宠幸张法顺建议说：桓玄“既并殷（仲堪）、杨（佺期），专有荆楚”，桓氏“世在西藩，人或为用”，而朝廷所控制的地区只有三吴，三吴又经孙恩之乱，“公私不赡”，因此在力量对比上朝廷处于劣势；现在应趁桓玄“始据荆州，人情未辑”，发兵诛之；若以北府将刘牢之为前锋，司马元显以大军继进，必能平灭桓玄①。司马元显同意张法顺的看法，正在这时，桓玄部下、武昌太守庾楷秘密派

①《晋书》第 64 卷《司马道子传》，中华书局点校本 1974 年版，第 1 738～1 739 页。

人与司马元显联系，表示在朝廷遣军征讨桓玄时他愿意作为内应。元显于是大治水军，征兵装舰，准备攻伐桓玄。

元兴元年（402 年）正月初一，朝廷下诏讨伐桓玄，以司马元显为征讨大都督，都督十八州诸军事、加黄钺，刘牢之为前锋都督，司马尚之为后部，内外戒严。大军将发，桓玄从兄、太傅长史桓石生早就将消息秘密报告给桓玄。桓玄马上禁断长江航运。当时三吴地区因孙恩之乱，漕运不继，朝廷多仰赖上流供给，江路切断，致使建康的官军严重缺粮，以致用谷皮、橡子充饥。桓玄又采纳长史卞范之的建议，转守为攻，以兄桓伟留守江陵，自己亲率大军东下。兵至寻阳，抗表传檄，列举司马元显的种种罪行。檄文传到京都，司马元显吓得不敢下令开船。桓玄兴兵之初，自觉犯上作乱，难免底气不足，及至兵过寻阳，未见台军阻击，不禁大喜过望，将士们也精神大振。兵抵姑孰，击败司马尚之，继而刘牢之束手归降。桓玄军直驱建康城外新亭，司马元显不战自溃。三月四日，桓玄进入建康，称诏解严。

玄入京师，矫诏自命为总百揆，加侍中、都督中外诸军事、丞相、录尚书事、扬州牧，领徐、荆、江三州刺史，假黄钺，堪称位极人臣，而且诸如总百揆、都督中外、丞相等职，往往为权臣篡位的台阶。桓玄又奏请杀司马元显及司马尚之兄弟等，流放司马道子（未发而毒死），解除刘牢之的兵权（牢之寻自缢死）。既而又布置亲信占据内外要津。安排妥当后，桓玄辞去丞相，自署太尉，领豫州刺史，并于四月出屯姑孰。姑孰地当长江重要渡口，是建康的西南门户，战略地位十分重要。镇姑孰既可就近控制朝廷，又可掌握军事主动权，当年桓温就是驻镇姑孰以专朝权的。

桓玄当权之初，还能有所作为，政治上有些起色，“京师欣然”。其后政令无常，豪奢纵欲，劳役繁兴，加之三吴发生大饥荒，以致“朝野失望，人不安业”。这时桓玄加紧了篡夺步伐，首先是大杀北府旧将以绝后患，接着采取种种手段粉饰太平，制造祥瑞。元兴二年（403 年）二月，桓玄自任大将军，去太尉号。九月，矫诏册命桓玄为相国，封十郡为楚王，加九锡，受楚国置丞相以下官。约略同时而稍前，桓玄兄、荆州刺史桓伟突然病死，这对禅代在即的桓玄来说极为不利。“玄所亲仗唯伟”，他入京后，以桓伟为荆州刺史、南蛮校尉，留守后方；以从兄桓石生为前将军、江州刺史，镇控中流。桓伟一死，桓玄顿觉“孤危”，一时找不出适当的人选取代桓伟留镇荆州，最后仍以从兄桓石康为西中郎将、荆州刺史。在桓伟已死石康未至之际，殷仲堪的余党、新野人庾仄率众袭击雍州刺史冯该，占领襄阳，设坛誓众，兴师讨伐桓玄，南蛮校尉庾彬、安西参军杨道护等人谋为内应，江陵震动。桓玄侄桓亮亦乘乱在罗县（今湖南汨罗）起兵，自号平南将军、湘州刺史。这两次事件虽被很快平息，但后方生乱，侄子兴兵，可见桓玄已是众叛亲离。玄“自知怨满天下”，准备“速定篡逆”。元兴二年（403 年）十二月三日，桓玄在姑孰即皇帝位，改国号为楚，年号为永始，九日，桓玄迁入建康宫。

东晋特殊政治、军事格局下形成的西陕偏重，王敦以来自荆楚上流多次兴起的顺流犯阙之师，永和元年（345 年）桓温刺荆以来桓氏在荆州半个多世纪的经营，终于演成桓玄自荆州入主建康，改朝换代。桓玄的王朝虽然很快覆灭，但它打破了建康中枢和荆州方镇长期以来相抗相维的相对平衡之局，并影响着以后荆州的地位及荆扬关系。

三、刘裕推翻桓楚及扫灭桓氏在荆州的残余势力

王朝替代，帝王兴灭，皆有驱除，这是古人回首历史时反复见到的一种现象，而就历史过程的复杂多变和内在连续而言，这一现象带有相当的普遍性，并揭示了历史转折中的关联性。孝武帝朝的主相政争，孝武帝以殷仲堪出镇荆州，为桓玄的崛起制造了机会，而桓玄的暂时得势，从更长的历史阶段来看，又不过是铺垫了刘裕的“驱除”①。

桓玄称帝以后，骄奢荒侈，游猎无度，大纲不理，为政苛细，“百姓

---

① 田余庆：《东晋门阀政治》，北京大学出版社 1989 年版，第 260 页。

疲苦，朝野劳瘁，怨怒思乱者十室八九焉”。元兴三年（404 年）二月二十七日，桓玄称帝不满三个月，时任彭城内史、在镇压浙东农民起义中立有大功的刘裕，即联络北府兵将领刘毅、何无忌等，起兵攻讨桓玄。三月，刘裕攻入建康，桓玄率子侄浮江西走，逃至寻阳，挟着被徙置于此的晋安帝继续西上，四月，逃回江陵。

桓玄在西逃途中，自作起居注，叙述抵御刘裕过程，自吹如何“经略指授，算无遗策”，只因“诸将违节度”，方致败北。起居注写成后，还派人宣示远近。逃回江陵后，荆州部内的郡守有的派人上表敬问起居，表中难免有乘舆播迁之类的字眼，桓玄一律不接受，命令他们重上贺表，以庆贺迁徙新都。不过荆州终究是桓氏的老巢，桓玄回到江陵不出 1 月，很快集结了 2 万余兵众和大批的楼船器械，不禁得意忘形起来，他自负地对左右说：“卿等并清涂翼从朕躬，都下窃位者方应谢罪军门，其观卿等入石头，无异云霄中人也！”①

与此同时，刘裕所遣追击桓玄的刘毅、何无忌、刘道规诸将，已至湓口，于桑落洲（今江西九江东北长江中）大破桓玄的江州刺史郭昶之、游击将军何澹之等，进据寻阳。寻阳地处中流，上控荆楚，下制建康，是上下必争之地。桓玄立即率舟师自江陵东下，五月十七日，在武昌郡附近的峥嵘洲（今黄冈西北长江中）与刘毅军遭遇，刘毅率军奋战，以少胜多，大败桓玄军，玄命人烧毁辎重，连夜狼狈西遁。

桓玄再次逃回江陵。众人见大势已去，人心离散，号令不行，城内一片混乱。桓玄走投无路，最后决定逃奔汉中，投靠梁州刺史桓希。五月二十四日深夜，桓玄率亲近心腹百余人乘马出城西走，刚到城门，左右于黑暗中挥刀斫杀桓玄，没有砍中，于是随从人员相互厮杀，死尸交横于路，桓玄勉强逃到江边，上了船舰。恰在这时，益州刺史毛璩遣其从孙毛祐之、参军费恬率众 200，送毛璩弟毛璠的灵柩还江陵安葬，而桓玄的屯骑校尉毛修之为毛璩的侄子，修之遂趁机骗诱桓玄入蜀，桓玄

① 《晋书》第 99 卷《桓玄传》，中华书局点校本 1974 年版，第 2 599 页。

没有办法，只好听从。二十六日，船行至江陵城西的枚回洲，毛祐之、费恬突然向桓玄发动攻击，益州督护冯迁抽刀杀死桓玄，又斩桓石康、桓濬等，执玄子桓昇，于江陵市斩首。刘毅传送桓玄首至建康，安帝在江陵复位，自寻阳所获晋宗庙神主亦归奉于建康太庙。

刘毅于峥嵘洲大败桓玄以后，以为大事已定，加之又遇大风，船未能进，因而没有紧紧追击，以至桓玄死后多日，仍未派军进驻江陵。当时桓玄从兄、尚书令桓谦藏匿于沮中（今远安、荆门一带），桓玄侄、扬武将军桓振藏匿于华容浦（今监利境内），振见江陵空虚，聚党200人袭击江陵，城内居民尽出赴之，桓谦亦聚众响应。闰五月三日，攻占江陵。桓振欲杀安帝，因桓谦苦苦劝止未遂。桓谦以“楚祚不终，百姓之心复归于晋”，奉进玺绶于安帝，自任侍中、卫将军，加江、豫二州刺史，桓振为都督八州、镇西将军、荆州刺史①。

刘毅进军至巴陵。何无忌、刘道规进军至江陵，在江陵城对江的马头破桓谦，在江陵城西南的灵溪龙洲破桓蔚，继而与桓振战于灵溪，大败，又遇着桓玄党羽冯该的伏兵，死者千余人，桓振军乘胜追击，刘毅、何无忌、刘道规一路败退，直至寻阳。桓振以桓蔚为雍州刺史，镇襄阳；以冯该守夏口东岸，孟山图守鲁山城，桓仙客守偃月垒，众合万人，水陆相援，扼守夏口；后又以桓放之为益州刺史，屯西陵。

这年冬，刘毅、何无忌、刘道规等复自寻阳西上，至夏口，经过激战，终于攻克。十二月，进克巴陵。益州刺史毛璩的部将、涪陵太守文处茂击破桓放之，放之败退江陵。义熙元年（405年）正月，南阳太守鲁宗之起兵袭襄阳，桓蔚亦败还。刘毅等诸军进至马头。鲁宗之在江陵城北的柞溪击破桓振将温楷，进屯城北十余里的纪南。桓振大破鲁宗之军，与此同时，刘毅军向江陵发起攻击，桓谦弃城而出，刘毅占领江陵。

---

①《晋书》第74卷《桓彝传》附桓谦、桓振等传，中华书局点校本1974年版，第1 944、1 954页。

晋安帝再次复位，大赦天下，改元义熙，以鲁宗之为雍州刺史。刘毅、刘道规屯夏口，何无忌奉安帝东还建康。

桓谦、桓蔚等投奔后秦，桓振逃于涢川（今涢水）。义熙元年（405年）三月，桓振又自涢川攻袭江陵，荆州刺史司马休之败奔襄阳，振自称荆州刺史。刘裕将刘怀肃、唐兴等驰赴江陵，与桓振战于江陵城北的沙桥，桓振“勒兵三万，旗帜蔽野”，刘怀肃“瞋目奋战”，“士卒争先”，唐兴临阵斩桓振，收复江陵①。刘裕任命最初一同起兵的魏diff之为荆州刺史，代司马休之。八月，魏diff之卒，江陵令罗修谋举兵袭江陵，未发而事泄，奔后秦。

当时在上游地区，桓玄余党尚有相当的势力和影响，诸如桓亮、桓道儿、苻宏、苻嗣、张靖等拥众割据郡县者，仍数以十计，刘毅、刘道规等分兵讨灭，至义熙元年（405年）五月，荆、湘、江、豫诸州始全部平定②。刘裕以刘毅为都督淮南诸军事、豫州刺史，刘道规为都督荆、宁等六州，司州之河南诸军事，领护南蛮校尉，荆州刺史。

义熙四年（408年），割据益州的谯纵称藩于后秦，并上表秦王姚兴，请桓谦入蜀，以共击刘裕。桓谦自己也对姚兴说：“臣之累世，著恩荆楚，若得因巴蜀之资，顺流东下，士民必翕然响应。”姚兴并不认为谯纵有能力进攻刘裕，但还是放桓谦入蜀。义熙六年（410年）二月，刘裕灭南燕，大军尚在青州，广州刺史卢循起兵北上，进攻江、湘诸州；三月，杀江州刺史何无忌于豫章；四月，败荆州刺史刘道规于长沙；五月，与豫州刺史刘毅大战于桑落洲，刘毅几乎全军覆没。卢循东下建康，为刘裕所败，七月自蔡洲退还寻阳，拟“并力取荆州，据天下三分之二”，然后再与建康争衡。

① 《宋书》第47卷《刘怀肃传》，中华书局点校本1974年版，第1 403页。

② 《晋书》第85卷《刘毅传》，中华书局点校本1974年版，第2 208页；《宋书》第51卷《刘道规传》、第47卷《檀祗传》，中华书局点校本1974年版，第1 472、1 416页。

江陵方面，自卢循东下，与京师不通讯息，未知建康存亡，人心惶惶，“群盗互起”。而这时割据益州的谯纵又以桓谦为荆州刺史，谯道福为梁州刺史，率众2万进击荆州。后秦亦遣前将军苟（一作荀）林率骑兵助攻。桓谦一路“召募义旧”，与桓氏“旧恩所结，义不相忘”的荆州士民，踊跃投募，桓谦的麾下很快就聚集了2万余众，进屯枝江。苟林屯兵江津。江陵两面受敌，城内士民“多怀异心”，纷纷给桓谦写信，“言城内虚实，咸欲谋为内应”。刘道规自称从下游带来的兵众足以抵抗来敌，故“夜开（江陵）城门，达晓不闭”，异己者任其去就，结果“众咸惮服”，反倒没有叛逃出城的。

实际上刘道规的“东来文武”，相对于桓谦、苟林的兵力，终嫌力量薄弱，但在此危急之时，雍州刺史鲁宗之率众数千自襄阳赴援江陵，这是一支以襄宛流民组成的有战斗力的队伍，它大大增加了刘道规的实力。刘道规的部下中有人以为鲁宗之来者不善，但刘道规仍坦诚以待，单马迎宗之入城，且让宗之留城居守，自己率诸军水陆并进，攻袭桓谦。枝江一战，桓谦大败，谦单舸奔苟林军，被刘道规军追杀。道规还军讨苟林，林败走，后被刘道规参军刘遵追杀于巴陵。与此同时，乘卢循之乱自号荆州刺史起兵于上庸、西城等地的桓石绥，也被梁州刺史傅韶遣将攻杀。至此，桓氏在荆州的残余势力终于被彻底剿灭①。

灭桓谦后不到1月，刘道规又打败了卢循大将徐道覆的来攻。当时徐道覆率大军3万突然逼近江陵，又谣传卢循已占据建康，遣道覆西上任荆州刺史。而鲁宗之已还军襄阳，追召不及，江陵再次陷于严重的危机之中。在灭桓谦后，刘道规曾缴获荆州士民写给桓谦的大量书信，道规“悉焚不视”，概不追究，“众于是大安”。所以这次徐道覆大军压境，“江汉士庶感焚书之恩，无复贰志”。刘道规亲率主力迎击徐道覆，以刘遵为游军

① 以上主要根据《资治通鉴》第114～115卷，《晋纪》安帝义熙四年—六年（408—410年），中华书局1956年版，第3 604～3 641页，并参据《晋书》《宋书》有关纪、传。

自外策应，大破徐道覆军，“斩首万余级，赴水死者殆尽”，道覆单舸逃回湓口。应该说，刘裕在荆州的统治，至此才算基本稳定下来①。

四、刘裕代晋前夕两征荆州

刘道规自义熙元年（405 年）八月代魏咏之为荆州刺史，一直到义熙八年（412 年）四月，方因病求归京师。刘裕改授道规为豫州刺史，而以豫州刺史刘毅任荆州刺史。

刘毅和刘裕一样，早年侨寓京口，一同策划、领导了推翻桓玄的起兵，“自谓京城、广陵（之役），功业足以（与刘裕）相抗”，因而颇为自负，不愿屈事刘裕之下。当时“朝士有名望者”，如尚书仆射谢混、丹阳尹郗僧施等，都和刘毅深相交结。义熙元年（405 年）上流平定，刘毅出任豫州刺史，都督淮南，锁钥着建康的西大门。同年，刘毅致书刘裕，反对以未参与京口起事的刘敬宣出任江州刺史，意在取得江州，刘裕只好改任何无忌。义熙三年（407 年），扬州刺史王谧死，刘毅不欲刘裕入朝辅政，建议以中领军谢混为扬州刺史，或者是刘裕在丹徒遥领扬州。但刘裕仍于义熙四年（408 年）正月出任扬州刺史、录尚书事，夺得中枢军政大权。义熙六年（410 年），何无忌为卢循所杀，庾悦继任江州，刘毅终于以“江州内地，治民为职，不宜置军府”为辞，上表解除了庾悦的都督、将军职，迫使庾悦以单车刺史自寻阳移治豫章，其“建威府文武三千”悉数并入刘毅卫将军府，刘毅得以加督江州，遣其亲将赵恢镇守寻阳②。这样，刘毅的督区兼跨江、豫、扬三州，荆扬之间的中流地区都在刘毅的控制之下，只是当时刘裕辅政中枢扬州，裕弟道规雄踞西藩荆州，刘毅被夹处其间，其威胁不致太大。

义熙八年（412 年）刘毅代道规为荆州刺史、都督荆宁秦雍四州及

---

①《宋书》第 51 卷《宗室・刘道规传》，中华书局点校本 1974 年版，第 1 474 页。

②《晋书》第 85 卷《刘毅传》，中华书局点校本 1974 年版，第 2 205～2 211 页，《宋书》武帝纪、刘穆之传。下文引自《刘毅传》者，不再出注。

司扬二州之四郡诸军事。史称刘毅"既出西藩，虽上流分陕，而顿失内权"，不免怏怏于怀。这是因为移镇江陵，较之屯兵于建康鼻子下的豫州姑孰，在干涉中枢方面，自然有鞭长莫及之嫌。但刘裕深知刘毅"不能居下，终为异端"，其西镇江陵不过是纾解了眉睫之患，仍有顺流东下的隐忧，因此正秘密图谋刘毅，以夺回荆州。刘毅"颇自嫌事计"，移镇江陵时，曾擅自割取"江州兵及豫州西府文武万余"以自随，后又求得加督交、广二州。他又奏请以知交郗僧施为南蛮校尉，到江陵以后"多变易守宰"，也在积极扩充实力，安插亲信，准备"擅其威强，伺隙图（刘）裕"。

刘毅四月受任荆州，八月，上表称疾笃，求以从弟、兖州刺史刘藩为自己的副职，刘裕伪许之。九月，刘藩自兖州入朝受命，刘裕下令将刘藩和刘毅的同党谢混一起逮捕，杀于狱中，并立即上表列刘毅罪状，让安帝下达征讨刘毅之诏。同月十五日，刘裕亲率大军西伐。二十九日军至姑孰，以参军王镇恶率战舰百艘为先锋，声言"刘兖州（藩）西上"，以迷惑刘毅。

王镇恶受命后昼夜兼行，十月二十二日已抵达距江陵城20余里的豫章口，遂舍船步上，率军前袭江陵城，另遣人焚烧刘毅在江津的船舰，"津戍及百姓皆言刘藩实上，晏然不疑"。刘毅大将朱显之前往江津，半路遇见王镇恶军，知非刘藩，连忙驰骑回城，下令关闭城门，但已来不及，王镇恶军冲入大城，分攻金城（即内城）。战斗异常激烈，最后短兵相接。刘毅的兵士多从东来，王镇恶军有的与他们是父兄子弟或中表至亲关系，镇恶令其部下一边作战一边喊话，告诉他们刘裕亦亲率大军来讨。刘毅将士听说刘裕自来，顿时斗志涣散，至初更时分，刘毅官厅前的守军已溃散，只有刘毅的亲兵尚固守东西门楼，王镇恶怕天黑难辨，自相伤害，遂引军撤出战斗，围而不攻。刘毅突围出城，在城北20余里的牛牧佛寺中自缢而死。江陵平①。此后20余日，刘裕大军才赶到江

① 《宋书》第45卷《王镇恶传》，中华书局点校本1974年版，第1 366～1 368页。

陵。刘裕又杀掉了刘毅的同党、南蛮校尉郗僧施，在对荆州进行了一系列的整顿后，任命晋宗室司马休之都督荆、雍、梁、秦、宁、益六州军事，为荆州刺史。

刘裕自江陵凯旋建康后，又设计杀掉了当年与他一道起兵讨伐桓玄的北府将领诸葛长民。至此，当年与刘裕同谋起事的实力派人物已翦灭殆尽，东晋内部已没有足以和刘裕抗衡的反对派势力，如果说尚有刘裕顾忌的，则仍是荆州的司马休之。休之出镇荆州同时，刘裕即以休之“有异志”，任命孟怀玉为江州刺史以防之①；又分荆州置湘州，以王镇恶为安远护军，武陵内史，也当是为了防范休之。司马休之既为“宗室之重”，在荆州“又得江汉人心”，这使刘裕更怀疑他“有异志”。欲加之罪，何患无辞，到了义熙十一年（415 年）正月，刘裕借口休之子文思犯法，休之不肯严惩，反而心存怨望，先下令逮捕了休之子文宝、侄文祖，赐死于狱，既而再次兴兵西上，讨伐司马休之。刘裕仍亲行，并矫诏自加黄钺，领荆州刺史。

二月，休之抗表声讨刘裕罪状，称裕“问鼎之迹日彰，人臣之礼顿缺”，又指出“裕今此举，非有怨憎，正以臣王室之干，位居藩岳，时贤既尽，唯臣独存，规以翦灭，成其篡杀”。雍州刺史鲁宗之知道刘裕也容不了他，遂与司马休之联兵抵抗刘裕。鲁宗之率其子，竟陵太守鲁轨自襄阳顺沔而下，先后败杀前来阻截的刘裕将领江夏太守刘虔之，裕婿、振威将军徐逵之等。三月，刘裕自荆州江津戍（今沙市）对岸的马头（今公安埠河镇一带）率诸军过江。司马文思、鲁轨率军 4 万，临江置阵，江岸陡峭，裕军无能登者。刘裕见状大怒，披甲欲登，诸将谏止，部将胡藩乃以刀尖凿岸，刚好能容一个脚尖，便腾之而上，随之者稍多。既登岸，奋勇直前，休之兵不能当，一退而不可止，裕乘胜追击，攻克江陵。司马休之、鲁宗之北逃，鲁轨留镇石城（今钟祥）断后。刘裕率军追击，裕将赵伦之、沈林子破鲁轨，司马休之、鲁宗之及鲁轨等，均

① 《宋书》第 47 卷《孟怀玉传》，中华书局点校本 1974 年版，第 1 407 页。

投奔后秦①。

至此可以说，上流荆州已牢固地控制在刘裕手中。桓玄在荆州覆灭后，以及刘裕第一次西上灭刘毅后，朝廷曾两度任命司马休之出镇荆州，当因宗室司马氏在朝中还有相当的势力，所谓“既应亲贤之举，宜委分陕之重”②。这次刘裕西上灭司马休之时，首先就给自己“诏”加了荆州刺史一职，一攻下江陵，又加领南蛮校尉一职。显然，刘裕不准备再把西陕强藩拱手让人了。当司马休之被逐出晋境，刘裕即将返旆建康之前，任命了刘裕中弟刘道怜都督荆、湘、益、秦、宁、梁、雍七州军事，为骠骑将军，领护南蛮校尉、荆州刺史。道怜是从北府系统的兖、青二州刺史任上西调荆州的，赴任时“北府文武悉配之”，刘裕又以自己的中军长史谢方明为道怜骠骑长史、南郡相，以管理荆州军府众事，均可见刘裕对荆州的重视③。义熙十四年（418 年），征刘道怜为徐、兖二州刺史，最初刘裕拟以世子刘义符代道怜镇荆州，后因张邵谏以“储贰之重”不宜处外，遂改以时年 12 岁的第三子义隆出任，直至晋亡。

荆州刺史司马休之既灭，东晋境内已无人有实力敢对刘裕说不。但刘裕出身布衣，禅代时机还没有完全成熟，还须“外积武功，以收天下人望”。义熙十二年（416 年）刘裕北伐后秦，次年后秦亡，义熙十四年（418 年）六月刘裕受相国、宋公、九锡，正式进入禅代过程，两年以后即建宋称帝。入宋以后，以至整个南朝，对荆州的控制仍是一个事关全局的问题。事实上司马休之外奔后，刘裕对荆州的处置，已初步形成了一个新的模式，这一模式被带到了新建立的宋王朝，以至整个南朝。

---

① 《宋书》第 2 卷《武帝纪中》，中华书局点校本 1974 年版，第 31～35 页；《资治通鉴》第 117 卷《晋纪》安帝义熙十一年（415 年），中华书局 1956 年版，第 3 673～3 678 页。

② 《晋书》第 37 卷《宗室·司马休之传》，中华书局点校本 1974 年版，第 1 109 页。

③ 《宋书》第 51 卷《宗室·刘道怜传》，中华书局点校本 1974 年版，第 1 461 页。

第五章　刘宋的“分荆”、弱荆政策及其影响

第一节　刘裕整顿荆州

荆州方镇与建康朝廷的对立，即所谓荆扬之争，几乎与东晋一朝相始终。宋朝开国皇帝刘裕，曾目睹桓玄跋扈荆楚，称兵犯禁，因而他对东晋方镇，特别是强藩荆州之凌驾于朝廷之上，有着切身的体验。刘裕在东晋末年当国期间，以至建宋称帝以后，曾采取一系列措施，以加强对荆州的控制。

一、整顿荆州军政

义熙八年（412 年）十月王镇恶袭破江陵，诛灭刘毅。十一月刘裕率大军至江陵，下书整顿荆州（包括刘毅所督之江州）。整顿的基本精神是“除其宿衅，倍其惠泽，贯叙门次，显擢才能”①，具体内容包括：

1.“凡租税调役，悉宜以见户为正”；“台调癸卯梓材，庚子皮毛，可悉停省”。

2.“州郡县屯田池塞，诸非军国所资，利入守宰者，今一切除之。”

3.“州郡县吏，皆依尚书定制实户置。”

4.“原五岁刑以下”，“凡所质录贼家余口，亦悉原放”。

5.“以荆州十郡为湘州”，且划入刘裕自己所督区域以内②。

---

①《宋书》第 93 卷《隐逸・宗炳传》，中华书局点校本 1974 年版，第 2 278 页。

②《宋书》第 2 卷《武帝纪中》，中华书局点校本 1974 年版，第 28～29 页。

6.礼辟荆州名士，如以南阳宗炳（时已移居江陵）为州主簿①。

第1条是蠲租免调，第4条是原罪省刑，所谓“倍其惠泽”；第6条是礼用本地人士，所谓“贯叙门次，显擢才能”；第5条是分割荆州，缩小其督区范围。这些方面留待后文论及。值得注意的是第2条、第3条，即荆州的屯田池塞和荆州及所属郡县的置吏问题。

屯、池是当时封禁山林、川泽以进行开发的组织；塞是在关津设置的稽查机构，同时向过往商旅征税；田指公田或屯田，东晋南朝的军府、州府及郡县机构均有公田，《晋书》第81卷《朱序传》载朱序曾向荆州刺史桓石生（按：生当作民）表求“（军）府田百顷”。据上可知，东晋末年荆州的屯、田、池、塞中，有相当一部分是各级地方官私自设置的，旨在营图私利（“利入守宰”）。至于“吏”，在当时的军府、州府中，均有数量不少的吏，他们隶属于官府，听长官驱使，受到无限止的奴役，其身份非常卑贱。这些为数众多的吏往往与军事力量有关，但其中相当一部分是各级官府公田上的劳动者，这在《晋书》第70卷《应詹传》、《宋书》第92卷《徐豁传》中都有反映。上引刘裕书中，一方面要求荆州除掉私自设置（非军国所资）的屯田池塞，另一方面又要求荆州各级地方机构按照朝廷规定的员额（“尚书定制”）置吏，不得超过。实际上这二者是联系在一起的，因为各级机构只要在规定之外另置屯田池塞，劳作于这些屯田池塞之上的吏也就要相应地超额增置②。

东晋一朝，荆州几乎处于半独立状态，凭借的是一支强大的方镇军。要维持这支军队，需要大量的给养、武器装备及后备兵员，需要强大的经济力量作后盾。桓温专制上流时，“八州士众资调，殆不为国家用”。除了朝廷规定的“租税调役”部分以外，荆州守宰所举办的屯田池塞，亦为其重要经济来源。其中私自举办的屯田池塞，其利润多归守宰个人

① 《宋书》第93卷《隐逸·宗炳传》，中华书局点校本1974年版，第2 278页。

② 唐长孺：《三至六世纪江南大土地所有制的发展》，上海人民出版社1957年版，第40～45页。

所有，但其中也应有一部分用于扩充方镇军队或者用于保障他们私自招募的军队。荆州各级地方机构所拥有的为数众多的吏员，既是州府、军府公田及各种营利机构上的劳动者，也是一支准军事队伍，即后备军。

刘裕平定刘毅后，企图根除荆州方镇自东晋以来私办屯田池塞厚自封殖以及超额置吏的老问题，即所谓“除其宿衅”。但老问题往往积重难返。义熙十一年（415 年），刘裕西征江陵攻灭司马休之以后，又下书称：“荆、雍二州，西局、蛮府吏及军人年十二以还，六十以上，及扶养孤幼，单丁大艰，悉仰遣之。”再一次要求荆州方镇及所统雍州减少吏员及士兵，特别是吏兵中的“童耄夺养、老稚服戎、空户从役、越绋（按：指正在服丧者）应召”者，须一律遣放①。从中可见，继刘毅出镇荆州的司马休之，在吏役、兵役的征发上，仍没有遵循“尚书定制”。

据《宋书》第 3 卷《武帝纪下》，刘裕称帝次年，即宋永初二年（421 年）三月，“初限荆州府置将不得过二千人，吏不得过一万人；州置将不得过五百人，吏不得过五千人。兵士不在此限”。府指军府，州指刺史，荆州军府、州府的吏额，经过裁减、限制之后仍为数如此庞大，以前的情况可想而知。这次虽然没有对荆州方镇的兵士数量作出具体限制，但军将和吏员的数目既已限定，兵士数量也就要受到相应的限制。

在诸家门阀相继出镇荆州的东晋时期，如前所述，荆州由于其特殊的战略地位以及长期紧张的荆、扬关系，几乎经常性地处于战争动员之中，人民的兵役、徭役异常繁重，“事役频苦”，役及老幼，有时甚至在所统广大区域内普遍征发“奴及车牛”。东晋后期自殷仲堪、桓玄之乱，至司马休之被灭，荆州更是“事故相仍”，兵连祸结，境内民户寡少，经济凋敝，“器械索然”。上述晋宋之际刘裕对荆州方镇的整顿，就是有针对性地“蠲除苛政，弘兹简惠”，以改革“凋风弊政”。但刘裕的整顿，主要还是在于加强朝廷对荆州的控制。革除了荆州守宰私自设置的屯田池塞等营利机构，就是杜绝了荆州方镇私自扩充军队的一个重要财源，

① 《宋书》第 2 卷《武帝纪中》，中华书局点校本 1974 年版，第 35 页。

刘宋时荆州作部必须给朝廷“岁送数千人仗”①，这一规定大概也是在刘裕时形成的。

大量地裁免役吏，不准超额置吏，既使荆州方镇私自支配的大批劳动力回归编户，扩大了朝廷的赋役对象，在当时吏兵不分的情况下②，又堵住了荆州方镇扩充军队的一个重要兵源。永初二年（421年）对荆州军州二府的军将、吏额数进行限制，更是直接控制了荆州方镇军队的规模。如果以上规定都能切实执行，东晋一朝的荆州跋扈问题，可望逐步解决。

二、宗王出镇荆州体制的确立与谢晦起兵

在门阀势力强大的东晋时代，几家高门迭任荆州，雄踞上流，已成惯例。司马宗室出镇荆州者，唯有晋末的司马休之。刘裕西征休之时，自领荆州刺史，平定休之后，以弟刘道怜出镇荆州。义熙十四年（418年）道怜移镇徐兖，刘裕又以第三子刘义隆出镇荆州。《宋书》第68卷《武二王·刘义宣传》：“初，高祖以荆州上流形胜，地广兵强，遗诏诸子次第居之。”同书第51卷《宗室·刘义庆传》也谈到，因为“荆州居上流之重，地广兵强，资实兵甲，居朝廷之半”，所以“高祖使诸子居之”。除了荆州，刘裕遗诏“非宗室近戚不得居之”的“要地”，还有“去京都密迩”的京口，即徐兖方镇③。

在方镇强悍皇权式微的东晋，对朝廷威胁最大的强藩，莫过于建康上游的荆州和下游的徐州、兖州。刘裕遗诏以皇子、宗室出镇江陵、京口，正是总结东晋百余年之统治经验而制定的政策。对于平定桓玄之乱的主帅刘裕来说，东晋世族以荆州为根据地，控制上游强兵以颠覆建康

① 《南齐书》第1卷《高帝纪上》，中华书局点校本1972年版，第11页。

② 《晋书》第85卷《刘毅传》（中华书局点校本1974年版，第2209页）称其自豫州移镇荆州时，“辄取江州兵及豫州西府文武万馀”，带到荆州，所谓“文武”，就包括兵和吏，当时吏又分“文武”，其武吏即是兵。

③ 《宋书》第78卷《刘延孙传》，中华书局点校本1974年版，第2019页。

朝廷的教训，应该是历历在目[①]。

但刘裕死后不久，朝廷发生了重大政治变故，以皇子出镇荆州的政策也一度发生动摇。

永初三年（422年）五月刘裕病死，太子义符即位，录尚书事徐羡之、中书令傅亮、领军将军谢晦、镇北将军檀道济同被顾命，辅佐少帝。景平二年（424年），顾命大臣徐羡之等先将刘裕次子、庐陵王义真废为庶人，继而以皇太后名义废少帝义符为营阳王，不久又将他们两人杀害，然后由傅亮率行台百官至江陵迎立宜都王、荆州刺史刘义隆为帝，是为宋文帝[②]。徐羡之、谢晦等为了“握权自固”，以荆州地位重要，怕刘义隆到建康即皇帝位以后另外用人，于是趁刘义隆还在赴京途中，由徐羡之以录尚书事名义抢先发布命令，任用谢晦为行都督荆湘雍益宁南北秦七州诸军事、抚军将军、领护南蛮校尉、荆州刺史，接替刘义隆出镇荆州。当时，作为顾命大臣之一的檀道济以镇北将军、南兖州刺史镇于广陵，谢晦据上流，檀道济镇下游，“各有强兵”，这样，万一建康有变，谢、檀可为外援，足以“制持朝廷”；而徐羡之、傅亮秉权中枢，“可得持久”[③]。

在东晋门阀专政的时代，“通常是由两三家当权士族分据内外，相抗相维”[④]。所谓“外”，主要就是指荆州。刘义隆即位之初，建康中枢和荆州强藩均为徐、傅、谢等几家高门把持，似乎又要重演东晋门阀专政的历史。但此亦一时也，彼亦一时也，经过晋宋之际孙恩卢循起事、桓玄之乱等社会政治动荡，加之高门士族自身的腐朽，东晋门阀已走向全

---

① 周一良：《魏晋南北朝史札记》“东晋南朝地理形势与政治”条，中华书局1985年版，第75～77页；另请参考鲁力：《魏晋南朝宗王问题研究》，特别是第七章“刘宋初年的方镇格局与荆扬之争”，武汉大学出版社2013年版。

② 《宋书》第3卷《武帝纪下》，中华书局点校本1974年版，第59～62页；同书第4卷《少帝纪》，第63～69页；同书第5卷《文帝纪》，第71～72页。

③ 《宋书》第44卷《谢晦传》，中华书局点校本1974年版，第1 348页。下文引自此传者，不再出注。

④ 田余庆：《东晋门阀政治》，北京大学出版社1989年版，第342页。

面衰落。他们中将才竭绝，逐步丧失了军队的指挥权；政治上，高门士族虽然仍担任高官，但实权业已下移或旁落；取而代之的是以皇族刘裕为首的低级士族以及寒人。这就是晋宋之际业已呈现出来并将日见显明的时代发展趋势①。

当傅亮率行台到达江陵时，刘义隆听说义符、义真两位兄弟被杀，对于是否去建康做皇帝很有顾虑，其部下也都劝义隆不要东下。只有司马王华认为，以徐羡之、傅亮的门第和经历，不可能有当年王敦、桓温的野心，且徐、傅、谢、檀等人功同势均，“莫相推伏”，就是有不轨之心，也“势必不行”②。王华的估计是对的，正是由于诸顾命大臣之间存在矛盾，加之老牌门阀如琅邪王氏、会稽孔氏，对门第不显的徐、傅等人执掌大权十分忌恨，使得宋文帝能够对他们分化利用，各个击破。

宋文帝即位之后，对参与废立的徐、傅、谢诸人无不加官晋爵，以稳住他们，对于徐羡之违背刘裕遗诏任命谢晦为荆州刺史的既存事实，也予以承认。但在韬晦隐忍的背后，则是积极准备反击。宋文帝首先任命亲信王昙首、王弘为侍中，以掌握中枢；又任命心腹武将到彦之为中领军，以控制禁军。当他通过王弘将顾命大臣中的名将檀道济成功地笼络过来后③，便于元嘉三年（426年）正月，突然下诏宣布徐、傅、谢三人擅自废立鸩杀之罪，命有司严惩。徐羡之畏罪自杀，傅亮被处死，谢晦子弟在建康者亦被逮捕。宋文帝在诏书中还谈到，“（谢）晦据有上流，或不即罪”，“朕当亲率六师”讨伐，并下令“中领军到彦之即日电发，征北将军檀道济络驿继路”。谢晦亦以“清君侧”为名，传檄建康，起兵反叛。

这是刘宋建立后建康中枢与荆州方镇之间爆发的第一次武装冲突。就对垒的双方分别是中央皇权和拥兵上流的大族而言，这次冲突仍是东

① 唐长孺：《魏晋南北朝隋唐史三论》第二章第一节，武汉大学出版社1993年版，第159～163页。

②《南史》第23卷《王华传》，中华书局点校本1975年版，第626页；《宋书》第63卷《王华传》，中华书局点校本1974年版，第1 676页。

③ 祝总斌：《晋恭帝之死和刘裕的顾命大臣》，《北京大学学报》1986年第2期。

晋时代荆扬之争的余绪。但这次冲突又呈现出若干特点。

东晋以来，荆州素以“地广兵强”著称。宋初荆州，就所督区域而言，仍是幅员广大，但督区内南边的湘州，北边的雍州，西北的梁、益，以及荆、扬之间的江州，都是站在朝廷一边的。这与东晋琅邪王氏、颍川庾氏、谯国桓氏称兵上流时的情形大不相同。就兵力而言，谢晦之所以要与朝廷“决战”，“荆楚用武之国，兵力有余”① 是一个重要因素，但从当时谢晦所能支配的实际兵力来看，荆州的武装力量绝非“有余”②。刘裕依靠在京口重组的北府势力，最终平定了世居荆楚的桓玄，已显示荆州方镇兵的相对劣势③。平定桓玄后刘道规驻镇荆州，其主要兵力是“东来文武”。刘毅迁镇江陵，称“荆州编户不盈十万，器械索然”，并“辄取江州兵及豫州西府文武”带到荆州，其骨干力量仍是“东来将士”④。继司马休之镇荆州的刘道怜，据《宋书》本传，“北府文武悉配之”，其主要兵力来自徐兖。义熙十四年（418 年）刘道怜内调建康，继镇京口，未闻带走荆州兵力，继道怜出镇荆州的刘义隆大概同时继承了道怜的兵力。刘义隆入承大统，东下时“率府州文武，严兵自卫，台所遣百官众力，不得近部伍”⑤，可知荆州兵力，至少是其精锐部分，均跟随刘义隆进入建康。这支兵力后来成为文帝禁军的主力。谢晦自领军将军出镇江陵时，史称“精兵旧将，悉以配之，器仗军资甚盛”。则谢晦带往荆州的兵力，当即他“总统宿卫”时所率领的禁卫军⑥。

上述可知，自东晋义熙初刘道规出镇荆州，一直到宋初的谢晦，荆

---

① 《宋书》第 64 卷《何承天传》，中华书局点校本 1974 年版，第 1 703 页。

② 《南史》第 19 卷《谢晦传》，“兵力有余”作“兵粮易给”，中华书局点校本 1975 年版，第 523 页；《资治通鉴》第 120 卷《宋纪》文帝元嘉三年（426 年）本条与《南史》同，中华书局 1956 年版，第 3 778 页。

③ 傅乐成：《荆州与六朝政局》四“北府兵之建立与外重局面之转移”，《汉唐史论集》，联经出版事业公司 1977 年版，第 106 页。

④ 《宋书》第 45 卷《王镇恶传》，中华书局点校本 1974 年版，第 1 367 页。

⑤ 《宋书》第 63 卷《王昙首传》，中华书局点校本 1974 年版，第 1 679 页。

⑥ 陈勇：《刘宋时期的皇权与禁卫军》，《北京大学学报》1988 年第 3 期。

州的基本兵力都是从下游（主要是北府）带来的。宋初又对荆州州、府将吏，亦即对荆州军的规模作了限制。当时荆州统府（都督府）之内，雍州为重兵所聚，然而不为谢晦所用。总之，谢晦起兵，基本力量仍然是从建康带来的兵力。这当然是不够的，因此他准备以去掉兵籍为条件，尽发南蛮府所属兵户。后来又在辖区内大规模“发兵”，最后总算结集了“精兵三万”。正是由于兵力不足，所以谢晦只能以“战士三千”留守荆州，以防御襄阳刘粹的来攻。从谢晦起兵时拥有的基本兵力及其来源看，也与东晋时荆州的情形大不相同。

刘宋初年的这次荆扬之争，以谢晦的彻底失败告终。决定胜负的关键，在于征北将军檀道济的向背。谢晦“数从高祖（刘裕）征讨”，“才略明练，殆难与敌”，却不曾独当一面，“孤军决胜”，因而在领兵布阵上不敌老于军旅的宿将檀道济。而且谢晦认为檀道济同预废立，应与徐羡之、傅亮同被诛杀，“不容独存”，并不知道檀早已倒向刘义隆一边。后来谢晦忽然得知檀道济率众西来，一时竟“惶惧无计”，“遂不战自溃”①。可以说，这次荆、扬决战，在政治上，是新建立的刘宋皇权与企图维持旧的政治格局的士族势力之间的对抗；在军事上，本是刘裕在京口重组的北府兵内部将士之间的拼杀。不似东晋时代的荆扬之争，乃是雄居上流、呈半独立状态的荆州方镇（通常由高门累世出任），凭借荆州的政治、军事力量与建康中枢的对抗，带有明显的地缘色彩。

谢晦平后，宋文帝以大弟彭城王义康出任都督荆湘雍梁益宁南北秦八州诸军事、荆州刺史。这八州是刘宋时代荆州都督的标准督区②。元嘉六年（429年），“义康入相”，依次以江夏王义恭出镇荆州。元嘉九年（432年），义恭移镇广陵，按长幼次序应轮到南郡王义宣，但宋文帝

---

① 《宋书》第43卷《檀道济传》，中华书局点校本1974年版，第1 343页；《南史》第15卷《檀道济传》，中华书局点校本1974年版，第445页。

② 严耕望：《魏晋南北朝地方行政制度》上册第一章，台北历史语言研究所专刊之四十五，1990年版，第61页。

“以临川王义庆宗室令望，且临川武烈王（道规）有大功于社稷”，故打破“高祖诸子次第居荆”的惯例，“特授”予刘裕弟道规之子义庆①。元嘉十六年（439 年）义庆改任江州，“其后应在义宣。上以义宣人才素短，不堪居上流”，再次越过义宣，以刘义隆最小的弟弟衡阳王义季出任荆州。后因刘裕的大女儿会稽长公主多次在刘义隆面前为义宣说话，“上（文帝）迟回久之”，直到元嘉二十一年（444 年），方以义宣代义季任荆州刺史。元嘉三十年（453 年），义宣内迁司徒、扬州刺史，未及就镇，值太子刘劭杀文帝自立，刘义宣在荆州起兵。宋孝武帝即位后，又内调义宣为丞相、扬州刺史，义宣不受代，并于孝建元年（454 年）春举兵反叛，战败被杀②。

由上述可见，刘裕“使诸子次第居荆州”的遗诏，在宋文帝一朝是基本上得到遵行的，从刘义宣未能依次居荆，会稽长公主在文帝面前“每以为言”，可见已被奉为成例。终刘宋一代，出任荆州者多为皇子及宗室，异姓出任荆州者只有谢晦、朱修之、沈攸之三人。朱修之因在刘义宣叛乱时忠于孝武帝，且平叛有功，因而得以代义宣任荆州刺史。谢晦、沈攸之则分别是少帝和后废帝的顾命大臣，是在权力交接的特殊情况下以一种特殊的身份出任荆州的。时至萧齐，荆州方镇全由萧氏宗室出任，无一例外。梁朝亦继承宋、齐旧轨，出任荆州者非皇子即宗室近支。至于陈朝，划江为境，江陵一带非复陈有，荆州问题自然也不复存在③。

史实表明，刘裕以宗王出镇荆州的政策，不仅宋朝，而且在齐、梁两代，也得到遵行。刘裕整顿荆州，宗王出镇荆州，是在晋、宋之际门

---

① 《宋书》第 68 卷《武二王·刘义宣传》，中华书局点校本 1974 年版，第 1 798 页；同书第 51 卷《宗室·刘义庆传》，第 1 474 页。按：义庆本为刘裕中弟刘道怜次子，后出继刘裕小弟刘道规为后。

② 《宋书》第 68 卷《武二王·刘义宣传》，中华书局点校本 1974 年版，第 1 698～1 806 页。

③ 万斯同：《齐方镇年表》，《二十五史补编》第 3 册，中华书局 1955 年版，第 4 317～4 322 页；周一良：《魏晋南北朝史札记》“东晋南朝地理形势与政治”条，中华书局 1985 年版，第 77 页。

阀势力走向衰落、皇权得到加强的政治背景下出现的。宗王出镇，使东晋高门雄踞上流与建康中枢对峙的时代由之而终结。当然，它也带来了新的矛盾和问题。

第二节 刘宋的“分荆”政策

上节所述义熙八年（412 年）刘裕攻灭刘毅后对荆州的整顿措施中，有“分荆州十郡为湘州”一项。这显然是针对东晋荆州“地广兵强”的“地广”而采取的对策。两汉不论，直到西晋，荆州的辖地仍然十分广大，故西晋末已有所析置。晋惠帝元康元年（291 年），“有司奏荆、扬二州疆土广远，统理尤难”，于是割荆州之武昌、桂阳、安成三郡，扬州之豫章、鄱阳等七郡，“合十郡，因江水之名而置江州”。元康六年（296 年），又以荆州之新城、魏兴、上庸三郡属梁州①。怀帝永嘉元年（307 年），又分荆州之长沙、衡阳、湘东、邵陵、零陵、营阳、建昌及江州之桂阳立湘州②。东晋成帝咸和四年（329 年），湘州复并于荆州③，《晋书·地理志下》称东晋穆帝时“以长沙、衡阳、湘东、零陵、邵陵、营阳六郡属湘州”，则成帝时湘并于荆后，又曾分荆置湘，而从义熙八年（412 年）刘裕再度分置湘州，则穆帝分置后又有合并。入宋后，荆、湘亦几经合并、分立，当湘州合并于荆州之时，荆州辖地虽较前代为小，但领郡仍多达 31 个，仍是“土地辽落，称为殷旷，江左大镇，莫过荆扬”。然而，正是在刘宋时代，不仅湘州最终从荆州分立出来，东晋侨置

---

① 《晋书》第 15 卷《地理志下》，中华书局点校本 1974 年版，第 458、463 页；常璩撰、任乃强校注：《华阳国志校补图注》第 1 卷《巴志一》，上海古籍出版社 1987 年版，第 1～2 页。

② 《宋书》第 37 卷《州郡志三》，中华书局点校本 1974 年版，第 1 129 页；《晋书》第 15 卷《地理志下》荆州后序所载与此有异。

③ 《晋书》第 7 卷《成帝纪》，中华书局点校本 1974 年版，第 174 页；《宋书》第 37 卷《州郡志三》湘州条作咸和三年（328 年），中华书局点校本 1974 年版，第 1 119 页。

的雍州终于实土化，而且还从荆州分置出郢州，又从荆州划出 2 郡拨属司州，于是荆州所辖仅“余十一郡”①。此时的荆州虽然还是上流重镇，但已不复有东晋时“户口百万、周旋万里”的“殷旷”和“辽落”。宋代荆州政区地理的变化又为齐梁所继承。梁人张缵《南征赋》对宋代分割荆州之举评价极高，所谓“允分荆之胜略，成百代之良规”②。

一、分荆置湘

义熙八年（416 年）刘裕分荆州置湘州，既是有鉴于东晋以来的历史经验，又是当时上流形势的现实需要。刘毅平后司马休之出任荆州刺史。根据后来的事态发展（详见本书第四章第五节）可知，刘裕本来不愿意这位晋宗室出总上流，刘裕分荆置湘，以及同时任命其心腹部将孟怀玉出任江州，王镇恶出任安远护军、武陵内史，都是为了防备司马休之。

义熙十一年（419 年）刘裕西上，逐走司马休之，由其弟刘道怜出任荆州。次年，省湘州入荆州，再次年，刘裕北伐后秦。刘裕将北府文武悉配道怜，以及省湘入荆，当是为了使刘道怜有足够的力量控制上流。

据《宋书》第 3 卷《武帝纪下》，刘裕称帝次年，即永初二年（421 年），始对荆州府州将吏数目进行限制，三年二月，“分荆州十郡还立湘州”，同时分豫州为南豫州。这年三月刘裕“不豫”，五月“驾崩”，其对荆州、豫州的分割，当是刘裕为身后计划的重要部署之一③。当时荆州刺史为宜都王刘义隆，时年 17 岁。出任新立湘州的是能与刘裕“同忧虑”的张邵，上任前是刘义隆的军府司马、领南郡相，实际负责荆州军政事务。新立湘州时本来要同时设置军府，张邵“以为长沙内地，非用武之国”，没有必要设置军府，最后以单车刺史之任。荆州北边的侨雍州，刺

① 《宋书》第 37 卷《州郡志三》，中华书局点校本 1974 年版，第 1 117 页；《南齐书》第 15 卷《州郡志下》，中华书局点校本 1972 年版，第 273 页。

② 《梁书》第 34 卷《张缵传》，中华书局点校本 1973 年版，第 499 页。

③ 薛军力：《刘宋初期对强藩的分割》，《天津师范大学学报》（社会科学版）1995 年第 5 期。

史是刘义隆的亲舅赵伦之①。新分立的南豫州，刺史是庐陵王义真，时年20余，豫州刺史则是“尽心高祖（刘裕）”的大将刘粹。参据上述可以窥知，刘裕临终前分置湘州，一方面仍是吸取东晋荆州坐大的历史教训，通过限制兵力，分割辖地，以防患于未然；另一方面则是为了对年轻诸王的藩卫。而且豫、荆两藩均地接北朝，诸王年少，既无法独力承担边境防御重责，刘裕又不愿将荆、豫强藩完全委之异姓，于是，适当分割，以相互制衡，委任可靠人选，以捍御边境、要地，翼卫年少诸王，便不失为两全之策。元嘉三年（426年）谢晦在荆州起兵反叛，湘州、雍州不从，对谢晦形成极大牵制，体现了刘裕临终前处置荆州的部分作用。

据《宋书》文帝纪、州郡志，元嘉一朝，荆、湘又三经分合：元嘉八年（431年）十二月，“罢湘州还并荆州”；十六年（439年）正月，“复分荆州置湘州”，“又分长沙江夏郡立巴陵郡，属湘州”；二十九年（452年）五月，“罢湘州并荆州”。尽管这些分合的具体原因今天已难详悉，但可以肯定，每一次分合都绝非徒然，无论分合都各有其理由。

元嘉七年（430年）到彦之北伐失败，“府藏、武库为之空虚”，滑台等镇失守，宋河、淮防线后撤。八年（431年）省湘入荆，盖为加强上游的力量，以防御北魏乘胜入侵。荆州辖区扩大后，文帝对荆州刺史的人选更为重视，甚至不惜违背成例，破格任用以谨慎著称的临川王义庆②。元嘉十六年（439年）的分荆置湘，可能与中枢权力斗争有关。彭城王义康于元嘉六年（429年）自荆州刺史入相后，“内外众事皆专决施行”，“威权尽在宰相”。元嘉十六年（439年），文帝增加东宫置兵，同年秋以后“不复幸（义康）东府”，主相矛盾尖锐化，次年即诛杀义康党羽，出义康任江州③。十六年（439年）分荆置湘，同时“复分豫州”置

① 《宋书》第46卷《张邵传》《赵伦之传》，中华书局点校本1974年版，第1 394、1 390页。

② 周一良：《魏晋南北朝史札记》“刘义庆传之‘世路艰难’与‘不复跨马’”条，中华书局1985年版，第159页。

③ 《宋书》第68卷《武二王·刘义康传》，中华书局点校本1974年版，第1 790～1 792页。

南豫州，再一次越过南郡王义宣，以“不欲以功勤自业”的衡阳王义季代刘义庆刺荆，并频繁调动或改任南徐、江、豫、南豫、湘、南兖等重镇要藩的首脑①，当是为了牢固控制方镇，为十七年（440 年）最后处理义康问题创造一个适宜的外部环境，特别是要防止强藩介入中枢斗争。至于元嘉二十九年（452 年）并湘入荆，应该推原于这一年宋文帝发动的大举北伐。当时荆州方面有甲士 4 万出征②，省湘入荆，主要是为了加强荆州的实力，特别是保障北伐的兵粮，因湘州一直是荆、襄军队的粮食供应地③。

孝武帝时期，湘州自荆州最后分离。《宋书》第 37 卷《州郡志三》湘州条称“孝武孝建元年又立”。据《宋书》第 99 卷《元凶刘邵传》，元嘉三十年（453 年）四月，刘劭曾以征虏将军、营道侯刘义綦为湘州刺史④，似乎元嘉二十九年（452 年）湘州并入荆州后又曾分立。胡三省认为，当时并未分置湘州，刘劭之任命刘义綦为湘州刺史，当因刘义宣在荆州起兵反对刘劭，劭欲借此分割义宣的军府⑤。三十年（453 年）四月二十八日，起兵讨伐刘劭的孝武帝在新亭（今南京南）即皇帝位，次日，下诏内征荆州刺史刘义宣为丞相、扬州刺史，以随王诞为荆州刺史；五月，孝武帝平灭刘劭，攻入建康；六月，任命刘义宣的世子刘恢为湘州刺史；闰六月，以刘义宣“固辞内任”，刘诞亦“请求回改”，遂仍以刘义宣为荆、湘二州刺史，刘诞为扬州刺史。从孝武帝先后任命刘义宣父子为湘州刺史，可见他与刘劭一样，上台伊始即欲分荆立湘。实际上自元嘉二十九年（452 年）并湘入荆以来，湘州就一直在荆州刺史刘义宣

① 《宋书》第 5 卷《文帝纪》元嘉十六年（439 年）、十七年（440 年）条，中华书局点校本 1974 年版，第 85～88 页。

② 《宋书》第 74 卷《鲁爽传》，中华书局点校本 1974 年版，第 1 924 页。

③ 薛军力：《刘宋初期对强藩的分割》，《天津师范大学学报》（社会科学版）1995 年第 5 期。上述荆湘分合问题，对薛文多有参考。

④ 《资治通鉴》第 127 卷《宋纪》，中华书局点校本 1956 年版，第 3 999 页。

⑤ 《资治通鉴》第 127 卷《宋纪》文帝元嘉三十年（453 年）四月甲午条胡注，中华书局点校本 1956 年版，第 4 006 页。

的辖区之内，刘劭所任刘义綦未尝到任，孝武帝虽两度任命湘州刺史，不过是一种形式上的分荆立湘，并未改变湘州的权力归宿，湘州也没有真正独立于荆州①。孝武帝孝建元年（454年）二月，刘义宣在荆州举兵反叛。四月，孝武帝任命刘义綦为湘州刺史。六月，刘义宣兵败被杀，刘义綦始得到任湘州，孝建二年（455年）卒于任上②。他是孝武帝任命并真正到任的第一位湘州刺史，他的到任，才意味着湘州的真正分立，《宋书》第37卷《州郡志三》称“孝建元年又立”湘州，大概就是在这种意义上说的③。从此以后，湘州作为地方最高一级行政区划，最终脱离荆州，稳定设置，至后世无变。

二、分荆置郢

孝武帝不仅分割荆州定置湘州，而且又分荆、湘等州新立郢州④。《宋书》第6卷《孝武帝纪》孝建元年（454年）六月癸未：“分荆、湘、江、豫州立郢州。”据同书第37卷《州郡志三》所载，新置郢州包括：荆州之江夏、竟陵、随郡、武陵、天门；湘州之巴陵，自荆州南郡划属巴陵之州陵、监利二县；江州之武昌；豫州之西阳。新置郢州凡8郡，其中5郡及巴陵郡2县来自荆州，姑不论江州之武昌、湘州之巴陵在不太远的过去均属于荆州。天门郡后还属荆州，随郡后划属司州⑤，《宋书》第37卷《州郡志三》所志郢州凡6郡39县，29 469户158 587口，

① 《宋书》第6卷《孝武帝纪》，中华书局点校本1974年版，第110～112页；同书第68卷《武二王·刘义宣传》，第1 798～1 807页。

② 《宋书》第51卷《宗室·刘义綦传》，中华书局点校本1974年版，第1 470页。

③ 胡三省以孝武帝任命刘义宣为荆、湘二州刺史，为孝武帝分立湘州之始，见《资治通鉴》第127卷《宋纪》文帝元嘉三十年（453年）四月甲午条胡注，中华书局1956年版，第4 006页。按：孝武帝任命刘义宣世子恢为湘州刺史，尚在任义宣之前。

④ 魏黄初三年（222年）五月，因孙权称藩，魏曾以所控制的荆州江北诸郡为郢州。同年十月孙权叛魏，魏复改郢州为荆州。《三国志》第2卷《魏书·文帝纪》，中华书局点校本1959年版，第80～82页。

⑤ 《宋书》第36卷《州郡志二》，中华书局点校本1974年版，第1 105页。

原属荆州者凡3郡25县，户2万、口10万以上①，超过郢州总户口数的三分之二。总之，郢州虽说分割四州置，实则主要分割自荆州。

关于新置郢州的治所，江夏王义恭认为宜在巴陵（今湖南岳阳），大臣何尚之认为宜在夏口（今武汉市武昌），孝武帝采纳了何尚之的意见。尚之的论议见于《宋书》第66卷本传，所述治夏口的理由大体如下。

其一是地理位置重要：“夏口在荆、江之中，正对沔口，通接雍、梁，实为津要。”按郢州镇夏口，南北阻隔于荆、湘二州之间，东西缓冲于荆、扬二州之间。自夏口溯汉江而上，可至襄阳，进而至汉中。

其二，夏口历来为战略重镇，作为州治有基础：“由来旧镇，根基不易。……既有见城，浦大容舫。”按夏口孙吴时即为重镇。《水经注·江水》称孙权所筑夏口城“依山傍江，开势明远，凭墉藉阻，高观枕流”。《南齐书》第15卷《州郡志下》郢州条回顾了晋山简、庾翼、桓嗣及刘道规等镇治夏口的历史，又称夏口城“边江峻险，楼橹高危，瞰临沔、汉，应接司部”。

其三是交通方便。“竟陵出道取荆州，虽水路，与去江夏不异，诸郡至夏口皆从流，并为利便。”按郢州诸郡至夏口，或长江，或汉水，皆有水路连接，且多有顺流之便。

尚之还谈到，新分置的湘州“所领十一郡”，还是过大——“既分湘中，乃更成大”，郢州以夏口为治，将“边带长江、去夏口密迩”的巴陵郡自湘州割属郢州，“于事为允”。这里涉及分置郢州的战略目的问题。

前述置湘是为了分荆，置郢同样是为了分荆，以及如尚之所云之分湘，乃至分江、分豫，亦即《南齐书》第15卷《州郡志下》所谓“宋孝武置（郢）州于此（夏口），以分荆楚之势”。孝武帝孝建元年（454年）在上游“分荆”同时，下游也在“分扬”——“分扬州立东扬州”。上引

① 江夏、竟陵、武陵三郡即18 753户，105 740口，再加上州陵、监利二县户口（巴陵4县，5 187户，25 316口，按一半计，有户2 500余，口12 500余），有户23 000余，口11万余。

《何尚之传》对此有评论："江左以来，扬州根本，委荆以阃外，至是并分，欲以削臣下之权。"《资治通鉴·宋纪十》的评述为："晋氏南迁，以扬州为京畿，谷帛所资皆出焉；以荆、江为重镇，甲兵所聚尽在焉；常使大将居之。三州户口，居江南之半，上（孝武帝）恶其强大，故欲分之。"《资治通鉴》的表述不及《何尚之传》简洁、准确，此姑不论，但两书所云宋孝武帝分荆、分扬，是出于削弱臣下之权①，削弱方镇之权，则是准确无误的。孝武帝是依靠方镇实力入承大统的，他对方镇提防有加，多方割削，正是唯恐自己上台的过程被他人仿效重演。而在上游的分荆方面，尔后的历史表明，郢州的分置，对于"分荆楚之势"，效果最著。

宋明帝时期，"于南豫州之义阳郡（侨）立司州，渐成实土"。司州所领四郡中的义阳、随阳、安陆三郡，刘宋前期乃属荆州，孝武帝及明帝时划属郢州，后废帝元徽四年（476 年），割属司州②，这就是《宋书》第 35 卷《州郡志一》序所谓"分荆为司"。入齐以后，萧道成全盘继承了刘宋的"分荆"局面，并对荆州续有分割。《南齐书》第 15 卷《州郡志下》巴州："建元二年（480 年），分荆州巴东、建平，益州巴郡为州，立刺史。"不过新立巴州存在时间不长，齐武帝永明元年（483 年）即省罢。

三、弱荆强雍——侨雍州的体制改革及地位升重

雍州是指东晋南朝时期设置于襄阳、南阳一带，以襄阳为治所的侨雍州。

襄阳、南阳地区历来属于荆州。西晋襄阳为荆州都督治所，曾作为灭吴基地，蔚为重镇，前文已述。西晋末的大乱，襄阳、南阳因地接关

① 其时孝武帝为了防止"威权外假"，又省录尚书事职，并置二吏部尚书，见《宋书》本纪及《谢庄传》、《百官志上》。

②《宋书》第 36 卷《州郡志二》，中华书局点校本 1974 年版，第 1 104～1 105 页。

中、洛阳，颇受波及，历经军阀、流民等各种武装势力的侵扰。战乱中当地大族或“一宗尽灭”，或率宗族乡里避乱他迁，一时间人户稀疏，满目荒凉。襄阳一带的“空白”状态，以及作为南北水陆交通要道的地理条件，一方面使“诸蛮无所忌惮”，乘虚进入这一地区，另一方面，又为成批南来的北方流民集团提供了寄寓的适宜环境。正是为了安置接连不断的移民流入，东晋王朝在襄阳不断地设立侨州郡县，侨雍州就是为安置雍、秦流民而设立的①。

侨雍州的设立时间，《晋书》第 14 卷《地理志上》、《南齐书》第 15 卷《州郡志下》都推溯到建武元年（317 年）晋元帝任命南来的雍州流民帅魏该为雍州刺史。《太平御览》第 168 卷所引鲍至《南雍州记》亦称：“永嘉之乱时，三辅豪族流于樊沔，侨于汉侧，立雍州，因人所思以安百姓也。”可知东晋初年即已侨置。但此后一段时期，侨雍州并不常置，倒是侨治于襄阳的梁州（尚有实土）更为稳定②。侨雍州之稳定设置，要到晋孝武帝时代，具体地说，大抵是太元十一年（386 年）前后，即东晋乘淝水大捷从前秦手里夺回襄阳以后。当时因前秦瓦解，“雍秦流民多南出樊沔”，故复置侨雍州以及京兆、始平等七个侨郡、属县，以统流民③。不过当时的侨雍州及侨郡，均寄治襄阳，并无实土。

东晋时代，襄阳的侨州郡长官，大都注重绥抚流民，以图用其武力，而流民武装也显示出很强的军事实力。东晋的上游分陕势力，其政治、军事重心在江陵（或在武昌），但“襄阳去江陵步道五百，势同唇齿，无襄阳则江陵受敌”④。而且襄阳还拥有一支战斗力很强的流民队伍，所以

---

① 安田二郎：《晋宋革命と雍州（襄阳）の侨民—军政支配かろ民政支配へ》，《东洋史研究》第 42 卷第 1 号，1983 年版。

② 田余庆：《东晋门阀政治》，北京大学出版社 1989 年版，第 132～134 页。

③《晋书》第 14 卷《地理志上》，中华书局点校本 1974 年版，第 432 页；《宋书》第 37 卷《州郡志三》，中华书局点校本 1974 年版，第 1 135、1 138 页。

④ 杜佑撰、王文锦等点校：《通典》第 177 卷《州郡七》，中华书局 1988 年版，第 4 676 页。

襄阳在对北防御中，以至在上流荆州的军事布局中，都具有很重要的战略地位①。以梁州刺史驻镇襄阳的周访、甘卓，曾对王敦形成有力的牵制；庾亮、庾翼兄弟将谋北伐，必欲进据襄阳；东晋末年流民帅扬佺期、鲁宗之先后担任雍州刺史，所统流民武装在当时荆州诸事变中具有举足轻重的地位；这些上文中业已述及。

入宋伊始，雍州地方体制即发生重大变化。《宋书》第37卷《州郡志三》雍州京兆太守条："雍州侨郡先属府，武帝永初元年（420年）属州。"据之，雍州的侨郡县，在刘宋王朝创建的永初元年（420年），其隶属关系由过去受"府"（都督府、将军府）统辖，转为受"州"（雍州）统辖。这也就是说，在此之前，即太元十一年（386年）稳定侨置雍州以来，侨雍州下的侨郡县是由军府统一管理的，虽然设立了雍州，也任命了刺史，但可能没有设置管理民政的州政机构②。晋宋禅代，雍州侨郡县由属府向属州的转变，对于雍州地方社会影响甚大，对此留待后述。这里只是指出，这一变动表明，入宋以后，在诸多北方流民集团麇集的襄阳，将由以军事统制为主转向正常的军事、民政管理，特别是要加强民政管理的力度。

晋宋之际的雍州刺史是刘裕的舅舅赵伦之（义熙十一年—永初三年在任，415—422年），入宋以后的属府改为属州，他正在任上，曾在雍州进行士族等级的"条次"和辨别工作，以便于选举和徭役征调。继任的雍州刺史褚叔度（永初三年—元嘉元年在任，422—424年）、刘粹（元嘉元年—三年在任，424—426年），均以"清简"、"简役爱民"著称。刘粹之后的刘遵考（元嘉三年—五年在任，426—428年），是刘裕族弟，因"为政严暴"，"为有司所纠"，被革职。再其后的张邵（元嘉五年—八年在任，428—431年）、刘道产（元嘉八年—十九年在任，431—442年）、萧思话（元嘉二十年—二十一年、二十五年—二十六年两度在任，443—444年、448—449年），均在雍州任上有卓著的

① 田余庆：《东晋门阀政治》，北京大学出版社1989年版，第133～138页。

② 安田二郎：《晋宋革命と雍州（襄阳）の侨民—军政支配かろ民政支配へ》，《东洋史研究》第42卷第1号，1983年版。

政绩①。总之，由于宋文帝元嘉时期数任雍州刺史的积极经营，雍州得到较好的治理，社会经济也获得显著的恢复、发展。当然，民政管理的加强并不意味着军事力量的削弱，在刘粹刺雍时，曾“罢诸沙门二千余人，以补府吏”，使军府得到充实。

元嘉二十二年（445 年），武陵王骏受任雍州刺史，开皇子出镇雍州之先河。《宋书》第 6 卷《孝武帝纪》载刘骏受任雍州都督、刺史之后云：“自晋氏江左以来，襄阳未有皇子重镇，时太祖欲经略关、河，故有此授。”可见以皇子出镇，是宋文帝“重镇襄阳”以经营北伐的一环。但这只是“重镇襄阳”的第一步。

“重镇襄阳”的又一措置是侨雍州的实土化。《宋书》第 37 卷《州郡志三》称：“宋文帝元嘉二十六年（449 年），割荆州之襄阳、南阳、新野、顺阳、随五郡为雍州。”按上述荆州诸郡，东晋时就往往划入设镇于襄阳的沔中（或称沔北）都督区，刘宋时，已例属雍州都督区，如上述褚叔度、刘粹、刘遵考、刘道产、萧思话（初任）出镇雍州时，其督区均为“雍、梁、南北秦四州，荆州之南阳、竟陵、顺阳、襄阳（按：襄阳，褚叔度时为义阳）、新野、随六郡”。这六郡在军事上归雍州指挥，但在行政上却隶属荆州。二十六年的分割，使寄治襄阳的侨雍州第一次有了自己的实土和行政区域②。不过这时侨雍州所属“侨郡县犹寄寓在诸郡界”，尚无自己的实土。

也是在雍州实土化的同一年，宋文帝又采取重大措施以加强雍州实力。《宋书》第 79 卷《文五王·竟陵王诞传》：“（元嘉）二十六年（449 年），出为都督雍梁南北秦四州荆州之竟陵随二郡诸军事、后将军、雍州刺史……上欲大举北讨，以襄阳外接关、河，欲广其资力，

① 以上分别见《宋书》第 46 卷、第 52 卷、第 45 卷、第 51 卷、第 46 卷、第 65 卷、第 78 卷各人本传及第 83 卷《武念传》。张邵在雍州既有修立堤堰、开田数千顷的建树，又有失信群蛮、赃货数百万的劣迹。

② 所割荆州五郡中，上揭钱大昕《廿二史考异》（上海古籍出版社 2004 年版，第 405 页）第 23 卷“宋书一·州郡志三雍州”条认为不应当包括随郡，所论甚确。

乃罢江州军府，文武悉配雍州，湘州入台税租杂物，悉给襄阳。”这一措施分两个方面，一是广其“资”，即加强经济实力。湘州是六朝有名的粮食产地，所辖始兴、始安、临贺原属广州，地交南海，物产丰富，“湘州入台税租杂物，悉给襄阳”，无疑为雍州的升重提供了雄厚的物质基础。元嘉二十九年（452 年）宋文帝发动北伐时，雍州刺史臧质曾因“散用台库见钱六七百万，为有司所纠”，雍州资费之充实，由此可见一斑①。另一个方面是广其“力”，即增加兵力。江州是东晋以来介于荆、扬之间的重镇，宋文帝将“江州军府文武悉配雍州”，无疑大大加强了雍州的军事实力。

雍州兵力扩充的另一个重要渠道是伐蛮。当时沿沔水流域居住着大量的“雍州蛮”，或称“沔中蛮”、“竟陵蛮”。元嘉十九年（442 年）善于绥抚蛮民的雍州刺史刘道产卒官后，“群蛮大为寇暴”，武陵王骏、竟陵王诞出镇雍州，任用沈庆之、柳元景等大规模伐蛮，前后俘降蛮口数以万计，其中相当一部分成为雍州军府的兵户②。

宋文帝一朝的强雍政策，使雍州的实力全面加强。元嘉末年（453 年）大举北伐，“命诸蕃并出师，莫不奔败”，唯雍州刺史竟陵王诞的中兵参军柳元景所率雍州军，“克弘农、关、陕三城，多获首级，关、洛震动”③，雍州得以充分显示自己的军事实力。

继宋文帝元嘉二十六年（449 年）侨雍州的实土化之后，宋孝武帝大明元年（457 年）七月，又由雍州刺史王玄谟主持“土断雍州诸侨郡县”，“分实土郡县以为侨郡县境”④。其具体方法大致包括：1. 割雍州实土郡界为侨郡实土境域；2. 以雍州实土县充入侨郡领域；3. 分侨县入实

---

① 《宋书》第 74 卷《臧质传》，中华书局点校本 1974 年版，第 1 914 页。

② 《宋书》第 77 卷《沈庆之传》《柳元景传》，中华书局点校本 1974 年版，第 1 996～1 998、1 982 页。

③ 《宋书》第 79 卷《文五王·竟陵王诞传》，中华书局点校本 1974 年版，第 2 025 页。

④ 《宋书》第 6 卷《孝武帝纪》，中华书局点校本 1974 年版，第 120 页；同书第 37 卷《州郡志三》，第 1 135 页。

土郡界[①]。从此，雍州的侨郡县也有了实土。

侨雍州及所属侨郡县的实土化，意味着荆州辖地的分割与缩小，同时意味着雍州（襄阳）一带在行政上隶属于荆州的时代的终结。自宋至齐，雍州都督区的实际范围虽大致不变，即雍梁南北秦四州、荆州六郡，但随着雍州的实土化和荆州的分割，其中荆州六郡的行政归属则屡有变化。自元嘉二十六年（449 年）卸任雍州的萧思话开始，督区中的荆州六郡只剩下竟陵、随二郡，因其余四郡已是雍州的实土，不再属于荆州。自孝武帝大明二年（458 年）以后，督区中的竟陵、随二郡改属郢州，因分荆置郢，此二郡已自荆州划属郢州。宋末以至齐代，竟陵、随二郡则一属郢，一属司，乃因分荆置司，随郡在宋末划归司州[②]。

值得注意的还有孝建元年（454 年）与分荆置郢同时的“罢南蛮校尉府”。东晋时荆州境内的蛮族极为活跃，当时曾在江陵、襄阳分置南蛮校尉府和宁蛮校尉府。荆州的南蛮府兵力强盛，且资费甚巨，而所统蛮族往往是州府的重要兵源乃至人力财力资源（详下第七章），南蛮府的废罢，自然会削弱荆州的“资实”。雍州的宁蛮府则终宋世乃至梁齐不废，且因南蛮府的废罢更显重要。《南齐书》第 15 卷《州郡志下》载雍州宁蛮府领郡 12，县 66，另有 12 郡“没虏（北魏）”。这些由蛮府部领的蛮左，多为兵户，自然会增强雍州的军事实力。而这种情况显然不是南齐时突然出现的，它应始于刘宋。

宋孝武帝大明时代的雍州，“领郡十七，县六十，户三万八千九百七十五，口十六万七千四百六十七”，已蔚为“大镇”。更有甚者，雍州既作为北防重镇、北伐基地，政治上由皇子重镇，经济上、兵员上得到朝廷的大力充实，又有俗尚骑射、劲悍好勇的北来侨流和沔中蛮民可资招

---

① 张琳：《东晋南朝时期襄宛地方社会的变迁与雍州侨置始末》，武汉大学历史系魏晋南北朝隋唐史研究室编：《魏晋南北朝隋唐史资料》第 15 辑，武汉大学出版社 1997 年版。

② 严耕望：《魏晋南北朝地方行政制度》上册，台北历史语言研究所专刊之四十五，1990 年版，第 63～66 页。

纳，因而可以迅速扩充军队，形成强大的武装力量。与此相反，历经分荆置湘，置郢，置司，以及雍州的实土化，及至宋末，荆州已由宋初31郡，割裂得只剩下12郡，户口6.5万余。尽管刘宋荆州仍为大州，但较之东晋（及宋初）荆州，“包括湘沅，跨巫山而掩邓塞”，“户口百万”，“资实兵甲居朝廷之半”①，实不可同日而语。

雍州分自荆州，强雍势必弱荆，但弱荆却不一定要强雍，宋文帝强雍政策的直接动因是北伐。实际上东晋时代的荆州强藩之所以长期存在，以致出现荆扬对峙，也与南北分裂的形势密切相关——必须保证上游有足够的军事实力防御北方及巴蜀政权，更无论自上流发动北伐。刘宋的荆州被分割、被削弱了，但强雍的结果，使雍州取代荆州成为上流北防及北伐重镇，从而有效解决了分荆、弱荆与上游北伐、北防任务之间的矛盾。也正是为了保证雍州的北伐、北防功能，并非雍州实土亦即在行政上并不隶属于雍州的竟陵、随郡，不管它们是属于荆州还是郢州，或分属郢州、司州，它们始终属于雍州都督区，即在军事上归雍州管辖，自宋以至梁末，皆是如此。

第三节　刘宋荆州政策的效果及影响

上述刘宋对荆州的政策，可概括为两个方面：一是鉴于东晋大族专兵上流、遥制朝权，改以皇子、宗室出镇荆州；一是鉴于东晋荆州地广兵强、户口半天下，实施限制、分割方略，以削弱荆州。这两方面都切实得到实施。《宋书》第66卷末“史臣曰”：相对于东晋“树根本于扬越，任推毂于荆楚……荆扬二牧，事同二陕”，“宋室受命，权不能移，二州之重，咸归密戚”；相对于东晋荆、扬二州“民户境域过半于天下”，

---

① 《宋书》第66卷《何尚之传》，中华书局点校本1974年版，第1 739页；同书第15卷《刘义庆传》，第1 476页；《晋书》第77卷《何充传》，中华书局点校本1974年版，第2 030页。

宋“建郢分扬，矫枉过直，藩城既剖，盗实人单，阃外之寄，于斯而尽”。本卷《何尚之传》更称，分荆分扬，“欲以削臣下之权，而荆扬并因此虚耗。尚之建言复合二州，上不许”。何尚之“建言复合二州”，沈约史臣论中所谓“建郢分扬、矫枉过直”，以及他认为“尚之言并合，可谓识治”，均涉及刘宋荆州政策的效果及影响，而刘宋荆州政策的影响尚不止于刘宋，实及于整个南朝政治。

一、密戚居荆与“兵车勿用”

刘裕遗诏以皇子出镇荆州，旨在凭借刘氏家族力量控制上流强藩，以加强皇权，避免东晋大族分陕局面的重演。但西晋宗王出镇所引发的诸王战乱，本为朝廷藩屏的宗王反而“执干戈以图社稷”，对于刘裕来说应该是殷鉴不远。刘裕规定皇子“次第”居荆，即定期迁移，并限制荆州府州将吏数额，当是避免宗王久任坐大，反噬朝廷。而且刘裕晚年得子，出镇诸子尚幼，如义熙十四年（418 年）刘义隆初任荆州刺史，只有十二三岁，自然难以独当上流重任，故刘裕引用亲信张邵，为义隆司马，领南郡相，实际主持府州事务——“众事悉决于邵”，作为府主的刘义隆不过是权力的象征而已。

宋文帝统治初期，猜忌的对象主要是异姓大臣。当时出任方镇的文帝诸弟都很年轻，文帝主要担心他们不能胜任一方，因此也像当年刘裕一样，为他们配备了得力可靠的上佐，同时以国君、长兄的身份教诲他们恪尽职守，以尽藩卫之责。

元嘉三年（424 年）平谢晦后，彭城王义康出镇荆州，文帝以曾任刘裕属佐并深得刘裕信重的谢述为义康长史、领南郡太守，并写信给义康说：“（谢述）才应详练，著于历职，故以佐汝。汝始亲庶务，而任重事殷，宜寄怀群贤，以尽弼谐之美，想自得之，不俟吾言也。”① 元嘉六年（429 年），江夏王义恭接替义康居荆，因其“涉猎文义，而骄奢不

① 《宋书》第 52 卷《谢述传》，中华书局点校本 1974 年版，第 1 496 页。

节”，文帝又写信教诲。信中说：“汝以弱冠，便亲方任。天下艰难，家国事重，虽曰守成，实亦未易。隆替安危，在吾曹耳，岂可不感寻王业，大惧负荷。……宜深自砥砺，思而后行。开布诚心，厝怀平当，亲礼国士，友接佳流，识别贤愚，鉴察邪正。……汝神意爽悟，有日新之美，而进德修业，未有可称，吾所以恨之而不能已已者也。汝性褊急……此最弊事。宜应慨然立志，念自裁抑。”后面又具体列举了在荆州应予注意的“十数事”，包括待人接物，讯狱判案，每月用度，日常起居，游乐渔猎，以及官府宿舍、园池堂馆的修造等等，堪称丁宁周至①。

值得注意的是，文帝在给义恭的信中还谈到，“若事异今日，嗣子幼蒙，司徒便当周公之事，汝不可不尽祗顺之理。……至于尔时安危，天下决汝二人耳，勿忘吾言”。“事异今日”，指文帝因疾病及特殊事变而不在人世；“司徒”，指刚刚入相的彭城王义康。当时距诛灭徐羡之、傅亮、谢晦为时未远，文帝对檀道济亦心存疑忌，东晋以来的门阀士族还很强大，其社会影响尤其不可低估，因此，建立不久的刘宋王朝还不能说真正巩固，文帝给义恭的信即透露出一种深刻的危机感。他在信中希望义康在内，义恭在外，能够相互配合以辅弼皇权，应付突然事变。总之，在元嘉前期，文帝对出镇诸王，视为可以依靠的藩卫力量。

元嘉中期以后，刘宋王朝的统治逐渐巩固，出镇诸王渐已成长，文帝猜疑的矛头遂转向宗室诸王。文帝两次越过应次第当任荆州的刘义宣不用，而超任小心谨慎的刘义庆、刘义季，前文已述。《宋书》第51卷《刘义庆传》称其“少善骑乘，及长，以世路艰难，不复跨马”。所谓“世路艰难”，即指“宋文帝刘义隆的猜忌，使诸王和大臣都怀有戒心，惴惴不能自保”。本传又称义庆任左仆射时，因“太白星犯右（“右”当从《南史·刘义庆传》作“左”）执法，义庆惧有灾祸，乞求外镇”。外任荆州后，“性谦虚，始至及去镇，迎送物并不受”。自荆州转任江州后，

---

①《宋书》第61卷《武三王·刘义恭传》，中华书局点校本1974年版，第1 641～1 642页。

适遇彭城王义康贬徙豫章，二人相见而哭，文帝闻而怪之，后征义庆还京，以改授南兖州，而义庆闻征“大惧”，以为不免①。继义庆镇荆州的刘义季，“惩义康祸难”，在镇“为长夜之饮，略少醒日”，实酗酒自晦，以求保全。他自荆州转任南兖州时，也是“帷帐器服，诸应随刺史者，悉留之”，其谨慎行事一如义庆。

终元嘉一朝，文帝与出镇诸王虽有矛盾，但矛盾始终没有激化（在广州被杀的刘义康亦事起中枢），就总体而言，出镇诸王仍是刘氏皇权的向心力量，发挥了藩屏朝廷的功能。在上游方镇，次第居荆的诸王大都行事谨慎，励精为治，荆州始终处在朝廷的有效控制之下。就是文帝不太放心的南郡王义宣，在荆州虽则生活腐化，“费用殷广”，却“勤自课厉，政事修理”，更重要的是没有拥兵自重不服从朝廷的行为，而且在文帝被杀以后，义宣即时起兵入讨，尽了方镇藩卫之职，这正是高祖、文帝生前所寄望于上游荆州的。上游的另一个方镇雍州，元嘉时代的出任者差不多都是循官良吏，政绩斐然，二十二年（445 年）以皇子重镇襄阳后，雍州地位升重，成为朝廷的北伐基地。总之，高祖、文帝两朝以宗王出镇上游的政策，应该说达到了预期的目的。东晋时代荆州方镇跋扈上流、动辄称兵的形象，已然改观。这也为荆州带来了政治上的稳定和经济上的复苏。《宋书》第 54 卷“史臣曰”，称“荆楚四战之地，五达之郊”，汉末魏晋以来历经战乱，“井邑残亡，万不余一”，“自义熙十一年（415 年）司马休之外奔，至于元嘉末，三十有九载，兵车勿用，民不外劳”，以至“余粮栖亩，户不夜扃”。沈约所论容有夸饰，但此间荆州确无大的战事（元嘉三年即 426 年谢晦起兵，与台军一触即溃）。整个东晋时代，荆州不曾有这样长的时间“兵车勿用”，这种和平局面，当与

① 关于刘义庆事，说本上引周一良：《魏晋南北朝史札记》“刘义庆传之‘世路艰难’与‘不复跨马’”条，中华书局 1985 年版，第 159 页；周一良：《〈世说新语〉和作者刘义庆身世的考察》，《魏晋南北朝史论集》，北京大学出版社 1997 年版，第 336 页。

皇子次第居荆政策不无关系，尽管这一政策也同时播下了战争的种子。

二、从上流藩屏到“骨肉相图”

宋文帝任用诸弟次第居荆，倚为上流藩屏，至元嘉中期，渐生猜忌，以致手足相疑，终于发展到孝武帝朝及其以后的骨肉相图。

孝武帝刘骏的上台，与文帝的重雍政策分不开。刘骏是文帝实施“皇子重镇襄阳”方略而出任雍州的第一位皇子。他在雍州任上虽然只有四年，但在伐蛮和北伐战争中，已与雍州地方武装建立了密切的联系。元嘉二十九年（452年）十月，西阳（今湖北黄冈东）五水蛮发生暴动，朝廷遣沈庆之督诸将进讨。次年正月，时任江州的刘骏受命总统伐蛮群帅，从而为他利用这支以雍州将士为骨干的伐蛮武装夺取皇位，提供了极好的机会。是年三月，刘骏得知文帝被杀，起兵江州，命沈庆之立即召回正在群山中伐蛮的大军，并以庆之领府司马，襄阳太守柳元景、随郡太守宗悫为谘议参军，江夏内史朱修之为行平东将军，配万人给柳元景为前锋，宗悫、薛安都等十三军皆受其统帅。荆州刺史刘义宣、雍州刺史臧质、司州刺史鲁爽亦举兵响应。刘骏正是凭借上述军事势力平定刘劭，登上帝座，而从龙功臣，其中很多来自雍州地方武装，得以致身通显，以致刘骏朝廷中“臣皆代党”①。

凭借方镇势力上台的孝武帝唯恐出镇诸王步自己的后尘，即位后便内调荆州刺史、南谯王刘义宣。义宣不服从调遣，并于孝建元年（454年）二月在江陵举兵。这是谢晦平定之后、推行宗王出镇以来，上流方镇与建康中枢之间爆发的又一次武装冲突。

因会稽长公主在文帝面前说话，刘义宣直到元嘉二十一年（444年），才获得按次第早就应该得到的荆州刺史职位。上任前文帝先赐中诏，说前

① 《宋书》第6卷《孝武帝纪》，中华书局点校本1974年版，第110页；同书第77卷《柳元景传》《沈庆之传》，第1 986、2 000页；同书第74卷“沈约史臣曰”，第1 943页。

任刺史刘义季在荆州“洁己节用，通怀期物”，“声著西土”，“为士庶所安”。义宣上任后务必好好干，“无为使人动生评论”。刘义宣在荆州，号称“政事修理”，只是生活奢侈，“多畜嫔媵，后房千余……崇饰绮丽，费用殷广”，但终文帝一朝，在政治上并无大的越轨行为。

元嘉三十年（453年）刘义宣迁司徒，内调为扬州刺史，因文帝被杀未遂。各方镇起兵平定刘劭，义宣与雍州刺史臧质“功皆第一”，由是骄恣不法，不听朝廷调遣，“凡所求欲，无不必从。朝廷所下制度，意所不同者，一不遵承”。转任江州刺史的臧质，亦视孝武帝为少主，“是事专行，多所求欲。……刑政庆赏，不复谘禀朝廷”①。新组成的孝武政权与荆州、江州方镇的关系日趋紧张。臧质“自谓人才足为一世英杰”，早就心怀异图，见刘义宣人才凡劣，易于控制，遂游说义宣起兵，“欲假手为乱”，以成己志。由于臧质的挑动，以及义宣腹心将佐蔡超、竺超民之徒“咸有富贵之望”，亦极力劝奖，加之孝武帝“与义宣诸女淫乱”，义宣决定在孝建元年（454年）秋冬之际起兵，并将计划密报与自己“相结已久”的豫州刺史鲁爽、兖州刺史徐遗宝。未料鲁爽“狂酒乖谬”，违期提前起事②，义宣、臧质也只好于孝建元年二月狼狈举兵。

当时义宣坐镇荆州已有十年，号称“兵强财富”，又兼有“荆、江、兖、豫四州之力”，故“势震天下”，而“上（孝武帝）即位日浅，朝野大惧，上欲奉乘舆法物，以迎义宣”，竟陵王诞“固执不可”，方才部署平叛③。孝武帝得以平定荆、江反叛，所凭借的仍是他过去赖以登基的雍州方镇武装势力，平叛将帅仍是当年立下从龙之勋的柳元景、沈庆之、宗越、薛安都等。刘义宣的失败，还因为雍州刺史朱修之在其后方牵制。义宣起兵时，曾移檄雍州，令修之一同起兵，修之“伪与之同，而遣使

① 《宋书》第68卷《武二王·刘义宣传》，中华书局点校本1974年版，第1 798～1 896页；同书第74卷《臧质传》，第1 914～1 921页。下文引自此二传者，不再出注。

② 《宋书》第74卷《鲁爽传》，中华书局点校本1974年版，第1 925页。

③ 《宋书》第79卷《文五王·竟陵王诞传》，中华书局点校本1974年版，第2 026页。

陈诚于（孝武）帝”，孝武任修之为荆州刺史。义宣东下时，“闻修之不与己同”，只得分兵万余，遣骁将鲁季率以北攻襄阳，为修之所败。义宣兵败西逃，至江夏，听说湘州军屯兵巴陵，隔断江路，只好改道还江陵。不久，修之率军南下，攻占江陵，杀义宣，并尽杀其16子①。

因刘义宣叛乱引起的这一次荆扬之争，在军事上实为荆州武装势力与雍州武装势力的决战。刘义宣率荆州舟师初发江津时，有众10万，舳舻数百里，终于不敌能征惯战的雍州军。义宣西逃江陵时又受到雍州、湘州军的南北夹击。这一次荆扬之争以荆州的彻底失败为结局，在某种意义上，可以说，是宋文帝强雍弱荆及分荆政策的结果。因此，在荆、江反叛平定以后，孝武帝进一步推行强雍弱荆及分荆（立郢）政策，已见前述。

而刘义宣之乱的发生，又可以归因于武帝、文帝以来的宗王出镇政策。《宋书》第61卷《刘义恭传》：“世祖以义宣乱逆，由于强盛，至是欲削弱王侯。”诛义宣后，孝武帝违背武帝遗诏，任命异姓将领朱修之为荆州刺史。孝武既杀叔父义宣，又“抑黜诸弟”。孝武登位不久，即毒死次弟南平王铄，其余诸弟中以竟陵王诞最长，且在入讨刘劭及平定刘义宣二役中立有大功，因而性多猜忌的孝武帝对诞“颇相疑惮”。孝建二年（455年）出诞镇京口。“上（孝武帝）以京口去都密迩，犹疑之”，迁之于广陵，并违背武帝遗诏，以“非宗室近戚”、“于帝室本非同宗”的刘延孙出镇京口，“以防（刘）诞”，继而一逼再逼，终于逼得刘诞起兵，然后以大军讨伐，最后诛诞、屠城而后快②。

刘诞被诛后，孝武“复欲（对诸弟）更峻其科”，即进行更严密的限制③。先是孝建二年（455年），年仅十六七岁的雍州刺史、武昌王浑在

---

① 《宋书》第76卷《朱修之传》，中华书局点校本1974年版，第1 970页；《资治通鉴》第128卷《宋纪》孝武帝孝建元年（454年），中华书局1956年版，第4 010～4 020页。

② 《宋书》第79卷《文五王·竟陵王诞传》，中华书局点校本1974年版，第2 026～2 036页；同书第78卷《刘延孙传》，第2 019～2 020页。

③ 《宋书》第82卷《沈怀文传》，中华书局点校本1974年版，第2 104页。

雍州与左右人作文檄，自号楚王，建元置官，“以为戏笑”，为长史王翼之告发。“上（孝武帝）使有司奏免（浑）为庶人，下太常，绝其属籍”，又逼令刘浑自杀，改以所亲之武将王玄谟为雍州刺史。继王玄谟出镇襄阳的海陵王休茂，于大明五年（461 年）在雍州作乱，杀死对自己控管甚严的行事、司马庾深之和两位典签，欲自专州府。后被部下擒斩，其母、妻自杀，同党悉伏诛①。休茂事件之后，孝武帝对宗王势力更加警觉，仅存的叔父江夏王义恭“常虑为世祖所疑”，遂“希旨”上表，请裁抑诸王，内容包括：不使诸王居边州；诸王出任刺史，不须置（军）府，“若宜镇御，别差捍城大将”，“若舍文好武，尤宜禁塞”；禁绝宾客，“僚佐文学足充话言”而已；诸王私用器甲悉输于朝廷②。总之，自孝武帝即位，宗王出镇体制的内部矛盾日益暴露，皇权与宗室诸王之间的矛盾，已成为统治阶级内部矛盾的主要方面。

但孝武帝对宗王的疑忌与诛杀，主要对象是诸叔、诸弟，亦即武帝之子和文帝之子，他对宗室近戚出镇江陵、京口原则的修改，也只是一时权宜。在当时的政权结构之下，孝武帝要维护自己的统治，还不能不依靠宗室，而要有效地控制方镇，也不能不以宗王出镇，当然宗王中最放心的还是他自己的儿子。约在大明五年（461 年）之后，孝武之子普遍出镇，到大明八年（464 年）孝武帝死时，所有要藩均在其子手中。前废帝刘子业即位后，骨肉相图的活剧愈演愈烈。叔祖刘义恭及其四子，弟刘子鸾、刘子师，以及许多大臣名将，都死于非命。他还计划把剩余的六个叔父杀掉，其中包括很快就要取代他登上帝座的湘东王刘彧（宋明帝，文帝第十一子）。泰始元年（465 年）十一月底前废帝被杀，十二月明帝即位③。

---

① 《宋书》第 79 卷《刘浑传》《刘休茂传》，中华书局点校本 1974 年版，第 2 043～2 045 页。

② 《宋书》第 61 卷《武三王·刘义恭传》，中华书局点校本 1974 年版，第 1 649 页。

③ 《资治通鉴》第 130 卷《宋纪》明帝泰始元年，中华书局 1956 年版，第 4 076～4 090 页。

但明帝的统治并不稳固，当时除了建康附近丹阳、淮南数郡外，长江上下游的主要方镇多不奉明帝，而奉江州刺史晋安王子勋（孝武帝第三子），从而爆发了一场以明帝刘彧为首的文帝系诸王和以晋安王子勋为首的孝武帝系诸王的大规模内战。就上游而言，荆州刺史临海王子顼、郢州刺史安陆王子绥、雍州刺史袁顗、湘州行事何慧文，都站在子勋一边。建康和江州的军队经过长时间的对峙，最后西军败北，江、郢、荆、雍、湘陆续平定，子勋、子顼，以及孝武帝其余 12 子，相继被杀①。明帝又把矛头对准自己的弟弟，其中包括在前废帝凶暴统治时多方维护过明帝、平定子勋时立有大功的建安王休仁，都被相继诛杀，唯桂阳王休范，以“谨涩无才能”，故得自保②。

孝武帝以来皇室内部骨肉相图，为异姓势力的崛起提供了机会。元徽元年（473 年）后废帝刘昱即位时，整个方镇格局中，宗王的地位已不太重要。在上流荆州方面，荆州刺史为沈攸之，雍州刺史为张兴世，湘州刺史为王僧虔，只有郢州刺史为明帝第六子晋熙王燮（过继文帝子昶），但年仅 4 岁，由长史王奂“总府州之任”。此外，有桂阳王休范镇中流寻阳，建平王景素镇下流京口，但江州被隔在荆扬之间，上下受敌，京口的军事实力也很衰弱。当时实力最强的仍是占据中枢的禁军将领萧道成，分陕上流的荆州刺史沈攸之。元徽二年（474 年）五月，刘休範自江州举兵，月余即被平灭。四年（476 年）七月刘景素据京口反，不到十天即被诛杀。五年（477 年），萧道成废杀刘昱，另立顺帝。次年，即顺帝昇明元年（477 年）十二月沈攸之举兵，二年正月攸之败死③，再过一年，萧道成便水到渠成地代宋称帝了。

① 《宋书》第 8 卷《明帝纪》，中华书局点校本 1974 年版，第 155～158 页；同书第 84 卷《邓琬传》，第 2 131～2 133 页。

② 《宋书》第 72 卷《文九王传》，中华书局点校本 1974 年版，第 1 871～1 878 页；同书第 79 卷《文五王传》，第 2 046 页。

③ 《宋书》第 9 卷《后废帝纪》，中华书局点校本 1974 年版，第 177～190 页；同书第 10 卷《顺帝纪》，第 193～200 页。

宗王出镇制度对皇权既有藩卫作用，又隐存威胁。因此之故，宋、齐诸帝一方面倚仗宗室诸王，以控制异姓大臣，出任方镇；一方面又深恐身后嗣子年幼，皇位他移，对诸王横加疑忌，不断诛锄。南朝宗王出镇制度的普遍存在，与当时以皇室为首的门阀贵族联合统治这样一种政权结构有关①。在这样一种政权结构下，宗王出镇尽管带来了骨肉相图甚至皇权转移的后果，新起的皇朝仍然还要重蹈旧轨。

由于宗王出镇制度的内在矛盾，加之南朝政局动荡，皇权转移频繁，皇子未及成人即受命拥麾出镇（即幼王出镇）的现象，极为普遍。出镇幼王并无从政、治军能力，军政实权例由行事、典签代理，这就容易引起方镇内部的权力纷争②。上述雍州刺史海陵王休茂的举兵，即因与行事、主帅（典签）的矛盾所致。宋明帝初立时孝武诸子在方镇起兵，以拥戴晋安王刘子勋，几乎都是由长史、司马等上佐操纵的。当时行事、典签“威行州郡”，控制宗王的情况比较普遍。而在南朝经常发生的宗室争夺皇权的残酷斗争中，幼王，特别是出镇的幼王，往往成为无辜的牺牲品，其例不胜枚举。

三、分荆、弱荆之后的上游格局与沈攸之之叛

宋朝的分荆、弱荆政策，至孝武帝定置湘州，分置郢州，土断雍州，荆州已号称“虚耗”，以致何尚之有“复合”荆州之议，沈约则认为“矫枉过直”，“阃外之寄于斯而尽”。

东晋时期“委荆以阃外”，一是北抗强胡，西防巴蜀，一是重镇西陕，藩屏建康。兵强地广的荆州，曾多次对建康朝廷构成严重威胁，但一个强大的荆州，无论对于稳定门阀联合统治的东晋政权，还是对于防御北方，都曾发挥过重要的作用。在皇权逐步加强的南朝，东晋半独立

① 唐长孺：《西晋分封与宗王出镇》，《魏晋南北朝史论拾遗》，中华书局1983年版。

② 陈长琦：《南朝时代的幼王出镇》，《华南师范大学学报》（社会科学版）1996年第1期。

状态的荆州强藩几经分割，昔日的跋扈形象不再，藩屏上流的阃寄功能亦顿丧。

从宋孝武帝开始，东晋的荆州都督区已稳定地一分为四：荆州都督区、湘州都督区、雍州都督区、郢州都督区。荆州都督区虽仍常督荆、湘、雍、益、梁、宁、南北秦八州，但在南齐时，若皇子宗王出镇雍州、湘州，荆州都督往往“解督”湘、雍二州，即不再有权过问二州军事①。此外，湘州、雍州都督作为荆州统府之下的二级都督区，具有相当的独立性，特别是雍州都督区，下督雍梁南北秦四州、荆州二郡（元嘉二十六年以前为六郡，449 年），荆镇督雍，一般情况下徒为名义，元嘉二十年（443 年）皇子重镇雍州以后更是如此，雍镇督荆州之沔北地区，则是实土。郢州都督更是独立的都督区，不隶荆州都督，首任郢州刺史、都督萧思话还兼督湘州，其后郢州例督豫州之西阳、司州之义阳二郡②。

湘州的分置，使荆州失去了一个重要的财赋供给基地。

早在东晋，襄阳即在对北防御中显示出重要的战略地位③，但侨置于襄阳的雍州在行政建制上历来隶属于荆州，至宋文帝采取一系列措施增强雍州实力，雍州独立为沔北军事重镇，最终取代荆州成为上游的对北防御中心。

郢州所治夏口，以其重要的战略位置，自孙吴以来就为兵家所重。但江夏历来为荆州的一郡，隶属于荆州而为荆州所用。东晋时的荆扬之争，夏口总是荆州东线的前哨，缓冲于荆、扬之间的，是江州，有时候江州亦为上游所有，则荆州兵尘直逼建康东门。郢州的分置，郢州都督区的独立，对于荆州在荆扬对峙中的地位，或者说，对于荆州影响建康政局的能力，是一个致命的削弱。孝武帝以降，自荆州称兵向阙者仍有

① 严耕望：《魏晋南北朝地方行政制度》上册第一章，台北历史语言研究所专刊之四十五，1990 年版，第 62 页。

② 后西阳移属郢州，只督义阳。严耕望：《魏晋南北朝地方行政制度》上册第一章，台北历史语言研究所专刊之四十五，1990 年版，第 70 页。

③ 田余庆：《东晋门阀政治》，北京大学出版社 1989 年版，第 129～138 页。

其人，如果说此前的荆州顺流之师必须先通过江州的话，那么，自郢州分立，则须先顿兵郢城。与此相应，自荆州顺流而下的勤王之师，要抵达建康也必须先克郢城、寻阳。况且，自宋文帝、孝武帝重镇襄阳之后，荆州的举动还必须充分考虑襄阳的动向。

刘宋分荆、弱荆的影响，特别是对荆州所谓“阃寄”功能的削弱，在宋末权臣萧道成与强藩沈攸之的对抗中得到充分的体现。

经过明帝时代对宗室的残酷诛锄，明帝死后，朝政大权逐渐集中到顾命大臣、禁军将领萧道成手中。到后废帝元徽四年（476 年），起兵于京口的建平王景素被平灭后，荆州刺史沈攸之便是萧道成代宋称帝的唯一障碍了。

明帝遗诏委任的六位顾命大臣中，有两位在外，一是蔡兴宗（时为会稽太守），受顾命同时，又任以都督荆湘雍益梁宁南北秦八州诸军事、征西将军、开府仪同三世、荆州刺史。另一位即沈攸之，时任监郢州、豫州之西阳、司州之义阳二郡诸军事、镇军将军、郢州刺史。明帝之意，当是在外藩与中枢之间维持势力平衡，以相互牵制，辅佐幼主。当时荆州刺史建平王景素已移镇京口，蔡兴宗尚未到镇，遂以沈攸之权行荆州事。不料明帝死后，“任参内政”的右军将军王道隆因与蔡兴宗有隙，“不欲使拥兵上流，改为中书监”①，遂使沈攸之得以正位荆州刺史。

《宋书》本传称攸之在郢州“便有异图”，“为政刻暴”，“将吏一人亡叛，同籍符伍充代者十余人”，“赋敛严苦，征发无度，缮治船舸，营造器甲”。泰豫元年（472 年）移任荆州时，“料择士马，简算器甲，精器锐士，并取自随，郢城所留，十不遗一”。在荆州，为政一如郢州，“聚敛兵力”，“营造舟甲，常如敌至”，“养马至二千余匹”。荆州作部按规定每年要上交数千人的武器装备给朝廷，攸之借口伐蛮，悉数截留。攸之既聚集大量的钱帛器械，复修造成百上千的船舰，沉在江陵附近的灵溪

① 《宋书》第 57 卷《蔡兴宗传》，中华书局点校本 1974 年版，第 1 584 页。

里备用。当时后废帝年幼，以萧道成为首的“群公当朝”，“攸之渐怀不臣之迹，朝廷制度，无所遵奉”①。

萧道成对于上流的沈攸之早有防范。

攸之升任荆州后，“夏口阙镇，朝议以居寻阳上流，欲树置腹心，重其兵力。元徽元年（473年），乃以第五皇弟晋熙王燮为郢州刺史，长史王奂行府州事，配以兵力，出镇夏口”。燮时仅4岁，由王奂总府州事②。王奂镇郢州，既是防备下流江州的桂阳王休范，对上流荆州的沈攸之也同样有牵制作用。

雍州方面，明帝死时张兴世任刺史，元徽三年（475年）征为左卫将军。当时萧道成的心腹将领张敬儿屡求雍州，道成“以敬儿人位既轻，不欲便使为襄阳重镇”。敬儿于是对萧道成说：“沈攸之在荆州，公知其欲何所作？不出敬儿以防之，恐非公之利也。”此话过于直白，却正中道成心思，道成“笑而无言，乃以敬儿为持节、督雍梁二州郢司二郡军事、雍州刺史”。沈攸之听说张敬儿镇雍州，暗地派人侦探，见雍州兵力强盛，“虑见掩袭，密自防备”。但敬儿却“厚结攸之”，自襄阳遣使问候，赠送礼物，不绝于路，以至沈攸之渐渐地对襄阳放松了戒备。张敬儿又暗地结交沈攸之的司马刘攘兵，并多方收集荆州情报，一有消息就秘密通知萧道成③。

明帝末湘州刺史为王僧虔。元徽二年（474年）僧虔入为吏部尚书，由王蕴继任。王蕴与沈攸之相交甚厚，并“连谋为乱”④。

沈攸之与建康中枢的关系日渐紧张，一场武装冲突已是不可避免，

---

① 《宋书》第74卷《沈攸之传》，中华书局点校本1974年版，第1 931～1 942页；《南齐书》第1卷《高帝纪上》，中华书局点校本1972年版，第11页。下文引自沈攸之传者，不再出注。

② 《宋书》第79卷《文五王·刘休范传》，中华书局点校本1974年版，第2 046页；同书第72卷《文九王·刘燮传》，第1 870页。

③ 《南齐书》第25卷《张敬儿传》，中华书局点校本1972年版，第465～475页。下文引此传者不再出注。

④ 《宋书》第85卷《王景文传》，中华书局点校本1974年版，第2 185页。

双方都在为最后的决战作准备。但在决战的时机尚未成熟之前，双方都不愿贸然挑起事端。桂阳王休范起兵反叛前，曾“以微旨动攸之”，但攸之不为所动。元徽二年（474年）休范起兵，攸之考虑到休范必声称“与攸之同”，故迅速遣将东下勤王。四年（476年），建平王景素起兵，“攸之复应朝廷”。朝廷方面，几次想征攸之入朝，但怕他不受命，引起冲突，都没有施行。后来假称皇太后令，遣中使慰劳攸之，并称攸之“久劳于外”，朝廷本想征他还建康任职，但考虑到上流“任寄之重”，一时还难以物色适当人选。因此是外任还是内征，只好请攸之自己做主。攸之的回答可谓绵里藏针。他说自己本质凡陋，“本无廊庙之姿”，入朝任职非己所长。如果说镇守外藩，讨伐蛮民，还勉强可以应付。尽管如此，是去是留，岂敢自己做主，还是全听朝廷安排。这样反倒使朝廷很被动，不便强征他入朝，于是仍然采取积极防御的方针。

据《南齐书》第3卷《武帝纪》：“沈攸之在荆楚，宋朝密为之备”，于元徽四年（476年），以萧道成世子萧赜（即齐武帝）出任年幼的晋熙王、郢州刺史刘燮的长史，实际主管郢州军政。这时候湘州刺史王蕴因母亲病死，根据当时的规定须离职服丧。他从湘州东还建康时，在巴陵停留了十多天，与沈攸之密谋商定，在他东还途经郢州时，按照礼节萧赜应面见王蕴，以致吊慰之意。这样王蕴就能乘机杀死萧赜，“据夏口，与荆州连横”。不料萧赜早已识破其计，托称有病，没有接见王蕴，而且严阵以待，不给王蕴以可乘之机①。

萧道成废杀刘昱另立顺帝后，内征晋熙王燮为扬州刺史，以萧赜为左卫将军，随燮东下，改以年仅7岁的武陵王赞为郢州刺史。《南齐书》第29卷《周山图传》：“太祖（萧道成）辅政，山图密启曰：‘沈攸之久有异图，公宜深为之备。’太祖笑而纳之。武陵王赞为郢州，太祖令山图领兵卫送。”又据同书第24卷《柳世隆传》，“是时朝廷疑惮沈攸之，密为之防，（郢州）府州器械，皆有素蓄”。在萧赜即将随刘燮东下时，萧

---

①《宋书》第85卷《王景文传》，中华书局点校本1974年版，第2 185页。

道成的心腹刘怀珍对道成说："夏口是兵冲要地，宜得其人。"萧道成采纳了怀珍的建议，马上给萧赜写信："汝既入朝，当须文武兼资人与汝意合者，委以后事，世隆其人也。"于是萧赜"举世隆自代"，为刘赞长史，主持郢州军政。

元徽末年，朝廷与沈攸之的对抗已是剑拔弩张，一触即发。先是家住江陵的直阁将军高道庆回荆州休假，向沈攸之推荐了10余个亲戚，要求在荆州任职。攸之只用了3人，道庆大为不满，还建康后即告发沈攸之"聚众缮甲"，反叛之日不久，并自请率3 000人袭荆州。"朝廷知其事难济"，没有同意。高道庆与中书舍人杨运长又密遣刺客到荆州，伺机暗杀攸之，后被攸之发觉。

据《南齐书》第1卷《高帝纪》，"攸之有素书十数行，常韬在两裆角，云是（宋）明帝与己约誓"。昇明元年（477年）十二月七日，沈攸之自称收到皇太后封在蜡烛里面的手令，召他下都，并说"国家之事一以委公"。次日，沈攸之在荆州起兵①；同时移檄雍、豫、梁、司、湘诸州刺史及郢州之巴陵内史，要求他们一道举兵。十二日，攸之遣其中兵参军孙同等相继东下。自泰始五年（469年）出镇郢州，沈攸之在荆楚已有10年，经过长期准备，攸之举兵时"资用丰积"，有战士10万，铁马2 000（《南史》第37卷《沈攸之传》作三千）。

十二月十九日，朝廷宣布内外戒严。二十日，以郢州刺史萧赞为荆州刺史。二十一日，以右卫将军黄回为郢州刺史，督前锋诸军以讨伐攸之②。

对于沈攸之的檄召，雍州刺史张敬儿、豫州刺史刘怀珍、巴陵内史王文和，均斩荆州使者，驰表朝廷。梁州刺史范柏年、司州刺史姚道和、

---

① 《南史》第37卷《沈攸之传》，中华书局点校本1975年版，第967页；又《宋书》第74卷《沈攸之传》称攸之十一月起兵，此据《宋书》第10卷《顺帝纪》，详考不赘，中华书局点校本1974年版，第1 933、195页。

② 《宋书》第10卷《顺帝纪》，中华书局点校本1974年版，第195页。

湘州行事庾佩玉，则怀两端，或密相应和。其中张敬儿早就从刘攘兵处得知沈攸之起兵事，已作好进攻荆州的准备。郢州巴陵郡是攸之大军东下所必经之地，王文和自知不敌，弃郡奔郢州治所夏口。

郢州将是朝廷抵御沈攸之的第一道防线。萧赜自郢州东下时，曾对代他的柳世隆说：“攸之一旦为变，焚夏口舟舰沿流而东，则坐守空城，不可制也。”故柳世隆决心在郢州拖住攸之大军。

萧赜与刘燮东还至寻阳，听说沈攸之起兵，于是不再东下，留镇湓口，“断取行旅船板，以造楼橹，立水栅”，以保据中流，“为四方势援”，从而构成防御沈攸之的第二道防线①。萧赜还遣军主桓敬等八军，溯流据守西塞（今黄石附近），以援郢州。

继孙同率 3 万人为前锋，沈攸之又以刘攘兵率军 2 万次之，复以王灵秀率骑兵 2 000 出夏口，据鲁山。至闰十二月十四日，沈攸之亲率主力至夏口。攸之以郢城弱小不足攻，拟留偏师守郢城，自己率大军顺流东下。功曹参军臧寅亦以为：“攻守势异，非旬日所拔，若不时举，挫锐损威。今顺流长驱，计日可捷，既倾根本，则郢城岂能自固。”但柳世隆并不放行，“遣军于西渚挑战”，又命其军主焦度于郢城城楼上大肆辱骂沈攸之，攸之被激怒，于是“改计攻城”。荆州军登岸烧郭邑，筑长围，尽锐围攻，夜以继昼，柳世隆“随宜拒应，众皆披却”②。攸之又遣别将率军攻占夏口下流的武昌（今鄂城）、西阳（今黄冈）。但西阳旋为豫州刺史刘怀珍遣将夺回③。

攸之大军顿于坚城之下，久攻不克。而朝廷所遣西讨前锋黄回率军溯流而上，已进至西阳。攸之御下严暴，素失人情，初发江陵，士兵已有逃者，及攻郢城数十日不拔，逃兵逐渐增多。昇明二年（478 年）正

---

① 《南齐书》第 29 卷《周山图传》，中华书局点校本 1972 年版，第 541 页。

② 《南齐书》第 30 卷《焦度传》，中华书局点校本 1972 年版，第 560 页；同书第 24 卷《柳世隆传》，第 447 页。

③ 《南齐书》第 27 卷《刘怀珍传》，中华书局点校本 1972 年版，第 502 页。

月十九日夜，攸之军府司马刘攘兵烧营入降郢城，于是众心离散，将士争相逃走，不可复制。攸之率领残部，败还江陵。

但此时荆州城头早已变换旗帜。雍州刺史张敬儿侦得沈攸之大军东下之后，即率军南袭江陵。敬儿军至沙桥，尚未发起进攻，留守江陵的攸之之子元琰等，“闻城外鹤唳，谓是（攻城）叫声”，惧而开门出奔。敬儿兵不血刃，攻占江陵，尽诛攸之亲党①。攸之离江陵城百余里，得知荆州城已为张敬儿所据，随从士卒即刻作鸟兽散，攸之进退失据，走至华容（今监利北）界，自缢而死。在沈攸之之乱中“拥众怀贰”的司州、湘州，亦很快平定。

刘宋时期出任荆州的三位异姓中，有两位自荆州起兵反叛建康朝廷，即宋初的谢晦，宋末的沈攸之。谢晦之乱已见前述。沈攸之起兵，自称有明帝遗诏、太后手令，起兵后又曾写信给郢州刺史刘赞，说自己“位重分陕，富兼金穴”，“耳倦弦歌，口厌粱肉”，子弟亲党，无不封官拜爵，作为一个普通百姓，混到这个地步“复欲何求”？岂不知明哲保身，可安度余年，何以还要不顾身家性命“甘冒危难”呢，无非是要报效刘宋皇朝。沈攸之所言是否全部可信，姑且不论，但萧道成不消灭沈攸之，决不敢贸然称帝，则是事实。那么，沈攸之在上流荆州的军事存在，对于宋王朝来说，在客观上发挥着“阃外之寄”的功能。在萧道成行将篡宋之际，沈攸之的起兵最终失败，终于未能奏“阃寄”之效，其原因固然很多，但郢州柳世隆的阻遏，无疑是最重要的原因。沈攸之自郢州移镇荆州后，朝廷就以郢州作为抗击沈攸之的桥头堡，并体现在物质储备和将帅、兵力的配置上。湘州刺史王蕴劝攸之起事，攸之“未便举兵”，也就是考虑到郢州、雍州的掣肘，所以曾策划由王蕴袭取郢州。郢州对于萧道成代宋的贡献，应为宋孝武帝分荆建郢之时所始料未及。如上所述，何尚之、沈约对于分荆、弱荆均不以为然，尚之堪称有先见之明，沈约所论，以及梁人张缵《南征赋》中所谓“允分荆之胜略，成百代之

① 《南齐书》第25卷《张敬儿传》，中华书局点校本1972年版，第472页。

良规”①，当是有见于后来的包括沈攸之事件在内的历史经验。

沈攸之迅速覆败的另一个因素，则是雍州张敬儿的军事势力。刘义宣兵败还江陵，死于雍州刺史朱修之之手。雍州刺史张敬儿在沈攸之东下后乘虚占据江陵，使沈攸之自郢城败退后无所依归，被迫自杀。刘义宣、沈攸之起兵，后方均受到襄阳的威胁，决非偶然，这正是元嘉以来重镇雍州政策的后果之一。《南齐书》第19卷《五行志》：“元徽中，童谣曰：‘襄阳白铜蹄，郎杀荆州儿。’后沈攸之反，雍州刺史张敬儿袭江陵，杀沈攸之子元琰等。”《五行志》以上述元徽中童谣作为张敬儿袭占荆州、尽杀攸之二子四孙事件的预言。而《隋书》第13卷《音乐志上》称：“初武帝之在雍镇，有童谣云：‘襄阳白铜蹄，反缚扬州儿。’识者言，白铜蹄谓马也。白，金色也。及义师之兴，实以铁骑，扬州之士，皆面缚，果如谣言。”则这则童谣稍加改换后，又被附会于梁武帝襄阳起兵，占领建康。实际上襄阳的铁骑，自东晋以来，就是荆州一支重要的武装力量，只是经过刘宋的强雍弱荆政策，使雍州地方武装更加强大，对于荆州更具独立性，从而也更具威胁性而已②。

直到梁朝，荆州仍是南朝的重镇，出镇者例为皇子或宗室。但经过刘宋时代的分荆、弱荆政策，它在上游的地位确实是相对衰弱了，与东晋时荆州更不可同日而语。至齐末梁武帝在“兵马重镇”的襄阳起兵，荆州在军事上就只是雍州的附从了。

---

① 《梁书》第34卷《张缅传》，中华书局点校本1973年版，第499页。

② 何德章：《释“荆州本畏襄阳人”》，中国魏晋南北朝史学会编：《魏晋南北朝史研究》，湖北人民出版社1996年版，第191～199页。

第六章　齐、梁及陈朝的湖北政局

第一节　南齐时期的上游政局与齐梁嬗代

影响齐、梁时期上游政局的主要因素大抵有以下两个方面：一是上游方镇势力特别是出镇宗王与建康皇权之间的矛盾，以及上游方镇势力之间的矛盾；一是齐、梁政权与北朝政权之间在上游北部即雍州、司州一带的争夺。齐、梁继承刘宋遗轨，例以宗王出镇荆州。在雍州、郢州方面，皇子宗室出镇的也有较大比例。齐武帝时期主要通过行事、典签来控制出镇宗王，至明帝朝遂大肆屠杀高、武子孙，使宗室疏支萧衍得以乘间崛起于襄阳，最终代齐建梁。南齐时期，约当北魏孝文帝太和年间。孝文帝迁都洛阳以后，对"洛阳南门"的齐朝雍、司二州发动了大规模攻击。这一带又是蛮族聚集之地，他们的向背使南北对峙的形势更为复杂。所有这些都深深影响到荆楚北门的雍州乃至整个上游政局。

一、齐初的上游方镇与萧嶷出镇荆州

齐高帝萧道成在势力扩展的过程中，以及在建立齐朝以后，同样利用诸子及同族控制方镇。昇明三年（479 年）正月，离平定沈攸之之乱已有一年，宋齐禅代已进入实际程序，这时萧道成在上游方镇多有改换：以次子萧嶷代宋宗室武陵王赞为荆州刺史，都督荆、湘等八州诸军事；以曾"参预佐命"的族弟萧顺之代李安民为郢州刺史；以嫡长孙（即文惠太子）萧长懋代张敬儿为雍州刺史、宁蛮校尉，都督雍梁二州、郢州

司州之二郡诸军事①。《南齐书》第21卷《文惠太子（萧长懋）传》称："昇明三年（479年），太祖将受禅，世祖（齐武帝萧赜，长懋父）已还京师，以襄阳兵马重镇，不欲处他族，出太子为……雍州刺史。"可知萧道成在上游的部署正是为了将重要方镇控制在宗室手中，以保证禅代的顺利进行，巩固新生的齐朝政权。

与宋朝的开国皇帝刘裕一样，戎马大半生的齐高帝萧道成称帝未久便銮驾西归。他临终时曾告诫太子萧赜（齐武帝）："宋氏若不骨肉相图，他族岂得乘其弊。"这正是乘弊夺权者的现身说法。在萧道成及齐武帝萧赜两朝，宗室与皇权的关系还不算十分紧张，当是有鉴于刘宋亡国的覆辙。

宋昇明三年（479年）也就是萧道成称帝前夕受任荆州的萧嶷，在任上放手治理，颇有建树。当时承沈攸之兵乱之后，"旧楚萧条"，民户流亡。嶷上任，"务存约省"，停府州迎接之礼。过去沈攸之在荆州统治残酷，为扩大赋役对象，"开民相告"，即鼓励百姓相互告发，士庶因罪拘役者甚众，嶷至镇，一日放遣3 000人。在押囚犯中五年刑期以下且罪行不牵涉朝廷者，一律原免放遣。"以市税重滥"，酌情减免或废除，并禁止郡守以上官员"与民为市"，以避免权钱交易。这年四月，萧道成代宋建齐，即位大赦诏书尚未到达荆州，萧嶷就提前下令蠲免辖区内百姓宋昇明二年（478年）以前所欠官家的税赋。萧嶷在任不久，由于为政约简，轻刑薄赋，很受百姓欢迎。尚书仆射王俭在给萧嶷的信中，称赞嶷"临莅甫尔，英风惟穆，江、汉来苏，八州慕义。自庾亮以来，荆楚无复如此美政"②。

齐朝建立时，萧嶷受封豫章郡王，内调为扬州刺史，改以萧道成第三子临川王映镇荆州。这时，萧道成听说北魏将乘南齐新立统治未稳遣兵南侵，于是仍以萧嶷留镇荆州，并在诏令中说，扬州"总司王畿，诚

① 《宋书》第10卷《顺帝纪》，中华书局点校本1974年版，第198～199页。

② 《南齐书》第22卷《豫章文献王（萧嶷）传》，中华书局点校本1972年版，第407页。下文引自此传者，不再出注。

为治要”，而“荆楚领驭遐远，任寄弘隆”，当下荆州“公私凋尽”，尤应注意绥抚。值得注意的是，萧嶷留任荆州刺史，过去的都督荆、湘等八州及持节、侍中等职一仍其旧外，又加任湘州刺史①、南蛮校尉。如前所述，孝武帝孝建元年（454 年）曾定置湘州，罢南蛮校尉，此时复置南蛮校尉，虽未并湘入荆，却以荆、湘二州兼任于萧嶷一身，则荆、湘二州只是在行政建制上并立，就其行政权力（军事上湘州此前即属荆州都督管辖）而言实已合二为一。

《南齐书》第 22 卷《豫章文献王（萧嶷）传》称：“晋宋之际，刺史多不领南蛮，别以重人居之，至是（萧嶷）有二府（都督府、南蛮校尉府）二州（荆州、湘州）。荆州资费岁钱三千万，布万匹，米六万斛，又以江、湘二州米十万斛给镇府，湘州资费岁七百万，布三千匹，米五万斛，南蛮资费岁三百万，布万匹，绵千斤，绢三百匹，米千斛，近代莫比也。”萧嶷所兼湘州刺史、南蛮校尉二职，使荆州的资费岁钱增加了 1 000 万，布 13 000 匹，另有米、绵、绢等。湘州虽未合并于荆州，它的资费、布、米等却已并入荆州的仓廪里去了。自江、湘二州调拨给荆州镇府（都督府）的十万斛米，大概也是此时新增的。此时荆州在兵力上的相应增加，因不见史载，无由确知。总之，萧道成为了对付北魏南侵，极大地加强了荆州的实力，试图恢复昔日荆州作为分陕上流以及北伐、北防重镇的地位。

建元元年（479 年）十一月，北魏遣将分淮阴、广陵、寿春三路，以宋前废帝时逃奔北魏的宋文帝子刘昶为主帅，南侵齐国司、豫二州。齐司州义阳民谢天盖自称司州刺史，起兵附魏，魏遣将渡淮应接。次年春，魏复遣将攻司州。荆、湘、雍、郢、司诸州蛮民闻魏军南征，亦起兵攻打所在郡县②。当此之际，萧嶷表遣南蛮司马崔慧景率军 3 000 北

---

① 未到任的荆州刺史萧映亦领湘州刺史，见《南齐书》第 35 卷《高帝十二王·萧映传》，中华书局点校本 1972 年版，第 622 页。

② 《资治通鉴》第 135 卷《齐纪》高帝建元元年（479 年）至二年，中华书局 1956 年版，第 4 233～4 235 页。

屯方城，为司州声援；又应司州刺史萧景先之请，遣中兵参军萧惠朗率军 2 000 前往司州助防；又遣中兵参军刘伾绪率军 1 000 人、中兵参军庄明率军 500，分头讨伐部内应魏起事的蛮民。当时人们估计魏军渡淮以后，将分兵出随、邓，“众以为忧”。但萧嶷认为，春夏之际不是魏军大举南进的时节，只要豫、司二州坚守，“彼见坚严，自当溃散，必不敢越二镇而南”。因此，萧嶷为了不惊动境内蛮族，荆州部内没有按照朝廷的指示实行戒严。后来魏军自寿春退兵，未出樊邓，果如萧嶷所料。魏军退后，萧嶷的南蛮府司马崔慧景受任为梁、南秦二州刺史，以讨伐梁州贼李乌奴，“敕荆州资给发遣，配以实甲千人，步道自襄阳之镇”。此前李乌奴曾遣使至荆州求降，但没有得到萧嶷的允许。崔慧景上任后，很快击败了李乌奴。萧嶷还以中兵参军虞欣祖为义阳太守，平定了“亡命积年鼓行为贼”的义阳劫帅张群①。

萧嶷自宋昇明三年（479 年）正月出镇荆州，至建元二年（480 年）十二月内调扬州，在荆州任上正好两整年。在此期间，荆州在行政上总管荆、湘二州，在军事上都督荆、湘等八州，真正是上游的政治、军事中心，具有相当雄厚的财政及军事实力。上列史实表明，荆州作为统府，对督区的军事、治安及对北防务全面负责，充分发挥了“任推毂于荆楚”的阃寄功能。而萧嶷作为荆州刺史、都督，在处理督区内的军政事务方面，亦具有相当大的自主性和随机处置权。这样一种情况显然是对刘宋以来分荆、弱荆方略的一个反动，但这只是“近代（宋代）莫比”的一个特例。

在宋齐禅代之际出任荆州的萧嶷，不是承平年代出镇的幼王——仅仅作为权力的象征，他必须有效地行使手中的权力，以巩固萧道成对上游的统治，保证禅代的顺利进行。齐朝建立后，本已调离的萧嶷留任荆

① 《南齐书》第 22 卷《豫章文献王（萧嶷）传》之外，参见同书第 51 卷《崔慧景传》、第 38 卷《萧景先传》、第 57 卷《魏虏传》及第 58 卷《蛮传》，中华书局点校本 1972 年版，以及《资治通鉴》第 135 卷《齐纪》建元元年（479 年）、二年（480 年），中华书局 1956 年版。

州，并破例加任湘州刺史、南蛮校尉，则是在“虏寇司、豫二州”的特定形势下出现的。当时北魏企图将立足未稳的齐政权扼杀于成立之初，因此齐朝需要一个强大的荆州，以巩固上游防线，保卫建康朝廷。本来，荆州对北防御的前哨重镇是雍州，但雍州地交北魏，当时局面很不稳定，氐、蛮动向复杂。坐镇雍州的（文惠太子）萧长懋年仅22岁，又是萧道成的嫡长孙，所以当萧道成得知北魏将遣大军南攻时，很快就将萧长懋内征建康，改任道成的从祖弟萧赤斧，同时把上流对北防御的重心放在荆州（萧嶷）。

二、幼王出镇与武、明二朝的上游形势

建元二年（480年）十二月代萧嶷出任荆州的临川王萧映，不再兼任湘州刺史、南蛮校尉，其军府长史、南郡内史王奂领南蛮校尉。奂上表固让南蛮校尉，并建议省罢此官，建元三年（481年）南蛮校尉遂罢①。

建元四年（482年）齐高帝萧道成死，武帝嗣位，次年改元永明。永明元年（483年）荆州刺史萧映入为侍中，代以武帝子庐陵王子卿，此后终孝武一朝，荆州刺史均由武帝自己的儿子出任。但武帝诸子年龄不大，如子卿出任荆州虚岁16，实际主持军政大权的为其上佐、典签。而且在齐武帝时，荆州都督府内由宗王任刺史的州，荆州都督往往“解督”，如子卿任荆州都督时，因始兴王鉴任益州刺史，鄱阳王锵任雍州刺史，子卿即不再督益、雍二州。对于出镇的幼王，齐武帝律之甚严，并通过上佐、典签严加控管，以避免方镇坐大。庐陵王子卿在荆州营造服饰，“多违制度”，孝武帝曾下敕责备：“吾前后有敕，非复一两过，道诸王不得作乖体格服饰，汝何意都不忆吾敕邪？忽作玳瑁乘具，何意？已成不须坏，可速送下。……何以作镫亦是银？可即坏之。忽用金薄裹箭脚，何意？亦速坏去。凡诸服章，自今不启吾知复专辄作者，后有所闻，当复得痛杖。”仍是这位庐陵王子卿，后来自建康上任南豫州途中，因

① 《南齐书》第49卷《王奂传》，中华书局点校本1972年版，第848页；同书第16卷《百官志》，第328页。

"戏部伍为水军，上闻之，大怒，杀其典签"[①]。因而典签也不敢在对诸王的管理上稍加松懈。

永明八年（490年），发生了荆州刺史、巴东王子响与朝廷公开对抗的恶性事件。子响"少好武"，他在永明七年（489年）从豫州刺史调任荆州时，"自选带仗左右六十人"带到荆州。"至镇，数在内斋杀牛置酒，与之聚乐"，又"令内人私作锦袍绛袄，欲饷蛮交易器仗"。长史刘寅等"连名密启"朝廷，武帝遂下敕"精检"。子响见台使来州，却未见敕书，遂召集长史刘寅、司马席恭穆及典签吴修之等人诘问。子响一怒之下将这些人一并杀死，并起兵打败前来讨伐的台军，朝廷再次调遣大军，方才平定，子响被杀[②]。齐武帝听说巴东王子响举兵江陵，对群臣说："子响遂反。"淮南太守戴僧静大声说："诸王都自应反，岂唯巴东。"武帝问其故，僧静说："天王无罪，而一时被囚，取一挺藕，一杯浆，皆谘签帅，不在则竟日忍渴。诸州唯闻有签帅，不闻有刺史。"[③] 在这种情况下，出镇诸王的实际权力也就可想而知了。以萧子卿、萧子响较之齐初的萧嶷，他们在荆州的军政实权，实不可相提并论。

永明十一年（493年）齐武帝死，皇太孙萧昭业（文惠太子萧长懋长子，长懋死后立为皇太孙）嗣位，但朝政大权很快落到顾命大臣萧鸾（萧道成侄）手中。次年，萧鸾先杀昭业，立昭业弟昭文，旋又杀昭文，自立为帝，是为齐明帝。明帝以自己的儿子皆幼，而高帝、武帝子孙日渐长大，遂大开杀戒，至明帝死时，高帝19子，武帝23子，见存者中除高帝次子萧嶷一支有后外，均被杀绝[④]。明帝即位时，上游荆、雍、

---

①② 《南齐书》第40卷《武十七王·萧子卿传》，中华书局点校本1972年版，第703、705页。

③ 《南史》第44卷《齐武帝诸子·萧子伦传》，中华书局点校本1975年版，第1 115页。

④ 《南齐书》第35卷《高帝十二王·萧晃传》，中华书局点校本1972年版，第624页；同书第40卷《武十七王·萧子岳传》，第713页；参赵翼著、王树民校证：《廿二史札记校证》第12卷"齐明帝杀高武子孙"条，中华书局1984年版，第248～250页。

郢诸镇均为武帝子：荆州刺史为随郡王子隆，郢州刺史为建安王子真，雍州刺史为晋安王子懋。但三镇都很快易人。

太孙萧昭业即位，随郡王子隆自荆州入为侍中，以昭业弟巴陵王昭秀为荆州刺史，时年12岁。萧鸾改立昭文后，内征昭秀为车骑将军，以昭秀弟昭粲为荆州刺史，时年4岁。萧鸾自立后，又内征昭粲，改以亲侄萧遥欣（萧鸾兄萧凤子）为荆州刺史。明帝诸子弱小，又大杀高武子孙，故转而“树置”其兄萧凤一支。“以（遥欣兄）遥光为扬州居中，遥欣居陕西在外，权势并在其门。遥欣好勇，聚畜武士，以为形援。”终明帝之世，遥欣一直在荆州，是明帝倚为外援的一支重要力量。永泰元年（498年）北魏大规模入侵雍州，明帝曾下诏以遥欣兼领雍州刺史、宁蛮校尉，移镇襄阳，后因魏军撤退不果行，而改任萧衍为雍州刺史。明帝死后，萧遥光受遗诏辅政，他见东昏侯年少，“弟遥欣在荆楚，拥兵居上流”，于是密谋废东昏侯自立。永元元年（499年），当他正准备要遥欣率军“星速”东下，不料遥欣病死于荆州，其谋亦渐泄。这年八月，遥光凭借其弟豫州刺史萧遥昌永泰元年（498年）死时所留部曲，以及遥欣死后荆州送丧的部曲，在建康东府发动叛乱，兵败身死①。遥欣死后，朝廷以明帝子南康王宝融出镇荆州，时年12岁，由长史、南郡太守萧颖胄行府、州事，掌握实权②。

建安王子真永明七年（489年）出任郢州刺史。明帝即位，以高帝子晋熙王萧銶代之，同时命萧銶司马裴叔业与子真典签柯令孙杀子真。史称“子真走入床下，令孙手牵出之。（子真）叩头乞为奴赎死，不从，见害”③。明帝寻杀晋熙王銶，以侄萧遥昌（遥欣弟）代之，遥昌未及之镇，明帝复以子江夏王宝玄出任，而以明帝刘皇后弟刘暄为宝玄行事。

---

①《南齐书》第50卷《文二王传》，中华书局点校本1972年版，第861～862页；同书第45卷《宗室传》，第789～792页。

②《南齐书》第38卷《萧颖胄传》，中华书局点校本1972年版，第666页。

③《南史》第44卷《齐武帝诸子·萧子真传》，中华书局点校本1975年版，第1 113页；参《南齐书》萧銶、裴叔业传。

史称刘暄“执事过刻”，有人献马，宝玄想看一看，刘暄说“马何用看”，就是不准看。王妃想吃煮肫，主管人请示刘暄，刘暄说“旦已煮鹅，不烦复此”①。永泰元年（498年）萧宝玄内征为前将军，改以实际掌权的郢州行事刘暄为郢州刺史。东昏侯即位后，以弟鄱阳王宝夤为郢州刺史，但实权仍在行事张冲手中，永元二年（500年）宝夤内征，张冲遂任郢州刺史②。

上述可知，武帝时期对出镇宗王的限制甚严，幼王出镇，由异姓上佐或典签实际执掌方镇大权的情形，在上游特别是荆州相当普遍，所谓“行事执其权，典签掣其肘……处地虽重，行己莫由”③。明帝大杀高、武子孙，转以自己的亲侄出镇，或以更加年幼的皇子出镇，宗室势力受到严重的打击。至东昏侯时，荆州、郢州的实权分别执掌在行事手中。

三、南齐时期的雍州与南北政权在雍州的争夺

如前所述，萧道成在代宋称帝前夕，以襄阳兵马重镇，“不欲处他族”为由，特以文惠太子萧长懋出镇雍州。建元元年（479年）北魏南侵，齐高帝萧道成考虑魏军“当出樊、沔”，年轻的萧长懋难以应敌，故内征长懋为侍中，改以萧赤斧为雍州刺史。赤斧为萧道成从祖弟，史称他“在州不营产利，勤于奉公”。齐武帝即位后，以高帝子鄱阳王萧锵出任雍州，时年14岁，长史张瑰行雍州府、州事。永明四年（486年）萧锵入为侍中，张瑰继任雍州刺史④。这时因雍州、司州境内蛮族北叛，外引魏军，形势变得十分紧张。

---

①《南齐书》第50卷《明七王·萧宝玄传》，中华书局点校本1972年版，第863页；同书第42卷《江祏传》，第751页。

②《南齐书》第50卷《明七王·萧宝夤传》，中华书局点校本1972年版，第865页；同书第49卷《张冲传》，第854页。

③《南齐书》第40卷《武十七王传》末“史臣曰”，中华书局点校本1972年版，第715页。

④《南齐书》第38卷《萧赤斧传》，中华书局点校本1972年版，第665页；同书第24卷《张瑰传》，第454页。

北魏在萧道成代宋之际曾一度南侵，至齐武帝即位后，南北关系颇为友好，永明元年（483年）至四年，双方“岁使往来，疆埸无事”。永明五年（487年，北魏太和十一年），羁縻于北魏的大阳蛮首领桓天生，“自称桓玄宗族，与雍、司二州界蛮虏相扇动”，占领了南阳故城，并请北魏派兵援助，魏军万余已南抵比阳（今河南泌阳一带）。雍、司二州北部“人情骚动”。

这年正月，齐朝在接到雍州刺史张瑰的报告后，以丹阳尹萧景先“总率步骑直指义阳”，司州诸军受其节度；又以护军将军陈显达率征虏将军戴僧静等水军向宛、叶，雍、司众军皆受其节度，北讨桓天生①。陈显达遣戴僧静等与桓天生所引魏军战于离比阳40里的深桥，“大破之，杀获万计”。齐军进围比阳，不克而还。桓天生又引魏军攻舞阴（今河南泌阳西北），为齐舞阴戍主殷公愍所破，天生负伤而退。三月，朝廷以陈显达为都督雍梁南北秦四州、郢司二郡诸军事，领宁蛮校尉，雍州刺史。显达之受任雍州，显然是为了加强雍、司一带的对北防务。显达率军继续北进，占据魏舞阳城（今河南舞阳西北），以戴僧静为先锋，与魏军接战，复大破之，齐军还。其后，魏遣南部尚书公孙邃等与桓天生再攻南齐舞阴戍，仍为戍主殷公愍所破，天生北逃。永明六年（488年）四月，桓天生又引魏军出据隔城（今河南桐柏西北）②，诏以游击将军曹虎督数军前讨，大败魏军，俘斩4 000余人，攻占隔城，天生败退③。稍后，陈显达又攻拔魏醴阳城（今河南桐柏西偏北），进而围攻比阳，魏镇将韦珍凭城坚守，显达退军④。

这一次发生在雍州以及司州北部的南北边境战争，至此告一段落。

---

①《南齐书》第26卷《陈显达传》，中华书局点校本1972年版，第490页，下引此传者，不再出注；同书第38卷《萧景先传》，第662页；同书第3卷《武帝纪》，第53页。

② 隔城及下文醴阳城，均据谭其骧：《中国历史地图集》第4册第36图“南朝齐司州、雍州、宁蛮府”，地图出版社1982年版。

③《南齐书》第30卷《曹虎传》，中华书局点校本1972年版，第562页。

④《魏书》第45卷《韦珍传》，中华书局点校本1974年版，第1 013页。

从永明六年（488年）开始，齐、魏之间又恢复了友好关系，终齐武帝之世，年年都有使节来往。

永明八年（490年）陈显达内迁侍中，武帝以安陆侯萧缅（高帝兄萧道生之子）出镇雍州。沈约所撰《齐故安陆昭王碑文》称，“永明八载，疆埸大骇，天子乃心北眷，听朝不怡，扬旆汉南，非公（萧缅）莫可”①。永明八年（490年）齐魏边境并无战事，两国间互有使节往来，而且这年正月，齐朝还释放了永明六年（488年）隔城之战中所俘魏军，所谓“疆埸大骇”云云，当是一代文豪的沈约笔下生花。不过碑文中称萧缅在镇“扇以廉风，孚以诚德……礼仪既敷，威刑具举，强民犷俗，反志迁情”云云，却于史有征。《南齐书》本传称萧缅在雍州：“留心辞讼，亲自隐恤，劫抄度口，皆赦遣许以自新，再犯乃加诛，为百姓所畏爱。”永明九年（491年）萧缅卒于雍州任上，“丧还，百姓缘沔水悲泣设祭，于岘山立祠”。

继任之雍州刺史王奂，因宁蛮长史刘兴祖欲将雍州征蛮失利事如实上报朝廷，与之发生矛盾。后王奂上告兴祖“扇动山蛮，规生逆谋”，将其收付州狱。朝廷使雍州将兴祖送往建康，王奂怕事情败露，将兴祖杀死狱中，诈称其自杀。后事情还是败露，永明十一年（493年）二月，武帝遣中书舍人吕文显、直阁将军曹道刚率台军500人往雍州收捕王奂；以荆州刺史萧子隆的军府司马曹虎为梁、南秦二州刺史，命曹虎率军从江陵步道至襄阳与吕文显会合：又任命晋安王子懋为雍州刺史。王奂子王彪起兵拒守，出城与曹虎接战，败退城中。三月，王奂司马黄瑶起、宁蛮长史裴叔业于城内起兵杀奂②。

永明十一年（493年）三月因王奂事件受任雍州的晋安王子懋，将在襄阳面临极其复杂的局势。

这年正月，武帝太子萧长懋病死，四月，立长懋长子昭业为皇太孙。

---

①《文选》第59卷，中华书局1977年版，第820页。

②《南齐书》第49卷《王奂传》，中华书局点校本1972年版，第638页。

七月，齐武帝死，年轻的皇太孙即位。

同年五月，襄阳蛮首领雷婆思等率千余户叛齐降魏，魏国将其安置在沔北齐魏交界地带。

同年七月，北魏中外戒严，发露布及檄书，声言伐齐。孝文帝亲率大军南下，九月至洛阳，定洛阳为都①。同时以桓天生为征南将军、中道大都督，向齐竟陵方向进攻，后因定都洛阳而中止。

当时齐朝为了加强雍州防务，已命陈显达率军屯驻樊城。而在子懋受任雍州时，武帝即敕授"边略"。武帝说，根据各地的情报来看，"虏必无敢送死理，然为其备，不可暂懈"。他要求子懋到镇后，密切注意沔北南阳、舞阴一带的防务，要储备充足的粮食，经常检察驿亭的马匹，"不可有废阙"。并要求子懋所督诸州（梁秦及竟陵、随郡）也要像这样严密防守。武帝又说，他已敕荆、郢二镇，"各作五千人阵"，以准备在紧急情况下增援雍州，一旦北魏来攻，"即呼取之"。

但子懋上任不久，即出现上述齐武帝病死、魏孝文帝南侵等严重局面。在内忧外患的情况下，萧子懋"见幼主新立，密怀自全之计"。他下令襄阳作部制造军器，又准备"胁取"屯军樊城的陈显达为将帅。但陈显达立即将子懋的动向向辅政大臣萧鸾作了报告。隆昌元年（494年）正月，朝廷迁子懋为江州刺史，要求他将雍州部曲留在襄阳，只带随身警卫赴任。子懋曾就此事征求陈显达的意见，说朝廷虽有指示，但他"身是天王，岂可过尔轻率，今犹欲将二三千人自随"。陈显达明确表示反对，认为"若不留部曲，便是大违敕旨，其事不轻"。萧子懋本想借此试探陈显达的态度，显达既然不合作，子懋见无机可乘，只好遵诏移镇江州。从同年九月子懋在江州起兵讨萧鸾时，"部曲多雍土人"，可知子懋移镇江州时仍带走大量的雍州部曲②。

北魏孝文帝为迁都洛阳声言大规模南征，曾对南齐边境造成极大的

① 《资治通鉴》第138卷《齐纪》武帝永明十一年（493年），中华书局1956年版，第4 325～4 342页。

② 《南齐书》第40卷《武十七王·萧子懋传》，中华书局点校本1972年版，第708页。

军事压力，但后来孝文帝顿军洛阳，并没有继续南进。而定都洛阳以后，为了保证新都的安全，孝文帝连续发动三次伐齐战争，密迩洛阳的雍州是主要进攻目标之一。此间雍州刺史是代萧子懋出镇襄阳的曹虎。

曹虎刺雍当年，齐明帝先后废杀郁林王、海陵王二主，自立为帝。曹虎是武帝的心腹将领，明帝对他颇为猜忌，本准备以皇后弟刘暄代曹虎为雍州，因刘暄不愿出外未果①。据《魏书》有关纪、传，魏孝文帝太和十八年（494 年，齐明帝建武元年）十一月，接到边州上表，称齐雍州刺史曹虎据襄阳请降于魏。十二月，孝文帝遣行征南将军薛真度督四将出襄阳，大将军刘昶出义阳，徐州刺史拓跋衍出锺离，平南将军刘藻出南郑。孝文帝还准备亲征江沔，但这时又接到豫州上表，说曹虎“奉诚之使不复重来”，众臣中对曹虎是否真心降魏，孝文帝应否亲征，意见不一。孝文帝特召集大臣进行讨论，最后仍决定亲征②。

太和十九年（495 年，齐建武二年）正月，孝文帝大军渡淮东行，至寿阳、锺离，均遇到齐军的顽强抵抗，最后无功而还。进攻义阳的刘昶、王肃一路，号称 20 万众，“筑围堑栅三重”，并力攻城。齐镇南将军王广之持节督司州诸军救援，以黄门侍郎萧衍（即梁武帝）率精兵为先锋，间道夜发，逼近魏军，黎明，城内见有外援，出攻魏栅，萧衍自外攻击，魏军表里受敌，被迫撤军。南郑刘藻一路，后有魏梁州刺史拓跋英率州兵加入，初与齐梁州刺史萧懿（即梁武帝兄）接战，颇有杀获。后萧懿退守南郑，凭城固守，魏军围 90 余日不下，孝文帝下令撤围班师③。

襄阳一路，以魏荆州刺史薛真度为元帅，下督卢渊、元鸾、李佐、韦珍等四将，其中以卢渊为前锋，径趋樊邓。卢渊以曹虎之降不可信据，

---

① 《南史》第 6 卷《梁本纪上》，中华书局点校本 1975 年版，第 171 页。

② 《魏书》第 7 卷下《高祖纪下》，中华书局点校本 1974 年版，第 175 页；同书第 19 卷中《景穆十二王·任城王传》，第 466 页。

③ 《资治通鉴》第 140 卷《齐纪》明帝建武二年（495 年），中华书局 1956 年版，第 4 374～4 384 页。

又以自己本为儒生不习军旅，请辞此行，孝文帝不许。卢渊复以兵少粮乏，不宜先攻南阳，请先攻赭阳（今河南方城东），得到孝文帝同意。卢渊与元鸾、李佐、韦珍等围攻赭阳，齐将成公期闭城拒守。诸将“各不相节度”，欲按甲不战以疲敌，唯李佐率所部“晨夜攻击”，围守百余日不下。齐明帝遣军主垣历生率众来援，大败李佐所部，卢渊等撤围退军。薛真度出南阳，军于沙堨（今河南南阳南），亦为南阳太守房伯玉、新野太守刘思忌所破。卢渊诸将均受到孝文帝的严厉处罚。至于齐雍州刺史曹虎遣使降魏一事，《南齐书》只字不载，但从这一次北魏南征之役来看，即使曾有此事，亦如《魏书》所载，属于“诈降”①。

参与围攻赭阳的魏将韦珍，事后被免职回乡，临别时他与同被罢官为民的卢渊说：孝文帝有志灭齐，但定都洛阳，“用兵机要”在于上流荆楚。一旦南伐，我难免又要被起用②。韦珍对形势的估计是正确的。太和二十一年（497 年，齐建武四年）八月，孝文帝经过充分准备，再次发动南伐。二十五日，军发洛阳，号称百万，韦珍果然被起任为南伐元帅、中军大将军彭城王勰的长史。孝文帝亲率主力，直指襄阳③。

九月十七日，孝文帝留诸将攻赭阳，自率大军向南阳进发。十九日兵临南阳治所宛城（今河南南阳市），乘夜袭破外城，齐南阳太守房伯玉退守内城。孝文帝遣中书舍人公孙延景入城劝降，以“封侯胙土”相许，伯玉不为所动。既而又遣使宣诏威胁，说此次亲征，“不有所克，终不还北”；“此城是我六龙之首，无容不先攻取。远一年，中不过百日，近不

---

①《南齐书》第 57 卷《魏虏传》，中华书局点校本 1972 年版，第 993～995 页；《魏书》第 47 卷《卢渊传》，中华书局点校本 1974 年版，第 1 049 页；同书第 39 卷《李佐传》，第 894 页。

②《魏书》第 45 卷《韦珍传》，中华书局点校本 1974 年版，第 1 014 页。

③ 关于孝文帝此次南征，参见《南齐书》第 57 卷《魏虏传》，中华书局点校本 1972 年版，第 996～998 页；《魏书》第 7 卷下《高祖纪下》，中华书局点校本 1974 年版，第 182～183 页；《资治通鉴》第 141 卷《齐纪》明帝建武四年（497 年）八月至建武五年（498 年）三月，中华书局 1956 年版，第 4 411～4 421 页。余不备举。下文关于此次南征，不再详注。

过一月，非为难殄”；又称伯玉有三罪，若不早改图，将后悔无及。伯玉对所述三罪均作了反驳，并表示要抵抗到底。他还遣勇士数人埋伏在城外东南角的桥孔下，在孝文帝引兵过桥时，突然窜出袭击，使孝文帝人马俱惊。二十三日，孝文帝以咸阳王禧等留攻南阳，自己率军继续南进。二十五日，至新野（今河南新野），齐新野太守刘思忌亦闭城拒守。魏军屡攻不克，至十月三日，乃筑长围守之，并遣使劝降，但刘思忌誓死抵抗。二十日，齐遣萧衍、张稷诸将率军救雍州。十一月十一日，齐前军将军韩秀方等15将向魏投降，十四日，魏大破齐兵于沔北，俘齐将王伏保等。新野人张腊率万余家据栅抗魏，至十二月七日，魏军始攻拔之。十七日，孝文帝南临沔水视察，至二十五日始北还新野。

太和二十二年（498年，齐建武五年，四月改元永泰）正月五日，魏将李佐（亦同韦珍被重新起用）率所部攻拔新野，齐将刘思忌虽被活捉，仍守节不降，自称“宁为南鬼，不为北臣”，被杀。新野既下，沔北大震。六日，齐湖阳戍主蔡道福，九日，齐赭阳戍主成公期、军主胡松，十日，齐舞阴戍主黄瑶起、军主鲍举，南乡太守席谦，相继弃城南逃。二十八日，孝文帝至南阳。二月三日，魏军大举进攻南阳北城，十二日终于攻克宛城，齐将房伯玉面缚出降。

在沔北南阳、新野被北魏大军围攻之时，史称齐雍州刺史曹虎因与房伯玉不和，故顿军樊城，“不急赴救”①。十二月二十四日，齐明帝诏遣度支尚书崔慧景率众2万、骑千匹向襄阳，援救雍州，雍州诸军并受其节度。建武五年（498年）正月二十三日，又命太尉陈显达率军救援雍州。

魏军攻克新野、南阳之后，又继续向南进发，拟攻襄阳。齐将崔慧景于建武五年（498年）春抵达襄阳时，沔北五郡已没于魏，遂分军助

---

① 《资治通鉴》第141卷《齐纪》（中华书局1956年版，第4 416页）明帝建武四年（497年）十二月条胡三省注，谓曹虎之顿军樊城，不及时施救，“不特因与房伯玉不协而然，亦由畏魏兵之强而不敢进也”。所言当是。

戍樊城。三月一日，当崔慧景与部将萧衍、刘山阳等率5 000余人行进至邓城（今襄阳北）时，突然与魏军数万骑遭遇，魏军攻入邓城，齐军大败，死伤甚众，诸部惊惧，皆下船还襄阳。三月九日，孝文帝率10万魏军攻围樊城，齐雍州刺史曹虎敛兵固守。孝文帝亲临沔水，南望襄阳岸，羽仪华盖，军容甚盛，阅兵耀武于襄沔。后见襄阳、樊城皆守备甚严，遂引军北还，二十日至湖阳（今河南唐河南），再东北行，二十六日至比阳，三月三十日至魏豫州所治之悬瓠城（今河南汝南）。孝文帝既平沔北，令魏将王肃率军围攻齐义阳（司州治，今河南信阳附近）。齐将裴叔业率兵5万攻魏涡阳（今安徽蒙城）以救义阳，大败魏涡阳守军及援军，迫使王肃撤义阳之围，率军10万解救涡阳。裴叔业见魏军势盛，连夜撤退，退兵时为魏军追击，伤亡惨重。

孝文帝第二次南伐，调动大军数十万，历时七个月，攻击目标为齐雍州及司州，其主要战果是攻占了齐雍州的沔北五郡，即南阳、新野、南乡（即顺阳）、北襄城和西汝南北义阳二郡（并治舞阴，一太守兼任）。

沔北战役于三月结束，四月，孝文帝在悬瓠又下令征发州郡兵20万，限八月中旬集结于悬瓠，显然是准备再次南伐。七月，齐明帝死，九月，孝文帝以“礼不伐丧”，下诏班师①。

齐东昏侯永元元年（499年，魏太和二十三年）正月，齐以太尉陈显达督平北将军崔慧景，率军4万进围魏南乡郡界之马圈城（今河南镇平南），企图收复沔北五郡。魏孝文帝诏前将军元英迎战齐军。二月，齐军攻陷马圈城，俘斩魏军千余。显达入城，将士竞取城中绢帛，不复穷追突围而出的魏军。显达又遣将攻拔南乡城。三月，孝文帝率10万大军自洛阳南下，亲征沔北。时齐将崔慧景围攻魏顺阳郡甚急，孝文帝遣振武将军慕容平城率骑5 000赴救，慧景撤围南走。孝文帝大军抵马圈城之后，命镇南大将军元嘉占领均口（今丹江口市附近），以阻断陈显达的归路。显达引军渡均水西据鹰子山筑城，士气大挫，与魏军战，屡屡失

① 《魏书》第7卷下《高祖纪下》，中华书局点校本1974年版，第184页。

利。魏将元嵩脱下盔甲，率军直冲齐阵，齐兵大败。魏军攻势越来越急，军将崔恭祖、胡松以乌布幔装着陈显达，让数人抬着，走小路出均水口，南归齐境。齐军沿路奔逃，魏军追奔逐北，至于汉水，齐军死3万余人，所弃甲仗、马匹无数①。不过，带疾出征的孝文帝病情也越来越重，四月，大军北还至谷塘原②，孝文帝病重不治，死于此地。他生前的最后一次南征，巩固了北魏对沔北的统治。

《魏书》第39卷《李佐传》载："（491年，太和二十二年三月）沔北既平，广阳王嘉为荆州刺史，仍以（李）佐为嘉镇南府长史。加辅国将军，别镇新野。及大军凯旋，高祖执佐手曰：'沔北，洛阳南门。卿既为朕平之（按：李佐攻拔新野，沔北诸郡遂崩溃），亦当为朕善守。'"又《南齐书》第57卷《魏虏传》"史臣曰"亦称："雍、司北部，亲近许、洛，平途数百，通驿车轨，汉世驰道，直抵章陵（今枣阳南），镳案所骛，晨往暮返。"可知孝文帝不惜一切代价攻占沔北，当齐国拟收复沔北时，又以带病之身亲征沔北，都是为了保卫定都不久的洛阳。

建武五年（498年）二月，当时雍州刺史曹虎正被魏军围困于樊城，朝廷以荆州刺史萧遥欣兼领雍州，移镇襄阳，后以魏军撤退未行。实际上早在建武四年（497年）年底，太子中庶子萧衍隶崔慧景救援雍州时，即受明帝密旨，要他代曹虎为雍州刺史。永泰元年（498年）七月，萧衍正式受任为雍州刺史③。一年以后，萧衍即在襄阳起兵，推翻了齐朝。

---

①《南齐书》第26卷《陈显达传》，中华书局点校本1972年版，第491页；《魏书》第7卷下《高祖纪下》，中华书局点校本1974年版，第184～185页。参《资治通鉴》第142卷《齐纪》东昏侯纪永元元年，中华书局1956年版，第4 433～4 440页。

②据《魏书》第21卷下《彭城王传》（中华书局点校本1974年版，第577页），孝文帝死后，"累日达宛城"，可知谷塘原约在今河南邓州市东南一带。

③《南齐书》第6卷《明帝纪》，中华书局点校本1972年版，第90～91页；《梁书》第11卷《张弘策传》，中华书局点校本1973年版，第206页。

四、萧衍雍州起兵与齐梁嬗代

侨民和蛮族聚居的雍州既拥有很好的兵源基础，加之刘宋以来施行强雍方略，以汉（沔）水中游的雍州为中心，包括汉水下游流域的竟陵、随郡，汉水上游流域的梁、秦二州①，已形成一个包括整个汉水流域的、强大而稳定的对北防御体系。雍州作为这一防御体系中的头号重镇，甚至是刘宋以来长江上游对北防御的头号重镇，它本身既拥有较强的军事实力，在边境告急之时，或者准备北伐之际，朝廷又往往抽调大军驻屯，司州及荆、郢二州的军队亦随时待命增援，因而雍州就常为重兵所聚。这就构成了萧衍起兵雍州的武力基础。

萧衍是南齐皇室的同族。其父萧顺之，曾为萧道成代宋称帝出谋划策，尽心竭力。齐武帝时又奉命率军至江陵，诛灭作乱的武帝子巴陵王子响。其后武帝怀念子响，移恨顺之，“顺之惭惧，感病，遂以忧卒”②。萧衍长兄萧懿和萧衍自己，在齐明帝夺取皇位的斗争中均立有功劳。永泰元年（498年）七月二十四日萧衍受任雍州，三十日明帝死，太子即位。萧衍出镇雍州，是根据明帝的遗诏。

嗣位的东昏侯萧宝卷年轻而昏庸无道。上台之初，明帝为他安排的六位顾命大臣轮流值于内省，号称“六贵”。后六贵拟废东昏侯，但各怀异计，反而被东昏侯相继诛杀。一时宿臣旧将，人人自危，“方镇各怀异计”。先是江州刺史陈显达在寻阳起兵，旋即兵败自杀；继而豫州刺史裴叔业自寿阳举事，不久病死，其子植以寿春降魏；接着受命讨伐豫州的崔慧景以年宿位重，不自安，军至广陵，回师进攻建康，寻为豫州刺史萧懿所败，单骑奔逃，死于渔夫之手。崔慧景平后半年，永元二年（500

---

① 二州并治南郑，实为一刺史兼，实际控制地区主要为汉水上游，梁、秦二州西南境今嘉陵江、巴河流域的郡县多“荒或无民户”。《南齐书》第15卷《州郡志下》梁州条，中华书局点校本1972年版，第295页。参谭其骧：《中国历史地图集》第4册第37图“南朝齐梁州、秦州”，地图出版社1982年版。

② 《南史》第44卷《齐武帝诸子传》，中华书局点校本1975年版，第1 109页。

年）十月，时任尚书令的萧懿复为东昏侯所杀。萧懿被害前，其亲信徐曜甫已得知消息，并在江边秘密准备了船只，劝萧懿西奔。但萧懿说："自古皆有死，岂有叛走尚书令邪?"萧懿被杀前对前来赐药并监督他自杀的台使说："家弟在雍，深为朝廷忧之。"①

实际上东昏侯早已派人西上袭杀萧衍，而萧衍对东昏侯的防范就更早。东昏侯即位之初，萧衍就对朝廷形势有准确的分析。他对录事参军、从舅张弘策，并通过张弘策对担任郢州行事的长兄萧懿谈了自己的看法。他说，"政出多门"，是致乱之源，"今六贵争权"，势必相图；而"嗣主在东宫本无令誉"，左右亲信，无非狼子野心之辈，岂肯"委政朝臣"，故必行诛戮，因此大乱就在眼前。现在得守外藩，应早作准备。第一，应趁大乱未起，将在建康的诸弟接来。第二，"郢州控带荆、湘，西注汉沔；雍州士马，呼吸数万"，应起兵以观天下，"世治则竭诚本朝，时乱则为国翦暴，可得与时进退，此盖万全之策"。张弘策也劝萧懿说，"郢州居中流之要，雍部有戎马之饶……虎据两州，参分天下，纠合义兵，为百姓请命，废昏立明，易于反掌"。但萧懿"闻之变色"，没有接受这一建议，后来竟为东昏侯所杀②。

萧衍仍独自实施着预定的计划。他召回了建康的弟弟萧伟、萧憺，并召募武猛，"士庶响从，会者万余人"，还派人"按行（襄阳）城西空地，将起数千间屋"，以驻屯所募勇士；秘密制造各种武器装备；大量砍伐竹木，沉于襄阳县西柳子山下的檀溪，储积的茅草高如山阜，以备日后修造船舰。萧衍的中兵参军吕僧珍看透了萧衍的用意，也阴养死士，私具船橹数百张，以备后用③。与此同时，又制造祥瑞，散布谣言，声称"梁、楚、汉当有英雄兴"，"樊城有王气"，萧衍"项有伏龙"，所居

---

① 《资治通鉴》第 143 卷《齐纪》东昏侯永元元年（199 年）至二年，中华书局 1956 年版，第 4 433～4 472 页。

② 《梁书》第 1 卷《武帝纪上》，中华书局点校本 1973 年版，第 3～4 页，下文引自此纪者，不再出注。同书第 11 卷《张弘策传》，第 206 页。

③ 《梁书》第 11 卷《吕僧珍传》，中华书局点校本 1973 年版，第 212 页。

处有五色祥云状若蟠龙、紫气腾起云云①。

对于萧衍在雍州的动向，东昏侯已有察觉。据《梁书》第11卷《郑绍叔传》，萧衍宁蛮府长史郑绍叔的哥哥郑植，是东昏侯的左右心腹，东昏侯派他到雍州，以看望弟弟绍叔为名，实则准备行刺萧衍。绍叔将实情秘密告知了萧衍。后萧衍特请郑植登临雍州城隍，周观军营、官署。郑植见到“士卒、器械、舟舻、战马莫不富实”，不禁对其弟绍叔说：“雍州实力，未易图也。”

如前所述，东昏侯时的荆州刺史为齐南康王宝融，才十二三岁，由行事萧颖胄掌握实权。永元二年（500年）十月东昏侯杀萧懿后，即遣辅国将军、巴西梓潼二郡太守刘山阳率精兵3 000人西上，名为之郡，实则受命赴荆州，与萧颖胄一道攻袭襄阳。而在萧懿被杀的消息传到襄阳的当天，萧衍就密召长史王茂、中兵吕僧珍、别驾柳庆远、功曹史吉士瞻等密谋起兵。决定以后，于十一月九日召集全体僚佐大会，宣布起兵。当日建牙集众，得甲士万余人，马千余匹，船3 000艘，出檀溪竹木装舰，葺之以预先储备的茅草。由于早有准备，“事皆立办”。后来又发现船橹不够，吕僧珍“乃出先所具者，每船付二张”。

但在兴师东下之前，萧衍还必须争取荆州的协同。就军事力量而言，荆州不敌雍州。但荆州毕竟是上流重镇，去襄阳步道500里，又有水路可通，一旦荆、扬合势，则雍州上下受敌，形势极为不利。刘山阳西上，也就是为了与荆州的萧颖胄联手，共同进攻萧衍。

在刘山阳抵达荆州前，萧衍担心萧颖胄不与己同，于是遣派僚佐中与萧颖胄关系密切的王天虎前往江陵，声称刘山阳西上，就是为了袭击荆、雍二州。萧衍在给颖胄的信中劝他一道起兵，同时还给颖胄的州府僚属分别写了信。萧衍对其部下说，“荆州本畏襄阳人”，加之荆、雍二州势同唇齿，物伤其类，唇亡齿寒，他们的想法岂能不跟我们相同？我萧衍若能总统荆、雍二州之兵以攻建康，当必胜无疑。

① 《南史》第6卷《梁本纪上》，中华书局点校本1975年版，第171页。

但萧颖胄接到萧衍的信后仍犹豫不决。萧衍于是实施了所谓“驰两空函定一州”的计策。

在刘山阳抵达巴陵时，萧衍复遣王天虎赴江陵。上次王天虎去江陵，萧衍给“州府人皆有书（信）”，这次驿传紧急，却只给萧颖胄和其弟颖达二人写了信。信中并无具体内容，只说详情由“天虎口具”，但萧衍又并没有给天虎交代什么。因此，当颖胄兄弟问天虎时，天虎既无可奉告，萧颖胄也不便“妄有所道”。而天虎与颖胄关系密切，颖胄部下以为萧颖胄兄弟和王天虎一定把什么重要消息隐瞒起来了，于是不免“人人生疑”。刘山阳“惑于众口”，无法判断萧颖胄的真实态度，因而在抵达江陵附近的江安（今公安西北）后，迟疑十余日，不敢贸然入荆州城。萧颖胄无以自明，于是夜召城局参军席阐文、谘议参军柳忱“闭斋定议”。席阐文说：“萧雍州蓄养士马，非复一日，江陵素畏襄阳人，人众又不敌，取之必不可制，制之，岁寒复不为朝廷所容。今若杀山阳，与雍州举事，立天子以令诸侯，则霸业成矣。山阳持疑不进，是不信我。今斩送天虎，则彼疑可释。至而图之，罔不济矣。”柳忱、颖胄弟颖达都同意席阐文的意见。及天明，颖胄遂斩王天虎首，送示刘山阳。同时发百姓车牛，声称起步军征襄阳。山阳大喜，于十一月十八日至江津，单车便服，左右数十人，前往荆州城见颖胄，刚入城门，即为颖胄伏兵所杀。颖胄遣使乘快马送山阳首级到襄阳。同时以南康王萧宝融名义下令戒严，宣布起事①。

送刘山阳首到襄阳的荆州使者还带来了萧颖胄的两个建议：其一是奉立荆州刺史南康王萧宝融为帝；其二是以“时月未利”，主张来年二月进兵建康。萧衍赞成第一个建议，但不同意第二个建议。他回答说：举兵起事，凭借的是“一时骁锐”之心，“顿兵十旬”，必沮众志；又“坐

① 《南齐书》第 38 卷《萧颖胄传》，中华书局点校本 1972 年版，第 666～667 页；《梁书》第 10 卷《萧颖达传》，中华书局点校本 1973 年版，第 187～188 页。参《梁书》第 1 卷《武帝纪上》。

甲十万”，按兵不动，则“粮用自竭”；再说“处分已定，安可中息”？当时萧衍部将又劝萧衍迎立萧宝融于襄阳，取得挟天子以令诸侯的政治优势，然后发兵东征。因萧宝融在荆州，荆州方面便会借以发号施令，以控制襄阳。萧衍亦不同意，他说，若“大事不捷”，所有举事者都不会有好日子；“若功业克建，威慑四海，谁敢不从”！怎么会受制于人？

十二月，萧颖胄、夏侯详（时为萧宝融府司马）在荆州移檄建康百官及州镇牧守，宣布东昏侯及其幸臣梅虫儿、茹法珍的罪恶。萧颖胄遣部将杨公则攻湘州，邓元起攻夏口，杨公则攻入长沙；称宣德太后（文惠太子妃）令以萧宝融为相国。永元三年（501年）正月十日，萧宝融受命为相国，大赦，以萧颖胄为左长史、镇军将军，萧衍为征东将军。三月十一日，萧宝融在荆州称帝（和帝），改元中兴①。

永元三年（501年）正月十三日②，萧衍率军发襄阳，以弟萧伟、萧憺留守。同时移檄建康，指斥东昏侯悖德乱政，任用群小，残杀忠良，声称要龚行天罚，废昏立明。同时奉戴萧宝融为主。二月二十日，萧衍大军进至汉口。

自刘宋分荆建郢，郢州就成为上、下游之间的一个重要关口，也是自上游兴兵向阙者必须通过的第一个关口。郢州在荆、扬之间的缓冲作用，已超过过去的江州。东昏侯听到刘山阳被杀的消息之后，立即下诏讨伐荆、雍，第一个行动就是加强郢州的防卫力量，“遣骁骑将军薛元嗣、制局监暨荣伯领兵及粮运百四十余船送（郢州刺史张）冲，以拒西师”。时竟陵太守房僧寄卸任东还，至郢州，东昏侯敕令僧寄留守鲁山，张冲又遣军主孙乐祖率数千人协助僧寄在鲁山筑垒防守。

萧衍前锋王茂、曹景宗以轻兵渡江逼郢城（今武汉武昌），初战失

---

① 《南齐书》第38卷《萧颖胄传》，中华书局点校本1972年版，第667～671页；同书第8卷《和帝纪》，第111～112页。

② 《资治通鉴》第144卷《齐纪》和帝中兴元年（501年）正月戊申条及考异，中华书局1956年版，第4 481页。

利。诸将建议集中兵力围攻郢城，同时分兵袭击下流的西阳（今黄冈东）、武昌（今鄂州）。萧衍否定了这种意见。他说：汉水入江之口宽不足一里，敌人在两岸用弓箭夹射，可封锁江面；房僧寄以重兵固守鲁山，与郢城张冲隔江呼应，互为掎角。我军若悉众东下，僧寄必绝我后路，则后果不堪设想。萧衍最后决定，遣王茂、曹景宗过江，与荆州军会合，进逼郢城；萧衍亲自率军围攻鲁山，以保障江、汉水道顺畅，使“郧城、竟陵间粟，方舟而下，江陵、湘中之兵，连旗继至”。王、曹率军过江后，大破前来迎战的张冲军，张冲婴城固守。萧衍在汉口筑城，围逼鲁山，另命水军游弋江中，以断绝郢城、鲁山二城信使。

这时荆州所遣将领邓元起率数千人，与雍州大军会于夏口。萧宝融在荆州称帝以后，以萧衍都督征讨诸军事，假黄钺，同时遣冠军将军萧颖达率军东下，与萧衍会师。约略同时，杨公则亦举湘州之众会于夏口，萧颖胄命令荆州诸军皆受公则指挥。荆州以刘坦为行湘州事代杨公则镇湘州，坦发湘州民运送租米30余万斛到夏口，荆、雍大军“由是资粮不乏”①。

郢州守将张冲于三月病死，东昏侯假薛元嗣节，与张冲子张孜及江夏内史程茂等固守郢城。东昏侯又以豫州刺史陈伯之为江州刺史、都督前锋诸军事，以抗击萧衍。四月，萧衍遣王茂、萧颖达进攻郢城，薛元嗣固守不应，诸将欲强攻，萧衍不许，拟持久包围，使敌自弊。

五月，东昏侯遣军主吴子阳等13军救援郢州，进屯巴口（今黄冈东）。六月，吴子阳等进至加湖，遭到萧衍军的阻截，不得进，遂傍山带水，筑垒自固。加湖在郢城下流30里，子阳举烽，郢城内举火应之，内外烽火相望，但双方自保不暇，不能相救。这时鲁山守将房僧寄又病死，众推孙乐祖为首。

七月，江水猛涨，吴子阳所守加湖城淹溃，萧衍命王茂率水军乘高

① 《梁书》第10卷《杨公则传》，中华书局点校本1973年版，第195页；同书第19卷《刘坦传》，第301页。

舰袭击，五日，攻克加湖，吴子阳逃走，所部“将士杀溺死者万计，（王茂）俘其余众而还”。加湖既下，“郢、鲁二城相视夺气”。鲁山城乏粮，军人拟于江边矶头捕小鱼为食，为萧衍军所阻。郢城闭城数月，疾疫流行，“死者十七八”，积尸遍地。二十五日，孙乐祖以鲁山城降。二十七日，程茂、薛元嗣以郢城降。

诸将欲顿军夏口，萧衍决定乘胜东下，直指建康，命诸军即日上道。

司州刺史王僧景以州降附萧衍，并遣子为质。司州遂在萧衍控制之下。

萧衍乘郢城战胜之威，派遣加湖所获战俘苏隆之（江州刺史陈伯之的幢主）往江州劝降。在陈伯之犹豫不决之际，萧衍又遣邓元起、杨公则引兵先下，进逼江州，陈伯之退保湖口（今属江西）。八月，萧衍率大军抵寻阳，陈伯之束手出降。

江州既下，萧衍顺流之师势如破竹，九月发江州，很快就兵临建康城下。饱受东昏侯残暴统治之苦的建康军队纷纷出降，东昏侯退保台城，但守城将士仍降者络绎。

十二月六日，台城内禁卫军发生兵变，杀东昏侯，以其首献萧衍军。萧衍兵不血刃，占领建康，并经过一系列禅代程序，于次年，即中兴二年（502年）四月，代齐建梁，改元称帝，是为梁武帝①。

半个世纪前，沈攸之起兵东下，因受阻郢州，兵败身死。萧衍襄阳起兵，亦在郢州坚城之下顿兵5个多月。郢城、鲁山二城诚然地居险要，易守难攻，但长江江面宽阔，上游顺流之师，郢城、鲁山两个城堡是阻挡不住的。他们非要攻克郢州之后才肯放心东下，自有其不得不然的理由。

当萧衍所率荆、雍大军与郢城、鲁山的守军已相持了4个多月的时

① 以上梁武起兵事，综见《梁书》第1卷《武帝纪上》，《南齐书》第7卷《东昏侯纪》、第8卷《和帝纪》，《资治通鉴》第144卷《齐纪》和帝中兴元年至二年四月，以及《南齐书》第49卷《张冲传》。以上均为中华书局点校本。

候，荆州的齐和帝（即萧颖胄、萧衍奉立之萧宝融）遣卫尉席阐文来夏口劳军。席阐文同时带来了荆州实权人物萧颖胄对目前战局的看法："今顿军两岸，不并军围郢，定西阳、武昌，取江州，此机已失。莫若请救于魏，与北连和，犹为上策。"集中兵力围攻郢城，分兵下流袭击西阳、武昌，萧衍大军初至汉口时，诸将就提出了同样的意见，萧衍认为如果这样做，将"悔无所及"。现在萧颖胄则认为，过去没有这样做，是重大失策，丧失了难得的时机。对于自己的决策，萧衍向席阐文作了比上次对诸将更为详细的论证。其主要意见如下：

1."汉口路通荆、雍，控引秦、梁，粮运资储，听此气息，所以兵压汉口，连络数州。今若并军围城，又分兵前进，鲁山必阻沔路，所谓扼喉。若粮运不通，自然离散，何谓持久？"

2."邓元起近欲以三千兵往定寻阳，彼若欢然悟机，一郦生亦足（按：指遣一介使者劝降即可）。脱距王师，故非三千能下。进退失据，未见其可。"

"西阳、武昌，取便得耳，得便应镇守。守两城不减万人，粮储称是，卒无所出。脱贼军（按：指建康朝廷军队）有上者，万人攻一城，两城势不得相救。若我分军应援，则首尾俱弱；如其不遣，孤城必陷。一城既没，诸城相次土崩，天下大事于是去矣。"

"若郢州既拔，席卷沿流，西阳、武昌，自然风靡，何遽分兵散众，自贻其忧！"

3."拥数州之兵以诛群竖，悬河注火，奚有不灭？岂容北面请救，以自示弱！彼未必能信，徒贻我丑声。此之下计，何谓上策？"①

从以后的战事发展来看，萧衍的估计是完全正确的。萧衍的论证又一次显示了分荆建郢之后，处于"扼喉"之地的郢州是上游顺流之师无法绕过的关口。沈攸之、萧衍必克郢州之后再东下，在战略上应该说是正确的。沈攸之的问题在于没有攻克郢州，更重要的是，与荆州形同车

---

①《梁书》第1卷《武帝纪上》，中华书局点校本1973年版，第10页。

辅、势如唇齿的襄阳没有控制在沈攸之的手里，有后顾之忧的沈攸之无法在郢州坚城之下与柳世隆作持久的对峙，最后终于酿出“襄阳白铜蹄，郎杀荆州儿”的结局。萧衍时的情况则不同。自襄阳顺汉水东下的雍州军，自江陵顺江东下的荆州军，在郢州会合，共压汉口；“郧城、竟陵间粟”，以及湘州的租米，自汉水、江水源源输往汉口；这使得萧衍所率荆、雍大军拥有巩固的后方，足够的实力，从而使被围困的郢州之敌不攻自溃。当时担任武康县令的傅映说：“今荆、雍协举，乘据上流，背昏向明，势无不济。”本为郢州刺史张冲部将的邓元起，在萧衍起兵后，毅然改投荆州的萧颖胄，除了“老母在西（荆州）”外，他认为“朝廷暴虐”，“荆、雍二州同举大事，何患不克”，也是一个重要的原因①。

至于南朝在内争中向北朝求援，此后的历史表明，通常达不到预期的目的，甚至是适得其反，确如萧衍所说，乃下下之策。只是晚年的萧衍却将自己北伐的期望寄托在东魏降将侯景身上，以至“徒贻丑声”。

在萧衍大军东下之后，后方荆州、雍州也间有战事。巴西太守鲁休烈、巴东太守萧惠训不从萧颖胄之命，起兵攻荆州。颖胄遣汶阳太守刘孝庆屯兵峡口。是年八月，鲁休烈、萧惠训子萧璝率军大败刘孝庆于峡口，进至上明（今枝江西南），江陵震动。萧颖胄又以蔡道恭督西讨诸军事，屯兵上明以拒之。时萧衍已平郢州、江州，正在向建康挺进，而蔡道恭与鲁、萧相持于上明，胜负未决，萧颖胄不禁忧愧成疾，十一月十二日，卒于荆州②。

雍州方面，萧衍留其弟萧伟、萧憺镇守。当时大军既发，雍州兵力、物力都已虚竭，“据郡不受（萧衍）命”的齐兴太守颜僧都、魏兴太守裴师仁乘虚进攻襄阳，一时“州内惊扰，百姓携贰”。萧伟、萧憺在当地大

① 《梁书》第26卷《傅映传》，中华书局点校本1973年版，第395页；同书第10卷《邓元起传》，第198页。

② 《南齐书》第38卷《萧颖胄传》，中华书局点校本1972年版，第672～673页；《梁书》第10卷《萧颖达传》，中华书局点校本1973年版，第188页。

族韦爱（时任襄阳令）的支持下，发兵迎击，在始平郡大破裴师仁等，“州境以安”。在萧衍率军围攻建康时，北魏镇南将军元英曾上表宣武帝，称萧衍东伐，“扫土兴兵，顺流而下，唯有孤城，更无重卫”，是发兵南征的难得时机。他请率步骑3万，攻袭襄阳，既而进拔江陵。但表上之后，没有下文。元英表中所云襄阳、江陵守备虚弱，是符合当时实际的。倘若北魏真的发兵南侵，雍州可能不守；倘若孝文帝还健在，元英的上表可能要付诸实行。那样的话，对于萧衍的顺流东下之举，对于南朝政局发展，都将产生重大的影响①。

萧颖胄死后，荆州的实权人物、南郡太守夏侯详遣使至襄阳征兵，并迎萧衍弟萧憺来荆州。萧伟“割州府将吏”配萧憺。憺至荆州，萧璝、鲁休烈等听说建康危急，破在旦夕，于是请降。夏侯详又推萧憺以行荆州府、州事主持荆州军政。萧颖胄既死，在萧衍代齐称帝的道路上就没有竞争对手了。建康平后，萧衍派人“奉法驾”至江陵迎和帝（萧宝融）东归，至姑孰（今安徽当涂），和帝下诏禅位于梁，从此以后，萧宝融的存在对于萧衍来说，就只有负面作用了。梁武帝即位后第三天，便派人到姑孰将年仅15岁的萧宝融杀死。不过这也是南朝一代禅位者的普遍归宿。

第二节　萧梁统治下的湖北地区

继南齐末年北魏孝文帝亲率大军攻占雍州的沔北五郡，梁武帝天监三年（504年），司州北部的义阳郡及有名的义阳三关复为魏将元英所夺。就梁初疆域、建制而言，其荆、雍、郢、司四州约当今湖北地区②。梁朝时期的湖北地区，在梁武帝一朝，曾维持相当长的安定局面，除了

① 《梁书》第22卷《太祖五王·元伟传》，中华书局点校本1973年版，第346页；同书第12卷《韦爱传》，第226页；《魏书》第19卷下《景穆十二王·元英传》，中华书局点校本1974年版，第497页。

② 其中荆州建平郡（治今重庆巫山）以西属四川，郢州巴陵郡巴陵县（治今湖南岳阳）以西以南属今湖南。

不时爆发的南北边境冲突外，东晋以来长期存在并时常激化的荆扬之争，基本上没有出现。及至侯景之乱爆发，坐镇上游诸州的武帝子孙无意勤王，却借机争夺地盘，很快陷入残酷的内战之中。荆州刺史萧绎最后在江陵称帝，梁朝的统治因之又延续了一段时期，湖北地区也一度成为江左的政治中心。但这个偏安的小朝廷没有维持多久，就覆灭于西魏的铁骑之下，从此以后，湖北地区的政治版图堪称四分五裂，直至杨隋重新统一南北。

一、梁武帝朝湖北地区的政治统治

萧梁一代56年（502—557年），梁武帝萧衍在位48年（502—549年），是南朝在位最久的皇帝。在萧衍统治时期，大概有鉴于宋、齐两朝上层集团特别是皇室内部的倾轧所造成的严重后果，因而比较注意消弭统治阶级内部的矛盾。

对于齐朝的宗室，萧衍虽也有杀戮，但较之前朝，却要相对宽大，如萧道成嫡系子孙萧子恪兄弟十余人，都在梁朝担任了大大小小的官职；对待佐命功臣，萧衍也没有效法历代开国君主所惯用的“狡兔死走狗烹”——大肆诛杀，而是加官晋爵，作为依靠力量；对于当时仍保持优越社会地位的高门，萧衍尊重有加，同时又大量起用门阀阶层中的中下层人士①。对待皇室，特别是对他的兄弟、子孙，萧衍更是宽大得近乎放纵②。尽管梁武帝对广大劳动人民的政治压迫和经济剥削一点儿也没有放松，所谓“缓于权贵”而“急于黎庶”，但“敦睦九族、优借朝士”③，仍在一定程度上缓和了统治阶层内部的矛盾，有助于政治与社会的稳定。梁武帝统治期间，包括湖北在内的南方经济、文化都取得较大

① 周一良：《论梁武帝及其时代》，《魏晋南北朝史论集》，北京大学出版社1997年版，第338～352页。

② 《南史》第51～53卷《梁宗室传》《梁武诸子传》所载事例甚多，此不备举。

③ 《隋书》第25卷《刑法志》，中华书局点校本1973年版，第700～701页。

的发展，当与较长时期的安定和平局面有关。

梁朝前承宋、齐，仍以皇子、宗室出镇荆州。下面根据《梁书》有关纪、传，将梁武帝朝的荆州方镇出任者列得一简表①：

表 6-1

天监元年（502 年）—七年	始兴王憺（武帝弟）
天监七年（508 年）—十一年	安成王秀（武帝弟）
天监十一年（512 年）—十三年	鄱阳王恢（武帝弟）
天监十三年（514 年）—十四年	晋安王纲（武帝子）
天监十四年（515 年）—十八年	始兴王憺
天监十八年（519 年）—普通七年（526 年）	鄱阳王恢
普通七年—大同五年（539 年）	湘东王绎（武帝子）
大同五年—太清元年（547 年）	庐陵王续（武帝子）
太清元年—三年（549 年）	湘东王绎

据之，梁武帝一朝出任荆州刺史者共有六人。其中武帝弟、子各为三人，普通七年（526 年）以前多为诸弟，此后全为诸子。有三人出任两任，任职年限超过 10 年以上的有三人。

第一任荆州刺史萧憺，是齐和帝中兴元年（501 年）冬萧颖胄病死之后，由南郡太守夏侯详自雍州迎来。次年，萧衍称帝改元，憺受封为始兴郡王，都督荆湘益宁南北秦六州诸军事、荆州刺史。憺初任荆州，正当齐末“军旅之后”，史称“公私空乏”，经济凋敝。他在任“厉精为治，广辟屯田”，以增加州府的粮食储备；“减省力役，存问兵死之家，供其穷困”，使百姓得以安定下来，农业经济有所恢复，实际上也就培育了赋役对象。他还广开言路，留意法律，凡有部民辞讼者，都迅速作出

① 吴廷燮：《宋齐梁陈方镇年表》，张舜徽主编：《二十五史三编》第 5 分册，岳麓书社 1994 年版，第 644～645 页。

判决，号称“曹（按：即官署）无留事，下无滞狱”。同时还旌表孝子，以“敦风励俗”。他在任上动员行政力量抗御自然灾害，危难中坚持现场指挥的事迹，至今仍不失其光彩。

天监四年（505年），荆州大旱，《南史》本传称，“憺使祠于天井，有巨蛇长二丈出绕祠坛，俄而注雨，岁大丰”，将这一年久旱之后的突降甘霖，归功于萧憺的祭祀，显然有叨贪天功之嫌。但天监六年，荆州大水，“江溢堤坏”，却是萧憺亲自率领军府将吏，冒着倾盆大雨“赋丈尺筑治之”，使荆州避免了洪水灭顶之灾。当时雨大浪高，水势汹涌，大堤随时可能溃决，在抢险现场的人都感到害怕，有人劝萧憺回避到安全的地方，但萧憺却说：“王尊尚欲身塞河堤①，我独何心以免。”由于憺不避危险，身先士卒，终于保住了江堤。他还出资募人营救被洪水困在长江洲渚中的百姓，并分遣使者，到部内灾区慰问抚恤，“遭水死者给棺槥，失田者与粮种”。在这样一个大灾之年，荆州还取得了较好的收成。

萧憺两任荆州，治绩显著，“有惠西土”，受到当地人民的爱戴。第一次卸任时，百姓作歌云：“始兴王，民之爹，赴人急，如水火，何时复来哺乳我。”当他逝世的消息传到荆州时，州人“皆哭于巷”，为了纪念他，其后荆州凡嫁娶喜庆之事，都尽量避开他的忌日②。

继任之萧秀，在任上亦治绩突出。曾“立学校，招隐逸”，赈赡灾民，成批地散遣府、州“贫老单丁吏”，史称“百姓甚悦”。萧恢在任以清廉著称，曾对长史萧琛说：“汉时王侯，藩屏而已，视事亲民，自有其职。”又说：“今之王侯，不守藩国，当佐天子临民，清白其优乎！”实为自况③。

---

① 尊为西汉人，其任东郡太守时欲以身塞黄河河堤事，见《汉书》第76卷本传，中华书局点校本1962年版，第3 237页。

②《梁书》第22卷《太祖五王·萧憺传》，中华书局点校本1973年版，第353～355页；同书第47卷《孝行传》，第653页。参《南史》第52卷《梁宗室下·萧憺传》，中华书局点校本1975年版，第1 301页。

③《梁书》第22卷《太祖五王·萧秀、萧恢传》，中华书局点校本1973年版，第342～352页。

天监十三年（514 年），梁武帝以第三子萧纲（即简文帝）出镇荆州，时年 11 岁，以少府卿兼丹阳尹孔休源出任长史、南郡太守，行荆州府、州事。临行前，武帝对孔休源说："荆州总上流冲要，义高分陕，今以十岁儿委卿，善匡翼之。"又对萧纲说："孔休源人伦仪表，汝年尚幼，当每事师之。"其以亲王作为权力代表，以行事掌握实权，一如宋、齐。但梁代废除了宋、齐时代对宗王严加限制的典签，行事虽对皇帝负责，但他对宗王职在"匡翼"和垂范，却不是一味限制。史称萧纲"自年十一，便能亲庶务"，按萧纲 11 岁时，正在荆州任上，黄发少年，不可能真正主持政务，这只是表明，行事孔休源很尊重作为权力象征的幼王，并注意发挥其作用。但萧纲在荆州不过一年余，武帝又以其弟萧憺代之。直到普通七年（526 年），武帝诸子已渐渐成长，荆州方全由皇子出任。如这年受任荆州刺史的萧绎，时年 19，代任之萧续，年 36，均已有能力亲理政务，朝廷同时还配备了人望、实才兼备的上佐，因而他们在荆州也都卓有绩效，且久任其职，如萧绎初任荆州，即连续任职达 14 年之久①。

梁武帝时代出任雍州刺史者，除柳庆远、韦叡二人以外，其余均为宗室。柳、韦二氏为襄阳侨姓大族。当萧衍雍州起兵之时，柳庆远"常居帷幄为谋主"，"从军东下，身先士卒"；韦叡率郡人"倍道来赴，有众二千，马二百匹"，在攻克郢州之役中，"叡多建谋策，皆见纳用"。柳、韦二人作为"从龙"元勋，被任为乡里所在之雍州刺史，当属特授。从梁武帝在为柳庆远饯行时所说："卿衣锦还乡，朕无西顾之忧矣。"即可见知②。

雍州作为上游对北防御的重镇，又是梁武帝发迹之地，因而其人选多为宗室。即使是宗室，若无治民之材，也不授任。南平王萧伟世子萧恪，天监十八年（519 年）出镇雍州，因其"年少未闲（娴）庶务"，委

① 《梁书》第 29 卷《高祖三王·萧续传》，中华书局点校本 1973 年版，第 431 页；同书第 36 卷《孔休源传》，第 520 页。参同书第 4～5 卷简文帝、元帝纪。

② 《梁书》第 9 卷《柳庆远传》，中华书局点校本 1973 年版，第 183 页；同书第 12 卷《韦叡传》，第 221 页。

政群下，以致“百姓每通一辞”，都不能按照正常的行政程序受理，而须“数处输钱”，请托好几个人才能打通关系。这样，萧恪手下的宾客群小，不少人乘机盘剥，发了大财，愤怒的州民作了歌谣来抒发自己的不满。当梁武帝得知此事后，立刻将萧恪撤职，而以庐陵王萧续代之①。

梁武时期，雍州刺史亦不乏循官良吏。如柳庆远，“颇厉清节，士庶怀之”；武帝从弟萧景，“初到（雍）州，省除参迎羽仪器服，不得烦扰吏人；修营城垒，申警边备；理辞讼，劝农桑；郡县皆改节自励，州内清肃，缘汉水陆千余里，抄盗绝迹”②。武帝兄萧懿子渊藻刺雍，“民吏称之”。武帝子萧纲在雍州，专门下令将“雍州贤能刺史”图于州府大厅，作为楷模。又曾颁布“革除（官吏）贪惰教”、“原减民间资教”③。还曾遣将攻魏沔北，克平南阳、新野等郡，拓地千余里④。萧纲卸任时，雍州人士曾上表朝廷，请求让他继续留任雍州。武帝弟萧伟子萧恭，任雍州“有声绩，百姓陈奏，乞于城南立碑颂德，诏许焉”。武帝弟恢子萧范出镇雍州，“作牧莅民，甚得时誉；抚循将士，尽获欢心”⑤。

梁武帝起兵，攻围郢州历时半年，始得克服，“（郢城）男女口垂十万，闭垒经年，疾疫死者十七八，皆积尸于床下，而生者寝处其上”。大军继续东下后，萧衍留韦叡为江夏太守、行郢府事，“料简隐恤，咸为营理，于是死者得埋藏（按：实埋藏未尽，见下），生者反居业”，郢州才初步安定下来⑥。

梁朝建立后，武帝以佐命功臣曹景宗为都督郢司二州诸军事、郢州

---

①《南史》第52卷《梁宗室下·萧恪传》，中华书局点校本1975年版，第1 292页。

②《梁书》第24卷《萧景传》，中华书局点校本1973年版，第369页。

③《艺文类聚》第52卷《治政部上·善政》，中华书局1965年版，第949页；同书第50卷《职官部六·刺史》，第900页。

④《梁书》第4卷《简文帝纪》，中华书局点校本1973年版，第109页；同书第3卷《武帝纪下》，第69～72页。

⑤《梁书》第22卷《太祖五王》附萧恭传、萧范传，中华书局点校本1973年版，第349、352页。

⑥《梁书》第12卷《韦叡传》，中华书局点校本1973年版，第221页。

刺史。这员以豪猛著称的战将在州“黷货聚敛”，所统部曲亦个个“残横”，“民颇厌之”，这对于战争创伤尚未平复的郢州，无异雪上加霜。天监二年（503年）北魏围攻司州，诏曹景宗率军救援。而“景宗望门不出，但耀军游猎而已”，以致义阳城陷。武帝以景宗功臣，“寝而不治”，只是内征为护军而已①。

继任之郢州刺史、鄱阳王萧恢为武帝弟，据《梁书》本传，天监四年（505年）他上任郢州时，郢州城内仍是满目疮痍，甚至当年郢城被围时疾疫及战死者的尸体，有的还在城内“不及藏殡”。“及恢下车，遽命埋掩。又遣四使巡行州部，境内大治”。但至天监十三年（514年）安成王萧秀出镇郢州，《梁书》本传称：“郢州当涂为剧地，百姓贫，至以妇人供役，其弊如此。秀至镇，务安之。……于是……省去游费，百姓安堵，境内晏然。”当时在“兵冲”之地黄鹤楼下，仍有大量的“露骸积骨”，萧秀皆祭而埋之。每到冬季，常作寒衣“以赐冻者”。天监十六年（517年）萧秀移镇雍州，自郢州便道之镇，因病死于途中。“秀之西也，郢州民相送出境，闻其疾，百姓商贾咸为请命”，死后，州民“裂裳为白帽，哀哭以迎送之”。当时的百姓不是随时都能遇上一个贤明的父母官的，特别是在饱受战祸之苦，位处“当涂剧地”从而徭役繁重的郢州。好在萧秀之后，出任郢州刺史的萧景，“在州复有能名”。这几个素有贤能之声的宗室相继出镇郢州，郢州的行政应该有些起色。

萧景之后，自普通六年（525年）至大同元年（535年），郢州刺史由北魏降将元树、元法僧相继担任。当时有人上疏指出：朝廷任用“勋人投化”者出任边陲州郡，“不顾御人（民）之道，唯以贪残为务，迫胁良善，害甚豺狼”②。元树、元法僧在任期间虽治绩无闻，《梁书》第39卷二人本传也未载其“贪残”之迹。元法僧之后，出任郢州者均为宗室，依次为当阳公萧大心、邵阳王萧纶、南平王萧恪。大心为简文帝萧纲之

① 《梁书》第9卷《曹景宗传》，中华书局点校本1973年版，第179页。

② 《南史》第70卷《郭祖深传》，中华书局点校本1975年版，第1 722页。

子，出镇时年仅13，其“事无大小，悉委行事”。纶、恪二人亦无殊政。且萧恪在任时已是梁末，不久天下大乱，郢州又陷入深重的战乱之中。

如上所述，梁武帝时期出任湖北地区州镇者，大多有较好治绩。他们中间多为宗室，其中年少者仍以经过慎重简选的行事主政；有不适于临民者，如雍州刺史萧恪，便及时撤罢。而如萧恭，在任雍州期间虽颇有政声，后因取雍州官米“赡给私宅”，仍被“免官削爵，数年竟不叙用”。这样，出镇宗王大多能奉职守法。

当然，坐镇一方的宗王，拥有较大的军政权力，他们中不免有人拥兵自重。如历任雍、江、荆诸州的萧续，在州“多聚马仗，畜养骁雄，金帛内盛，仓廪外实”。但主要还是聚敛、贪污方面的问题，这对于他们来说属于小节，如临川王萧宏因聚敛有方，被梁武帝称赞为会过日子，即众所周知。况且萧续临死时还将所聚敛的上千件金银器上交给朝廷，使得梁武帝对他生前的“财多德寡”不再介意①。及至梁武帝晚年，“王侯子弟皆长，而骄蹇不法”，久任外镇的“邵陵王纶、湘东王绎、武陵王纪，并权侔人主，颇为骄恣”，而“武帝年老，厌于万机”，虽“深知其弊”，却不想追究②。不过，由于武帝高寿，皇位近半个世纪没有易人，从而减少了诸如宋、齐两代因皇位频繁交替所引发的政治风险；加之武帝兼为开国君主和宗室尊长，其地位稳固，臣子难以动摇。因而终武帝一朝，宗室内部，以及出镇上游的宗王与建康朝廷之间的“骨肉相图”现象，基本上没有发生，从而继宋元嘉之后，作为政治变故多发区的荆雍地区，又得以维持一个较长时间的相对安定。

二、梁武帝朝湖北地区的边境冲突

梁初司州治义阳（今河南信阳）。义阳郡以南的郡县，包括宋末划归

---

①《梁书》第29卷《高祖三王·萧续传》，中华书局点校本1973年版，第431页。参《南史》第53卷本传。

②《隋书》第25卷《刑法志》，中华书局点校本1973年版，第701～702页；同书第22卷《五行志上》，第627页。

司州的随郡、安陆，以及一大批蛮左郡县，均在今湖北境内。司州“有三关之隘，北接陈、汝，控带许、洛”，战略地位十分重要①。前节曾谈到萧衍起兵东下后，魏将元英曾上疏请乘虚攻击襄阳，未被采纳。元英接着又上奏称，今“义阳孤绝，密迩天境，外靡粮援之期，内无兵储之固”，是乘虚袭击的难得时机。魏东益州刺史、蛮族首领田益宗亦在上表中称，“义阳差近淮源，利涉津要，朝廷行师，必由此道”，目前萧衍起兵，“东西抗峙”，“义阳之灭，今实时矣”，应“乘机电扫”②。魏宣武帝遂以元英为都督征义阳诸军事，率军南攻义阳，时在梁天监二年（503年）八月。

是年十月，元英兵临司州城下，梁司州刺史蔡道恭凭城固守。元英先后击败前来救援的梁军将领曹景宗、王僧炳、马仙琕。次年五月，蔡道恭病死，八月，魏军攻占义阳。武阳、平靖、黄岘等义阳三关的梁戍将亦弃关逃走③。魏于义阳置郢州；梁则于关南的南义阳郡（约在今安陆东北）置司州，以郑绍叔为刺史。史称绍叔“创立城隍，缮修兵器，广田积谷，招纳流民，百姓安之”。天监八年（509年）夏侯亶任司州刺史，领安陆太守，司州盖于此时移镇安陆（今安陆）④。南朝在司州的统治有两个重要的方面，即绥抚边民和对北防御。如夏侯亶“居州甚有恩惠，为边人所悦服”；继任之张惠绍“在州和理，吏民亲爱之”；再继任之康绚“在州三年，大修城隍，号为严政”⑤。这些边民主要是聚居于当

① 《宋书》第36卷《州郡志二》，中华书局点校本1974年版，第1 105页；《南齐书》第15卷《州郡志下》，中华书局点校本1972年版，第279页。

② 《魏书》第19卷下《元英传》，中华书局点校本1974年版，第494页；同书第61卷《田益宗传》，第1 371页。下引自二传者，不另出注。

③ 三关并在今河南信阳南、湖北应山北之豫、鄂两省交界处，具体位置可见谭其骧主编：《中国历史地图集》第4册第36图“南朝齐司州、雍州、宁蛮府”所标，地图出版社1982年版。

④ 《梁书》第11卷《郑绍叔传》，中华书局点校本1973年版，第210页；同书第28卷《夏侯亶传》，第419页。关于梁司州的治所问题，详考不赘。

⑤ 《梁书》第28卷《夏侯亶传》，中华书局点校本1973年版，第419页；同书第18卷《张惠绍传》《康绚传》，第286、292页。

地的蛮族，他们的向背直接影响到梁朝在当地的统治。

自天监三年（504 年）北魏占领义阳以后，在梁郢州、司州、雍州与北魏的交界地区，南北双方曾发生激烈争夺。这一带正是蛮族聚居区，双方的边境争夺往往又与对蛮族的争夺、利用联系在一起。

天监四年（505 年），梁武帝以临川王萧宏为主帅，率大军伐魏，进至洛口（今安徽淮南市东淮河支流洛河入淮之口）。当时魏大将元英正在西线进攻梁雍州，雍州蛮首、沔东太守田青喜率 7 郡 31 县 1 万多户叛梁降魏。五年（506 年），元英被东调淮淝，总统魏军以抵御萧宏。梁朝则遣宿将王茂率军数万反攻北魏荆州（治穰城，今河南邓州），诱魏边民及诸蛮更立宛州，并遣其所署宛州刺史、蛮首雷豹狼等袭取魏河南城（今南阳市东南）。魏以杨大眼统军抗击王茂，大破之，“追奔至于汉水，拔其五城”①。天监六年（507 年），梁雍州的冯翊太守宇文子生等七郡附魏，七年（508 年），汉东蛮民 17 000 户附魏。八年（509 年），魏荆州刺史元志率众数万大举攻梁，在魏军驱迫下，南渡汉水降梁的“群蛮”为数甚多，梁雍州刺史萧景“开樊城受降”，并大破元志军，史称“斩首万余级，流尸盖汉水”②。经过这一段时间的激烈争夺，襄、宛一带仍基本维持孝文帝攻夺沔北五郡以后南北政权分沔水而治的格局。

与此同时，梁、魏之间在司州亦有激烈争夺。天监五年（506 年）四月，魏征虏将军宇文福攻梁司州，俘千余口而还③。十月，梁将马仙琕率大军 3 万围攻魏义阳城，后得知萧宏洛口大败，趁夜撤围退走，遭到魏郢州刺史娄悦的追击，损失惨重④。天监七年（508 年）九月，魏郢州司马彭珍、治中督荣祖等谋叛，潜引梁军来攻义阳，三关戍主侯登、

① 《魏书》第 8 卷《世宗纪》，中华书局点校本 1974 年版，第 200～202 页；同书第 73 卷《杨大眼传》，第 1 643 页。

② 《魏书》第 8 卷《世宗纪》，中华书局点校本 1974 年版，第 204、207 页；《梁书》第 24 卷《萧景传》，中华书局点校本 1973 年版，第 368 页。

③ 《魏书》第 8 卷《世宗纪》，中华书局点校本 1974 年版，第 202 页。

④ 《魏书》第 8 卷《世宗纪》，中华书局点校本 1974 年版，第 203 页；同书第 98 卷《岛夷萧衍传》，第 2 174 页。

阳凤省等亦以城南叛，刺史娄悦击败彭、督叛军，婴城自守。十月，魏悬瓠（今河南汝南）军主白早生杀豫州刺史司马悦，据城降梁，并求救于梁司州刺史马仙琕。马在荆州刺史萧秀遣兵相助下，率军赴悬瓠。一时魏郢、豫二州，自悬瓠以南至于安陆（今安陆），除郢州刺史娄悦坚守义阳城外，诸城皆附于梁①。

十二月，魏将元英协助邢峦平定悬瓠、杀白早生后，遂引兵前救义阳。元英先击斩屯据楚王城的梁将张道凝，次年（天监八年，509 年）正月，大败梁将马仙琕等，夺回义阳三关②。至此，司州地区的南北边境又回到天监三年（504 年）魏攻占义阳及三关后的局面。此后至天监十三年（514 年）、十四年（515 年）顷，由于蛮族首领的向背，以及南北政权竞相用官爵收买对方境内的蛮族首领（详下章），南北双方在司州边境地带也出现过一些冲突，但边境格局并没有大的变化。

梁武帝普通五年（524 年，魏正光五年），北魏爆发了六镇起事，其“二荆、西郢郡蛮皆反”，梁乘机对魏发起一系列的攻势，梁雍、司二州边境形势又趋于紧张。

普通五年（524 年）十二月，梁遣武勇将军李国兴攻魏平靖关，信威长史杨法乾攻武阳关、黄岘关，三关及缘边镇戍皆下。李国兴进围魏郢州（义阳城），魏郢州刺史裴询“率厉固守”，蛮族首领、魏西郢州刺史田朴特与询相为表里，共拒梁军。国兴围城近百日不克，后魏援军至，国兴退兵，魏收复部分镇戍③。

普通六年（525 年）正月，梁雍州刺史萧纲遣长史柳津破魏南乡郡（今河南淅川南），司马董当门破魏晋城及马圈、凋阳二城（三城均在今河南南阳一带）④。当时魏二荆、西郢一带群蛮皆反，断三鵶路（今河

① 《魏书》第 8 卷《世宗纪》，中华书局点校本 1974 年版，第 206 页。

② 《资治通鉴》第 147 卷《梁纪》武帝天监七年，中华书局 1956 年版，第 4 586～4 591 页。

③ 《梁书》第 3 卷《武帝纪下》，中华书局点校本 1973 年版，第 69 页；《魏书》第 45 卷《裴询传》，中华书局点校本 1974 年版，第 1 022 页。

④ 《梁书》第 3 卷《武帝纪下》，中华书局点校本 1973 年版，第 69 页。

南鲁山境），并引梁将曹义宗等围攻魏荆州（治穰城，今邓州）。十二月，魏孝明帝下诏拟亲征荆蛮，并遣派崔暹、元彧、辛雄、裴衍、王罴诸将，各率大军分路前救荆州。裴衍部在淅阳、顺阳、马圈一带与梁军进行了激烈的拉锯战，最后仍为梁军所破。魏以王罴为荆州刺史，坚守穰城。

普通七年（526年，魏孝昌二年），梁将曹义宗又进逼魏新野，为前来援救新野的魏将辛纂等所破。

大通元年（527年）正月，梁司州刺史夏侯夔率壮武将军裴之礼等进军魏平静（即平靖）、穆陵、阴山诸关（穆陵、阴山在今麻城北境），所至皆克。九月，夔自武阳关引兵协助梁将湛僧智攻克魏东豫州（今河南息县）后，遂屯军汝南安阳城，于是魏义阳北道为梁军阻断。

大通二年（528年）四月，魏郢州刺史（治义阳）元愿达请降，梁遣郢州刺史元树迎之，夏侯夔亦自汝南率军来会。梁改魏郢州为北司州，以夔为刺史，兼督（南）司州①。

梁将曹义宗攻围魏荆州，已历3年。梁军堰水灌城，“不没者数板”。魏荆州刺史王罴固城坚守，不时出城搏战，梁军不能克。大通二年（528年）五月，魏将费穆率军救荆州，十月，穆大败梁军，俘曹义宗，荆州之围始解②。这年十月，梁以来降的魏北海王元颢为魏主，遣东宫直阁将军陈庆之率军送颢还北。当时北方内乱正烈，陈庆之一路所向披靡，凡取32城，并于次年五月占领洛阳。于是自河而南的魏国州郡，多附梁国。但陈庆之不久即为魏将尔朱荣所败，南附州郡依然归魏③。

其后，陈庆之于中大通二年（530年）受任南、北司州二州刺史，

---

① 《梁书》第3卷《武帝纪下》，中华书局点校本1973年版，第71～72页；同书第28卷《夏侯夔传》，第421页。

② 《魏书》第10卷《孝庄纪》，中华书局点校本1974年版，第258、260页；《周书》第18卷《王罴传》，中华书局点校本1971年版，第291～292页。

③ 《资治通鉴》第152～153卷《梁纪》武帝大通二年至中大通元年，中华书局1956年版，第4 753～4 765页。

又进围悬瓠，连破魏军，将梁边境控制线北推，从而得以“罢义阳镇兵，停水陆转运”，使“江湖诸州并得休息”。后又表省南司州①。

由于镇民起事及军阀混战，北魏内部的危机仍在加深。中大通五年（533 年），北魏孝武帝为了对付执政的军阀高欢，以侍中贺拔胜为都督三荆等七州诸军事、荆州刺史，出镇穰城。这年十二月，贺拔胜向梁雍州发起攻势。攻克下迮戍（今襄阳北），又使人诱动群蛮。梁雍州刺史萧续遣军抗击，为贺拔胜所遣蛮族首领文道期打败，“汉南大骇”。胜又遣将分别攻拔梁均口、冯翊、安定、沔阳、酇城诸城。贺拔胜进至谷城，因梁将柳仲礼固守，攻之不克，魏军乃还师，一时“沔北荡为丘墟”。

中大通六年（534 年，魏永熙三年），魏孝武帝元修在高欢的逼迫下，先欲南依荆州（穰城）贺拔胜，最后仍决定西投军阀宇文泰，七月，元脩入关。贺拔胜亦率部自南阳追随元脩西赴关中，为高欢军所阻，复还荆州，但其时荆州已为高欢将领侯景所据，于是转而南奔梁朝。十月，高欢另立魏宗室元善见（即东魏孝静帝），从此魏分裂为东、西魏②。

魏分东、西以后，东、西魏之间的争战十分激烈，而对梁朝的攻势减弱。自大同二年（536 年）东魏遣使梁朝求和，次年梁使回访东魏，直至梁末侯景之乱，两国之间的关系十分友好，使节络绎于途。此间江南号称久安，梁湖北地区边境亦无大的战事。

三、侯景之乱爆发与上游方镇火并

梁武帝在位期间，曾多次兴师北伐，却格于南北形势，直至晚年，迄无成就。但梁武帝念念不忘统一中原，一直在寻觅时机进攻北朝。正是日有所思，夜有所梦，太清元年（547 年）正月十六日夜，已是 84 岁

---

① 《梁书》第 32 卷《陈庆之传》，中华书局点校本 1973 年版，第 461～464 页。

② 《魏书》第 80 卷《贺拔胜传》，中华书局点校本 1974 年版，第 1 781 页；《周书》第 14 卷《贺拔胜传》，中华书局点校本 1971 年版，第 218～219 页；《资治通鉴》第 156 卷《梁纪》武帝中大通五年至六年，中华书局 1956 年版，第 4 831～4 859 页。

老人的梁武帝做了一个梦，梦见“中原牧守皆以地来降，举朝称庆”。翌晨醒来，梁武仍喜悦难禁，就对中书舍人朱异谈了昨晚的梦。善揣上意的朱异立即说：这岂不是天下将要统一的征兆么？武帝也说自己平时很少做梦，有梦必然应验①。

美梦成真的机会似乎就在眼前。太清元年（547 年）二月，东魏执政高欢病死，其子高澄继掌朝权，对统兵 10 万、专制河南的河南道大行台侯景很不放心，假借高欢之命征侯景入朝。侯景自知入朝后性命难保，遂起兵反叛。他先降西魏，复遣使至建康，表请以河南 13 州地降梁。梁武帝召集群臣廷议，大多数人反对接纳侯景，但梁武帝认为“得景则河北可清，机会难得”，“又感前梦”，遂违众议，并不顾与东魏有互通聘使的友好关系，决定接纳侯景。梁武帝以侯景为大将军、大行台，封河南王②，八月，又派侄儿萧渊明率大军北伐，与侯景军互为掎角。十一月，梁军在彭城附近的寒山遭到东魏军的痛击，萧渊明被俘，将士死亡数万。次年（548 年）正月，东魏军又在涡阳击败侯景军，侯景仅收合步骑 800 余人南逃，占据梁寿阳城。

梁武帝见侯景丧师失地，已无多少利用价值，遂与东魏议和，并决定以侯景换回被东魏俘虏的萧渊明。侯景探得实情后，于太清二年（548 年）八月在寿阳起兵叛梁，史称“侯景之乱”。在被剥夺太子地位后一直对梁武帝心怀不满的临贺王萧正德的秘密策应下，侯景于十月下旬渡过长江，两天后即攻入建康，包围了台城。

在台城被围之后，梁朝各州镇纷纷发兵勤王。太清二年（548 年）

---

①《梁书》第 56 卷《侯景传》，中华书局点校本 1973 年版，第 862 页；《南史》第 80 卷《侯景传》，中华书局点校本 1975 年版，第 1 994 页。《资治通鉴》第 160 卷《梁纪》武帝太清元年系梁武帝此梦于正月乙卯日即十七日，中华书局点校本 1956 年版，第 4 950 页。按《资治通鉴》所记当本于上揭《南史·侯景传》，唯时间偶误，因《南史》载称梁武帝此梦做于乙卯前一日，即十六日。

②《梁书》第 38 卷《朱异传》，中华书局点校本 1973 年版，第 539 页；《资治通鉴》第 160 卷《梁纪》武帝太清元年，中华书局 1956 年版，第 4 949～4 950 页。

年底已抵达建康者有：南徐州刺史邵陵王萧纶（梁武帝第六子）及所率武州刺史萧弄璋、前谯州刺史赵伯超、东扬州刺史萧大连（皇太子萧纲子）、南兖州刺史萧会理（梁武帝第四子绩子）、司州刺史柳仲礼、合州刺史鄱阳王萧范（梁武帝弟恢子）及西豫州刺史裴之高、前衡州刺史韦粲、高州刺史李迁仕、前司州刺史羊鸦仁，等等。集结于建康城外的诸路援军总数不下 30 万，但相互猜忌，矛盾重重，最后虽推柳仲礼为大都督指挥全局，实则互不相下，除了韦粲一人率部冲锋陷阵并战死外，其余将帅大都顿兵观望，竞相抢掠。

作为江左政权“推毂”所在的荆楚方镇也早有动作。十一月，荆州刺史湘东王萧绎（梁武帝第七子）闻台城被围，立即下令戒严，移檄所督湘州刺史河东王誉、雍州刺史岳阳王詧（誉、詧均为梁武帝长子即昭明太子萧统之子）、江州刺史当阳公大心（皇太子萧纲子）、郢州刺史南平王恪（梁武帝弟伟子）等发兵入援。同时遣司马吴晔、天门太守樊文皎等率军发江陵，十二月，再遣世子萧方等率步骑 1 万发公安，入援建康。接着萧绎又遣竟陵太守王僧辩将舟师万人，出自汉川，载粮东下。稍后，萧绎又亲自率领锐卒 3 万发江陵，留其子萧方诸居守荆州。

太清三年（549 年）正月，萧方等、王僧辩的军队抵达建康。二月，被侯景包围的台城之内，因疾疫、饥饿，死者大半；被勤王大军反包围的侯景军队，也因严重缺粮，不能复战。侯景见“台城不可猝拔”，又听说荆州大军将至，遂向梁廷请和。朝廷接受了和议，侯景又逼迫梁武帝诏退援军，从而得以补给军粮及武器装备。待一切准备好后，侯景又突然撕毁盟约，猛攻台城。三月，台城陷，侯景假武帝诏，命令诸援军撤归本镇。五月，被软禁的梁武帝饿死于宫中①。

---

① 以上关于侯景之乱过程，见《梁书》第 3 卷《武帝纪下》，中华书局点校本 1973 年版，第 91～95 页；《资治通鉴》第 160～162 卷《梁纪》武帝太清元年至三年五月，中华书局 1956 年版，第 4 947～5 017 页，以及《梁书》第 56 卷《侯景传》，第 833～864 页；《南史》第 80 卷《贼臣・侯景传》，中华书局点校本 1975 年版，第 1 993～2 017 页。

梁武帝萧衍既死，梁朝也就名存而实亡。侯景分兵攻占富庶的三吴地区，势力大盛，而上游梁荆、郢、雍、湘以及益州诸方镇之间却忙于自相残杀，争夺地盘乃至帝位。

荆州刺史萧绎从江陵出发后，军抵郢州武城（今黄陂南），即“托云俟四方援兵，淹留不进”。后侯景诈求和，萧绎便称诏旋师，其参军萧贲力劝萧绎进兵建康，反为萧绎所忌，被绎借故杀害。当时湘州刺史河东王誉屯军于巴陵（今湖南岳阳），信州刺史桂阳王慥屯军于江津（今沙市南长江中沙洲上），也都按兵不动。侯景毁盟复叛，上表陈梁武帝十失，其中谈到诸王及孙侄，“位则藩屏，臣（侯景）至百日，谁肯勤王”①，确实道出了萧绎等出镇诸王内心的隐情。不久台城陷落，荆州诸将所率舟师被侯景全部接管，萧绎部将王琳送给援军的 20 万石米已运至姑孰，亦遵萧绎命全部沉于江中②。但无论是台城陷，还是梁武帝死，对于萧绎来说，都不足挂怀，毋宁说他还希望台城早陷，武帝早死，这样就扫除了他称帝道路上的最大障碍。但现在障碍还没有全部扫清，首当其冲的就是他的兄弟、侄子。萧绎很快就开始了翦除行动，而在这场行动中有一个推波助澜的重要人物，那就是新任雍州刺史张缵。

先是太清二年（548 年），朝廷以河东王萧誉为湘州刺史，以原湘州刺史张缵为雍州刺史，代岳阳王萧詧③。缵以萧誉年少，迎候资送之礼不恭。萧誉怀恨在心，到任后托病不见张缵，并在交接之际对州、府诸事进行检核，“留缵不遣”，且颇加凌辱。张缵恐为萧誉所杀，遂“弃其部曲，携其二女”，在夜晚乘轻舟逃出湘州。他准备到雍州去上任，又怕萧誉的弟弟萧詧不受代，想到与湘东王萧绎有旧交，就投奔到了江陵。当时侯景之乱已经爆发，萧绎、萧誉均率军入援，分别顿兵郢州、巴陵。

---

①《资治通鉴》第 162 卷《梁纪》武帝太清三年（549 年），中华书局 1956 年版，第 5 006、5 008 页。

②《南史》第 38 卷《柳仲礼传》，中华书局点校本 1975 年版，第 993 页。

③《梁书》第 3 卷《武帝纪下》，中华书局点校本 1973 年版，第 93 页。

后因侯景请和，诸王将各还其镇，但萧誉和屯军江津的信州刺史桂阳王萧慥出于礼节，都准备在返镇前拜谒督府萧绎（湘、信均为荆州所督），故分别在巴陵、江津等候萧绎自郢州归来。这时张缵托人带信给萧绎，说“河东王萧誉已在巴陵树起桅杆升起风帆，将溯流袭击江陵；岳阳王萧慥也在襄阳积聚军粮，拟与萧誉共谋不轨”，他想借萧绎之手除掉萧誉兄弟。张缵还指使江陵军将朱荣遣人密报萧绎，说“桂阳王萧慥也留在江陵，准备与萧誉、萧詧掎角袭击荆州”。萧绎闻讯大惧，立即凿船沉米，自郢州步道驰归江陵，将毫不知情的桂阳王萧慥囚禁，杀于狱中，从此萧绎与萧誉兄弟之间结下了怨仇①。

萧绎遣使赴湘责备萧誉，并索回张缵在湘州的部曲、僚佐，然后遣张缵往襄阳赴任。当初萧绎率军入援建康时，命令所督诸州均须发兵。雍州刺史岳阳王萧詧遣府司马刘方贵率军出汉口，萧绎要求萧詧亲自率领，但萧詧拒不服从。刘方贵本与萧詧不和，遂潜与萧绎通谋，克期袭詧。后方贵怀疑谋泄，先期据樊城与萧詧对抗，并向江陵求援。萧绎“乃厚资遣（张）缵”，声言赴任，实为救援方贵。但张缵尚未到襄阳，樊城就已陷落，刘方贵被杀。张缵抵达襄阳后，萧詧不仅不受代，而且将张缵软禁，逼缵剃发为沙门，最后仍将他杀害②。

太清三年（549 年）六月，上甲侯萧韶自建康逃奔江陵，自称受梁武帝密诏，以湘东王萧绎为侍中、假黄钺、大都督中外诸军事、承制，征兵讨侯景。萧绎将东讨，遣使至湘州征兵调粮。湘州刺史萧誉拒不应征，并说湘州自有军府（按：指萧誉所任南中郎将府），怎么突然要归你荆州管呢！荆州使者前后三反，萧誉一概不从。萧绎遂以世子萧方等率精兵 2 万讨伐湘州，任少子萧方矩为湘州刺史以代誉。萧誉率军迎击，

---

① 《梁书》第 34 卷《张缵传》，中华书局点校本 1973 年版，第 502 页；《周书》第 48 卷《萧詧传》，中华书局点校本 1971 年版，第 856～857 页（下文出自张、萧二传者，不另出注）；《南史》第 51 卷《梁宗室上·萧慥传》，中华书局点校本 1975 年版，第 1 274 页。

② 《资治通鉴》第 162 卷《梁纪》武帝太清三年（549 年），中华书局 1956 年版，第 5 016 页。

方等兵败身死。萧绎复遣信州刺史鲍泉率军伐湘，八月，萧誉迎战荆州军，失利，退保长沙，告急于其弟雍州刺史萧詧[①]。萧詧亲率大军 2 万，骑 2 000，攻讨江陵以救湘州。九月，詧至江陵，由于萧詧部将杜氏兄弟 4 人各率所部投降萧绎，并倒戈攻袭襄阳，加之突降大雨，"平地水深四尺"，萧詧连夜狼狈退兵，所弃粮食、金帛、器杖不可胜计。詧既与萧绎为敌，自忖实力不够，难以自存，于是遣使求援并纳质于西魏，请为附庸。西魏执政宇文泰正欲经略江、汉，于是以开府仪同三司杨忠为都督三荆等十五州诸军事，出镇穰城，率众 1 万趋襄阳，向梁汉东地区发起进攻。次年六月，西魏策萧詧为梁王，建台置百官。萧绎打败萧詧后，又命大将王僧辩率军代鲍泉为都督，加大进攻湘州的力度。大宝元年（550 年）四月，王僧辩攻克长沙，杀萧誉，传首江陵[②]。

萧绎既败萧詧，杀萧誉，自谓消除了眉睫之患，这才发梁武帝丧，移檄州镇，下令大举讨伐侯景。但在当时，萧绎兄弟辈连他自己尚存 4 人。其三兄萧纲虽为皇帝，实际上是在侯景的软禁之中。此外还有六兄邵陵王萧纶，八弟益州刺史武陵王萧纪，他们都被萧绎视为帝位争夺战中的潜在对手。

萧纶原任南徐州刺史，侯景起兵后曾被任命为征讨大都督率众讨景，台城被围，纶赴援战败，奔还京口。太清三年春复率军入援，台城陷后逃往会稽。是年十二月，侯景遣将攻破三吴，萧纶逃奔九江，继而引兵西上，大宝元年（550 年）正月至郢州。郢州刺史南康王恪以州让纶，纶不受，乃推纶为假黄钺、都督中外诸军事，承制置百官。这些职务与萧绎据梁武帝密诏所任职务基本相同。当时荆州军正在围攻湘州，萧誉求救于萧纶，纶有心救助而力不足，于是写信给萧绎，称"社稷危耻，创痛巨深"，应"剖心尝胆，泣血枕戈"，共赴国难，不可骨肉相残。又

① 《梁书》第 55 卷《萧誉传》，中华书局点校本 1973 年版，第 829～830 页。下引此传者，不另出注。

② 《资治通鉴》第 162 卷《梁纪》武帝太清三年（549 年），中华书局 1956 年版，第 5 028～5 031 页。

说侯景之所以未攻上流，“良为藩屏磐固，宗镇强密”。他劝萧绎务必“解湘州之围”，但萧绎仍一意孤行。这时侯景部将任约已攻克江州，正在向郢州推进。这年七月，萧纶遣将率精兵 5 000 迎击任约，被任约打败，于是在郢州“大修铠仗”，以备任约。萧绎听说萧纶在郢州扩军，很是不悦。八月，遣将王僧辩、鲍泉率舟师 1 万东下郢州，声言拒任约，实则逼萧纶。萧纶也深知湘州既破，萧绎的下一个目标就是自己。因为萧纶在兄弟行次中是萧绎的哥哥，将来继承帝位，按次序萧纶应该居前，所以萧绎无论如何也不会与他共戴一天的①。

王僧辩所率荆州军抵鹦鹉洲。萧纶气愤地在信中责备王僧辩说：“将军前年杀人之侄（按：指杀萧绎兄昭明太子萧统之子河东王誉），今岁伐人之兄，以此求荣，恐天下不许！”王僧辩将萧纶的信转给萧绎，但萧绎仍下令王僧辩立即向萧纶进攻。萧纶哭着对他的部下说：“我本无他，志在灭贼，湘东常谓（我）与之争帝，遂尔见伐。今日欲守则交绝粮储，欲战则取笑千载……当于下流避之。”② 于是弃城东逃。王僧辩入据郢州，萧绎以其世子萧方诸为郢州刺史。

萧纶收集散卒流民，几经辗转，最后屯于齐昌（约在今红安南），并遣使于北齐求援。后来任约遣奇兵袭击萧纶，纶无备，败走定州（今麻城东）。萧纶复欲回屯齐昌，行至汝南（约在今安陆境），为西魏所署汝南城主李素所接纳。随郡、安陆一带土豪段珍宝等试图推萧纶为主，联络北齐，将西魏军队逐出当地。萧纶在汝南“修复城池，收集士卒”，准备攻打竟陵。萧绎将这一消息秘密透露给西魏后，大宝二年（551 年）二月，西魏大将杨忠攻破汝南，杀害萧纶③。

---

① 《梁书》第 29 卷《高祖三王·萧纶传》，中华书局点校本 1973 年版，第 432～436 页。下文引自此传者，不另出注。

② 《资治通鉴》第 163 卷《梁纪》简文帝大宝元年（550 年）九月辛酉，中华书局点校本 1956 年版，第 5 052 页。

③ 《周书》第 19 卷《杨忠传》，中华书局点校本 1971 年版，第 316～317 页；《南史》第 53 卷《梁武帝诸子·萧纶传》，中华书局点校本 1975 年版，第 1 325 页。

萧纶死后，最有资格与萧绎竞争帝位的就只有益州的萧纪了。纪自大同三年（537 年）受任都督益、梁等十三州诸军事、益州刺史，就一直镇守梁、益。史称萧纪在蜀，“内修耕桑盐铁之功，外通商贾远方之利，故能殖其财用，器甲殷积”，有精兵数万，战马 8 000。侯景之乱爆发后，萧纪同样无心勤王。直到大宝元年（550 年）五月，始遣世子圆照率军 3 万下峡，受湘东王萧绎节度。绎以圆照为信州刺史，命令他顿兵白帝城，不得东下。这年十一月，萧纪又准备亲自率大军东讨侯景，以向荆楚扩展自己的势力范围。萧绎修书劝止，说：“蜀中斗绝，易动难安，弟可镇之，吾自当灭贼。”又另纸写道：“地拟孙、刘，各安境界；情深鲁、卫，书信恒通。”希望效法当年吴、蜀联盟，荆州、益州各自守境安民，同时保持经常联系，以加强兄弟情谊①。

对于萧绎来说，荆楚内部的竞争对手均已翦灭，只要萧纪不马上举兵东下，讨伐侯景确实已成为当务之急。当年台城被围，萧绎可以按兵观望，现在侯景已遣将西上，其部将任约已占领江州，又趁王僧辩攻逼萧纶，占领了郢州的东边门户西阳、武昌，正在向夏口、江陵步步逼近，无论是为将来称帝积聚政治资本，还是为解除荆楚的切近之患，萧绎都必须全力抗击侯景。至于益州的萧纪，只要他目前不兴兵东下，尽可在平定侯景之后处理。而萧纪认为“七官（指萧绎）文士，岂能匡济”，估计萧绎不可能平定侯景，他正等待着萧绎、侯景两败俱伤，自己坐收渔翁之利，因此目前也无意急于东下。

四、萧绎平定侯景与称帝江陵

大宝元年（550 年）七月侯景将任约攻陷江州以后，萧绎遣徐文盛督率众军东下，九月，至武昌（今鄂州）境，与任约军对峙。十一月，徐文盛大破任约水军，进军大举口（当在今新洲南举水入江处）。侯景遣

① 《南史》第 53 卷《梁武帝诸子·萧纪传》，中华书局点校本 1975 年版，第 1 328～1 332 页；《梁书》第 55 卷《萧纪传》，中华书局点校本 1973 年版，第 825～828 页。

宋子仙等率兵 2 万西上助任约。大宝二年（551 年）正月，萧绎亦遣尹悦、杜幼安等将率兵 2 万自郢州东下武昌，增援徐文盛。三月，徐文盛收复武昌。任约向建康告急，侯景于闰三月亲率大军西上援约，军至西阳，与徐文盛夹江筑垒，文盛不敢出战。所统杜幼安等独率所部迎战，重创侯景军①。

当时萧绎次子萧方诸任郢州刺史，年仅 15，恃徐文盛大军在近，成天与行事鲍泉以饮酒、赌博为乐，不复设防。侯景探知郢州兵少无备，四月，遣宋子仙、任约率精骑数百，间道偷袭，活捉萧方诸、鲍泉，"尽获（徐文盛所统）武昌军人（留在郢州的）家口"。侯景乘顺风中江举帆，越过徐文盛军，溯流而上，进据郢州。徐文盛所部或降或逃，一时溃散。

此前萧绎已遣王僧辩为大都督，率淳于量、杜龛、王琳、裴之横等将东下，代文盛总统诸军。行至巴陵，闻郢州已陷，于是屯兵巴陵，"悉上江渚米粮（于巴陵城中），并沉公私船于水"，坚壁以待侯景。

侯景使仪同丁和统兵 5 000 守夏口；大将宋子仙率军 1 万为先锋，进攻巴陵；自己率大军水陆继进。侯景军新平郢州，军势甚锐，缘江镇戍皆望风披靡，很快就兵临巴陵城下。王僧辩闭城固守，偃旗息鼓，静若无人。侯景军舍船就岸，筑长围，垒土山，开八路向城，一齐攻城。城内同时鼓噪，但见矢石如雨，侯景军死者甚众，被迫后退。既而侯景又组织进攻，或肉搏斫城而上，或以楼船攻水城，或推虾蟆车填堑、引障车临城，或于舰上竖立木桔槔聚茅置火以烧水栅，王僧辩皆随方应付，有效瓦解了侯景的一次次进攻，并时遣轻兵出击，无往而不捷。

---

① 本小节所述平定侯景，主要依据《梁书》第 56 卷《侯景传》、《南史》第 80 卷《侯景传》；《梁书》第 5 卷《元帝纪》、《南史》第 8 卷《梁本纪下·元帝纪》；《梁书》第 45 卷《王僧辩传》，同书第 46 卷《徐文盛传》，同书第 44 卷《世祖二子·萧方诸传》；《陈书》第 1 卷《高祖纪上》。以上均为中华书局点校本。《资治通鉴》第 163～164 卷《梁纪》简文帝大宝元年至梁元帝承圣元年，中华书局 1956 年版，第 5 053～5 086 页。

五月，萧绎又遣胡僧祐、陆法和率军赴援巴陵。侯景遣任约率精兵5 000西上江陵迎击。六月，胡、陆合兵击败任约，约军被杀、溺死者殆尽，约亦被活捉至江陵。侯景昼夜围攻巴陵而不克，军中食尽，疾疫死伤大半；又闻任约覆败，遂烧营宵遁，还军郢州，留将戍守郢城（夏口）、鲁山、江州，自己率兵数千，顺流东下，直抵建康。

萧绎以王僧辩为征东将军、尚书令，命他率领巴陵诸军顺流征讨侯景。六月十八日，克鲁山；二十二日，下郢城；七月三十日，占领江州湓城。这时，屯于巴丘（今江西峡江）的陈霸先率所部3万人向江州进发，准备与王僧辩会师。

陈霸先原为梁西江督护、高要太守，侯景之乱初，陈以伐景为名进屯南康。大宝二年（551年），萧绎以陈霸先为江州刺史，命他南下平定江州，以截断西攻郢州的侯景军退路。六月，陈霸先军发南康，进屯西昌（今江西泰和），七月进至巴丘。王僧辩攻克湓城，军队乏食，陈霸先有粮50万石，乃分30万石给僧辩。八月初，王僧辩一举击走戍守郭默城的侯景将于庆，戍守寻阳城的侯景将范希荣，以及戍守晋熙郡的侯景将任延和，江州平。萧绎命令王僧辩暂时顿兵寻阳以待诸军结集；九月，任命王僧辩为江州刺史，以江州刺史陈霸先为东扬州刺史。

是年八月，侯景废简文帝萧纲，另立萧栋（昭明太子萧统子）。十月，侯景杀萧纲。十一月，侯景废萧栋自立。

次年（552年）二月，王僧辩率诸军发寻阳，舳舻数百里，东讨侯景。陈霸先率甲士3万，舟舰2 000，出湓口与僧辩会师于白茅湾（今江西九江北），筑坛盟誓。然后两支强大的军事力量联手东下，一路风卷残云，直指建康。三月，攻占建康，侯景携其二子出逃，后为其随从军将所杀。历时近四年的侯景之乱终告结束。

王僧辩自江陵率军东下之时，曾请示萧绎："平贼（侯景）之后。嗣君（萧纲）万福（健在），未审何以为礼（不知用什么礼节来对待他）？"萧绎的回答是，建康破后，都城六门之内，你自可放手杀戮。其意不待明言。王僧辩攻占建康后，萧纲已被侯景所杀，王僧辩遵照萧绎的暗示，遣人杀死萧栋及其二弟。

王僧辩等曾多次奉表萧绎劝进，但萧绎自知时机尚未成熟，一直推让。公元552年四月八日，益州刺史武陵王萧纪在成都称帝，改元天正①。十一月十二日，萧绎接踵在江陵称帝，改元承圣，是为梁元帝。

当时梁元帝萧绎所面临的形势仍十分严峻。早在八月，萧纪已举兵东下。十月，湘州长史陆纳因刺史王琳被萧绎囚禁，举兵反叛，袭占湘州，继而遣将分攻衡州、巴陵②。

梁元帝征王僧辩等将西上，以讨陆纳。顺流东下的萧纪大军日近，元帝甚惧，遂遣使结援西魏，请求西魏发兵攻袭益州。西魏执政宇文泰自然乐于利用这一“取蜀制梁”的难得机会，承圣二年（553年）三月，遣大将军尉迟迥督开府原珍等6军，甲士1.2万，骑1万匹，自散关伐蜀③。

五月，萧纪兵至巴郡，闻西魏攻蜀，遣前梁州刺史谯淹还军救蜀。但消息传出，“将卒日夜思归”，诸将也以为大军“宜还救根本”。萧纪不听，仍继续进军。进至西陵峡，遭到元帝护军陆法和的阻击。元帝又先后从狱中拔任原侯景将任约、谢答仁，配以禁兵，使助法和。六月，元帝复从狱中释放王琳，使琳赴湘州劝降陆纳，纳降。湘州平后，王僧辩诸军以及王琳等相继西上，以抗萧纪。此间元帝曾两次写信给萧纪，许其还蜀，专制一方，萧纪不从。纪顿兵日久，军老粮乏，加之后方告急，遂遣使至江陵求和。元帝得知“蜀军乏粮，士卒多死，危亡可待”，不许。七月，荆州诸军向萧纪发动攻击，纪众大溃。游击将军樊猛将萧纪所乘战舰团团包围，萧纪向樊猛请求“一见七官（元帝）”。但元帝预先已有密敕，虽生俘萧纪，仍不能算“成功”，故樊猛纵军杀之。萧纪诸子

---

①《梁书》第5卷《元帝纪》，中华书局点校本1973年版，第127页。关于萧纪称帝时间，史有异载，详考不赘。

②《资治通鉴》第164卷《梁纪》元帝承圣元年，中华书局1956年版，第5 092～5 095页。

③《北史》第62卷《尉迟迥传》，中华书局点校本1974年版，第2 210页。

或被杀，或被饿死狱中①。

陆纳、萧纪既平，萧绎江陵政权来自内部的威胁基本消除，有资格有能力与萧绎争帝位的萧梁宗王，至此亦被全部翦除。

五、梁元帝江陵政权的周边形势与迁都之议

承圣二年（553 年）七月，当梁元帝兄弟之间殊死搏斗之时，西魏大军正在昼夜围攻成都。八月，魏军攻克成都，平定梁、益。作为荆州南大门的雍州也是因梁元帝叔侄内讧，早已沦为西魏附庸，从而梁元帝荆州北界仅止于武宁郡（今荆门北），西止峡口（巫峡之口）。岭南则为萧勃所据。

而在侯景之乱及上游方镇火并之际，巴陵（今湖南岳阳）以下东至建康的长江以北之地，亦尽为北朝掠占。

东魏在击败侯景后，很快尽复旧境，并遣行台辛术南略江、淮。至太清三年（549 年）底东魏大将潘乐等率众 5 万攻占梁司州，东魏已尽有淮南之地②。

太清三年（549 年）十一月萧詧归附西魏后，萧绎以司州刺史柳仲礼为雍州刺史，进攻襄阳。仲礼乃以别将夏侯强为司州刺史，守义阳，自率大军攻占竟陵、安陆，继而进据漴头（今安陆西北），北逼襄阳。西魏大将杨忠及行台仆射长孙俭率军南征柳仲礼以救萧詧。杨忠先拔梁下溠戍（今随州西北唐县镇），十二月攻克随郡。大宝元年（550 年）正月，进围安陆。正在向襄阳进发的柳仲礼赶紧回师救安陆，与前来迎战的杨忠在溠头遭遇，仲礼战败被俘，安陆、竟陵相继出降杨忠，汉东之

---

① 《梁书》第 55 卷《萧纪传》，中华书局点校本 1973 年版，第 826～828 页；《南史》第 53 卷《梁武帝诸子·萧纪传》，中华书局点校本 1975 年版，第 1 328～1 333 页；《资治通鉴》第 165 卷《梁纪》元帝承圣二年（553 年），中华书局 1956 年版，第 5 098～5 103 页。

② 《资治通鉴》第 161～162 卷《梁纪》武帝太清二年至三年（548—549 年），中华书局 1956 年版，第 4 974、5 020、5 033 页。

地尽入于西魏。二月，杨忠乘胜进至石城（今钟祥），将攻江陵。萧绎遣使送质与杨忠媾和，双方约定："魏以石城为限，梁以安陆为界。"如前所述，这年年底，梁邵陵王萧纶为萧绎所逼，辗转北据汝南城，谋攻安陆。杨忠再次率军南下，于次年二月击杀萧纶①。

总之，梁元帝江陵政权，实际控制的范围甚蹙，"文轨所同，千里而近；人户著籍，不盈三万"②。梁元帝政权既以荆州为中心，而荆州对北防御的屏障襄、宛地区，对荆、郢有顺流之势的汉东地区，对于荆州甚至是江左政权的巩固具有重要作用的巴蜀地区，均因兄弟阋墙，骨肉相残，拱手让给了西魏。

在这样的周边形势下，江陵显然已不适宜作为梁元帝政权的政治、军事中心。尽管江、淮之间亦为东魏所据，但建康毕竟是孙吴以来五朝旧都，且北有长江天堑，南有富庶的三吴地区，上游有江、郢、荆诸州作为藩屏，因此，无论在哪个方面建康都比江陵更适宜充当江左的政治、军事中心。

早在王僧辩攻灭侯景收复建康后，就曾奉表萧绎劝进，表中有云，"旧郊既复，函、洛已平……岂得不扬清驾而赴名都，具玉銮而游正寝"，拟迎萧绎还都建康。萧绎答表称，"今淮海长鲸（侯景），虽云授首，襄阳短狐（萧詧），未全革面"，表示暂缓称帝、迁都，以待天下平定。承圣二年（553年）八月，新平萧纪，"议者欲因其（萧纪）舟舰迁都建邺"，这月的初十日，梁元帝还下过迁都之诏。但群臣之间很快因迁都问题引起了一场激烈争论③。

---

①《南史》第38卷《柳仲礼传》，中华书局点校本1975年版，第994页；《周书》第19卷《杨忠传》，中华书局点校本1971年版，第316～317页；同书第2卷《文帝纪下》，第33～34页。

②《南史》第8卷《梁本纪下》，中华书局点校本1975年版，第244页。

③《梁书》第5卷《元帝纪》，中华书局点校本1973年版，第127、133页；《南史》第8卷《梁本纪下》，中华书局点校本1975年版，第245页。关于此问题，参见孙继民：《试析梁元帝时期的迁都之议》，谷川道雄主编：《地域社会在六朝政治文化上所起的作用》，玄文社1989年版。

主张“即都江陵”的大臣有领军将军胡僧祐、太府卿黄罗汉、吏部尚书宗懔、御史中丞刘毂等。他们的理由大体如次：“建康虽是旧都，王气已尽”；“(因侯景之乱）凋荒已极”；“且与北寇邻接，止隔一江，若有不虞，悔无及矣”；“闻荆南有天子气，今其应矣”；他们还有一个不想说出的理由，那就是这四位不主张迁都的大臣，除刘毂外都是荆楚人。史称元帝“故府臣僚皆楚人”，这些“家在荆州”的朝士“皆不欲迁”，如宗懔之“劝都渚宫”，即“以其乡里在荆州故也”①。

主张迁都建康的大臣以黄门侍郎周弘正、尚书右仆射王褒为首。他们立论的重点是王朝的正统性：“若束脩以上（只要稍稍读过一点书的）士大夫微见古今者，知帝王所都本无定处，无所与疑；至如黔首万姓，若未见舆驾入建邺，谓是列国诸王，未名天子。今宜赴百姓之心，从四海之望。”当时黄罗汉、宗懔等“荆陕人士”都说“弘正、王褒并东人，仰劝东下，非为国计”，王、周是否果然有此私心，不得而知，但他们的反驳倒是很有力量的。周弘正当着梁元帝的面驳斥黄、宗等人道：“若东人劝东，谓为非计，君等西人欲西，岂成良策?”其实王褒、周弘正确有一个不想公开说出的理由，那就是与荆州势同唇齿的襄阳以及汉北地区被西魏控制以后，江陵的处境已危如累卵。这个理由应该是非常明显的，但梁元帝为人沉猜多忌讳，因此他们不敢直说②。

关键是梁元帝本人的态度。他曾两次出镇荆州，前后有20多年，对荆州已是“情所安恋”；他所依靠的骨干力量即“故府臣僚”多为楚人；当时“建康凋残，江陵全盛”，故其内心并无“去意”。但梁元帝还是想进一步征求朝廷百官的意见，希望能把自己的意志变为多数人的决议。于是在“后堂大集文武，其预会者四五百人”，最后进行表决，凡主张迁都建

---

①《陈书》第24卷《周弘正》，中华书局点校本1972年版，第309页；《南史》第34卷《周弘正传》，中华书局点校本1975年版，第899～890页（下引此传者，不另出注)；《周书》第42卷《宗懔传》，中华书局点校本1971年版，第760页。

②《周书》第41卷《王褒传》，中华书局点校本1971年版，第730页；王仲荦：《魏晋南北朝史》上册第6章第4节，上海人民出版社1979年版，第456页。

康者“左袒”。不料仍然是“左袒者过半”。武昌太守朱买臣为元帝亲信，本为西人，也力主东迁，认为“建康旧都，山陵所在；荆镇边疆，非王者之宅”；并说“买臣家在荆州，岂不愿官（元帝）长住？但恐（长住）是买臣富贵，非官富贵邪”！不过朝臣表决的结果并没有改变梁元帝的个人意志，他仍坚持定都江陵，同时企图将自己的意志变为天意或者神意。江陵大江中先有99洲，当地人自古相传，“洲满百，当出天子”。太清末年枝江江中又形成了一个沙洲，曾被当作梁元帝称帝江陵的重要祥瑞，现在又成为梁元帝及其荆楚臣僚定都江陵的理由之一。梁元帝又就迁都问题请术士杜景豪占卜，杜景豪当然也不敢使占卜的结果有违圣上的旨意①。

到了承圣三年（554年）五月，中书郎、领太史庾季才又以“天象告变，秦将入郢”，向梁元帝建议：“宜留重臣，作镇荆陕，整旆还都，以避其患。假令羯寇（西魏）侵蹙，止失荆、湘，在于社稷，可得无虑。必久停留，恐非天意也。”庾季才的建议当然要有天象依据，但他将渺远莫测的“天意”，具体化为可操作的迁都，则包含着他对江陵所处形势的洞察、分析乃至深深的担忧。不如说他是借天之口，把江陵的险恶处境直告梁元帝。史称“上（元帝）亦晓天文，知楚有灾”，可见梁元帝对江陵的处境也未尝不清楚，他以“祸福在天，避之何益”来拒绝庾季才的建议，表现出几分无奈。实际上梁元帝最初也是同意庾季才的意见的，“后与吏部尚书宗懔等议，乃止”。这次由庾季才引起的迁都之议，离西魏攻破江陵不过半年时间，但仍然仅止于议论而已②。

六、西魏破江陵

梁元帝萧绎在平定侯景和翦除宗王的过程中，与东魏（北齐）和西

---

①《南史》第8卷《梁本纪下》，中华书局点校本1975年版，第246页；《资治通鉴》第165卷《梁纪》元帝承圣二年（553年），中华书局1956年版，第5 104页。

②《隋书》第78卷《艺术·庾季才传》，中华书局点校本1973年版，第1 764页；《资治通鉴》第165卷《梁纪》元帝承圣三年（554年），中华书局1956年版，第5 114页。

魏同时保持着通使关系。如前所述，西魏趁梁朝内乱，先后夺得梁雍州、汉中、汉东及梁、益等大批土地，梁朝上游的山川形险，从而尽为西魏所据。

西魏在取得梁、益之后，便把夺取江陵纳入了议事日程。西魏荆州（治穰城，今河南邓县）刺史长孙俭曾给执政宇文泰上密表，进献攻取荆州之计。承圣三年（554年）三月，宇文泰召回长孙俭当面谘询。长孙俭说："今江陵既在江北，去我不远。湘东（萧绎）即位，已涉三年，观其形势，不欲东下。骨肉相残，民厌其毒。（西魏）荆州军资器械，储积已久，若大军西讨，必无匮乏之虑。且兼弱攻昧，武之善经。国家既有蜀土，若更平江汉，抚而安之，收其贡赋，以供军国，天下不足定也。"宇文泰深然其计，命令他马上回荆州秘密作准备，同时命大将于谨统兵讨伐江陵①。

西魏向有通使关系的梁朝发动进攻当然要有理由。《周书·长孙俭传》称梁朝"外敦邻睦，内怀异计"，故俭"密陈攻取之谋"。但"内怀异计"的罪名毕竟不易坐实。史载西魏攻江陵的具体理由如次：其一，在承圣三年（554年）三月，西魏使者宇文仁恕来到江陵，稍后北齐的使者也来到了江陵，宇文仁恕觉得梁元帝接待自己的规格、礼遇，远不如梁元帝之接待北齐使者，他回来后向宇文泰作了汇报，宇文泰对梁元帝的外交歧视很是气愤。其二，这年七月，梁元帝遣使西魏，"请据旧图以定疆界，又连结于齐，言辞悖慢"。"据旧图以定疆界"，那就是要求西魏把所侵梁、益及襄阳、汉东等地归还梁朝，这当然是西魏所不能接受的领土要求②。其三，《周书》第15卷《于谨传》更称梁"与齐氏通使，将谋侵轶"，如果属实，则西魏攻伐江陵纯属自卫。实际上这些理由恐怕都是"欲加之伐，何患无辞"，因西魏大军已发长安，梁北境地方官报告

---

①《周书》第26卷《长孙俭传》，中华书局点校本1971年版，第429页；《资治通鉴》第165卷《梁纪》元帝承圣三年（554年），中华书局1956年版，第5 112页。

②《南史》第8卷《梁本纪下》，中华书局点校本1975年版，第241页；《周书》第2卷《文帝纪下》，中华书局点校本1971年版，第35页；《资治通鉴》第165卷《梁纪》元帝承圣三年（554年），中华书局1956年版，第5 111页。

“魏兵且至”，梁朝公卿还认为消息不确，因“两国通好，未有嫌隙”，而且“境上帖然”。《于谨传》还谈到发兵以前，萧詧“仍请王师”。这条理由或属实情，因为萧詧是巴不得西魏发兵攻灭梁元帝江陵政权的①。

承圣三年（554 年）十月九日，西魏柱国于谨率军 5 万自长安出发，南征江陵。宇文泰在长安东南的青泥沟（今陕西蓝田）为大军饯行，长孙俭在席上就梁元帝的应对措置与于谨有如下一段对话：

> 长孙俭问谨曰：“为萧绎之计，将欲如何?”谨曰：“耀兵汉沔（先兵临汉沔以张声势），席卷渡江（然后全军南渡长江），直据丹阳（移镇建康），是其上策；移郭（大城，即外城）内居民，退保子城（内城，一称金城），峻其陴堞（加固城防），以待援至，是其中策；若难于移动，据守罗郭（外城），是其下策。”俭曰：“揣绎定出何策?”谨曰：“必用下策。”俭曰：“彼弃上而用下。何也?”对曰：“萧氏保据江南，绵历数纪。属中原多故，未遑外略。又以我有齐氏之患，必谓力不能分。且绎懦而无谋，多疑少断。愚民难与虑始，皆恋邑居，既恶迁移，当保罗郭。所以用下策也。”②

梁元帝君臣果然如于谨所料，采取下策——“据守罗郭”。他们在外城插木为栅，“周围六十余里”，凭栅防守。

十月十三日西魏大军抵达樊、邓，萧詧的军队与魏军会师。十九日，因西魏来攻一度中断了佛经讲授的梁元帝，又于十月十九日重新开讲，文武百官身着戎装听讲。二十日，梁元帝遣使至建康征调王僧辩赴援江陵。

十一月初一日，西魏军渡过汉江，于谨命部将宇文护、杨忠为先锋，

---

① 《资治通鉴》第 165 卷《梁纪》元帝承圣三年（554 年），中华书局 1956 年版，第 5 117 页。

② 《周书》第 15 卷《于谨传》，中华书局点校本 1971 年版，第 247 页。下引此传者不另出注。

率精骑昼夜兼行，径进至江陵城南，占据江津（今沙市南），收取船舰，以断梁军东走之路，并分兵攻克梁武宁郡（今荆门北）。初二日，梁元帝在大城津阳门外阅兵。初三日，梁元帝以领军胡僧祐、左仆射王褒分别为都督城东、城西诸军事。初四日夜，西魏大军进至离江陵 40 里的黄华，初五日，进至外城木栅下。十四日，于谨命西魏军筑长围，江陵城与外面的联络断绝。十五日，大风，栅内起火，焚烧了数千家、25 个城楼。二十九日（555 年 1 月 7 日），西魏军大举攻城，当日城陷，梁元帝被俘。十二月十九日梁元帝被魏军所杀。

西魏所俘十几万江陵居民，包括百官士民，其中除 200 余家外，均被没为奴婢，分赏给参战将士，驱归关中。小弱者则被杀死。当时正是寒冬腊月，江陵城内城外，被杀死及冻死者“填满沟壑”。被掳往关中的士民也有许多人死于途中。江陵府库中的珍宝文物，包括宋浑天仪、梁日晷铜表、魏相风乌、铜蟠螭趺等，悉数被西魏军掠走。梁元帝所聚书籍，以及破侯景后所收建康公私经籍 7 万余卷，共 10 万余卷，在城破兵败之际，元帝想到“读书万卷，犹有今日”，不禁移怒于书，均付之一炬①。亲身经历过这场劫祸的著名文士颜之推在他的作品中留下了悲凉的描述。颜之推《观我生赋》有云：

> 惊北风之复起，惨南歌之不畅……民百万而囚虏，书千两（辆）而烟炀，溥天之下，斯文尽丧。怜婴孺之无辜，矜老疾之无状，夺诸怀而弃草，踣于途而受掠②。

---

① 《梁书》第 5 卷《元帝纪》，中华书局点校本 1973 年版，第 134～135 页；《南史》第 8 卷《梁本纪下》，中华书局点校本 1975 年版，第 241～245 页；《周书》第 2 卷《文帝纪下》，中华书局点校本 1971 年版，第 35～36 页；《资治通鉴》第 165 卷《梁纪》元帝承圣三年（554 年），中华书局 1956 年版，第 5 117～5 122 页。参《陈书》第 32 卷《孝行·殷不害传》，《周书》第 15 卷《于谨传》、第 11 卷《晋荡公（宇文）护传》、第 19 卷《杨忠传》。

② 《北齐书》第 45 卷《文苑·颜之推传》，中华书局点校本 1972 年版，第 622 页。

梁元帝被俘以后，萧詧使铁骑将元帝带入自己营内，百般凌辱，以解心头积恨。但西魏破江陵之役的战果，萧詧只分得一杯残羹，准确地说，他几乎无所收获，反倒还有损失。江陵平后，西魏立萧詧为梁帝，将他从未遭破坏的襄阳重镇赶出，而把劫掠一空的江陵空城留给他作都城，资以荆州之地，延袤 300 里。而且西魏以萧詧居江陵东城，另以魏将王悦率军驻扎在江陵西城，“外示助（萧）詧备御，内实兼防詧也”。帮凶一场，结果如此，萧詧不禁悔恨交加，所作《愍时赋》有云：

昔方千（里）而畿甸，今七里而磐萦。寡田邑而可赋，阙丘井而求兵……验往记而瞻今，何名高而实寡。寂寥井邑，荒凉原野。

蜗居于江陵的萧詧，其心情之压抑，于此赋可见一斑①。

公元 555 年春，西魏既破江陵，王僧辩与陈霸先将梁元帝第九子、江州刺史晋安王萧方智从寻阳迎入建康，将奉立为帝。当时北齐乘江陵陷落，派大军南临长江，将大举进攻江南，郢州刺史陆法和降齐。在猛烈的军事攻击同时，北齐又采取外交攻势，希望梁朝能够接受北齐所立梁主萧渊明（梁武帝兄萧懿子）为帝，这样北齐就不再进攻江南。王僧辩答应了北齐的条件，从而使萧梁政权成为北齐控制下的傀儡。这年九月，陈霸先自京口起兵，偷袭建康，攻杀王僧辩，废黜萧渊明，重立萧方智为帝，是为敬帝；继而又彻底肃清王僧辩的残余势力，大败前来进犯建康的北齐军队，将北齐势力全部逐出长江以南。两年以后，陈霸先自立为帝，建立陈朝。梁武帝死后即已苟延残喘的梁朝遂寿终正寝②。

---

① 《周书》第 48 卷《萧詧传》，中华书局点校本 1971 年版，第 859～862 页。

② 《资治通鉴》第 166 卷《梁纪》敬帝绍泰元年（555 年），中华书局 1956 年版，第 5 126～5 140 页；同书第 167 卷《陈纪》武帝永定元年（557 年），第 5 167 页。

第三节 陈朝时期湖北地区的多边角逐到重归一统

西魏攻占江陵后，梁余部奉湘州刺史王琳为盟主，割据于湘、郢一带。北齐、北周也趁梁末荆楚大乱，一度将势力范围延伸到长江以南。后来陈军击败王琳，将北齐、北周势力逐出江南，收复了湘、郢地区。但今湖北地区，陈朝所能稳定控制的，也就是宜昌以东的长江以南地区。今随州、安陆至武汉一线以东，为北齐所控制。其余地区均为北周所占，其中以江陵为中心的原荆州一部分，又为北周附庸后梁所据。由于三国四方的分割，陈朝时期的湖北地区在政治上四分五裂，东晋宋初南括沅湘、北掩邓塞的大荆州不复存在。但"分久必合"，湖北地区被重新统一于一个王朝之下的时代即将来临，只是分裂时期所形成的政治地理，仍将在新的王朝版图上留下印记。

一、王琳割据与陈初南北政权在郢、湘地区的角逐

承圣三年（554年）冬西魏攻围江陵时，梁元帝曾向北齐求援，齐以清河王高岳率军进攻西魏安州（治安陆郡），以救江陵。次年正月高岳军抵义阳时，江陵已被西魏攻陷，岳遂乘机掠地，南临长江，梁郢州刺史陆法和以州降齐①，高岳命部将慕容俨渡江镇守郢城。俨始入城，梁将侯瑱、任约等即率大军"奄至城下"，水陆并攻。慕容俨"随方御备"，或乘间出击。双方对峙数月，战斗十分激烈。齐军"城中食少，粮运阻绝"，"唯煮槐楮（皮）、桑叶并苎根、水萍、葛、艾及靴、皮带、筋角等物而食之，人有死者，即取其肉，火别分啖，唯留骸骨"。慕容俨与士卒"分甘共苦"，坚守半岁，"人无异志"。五月，王僧辩被迫迎立萧渊明，梁、齐复交。六月，萧渊明诏梁军解郢州围，侯瑱等既屡攻不克，于是

① 《北史》第89卷《艺术·陆法和传》，中华书局点校本1974年版，第2 944页。

奉诏撤围。齐文宣帝以郢城孤悬江外，“据守非便”，亦诏慕容俨弃城北还，于是齐军退出郢城①。

这年九月，陈霸先杀王僧辩、废萧渊明后，“内难未弭，外临强敌”，局势很不稳定，其中威胁最大的是割据上游湘、郢地区的梁元帝旧将王琳。王琳“果劲绝人，又能倾身下士”，深得所部将士之心；而其“麾下万人，多是江淮群盗”，故具有很强的战斗力。西魏围江陵时，王琳正在广州刺史任上，梁元帝征琳赴援，改授湘州。王琳刚到长沙，江陵就被西魏攻破，王琳乃屯兵湘州，传檄四方，同时遣部将侯平率舟师进攻后梁。梁宗室萧韶及上游诸将纷纷推王琳为盟主②。

梁敬帝太平二年（556 年），侯平频破后梁军，于是不听王琳指挥，后惧王琳讨伐，投奔了江州的侯瑱。王琳军势由此颇受影响，乃遣使奉表北齐，并献驯象。因其妻子在西魏破江陵时被俘，王琳又通过西魏江陵防主权景宣，遣使款附西魏，以求妻子③。同时又向后梁称臣。十月，王琳攻袭郢城，监郢州事萧泰以州降琳。十一月，北齐下诏征王琳为司空，琳辞不至，以部将潘纯陀守郢州，自己还镇长沙。

次年（557 年）正月，陈霸先又以梁敬帝名义内征王琳为司空、骠骑大将军，王琳同样不就征，并大造舟舰，将兴顺流之师。六月，陈霸先以大将侯安都、周文育统水军 2 万会于武昌，西讨王琳。十月，侯安都至武昌，王琳守将樊猛弃城而逃。是月陈霸先废梁自立，建立陈朝，改元永定。侯安都、周文育二军进至郢州，王琳将潘纯陀自郢城中遥射，侯安都怒而围攻，不能克。这时王琳已率大军自湘州东上，其将帅各乘一舰，以“野猪”为名，战舰数以千计，军势颇盛。侯安都赶紧撤郢州围，与周文育等悉众西上，迎战王琳。东军既溯流而上，又遇逆风，进

---

① 《北齐书》第 20 卷《慕容俨传》，中华书局点校本 1972 年版，第 280～281 页；《陈书》第 9 卷《侯瑱传》，中华书局点校本 1972 年版，第 155 页。

② 《南史》第 64 卷《王琳传》，中华书局点校本 1975 年版，第 1 561 页；《北齐书》第 32 卷《王琳传》，中华书局点校本 1972 年版，第 431～437 页。下引王琳传者，不另出注。

③ 《周书》第 28 卷《权景宣传》，中华书局点校本 1971 年版，第 479 页。

展缓慢，至沌口（今汉阳东南），与王琳军遭遇。侯安都等军据西岸，王琳军据东岸，双方对峙数日，乃合战，东军大败，侯安都、周文育及裨将徐敬成、周铁虎、程灵洗等，均被王琳所俘。琳自湘州移镇郢州，遣部将樊猛袭据江州①。

陈武帝永定二年（558 年）正月，王琳亲率大军下至湓城。由于北江州（约在今安徽潜山一带）刺史鲁悉达阻梗于前，不敢继续东下，遂遣使求援于北齐，并请纳梁永嘉王萧庄（梁元帝子萧方等之子，时质于齐）以为梁主。三月，齐发兵援送萧庄，自湓城渡江，并册拜王琳为梁丞相、都督中外诸军事、录尚书事。王琳奉萧庄即皇帝位，署置百官，并遣其兄子王叔宝率所部十州刺史子弟赴齐都邺城为质②。不久，王琳奉萧庄西上郢州。

永定三年（559 年）六月，陈武帝死，其子陈蒨即位，是为陈文帝。王琳闻陈武帝死，于十月亲率大军，奉萧庄自郢州东进至濡须口（今安徽和县西南），将攻建康；北齐扬州道行台慕容俨亦率众临江，作为声援。王琳、北齐的联军，同以侯瑱为首的陈军，在濡须、芜湖一带相持百有余日。陈文帝天嘉元年（560 年）二月，两军决战，王琳军大败，其军士溺死者十有二三，弃船登岸者亦被陈军斩杀殆尽。芜湖西岸的齐军，在奔逃中自相蹂践，多陷于芦荻泥淖中，得免者不过十之二三。王琳退至湓城，士卒散尽，乃与妻妾左右十余人逃奔北齐。

北周闻王琳东下，遣大将史宁率军数万乘虚袭击郢州，留守郢州的王琳将孙玚婴城坚守。郢州助防张世贵举外城以应周军，周军起土山、长梯，昼夜攻逼，又因风纵火，烧其内城南面 50 余楼，但始终不能攻克。王琳兵败芜湖后，周军闻陈军将上，乃解围而去，孙玚以郢州降陈③。陈占

① 《陈书》第 8 卷《侯安都传》《周文育传》，中华书局点校本 1972 年版，第 141、145 页。

② 《资治通鉴》第 167 卷《陈纪》武帝永定二年（557 年）三月，中华书局 1956 年版，第5 174 页。

③ 《陈书》第 25 卷《孙玚传》，中华书局点校本 1972 年版，第 319 页。

领郢州后，分荆州之天门（今湖南石门）、义阳（今湖南安乡）、南平（今公安西南）及郢州之武陵（今湖南常德）四郡置武州，其刺史督沅州，而以武陵都尉所部沅陵（今湖南沅陵东南）等六县为沅州①。

自西魏平江陵，巴、湘之地降附西魏，魏一般都以归降的梁将镇守。陈败王琳之后，以吴明彻为武州刺史，遣大将侯瑱统军进攻湘州。天嘉元年（560年）八月，周将贺若敦率步骑万余突袭武州，陈将吴明彻寡不敌众，引军退至巴陵（今湖南岳阳）。贺若敦继续南进，前逼湘州，周将独孤盛率舟师与贺若敦水陆并进。陈又遣仪同三司徐度率军与侯瑱会师于巴陵，阻断周军归路。时遇霖雨，秋水泛溢，深入湘州的周军粮援断绝，全靠抢掠维持。贺若敦增修营垒，建造房舍，作长久之计。陈军亦据守要险，“欲旷日以老敦师”。十月，侯瑱大败独孤盛，盛收兵登岸，筑城自保，不久率余众北逃。贺若敦与陈军相持既久，至天嘉二年（561年）七月，敦拔军北归，“人畜死者十七八”。周军所占包括今湖北松滋、宜昌在内的江南诸郡，尽为陈军收复。陈分荆州之南平、宜都、罗、河东四郡，置南荆州，治河东郡（今松滋）②。

至此，王琳割据及其引致的南北政权在郢、湘、江诸州的争夺，暂时告一段落。

二、华皎之乱及陈与北周、后梁在湘、郢地区的争夺

天康元年（566年）四月，陈文帝死，太子陈伯宗（陈废帝）即位，时年13。次年（废帝光大元年）春，执政安成王陈顼（陈武帝兄陈道谈之子）先后杀掉同受遗诏辅政的刘师知、到仲举，以及右卫将军韩子高、南徐州刺史余孝顷。与刘、韩等同受陈文帝亲任的湘州刺

---

①《陈书》第3卷《世祖纪》，中华书局点校本1972年版，第50页。

②《周书》第28卷《贺若敦传》，中华书局点校本1971年版，第475页；《陈书》第3卷《世祖纪》，中华书局点校本1972年版，第52～53页；《资治通鉴》第168卷《陈纪》文帝天嘉元年至二年（560—561年），中华书局1956年版，第5 208～5 213页。诸书关于贺若敦北归时间及经过，所载有异，详考不赘。

史华皎，内不自安，“缮甲聚徒”，以防不测；并遣使勾引周军，同时向后梁萧岿称臣。

华皎为了试探朝廷的态度，上启求任广州。朝廷伪许之。光大元年（567 年）五月，朝廷任命吴明彻为湘州刺史，率水军 3 万进据郢州；又遣征南将军淳于量率水军 5 万，乘大舰以继之；以攻袭华皎。六月，复以司空徐度为总督建康诸军，从步道进击湘州。

闰六月，周遣襄州总管卫公宇文直督陆通、田弘、权景宣、元定诸将，南伐陈国以援华皎。九月，后梁萧岿以华皎为司空，并遣其柱国王操率水军 2 万与华皎会师于巴陵。

是时陈将淳于量屯军夏口。周将宇文直屯军鲁山，元定以步骑数千渡江围郢州。华皎屯军于巴陵之白螺，列舟舰与陈将吴明彻相持。华皎闻徐度步趋湘州，乃率军自巴陵与周、梁水军乘风顺流而下，其声势极盛，与陈军大战于沌口。淳于量、吴明彻募军中小舰，多赏金银，令其出当西军大舰，先受其拍①，待其拍尽，东军以大舰拍之，西军舰只皆碎，沉没于江心。西军又以大舰载薪材，拟因风放火，焚烧东军船舰，“俄而风转自焚”，西军大败。华皎单舸逃走，过巴陵，不敢登岸，径奔江陵。宇文直亦率军退奔江陵。元定无复船渡，步走巴陵，而巴陵已为陈军所据，乃率所部转而南投湘州，湘州亦为陈军攻占。元定既进退失据，而陈人水陆攻逼甚急，遂被迫求和。陈将徐度伪许之，待北军“解仗就船”，然后将其悉数俘虏②。

周、陈既交恶，周沔州（今汉川东南）刺史裴宽以州接陈境，州城

---

① 拍为当时装置于大型战舰之上利用杠杆原理抛射垒石等物的远程投射兵器，《资治通鉴》第 170 卷《陈纪》临海王光大元年（567 年）九月条胡注，中华书局 1956 年版，第 5 270 页；杜佑撰、王文锦等点校：《通典》第 160 卷《兵典十三》，中华书局 1988 年版，第 4 110 页。

② 《陈书》第 20 卷《华皎传》，中华书局点校本 1972 年版，第 272～273 页；《资治通鉴》第 170 卷《陈纪》临海王光大元年（567 年），中华书局 1956 年版，第 5 262～5 270 页。

卑狭，器械又少，深以防守为忧；又恐秋水暴涨，陈军乘便来攻；遂请示襄州总管增益戍兵，并请移城于羊蹄山（今汉川县治南）以避水。总管府允许增兵，但不准迁城。襄州所增遣的戍兵未至，陈将程灵洗已率水军奄至城下。相持旬日，雨水暴涨，陈军以大舰临逼，用拍竿打楼，城楼应竿毁碎。裴宽苦战 30 余日，终因寡不敌众，外无继援，兵败城陷①。

陈将吴明彻乘沌口之胜，攻占后梁河东郡，并于陈废帝光大二年（568 年）三月，进围后梁都城江陵，引江水灌城。后梁主萧岿与北周江陵总管田弘出保纪南城（今荆州城北），以避其锐；副总管高琳与后梁尚书仆射王操凭城拒守。陈军围攻凡经十旬，萧岿马军主马武等主动出击，打败陈军，吴明彻退保公安，萧岿乃还江陵②。

至此，这次由华皎叛乱所引起的陈与北周、后梁之间的军事冲突告一段落。这次冲突以陈军的胜利告终，陈军不仅打退了周军、后梁的进攻，巩固了对湘州、郢州的统治，而且还主动出击，虽然没有攻下江陵，却从北周手中夺回了沔州，将自己的军事存在勉强延伸到长江以北。

三、陈宣帝朝江汉地区的多边纷争

陈废帝光大二年（568 年）十一月，陈执政安成王陈顼假太皇太后令黜废帝为临海王，自纂大统。次年正月，陈顼即皇帝位，改元太建，是为陈宣帝。宣帝在位，“志复旧境，意反（北齐所）侵地”③，曾对北朝发动一系列军事进攻，其主要目标虽在收复淮南，但在上游江汉地区，

① 《周书》第 34 卷《裴宽传》，中华书局点校本 1971 年版，第 596 页；《陈书》第 10 卷《程灵洗传》，中华书局点校本 1972 年版，第 172 页。

② 《周书》第 48 卷《萧岿传》，中华书局点校本 1971 年版，第 864 页；同书第 29 卷《高琳传》，第 497 页。

③ 《陈书》第 5 卷《宣帝纪》，中华书局点校本 1972 年版，第 99 页；《南史》第 10 卷《陈本纪·高宗》，中华书局点校本 1975 年版，第 301 页。

南北之间亦有激烈角逐。

陈宣帝太建二年（570年）七月，刚刚率军平定广州欧阳纥之叛的陈大将章昭达，又奉命引兵西上，进攻后梁。章昭达有众5万，船舰2 000艘，声势浩大，很快兵临江陵城下。

后梁与周军造有大批船舰，置于青泥水中①。章昭达遣部将钱道戢别督兵众袭击青泥，尽焚其舟舰。周军于峡口南岸筑安蜀城，横引大索于江上，编苇为桥，自北渡军粮供应城中。昭达遣水军在楼船上以长戟截割苇索，索断粮绝，然后纵兵攻克安蜀城。

梁主萧岿与周江陵总管陆腾抗拒陈军，同时告急于周襄州总管宇文直。直遣大将军李迁哲率步骑赴救江陵，并受陆腾指挥。李迁哲率所部防守江陵外城，陈将程文季等趁夜掩袭，迁哲不能抗御，陆腾自城中开门出击，陈人乃退。陈军又决破龙川宁朔堤，引水灌江陵城，城中惊扰。迁哲先堵塞北堤以止水，继而召募骁勇出击，颇有斩获，众心稍定。陈军复攻入城郭内焚烧民房，迁哲自率骑兵出南门，使步军出北门，两军合势夹击，再次打退陈军。与此同时，陆腾又在西堤大破陈军。陈军久攻不克，兵将多折，被迫撤围退军②。

大约在章昭达退兵后不久，周武帝遣其御正中大夫杜杲使陈，“论保境息民之意”。杜杲向接待他的陈黄门侍郎徐陵说：“今（陈、周、齐）三方鼎立，各图进取，苟有衅隙，实启敌心。本朝与陈，日敦邻睦，𬨎轩往返，积有岁年。比为疆埸之事，遂为仇敌……若使齐寇乘之，则彼此危矣。……孰与心仇悔祸，迁虑改图……修好如初，共为掎角，以取齐氏。非唯两主之庆，实亦兆庶赖之。”对杜杲的建议，陈宣帝表示同意，并遣使于周，两国遂重新恢复通使关系。当时北周又因华皎建议，

---

① 青泥所在不详，当在今潜江境内，说见中华书局点校本《周书》第48卷“校勘记”第17条，第879页。

② 《陈书》第11卷《章昭达传》，中华书局点校本1972年版，第184页；同书第22卷《钱道戢传》，第295页；《周书》第28卷《陆腾传》，中华书局点校本1971年版，第472页；同书第44卷《李迁哲传》，第792页。

将基州（今钟祥南）、平州（今当阳）、鄀州（今荆门北）三州拨属“民少国贫”的后梁，以加强其军事实力，使之有能力缓冲于周、陈之间，屏蔽北周的南境①。此后，陈朝与北周的边境关系趋于和缓，两国使节络绎于途。陈朝北伐的重点遂转向主荒政乱的北齐。

陈宣帝太建四年（572 年），北齐杀其名将斛律光，自毁长城，国势日衰。太建五年（573 年）三月，陈宣帝以吴明彻为元帅，统兵十万伐齐。军发建康，所向披靡，“缘江城镇，相续降款”，先后攻克齐秦州（今江苏南京六合）、和州（今安徽和县）、泾州（今安徽天长西北）、仁州（今安徽固镇境内）、扬州（今安徽寿县）等，大败齐师于吕梁（今江苏徐州东南），尽复淮南之地。配合东线的进攻，西线亦有战绩。五月，陈南齐昌太守黄咏攻克北齐齐昌郡（今蕲春）的外城；六月，陈郢州刺史李综攻克齐滠口城（今黄陂南）；七月，陈西阳太守周炅攻克齐巴州（今黄冈）；九月，北齐齐安城（今麻城南）守将降陈；十月，陈军攻克北齐齐昌城②。

当陈军围攻北齐齐昌郡时，齐曾遣尚书左丞陆骞率军 2 万自巴、蕲二水之间南下，以救齐昌。陈将周炅“留辎重老弱，设疑兵以当之”，而“身率精锐”抄近路绕到陆骞的后方邀击，大破骞军，所缴获的器械马驴“不可胜数”，于是“江北诸城”，约当今大别山以南长江以北的鄂东北地区，全部归附陈朝。稍后，盘踞在这一带的蛮族首领田龙升复“以江北六州七镇叛入于齐”。陈仍以周炅为江北道大都督，总统诸军讨伐龙升，斩之，又尽复江北之地③。

陈太建九年（577 年，周建德六年）二月，北周灭齐。齐、周、陈

① 《周书》第 39 卷《杜杲传》，中华书局点校本 1971 年版，第 703 页；同书第 48 卷《萧岿传》，第 864 页。

② 《陈书》第 5 卷《宣帝纪》，中华书局点校本 1972 年版，第 83～86 页；《资治通鉴》第 170 卷《陈纪》宣帝太建五年（573 年），中华书局 1956 年版，第 5 316～5 332 页。

③ 《陈书》第 13 卷《周炅传》，中华书局点校本 1972 年版，第 204 页。

三方鼎立之势，演为周、陈南北对峙之局，周、陈之间的实力对比发生了重大改变，形势对陈朝非常不利。但陈宣帝闻北齐新亡，却想乘机攻占故齐淮北之地，这年十月，诏南兖州刺史、司空吴明彻督诸军北伐。陈军至吕梁，北周徐州总管梁士彦率众迎战，为陈军所破，退守彭城。吴明彻率军进围彭城，环列舟舰于城下，攻之甚急。周以王轨为行军总管率军赴救，次年（578 年）二月大败陈军，吴明彻被俘，“将士三万并器械辎重皆没于周”①。

此役之后，陈元气大伤，立即转攻为守，“分命众军以备周”。以淳于量为大都督，总水陆诸军事，负责整个防务。以孙玚为都督荆、郢水陆诸军事，寻任以郢州刺史，以防守上游。是年六月，北周武帝死，宣帝即位。次年（579 年，陈太建十一年），周军南讨，淮南之地尽没于周②。

陈太建十二年（580 年），周宣帝死，静帝即位，外戚杨坚辅政。六月，周相州总管尉迟迥举兵不受代。七月，郧州总管司马消难在安陆（今属湖北）起兵应迥。周以王谊为行军元帅率军南讨司马消难。八月，“司马消难以郧、随、温、应、土、顺、沔、澴、岳九州，鲁山、甑山、沌阳、应城、平靖、武阳、上明、涢水等八镇内附”③。八月，周将王谊率四总管至郧州，司马消难拥众奔陈，南据鲁山（今武汉汉阳）、甑山（今汉川东南）二镇。陈镇西将军、沔汉诸军都督樊毅前救司马消难不及，与周将元景山在漳口（约在今安陆西）激战，大败，退保甑山。原司马消难所据城邑，皆为元景山收复④。

---

① 《陈书》第 9 卷《吴明彻传》，中华书局点校本 1972 年版，第 163 页；《周书》第 40 卷《王轨传》，中华书局点校本 1971 年版，第 712 页。

② 《陈书》第 5 卷《宣帝纪》，中华书局点校本 1972 年版，第 91～95 页。

③ 《周书》第 21 卷《司马消难传》，中华书局点校本 1971 年版，第 354 页；《陈书》第 5 卷《宣帝纪》，中华书局点校本 1972 年版，第 97 页。以上九州八镇均在今湖北境，包括今安陆、随州、应城、孝感、京山、汉川、汉阳等地，参王仲荦：《北周地理志》第 5 卷《山南道下》安州等条，中华书局 1980 年版，第 450～490 页。

④ 《隋书》第 39 卷《元景山传》，中华书局点校本 1973 年版，第 1 153 页。

太建十三年（581年，隋开皇元年）二月，周执政杨坚代周称帝，他就是以励精图治著称的隋文帝。次年正月，陈宣帝病死，太子陈叔宝嗣位，他就是以荒淫著称的陈后主。当时隋将元景山、长孙览正率军伐陈，进至汉口，陈涢口、甑山、沌阳守将皆弃镇而逃，既而元景山又准备引军渡江。隋文帝以陈宣帝死，礼不伐丧①，实际上当因大举进攻江南的条件尚待进一步具备，故诏元景山班师。陈亦遣使于隋求和。两国遂重归于好，此后一直到开皇八年（588年），每年都有使者往返。

四、陈后主朝湖北地区从久经分裂到重归一统

周武帝于灭齐次年（578年）病死，遗诏称“将欲包举六合，混同文轨”，也就是要平定南方，统一中国，而“有志不申，以此叹息”。本纪末又称，若武帝不死，“一二年间，必使天下一统”②。如上所述，北周灭齐之后，又派大军打败陈军的进攻，夺占淮南之地，将北周南疆推进到长江沿岸，从而初步形成北方吞并南方的格局，应该说，若天假以年，周武帝的“包举六合”之志是可以如期实现的。

隋文帝代周称帝之初，即“阴有并江南之志，访可任者”。开皇元年（581年）三月，以大将贺若弼为吴州总管镇广陵，以韩擒虎为庐州总管镇庐江，“委以平陈之事”③。入隋以后，群臣中竞献平陈之策。就陈、隋两国的国力对比，以及两国最高统治者的治国才能与精神面貌而言，应该说隋初就已具备平陈的条件，但隋文帝并不急于发动统一战争，而是从各方面作好周密准备，务求战争发动后万无一失。

从群臣献策及隋文帝的实际部署来看，隋朝的平陈战略有如下几个

---

①《隋书》第41卷《高颎传》，中华书局点校本1973年版，第1 180页。

②《周书》第6卷《武帝纪下》，中华书局点校本1971年版，第106页。

③《隋书》第52卷《韩擒虎传》《贺若弼传》，中华书局点校本1973年版，第1 339、1 344页；同书第1卷《高祖纪上》，第14页。

重要方面：其一是与陈朝始终保持正常的通使关系，所谓“义存遵养”，以麻痹敌方①；其二是在边境上不断制造进攻假象或出军骚扰，使陈军久备生懈或废其农时、耗其储积②；其三是在上游大造战舰，以为“上流之师”；同时在下流布置重兵，随时准备横渡长江。一旦大举伐陈，则上下并举，使陈军“分之则势悬而力弱，聚之则守此而失彼”③。

在上游荆楚地区，由于南北划江而治，汉水流域全为北朝控制，所以未来的统一战争，将主要以水师决战于长江。《隋书》第60卷《崔仲方传》载其开皇六年（586年）所上平陈策云：

> 今唯须武昌已下，蕲、和、滁、方、吴、海等州更帖精兵，密营渡计。益、信、襄、荆、基、郢等州速造舟楫，多张形势，为水战之具。蜀、汉二江，是其上流，水路冲要，必争之所。贼虽于流头、荆门、延州、公安、巴陵、隐矶、夏首、蕲口、盆城置船，然终聚汉口、峡口，以水战大决。若贼必以上流有军，令精兵赴援者，下流诸将即须择便横渡；如拥众自卫，上江水军鼓行以前。

隋文帝开皇八年（588年）发动的平陈战争，基本上是遵循崔仲方的战略部署进行的④。不过在上游制造水战之具，崔仲方上策之前就已经有人提出，并且业已着手。还在开皇初年，隋信州（今重庆奉节）总管王长述即“献平陈之计，修营战舰，为上流之师”⑤。开皇五年（585年），

---

① 《隋书》第37卷《梁睿传》，中华书局点校本1973年版，第1 127页。

② 《隋书》第52卷《贺若弼传》，中华书局点校本1973年版，第1 344页；同书第41卷《高颎传》，第1 181页。

③ 《隋书》第60卷《崔仲方传》，中华书局点校本1973年版，第1 449页；同书第57卷《薛道衡传》，第1 407页。

④ 关于隋代统一战争，学界已有颇多探讨，参见高明士：《开皇七年：隋代统一战争转守为攻的关键年代》一文及该文所注有关成果，朱雷主编：《唐代的历史与社会》，武汉大学出版社1997年版，第100～116页。

⑤ 《隋书》第54卷《王长述传》，中华书局点校本1973年版，第1 362页。

“上（文帝）方图江表”，拜任“数进取陈之计”的杨素为信州总管，“赐钱百万、锦千段、马二百匹而遣之”。杨素在任“造大舰，名曰五牙，上起楼五层，高百余尺，左右前后置六拍竿，并高五十尺，容战士八百人，旗帜加于上。次曰黄龙，置兵百人。自余平乘、舴艋等各有差”。另有介州刺史李衍，大约在开皇五年前后，“朝廷将有事江南，诏衍于襄州道营战船。及大举伐陈，授行军总管，从秦王俊出襄阳道”①。

隋文帝还调兵遣将，将一些“文武才用”之士布置在未来平陈战争中的要害之地，或者与陈国接境之地。除了上述韩擒虎、贺若弼以及王长述、杨素之外，荆楚一带，“密进取陈之策”的杜整被任为行军总管出镇襄阳（寻病卒）；“开皇七年，将事江南，议重方镇”，以吏部尚书韦世康出镇襄州②。对平陈提出系统方略的崔仲方被任命为基州（今钟祥南）刺史。周法尚任黄州（今黄陂东）总管，“上（隋文帝）降密诏，使经略江南，伺候动静”。光州（今河南光山）刺史则为“上取陈五策”的高励③。

荆州是上游重镇，又地处陈、隋边境，将是未来平陈战争的前线。自西魏平江陵以来，这里一直由西魏及相承之北周、杨隋的附庸国后梁所统治。当初萧詧被西魏迁到洗劫一空的江陵当傀儡皇帝时，“疆土既狭”，又有魏军驻防监督，“居常怏怏”，不久便“以忧愤发背而殂”。其子萧岿即位后，已安于附庸的地位。其后陈将吴明彻、章昭达先后大举进攻江陵，后周江陵总管与萧岿部将“唇齿掎角”，最终打退了陈军的进攻，双方都从联合中得到了好处。后梁遂成为北周抗御南朝的重要缓冲，也是北周南进的前哨。如前所述，后来北周还将基、平、鄀诸州拨属后

① 《隋书》第48卷《杨素传》，中华书局点校本1973年版，第1 283页；同书第1卷《高祖纪上》，第23页；同书第54卷《李衍传》，第1 362页。

② 《隋书》第54卷《杜整传》，中华书局点校本1973年版，第1 366页；同书第47卷《韦世康传》，第1 266页。

③ 《隋书》第65卷《周法尚传》，中华书局点校本1973年版，第1 526页；同书第55卷《高励传》，第1 373页。

梁，以加强其防卫实力。

杨坚执北周政以后，尉迟迥、王谦及司马消难相继起兵反叛，当时萧岿将帅“皆密请兴师（应尉迟迥等）”，以为“进可以尽节于周氏，退可以席卷山南”。但其给事黄门侍郎柳庄则持相反意见，他预计这些叛乱必将被杨坚平灭，而且“隋公（杨坚）必移周国”，“未若保境息民，以观其变”。萧岿采纳了柳庄的意见，后来事态的进展一如柳庄所料，司马消难兵败奔陈，尉迟迥、王谦相继被杀①。

经此事变考验，杨坚称帝建隋后，对萧岿“恩礼弥厚”。开皇二年（582 年），隋文帝备礼纳萧岿女为晋王（杨广，即隋炀帝）妃，而且还于此年罢江陵总管，使萧岿“专制其国”。开皇五年（585 年）萧岿死，其子萧琮即位。这时隋朝对后梁的态度发生了重大变化，萧琮即位当年，隋朝征萧琮叔父、后梁太尉萧岑入朝，竟扣留不遣。同时又复置江陵总管。显然，隋文帝已不准备让这个附庸政权长期存在下去。这一年还发生了后梁大将军许世武密召陈荆州刺史陈慧纪的事件，后因谋泄，许世武被诛。次年十月，隋置山南道行台于襄州，以皇子秦王俊出任行台尚书令，意味着将大举攻陈。再次年，即开皇七年（587 年），隋文帝征后梁主萧琮入朝，萧琮君臣一行 200 余人北上长安。江陵父老皆含泪相传，说萧琮此行势必一去不返，后梁君臣对自己的前途自然更加清楚。萧琮北上后，隋文帝以襄州总管崔弘度为江陵总管，率大军前往荆州，军至鄀州（今荆门北），萧琮叔父、后梁太傅萧岩等惧崔弘度掩袭江陵，重演当年于谨破江陵的惨剧，遂遣使至陈荆州刺史陈慧纪求降，慧纪引兵至江陵城下，萧岩率江陵文武及居民 10 万余口奔陈。隋文帝于是废罢梁国②。维持了 30 余年的后梁附庸政权，至此灭亡。隋朝直接控制了上游的战略要地荆州后，将更有利于顺流伐陈，应该说隋朝废灭后梁国，就

---

①《隋书》第 66 卷《柳庄传》，中华书局点校本 1973 年版，第 1 551 页。

②《周书》第 48 卷《萧詧传》，中华书局点校本 1971 年版，第 865～867 页；《隋书》第 79 卷《外戚·萧岿传》，中华书局点校本 1973 年版，第 1 791～1 793 页。

是为了即将发动的统一战争。

尽管隋文帝在积极地筹备平陈战争，但在外交上却不露声色。开皇三年（583年）四月，陈郢州守将张子讥遣使求降于隋，四年（584年）八月，陈将夏侯苗又遣使求降，隋文帝均以与陈有友好关系，不予接纳①，而且每次捕获到陈国的间谍，皆给衣马，以礼遣还。陈、隋间常有使节往来，隋文帝交代隋使，在两国交往中"勿以语辞相折"。他自己给陈后主的信中，每自称姓名，末具"顿首"，以示对等，陈后主则夜郎自大，以"彼统内"称呼隋国，自称陈国为"宇宙"。其实这些都是隋文帝的策略，他在外交上采取低姿态，旨在掩护自己紧锣密鼓的军事部署，借以麻痹敌国。

关于陈后主即位以来的骄奢淫逸，陈亡以后修撰于隋、唐时代的史书有详细的记载和评论。面对隋朝在军事上咄咄逼人的攻势，陈后主毫无警觉，反倒一味苟安，建康城内歌舞升平。陈有识之士如傅縡、章华等，纷纷上疏极谏，却相继为饰非拒谏的陈后主所害②。

开皇七年（587年），隋已为统一战争做好各方面的准备，而陈荆州刺史陈慧纪接纳后梁投降，又为隋大举伐陈提供了口实。这年十一月，隋文帝下令大造战船，公开进行备战，同时大规模集结军队。开皇八年（588年）三月，隋文帝下诏伐陈，并抄写伐陈诏檄30万份，散发江南。这一具有重要历史意义的统一战争终于正式拉开帷幕。

开皇八年（588年）十月，隋伐陈大军发动全面进攻，共有行军总管90，士兵518 000。晋王杨广、秦王杨俊、清河公杨素并任行军元帅。上游方面，杨俊出襄阳，杨素出信州，荆州刺史刘仁恩出江陵，宜阳公王世积出蕲春，下游有晋王杨广及韩擒虎、贺若弼、燕荣诸将，分别发自六合、庐江、广陵及东海③。

---

①《隋书》第1卷《高祖纪上》，中华书局点校本1973年版，第19、22页。

②《陈书》第30卷《傅縡传》《章华传》，中华书局点校本1972年版，第406页。

③《隋书》第2卷《高祖纪下》，中华书局点校本1973年版，第31页。

杨俊督30总管，水陆10余万，率军进屯汉口，为上流节度。陈将周罗睺为都督巴峡缘江诸军事，统劲兵数万，屯鹦鹉洲，以拒杨俊。双方隔江对峙，逾月不决①。

杨素率水军下三峡，军至流头滩（今宜昌西三斗坪一带），陈将戚欣以青龙舰百余艘、屯兵数千人守狼尾滩，阻遏江路。该滩地势险峻，水流湍急，隋将患之。杨素亲率黄龙舰数千舰，乘夜东下，同时遣将水陆夹攻戚欣，欣败走。杨素率水军继续东下，“舟舰被江，旌甲曜日”，加之杨素容貌雄伟，坐在平乘大船上，陈人望而生畏，视若“江神”。开皇九年（589年）正月，杨素进至西陵峡口，与屯据在这里的陈将吕忠肃遭遇。吕忠肃在长江北岸凿岩缀铁锁三条，横截西陵峡口以遏隋舰。经过激烈的战斗，杨素最终大破吕忠肃军。镇守安蜀城（今宜昌西）的陈信州刺史顾觉，镇守公安的陈荆州刺史陈慧纪，闻讯弃城东下。于是杨素舟师以高屋建瓴之势顺流而进，巴陵以东无复城守②。而这时下游韩擒虎、贺若弼已袭破建康，生俘陈后主。

陈慧纪率将士3万，楼船千余艘，自公安东下至夏口时，为隋秦王杨俊所阻，不得前行。这时建康已平，隋晋王杨广命陈后主手书，令上流诸将解甲投降。周罗睺，陈慧纪，以及郢州刺史荀法尚，巴州刺史毕宝，前湘州刺史、晋熙王陈叔陵等，均投降于隋秦王杨俊。陈江州守将亦弃城而逃。这时杨素大军下抵汉口，与秦王杨俊部会师，上流悉平③。一如崔方仲平陈方策所规，当上流舟师“以水战大决”于峡口、汉口时，下流隋军则“密营渡计”。只是下游的渡江战役异常顺利，隋军几乎没遇到像样的抵抗便攻占了建康。上游峡口虽有激战，汉口则因建康已下，以致不战而“大决”。

---

①《隋书》第45卷《文四子·杨俊传》，中华书局点校本1973年版，第1 239页；同书第65卷《周罗睺传》，第1 524页。

②《隋书》第48卷《杨素传》，中华书局点校本1973年版，第1 283页。

③ 以上参《资治通鉴》第176～177卷，《隋纪》文帝开皇八年至九年（588—589年），中华书局1956年版，第5 497～5 512页。

自西晋末北方大乱，晋室南渡，南北分裂乃至三方鼎立之局，已持续了将近300年，至此复归一统。今湖北地区由基本隶属南方政权，到分属南北，乃至为三方四国所瓜分豆剖，至周末隋初大部属于北朝，至此则重归于统一的隋王朝之下。湖北地区过去均为荆州所辖，由于刘宋的“分荆”方略，后分属于荆、雍、郢、司诸州，至梁、陈时，南北政权在当地所设州级机构陡增。隋平陈后，经过并省，州级机构有所减少，但仍远较东晋、宋初为多，长期分裂之局仍在行政地理上留下了印记。

第七章　民众迁徙与地方乡族集团的重组及兴替

第一节　沔中（侨雍州）地区

本节所谓沔中地区的范围，大体相当于南朝所侨置的以襄阳为中心的雍州，其北部包括南阳盆地。“沔中”一词历见《晋书》桓宣、庾翼、袁乔、桓豁等传，当时为一都督区，以襄阳为中心，包括南阳、襄阳、新野、义阳、顺阳及侨置之京兆、义成诸郡，多镇襄阳，以其位于沔水（汉水）中流，故称沔中。东晋时沔中都督所统之地多在沔北，故一称沔北，但南朝雍州实土化后，其沔北、沔南之地大致相当①。

东汉时期，由于开国皇帝刘秀起自南阳，该地区形成了一个强大的功臣集团，他们在东汉中叶以前的政治舞台上显得十分活跃。汉末天下大乱，南阳集团随着东汉帝国的崩溃趋于衰落，而当时刘表割据荆州，襄阳为其统治中心所在，这里不仅麇集了数以千计的“关西、兖、豫学士”，而且当地的豪族蔡氏、习氏、庞氏、蒯氏等，亦乘时崛起，构成刘表政权的核心层。但刘表政权很快瓦解，襄阳、南阳的人士星散于魏、蜀、吴三国②。

三国归晋以后，沔中地区的大姓豪强又慢慢恢复元气，但更致命的打击却在不久之后的西晋末大乱中到来。当时及此后接连不断的战乱和

---

① 严耕望：《魏晋南北朝地方行政制度》上册第一章，台北历史语言研究所专刊之四十五，1990年版，第41～43页。

② 杨德炳：《东汉至南北朝时期荆州地区大姓豪强地位的变化》，谷川道雄主编：《地域社会在六朝政治文化上所起的作用》，玄文社1989年版。

规模巨大的民众迁徙，使襄阳地方社会发生了巨大的变化，进而推动江陵地区社会集团的重组。

一、天下三分与沔中地区大姓豪族的外徙

赤壁之战以后，荆州由曹、刘、孙三家分割，沔中地区为曹操所占，东汉末年大乱以来南迁此区的北方士人大抵北返。当地的大姓名士，诸如号称“楚国之望”的南阳韩嵩、襄阳大族蒯越、著名的古文经学家南阳宋忠等，大都为曹魏政权所吸纳，其中被封拜侯爵者就有 15 人之多；而且曹操还使韩嵩“条品州人优劣，皆擢而用之”①。可以说，沔中地区大姓豪族阶层中的头面人物大抵北入曹魏。兹就《三国志》中所见北入曹魏之沔中地区人士，列得下表②：

表 7-1

姓　名	原　籍	资料出处	备　　注
韩嵩	义阳	《三国志》6/215	《后汉书》74 下/2 424
蒯越	襄阳中庐	《三国志》6/211 215	《后汉书》74 下/2 424
邓羲	南阳章陵	《三国志》6/215 216	《后汉书》74 下/2 424 羲作义
宋忠	南阳章陵	《三国志》42/1 026	陆德明《经典释文·叙录》③
宋?	南阳章陵	《三国志》42/1 026	宋忠子，建安二十四年（219 年）死于魏讽案
文聘	南阳	《三国志》18/539	
韩暨	南阳堵阳	《三国志》24/677	
邓艾	义阳	《三国志》28/775	少孤，入魏初为屯田民
刘廙	南阳安众	《三国志》21/612	魏占襄阳前夕，偕弟刘伟奔魏

① 《后汉书》第 74 卷下《刘表传》，中华书局点校本 1965 年版，第 2 424 页；《三国志》第 6 卷《魏书·刘表传》，中华书局点校本 1959 年版，第 215 页。

② 表中斜线前数字为卷数，斜线后数字为《三国志》中华书局点校本页数，下表同。

③ 陆德明撰、黄焯汇校、黄延祖重辑：《经典释文汇校》，中华书局 2006 年版，第 9 页。宋忠，或称其字作“宋仲子”，或省作“宋仲”。

以上仅限于明确记载为刘琮投降时北入曹魏者。实际上在曹魏政界，活跃着不少南阳人士，如奋威将军、乐乡侯南阳邓展，官至郡守、刺史的南阳胡业，与邓艾为“州里时辈”的征虏将军、都督江南诸军事义阳州泰，以及荆州刺史南阳李胜①，余不备举，他们中间，或者其父辈，有的可能在刘琮降魏前即已加入曹魏集团，如南阳许攸、娄圭②，但也应该有在曹操攻占襄阳时北入曹魏的。

建安十六年（211 年）庞统在劝刘备取蜀时曾说到“荆州荒残，人物殚尽”③，即指荆州人士多已北入曹魏。不过当时在刘备麾下，仍聚集了一大批“荆州豪杰”，包括一部分北来名士，最著名的莫如诸葛亮。后来刘备入蜀，关羽覆败，这一批人相继西入蜀汉。兹将《三国志》中所见刘蜀之沔中地区人士表列如下④：

表 7-2

姓　名	原　籍	资料出处	备　注
庞统	襄阳	《三国志》37/953	官至军师将军
庞宏	襄阳	《三国志》37/956	庞统子，卒官涪陵太守
庞林	襄阳	《三国志》37/956	庞统弟，镇北参军

① 分别见《三国志》第 2 卷《魏书·文帝纪》注引《典论·自叙》，中华书局点校本 1959 年版，参颜师古《汉书叙例》；《三国志》第 15 卷《魏书·梁习传》注引《魏略·苛吏传》；同书第 28 卷《魏书·邓艾传》；同书第 9 卷《魏书·曹爽传》。

②《三国志》第 12 卷《魏书·崔琰传》，中华书局点校本 1959 年版，第 370、373 页。

③《三国志》第 37 卷《蜀书·庞统传》注引《九州春秋》，中华书局点校本 1959 年版，第 955 页。

④ 包括刘备入蜀前业已入蜀并仕于蜀汉者。一部分来自荆楚的士人，因不详郡望，如卫文经、韩士元（见《三国志》第 45 卷《蜀书·杨戏传》，中华书局点校本 1959 年版，第 1 085 页），没有纳入下表。参上引杨德炳《东汉至南北朝时期荆州地区大姓豪强地位的变化》一文所列表，谷川道雄主编：《地域社会在六朝政治文化上所起的作用》，玄文社 1989 年版，以及葛剑雄主编《中国移民史》第 2 卷“先秦至魏晋南北朝时期”第 273～275 页所列表，福建人民出版社 1997 年版。本表对以上二表有所补正。

续表

姓　名	原　籍	资料出处	备　　注
马良	襄阳宜城	《三国志》39/982	官至侍中
马谡	襄阳宜城	《三国志》39/983	马良弟，官至丞相参军
杨仪	襄阳	《三国志》40/1 004	官至丞相长史
向朗	襄阳宜城	《三国志》41/1 010	官至光禄勋、左将军
向宠	襄阳宜城	《三国志》41/1 011	向朗侄，官至中领军
廖化	襄阳	《三国志》45/1 077	官至右车骑将军
辅匡	襄阳	《三国志》45/1 084	官至右将军
习祯	襄阳	《三国志》45/1 085	官至广汉太守
习忠	襄阳	《三国志》45/1 085	习祯子
习隆	襄阳	《三国志》45/1 085	习祯孙，习忠子，官至尚书郎
杨颙	襄阳	《三国志》45/1 082	杨仪宗人，官丞相东曹属，典选举
董恢	襄阳	《三国志》39/986	官至巴郡太守
张存	南阳	《三国志》45/1 085	官至广汉太守
黄忠	南阳	《三国志》36/948	官至后将军
陈震	南阳	《三国志》39/984	官至尚书令
宗预	南阳安众	《三国志》45/1 075	官至镇军大将军
黄柱	南阳	《三国志》45/1 082	官光禄勋
邓玄之	南阳	《三国志》54/1 276	郝普之旧，当为蜀鄐县守将
宗玮	南阳	《三国志》32/890	《华阳国志》卷 6，官太中大夫①
杜祺	南阳	《三国志》39/988	刘备时官典曹都尉
刘干	南阳南乡	《三国志》39/988	刘备时官典曹都尉
郭攸之	南阳	《三国志》39/986	后主时官侍中
吕雅	南阳	《三国志》41/1 009	历官不详，蜀亡因罗宪推荐仕晋
许国	南阳	《三国志》41/1 009	历官不详，蜀亡因罗宪推荐任晋
胡济	义阳	《三国志》39/980	官至右骠骑大将军
胡博	义阳	《三国志》39/980	胡济弟，历官长水校尉、尚书

① 宗玮以下至许国入蜀时间不明，亦当身随刘备入蜀，或其父祖随刘备入蜀。

续表

姓　名	原　籍	资料出处	备　　注
魏延	义阳	《三国志》40/1 002	官至征西大将军
刘邕	义阳	《三国志》45/1 084	官监军后将军
刘武	义阳	《三国志》45/1 084	刘邕少子，官至尚书
傅肜	义阳	《三国志》45/1 088	蜀将，夷陵之战时战死
傅佥	义阳	《三国志》45/1 089	傅肜子，历官左中郎将、关中都督
董厥	义阳	《三国志》35/933	后主时官至尚书令①
樊建	义阳	《三国志》35/933	后主时官至侍中、守尚书令
罗蒙	襄阳	《三国志》39/1 008	官至广汉太守②
罗宪	襄阳	《三国志》39/1 008	后主时历尚书吏部郎、巴东太守
邓芝	南阳	《三国志》45/1 071	邓禹之后，官至车骑将军
许慈	南阳	《三国志》42/1 022	官至大长秋
王连	南阳	《三国志》41/1 009	官至蜀郡太守
吕乂	南阳	《三国志》39/988	官至尚书令
李严	南阳	《三国志》40/998	官至尚书令
来敏	义阳	《三国志》24/1 025	官至执慎将军

西入蜀汉的沔中地区人士中，如南阳邓氏、宗氏，义阳来氏等，为东汉功臣之后。被称为“南州士之冠冕”的襄阳庞统、号为“楚之兰芳”的襄阳习祯，则是在汉末刘表统治时期崛起的大族豪强。不过跟随刘备入蜀的“荆楚豪杰”中，绝大多数仍是以军功进身的中下层人物③。这些“荆楚群士”不管此前家族背景如何，在入蜀以后，正如《华阳国志》第9卷所云，“豫州（刘备）入蜀，荆楚人贵”，他们构成了蜀汉统治集

① 董厥及下条樊建入蜀时间不明，亦当身随刘备入蜀，或其父祖随刘备入蜀。

② 罗蒙以下诸姓，为刘备入蜀前即已入蜀，后仕于蜀汉。

③ 如孙权称蜀大将杨仪、魏延为“牧竖小人”，见《三国志》第39卷《蜀书·董永传》注引《襄阳记》，中华书局点校本1959年版，第986页。而杨仪世居襄阳城南洄湖，其兄杨虑被称为“江南冠冕”，见上注《杨仪传》注引《楚国先贤传》。

团中的核心部分。

在曹、刘、孙三家的纷争中，还有一批沔中地区人士南入孙吴。仍就《三国志》所载列得下表：

表 7-3

姓　名	原　籍	资料出处	备　　注
张悌	襄阳	《三国志》48/1 174	官至丞相
习温	襄阳	《三国志》61/1 399	任荆州大公平（即大中正）
李衡	襄阳	《三国志》48/1 156	本襄阳士家，入吴后官丹阳太守①
滕修	南阳	《三国志》60/1 358	官至广州刺史②
谢景	南阳	《三国志》59/1 366	官至豫章太守
羊衜	南阳	《三国志》59/1 364	官太子宾客
李肃	南阳	《三国志》52/1 238	历官选曹尚书、桂阳太守
赵咨	南阳	《三国志》47/1 123	官中大夫
甘宁	南阳	《三国志》55/1 292	官折冲将军，来吴前已自南阳徙巴郡
孙权王夫人	南阳	《三国志》50/1 199	生吴景帝孙休
郝普	义阳	《三国志》45/1 090	参同书《吕蒙传》，官零陵太守
樊伷	南阳	《三国志》61/1 398	官武陵部从事

就史籍所见，在对沔中地区人士的瓜分中，孙吴所得相对最少。当时荆州大部为孙吴所据，从襄阳习温得以出任本州（荆州）大中正（出处见上表），可见襄阳虽为曹魏占领，襄阳大姓仍在孙吴荆州被奉为州里名族。

综上可知，自建安十三年（208 年）刘琮投降曹操以后，沔中地区

① 其妻习氏，当是襄阳人。

②《三国志》第 48 卷《吴书·三嗣主传》天纪三年（279 年）八月条误作滕循，中华书局点校本 1959 年版，第 1 172 页。滕修《晋书》第 57 卷有传，中华书局点校本 1974 年版，第 1 553 页。

的大姓豪强星散于曹、刘、孙三家。此后三国鼎立，南北分裂，地处南北要冲的沔中地区一直是兵家必争之地，一般来说，这些外徙的大姓豪强没有机会重返故土，他们的故乡也由于长期的战乱和动荡，经济“荒残”，“人物殚尽”，昔日南阳“帝乡”的繁华，汉末襄阳岘首山下的“朱轩冠盖”①，早已成为故往。

二、曹魏、西晋统治时期沔中地区的大姓豪强

汉魏之际，沔中地区的大姓豪强虽然大多外徙，但这些家族中也有人留居本土，有的还在原地保有较大势力，比如襄阳蔡氏。

据《襄阳耆旧记》第1卷“蔡瑁”条，在刘表统治荆州时，“诸蔡最盛”，是当地最大的豪族，其代表人物蔡瑁在刘表政权中的地位可能仅次于刘表。蔡瑁历官江夏、南郡、章陵诸郡太守，镇南大将军（刘表）军师，而且又因与刘表联姻，进一步巩固和扩大了已获得的权势②。当时“（蔡）瑁家在蔡洲上，屋宇甚好，四墙皆以青石结角，婢妾数百人，别业四五十处”，其经济实力也是相当的雄厚。更重要的是，由于蔡瑁“少为魏武（曹操）所亲”，在刘琮败降、曹魏大军占领襄阳时，曹操不忘故谊，还亲自到蔡瑁家拜访，“入瑁私室，见其妻子”，畅叙旧情，有这样一层关系，蔡氏一族的生命、财产当然不会因刘表政权的覆败而受到损失。不仅如此，蔡瑁还在魏朝历任曹操从事中郎、司马，官至长水校尉，爵拜汉阳亭侯，仍拥有较高的政治地位。

但蔡瑁之后，襄阳蔡氏在魏晋政坛未见人物。《襄阳耆旧记·蔡瑁》称曹操“虽以故旧待”蔡瑁，“而为时人所贱，责其助刘琮、谮刘琦故也。魏文作《典论》，以瑁成之”。当时曹操占领襄阳后，委托南阳名士

---

① 习凿齿撰、黄惠贤校补：《校补襄阳耆旧记》第3卷《山川·冠盖山》，中州古籍出版社1987年版，第58页。

② 黄惠贤：《蔡瑁及其亲族——读〈襄阳耆旧记·蔡瑁〉札记》，谷川道雄主编：《地域社会在六朝政治文化上所起的作用》，玄文社1989年版。

韩嵩“条品州人优劣”，以备录用。蔡瑁之“为时人所贱”，盖指他在韩嵩主持的“乡里清议”中，得到的评价很低，因为韩嵩对于蔡氏干权下的刘表政治素来不满，也不仅是韩嵩，在刘表统治后期，“荆州人士皆自危”①，因此蔡氏在刘表政权倒台后的荆州乡论中决不会有好的评价，而这种“乡里清议”在当时对于选举是具有很大的影响的。可能是由于曹操的关照，这种乡论不致影响到蔡瑁本人的政治地位，却可能影响到蔡氏族人的仕途。后来的魏文帝曹丕曾将（刘表）蔡夫人和蔡瑁、张允帮助刘琮夺嫡的行为，纳入所著《典论》中的“奸谗”篇②，痛加诋斥，这可能与曹丕的亲身经历有关，但由此也表明，襄阳蔡氏不仅为时人所贱，而且为时主所恶。这些大概就是襄阳蔡氏在蔡瑁之后仕途不显的原因。

不过襄阳蔡氏在当地的社会、经济实力仍得以长期保持。直到西晋末年，史称蔡氏后裔“犹富，宗室甚强，共保于（蔡）洲上”。及至西晋末永嘉大乱，蔡氏为流民首领“王如所杀，一宗都尽”，至东晋时当地“无复蔡姓者”③。

襄阳中庐蒯氏在刘表政权中的地位仅次于蔡氏，在刘表政权前期，蒯氏的地位可能更高。蒯越北入曹魏，极为曹操所重，任光禄勋，同族蒯良任吏部尚书。蒯越临死曾遗书曹操，“以门户”相托。蒯氏直到西晋，间有官宦，且与皇室司马氏、外戚杨氏均有姻亲关系，堪称门户不坠④。但晋惠帝时任职弘训少府的蒯钦之后，北迁的蒯氏家族朝中无人。

---

① 《三国志》第21卷《魏书·刘廙传》注引《廙别传》，中华书局点校本1959年版，第615页。

② 严可均校辑：《全上古三代秦汉三国六朝文》第2册《全三国文》第8卷所载（严氏录自《群书治要》），中华书局1958年版，第1 093页。

③ 习凿齿撰、黄惠贤校补：《校补襄阳耆旧记》第1卷《人物·蔡瑁》，中州古籍出版社1987年版，第13页；《太平御览》第69卷《地部三四·洲》引《荆州图经》，中华书局1960年版，第327页。

④ 余嘉锡：《世说新语笺疏·惑溺》，上海古籍出版社1993年版，第919～920页；《晋书》第40卷《杨骏传》，中华书局点校本1974年版，第1 178页。

西晋末刘弘任荆州刺史，治襄阳，有参军蒯恒①，当是蒯氏留居本地者，但此后蒯氏在襄阳亦默默无闻。

襄阳庞氏中的庞统、庞林兄弟已随刘备入蜀。以知人著称、识拔庞统于童稚之年的庞统族人庞德公一家，却仍留居襄阳，处在曹魏的统治之下。庞德公的儿子庞山民出仕魏朝，历官黄门侍郎、吏部郎，这些都是清显的官职，只是山民英年早逝。其子庞涣，继仕魏、晋，太康中官至郡守。庞林西入蜀汉后，其妻同郡习氏（习祯妹）却仍留在故乡“守养弱女”。后庞林在夷陵之战中随黄权降魏，魏封列侯，官至郡太守，而且魏文帝还以庞林夫妻重聚，赐床帐衣服。曹丕之优待庞林，当然意在招纳蜀将，同时也可能考虑到襄阳庞氏在当地的社会影响②。但此后庞氏亦未见人物。

庞林妻习氏家族，东汉光武帝时就有习郁出任侍中，封襄阳侯，是当地的旧族③。庞林妻习氏的哥哥习祯随刘备入蜀，习祯及其子孙均在蜀汉做官。习氏一族另有习珍，刘备任为零陵郡北部都尉，关羽败死后，吴军攻围零陵，习珍至死不降。看来习氏在政治上是支持刘蜀的。不过习珍的儿子习温，却仕于吴，历官荆州大公平，长沙、武昌太守，选曹（吏部）尚书，广州刺史，“从容朝位三十年”。原籍襄阳的兵家子李衡入吴后发迹，所娶为习竺女习英，则在吴国的习氏非徒习温一支④。而从庞林入蜀后其妻习氏仍留在襄阳来看，习氏仍有人留在家乡。不过在曹魏、西晋的政治舞台上，却很少见到襄阳习氏的身影⑤。及至东晋，襄

---

① 《晋书》第66卷《刘弘传》，中华书局点校本1974年版，第1 763页。

② 《三国志》第37卷《蜀书·庞统传》，中华书局点校本1959年版，第953～956页。

③ 习凿齿撰、黄惠贤校补：《校补襄阳耆旧记》第3卷《山川·鹿门山》，中州古籍出版社1987年版，第54页。参上田早苗：《后汉末期襄阳的豪族》，《东洋史研究》第28卷第4号，1970年版。

④ 习凿齿撰、黄惠贤校补：《校补襄阳耆旧记》第1卷《人物·习温》，中州古籍出版社1987年版，第20页；同书第2卷《人物·李衡》，第40页。

⑤ 据《三国志》第12卷《魏书·崔琰传》注引《吴书》（中华书局点校本1959年版，第374页），南阳娄圭为曹操忌杀，是因南郡（按：襄阳旧属南郡）习授告密。这位习授当是曹操占领襄阳后入魏，尽管他力图靠拢曹操，却始终未进入统治核心。

阳习氏出了一位著名的人物习凿齿，下文将要论及，据《晋书》第 82 卷本传，习凿齿“宗族富盛，世为乡豪”，则襄阳习氏一如蔡氏，在相当长的一个历史阶段内，始终保持着襄阳豪族的地位。

居住在蔡洲附近洄湖边上作为蔡氏邻居的襄阳杨氏，其代表人物杨仪最初并没有随刘备入蜀，而是留在家乡，担任曹魏荆州刺史傅群的主簿。主簿通常是本州大族所垄断的职位，其政治待遇应属优厚，但杨仪后来还是背叛曹魏投奔关羽，加入了蜀汉统治集团，其宗人杨颙亦任官蜀汉，想必也是与他一同入蜀（出处俱见上表）。他们都死在蜀地，其后，这一颇负乡誉的襄阳豪族子嗣无闻，在襄阳老家也不见其活动。

在刘备入蜀前即已避乱于蜀的襄阳罗蒙，以及其子罗宪，在蜀均官至太守。罗宪后率部曲入晋，与其子罗袭，相继仕晋。罗宪兄子罗尚，在西晋末曾受任益州刺史入蜀镇压李特，卒于蜀土①。罗尚之后，其后裔无闻。直到东晋时，襄阳罗氏才又出了一个以“诞肆”著称的名士罗友，累官广、益二州刺史，其兄罗崇官至竟陵太守，他们是习凿齿的舅舅②。罗氏既与襄阳名族习氏联姻，可知在当时是襄阳有势力的家族。那么，襄阳罗氏一族或者是罗蒙入蜀后仍有家支生活在故乡，或者是罗宪入晋后又重新迁回老家，但不管是哪一种情况，在罗宪归晋以前，襄阳罗氏在当地并无名气。其人物乍起乍落，门户时现时隐，显示出并无深厚的宗族乡里基础，因而也不能维持久远。而如入吴前的襄阳李衡，入魏前的南阳邓艾，更是原本身份低微，他们的发迹完全是个人奋斗和风云际会的结果，本来就与家族背景无干。

属于本节所谓沔中地区范围的南阳，自东汉以来大姓辈出，上列诸表可见，南阳输入三国政权的人物远较襄阳为多。此地今属河南，本节

---

① 出处见上表，参《晋书》第 57 卷《罗宪传》，中华书局点校本 1974 年版，第 1 552～1 553 页。

② 余嘉锡：《世说新语笺疏・任诞》，上海古籍出版社 1993 年版，第 753 页；《晋书》第 82 卷《习凿齿传》，中华书局点校本 1974 年版，第 2 153 页；同书第 8 卷《废帝海西公（司马奕）纪》，第 212 页。

之所以要加以讨论，是因为南阳的有些家族将在两晋之际南迁荆州江陵，并喧宾夺主，成为当地的第一流大族。下面仅对这一类的代表性家族在魏晋时的情况略作交代。

南阳安众刘氏。史称出自汉宗室安众侯刘丹①。安众侯国在南阳，即后之南阳安众县（西晋省入涅阳，今河南邓州东北）。刘表统治荆州末年，安众名士刘望之被杀，其弟刘廙逃入曹魏，历任曹操丞相掾属、魏国黄门侍郎、魏文帝朝侍中，赐爵关内侯。其嗣子刘阜亦官至陈留太守（出处见上表）。阜子刘乔在西晋任职清显，卒官豫州都督、刺史，镇东将军，子挺亦官至颍川太守。刘挺子孙在东晋南朝号称“贵盛”，不过那时他们的居地已从南阳迁至江陵。

南阳安众宗氏。宗氏在两汉之际已逐步成长为当地豪族。西汉末年，他们曾跟随同郡汉宗室刘秀起兵，参与创建东汉政权。其中宗均一支，“代为（东）汉将相名臣”。东汉后期，宗均孙宗资，同族宗慈，均是声闻遐迩的大名士。宗资子宗承，亦以“修德雅正”著称于汉魏之际。据《世说新语·方正篇》，宗承与曹操同时，“而甚薄其为人，不与之交”。曹操年轻时“屡造其门”，甚至主动“捉手请交”，均遭到宗承拒绝。后来曹操得势，以司空辅汉政，宗承还是“松柏之志犹存”，不愿屈志变节。不过他在曹操执政时代，以及魏文帝、魏明帝朝，均出任了官职②。安众宗氏中宗均这一门支，虽然很早就已脱离乡里，移家京师，但他们仍与原籍保持着密切的联系。他们在南阳老家的同族，仍拥有较强的势力。

自安众跟随刘备集团入蜀的宗预，官至侍中、尚书、征西大将军。蜀汉还有一位太中大夫宗玮，也是来自南阳（出处见上表）。建安二十三

① 《晋书》第61卷《刘乔传》，中华书局点校本1974年版，第1 672页；《新唐书》第71卷上《宰相世系表》，中华书局点校本1975年版，第2 255页；《元和姓纂》第5卷，岑仲勉校记本，中华书局1994年版，第682页。

② 牟发松：《汉唐间的荆州宗氏》，《文史》第44辑，中华书局1998年版，第81～96页。

年（218年）冬，曹操宛城（南阳郡治，今河南南阳）守将侯音执南阳太守东里衮，率吏民共反，与刘备大将关羽通谋。郡功曹宗子卿先设计救出太守，继而乘夜逾城而出，收合余众围攻侯音，配合前来援救的曹仁大军平定了叛乱。当时郡功曹照例由当地大姓出任，可知安众宗氏仍是南阳最有影响的家族之一①。

西晋时，史籍上很少见到宗氏人物。晋惠帝时有襄阳太守宗岱（按：推测宗岱应出自南阳宗氏，只是史籍未明载其籍贯，且常误作“宋岱”），后升荆州刺史，太安二年（303年）率军西征李特，卒于军中②。永嘉年间王澄出任荆州刺史期间，幕僚中有荆土士人宗廞，荆州别驾宗澹，他们显然出于南阳宗氏。宗廞“尝因酒忤（王）澄，澄怒，叱左右棒廞”，被王澄破格提为别驾的本州顺阳寒门郭舒，见状厉色制止左右。宗廞得以免遭棒辱，郭舒却成为王澄迁怒的对象，被王澄“搯其鼻，灸其眉头”③。可见南阳宗氏虽不为中原名门所重，但在本地人的心目中，仍是应该尊敬的旧族。

稍后永嘉之乱进入高潮，毗邻中原的南阳既屡受冲击，当地的北方流民又掀起大规模暴动，南阳再一次惨遭兵祸。这里的旧族，或在战乱中灭绝，或被迫外迁，安众宗氏，以及同乡刘氏，大抵都是在这时南迁江陵的。

南阳新野庾氏。庾信《哀江南赋》叙其先世：“掌庾承周，以世功而为族；经邦佐汉，用论道而当官。”周朝渺远不论，新野庾氏有何人在汉朝任官，亦不见于史。《元和姓纂》第6卷称新野庾氏“汉末居南阳”，有“后汉司空孟”。尽管这位东汉司空庾孟同样于史无考，但东汉末年庾信的先人落籍新野（今河南新野），并成长为当地豪族，却有史可征。

---

①《三国志》第1卷《魏书·武帝纪》注引《曹瞒传》，中华书局点校本1959年版，第51页。

②《晋书》第4卷《惠帝纪》，中华书局点校本1974年版，第100页。

③《晋书》第43卷《郭舒传》，中华书局点校本1974年版，第1 242页。

《水经注·淯水》记载了新野的樊氏陂，称“陂东有樊氏故宅，樊氏既灭，庾氏取其陂。故谚曰：陂汪汪，下田良，樊子失业庾公昌”。参据上引，可知庾氏兴起于新野，并在社会和经济方面取代了当地旧族、东汉外戚樊氏的地位，只能是东汉末年大乱以后的事①。

《哀江南赋》又称永嘉之乱后，晋室南渡，“彼凌江而建国，始播迁于吾祖。分南阳而赐田，裂东岳而胙土。诛茅宋玉之宅，穿径临江之府”。表明庾氏在两晋之际随晋氏南迁江陵，并且有祖先在东晋受封爵土②。两晋之际新野庾氏的南迁，可以得到有关史传的证实③。

南阳淯阳乐氏。《元和姓纂》第10卷谓淯阳乐氏为宋微子之后，战国时有燕将乐毅，其裔孙乐乾在东汉时“自赵徙南阳”淯阳（今河南南阳南）④。实际上这类世系追溯多系伪托，淯阳乐氏的得名还是因为西晋出了一位大名士、尚书令乐广。乐广在八王之乱中死于非命，洛阳陷于刘曜后，乐广诸子相率过江⑤。据有关史传，淯阳乐氏南迁后亦定居江陵。

综上所述，魏晋时期沔中地区的大姓豪强，由于汉魏之际的成批外徙，以及此后长期战乱和南北分裂，总的来说趋于衰落。刘表统治时期崛起的襄阳豪族蔡氏、蒯氏、庞氏、杨氏、习氏等，魏、晋时均有人物竭蹶不继的现象，尽管程度及表现各各不同。蔡氏、习氏仍在家乡保持着较强的宗族实力，而蒯氏、杨氏，或仕于京师，或远走他乡，基本上已丧失其宗族乡里基础。南阳输往三国的人士众多，他们随着所依附的政权升降沉浮，很少有人重归故里，当地的旧族大多门户中落。其中如

---

① 田余庆：《东晋门阀政治》“后论”，北京大学出版社1989年版，第344页。

② 赋中“南阳”、“东岳”均用《左传》典，以说明祖先受过封爵。宋玉曾居江陵，临江王共敖亦都于江陵，赋中借以说明庾氏迁居江陵。

③ 陈寅恪：《论东晋王导之功业》，《金明馆丛稿初编》，上海古籍出版社1980年版，第64页。

④《新唐书》第73卷下《宰相世系表》“乐氏”条，中华书局点校本1975年版，第2 944页。

⑤《晋书》第43卷《乐广传》，中华书局点校本1974年版，第1 245页。

安众宗氏，魏、晋时期尚有人在故乡维持豪族生活，但人物已大不如前；南阳刘氏，其家乡几乎不见人物。取代樊氏而兴起于新野的豪族庾氏，西晋时期因乐广而发迹的淯阳乐氏，都是迁居南阳不太久的外来户。逮至两晋之际的空前动乱，地当南北之冲的沔中一带，其旧族或在兵祸中“一宗都尽”，或举族避难南迁，这里一时间出现“空白”，或成为徙民聚散的驿站。

三、北方流民南迁与侨雍州乡族社会的重组

西晋后期各种社会矛盾爆发，相继爆发的八王之乱、永嘉之乱，造成了中国历史上规模最大的一次民众迁徙浪潮。以后直至南朝刘宋时，还先后出现过多次徙民高潮。从迁徙的方向及地区来看，主要是北方流民向南方长江流域迁徙。根据前人有关研究成果①，两晋之际至刘宋，北方流民成批南迁至今湖北地区者，大抵有以下几次：

1. 西晋惠帝元康七年至光熙元年（297—306年）八王之乱后期，诸王混战，内迁少数族乘机起兵反晋，关中雍、梁、秦诸州成批迁入汉中、巴蜀，其中一部分流民（葛剑雄教授估计近10万）辗转迁入荆州地区（以南阳盆地一带为主）。加上从洛阳和中原其他地方避乱而来的，至太安二年（303年），陆续聚集到荆州的流民有10余万户（参本书第三章第四节）。

2. 西晋怀帝永嘉元年至东晋明帝朝（307—324年）永嘉之乱中，北方流民自汉水流域南迁至荆州，多留住樊沔。与此同时及稍前，因巴蜀流民起事，已迁入巴蜀的关中流民及当地人民，顺长江成批东迁，抵达荆、湘（二州流民葛剑雄教授估计近20万）。

在以上两次大规模迁徙中，沔中地区的一批大族，如安众刘氏、宗

① 有关研究成果甚多，具有开创意义的论著当推谭其骧：《晋永嘉丧乱后之民族迁徙》，《燕京学报》1934年第15期；带有总结性的新作则为葛剑雄主编：《中国移民史》第2卷第9～10章，福建人民出版社1997年版，第290～421页。

氏，新野庾氏等，在北来流民的挤压下，南迁至本州治所江陵一带。

3.东晋成帝朝至穆帝永和五年（326—349年）苏峻、祖约叛乱后，后赵乘机南侵，乱后北方人民大批南迁，这些流民主要集中在江淮一带，但也有迁入湖北者。永和五年（349年）石虎死，后赵内乱，桓温遣将北伐，雍、秦流民多南出樊沔，或至汉中。

4.东晋孝武帝太元八年（383年），因淝水大捷，苻坚败亡，中原流民相率渡江，又有大批雍、秦流民南出樊沔。

5.东晋安帝义熙十二年（416年）刘裕北伐，次第收复河南、关中，但不久相继失陷。此间三辅流民又成批出至襄沔①。

除了上述几次大规模的集中的流徙浪潮外，尚有一些零星的或数量较少的外地流民迁入今湖北地区，或者在南北战争中被强制迁入。前者如宋元嘉中南安氐人焦明避难“随居襄阳”，宋朝为之侨立天水郡略阳县以居之②；后者如东晋穆帝永和十二年（356年），桓温大败姚襄于伊水，“徙其余众三千余家于江汉之间”③。其例甚夥，此不备举。当然，也还有迁入本地区的流民辗转他迁或返回原籍的，以及本地区的人民流徙外地，或在南北战争中被强迁至外地者。

当时的乡村社会以宗族、乡里为基础，以大姓豪强为主导。与之相应，以群体方式进行的流民迁徙活动，其基本单位也是宗族、乡里。通常由那些具有一定实力和威望的大族、将帅担任领袖，聚宗族，合乡党，组成带有浓厚血缘、地缘色彩的流寓集团，或称“乡族集团”④。北来流民在流徙过程乃至定著之后的社会生活，是以乡族集团为依托的，与之

① 葛剑雄：《中国移民史》第2卷，福建人民出版社1997年版，第307～330页；王仲荦：《魏晋南北朝史》，上海人民出版社1979年版，第344～345页。

②《南史》第46卷《焦度传》，中华书局点校本1975年版，第1 152页；《南齐书》第30卷《焦度传》所载有异，中华书局点校本1972年版，第559页。

③《晋书》第8卷《穆帝纪》，中华书局点校本1974年版，第201页。

④ 这种意义上的“乡族”，见《梁书》第18卷《康绚传》，中华书局点校本1973年版，第290页；“乡族集团”，参安田二郎：《晋宋革命と雍州（襄阳）の侨民—军政支配から民政支配へ》，《东洋史研究》第42卷第1号，1983年版。

相应，东晋南朝所设立的用以安置这些流民的流亡行政机构——侨州郡县，也是以乡族集团为基础的。

当时在今湖北地区最大的侨置地方机构是设立在襄阳的雍州，而这里的北来流民数量也在本地区首屈一指。

侨雍州地当南北水陆交通要道。自西北流来的沔水（汉江）在襄阳南折，流经荆楚大地汇入长江；溯沔而上，可西入汉中、巴蜀，西北沿沔水支流丹水过武关通关中；北有沔水支流淯水及湍水、泚水，成网状北溯中原。陆路则北有“通周郑晋卫之道”，东有“通陈蔡齐宋之道”。在北方流民南徙的浪潮中，襄阳一带成为一条重要的南徙通道。在不同的时期，曾有来自不同地域及民族、规模大小不等的流民集团旅经此地。而在两晋之际的空前动乱中，同时也包括过往流民武装的骚扰和攻击，襄阳当地的百姓或死或徙，从而有不少的流民集团短时期滞留乃至最终定著此地，填补“空白”。

据史籍所载，定著襄阳的流民集团，在上述第二次迁徙浪潮中多来自司州（今河南、山西），如河南宗氏、河东柳氏等，其余四次则主要来自雍州（今陕西）及秦州（原属雍州，今甘肃），如北地傅氏、京兆韦氏、扶风鲁氏、京兆杜氏、安定席氏等①。另有大量的蛮族部落亦乘虚而入，对之留待下文专节论述。

《宋书》第37卷《州郡志三》雍州刺史条称：“胡亡氐乱，雍、秦流民多南出樊、沔，晋孝武始于襄阳侨立雍州，并立侨郡县。”表明侨雍州就是为了安置这些主要来自雍州的流民而设置的。鲍至《南雍州记》更明确指出，雍州之立乃“因人所思以安百姓”，所思者即是“流于樊、沔”的“三辅豪杰”②。

本书第四章第二节已作考述：侨雍州的出现虽可推溯到东晋初年，

① 安田二郎：《晋宋革命と雍州（襄阳）の侨民—军政支配かろ民政支配へ》，《东洋史研究》第42卷第1号，1983年版。

② 《太平御览》第168卷《州郡部一四》“襄州”，中华书局1960年版，第819页。

但直到孝武帝太元十一年（386 年），即淝水之战东晋乘胜自前秦手里夺回襄阳地区以后，侨雍州及所属京兆、始平等侨郡，始得以稳定设置。在此之前，襄阳作为“疆埸之地，对接荒寇”，尚未处于东晋的稳定控制之下；方其控制之时，东晋曾根据流民集团的籍属，在襄阳侨设司、梁、秦、雍等州以及扬、并等州的属郡，以统辖流民集团。但当时的襄阳地区，仍是民户“流荒”、“寡少”，经济“荒弊”[①]，原居民既所剩无几，流民集团又倏来倏往，漂移不定，地方社会亟待重建。当时襄阳作为东晋上流对北防御的重要据点，建康朝廷和荆州藩帅所关心的是怎样有效利用当地的流民武装。“绥抚流亡，笼络流民帅，以图用其武力”[②]，乃是东晋经营襄阳的第一要务。这样一种政治军事形势，带来了如下后果：军事管理是当时襄阳地区的基本统治形式；侨州郡县，实际上就是一个个定著下来的流民武装集团，侨立行政机构长官，通常就是那些流民帅。这样一些由流民帅所率领的大大小小的流民武装集团，便构成了当时襄阳的地方社会。

如东晋元帝时侨置于武当（今丹江口市西北）的始平郡（本属雍州），即是为了安置流民帅魏该所率部曲而设，当时侨雍州并未定置，所谓始平郡，实即定著于武当的魏该流民军团。本属扬州而于咸和七年（332 年）侨置于襄阳的义成郡，则是荆州都督陶侃以流民帅桓宣所率“淮南部曲”而立[③]。据上引《宋书》第 37 卷《州郡志三》，义成郡起初有义成、下蔡、平阿三个属县。郡既寄治襄阳，县自然也无实土，这三县均为扬州淮南郡下旧县，想必是根据桓宣所率“淮南部曲”的旧籍，分割为三个带有地域性的乡族集团，各自居住，这些寄住单位，便是所谓侨县。在桓宣镇守襄阳的十余年里，他“招怀初附”，“绥抚侨旧”，简

① 《南齐书》第 15 卷《州郡志下》，中华书局点校本 1972 年版，第 281 页。

② 田余庆：《东晋门阀政治》“庾氏之兴和庾、王江州之争”，北京大学出版社 1989 年版，第 133 页。

③ 《晋书》第 63 卷《魏浚传》，中华书局点校本 1974 年版，第 1 713～1 714 页；同书第 81 卷《桓宣传》，第 2 117 页。

政缓刑，以继续招抚北来流民，加强军事实力；又在饱经战祸、荒敝已久的襄阳，“剪豺狼之林”，垦辟田畴，“勤课农桑”，从而使“生产始立”；总之，试图使其统治走上正轨。

原桓宣流民军团虽被冠以郡县之称，但其内部关系仍不脱流民组织色彩；这些长期跟随桓宣东西转战、生死荣辱以共的流民武装，名义上是东晋侨义成郡的郡县民，对于流民帅桓宣来说，实际上仍带有浓厚的私家部曲性质，其真实身份“被置于可以称之为准兵户的特殊境遇下”。本书第四章第三节曾谈到荆州都督庾翼为控制战略要地襄阳及当地的流民武装，将桓宣贬黜并逼走；在桓宣忧愤而死后，又立即以其长子庾方之为义成郡太守，代领桓宣之众，即控制这支以淮南部曲为核心的流民武装。庾方之之后，都督沔中驻镇襄阳的几位督将，如刘惔、袁乔、桓冲、桓豁、毛穆之等，均兼任扬州之义成郡太守，也是意在控制这支流民武装①。在南渡侨姓高门与皇室司马氏“共天下”的东晋政治格局中，这类流民集团的首领始终被视为异己而严加防范。他们所统率的流民武装，几乎是朝廷北抗强胡唯一可用的兵力，但朝廷却对流民帅不敢放手使用，更不能完全信赖，一有机会就夺取其兵权②，故桓宣的下场绝非偶然。

当时留住于襄阳的流民集团，以及为安置这些流民集团所设置的侨立郡县，大抵一如义成郡，都是处在一种军事统制之下，被朝廷视作一支可资利用而不足信赖的流民武装而已。以流民集团为主的襄阳地方社会，遂被排斥于东晋门阀社会体制之外，而呈现出军事化的特征：流民组织的军事编制、地方管理的军事化、侨民的准兵户身份。

如上所述，随着“胡亡氐乱”亦即石赵、苻秦政权之相继瓦解，成

---

① 严耕望：《魏晋南北朝地方行政制度》上册第一章，台北历史语言研究所专刊之四十五，1990年版，第42页；关于义成郡，参安田二郎：《晋宋革命と雍州（襄阳）の侨民—军政支配かろ民政支配へ》，《东洋史研究》第42卷第1号，1983年版。

② 田余庆：《东晋门阀政治》，北京大学出版社1989年版，第47页。

批迁入的三辅著姓之麇集樊沔，孝武帝太元十一年（386 年）左右，侨雍州及所属郡县在襄阳稳定地设置。太元十七年（392 年）郗恢出镇雍州时，“旧民甚少，新户稍多”，表明当地人口数量显著增长，而且侨民在当地人口总数中已占绝大多数①。安帝义熙十二年（416 年）刘裕北伐及关中得而复失，雍、秦流民还在当地豪强的率领下源源不断地迁入襄阳。对于“胡亡氐乱”以来陆续迁来的三辅著族及流民集团，朝廷仍根据他们原来的地位高低、声望大小及武力多寡，授予刺史守令及相应的将军号，划分大致的地盘，总之，一如既往地将他们纳入于雍州的侨州郡县体制之中②。但他们仅仅被当作一支可资利用的武装力量，不被东晋门阀体制所接纳的境遇，却始终没有改变。据上引《宋书》第 37 卷《州郡志三》，侨雍州所属侨郡，东晋时一直“属府”，也就是隶属于都督府、将军府，直到刘宋建立时才转“属州”，即归雍州管辖。这意味着太元年间侨立的雍州，实行的是军事化管理，缺乏完备的州职机构，有关民政事务亦由军府统管③，则东晋初年以来襄阳地方社会军事化的特征并无改变。

设立侨州郡县的原因可以找出很多，包括政治、军事及经济等多方面的因素，但“高标姓望及深固的地域乡里观念”，仍是其直接原因④。在魏晋南北朝门阀社会的等级结构中，姓望或郡望，即姓氏所系之地望、郡籍，是各地大姓豪族取得和维护其政治、经济特权的一个重要凭借，也是显示其社会地位的一个外部标志。各地大姓豪族都生活在某一特定的地域，他们通常在那里拥有数量不等的地产和依附人口，有着强韧深

---

① 《南齐书》第 15 卷《州郡志下》，中华书局点校本 1972 年版，第 282 页。

② 《梁书》第 18 卷《康绚传》，中华书局点校本 1973 年版，第 290 页。

③ 最先注意到这一点的，是上引日本学者安田二郎的《晋宋革命と雍州（襄阳）の侨民—军政支配かろ民政支配へ》一文，《东洋史研究》第 42 卷第 1 号，1983 年版。安田氏认为当时雍州全无州职机构，尚待进一步证实。

④ 胡阿祥：《东晋南朝侨州郡县的设置及其地理分布》，《历史地理》第 8～9 辑，上海人民出版社 1990 年版。

厚的宗族乡里基础，世袭性地垄断着所在州郡的重要僚佐职务（所谓“大吏”、“右职”），并以此作为跳板步入朝廷任官。姓望有高低贵贱，它是根据血缘和地望来判别的，因此，对于西晋末年以来被迫南徙的北方大姓豪强来说，为了保持原来的姓望和郡籍，“取旧壤之名侨立郡县”①，不失为一种可取的方法。

迁居于长江下游的侨姓大族，如琅邪王氏，陈郡谢氏、袁氏，颍川庾氏，等等，都有相应的侨郡县的设置，标志高贵身份的姓望既得以保持，社会及政治上的优越地位也赖以维系、保证。但迁居于襄阳侨雍州的北方大姓豪族，处境则与之不同。

留住于侨雍州的流民集团成分复杂，就其中的大姓豪族而言，大抵可分为两个部分，一是北方的旧姓大族，如河东柳氏，京兆杜氏、韦氏等；一是来自北方或原居南阳一带的“次门”、豪族②，如河南宗氏、新野曹氏、安定席氏、扶风马氏等，包括原为西域胡姓的蓝田康氏，姑称之为“中下层豪族”，以及一部分从雍州侨民下层中脱颖而出的将门、土豪。以上两个阶层，本书有时以“大姓豪族”概而言之③。

相对于长江下游的侨姓大族，襄阳的北方旧姓南迁较晚。当时东晋的门阀体制已趋于凝固化、封闭化，清显职位几乎被侨姓高门所独占。而诸如侨雍州的“晚渡北人”，他们有的在北方胡汉割据政权中担任过官职，有的人还曾与胡族联姻，这是在士族圈子中被视为大忌的所谓“婚宦失类”；加之北方的战乱环境，要生存势必组织武装自保，因而多弃文习武，勇猛粗犷，业已丧失儒雅风貌；因此他们在江左被视为“荒伧”，“虽复人才可施，每为清途所隔”，其仕途受到严重阻碍④。

继郗恢出任雍州刺史的杨佺期，为弘农华阴人，“自云门户承籍，江

① 《隋书》第24卷《食货志》，中华书局点校本1973年版，第673页。

② 陈寅恪：《述东晋王导之功业》，《金明馆丛稿初编》，上海古籍出版社1980年版，第67页。

③ 张琳：《南朝时期的雍州中下层豪族》，《武汉大学学报》1997年第6期。

④ 陈琳国：《论南朝襄阳的晚渡士族》，《北京师范大学学报》1991年第4期。

表莫比”，有人以其门第比类琅邪王珣（王导孙），犹恚恨不已，“而时人以其晚过江，婚宦失类，每排抑之，（佺期）恒慷慨切齿”。同为三辅大族并与韦华有通家之谊的京兆杜坦，义熙中南渡（定居寿阳），也对“晚渡北人”受歧视极为愤慨①。淝水之战后出奔东晋留住襄阳的京兆韦谦、韦华兄弟，为“三辅著姓”、“雍州望族”。东晋安帝隆安二年（398 年），韦华与始平豪族庞眺等“帅襄阳流人”一万叛晋，降奔后秦主姚兴。当时晋朝“宰辅执政，政出多门”，王恭、殷仲堪、桓玄等联兵反叛朝廷，雍州刺史杨佺期亦参与其间。韦华曾对姚兴谈及江左的“政化风俗”之弊，这当是他北叛的主要原因。但他南迁襄阳 10 余年，官职无闻，而其南迁前任前秦黄门郎，北返后任后秦中书令、尚书右仆射，皆位任通显。他在江左仕途不达，可能是他率领乡族集团叛晋北归的一个重要因素②。河东名族裴氏有一支“自河东居于襄阳”，以“晚渡”，沦为“便弓马有武干”的将门，后来主要活动于江淮地区，在雍州鲜见人物③。河东豪强薛氏也有一支“值赫连之乱，率宗人避地襄阳”，但因“江表取人，多以世族”，薛氏“既羁旅，不被擢用”，后来仍回到北方④。襄阳晚渡士族中较早发迹的柳元景，亦为河东大族，从他的曾祖——最初“自本郡迁于襄阳”的柳卓，到他的祖父柳恬，父柳凭，都只做到边郡太守，这通常是江左政权为安抚、羁縻北来流民帅而授予的官职。柳元景“少便弓马，数随父伐蛮”，几乎用了 20 年的时间，才仕至大府参军，而这不

① 《晋书》第 84 卷《杨佺期传》，中华书局点校本 1974 年版，第 2 200 页；《宋书》第 65 卷《杜骥传》，中华书局点校本 1974 年版，第 1 721 页。

② 《资治通鉴》第 106 卷《晋纪》孝武帝太元十年（385 年），中华书局 1956 年版，第 3 341 页；《晋书》第 10 卷《安帝纪》，中华书局点校本 1974 年版，第 251 页；同书第 113 卷《苻坚载记上》，第 2 900 页；同书第 117～118 卷《姚兴载记》，第 2 980、2 993 页。参安田二郎：《晋宋革命と雍州（襄阳）の侨民—军政支配かろ民政支配へ》，《东洋史研究》第 42 卷第 1 号，1983 年版。

③ 《魏书》第 71 卷《裴叔业传》，中华书局点校本 1974 年版，第 1 565 页。《南齐书》第 51 卷《裴叔业传》，中华书局点校本 1972 年版，第 869～872 页。

④ 《周书》第 38 卷《薛憕传》，中华书局点校本 1971 年版，第 683 页。

过是侨吴士族的起家官之一①。晚渡北人中的上层尚且如此，其中下层的境遇可以推知。

另一方面，雍州侨流集团作为一支足以影响上流政局乃至中枢政局的武装力量，在东晋一朝历有表现，在北府兵衰落的东晋后期显示得尤为明显。杨佺期、鲁宗之所率雍州流民武装，更在东晋末年的荆扬之争中充分展现了自己的实力②。雍州的北来大姓豪族对自己受歧视的地位非常不满，他们希望能改善待遇，被纳入于江左的门阀社会体制之中。为了更好地安抚和利用雍州侨民武装，晋、宋之际，具体地说，在晋安帝义熙十一年（415 年，时刘裕执政）至宋武帝永初三年（422 年）赵伦之（刘裕亲舅）出镇雍州期间③，当局开始对雍州乡族社会进行整组。

《宋书》第 83 卷《宗越传》："南阳叶人也。本河南人，晋乱，徙南阳宛县，又土断属叶。本为南阳次门，安北将军赵伦之镇襄阳，襄阳多杂姓，伦之使长史范觊之条次氏族，辨其高卑，觊之点（黜）越为役门。"当时雍州地区的居民主要是"新户"，即北方流民，其来源不一，组成复杂，有高门，有次门，有武断乡曲的土豪，甚至还有胡姓异族，当然更多的是普通百姓。所谓"襄阳多杂姓"，当然也指雍州乡族社会之构成复杂，但主要还是指姓族混淆，士庶不分，同时还意味着门阀体制中等级序列的混乱。所谓"条次氏族，辨其高卑"，首先就是要分清士庶，将"混"入士族阶层中的庶族清洗出去，继而对士族的高卑进行辨别，并"条次"出等级序列。这种辨别、条次的结果直接关系到所涉对象的切身利益。若名挂士流，便享有免役特权；门品高卑，则关系到仕

① 《宋书》第 77 卷《柳元景传》，中华书局点校本 1974 年版，第 1 981 页。参陈琳国：《论南朝襄阳的晚渡士族》，《北京师范大学学报》1991 年第 4 期。

② 田余庆：《东晋门阀政治》，北京大学出版社 1989 年版，第 285 页，以及该书第四章第五节。

③ 吴廷燮：《东晋方镇年表》"雍州"条，《二十五史补编》第 3 册，中华书局 1955 年版，第 3 498 页。

途门荫等政治、经济权益，以及社会地位。原为南阳次门的宗越，就是在这一次辨别、条次中，被取消了士族资格，黜降为“役门”。侨寓雍州的三辅著姓、中华高门，其在地方乡族社会的地位与权益，亦当因之得到承认和保障①。

辨别、条次工作，自必依据一定的标准。这类标准，北魏孝文帝太和十八年（494 年）品定姓族时倒是十分具体、明确②，但在南朝未见此类明确规定，似乎是根据士族圈子所公认的惯例，或者依凭“士族旧籍”及官私谱牒。当时范觊之依据何种标准，不得其详。不过顺阳范氏是南阳旧姓，对于经土断而落籍于南阳的次门宗越，范觊之应该熟悉其家世，他将宗越从次门降为役门，必定有所依凭。但他的辨别、条次工作，重点应当是大量的北来侨民，可惜史籍完全没有留下这方面的信息。

当局整组雍州乡族社会的又一举措，是在宋朝始建之永初元年（420 年），将雍州侨郡由“属府”转为“属州”，它标志着雍州地区以军事统制为主的时代的终结。如上所述，雍州侨流既因晚渡受歧视，进仕朝廷的道路受阻，而他们作为侨雍州的大姓望族，出任州郡僚佐本为其传统权力，但又因襄阳地方社会的军事化，侨雍州的民政机构及职能不完备，以致任职州郡起家的出仕机会受到影响③。雍州州职机构及职能的健全，特别是与地方选举相关的别驾、西曹等职能部门的建立和发挥作用，以及作为地方大姓豪族出仕要津的州职的提供，都将有利于雍州乡族社会秩序的整备和地方大族势力的发展。史实表明，后来雍州的

① 安田二郎：《晋宋革命と雍州（襄阳）の侨民—军政支配かろ民政支配へ》，《东洋史研究》第 42 卷第 1 号，1983 年版；张琳：《东晋南朝时期襄宛地方社会的变迁与雍州侨置始末》，武汉大学历史系魏晋南北朝隋唐史研究室编：《魏晋南北朝隋唐史资料》第 15 辑，武汉大学出版社 1997 年版，第 42 页。

② 唐长孺：《论北魏孝文帝定姓族》，《魏晋南北朝史论拾遗》，中华书局 1983 年版。

③ 安田二郎：《晋宋革命と雍州（襄阳）の侨民—军政支配かろ民政支配へ》，《东洋史研究》第 42 卷第 1 号，1983 年版。

大姓豪族，有不少人是以出任州职入仕。如河东大族柳世隆，京兆著姓韦叡、韦爰，各以本州主簿起家，蓝田豪族康绚以本州西曹书佐起家，齐末萧衍任雍州刺史，以柳庆远为别驾，柳忱、韦放为主簿（出处详下）。

入宋以后，特别是在文帝和孝武帝时代，如本书第五章第二节所述，实施了一系列的“强雍”政策，包括任用循吏，皇子出镇，割属实土，加强经济及军事实力，以及土断等等。这些措置，如其中的土断，就在一定程度上损害了当地大族的既得利益①，但总的来说，仍有助于提高雍州乡族社会的整体实力。

经过整顿、重组的雍州乡族社会，为侨寓大姓豪族的发展壮大提供了适宜的环境——包括秩序和机会。发展壮大了的雍州大姓豪族集团又从这里出发，步入仕途，最终闯进南朝的政治舞台。

四、南朝雍州大姓豪族集团的兴衰替变

晋、宋之际，侨吴高门士族的腐朽衰落，低级士族以及寒人的兴起，已是日见显明的历史发展趋势。如果说，雍州乡族社会的重组为当地侨寓乡族集团的发展提供了坚实的基础，那么，上述时代趋势则为他们的崛起提供了难得的机遇。

相对于侨吴高门长期脱离其宗族乡里，任职京师，“悉资俸禄而食”②，雍州大姓豪族始终扎根于深厚的乡族土壤之中。他们本是聚宗族合乡里，备经艰难流徙而来，且大多南渡不久，因此仍基本保持着“北土重同姓”和聚族而居的传统。他们看重乡族，侨寓生活的艰难和被视为荒伧的遭际，更强化了他们的认同感与亲和感。

---

① 张琳：《东晋南朝时期襄宛地方社会的变迁与雍州侨置始末》，《武汉大学学报》1997 年第 6 期。

② 颜之推著、王利器集解：《颜氏家训集解》第 4 卷《涉务篇》，上海古籍出版社 1980 年版，第 292 页。

雍州的京兆著姓韦叡，史称“于故旧无所遗惜”，“抚孤兄子过于己子，历官所得禄赐，皆散之亲故，家无余财”；其子韦放，“轻财好施，于诸弟尤雍睦”；叡兄韦阐“为建宁县（令），所得俸禄百余万，还家悉委伯父（祖征）处分，乡里宗事之”①。上面谈到的河东大姓柳元景，曾为宋孝武帝刘骏登上帝座立下大功，刘骏问他有何欲求，他的回答是：“若有过恩，愿还乡里。”所谓“乡里”即指雍州（襄阳）。后来柳元景还是在建康做官，其兄弟子侄跟随他或凭借其影响出外做官的也不少，这对于保障和提高河东柳氏的门户地位也是必需的。但仕途历来充满风险。宋前废帝时柳元景被处死，其兄弟子侄，特别是随仕建康者，大多坐诛。在邻近雍州的上庸（属梁州）任官的侄子柳世隆，却因“民吏共藏匿之”，得以幸免，后来终于东山再起。蛰伏乡里的柳氏子弟也相继进入仕途，如世隆的堂兄弟柳庆元在齐、梁之际致身通显。值得注意的是，柳世隆在宋、齐之际贵为宰相，对“州里宿德”韦祖征仍十分礼敬，见面时“每为之拜”。总之，河东柳氏能渡过危难，重振门户，所凭借的正是其坚实的乡族基础②。乡里是他们的大本营和根据地，那里有他们的宗族、乡人，当然，还有土地、佃客和部曲。如有必要，将宗族乡里和佃客部曲组织、发动起来，就是一支可观的军队，而雍州侨寓乡族集团的前身本来就是流民武装。《梁书》第18卷《康绚传》：

字长明，华山蓝田人也。其先出自康居……其后即以康为姓。晋时陇右乱，康氏迁于蓝田。绚曾祖（康）因为（前秦）苻坚太子詹事，生穆，穆为（后秦）姚苌河南尹。宋永初（420—422年）

① 《梁书》第12卷《韦叡传》，中华书局点校本1973年版，第225页；同书第28卷《韦放传》，第424页；《南史》第58卷《韦阐传》，中华书局点校本1975年版，第1 430页。

② 《宋书》第77卷《柳元景传》，中华书局点校本1974年版，第1 988页；同书第84卷《邓琬传》，第2 141页。参《南齐书》第24卷、《南史》第38卷《柳世隆传》、《梁书》第9卷《柳庆远传》，以上均为中华书局点校本。

中，穆举乡族三千余家，入襄阳之岘南，宋为置华山郡蓝田县，寄居于襄阳，以穆为秦、梁二州刺史，未拜，卒。绚世父元隆，父元抚，并为流人所推，相继为华山太守。绚少俶傥有志气，齐文帝（文惠太子萧长懋）为雍州刺史，所辟皆取名家，绚特以才力召为西曹书佐……除振威将军、华山太守……迁前军将军，复为华山太守。永元元年（499 年），义兵起（按：指萧衍雍州起兵），绚举郡以应高祖，身率敢勇三千人，私马二百五十匹以从。

华山在今宜城市。蓝田康氏自宋初移居此地，至齐末已近 80 年，当年的侨流乡族集团仍生息、繁衍在侨置华山郡里。属县蓝田、华山，也是关中的旧邑名，康氏三世所任之华山太守，不过是这一侨寓乡族集团首领的代名词。康绚追随萧衍起兵时所率之“敢勇三千”，应该就是由其乡族，当然也包括其佃客、部曲所组成的。雍州侨寓大姓之间往往互通婚娅，如韦叡有姨弟杜恽，外兄杜幼文。京兆杜氏、韦氏同为三辅著姓，两家在关中时就是世交，南迁襄阳后，仍保持着联姻关系①。河东柳氏、裴氏之间，也是“姻娅周旋”，韦氏又同河东裴氏有联姻关系②。

在某一著姓豪族领导下，聚乡族而居，保持密切的联系，具有较强的集团认同感，大概是雍州侨寓乡族集团的一般生存状态。

相对于侨吴高门士族鄙薄武事，不习骑射，“肤脆骨柔”，“体羸气弱”，雍州大姓豪族多粗犷尚武。雍州地接北境，蛮民充斥，民风劲悍，所谓“彼士流肮脏，有关辅余风；黔首扞格，但知重剑轻死”③。侨寓大族中如柳元景，“少便弓马……以勇称”；京兆杜崱，兄弟九人皆以骁勇

---

① 《梁书》第 12 卷《韦叡传》，中华书局点校本 1973 年版，第 220 页；《宋书》第 65 卷《杜骥传》，中华书局点校本 1974 年版，第 1 720～1 722 页。

② 《魏书》第 71 卷《裴叔业传》，中华书局点校本 1974 年版，第 1 576～1 577 页。

③ 颜之推著、王利器集解：《颜氏家训集解》第 4 卷《涉务篇》，上海古籍出版社 1980 年版，第 295 页；《梁书》第 22 卷《太祖五王・萧伟传》，中华书局点校本 1973 年版，第 349 页。

著称；韦叡一族虽以学业传家，但也多出将帅，韦叡本人就是“梁世名将”。至于雍州的中下层豪族，即陈寅恪先生所谓“长江上游南来北人之武力集团”，尤以能征惯战著称。如南阳冠军人张敬儿，《南齐书》第25卷本传载其“少便弓马，有胆气，好射虎，发无不中。南阳新野风俗出骑射，而敬儿尤多膂力”。《梁书》第9卷《曹景宗传》具体描述了他青少年时期的生活，据之可窥一斑：

> 新野人也……幼善骑射，好畋猎，常与少年数十人泽中逐獐鹿，每众骑趁鹿，鹿马相乱，景宗于众中射之，人皆惧中马足，鹿应弦辄毙，以此为乐。未弱冠，（父）欣之于新野遣出（雍）州，以匹马将数人，于中路卒逢蛮贼数百围之。景宗带百余箭，乃驰骑四射，每箭杀一蛮，蛮遂散走，因是以胆勇知名……（及位望隆重）谓所亲曰：我昔在乡里，骑快马如龙，与年少輩数十骑，拓弓弦作霹雳声，箭如饿鸱叫。平泽中逐獐，数肋射之，渴饮其血，饥食其肉，甜如甘露浆。觉耳后风生，鼻头出火，此乐使人忘死。

综上可知，当侨吴高门日趋腐朽，无法胜任其政治、军事职责之时，雍州的大姓豪强，仍拥有深厚的乡族社会基础，具备骁勇善战的能力。他们正是藉以博取军功，致身通显，以致宋、齐、梁三朝，“国家所恃将帅之臣每在雍州”①。雍州大姓豪族初步显示出集团力量，成批涌进统治核心层，是在宋孝武帝时期。元嘉二十二年（445年）武陵王刘骏出镇襄阳，开“皇子重镇”雍州之先河。当时沔中蛮（一称雍州蛮）频繁暴动，“虏略百姓”，“行旅殆绝”，以至刘骏在赴任雍州途中，竟被“群蛮断道”②。刘骏在雍州4年，主要活动是“伐蛮”，而在伐蛮中所依靠的

① 周一良：《南朝境内之各种人及政府对待之政策》，《魏晋南北朝史论集》，北京大学出版社1997年版，第75页。

② 《宋书》第97卷《蛮传》，中华书局点校本1974年版，第2 397页。

军事力量，就是以北方侨流为主的雍州地方武装，其中少年时即随父伐蛮的柳元景（时任随郡太守），被刘诞提拔为府中兵参军。元嘉二十六年（449 年）随王刘诞继刘骏出任雍州，柳元景又转任刘诞的府中兵参军。次年八月，“朝廷大举北讨，使诸镇各出军”，“（刘）诞遣振威将军尹显祖出赀谷，奋武将军鲁方平、建武将军薛安都、略阳太守庞法起入卢氏，广威将军田义仁入鲁阳，加元景建威将军，总统群帅”，北伐元魏。元景所部，尚有自请“入长安招抚关、陕”的刘诞外兵参军庞季明，作为后续部队的刘诞长流行参军姚范（领 3 000 人向弘农），扬武将军康元抚（领 2 000 人出上洛）。见诸史籍的下级军将还有军副谭金、薛系孝、柳元怙，幢主宗越、刘骖乱等①。上述将领，多为襄阳的北方侨流。柳元景及从兄元怙，为河东大族。薛安都亦为河东“强族”，前几年才叛魏奔宋，入居襄阳②。庞季明为“秦之冠族”，法起或与之同族。宗越为河南人。谭金为“荒中伧人”。康元抚，不知是否出自侨雍州的蓝田康氏。其余诸将籍贯无考，推想也都是雍州的侨流。

这次北伐，主力是东线的王玄谟部，西线柳元景所率雍州军本为策应。不料东线大败，西线却进展神速，捷报频传，相继攻克弘农、潼关，并“长驱入关”，“直向长安”。后来因东线败退，始奉命班师。前辈学者指出，“长江上游南来北人之武力集团”，较诸“长江下游居住京口晋陵一带之南来北人武力集团（按：指北府兵）”，“南迁之时代较晚”，“其战斗力之衰退”亦稍迟。“北府兵力日衰，荆雍兵力日盛，是同一个历史过程的两个方面。”这次北伐，正是这一历史过程的转折点，它充分显示了雍州侨寓乡族社会所蕴含的军事实力，“从此兵将的来源，日益移到西楚的襄阳”③。

① 《宋书》第 77 卷《柳元景传》，中华书局点校本 1974 年版，第 1 982～1 986 页。
② 《宋书》第 88 卷《薛安都传》，中华书局点校本 1974 年版，第 2 215 页。
③ 陈寅恪：《述东晋王导之功业》，《金明馆丛稿初编》，上海古籍出版社 1980 年版，第 67 页；田余庆：《北府兵始末》，《秦汉魏晋史探微》，中华书局 1993 年版。

北伐凯旋后，雍州军主帅柳元景以功迁京兆、广平二郡太守，其他军将也都有所升迁，但这还不足以改变他们的政治生涯。对于雍州大姓豪族集团来说，真正改变命运的转折点不是北伐，而是此后不久出现的内争。元嘉三十年（453年）宋文帝被杀后，正“总统群帅”伐蛮的江州刺史武陵王刘骏①，马上将这支部队投入到皇位争夺之中。时任襄阳太守的柳元景正率雍州军隶于刘骏麾下，并受命为前锋统帅，顺流进攻建康。柳元景出色地完成了任务，将刘骏顺利地托上了帝座，以他为首的雍州部队将领亦以元从之功平步青云。他们有：

柳元景。河东解人。“世祖（孝武帝刘骏）入讨元凶（文帝太子刘劭），以（元景）为谘议参军，领中兵，加冠军将军，（襄阳）太守如故。配万人为前锋，宗悫、薛安都等十三军皆隶焉”，攻克建康。孝武帝即位，以元景为侍中，领左卫将军。徙领军将军，加散骑常侍，曲江县公。历骠骑将军，本州大中正，尚书令，进爵郡公。又有开府仪同三司、司空之授，固让不受②。

宗悫。南阳人（按：实已迁居江陵）。“孝武伐元凶，以悫为（刘骏）南中郎谘议参军，领中兵。孝武即位，以为左卫将军，封洮阳侯。”③

宗越。南阳叶人。“世祖镇襄阳，以为扬武将军，领台队。”随柳元景入讨刘劭，有战功。孝武即位，“以为江夏王义恭大司马行参军，济阳太守，寻加龙骧将军”，封筑阳县子，转长水校尉。历任太守、刺史④。

薛安都（附从弟薛道生）。河东汾阴人。元嘉二十一年（444年）自魏奔宋，“世祖镇襄阳，板为扬武将军、北弘农太守”，后归襄阳。随柳元景入讨刘劭，“转参军事，加宁朔将军，领马军”，孝武即位，以功除右将军，封南乡县男。历左军将军，竟陵内史，太子左卫率，加散骑常

---

①《宋书》第77卷《沈庆之传》，中华书局点校本1974年版，第2 000页。

②《宋书》第77卷《柳元景传》，中华书局点校本1974年版，第1 986～1 989页。

③《宋书》第76卷《宗悫传》，中华书局点校本1974年版，第1 972页。

④《宋书》第83卷《宗越传》，中华书局点校本1974年版，第2 110页。

侍，进爵为侯。安都从弟道生亦以军功为大司马参军①。

谭金。“荒中伧人”，南迁居新野牛门村。“平元凶及梁山破臧质，每有战功，稍至建平王宏中军参军事，加建武将军，寻转龙骧将军、南下邳太守。”迁屯骑校尉，直阁②。

武念。新野人。“本三五门，出身郡将……世祖临雍州，念领队奉迎。时沔中蛮反，世祖之镇，缘道讨伐……念驰赴奋击，应时摧退，即擢为参军督护。其后每军旅，常有战功。”历建威将军，桂阳、南阳太守，冗从仆射③。

沈庆之（附从弟沈法系）。吴兴武康人。“年三十，未知名，（东晋末）往襄阳省兄（兄敞之，时为雍州刺史赵伦之参军、南阳郡守），伦之见而赏之”，任为军将，职务渐升。后为刘骏抚军中兵参军，随镇襄阳。多次率军伐雍州蛮，柳元景、宗悫等均曾为其部将。元嘉二十九年（452年）督江、豫、荆、雍四州兵，讨西阳五水蛮，次年，受江州刺史刘骏节度，刘骏入讨刘劭，以庆之为府司马，总统军务。孝武帝即位，以庆之为领军将军，加散骑常侍，封南昌县公，出为使持节、都督南兖徐兖三州诸军事、车骑大将军、南兖州刺史，后进爵郡公，固辞侍中、开府仪同三司。庆之从弟法系“亦有将用”。初亦投襄阳庆之兄敞之，任雍州所统竟陵郡将佐。后随庆之伐五水蛮。“世祖伐逆（刘劭），以（法系）为南中郎参军，加宁朔将军，领三千人前发，与柳元景旦至新亭”，以战功封平固县侯，名列六元勋之一④。

上列宗悫虽贯属南阳（南阳属侨雍州），但南阳宗氏久已迁居江陵，故宗悫并非雍州籍将领。然考其本传，在元嘉二十二年（445年，是年孝武帝出镇襄阳）之后，宗悫一直担任雍州督区内的随郡太守，与柳元

①《宋书》第88卷《薛安都传》，中华书局点校本1974年版，第2 215～2 218页。
②《宋书》第83卷《谭金传》，中华书局点校本1974年版，第2 111页。
③《宋书》第83卷《武念传》，中华书局点校本1974年版，第2 112页。
④《宋书》第77卷《沈庆之传》，中华书局点校本1974年版，第2 000～2 005页。

景等人一道长期隶属于雍州军将沈庆之伐蛮。元嘉末年柳元景奉命率雍州军伐西阳蛮，入讨刘劭，宗悫作为雍州军的重要将领隶于其下。故宗悫虽然不是真正的雍州籍人，却是地地道道的雍州军将领。沈庆之为吴兴武康人，他被例外地纳入上列雍州军将领之中，是基于如下理由：其一，他是在雍州发迹的；其二，他长期担任雍州军将领，率部伐蛮，战"功"之卓著，堪称雍州伐蛮第一人，许多雍州籍将领都是在他的麾下并在他指挥的伐蛮战争中发迹的①；其三，他是刘骏赖以夺取帝位的荆、雍顺流之师的实际统帅，因而也是以雍州军将领为主体的元从功臣中的第一人。

上述可见，在孝武帝刘骏新组建的朝廷中，雍州军将领占了相当大的比重。沈庆之、柳元景、宗悫等均升任禁军将领，所率雍州军亦摇身成为禁卫军②。孝武帝还凭借这支来自雍州的武装，平定了荆州刺史刘义宣、江州刺史臧质、司州刺史鲁爽联合发动的叛乱，翦灭了对皇位有潜在威胁的南兖州刺史、竟陵王刘诞，巩固了新建的政权。

孝武死后，即位之前废帝刘子业"凶暴无道"，"诛戮群公"，前朝元勋，顾命大臣，同时也是雍州军的首脑柳元景、沈庆之，相继被杀。但刘子业不似武帝（刘裕）、文帝（刘义隆）、孝武帝（刘骏）由方镇入主建康，而是从孝武那里继承皇位以及文武班子，他可以不用德高望重的柳、沈二公，但他仍然只能从原有的班子中物色心腹。他所信用的禁军将领宗越、谭金③，仍是来自原雍州军，不过地位较低而已。

从宋前废帝开始，下至齐朝，皇室内部矛盾激烈，政局动荡，内乱不已。由于雍州为当时猛将和精兵的渊薮，所以在变幻的政治风云中，总能见到雍州人物的身影，沉浮俯仰于其间。如宋明帝上台伊始，即翦

---

① 协助刘骏夺取帝位的六位元勋中，其中顾彬之籍属不明，但此前他亦曾隶属沈庆之伐蛮，估计也是雍州军将领，见上引《宋书》第 77 卷《沈庆之传》，中华书局点校本 1974 年版，第 1 997、2 001 页。

② 陈勇：《刘宋时期的皇权与禁卫军》，《北京大学学报》1998 年第 3 期。

③ 《宋书》第 83 卷《宗越传》，中华书局点校本 1974 年版，第 2 110 页。

灭了作为前废帝爪牙的宗越、武念等来自雍州的禁军将领。当时四方反叛，多奉晋安王刘子勋（时镇寻阳）为主，台军与叛军对峙于鹊洲（今安徽铜陵至繁昌一带江中）。叛军的主力为豫州刺史刘胡所部。刘胡为南阳涅阳人，出身郡将，亦在襄阳以讨蛮起家。台军元帅为沈攸之，但所隶猛将蔡那、佼长生、张敬儿均是刘胡"乡人"，即雍州人。在平叛中立下大功的随郡太守张兴世，是竟陵人，竟陵本属荆州，但长期是雍州的督区。张兴世先为王玄谟部将，亦以伐蛮知名，后又隶柳元景入讨刘劭。可见对峙的双方都与雍州地方武装有关。叛乱终于平灭，刘胡败死，张兴世以首功迁左军将军、豫州刺史，封作唐县侯，后至兼领军、雍州刺史。"功次兴世"的雍州广平人佼长生，封迁陵县侯，南阳蔡那封平阳县伯①。

宋、齐之际，青、徐豪族崛起，构成萧道成建立帝业的核心集团②。但他们并不是萧道成所依靠的全部力量，如在平定桂阳王刘休范及荆州刺史沈攸之等重大行动中，非青、徐人士的雍州将领柳世隆、张敬儿，就起了更为重要的作用（见本书第五章第三节）。柳世隆在宋末以平攸之功征为侍中，迁尚书右仆射，封县侯。入齐后进爵为公，官至尚书令，并任雍州大中正。张敬儿在宋末以平刘休范功，破格任雍州刺史，封县侯，又以平攸之功晋爵为公，进号征西将军，入齐后历官侍中、车骑将军、开府仪同三司。当时还有避难移居襄阳的南安氐人焦度，隶属雍州督府的竟陵军人黄回，亦参与平定沈攸之，以军功致身富贵③。

齐朝时期，雍州大姓豪族集团发展很快，越来越多的人物登上政治

---

① 《宋书》第84卷《邓琬传》，中华书局点校本1974年版，第2 138～2 147页；同书第83卷《宗越传》，第2 111～2 113页；同书第50卷《张兴世传》，第1 452页。

② 罗新：《青徐豪霸与宋齐政治》，《原学》第1辑，中国广播电视出版社1994年版，第160页。

③ 《南齐书》第24卷《柳世隆传》，中华书局点校本1972年版，第445页；同书第25卷《张敬儿传》，第464页；同书第30卷《焦度传》，第559页；《宋书》第83卷《黄回传》，中华书局点校本1974年版，第2 122页。

舞台。及至齐、梁之际雍州刺史萧衍在襄阳起兵，当地大姓豪族纷起响应，集中体现了雍州乡族社会的整体实力。兹抄缀史传，将参与萧衍起事的雍州人士排列如下：

曹景宗。新野人。父欣之，宋末官至征虏将军、徐州刺史。“高祖（萧衍）为雍州刺史，景宗深自结附。”萧衍表为冠军将军，竟陵太守。“及义师起，景宗聚众”响应。萧衍军至竟陵，景宗与王茂率军渡江围郢城。所部“军士皆桀黠无赖……抄掠财物，略夺子女”。

柳庆远。河东解人。伯父元景。庆远任襄阳令，萧衍为雍州刺史，辟别驾从事史。“及义兵起，庆远常居帷幄为谋主。”从军东下，身先士卒，治军严整①。

韦叡。京兆杜陵人。齐末多故，不欲远乡里，求为上庸太守。萧衍为雍州刺史，“乃遣其二子自结于高祖”。“义兵檄至，叡率郡人伐竹为筏，倍道来赴，有众二千，马二百匹。高祖见叡甚悦，拊几曰：他日见君之面，今日见君之心，吾事就矣。”其子韦放，萧衍在雍州时召其为主簿。

韦爱。韦叡族弟。曾祖轨太元初南迁襄阳。袁颉为雍州刺史，辟为主簿。萧衍为雍州，引为中兵参军。义师之起也，以爱为壮武将军南平王萧伟（萧衍弟，留守襄阳）司马，带襄阳令。“时京邑未定，雍州空虚，魏兴太守颜僧都等据郡反……（韦爱）素为州里信伏，乃推心抚御，晓示逆顺，兼率募乡里，得千余人，与僧都等战于始平郡南，大破之。”②

张惠绍。义阳人也。任竟陵横桑戍主。“永元初，母丧归葬于乡里。闻义师起，驰归高祖，板为中兵参军，加宁朔将军、军主。”

冯道根。广平酇人。少失父，家贫，佣赁以养母。少随乡人湖阳戍主蔡道斑伐蛮，后为沟口戍副。“永元中，以母丧还家。闻高祖起义

---

① 曹景宗、柳庆远各见《梁书》第9卷本传，中华书局点校本1973年版，第179、182页。

② 《梁书》第12卷《韦叡传》，中华书局点校本1973年版，第220、226页；同书第28卷《韦放传》，第423页。

师……率乡人子弟胜兵者，悉归高祖。”

康绚。华山蓝田人。任华山太守。“义兵起，绚举郡以应高祖，身率敢勇三千人，私马二百五十匹以从。”①

杜怀宝。京兆杜陵人。其先自北归南，居于雍州之襄阳，子孙因家焉。父灵启，齐给事中。高祖义师东下，怀宝随南平王伟留镇襄阳②。

杜永。萧衍领兵东下，以弟萧伟守襄阳城，总州府事。以鄀令杜永兼别驾。

吉士询。萧衍领兵东下，以弟萧伟守襄阳城，总州府事。功曹史吉士询兼长史③。

柳惔。河东解人。父世隆。建武末，任梁、南秦二州刺史。及高祖起兵，惔举汉中应义。

柳忱。惔弟。（齐南康王、荆州刺史萧宝融）西中郎主簿、功曹史。在荆州力劝萧颖胄（西中郎长史，实际主荆州政）响应萧衍起事。

席阐文。安定临泾人。（荆州刺史萧宝融）西中郎中兵参军，领城局。在荆州力劝萧颖胄响应萧衍起事④。

吉士瞻。冯翊莲勺人。及梁武起兵，义阳太守王抚之等并不从命，萧颖胄遣士瞻讨平之。遂为荆州刺史萧宝融领军司马⑤。

蔡道恭。南阳冠军人。父那，宋益州刺史。道恭为荆州刺史萧宝融西中郎中兵参军。“义兵起，萧颖胄以道恭旧将，素著威略，专相委任，

---

① 张惠绍、冯道根、康绚各见《梁书》第18卷本传，中华书局点校本1973年版，第285～290页。

② 《梁书》第46卷《杜崱传》，中华书局点校本1973年版，第641页。

③ 杜永、吉士询见《梁书》第1卷《武帝纪上》，中华书局点校本1973年版，第6页。

④ 柳惔兄弟、席阐文各见《梁书》第12卷本传，中华书局点校本1973年版，第217～219页。又《周书》第44卷《席固传》云席氏因后秦之乱，寓居襄阳，遂为襄阳著姓，中华书局点校本1971年版，第798页。

⑤ 《南史》第55卷《吉士瞻传》，中华书局点校本1975年版，第1 363页。又《梁书》第47卷《孝行·吉翂传》云吉氏世居襄阳，中华书局点校本1973年版，第651页。

迁冠军将军、西中郎谘议参军，仍转司马。”时又有军将蔡道福在雍州从萧衍起兵，卒于军，当系蔡道恭同族①。

《南齐书》第8卷《和帝纪》中兴元年（501年）四月戊辰诏：“荆、雍义举所基，实始王迹。君子劳心，细人尽力，宜加酬奖，副其乃诚。”梁武帝起兵，虽是荆、雍并举，但主力是雍州军，军事统帅为萧衍。由于雍州兵强马壮，民风劲悍，当时有“江陵素畏襄阳人”之语②。但“荆雍义举”的政治中心却在荆州，因为荆、雍协同拥立的和帝（齐南康王、荆州刺史萧宝融）在荆州，长江上游的文化大族也集中在荆州。实际主政荆州的是行事萧颖胄。上面所举参与梁武起事的雍州人士中，柳忱以下均在荆州。他们力促萧颖胄响应萧衍。当时支持“萧颖胄起大（荆）州之众以会（萧衍起）义”的，还有江陵的“西土位望”，他们是南阳涅阳宗夬、南阳安众刘坦、南阳淯阳乐蔼、新野庾域，不过他们虽籍属南阳，却南迁江陵已久，实属荆州而非雍州大姓。

上引和帝诏中所谓“君子劳心，细人尽力”，表明追随萧衍起兵的雍、荆人士来自不同阶层。其中晚渡士族的代表家族是河东柳氏、京兆韦氏。京兆杜氏，也是旧族。安定席氏，冯翊吉氏，或被认为“襄阳著姓”，或出任只有当地著姓才充当的功曹史。康绚的祖先原为北来流民帅，卜居蓝田之后，世为当地强豪。蔡道恭父蔡那，曹景宗父曹欣之，均在宋朝以军功进身，他们属于将门之后。张惠绍、冯道根则在家世上无所凭借，均以武干从军，担任低级军职，值齐、梁代兴，因缘际会，得以青云直上。

萧衍雍州起兵，最所倚重的、贡献最大的还是雍州的著姓。当萧衍见到率众赴义的韦叡后，喜称“吾事就矣”，叡随萧衍大军东下，“多建谋策”。叡族弟韦爱为留守襄阳的萧伟的副手，另有京兆杜永、杜怀宝及冯

① 《梁书》第10卷《蔡道恭传》，中华书局点校本1973年版，第193页；同书第18卷《冯道根传》，第287页。

② 《梁书》第10卷《萧颖达传》，中华书局点校本1973年版，第187页。

翊吉士询等为僚佐。萧衍临行代待萧伟："当置心于襄阳人腹中，推诚信之，勿有疑也。"① 后来魏兴太守颜僧都等乘"雍州空虚"举郡反，全靠韦爱在当地的威信和乡族实力，方得平定。萧衍起兵，柳庆远"常居帷幄为谋主"，柳惔举汉中响应，柳忱则在荆州力促萧颖胄响应萧衍。而如曹景宗、康绚、冯道根，皆率领乡族响应萧衍，大大增加了萧衍的军事实力。

梁王朝建立以后，这批元从功臣无不封官拜爵，出将入相，在政治上得到了丰厚的回报，呈集团性地跻身于统治阶级上层。南朝雍州的大姓豪强，至此臻于极盛。梁末侯景之乱中，集结于建康周围的勤王大军中，有前衡州刺史韦粲，司州刺史柳仲礼，仲礼弟扶风太守柳敬礼。当时上流诸军群龙无首，柳仲礼以"久捍边疆，先为侯景所惮；且士马精锐，无出其前"，在韦粲的提议下被推为大都督。青塘之役，勤王军大败，韦粲及子弟、亲戚死者数百。柳仲礼亦"壮气外衰，不复言战"。后柳敬礼被侯景所杀，仲礼退依湘东王、荆州刺史萧绎，参与萧绎与岳阳王萧詧的内争，后被支持萧詧的西魏军打败，与弟弟子礼并殁于魏②。雍州乡族社会中两个势力最大的家族均在侯景之乱中遭到重创，渐至衰微。其他中下层豪族也都受到不同程度的打击③。

当时还有一部分雍州豪强追随在雍州刺史、岳阳王萧詧身边。如以骁勇著称的京兆杜崱、杜岸、杜幼安兄弟及崱侄杜龛（后均叛投萧绎）④，以文才知名的河东柳霞、柳庄父子⑤，以及襄阳人魏益德，天水人尹正，河东人薛晖，南阳人岑善方，南阳人宗如周、宗希颜、宗希华父子，北地人傅准，河东人柳洋、柳信言，顺阳人范迪等⑥。另有一部分雍州中

---

①《南史》第 6 卷《梁本纪上》，中华书局点校本 1975 年版，第 173 页。

②《梁书》第 43 卷《韦粲传》，中华书局点校本 1973 年版，第 606 页；《南史》第 38 卷《柳元景传》，中华书局点校本 1975 年版，第 994 页。

③ 关于中下层豪族的情况，参上引张琳：《南朝时期的雍州中下层豪族》，《武汉大学学报》1997 年第 6 期。

④《梁书》第 46 卷《杜崱传》，中华书局点校本 1973 年版，第 641、642 页。

⑤《周书》第 42 卷《柳霞传》，中华书局点校本 1971 年版，第 765～768 页。

⑥《周书》第 48 卷《萧詧传》，中华书局点校本 1971 年版，第 866～876 页。

下层豪族，在侯景之乱中率乡族参加勤王大军，以后留仕陈朝。如南阳湖阳人樊毅，累叶将门，“侯景之乱，毅率部曲随叔父文皎援台”，后辗转仕陈，历官护军将军、侍中、征西将军、荆州刺史，其弟樊猛亦在陈朝历任显职①。不过随着雍州为西魏所占，萧詧南迁江陵，以及隋废梁国，灭陈，雍州地方大姓豪族势力也就星散瓦解了。

以侨寓北人为主的雍州大姓豪族，尽管凭借军功成批登上政治舞台，取得了很高的政治地位，但这并不意味着他们作为“晚渡北人”为侨吴士族所歧视的境遇很快就能改变。《宋书》第 76 卷《王玄谟传》称，宋孝武帝“狎侮群臣……各有比类”，“柳元景、垣护之并北人，而玄谟独受‘老伧’之目”。王玄谟官为金紫光禄大夫，领太常、起部尚书，垣护之官至右卫将军，柳元景更是职居显要、“位至三公”，却因他们是晚渡北人，竟被目为“老伧”，只是孝武帝对柳、垣还比较客气，不像对待王玄谟那样，在庙堂上和“四方书疏”中也直称“老伧”②。

为官建康之后的柳元景似乎很注意自己的形象，力图摆脱身上的“荒伧”印记。当时因拥戴孝武帝而成为“在朝勋要”的一批晚渡将门，“多事产业，唯元景独无所营”。元景“起自将帅，及当朝理务，虽非所长，而有弘雅之美”③。所谓“弘雅”，也就是为人（包括为官）宽容，言谈举止优雅，这是高门士族素所推崇的行事方式，却是那些咤叱疆场的晚渡将门不能也不屑于做的。如王玄谟当领军将军时，就因为“严直”，“不容”于朝，被出为外官。又如上文所列孝武帝时发迹的晚渡将门薛安都，在他入官建康不久的一天，其从弟薛道生因犯罪遭到秣陵令庾淑之鞭打，他闻讯大怒，即刻率领一批全副武装的骑士（安都时任禁军将领），要去杀掉庾淑之。途中遇见柳元景，柳元景婉言劝他说：“卿从弟服章言论，与寒细不异，虽复人士，庾淑之亦何由得知？且人身犯

① 《陈书》第 31 卷《樊毅传》，中华书局点校本 1972 年版，第 415～417 页。
② 陈琳国：《论南朝襄阳的晚渡士族》，《北京师范大学学报》1991 年第 4 期。
③ 《宋书》第 77 卷《柳元景传》，中华书局点校本 1974 年版，第 1 990 页。

罪，理应加罚，卿为朝廷勋臣，宜崇奉法宪，云何放恣，辄欲于都邑杀人?”安都乃止①。从这番话也可看出，柳元景是很注意自己的“服章言论”的。在“崇奉法宪”方面，柳元景更是尽乎于迂腐的地步，后来前废帝亲率宿卫来捕杀他，消息传出，其弟柳叔仁“戎服率左右壮士数十人欲拒命”，元景却“苦禁之”，自己“下车受戮，容色恬然”。

尽管柳元景摆脱将家形象的意图没有如愿，始终未能进入高门士族圈子，但他的这种努力，包括他的就死方式，却不是全无所值。前废帝覆败后上台的宋明帝，专门为他下诏平反，称他“风度弘简，体局深沉，正义亮时，恭素范物”；他在生时，其兄弟子侄随他入京，见识了建康上层社会的生活，更重要的是，取得了以资荫入仕的特权；所有这些，都为柳氏重新崛起于政坛，进一步改变家族面貌，打下了良好的基础。

柳元景之后，河东柳氏的代表人物是他的侄子柳世隆。相对于柳元景以 20 年的奋斗始任大府参军，柳世隆 17 岁入仕，不过四五年就担任了同样的职务。南齐时柳世隆官至宰相，在政治地位上已不逊于其伯父柳元景，在社会地位上则有过之。《南齐书》第 24 卷本传载：“世隆性爱涉猎，启太祖（萧道成）借秘阁书，上给二千卷……晚专以谈义自业。善弹琴，世称柳公双璅，为士品第一。常自云马矟第一，清谈第二，弹琴第三。在朝不干世务，垂帘鼓琴，风韵清远，甚获世誉。”这完全是高门名士的做派。侨吴士族也开始同柳家有了往来。《南史》第 38 卷本传称世隆自任清职太子洗马以后，与吴郡张绪、琅邪王延之、吴兴沈琰“为君子之交”。“君子之交”意味着尚不亲密。张绪曾就世隆“唯盛事坟典”而发问：“观君举措，当以清名遗子孙邪?”语含讥刺。世隆则回答：“一身之外，亦复何须。子孙不才，将为争府；如其才也，不如一经。”明确表明了自己欲以学业传家的意向。世隆长子柳悦“少有清致”，不幸早卒于中书郎之位。次子柳惔，《南史》本传称：“好学工制文，尤晓音律，少与长兄悦齐名。王俭谓人曰：‘柳氏二龙，可谓一日千里。’俭为

① 《宋书》第 88 卷《薛安都传》，中华书局点校本 1974 年版，第 2 216 页。

尚书左仆射，尝造世隆宅，世隆谓为诣己，徘徊久之。及至门，唯求悦及惔。遣谓世隆曰：‘贤子俱有盛才，一日见顾，今故报礼。若仍相造，似非本意。’”素以“风流宰相”自诩的琅邪王俭，为江左第一流高门，又是当时的著名文士，他盛赞柳惔兄弟为“一日千里”的“二龙”，虽然是出于无奈屈尊回访，但至少表明柳惔兄弟在文化上已开始被侨吴高门接纳。

齐武帝很欣赏柳惔的诗，说他“非徒风韵清爽，亦属文遒丽”。惔弟柳恽，“好学，善尺牍。与陈郡谢瀹邻居，深见友爱”，称“宅南柳郎，可为仪表”。他“以贵公子早有令名，少工篇什”，其名句“亭皋木叶下，垅首秋云飞”，当时文坛的领袖人物琅邪王融“见而嗟赏，因书斋壁及所执白团扇”，又“（齐）武帝与宴，必诏恽赋诗”。柳恽还被“开西邸召文学”的齐竟陵王萧子良延为僚佐，同僚中他唯与王暕、陆杲友善，还每每叹息：“暕虽名家，犹恐累我也。”竟连王俭子暕也不放在眼里，较之当年王俭回访柳悦兄弟时，柳世隆喜出望外徘徊于门前，而王俭却称造访原非本意，已不可同日而语。梁武帝曾对周舍盛赞柳恽的多才多艺，称他“可谓具美，分其才艺，足了十人”。上面谈到柳世隆已究心玄谈，而其子柳憕“少有大意，好玄言，通《老》《易》”，在梁世历任清显，“与琅邪王峻齐名”，“时人号为方王”。柳霞（柳庆远世子）“笃好文学，动合规矩”，其子柳靖“少方雅，博览坟籍”①。梁、陈时柳氏又联姻帝室，柳恽少子偃尚梁武帝女长城公主，偃子盼尚陈文帝女富阳公主。总之，时至梁朝，柳世隆以学业传家的愿望已然实现，柳氏子弟在政治地位和文化风尚上已与侨吴高门无别，在社会地位上的差距也大大缩小，心理上则趋于认同，由“君子之交”而交往亲密，以至柳惔与吴郡张稷，关系亲切到“狎密”的地步②。梁代以后柳氏仍文人学者间出，如仕于后

---

① 《周书》第 42 卷《柳霞传》，中华书局点校本 1971 年版，第 766 页。

② 以上未注出处者俱见《南史》第 38 卷《柳元景传》附传，中华书局点校本 1975 年版，第 984～990 页，下引此传者，不另出注。以上多参考陈琳国：《论南朝襄阳的晚渡士族》，《北京师范大学学报》1991 年第 4 期。

梁号称一代文宗的柳信言，“少有文学”的柳洋①，以文才为杨广宠信并被召为学士的柳顾言，被隋大臣苏威誉为既有学业又习世务的江南文士柳庄（柳霞子）②，唐天宝元年（742 年）进士、贞元中宰相柳浑，以“文章有重名于开元、天宝间”的浑兄柳识，唐初儒学及氏族专家柳冲，都是侨居襄阳的河东柳氏之后③。

值得注意的是，“少立功名，晚专以谈义自业”的柳世隆仍然是“马矟第一”，就是业已文士化的柳氏子弟，有的仍保持着擅长骑射的将门风尚，如柳恽“尝与琅邪王瞻博射，嫌其皮阔，乃摘梅帖乌珠之上，发必命中，观者惊骇”。齐、梁之际萧衍起事，世隆诸子，柳惔、柳忱分别在梁州、荆州起兵呼应，一直在家乡的柳世隆堂兄弟柳庆远则就地参与，既“居帷幄为（萧衍）谋主”，又亲自统兵临阵，善于治军。后来柳庆远也移家京师，其子柳霞及霞子柳靖、柳庄兄弟虽以文学礼法见长，柳津及津子柳仲礼、敬礼兄弟则“乏风华”、“性甚强直”，以武勇粗犷知名。总之，柳氏子弟大都不乏武干，或文武兼资，与《颜氏家训》所谓“熏衣剃面、傅粉施朱、未尝乘骑”的侨吴贵游子弟有明显不同。这应该是柳氏在南朝长期维持其家族地位，并在政治、军事上发挥重要作用的原因所在。

雍州的京兆韦氏，南迁后仍然在一定程度上保持着文化士族的特征。韦叡与其兄韦纂皆好学，以学识渊博著称。梁代文豪沈约曾在武帝面前盛赞韦纂的学问，认为远非自己能及。史称韦叡即使在军中，也是一身儒服，“执竹如意以麾进止”，后任职京师，“暇日犹课诸儿以学”，在学问上以“洽闻”著称。叡族弟韦爱幼习书史，“手不释卷”，“及长，博学有文才”。叡诸子，韦棱“性恬素，以书史为业，博物强记，当世之士咸

① 《周书》第 48 卷《萧詧传》，中华书局点校本 1971 年版，第 874 页。

② 各见《隋书》第 58 卷、第 66 卷本传，中华书局点校本 1973 年版，第 1 423、1 552 页。

③ 《旧唐书》第 125 卷《柳浑传》，中华书局点校本 1975 年版，第 3 553～3 555 页，传直接称“襄州（襄阳）人”；同书第 189 卷下《儒学下・柳冲传》，第 4 971 页。

就质疑”；韦黯“少习经史，有文词”；韦正二子载、鼎，皆“笃志好学”、“博涉经史”。相对于柳氏，韦氏进入南朝政治舞台起步稍迟，韦叡伯父韦祖征在宋末仕至光禄勋，其父祖归在齐朝累官不过宁远长史而已，直到齐梁禅代，韦氏以佐命之功，方才大批进入仕途。但他们入官建康后，很快就与侨吴士族有了交往。韦叡子韦放“以息（韦）岐娶（吴郡张）率女，又以女适率子”，放长子粲，与颍川庾仲容、吴郡张率等前辈名士“忘年交好”①。这大概是因韦氏以学业传家，在文化面貌上与侨吴高门较为接近之故。不过韦氏家学，以经史为主，强调广博，对玄学似无研习，因而韦叡对佛学亦持排斥态度。至于韦氏仍保有晚渡士族尚武传统，几乎都能统兵打仗，已在上文述及。

韦氏一族虽然在青塘之役中伤亡惨重，但仍有余支不绝如缕，活动于陈朝及隋、唐。如韦叡孙韦鼎（韦正子）仕于隋，叡族弟韦爱孙韦翙仕于陈②，叡兄韦阐的后人，韦思谦及二子承庆、嗣立，均举进士，并在武后时相继任宰相③。

柳氏、韦氏在南朝长期维持优越地位并传流后世，与他们的乡族势力雄厚和兼资文武有关，更与他们取得较高政治地位以后，又不断在文化修养和社会地位上努力追求有关。隋朝一统后，他们在襄阳的乡族基础及其所依附的南朝政权，都不复存在，在新的统一王朝中，他们要致身通显，除了可遇不可求的机会以外，所唯一凭赖的，就是他们的文化修养。他们过去的关中同郡，现在的襄阳同乡，京兆杜氏，本来也是北方旧族，但杜怀宝和他的 9 个儿子杜嶷、杜崱兄弟（出处见

① 以上并见《梁书》第 12 卷《韦叡传》、第 28 卷《韦放传》、第 43 卷《韦粲传》，中华书局点校本 1973 年版，以及《南史》第 58 卷《韦叡传》及附传，中华书局点校本 1975 年版。

② 《陈书》第 18 卷《韦载传》，中华书局点校本 1972 年版，第 250 页；《隋书》第 78 卷《韦鼎传》，中华书局点校本 1973 年版，第 1 771 页。

③ 《旧唐书》第 88 卷《韦思谦传》，中华书局点校本 1975 年版，第 2 861～2 866 页；《新唐书》第 74 卷上《宰相世系表四上》，中华书局点校本 1975 年版，第 3 110 页。

上，下不注出处者同），都仅仅是依仗骁勇善战，率领其乡族在浴血奋战中博取功名，升官拜爵，然而，也同样是在残酷的战争中，杜崱“一门覆灭”。

那些与柳氏、韦氏一道或者先后崛起的雍州中下层豪族及将门，凭着过人武勇，因缘际会，奋身而起，取得高位，如宗越、谭金、武念、佼长生，但他们很快就沉没在险恶难测的政治风浪中，其仕宦生涯及身而止。有的勉强维持了两代，如蔡那、蔡道恭，曹欣之、曹景宗，张兴世、张欣泰，终于还是二世而斩，后嗣无闻，尽管他们曾经拥有很高的政治地位、强大的私兵部曲以及可观的物质财富。宋末帮助萧道成篡位立下大功的张敬儿，在齐朝官位显达，开府置佐，仪同三公，但他“始不识书”，“不习朝仪”。尽管他还在努力学习，“在密室中屏人学揖让答对，空中俯仰”，又找来启蒙的《孝经》《论语》习读，但其效果如何可以想象。不过这也表明他是在努力适应新的生活，不像他的南阳同乡、梁朝开国元勋曹景宗，“每作书，字有不解，不以问人，皆以意造焉”，视“扬州作贵人”如“动转不得”的囚徒，坐车到街上转转也不准“开车幔”，“闭置车中如三日新妇（新娘）”，整日郁郁不乐。然而，勤于操练的张敬儿也始终未能熟悉高层政治生活的规矩，以致言语不检点，在齐武帝即位之初，涉嫌谋反被杀。他至死也不十分明白何以犯下如此大罪，但直感告诉他，要是不离开乡里到建康做官，也不会有如此下场，所以临死前他将象征官位的冠貂摔在地上，说“用此物误我”①。他们无法适应以侨吴高门为主导的上层社会，上层社会更对他们深沟高垒，拒不接纳。出身寒贫的张兴世以军功获得高位后，其子张欣泰试图改变将门子弟的形象，《南齐书》第51卷《张欣泰传》：

> 不以武业自居，好隶书，读子史。年十余，诣吏部尚书褚渊，渊问之曰：“张郎弓马多少？”欣泰答曰：“性怯畏马，无力牵弓。”

① 《南齐书》第25卷《张敬儿传》，中华书局点校本1972年版，第473～474页。

> 渊甚异之……复为直阁，步兵校尉，领羽林监。欣泰通涉雅俗，交结多是名素。下直辄游园池，著鹿皮冠，衲衣锡杖，挟素琴。有以启世祖（齐武帝）者，世祖曰："将家儿何敢作此举止！"

"将家儿"张欣泰之附庸风雅矫揉造作，旨在挤进侨吴士族圈，他的努力非但没有奏效，反而引起了高门阶层的惊异和反感，以致受到更加激烈的排斥。他后来死于一场不成功的军事政变中。高门中趋炎附势以媚当朝权贵的也不是没有，陈郡谢超宗因言语"轻慢"、"怨望"，得罪了齐武帝，被"禁锢十年"，在不得志的情况下，他又"娶张敬儿女为子妇"，结果，"与张敬儿周旋，许结姻好"，又构成谢超宗新的罪状，因以谢氏门望，无论如何是不应与将家张敬儿结为姻娅的，齐武帝君臣只能认为这是谢超宗想利用婚姻关系谋反，恰巧张敬儿又涉嫌谋反被杀①。这一不合时宜的婚姻，丝毫没有改变将门张敬儿的社会地位，对谢超宗的仕途也无任何促进作用，带来的恐怕只是副作用或者反作用。以上反复说明，在门阀士族为主体的政治结构中，诸如襄阳中下层豪族及将门这样一个阶层，暂时还只能是被人利用，为人驱除。

康绚的乡族基础堪称深厚绵长，足以推溯到时空遥远的汉朝和西域。他还是一位土木建筑专家，然而，当他后来率领乡族武装参与梁武起兵，并最终加入梁朝的政治建筑中以后，他便脱离了其乡族社会，及至入任卫尉卿，更是孤身一介武将，成为兀立山巅的无根之木。他幸运地寿终正寝于位，其子康悦嗣爵，但康悦父祖长期生活其中并赖以进入仕途的乡族社会，作为一个结构紧密的社会集团，已因群龙无首，在悄然消解，其乡族所居之华山郡，后来也因西魏军占领襄阳，改为汉南县，归属宜城郡了②。而与之同时，华山郡所属之侨雍州，也被西魏改为襄州，雍州侨立襄阳的历史，遂告终结。

---

① 《南齐书》第 36 卷《谢超宗传》，中华书局点校本 1972 年版，第 636～637 页。

② 《隋书》第 31 卷《地理志下》，中华书局点校本 1973 年版，第 891 页。

第二节　荆郢地区

本节所谓荆、郢地区概指南朝时的荆、郢二州，大致相当于东汉时的荆州南郡（治今荆州）、江夏（治今新洲）二郡（按：南朝郢州西南部东汉时属武陵郡）。其中已纳入上节沔北地区讨论过的郢州北部的竟陵郡（治今钟祥，属雍州督区），今属湖南的郢州武陵郡，以及荆州西部的巴东、建平等郡（一部在今重庆），在本节的讨论中一般不再涉及。

六朝时期荆州常有兵争，荆州所治南郡，以及地当南北、东西交通枢纽之地的南朝郢州所治江夏郡，尤当其冲。当时由于兵连祸结，战火不绝，南郡、江夏本土的大姓豪强即非全部外迁，仍留居当地者也缺乏生长发育的适应环境。大抵在晋、宋之际，主导荆、郢地方社会的大姓豪族，多为自沔北南迁江陵的乡族集团，它标志着东晋南朝时期荆、郢乡族社会重组的完成。

一、东汉魏晋间南郡、江夏地区的人物断层

东汉时，荆州部内的大姓强宗、功臣名士多集中在经济、文化最为发达的南阳地区，直到东汉中后期，荆、郢地区才出了两位声震海内的人物。

其一是南郡华容人胡广。广“学究五经，古今术艺皆毕览之”，因南郡太守法雄之子法真慧眼识才，被察举孝廉，进京试章奏，“安帝以广为天下第一”。广历事六帝，久任三公，既是一代名臣，又是四海名士，京师有“万事不理问伯始（胡广字），天下中庸有胡公”之谚①。

其二是江夏安陆人黄琼，顺帝永建（126—132 年）中公车征，官至三公。琼未仕时就已大名藉藉，在官以“政事贞固”称，亦为东汉名臣，死后“归葬江夏，四方名豪会帐下六七千人”②。

---

①《后汉书》第 44 卷《胡广传》，中华书局点校本 1965 年版，第 1 504～1 510 页。

②《后汉书》第 61 卷《黄琼传》，中华书局点校本 1965 年版，第 2 032 页；同书第 53 卷《申屠蟠传》，第 1 752 页。

在胡广故世 14 年、黄琼故世 6 年后的熹平六年（177 年），灵帝“思感旧德，乃图画（胡）广及太尉黄琼于省内，诏议郎蔡邕为其颂”，颂文今存，其中对这两位来自荆州的名臣不吝赞美之辞①。他们当然不是突兀而起的。胡广的六世祖在西汉平帝时受辟于大司徒府，父贡仕至交趾都尉。黄琼的父亲黄香，名列《后汉书》第 80 卷上《文苑传》，史称“博学经典，究精道术，能文章，京师号曰‘天下无双江夏黄童’”，官至尚书令、太守。其职务不能算太高，却为黄琼提供了荫任入仕的机会，尽管黄琼放弃了这一机会。胡广诸子皆卒于广前，名位不显，后裔无闻。黄琼的孙子黄琬，以公孙出仕，任五官中郎将，后以朋党禁锢，灵帝光和（178—184 年）末年复出，官至三公，死于董卓之乱，但黄琬之后，同样未见人物。总之，在东汉末年胡广、黄琬相继逝世之后，南郡、江夏地区的人物出现断层，当时还有“江夏大邦，蛮多士少”之语②。

顺帝阳嘉三年（134 年）出任司徒的黄尚，南郡邔县（今宜城北）人，“少历显位，亦以政事称”，其墓在邔县南③，与江夏黄氏似非同族。诸葛亮岳父黄承彦，“高爽开列，为沔南名士”④，当出自邔县黄氏。胡广生母及继母江陵黄氏，上溯数代皆有官位⑤，应该是本地大族，只是不知与江夏黄氏有何关系。

上述胡氏、黄氏，都是在通经做官的时代里靠经学发迹，似乎与乡族背景关系不大。实际上在当时经注繁琐而讲究家法的情况下，要精通

---

①《后汉书》第 44 卷《胡广传》，中华书局点校本 1965 年版，第 1 511 页。

②《后汉书》第 61 卷《黄琼传》，中华书局点校本 1965 年版，第 2 040 页。

③《后汉书》第 6 卷《顺帝纪》，中华书局点校本 1965 年版，第 264 页；同书第 61 卷《周举传》，第 2 027 页。参郦道元著、陈桥驿校证：《水经注校证》第 28 卷《沔水》，中华书局 2007 年版，第 667 页。

④《三国志》第 35 卷《诸葛亮传》注引《襄阳记》，中华书局点校本 1959 年版，第 929 页。“高爽开列”，《襄阳耆旧记》“列”作“朗”，见黄惠贤校补本，中州古籍出版社 1987 年版，第 23 页。

⑤ 蔡邕：《交趾都尉胡府君夫人黄氏神诰》，载《全后汉文》第 79 卷，严可均辑《全上古三代秦汉三国六朝文》第 1 册（以下引自此书者，一般不注全书名及册数，但所注页码，均为全书总页码），中华书局 1958 年版，第 897 页。

一经，没有包括书籍积累在内的家学，没有支持漫长求学过程的经济基础，没有相当雄厚的乡族势力，是非常不易的。可以说，没有这些（其中有些今天已难以尽悉的）背景和基础，就没有胡广和黄琼。而胡、黄之后的人物断层，说明这些基础还不够厚实，汉魏之际的动乱，这尚待加强的基础又遭到战争的破坏。

东汉末年刘表在荆州的统治，如上所述，其社会基础主要是沔北即襄阳、南阳的大族，以及避乱南来的北方名士。在曹、孙、刘三家所瓜分的荆州人物中，南郡、江夏人士远较襄阳、南阳为少。其中曹魏仅有江夏平春（今河南信阳一带）人李通，建安初“举众诣太祖（曹操）于许（昌)”，官至汝南太守，封都亭侯，建安十四年（209 年）战死①。孙吴也只有南郡人石伟，江夏人孟宗，伟官至光禄大夫，宗至司空②。建安二十四年（219 年）关羽襄阳败没后，吴夺得刘蜀荆州之地，陆逊以“荆州士人新还，仕进或未得所”，上疏请“抽拔”荆州人物，但究竟有哪些荆州人士因此得进，史籍未详③。

刘蜀的南郡、江夏人稍多，如南郡枝江人董和、和子董允、霍峻、峻子霍弋，其中董和官至掌军中郎将，允至侍中、守尚书令，为大将军费祎副贰④。另有南郡人阎宇、邓方、冯习、高轨等⑤，以及江夏鄳人费祎、费观。费氏因与刘焉有姻亲关系，入蜀较早，祎在后主时官至尚书令⑥。

---

① 《三国志》第 18 卷《李通传》，中华书局点校本 1959 年版，第 534 页。

② 《三国志》第 48 卷《吴书·三嗣主·孙休传》及注引《楚国先贤传》《吴录》，中华书局点校本 1959 年版，第 1 159、1 168～1 169 页。按建安十三年（208 年）魏分南郡置襄阳郡之前，襄阳为南郡属县。籍贯但称南郡者，若沿袭汉代南郡旧称，则其中可能有襄阳人，但本节讨论时一概视为分置襄阳以后之南郡。

③ 《三国志》第 58 卷《吴书·陆逊传》，中华书局点校本 1959 年版，第 1 346 页。

④ 《三国志》第 39 卷《蜀书》董和、董允传，中华书局点校本 1959 年版，第 979、985 页；同书第 41 卷《蜀书·霍竣传》，第 1 007～1 008 页。

⑤ 《三国志》第 43 卷《蜀书·马忠传》注引《华阳国志》，中华书局点校本 1959 年版，第 1 049 页；同书第 45 卷《蜀书·杨戏传》，第 1 081、1 088 页；同书第 41 卷《蜀书·霍峻传》注引《汉晋春秋》，第 1 009 页。

⑥ 《三国志》第 44 卷《蜀书·费祎传》，中华书局点校本 1959 年版，第 1 060 页；同书第 45 卷《蜀书·杨戏传》，第 1 081 页。

江夏鄳县费氏与江夏竟陵刘氏有通婚关系，刘氏为汉室支庶，历官郡守州牧，则费氏可能是江夏豪族。

上述移入吴、蜀的南郡、江夏人士，大多出身不高，没有见到东汉中后期崛起的胡氏、黄氏的后人。

由于三国在荆州的激烈争夺和由之引起的民众迁徙，魏及西晋时期的南郡、江夏，已很少见到当地大姓豪族的活动。外迁的人物也大多后继无人，其中一直有人物活动的，只有江夏李氏、孟氏。

建安初率领"亲戚部曲"投奔曹操的李通，"勇冠诸将"，功勋卓著，战死后其子李基袭爵。曹丕称帝后，仍觉"未足"酬报李通的"庸勋"，又任命李基为奉义中郎将，李通兄李绪为平虏中郎将。绪子李秉，王隐《晋书》有传，"有俊才，为时所贵，官至泰州刺史"。秉子李重，传列今本《晋书》，史称"少好学，有文辞"，"弱冠为本国中正"，历官尚书吏部郎、平阳太守，号为"中夏名士"，"海内德望之士"，"于时以比王夷甫"，表明江夏李氏在西晋时业已士族化。李重的两个弟弟，西晋怀帝永嘉（307—313年）年间"并典郡"。重子李式，东晋成帝咸和（326—334年）中官至侍中。两晋之际官至尚书郎的江夏李轨，大概也是李重一族人①。但江夏李氏，至少是李重一支，已是"中夏名士"，不复在故乡江夏生活。南朝时有江夏李珪之，宋明帝泰始（465—471年）初蔡兴宗任郢州刺史时，辟为安西府佐，南齐时官至右军将军，兼少府，表明江夏李氏在本地仍有余支，但已人物寥落②。

在吴国官至司空的江夏人孟宗，死后"葬武昌阳新县（今阳新西南），子孙家焉"。宗子孟揖，晋惠帝时任庐陵太守。宗曾孙孟嘉，娶陶侃女，庾亮西镇武昌时，辟为部从事，历庾翼安西府功曹、桓温征西府

---

① 《三国志》第18卷《魏书·李通传》及注引王隐《晋书》，中华书局点校本1959年版，第534～536页；《晋书》第46卷《李重传》，中华书局点校本1974年版，第1 309页；余嘉锡：《世说新语笺疏·贤媛》，上海古籍出版社1993年版，第686、874页。

② 《南齐书》第53卷《李珪之传》，中华书局点校本1972年版，第921页。

参军、长史，文思超卓，“好酣饮，愈多不乱”，在当时的名士圈子里极负盛誉。其弟孟陋，“博学多通”，高蹈不仕，亦“名著海内”①。孟嘉兄弟之后，未见人物。

西晋时还有江夏人张光，据《晋书》第 57 卷本传，“少为郡吏，家世有部曲，以牙门将伐吴有功，迁江夏西部都尉”，后至梁州刺史，被流民军包围，战死。张光是那种拥有私部曲的地方土豪，安陆人朱伺，与张光的情况极为相似，他们在两晋之际的纷乱时局中，为各种军阀势力所利用，往往是其兴也快，其仆也速②。

在东晋几家大族相继统治荆州时期，其僚佐多为侨吴高门子弟，或者是自南阳、襄阳南迁江陵的人士，而如历任庾亮、庾翼、桓温府僚的江夏孟嘉，桓温征西长史南平车胤③，反倒属于少见。晋宋之际下至南朝，自南阳迁居江陵的几家大族，表现得十分活跃，俨然成为当地的主人。当时南郡、江夏地区的土著人士，就更为少见了。

二、东晋宋齐时期南迁江陵之南阳大族的隐与仕

上节谈到，在两晋之际，因为受到如潮涌来的北方流民的冲击，南阳著姓安众刘氏、宗氏，新野庾氏，淯阳乐氏，相继南迁江陵。其中南阳刘氏，即西晋末豫州刺史南阳刘乔之后，渡江之后仍代有官宦。《三国志》第 21 卷《魏书·刘廙传》注引《晋阳秋》：“（刘）乔胄胤丕显，贵盛至今。”《晋阳秋》为东晋人孙盛撰，“贵盛至今”的“今”自指东晋。据《晋书》第 61 卷《刘乔传》，乔孙刘耽在东晋时历度支尚书，加散骑常侍。其女嫁桓玄，安帝元兴中桓玄执政，“以耽为尚书令，加侍中，不

---

① 陶侃：《孟府君传》，上揭严可均辑：《全晋文》第 112 卷，中华书局 1958 年版，第 2 101 页；《晋书》第 94 卷《隐逸传》，中华书局点校本 1974 年版，第 2 442 页；同书第 98 卷《孟嘉传》，第 2 580 页；余嘉锡：《世说新语笺疏·识鉴》，上海古籍出版社 1993 年版，第 399、658 页。

②《晋书》第 81 卷《朱伺传》，中华书局点校本 1974 年版，第 2 120 页。

③《晋书》第 83 卷《车胤传》，中华书局点校本 1974 年版，第 2 177 页。

拜，改授特进、金紫光禄大夫”。耽子刘柳少登清官，历尚书左右仆射、徐兖江三州刺史。刘乔弟乂为始安太守，乂子刘成官至丹杨尹。此外，刘柳兄刘淡，在东晋亦有官爵，这从刘柳子刘湛出继刘淡，“袭封安众县五等男”，可以推知①。

刘乔子孙不仅在东晋时保持“贵盛”，入宋后也曾经相当的显赫。上面谈到的刘柳子刘湛，据《宋书》第69卷本传：“（湛）博涉史传，谙前世旧典，弱年便有宰世情，常自比管夷吾、诸葛亮……本州辟主簿，不就，除著作佐郎，又不拜。”后来起家刘裕太尉府行参军②。义熙十一年（415年）刘裕西讨司马休之，自领荆州刺史，以刘湛为荆州功曹，仍补治中别驾从事史。后又出任秘书丞、刘裕相国府参军，“赏遇甚厚”。入宋后，刘裕子刘义康出镇豫州、南豫州，刘义真出镇南豫州，刘义恭出镇荆州，均以刘湛为长史，实际主持府州军政事务；入拜尚书吏部郎，迁右卫将军，出为广州刺史；所任皆为要职。宋文帝元嘉八年（431年），刘湛被“召为太子詹事，加给事中、本州大中正，与（领军将军殷）景仁并被任遇”，次年又代景仁为领军将军。后深结宰相彭城王刘义康，“驱煽义康，凌轹朝廷”，“合党连群，构扇同异，附下蔽上，专弄威权，荐子树亲，互为表里”，以致文帝内心里对刘湛深为厌恶。元嘉十七年（440年）义康被黜，刘湛以同党被诛，湛子大将军从事中郎刘黯及刘亮刘俨等，并从诛，湛弟黄门侍郎刘素被流放广州。

刘湛初被辟为本州主簿，后任荆州功曹、治中别驾从事史，如上所述，这都是由本州大族所垄断的职务，表明迁居江陵后的南阳刘氏仍是荆州著族。刘湛得势后，又任荆州大中正，州、郡中正例由担任朝官的本州名士兼任，曹魏后期始在州设大中正，主持一州人士的品评，则南阳刘氏乃是荆州最有名望的大族。按刘氏约在永嘉之乱时南迁江陵，刘耽

---

①《宋书》第69卷《刘湛传》，中华书局点校本1974年版，第1 815页。

②《宋书》第2卷《武帝纪中》，中华书局点校本1974年版，第27页。刘裕晋安帝义熙七年（411年）始受太尉号。

曾出任荆州都督桓温府佐①，其女出嫁桓玄，而桓玄在其父桓温死后长期优游于封国江陵，显示刘耽的老家仍在江陵。但刘耽、刘柳、刘湛连续三代在建康任高官，元嘉初年刘湛由侍中出任荆州刺史江夏王刘义恭府长史时，其次子刘琰在江陵病卒，“湛求自送丧还都”，可见刘湛一支已定居建康，估计刘耽在东晋安帝元兴中（时耽婿桓玄辅政）死于特进、金紫光禄大夫之位时，即葬于建康。但南阳刘氏在建康的一支因刘湛的失足而被诛杀殆尽。

南阳刘氏中可以确知居住在江陵的，有刘驎之，字子骥，一作遗民（或作道民），史称“光禄大夫刘耽之族”，但不知亲疏关系如何。他“率善史传”，“好游山泽，志存遁逸”，居住在离荆州 200 里外长江边的阳岐村，躬自条桑伐荻，过着隐士生活。桓冲镇荆州时，“请为长史，驎之固辞不受”。阳岐村“在官道之侧，人物来往，莫不投之”，如桓冲及名士吴郡张玄，都曾专程拜访其家，尽管刘驎之同这些人士也有交往，但他似乎更注重同当地村民的关系，史称“驎之虽冠冕之族，信义著于群小，凡厮伍之家婚娶葬送，无不躬自造焉”。刘驎之终身不仕，名在《晋书》第 94 卷《隐逸传》中，《世说新语》栖逸、任诞篇亦曾载其事迹。他大约卒于晋孝武帝太元年间，其子孙不见于史。桓温出镇荆州时，还有别驾刘简，为刘乔孙，后仕至大司马参军②，亦不知其后人。

直到南朝刘宋时，史籍上才又见到南阳刘氏的活动。《南齐书》第 54 卷《高逸·刘虬传》：

> 字灵预。南阳涅阳人也。旧族，徙居江陵。虬少而抗节好学，须得禄便隐。宋（明帝）泰始（465—471 年）中，仕至晋平王骠骑记室，当阳令。罢官归家……（齐高帝）建元（479—482 年）初，

---

① 陶侃：《孟府君传》，严可均辑：《全晋文》第 112 卷，中华书局 1958 年版，第 2 101 页。

② 余嘉锡：《世说新语笺疏·方正》，上海古籍出版社 1993 年版，第 326 页。

> 豫章王为荆州，教辟虬为别驾，与同郡宗测、新野庾易并遣书礼请，虬等各修笺答，而不应辟命。（齐武帝）永明三年（485 年），刺史庐陵王子卿表虬及同郡宗测、宗尚之、庾易、刘昭五人，请加蒲车束帛之命。诏征为通直郎，不就……（齐明帝建武二年冬，495 年）卒，年五十八……刘昭与虬同宗。州辟祭酒从事，不就。隐居山中。

《南史》第 50 卷本传称刘虬为刘乔七世孙，上面谈到刘乔的儿子刘挺一系，如挺子刘简、刘柳、刘淡，均随晋室渡江，任职江左，不知刘虬出于何人之后，其隐居不仕，则有同族前辈刘驎之的遗风。刘虬若为刘柳后裔，元嘉中被诛杀的刘湛父子，正是其祖辈和父辈，即使他不是刘柳后人，刘湛父子也是刘虬的堂祖、堂父，不知刘虬以及同宗刘昭的隐逸之志，是否与这一事件有关。

上引《刘虬传》表明，不徒南阳刘氏，刘氏同郡宗氏、庾氏，也都拒应辟命，隐逸不仕，似乎在出处上有某种默契①。下面对其余诸家进行考察。

上节中谈到的南阳宗氏，据《梁书》第 41 卷《宗懔传》，“（懔）八世祖承，晋宜都郡守，属永嘉东徙，子孙因居江陵焉”。但徙居江陵以后的宗氏，在东晋一代几乎默默无闻，直到晋宋之际才出了一位人物宗炳。他是当时有名的画家，著称的奉佛居士，并独传古乐《金石弄》，但在政治上，却仍是一位“隐逸”，当然，是一位著名的隐逸。《宋书》第 93 卷《隐逸·宗炳传》：

> 祖承，宜都太守。父繇之，湘乡令。母同郡师氏，聪辩有学义，教授诸子。炳居丧过礼，为乡闾所称。刺史殷仲堪、桓玄并辟主簿，

① 陈国灿：《六朝时期江陵大族的替变》，谷川道雄主编：《地域社会在六朝政治文化上所起的作用》，玄文社 1989 年版。

举秀才，不就。高祖诛刘毅，领荆州，问毅府谘议参军申永曰："今日何施而可？"永曰："除其宿衅，倍其惠泽，贯叙门次，显擢才能，如此而已。"高祖纳之，辟炳为主簿，不起。问其故，答曰："栖丘饮谷，三十余年。"

刘裕于晋义熙八年（412 年）攻灭荆州刺史刘毅，从那时上溯 30 余年，正当淝水之战前后。这 30 多年里宗炳一直过着"栖丘饮谷"的隐遁生活。太元十七年（392 年）至隆安三年（399 年）殷仲堪出镇荆州时期，以及桓玄继殷仲堪出镇荆州时期，都曾辟举宗炳，他都"不就"。义熙中刘裕任太尉，召宗炳为参军，还是"不就"；后来刘裕开（太尉）府辟召，专门下书征辟他和雁门周续之两位大隐士，并欲"以礼屈之"，仍然"不起"。"宋受禅，征为太子舍人；元嘉初，又征通直郎；东宫建，征为太子中舍人、庶子；并不应。"元嘉十六年（439 年）衡阳王刘义季出镇荆州，"亲至炳室，与之欢宴，命为谘议参军"，这时宗炳已是 65 岁的年迈老人了，当然仍是"不起"。宗炳还有一位从父弟宗彧之，也是"州辟主簿，举秀才，不就"，入宋后数被征辟，同样不应，而且凡"轩冕之客"即官方人士，一律拒而不见，"公私饩遗，一无所受"。史称其"文义不逮（宗）炳，而真澹过之"①，的确，从上引宗炳对刘裕的答辞——"栖丘饮谷，三十余年"，可见宗炳对官方的态度是非常审慎的，这句答辞的未尽之意是，隐遁不仕本是我宗炳的一贯态度，几十年都是如此，绝不是现在要同您刘裕先生作对，不给面子。实际上宗炳同官方仍保持一定交往。如他"每游山水，往辄忘归"，荆州征西府（府主为刘道规）长史、琅邪王敬弘就常常跟着他一起出游，"未尝不弥日也"。宗炳虽不应刘裕辟召，因"家贫无以相赡"，刘裕曾"数致饩赉"，他也时有接受。刘裕还曾遣皇家乐师至江陵宗炳家习琴，也没有听说宗炳拒绝。

如上所述，与宗炳在南阳既同郡又同县，南迁后又同居江陵的老乡

① 《宋书》第 93 卷《隐逸·宗彧之传》，中华书局点校本 1974 年版，第 2 291 页。

南阳刘氏，当宗炳先后拒绝殷仲堪、桓玄、刘裕的辟召时，刘耽与桓玄结为姻亲，耽及耽子刘柳在晋末仕任通显，刘柳子刘湛正是应征为太尉府行参军而起家入仕，一步步登上政治上层的。刘氏在江左的显荣与他们的父祖在曹魏西晋时的较高地位有关，所谓“阶藉门荫”①；另一方面，也与刘氏在江左积极仕进的政治态度有关。因为宗氏南迁后仍是荆州数一数二的大族，刘裕攻灭刘毅占领荆州后，要“贯叙门次显擢才能”，宗炳仍首当其选。

有关史载表明，刘裕当国后，宗氏在政治态度上有所变化。在刘裕平灭桓玄其弟刘道规出镇荆州时，道规的府僚中有南阳宗协，任主簿。宗协也是一个有“高趣”的人物，刘道规召他入幕，本来就没准备要他干什么实事——乃“以事外相期”，但宗协之入幕毕竟表明了宗氏对刘裕集团的态度。入宋后宗炳、宗彧之虽仍高蹈不仕，宗炳诸子却皆从仕宦。据上引《宗炳传》，“（炳）子朔，南谯王义宣车骑参军。次绮，江夏王义恭司空主簿。次昭，郢州治中。次说，正员郎”。又有子繁，西中郎谘议参军②。以经史文艺传家的宗氏，在宋代还出了一位有名的战将，那就是上节谈到的宗悫。他“独任气好武”，自幼便“愿乘长风破万里浪”，后来果然因协助孝武帝平刘劭，平步青云，仕至高位。不过宗悫似属例外，因为宗氏子孙都是出任当时照例由地方大族独占的州郡僚佐之职，此后一直到齐梁之际，率皆如此。如宋孝武帝时有荆州治中宗景，宋末沈攸之任荆州时有府主簿、记室宗俨之。齐武帝时有江陵令宗躬、荆州别驾宗哲、南郡丞宗宾。齐末萧颖胄任荆州，有谘议别驾宗夬，谘议参军宗塞，中直兵参军宗冰之③。这些人大抵都是出于移居江陵的南阳宗

①《宋书》第69卷《刘湛传》，中华书局点校本1974年版，第1 818页。

②《梁书》第19卷《宗夬传》，中华书局点校本1973年版，第299页。

③《宋书》第84卷《邓琬传》，中华书局点校本1974年版，第2 144页；同书第74卷《沈攸之传》，第1 941页；《南史》第26卷《袁象传》，中华书局点校本1975年版，第708页；《南齐书》第54卷《高逸·宗测传》，中华书局点校本1972年版，第941页；同书第38卷《萧颖胄传》，第667、670页。

承之后，有的就是宗炳的子孙。

但在南齐时，宗氏又出了一位“高逸”，那就是与上述刘虬同列《南齐书·高逸传》中，并与虬志同道合的宗测。《宗测传》称：“宋征士炳孙也。世居江陵。测少静退，不乐人间……州举秀才、主簿，不就。”齐荆州刺史豫章王两次辟测为参军，齐武帝永明中诏征太子舍人，明帝建武中辟司徒主簿，皆不就。后往庐山，“止祖炳旧宅”。其眷恋山水，精于玄学，善丹青，工音律，皆有乃祖遗风。与测同列《高逸传》的还有南阳宗尚之，为宗测宗人，也是好山泽，绝宾友，自宋末至齐，屡被征辟而不就。

刘虬、宗测传中都提到新野庾易。按庾易亦列入《南齐书·高逸传》中，传称：“字幼简，新野人也。徙居属江陵。祖玫，巴郡太守，父道骥，安西参军。易志性恬隐，不交外物。”传又称，齐高帝建元元年（479 年）荆州刺史豫章王嶷辟为骠骑参军，其后临川王映上表荐举，齐武帝永明三年（485 年）诏征太子舍人，齐明帝建武二年（495 年）诏征司徒主簿，他都一概推辞不就，始终隐于乡里，“以文义自乐”。

上节谈到，新野庾氏在两晋之际随晋室南渡，并有人受封爵土。据《隋书》第 78 卷《艺术·庾季才传》：“新野人也，八世祖滔，随晋元帝过江，官至散骑常侍，封遂昌侯，因家于南郡江陵县。”则庾氏始迁江左者为庾滔。庾滔于史无考，应该就是庾易所出，至少是同族。

东晋及宋齐时期，南迁江陵的庾氏人物时见史乘。《晋书》第 75 卷《范汪传》称其“六岁过江，依外家新野庾氏，荆州刺史王澄见而奇之”。范氏为顺阳大姓，顺阳、新野旧属南阳郡，范汪过江所依之外家庾氏，自然已南迁江陵，当时王澄镇荆州，亦驻节江陵。《范汪传》又说“外氏家贫”，不能资给他读书求学。当时很多北方流民，在新地立足未稳，有的甚至不能免于冻馁，南迁江陵的庾氏家境拮据，并不足为奇。至刘宋时，宗悫的乡人庾业，已是“家甚豪富”。业父彦达文帝时官至益州刺史，业孝武时历官豫章太守、太常卿，后在明帝即位初参与三吴反叛，被杀①。宋文帝时有临沮令庾寔，因其“秉真履约，爱敬淳深……行成闺庭，孝著邻党”，荆州刺史临川王义庆特向朝廷举荐②。宋时又有新野人庾深之，文帝时历官长沙内史、督湘州七郡军事，孝武时海陵王休茂出镇雍州，深之以司马行府事，后休茂起兵反叛，庾深之被杀。深之子庾粲官至司空参军，粲子杲之，《南齐书》有传，历任尚书左丞、黄门郎、散骑常侍、兼侍中，又曾以尚书吏部郎参大选事，领荆、湘二州中正。深之的另一个儿子庾荜，《梁书》有传，但主要活动于南齐。他以“西楚望族，早历显官”，其中两任荆州别驾，在职“清身率下”，号为良吏。可知当庾易隐居乡里之时，庾氏家族仍不乏仕宦之人。

上节谈到与南阳刘、宗、庾诸族同迁江陵的还有淯阳乐氏。《梁书》第19卷《乐蔼传》：“南阳淯阳人，晋尚书令广之六世孙，世居江陵。”乐广诸子中，两晋之际相携过江的有乐凯、乐肇、乐谟。乐肇过江后情况不明。乐谟官至征虏将军、吴郡内史，成帝时被召为郡中正，谟称父有遗命而不就，为尚书令卞壸所驳。乐凯过江后曾任武昌太守③。移居江陵的乐氏当为乐谟或乐凯之后。《南齐书》第55卷《孝义传》中有乐颐、乐预兄弟，“世居南郡”，其父任职郢州，颐“仕为京府（京口，南徐州治）参军，后至郢州治中，预官至骠骑录事参军。乐蔼历仕宋齐，曾任宋荆州刺史建平王景素的主簿，齐荆州刺史萧嶷的骠骑府行参军、领州主簿，参知州事，荆州治中，后参与梁武起事。

上述可知，永嘉之乱前后迁居江陵的南阳刘、宗、庾、乐诸族，晋、宋之际已成为南郡江陵地区乃至整个荆州的第一流大族。他们世任荆州府州上佐，如主簿、别驾、治中、功曹及长史、司马、参军等，或者出任荆州所属郡县的长吏。荆州作为上流分陕之地，东晋时便由几家侨姓

---

①《宋书》第76卷《宗悫传》，中华书局点校本1974年版，第1 972页；同书第84卷《孔觊传》，第2 156～2 161页。

②《宋书》第51卷《宗室·刘义庆传》，中华书局点校本1974年版，第1 477页。

③《晋书》第43卷《乐广传》《郭舒传》，中华书局点校本1974年版，第1 246、1 242页；同书第70卷《卞壸传》，第1 870页。

高门相继出镇，宋、齐时照例由亲王宗室出镇，但他们在荆州的统治，还要倚重荆州大姓，也就是迁居江陵的南阳诸族，他们在相当程度上控制着荆州的地方政权。如刘义恭出镇荆州，长史南阳刘湛实际主持军政事务。庾荜任荆州别驾，也是大权在握。

南阳大族中也有入京或在外地任官者，其中如刘湛及其父祖，宗悫，庾杲之，还因某种机缘，跻身于建康统治核心，但他们的活动舞台主要还是在荆州，在南郡江陵。这里是上游的政治、文化中心，在刘宋分荆之前，军事上也是上游的第一重镇。他们在这里有着深厚的乡族基础，并拥有很高的声望。刘湛、庾杲之都曾担任过荆州大中正，乐谟曾任南阳郡中正，主要负责迁居江陵的南阳人士的品评。不管是州中正，还是郡中正，都是身任朝官的本地第一流大族才有资格担任的。庾氏被称为“西楚望族”，宗氏在东晋末就在荆州大姓豪族中“门次”居首。可以说，迁居江陵的南阳大族完全控制了荆州地方社会。出镇荆州的侨姓高门及南朝宗室都不能不借重他们的社会地位，以稳定在荆州的统治。如桓氏曾与南阳刘氏联姻，桓冲镇荆州，以及赴任荆州的名士吴郡张玄，都不惜屈身枉顾隐于阳岐村的刘驎之家。刘裕为了有效控制新占领的荆州，把“贯叙门次”辟举宗炳等当地大族作为当务之急。

南阳大族并不总是同当局合作，从刘驎之到刘虬，从宗炳到宗测，以及庾易，他们都怀肥遁之志，绝宾友，远仕宦，但从桓冲、刘裕到宋齐诸王，总是不断地召辟、荐举，甚至朝廷下诏征聘。当局通过这种姿态，既传达了求贤若渴之意，又体现了对地方社会的尊重和抚慰。而南阳诸族，他们既有闻名的高逸，又有人出任官职。出任官职者可以为家族带来政治、经济利益，并进一步巩固社会地位；隐遁不仕者，则为家族赢得了高名，同时也可预防和规避那些不可逆料的政治风险，以免举宗覆没。东晋以至宋前期，侨吴高门运转着江左政治，与门阀政治格局相应的荆、扬相抗相维，不时激化为军事冲突（见本书第四章），晋、宋之际，宋、齐之际，地处推毂分陕之重的荆州更是战火不熄。基本上被排除于建康统治高层之外的南阳大族，既无力驾驭变幻莫测的时局，又不愿作荆、扬之争的牺牲品，因此，他们常常隐居不仕，抱着一种“惹不起躲得起”的姿态。实践证明，这种决策不是全无作用，刘湛就因深深地卷入建康政治，最后一失足而举家诛。宗炳对殷仲堪、桓玄、刘裕的辟举一概拒绝，倘若他应殷仲堪之举，则难免桓玄攻杀仲堪之祸，倘若他应桓玄之征，则难免刘裕平灭桓玄之难。荆、扬争夺之激烈，宋、齐宗室相图之残酷，最高权力转移之频繁，大概是此间南阳诸族隐逸辈出的重要原因。

南阳诸族之迁居江陵时是举乡族而迁，从而过去的宗族乡里关系也同时被移植于新地，而共同立足于新地的艰难境遇，又进一步增加了他们之间的亲和力。事实上他们之间始终保持着密切的联系。上引刘虬、宗测、庾易诸传都谈到他们杜绝宾友，不与外人来往，只在这些“同郡”（新野旧属南阳）或“同志”圈子内（包括庾易、宗尚之、刘昭）相互“往来讲说”。齐建元初、永明中，他们同时被征辟，但他们都同样地拒征，他们虽说是“各修笺答而不应辟命”，但可以想象，在修笺答前必定相互通过声气。如所周知，在齐、梁之际，南阳诸族又一致支持萧衍、萧颖胄起兵，其进退出处表现出高度的默契。

值得指出的是，南阳诸族之间还有婚姻关系。乐蔼是宋雍州刺史宗悫的外甥，而乐蔼的姐姐又嫁给同郡刘虬①，可知刘氏、宗氏、乐氏之间互为姻亲。当然，这些大族聚居一地，在政治、经济资源上难免出现竞争，如新野庾氏就与乐氏有过不愉快的经历（见下文）。

综上所述，宋、齐时期，迁居江陵的南阳诸族已在新地站稳脚跟，而且由于南阳和南郡过去长期同属荆州，无论是传统的身份，还是现在的地位，他们都有资格拥有在荆州任职上纲的优先权，事实上也是如此。他们成为当地最有名望的大族，在重组的江陵地方社会中，居于主导地位。《南史》第49卷《庾荜传》称荜任荆州别驾时：“梁州人益州刺史邓元起功勋甚著，名地卑琐，愿名挂士流。时（梁）始兴忠武王憺为州将，

① 《梁书》第19卷《乐蔼传》，中华书局点校本1973年版，第302页。

元起位已高，而解巾不先州官，则不为乡里所悉，元起乞上籍出身州从事，憺命荜用之，荜不从。憺大怒，召荜责之曰：'元起已经我府，卿何为苟惜从事?' 荜曰：'府是尊府，州是荜州，宜须品藻。' 憺不能折，遂止。"《梁书》第10卷《邓元起传》亦载此事，但事情发生在"刺史随王"时，且元起本为南郡当阳人。参考诸书，《南史》所载多有舛误[①]，但庾荜以州别驾抗拒都督刺史命令，阻止官高功著的本郡庶族挤入士族圈子一事，仍说明了南阳大族在荆州超越于政治权威之上的社会地位，所谓"州是荜州"，庾荜更自视为荆州地方社会的主人。

但东晋、宋、齐时期，迁居江陵的南阳大族，其活动范围还基本上囿于荆州，而且在当时险恶多变的政治局势下，他们或出或处，有出有处，隐退与仕进并举，始终同当局保持着一定的距离，以规避风险。他们凭借自己的社会地位和文化修养，特别是在玄学、佛学和文学艺术方面的造诣（详见本书第九章），与侨吴高门多有过从，但两个阶层之间还有很大的距离。及至齐、梁革命，南阳诸族方才充分显示出他们经过长期蓄积的社会实力，并呈集团地进入建康政权。

三、梁代南迁江陵之南阳大族的崛起与衰落

如前所述，由萧衍发动的齐、梁换代战争，有两个基地，一在雍州，以萧衍为首，支持他的主要是雍州侨流大姓豪族集团，以善战尚武著称；一在荆州，以萧颖胄为首，支持他的主要是原居南阳的大族集团，他们都是"文化士族"[②]。后者的主体，也就是上述南阳宗氏、乐氏、刘氏、庾氏诸族。其主要人物有：

宗夬，南阳涅阳人也，世居江陵。祖炳。夬弱冠举郢州秀才。仕齐

① 钱大昕著、方诗铭等校点：《廿二史考异》第37卷《南史三·邓元起传》，上海古籍出版社2004年版，第597页；唐长孺：《士人荫族特权和士族队伍的扩大》，《魏晋南北朝史论拾遗》，中华书局1983年版。

② 陈寅恪：《述东晋王导之功业》，《金明馆丛稿初编》，上海古籍出版社1980年版。

为骠骑行参军。“齐司徒竟陵王集学士于西邸，并见图画，夬亦预焉。永明中，与魏和亲，敕夬与尚书殿中郎任昉同接魏使，皆时选也。”（齐）武帝时官至尚书都官郎。南康王萧宝融任荆州刺史，引为别驾。梁武帝起兵，迁西中郎谘议参军，别驾如故。“时西土位望，惟夬与同郡乐蔼、刘坦为州人所推信，故领军将军萧颖胄深相委仗，每事谘焉。”梁受禅，历太子右卫率，五兵尚书，参掌大选。

刘坦，南阳安众人，晋镇东将军乔之七世孙，少为从兄虬所知。南康王萧宝融为荆州刺史，坦为西中郎中兵参军。梁武起兵，迁谘议参军。又以长沙太守行湘州事。曾自湘州运租米30余万斛以供萧衍军。梁受禅，论功封荔浦县子，官至西中郎长史、蜀郡太守，行益州事。未至蜀，道卒。

乐蔼，南阳淯阳人，晋尚书令广之六世孙，世居江陵。仕宋历荆州主簿、龙阳相。仕齐历荆州主簿、枝江令、荆州治中、荆州刺史南康王萧宝融西中郎府谘议参军。梁武起兵，“萧颖胄引蔼及宗夬、刘坦，任以经略”。梁受禅，历少府卿、御史中丞，督广交越三州诸军事、广州刺史，领本州大中正①。

庾域，新野人。梁武帝兄萧懿为梁州，以域为录事参军，带华阳太守。梁武帝起兵，遣书招域，以为宁朔将军领行选，从梁武帝东下。每献谋策，多被纳用。梁受禅，封广牧县子，出为巴西、梓潼二郡太守，后进爵为伯，进号辅国将军，卒于郡②。

庾荜，新野人。年十岁，遭父忧，居丧毁瘠，为州党所称。弱冠为州迎主簿，举秀才。博涉群书，有口辩，齐永明中，与魏和亲，以荜兼散骑常侍使魏。仕齐历西中郎谘议参军，尚书殿中郎，荆州别驾，司徒

---

① 以上并见《梁书》第19卷宗夬、刘坦、乐蔼诸传，中华书局点校本1973年版，第299～304页；参《南史》第37卷、第50卷、第56卷各人本传，中华书局点校本1975年版。

② 《梁书》第11卷《庾域传》，中华书局点校本1973年版，第208页；《南史》第56卷《庾域传》，中华书局点校本1975年版，第1 390页。

谘议参军，通直散骑常侍。梁武帝平建康，“霸府建，引为骠骑功曹参军，迁尚书左丞。出为辅国长史、会稽郡丞、行郡府事……天监元年（502年，梁武帝即位之年）卒”①。

庾黔娄，新野人。父易。少好学，南阳高士刘虬、宗测并叹异之。起家本州主簿，迁平西行参军，仕齐历编令、孱陵令。梁武起兵，除西台（即萧颖胄所立齐和帝萧宝融）尚书仪曹郎。梁受禅，历益州长史、蜀郡太守，尚书金部郎，中军记室参军侍皇太子读，“甚见知重”。终官散骑侍郎、荆州大中正②。

据上引可知，在齐、梁革命之际，迁居江陵的南阳大族宗氏、刘氏、乐氏，全力参加了萧颖胄在荆州的起事。萧颖胄要“起大州（荆州）之众”以应萧衍，而“当其时，人心未之能悟”，他不能不“深相委仗”这些“为州人所推信”的“西土位望”。《梁书》第19卷乐蔼等传末引姚察曰：“此三人者，楚之镇也。经营缔构，盖有力焉……咸登宠秩，宜乎!”即点明了当时这些南阳大族在荆州所处地位，以及他们在萧颖胄起事中的作用。

宗夬等三人的重要作用，不仅仅在于他们个人的向背，还在于他们决定了他们的家族，以及以他们家族为主导的荆州乡族社会的向背。如宗氏直接参与起事的还有荆州谘议参军宗塞，中直兵参军、军主宗冰之，宗氏还为起事捐献了大量军资③。

庾氏的情况与宗、刘、乐氏有所不同。直接参与萧衍起兵的庾域，实际上属于雍州军团。梁武帝攻占建康后方加入霸府的庾荜，原本仕于齐朝，任官京师，并非梁武“元从”。庾黔娄倒是在家乡直接参与萧颖胄起事的，但他在荆州的社会影响，在起事中所起的作用，都远逊于他的三位同郡宗夬、刘坦、乐蔼。不过从总的政治倾向来看，布在各地的南

①《梁书》第53卷《庾荜传》，中华书局点校本1973年版，第766页。

②《梁书》第47卷《庾黔娄传》，中华书局点校本1973年版，第650页。

③《南齐书》第38卷《萧颖胄传》，中华书局点校本1972年版，第667～670页。

阳庾氏都是支持雍荆起兵的，并以不同方式表明了自己的共同立场。

宗夬、刘坦、乐蔼三人因在荆州起事中“经营缔构”，“咸登宠秩”。相对而言，他们的同郡庾域、庾荜、庾黔娄等，在新王朝中的地位就要差得多。上引《梁书》第53卷《庾荜传》载荜卒于天监元年（502年），又云：“初，荜为西楚望族，早历显官，乡人乐蔼有干用，素与荜不平，互相陵竞。蔼事齐豫章王嶷，嶷薨，蔼仕不得志，自步兵校尉求助戍归荆州，时荜为州别驾，益忽蔼。及高祖践阼，蔼以西朝（萧颖胄所立齐和帝萧宝融）勋为御史中丞，荜始得会稽行事，既耻之矣；会职事微有谴，高祖以蔼其乡人也，使宣旨诲之，荜大愤，故发病卒。”据之可知，庾荜与乐蔼之间的“陵竞”很是激烈，芥蒂由来已久。《乐蔼传》称他担任齐荆州刺史豫章王嶷的别驾时，“州人嫉之，或谮蔼廨门如市”，这位“州人”可能就是庾荜。迁居江陵的南阳四大家族中，史籍上可见到宗、刘、乐三家相互通婚，唯独不见庾氏，看来庾氏与其他三家，特别是与乐氏的关系不太和谐。这大概是支持萧颖胄起事的“西土位望”中不包括庾氏的原因所在，不过这并没有影响到他们在齐、梁易代中的一致态度。

相对于那些跟随萧衍东下攻打郢城、建康的雍州大姓豪族，南阳诸族在新建的梁王朝中的地位又稍逊一筹。前章谈到，当初萧衍在雍州起兵，荆州萧颖胄“计未有定”，促使他起兵响应雍州的，仍是雍州豪强席阐文和柳忱。席、柳谈到“江陵素畏襄阳人”，这里的江陵人，就是指的以宗夬等人为代表的南阳大族。他们长于文义，鄙薄武事，当年宗悫较之好学的兄弟群从，“独任气好武”，就被认为有违门风，既不为叔父宗炳认可，又“不为乡曲所重”。因而南阳大族在梁朝的创建中，就鲜有冲锋陷阵、攻城夺地的功劳。但不管怎样，南阳大族仍是因缘齐、梁禅代的际会，成批走出荆州，在建康政治舞台上据有一席之地。

梁武帝统治时期是南朝政治相对稳定、经济文化比较发达的一个时期。梁武帝本人博学多才，即位后极力“引后进文学之士”。具有文化传统的南阳大族，在这较长时期的和平环境里，其文化优势逐步得到发挥，并转化为政治优势，他们在荆州乡族社会中的地位也因之更加巩固。

参加萧颖胄起事，梁受禅后入京任职，并以本官侍太子读的庾黔娄，其弟於陵、肩吾均名列《梁书》第49卷《文学传》。於陵“七岁能言玄理。既长，清警博学有才思”。齐随王子隆为荆州，召为主簿。入梁后，历尚书功论郎，待诏文德殿，兼中书通事舍人，拜太子洗马。东宫官署，尤其是洗马，素为“甲族有才望”者垄断，但梁武帝说，“官以人而清，岂限以甲族”。累迁中书黄门侍郎、鸿胪卿，历任南郡邑中正、荆州大中正。肩吾“八岁能赋诗”。历东宫通事舍人，湘东王录事参军，太子率更令，中庶子，东宫学士，度支尚书。并以本官领荆州大中正。庾於陵、庾肩吾兄弟正是凭着自己的文学才能，历任清显，并担任南郡中正、荆州大中正。庾肩吾的儿子庾信，更是声闻南北的大文士，也是梁元帝江陵政权的中坚人物。后入周，亦任显官，并对北方文坛产生了深远的影响①。庾氏还有一位天文专家庾季才，先在梁元帝江陵政权中任中书郎、太史，后入周、隋，曾任隋均州刺史、太史令②。

南阳刘氏活跃于梁朝政治舞台上的，不是参与萧颖胄起事的功臣刘坦之后，而是上面谈到的南齐“高逸”刘虬子刘之遴。据《梁书》本传，之遴“八岁能属文……年十五，举茂才，明经对策，沈约、任昉见而异之”，并因任昉的举荐出任太学博士。历尚书起部郎，荆州治中，通直散骑常侍兼中书通事舍人，中书侍郎，尚书右丞，官至都官尚书、太常卿。并曾领荆州大中正一职。他在经史、考古方面造诣颇深，著述极丰，前后文集50卷。是梁朝最知名并最受推崇的学人之一。其弟刘之亨，“少有令名，举秀才，拜太学博士”，后代兄之遴为中书通事舍人，这是梁代掌握实权的官职。后又代之遴为荆州长史、南郡太守，这在当时也被认为是“仆射出入”的官职。之遴弟之亨，之亨子仲威，亦有文史才，仲威曾在梁元帝江陵政权里任中书侍郎③。之遴孙刘斌名列《隋书》第76

① 《周书》第41卷《庾信传》，中华书局点校本1971年版，第733页；唐长孺：《论南朝文学的北传》，《武汉大学学报》1993年第6期。

② 《隋书》第78卷《艺术·庾季才传》，中华书局点校本1973年版，第1 764页。

③ 《南史》第50卷《刘虬传》，中华书局点校本1975年版，第1 249～1 252页。

卷《文学传》中。

南阳宗氏在梁元帝江陵政权中有一位重要人物宗懔，为初迁江陵的宗承的八世孙。他幼好读书，“乡里呼为小儿学士”。《周书》第42卷《宗懔传》：“及梁元帝镇荆州，谓长史刘之遴曰：‘贵乡多士，为举一有意少年。’之遴以懔应命。即日引见，令兼记室。”他以后长期追随萧绎，曾任荆州别驾、江陵令。萧绎在江陵即位（梁元帝），懔历任尚书侍郎、吏部郎中、五兵尚书、吏部尚书，封信安县侯，以“干局才辞”著称，极受元帝信重。梁元帝迁都之议，宗懔作为“乡里在荆州”的元帝“故臣府僚”的代表人物，力主“都渚宫”。承圣三年（554年），西魏大军破江陵，懔被俘入关，因“名重南土”，北周孝闵帝仍拜车骑大将军、仪同三司①。在萧詧后梁政权中，其臣僚有南阳宗如周，富才学，以府僚随詧，历黄门、散骑、列卿、度支尚书等职。子希颜、希华并知名。“希颜有文学，仕至中书舍人。希华博通经术，为荆楚儒宗。”② 西魏破江陵后，仍留在故地的宗氏有宗元饶，《陈书》第29卷本传：“南郡江陵人也。少好学，以孝敬闻。仕梁世，解褐本州主簿。”后为王僧辩幕府主簿。入陈后，历事武、文、宣诸帝，任太仆、廷尉卿、散骑常侍、中书通事舍人、御史中丞、南康内史、右卫将军、尚书左丞等职，又为荆州大中正，终官吏部尚书。唐代宗氏宰相有宗秦客、宗楚客兄弟，据《新唐书·宰相世系表》及两唐书《宗楚客传》，他们也是自后梁入隋的南阳宗氏。隋唐时代北迁并定居河东的这支宗氏，仍以文史见长③。

梁朝是迁居江陵的南阳大族的全盛时代。随着西魏破江陵，“阖城长幼被虏入关”，北迁的南阳大族已失却自己的社会基础，他们中间虽然也有人凭着传统的文化修养进入仕途，但作为一个乡族集团，则告消灭。

---

① 《梁书》第41卷《宗懔传》，中华书局点校本1973年版，第584～585页；《北史》第70卷《宗懔传》，中华书局点校本1974年版。

② 《周书》第48卷《萧詧传》，中华书局点校本1971年版，第873页。

③ 牟发松：《汉唐间的荆州宗氏》，《文史》第44辑，中华书局1998年版，第81～96页。

在几家南阳大族主导江陵地方社会的南朝时代，也有因为各种机缘发迹的本地人士，如前面谈到的南郡人邓元起，以及宋、齐之际以军功起家的南郡人高道庆①。而在南阳大族之外，南郡还有大量南迁的北人，如世居江陵的中山甄恬、甄法崇，义阳朱詹等②，但他们在南郡地方社会中的地位，远不能与南阳大族相比。

① 《梁书》第10卷《邓元起传》，中华书局点校本1973年版，第197页；《宋书》第83卷《高道庆传》，中华书局点校本1974年版，第2 126页；同书第74卷《沈攸之传》，第1 933页。

② 《梁书》第47卷《孝行·甄恬传》，中华书局点校本1973年版，第653页；《南史》第70卷《循吏·甄法崇传》，中华书局点校本1975年版，第1 705页；颜之推著、王利器集解：《颜氏家训集解》第3卷《勉学》，上海古籍出版社1980年版，第189页。

第八章　蛮族集团的迁徙、发展及其与汉民族的融合

第一节　魏晋时期的荆州蛮夷及其迁徙

魏晋时期今湖北地区的蛮族主要是东汉“巴郡南郡蛮”的后裔。三国时期，他们在魏、吴交界的襄阳地区，吴、蜀交界的三峡地区，表现得十分活跃。及至两晋动乱之际，由于统一国家的解体，北方流民成批南迁，大量的蛮族部落乘机由原居地向外迁徙——主要是由南而北的推进，也包括从山区向平原、河谷地区的移动。迁徙的结果，导致蛮族部落分布变广，活动领域扩大，从而促进了蛮汉民族间的交往。

一、三国时期的柤中夷与建平、宜都二郡蛮夷

东汉时期，荆州境内有所谓“巴郡南郡蛮”，“出于武落钟离山（今湖北长阳西北）”，属于以白虎为图腾的廪君蛮，其分布地域相当于今鄂西、川东部一带。东汉光武帝建武二十三年（47 年），“南郡潳山（今长阳一带）蛮雷迁等始反叛，寇掠百姓，遣武威将军刘尚将万余人讨破之，徙其种人七千余口置江夏界中”；和帝永元十三年（101 年），巫（今重庆巫山）蛮许圣等“屯聚反叛，遣使者督荆州诸郡兵万余人讨之”，后“圣等乞降，复悉徙置江夏”。这就是东汉的“江夏蛮”，实为“巴郡南郡蛮”的分支。江夏蛮在当地生息繁衍，至东汉末年，江夏已是“蛮多士少”。此外，东汉时还有“武陵蛮”，属于以犬为图腾的槃瓠蛮，主要分

布于湘西及今鄂西南鹤峰、来凤一带①。魏晋南北朝时期今湖北地区的蛮族，主要是上述几支蛮族的后裔。

三国时期活跃在湖北地区的蛮夷②，主要有“柤中夷”和宜都、建平二郡夷。

关于柤中夷，《三国志》第56卷《吴书·朱然传》注引晋人习凿齿《襄阳记》称：“柤中在上黄界，去襄阳一百五十里。魏时夷王梅敷兄弟三人，部曲万余家屯此，分布在中庐、宜城西山鄢、沔二谷中。土地平敞，宜桑麻，有水陆良田，沔南之膏腴沃壤，谓之柤中。”按晋武帝平吴后，“割临沮之北乡，中庐之南乡，立上黄县，治柤乡”③。则柤中夷以上黄（今宜城西南）为中心，分布于宜城（今属湖北）、中庐（今襄阳西南）、临沮（今远安西北）一带，其西部为荆山山脉东麓，有山谷丘陵，但大部分地区在汉水、沮水及夷水流域之间，为“沔南膏腴沃壤”，是宜于桑麻的“水陆良田”，有着发达的农业和繁庶的人口。柤中夷的社会组织形式不得其详，从上述记载来看，有“夷王”梅敷，其部众称“部曲”，以户为单位，盖部落组织趋于解体，已分化为一家一户的个体小农，不过他们平时屯耕，战时则为部曲，仍带有兵农合一的部落组织遗风。按汉代曾徙骆越人（原分布于今两广地区）于中庐，而梅为越族大姓，柤中夷的族属可能与越人有关，南北朝时的蛮族大姓梅氏，若非夷王梅敷之后，其远祖也与内迁的越人有关④。

---

①《后汉书》第86卷《南蛮传》，中华书局点校本1965年版，第2 840页；章冠英：《两晋南北朝时期民族大变动中的廪君蛮》，《历史研究》1957年第2期；吴永章：《湖北民族史》第四章，华中理工大学出版社1990年版，第51～57页。本节对吴著参考利用之处甚多。

②《后汉书·南蛮传》中“蛮夷”连称、互称之例甚多，魏晋时蛮或称夷。东晋时权臣桓温长期坐镇荆州，因其父名夷，当地改“夷”为“蛮”，以避其讳。见郦道元著、陈桥驿校证：《水经注校证》第28卷《沔水》，中华书局2007年版，第667页。

③ 郦道元著、陈桥驿校证：《水经注校证》第28卷《沔水》，中华书局2007年版，第667页。

④ 杜佑撰、王文锦等点校：《通典》第177卷《州郡七·襄阳郡》，中华书局1988年版，第4 676页；李步嘉撰：《越绝书校释》第8卷《外传记地传》，武汉大学出版社1992年版，第203页；吴永章：《湖北民族史》，华中理工大学出版社1990年版，第56、66页。

汉献帝建安十三年（208 年）曹操南征刘表占领襄阳后，柤中地区北属曹魏。曹操大将徐晃“从征荆州”时，“别屯樊，讨中庐、临沮、宜城贼”，中庐、临沮、宜城正是柤中夷的分布区，这些“贼”想必就以当地的夷人为主。后来魏、吴两国在襄阳争夺激烈，襄阳南的柤中夷往往成为争夺的对象。建安二十五年（220 年）秋，“魏将梅敷”遣使通连吴国，接着“南阳阴、酇、筑阳、山都、中庐五县民五千家来附（吴国）”。夷王梅敷被称为魏将，表明他接受了曹魏的将军号，这 5 000 余家是在夷王梅敷的带领下叛魏附吴的，他们即使不一定都是夷人，也一定大部分是夷人。这五县只有中庐仍属“柤中”，其余四县均在襄阳西北，其中阴县（今老河口傅家寨附近）、酇县（今丹江口市西南）则在沔水以北，表明“柤中夷”的活动范围正在北推，很可能是曹魏政权强迫他们迁徙的。

当然，柤中夷的大本营仍在沔南。吴嘉禾三年（234 年），吴将陆逊、诸葛瑾曾进攻魏襄阳，还军沔中时，夷王梅颐曾“帅支党来附（陆）逊”①。吴赤乌四年（241 年，魏正始二年），吴大将朱然率大军攻围襄、樊，诸葛瑾、步骘攻柤中，魏太傅司马懿认为“柤中民夷十万，隔在（沔）水南，流离无主”，这种情况对魏国非常不利。后司马懿率军南征，方击退吴军。魏正始七年（246 年），吴军又进攻襄阳，“袭破柤中”，“夷夏万余家避寇（吴军）北渡沔”，但吴军仍“斩获数千”②。

上述可见，柤中夷的人口至少达 5 万以上，而从“柤中民夷”、“夷夏”连称，可知他们与汉民杂居共处。他们在魏、吴争夺襄阳的激烈角逐中，往往采取共同的态度和行动，以应对复杂的局面，可见“夷夏”间相处得很和睦。柤中处在曹魏的统治之下，但夷王梅氏很善于利用魏、

① 《三国志》第 58 卷《吴书·陆逊传》，中华书局点校本 1959 年版，第 1 351 页。《吴书·陆逊传》记作嘉禾五年（236 年），而据《三国志》第 47 卷《吴书·孙权传》，第 3 卷《魏书·明帝纪》，第 1 140、103 页，“五年”当作“三年”，详考不赘。

② 《三国志》第 4 卷《魏书·三少帝纪》齐王芳正始二年（241 年）、七年（246 年）条，中华书局点校本 1959 年版，第 119、122 页；同书第 47 卷《吴书·吴主（孙权）传》赤乌四年（241 年）、九年（246 年）条，第 1 144、1 146 页。《晋书》第 1 卷《宣帝纪》，中华书局点校本 1974 年版，第 16 页，以及本书第二章第二节。

吴之间的矛盾，采取灵活的对策，或南投孙吴，或北附曹魏，依违于其间，以求得生存空间和发展余地。这样，他们中的一部分，因为吴军的挤压以及曹魏的强迁，越过沔水，北至魏南乡郡；或者顺沔水东下，靠近吴境；从而扩大了他们的分布区域和活动范围①。

建平（治今重庆巫山）、宜都（治今宜都）二郡三国时属于孙吴。鄂西、川东本是“廪君蛮”的发祥地，东汉时这里居住着所谓“巴郡南郡蛮”，三国时非常活跃的建平、宜都二郡的“蛮夷”，自当是他们的后裔。

据《三国志》第 58 卷《吴书·陆逊传》，建安二十四年（219 年）冬，吕蒙、陆逊乘关羽北围襄阳，袭破刘蜀公安、南郡，然后陆逊又率军西进，直逼宜都。“（刘）备宜都太守樊友委郡走，诸城长吏及蛮夷君长皆降，逊请金银铜印，以假授初附。”陆逊继而又讨破“合夷兵数千人”的“秭归大姓文布、邓凯”。后来吴、蜀夷陵之战爆发，“（刘备）从巫峡、建平连围至夷陵界，立数十屯，以金锦爵赏诱动诸夷”。上引表明，从建平郡的巫峡，到宜都郡的西陵峡，沿江分布着为数众多的“诸夷”，他们分属于不同的“蛮夷君长”即少数族首领之下。这些蛮夷首领根据面临的形势，或隶属刘蜀，或降附孙吴，而吴、蜀双方都以“金银铜印”、“金锦爵赏”来拉拢他们，力图使他们及其部落站在自己一方。

吴景帝孙休永安二年（259 年），陆逊子陆抗“拜镇军将军，都督西陵”，主持吴国长江上游的防务，其所统军队中，就有为数不少的“夷兵”。后来西陵督步阐据城降魏，陆抗考虑到若不及时平定步阐叛乱，“使西陵盘结，则南山②群夷皆当扰动，则所忧虑难可竟言也”。当时步阐确实曾“重资币以诱群蛮”。因此陆抗不惜放弃江陵，以全力平定西陵

---

① 吴永章：《湖北民族史》，华中理工大学出版社 1990 年版，第 65 页。

② 《资治通鉴》第 79 卷《晋纪》武帝泰始八年（272 年）十月条胡三省注：“南山，谓江南诸山，群夷所依阻。”中华书局 1956 年版，第 2 524 页。按《三国志》第 32 卷《蜀书·先主传》亦见“南山”一词，中华书局点校本 1959 年版，第 890 页。据之，盖指吴宜都郡长江以南的夷道、潳山二县境内诸山（今长阳一带）。谢钟英谓在今重庆市奉节县东北，待考。谢氏：《三国疆域表》下，蜀益州巴东郡永安县条，《二十五史补编》，中华书局 1955 年版，第 2 987 页。

之叛①。这些都充分证明，建平、宜都一带的蛮夷在吴、蜀的争夺中据有重要的地位，双方能否稳定地控制该地，在很大程度上取决于他们的向背。另外，吴、蜀双方都曾将他们吸收、改编到自己的军队中，如陆逊所部“夷兵”。

建平、宜都二郡的南部与武陵郡北部相毗邻，建平、宜都二郡蛮夷与武陵的“五溪蛮夷”不仅地域相连，族类或亦相通。刘备东下攻吴时，“于夷道猇亭驻营，自佷山通武陵，遣侍中马良安慰五溪蛮夷，咸相率响应”，可资为证②。建平、宜都二郡北部又与曹魏新城、上庸二郡相接，二郡“诸夷”的分布实已北接新城郡③。

二、两晋时期蛮族的迁徙与活跃

《魏书》第101卷《蛮传》称：“（蛮族）在江淮之间，依托险阻，部落滋蔓，布于数州，东连寿春，西通上洛，北接汝颍，往往有焉。其于魏氏之时，不甚为患，至晋之末，稍以繁昌，渐为寇暴矣。自刘石乱后，诸蛮无所忌惮，故其族类，渐得北迁，陆浑以南，满于山谷，宛洛萧条，略为丘墟矣。”④ 据之可知，两晋之际蛮族社会曾发生很大的变动：其一是蛮族自西晋末年“稍以繁昌”，也就是步入发展时期，所谓“繁昌”，首先应该是指蛮族人口的增加，从“往往有焉”到满山遍野；其二，在“刘石”之乱，也就是西晋末动乱中，乃至刘、石相继统治的前赵、后赵时期（304—351年），发生了蛮族由南而北的大规模迁徙，特别是在今河南南阳地区，北至陆浑（今河南嵩县北）山谷，布满了迁来的蛮人，

---

① 《三国志》第58卷《吴书·陆逊传》，中华书局点校本1959年版，第1 356～1 357页；同书第48卷《吴书·三嗣主传》，第1 181页。

② 《三国志》第32卷《蜀书·先主传》，中华书局点校本1959年版，第890页；吴永章：《湖北民族史》，华中理工大学出版社1990年版，第70页。

③ 《三国志》第27卷《魏书·王昶传》，中华书局点校本1959年版，第749页。

④ 《魏书》本卷已佚，此传系补自《北史》第95卷，唯“西通上洛”，《北史》作“西通巴、蜀”，中华书局点校本1974年版，第3 149页。

那里已成为蛮族的世界；其三，是蛮族部落的逐渐活跃，从“不甚为患”，到所在之处“渐为寇暴”，影响到所在地区的社会秩序。

《魏书》作者是从北朝的版图着眼，来记述两晋以来的蛮族变动的，因而在地域上，主要是记载北朝所控制地区或者北朝与南朝交界地区，亦即西至秦岭东端、东至淮河中游（寿春）一线的蛮族。这一线包括今湖北与河南的全部交界地带。但《魏书》所概括的两晋之际蛮族的变化，却也符合当时整个湖北境内蛮族的情况。

湖北是蛮族的聚居地，又位于南北朝的交界地带。西晋末年的动乱，曾使襄阳、南阳地区的原居民纷纷外迁，一时出现“空白”状态，前面的章节已有详述。十六国东晋前期，湖北汉水以东地区常受到北方政权的攻击，晋朝夏口（今武汉）、武昌（今鄂州）一带的防线，一度收缩到长江一线。当此之际，在那些南北政权都很难稳定控制的交界地带，统治力量不免薄弱，甚至在某一时期的某些地区，还出现空白，于是蛮族集团乘机从其原居地纷纷外迁，遍布于今湖北全境，并日趋活跃。其中最典型的是“西阳蛮”。

西阳本为两汉旧县，属江夏郡，在今河南光山西，西晋惠帝时西阳由县升郡。大抵在两晋之际，西阳郡治南移于今湖北黄冈东。也是在这一时期，“西阳夷”（桓氏出镇荆州后改称西阳蛮）开始见诸史籍。《晋书》第81卷《朱伺传》在记载陶侃率朱伺等讨破自称荆州刺史的陈敏弟陈恢后，又称“（陈）敏、恢既平，（朱）伺以功封亭侯，领骑督，时西阳夷贼抄掠江夏，太守杨珉每请督将议距贼之计”云云。按陈敏被杀于永嘉元年二月，故《资治通鉴》将《朱伺传》所载“西阳夷寇江夏”事系于同年三月。此后西阳夷蛮屡见记载。

西阳蛮自以西阳为中心。《水经注》第35卷《江水》所述西阳郡，如“（江水）又东径西阳郡南，郡治即西阳县也……江之右岸有鄂县故城”，以及所记西阳与武昌、西阳与寻阳的分界处，都表明西阳位于长江流域今鄂城对江之黄冈，已不在淮水流域今河南光山西。《宋书》第97卷《夷蛮传》：“西阳有巴水、蕲水、希水、赤亭水、西归水，谓之五水蛮，所在并深岨，种落炽盛，历世为盗贼。”又《水经注》第32卷《蕲水》：“（蕲）水首受希水枝津，西南流，历蕲山，出蛮中，故以此蛮为五水蛮……蛮左凭居，阻藉山川，世为抄暴。宋世沈庆之于西阳上下诛伐蛮夷，即五水蛮也。”则因西阳有五水，故西阳蛮又称五水蛮。

西阳蛮以西阳为中心，其分布及活动范围却不止于西阳。上引《宋书》第97卷《夷蛮传》称西阳蛮“北接淮、汝，南极江、汉，地方数千里”，其范围大抵南至南移后的西阳郡治，北至南移前的西阳郡治，约略相当于东汉时的江夏郡。从其地域分布来看，西阳蛮的祖先应该就是东汉时迁自潳山、巫山的江夏蛮，也就是说西阳蛮应是廪君蛮的后裔，上引《宋书》第97卷《夷蛮传》亦谓其为“廪君（蛮）后也”。只是在三国时期，这支东汉时即已生息于此的廪君蛮后裔，史籍上很少见到他们的踪迹。

东晋时期，史籍所见西阳蛮的活动，仍多位于《宋书》所述范围的南部。上引《朱伺传》载永嘉中西阳夷“抄掠江夏”，时江夏治安陆（今云梦），与西阳五水相毗邻。王敦败没后，敦死党周抚、邓岳溯江西还，共乘船逃入西阳蛮中。岳本为西阳太守，在任时“欲伐诸蛮，及是诸蛮皆怨，将杀之”，蛮王向蚕以二人“穷来归我”，不忍杀之。周、邓所逃入之蛮，显然是西阳五水蛮①。继王敦都督荆州的陶侃，后移镇武昌，当时有人建议在武昌江对岸的邾城（今黄冈西北）置戍镇守。陶侃指出，“邾城隔在江北，内无所倚，外接群夷。夷中利深，晋人贪利，夷不堪命，必引寇虏，乃致祸之由，非御寇也”②。邾城密迩西阳郡治，正是西阳蛮的腹地。从上述王敦时西阳太守邓岳在任时“欲伐诸蛮”，可证陶侃所云晋人贪利、求利夷中并非虚言，后来刘宋时更以伐蛮作为开辟财源、兵源的重要途径。陶侃正是考虑到在西阳五水蛮聚集区置戍驻军，可能

---

① 《晋书》第58卷《周抚传》，中华书局点校本1974年版，第1 582页；同书第81卷《邓岳传》，第2 131页。

② 《晋书》第66卷《陶侃传》，中华书局点校本1974年版，第1 778页。

会激起蛮人的敌对情绪，甚至于与北方胡人政权或其他敌对势力联合，挑起战端，从而影响到整个荆州地区的防务，所以陶侃宁愿放弃对武昌对岸西阳地区的控制，而不在邾城设防。

实际上东晋对西阳一带的失控由来已久。早在永嘉四年（310 年），石勒南克宛城、寇掠襄阳之后，即循汉水而下，攻破垒壁 30 余所，五年春攻占江夏郡。同年十月，石勒又“攻掠豫州诸郡，临江而还，屯于葛陂。降诸夷楚，署将军二千石以下，税其义谷，以供军事”。石勒南下攻掠的地区——“饮马江淮，折冲汉沔”，正包括《宋书》第 97 卷《夷蛮传》所述西阳蛮的活动区域。石勒的战略是闪电式突袭，主要在于掠夺财物、人口，所谓“攻城而不有其人，略地而不有其土，翕尔云合，忽复星散”，并不准备长期占领所攻克的郡县城邑及土地。对于当地的“夷楚”等少数族，则署置官爵以拉拢，只要求他们供应军粮而已。西阳蛮自是石勒拉拢的“夷楚”之一。但石勒兵锋所向，所在区域的地方政权照例被摧毁，其守宰或死或逃，这就为当地“夷楚”的崛起创造了有利的条件①。

从上述陶侃所云可知，自西晋末以来，直到陶侃驻镇武昌的东晋成帝咸和（326—334 年）年间，“北接淮、汝，南极江、汉”的广大地区并不在东晋的控制之下，当地常有“胡寇纵逸，朔马临江”，石赵的铁骑就几度“光临”。如咸和七年（332 年）石勒荆州监军郭敬第二次攻克襄阳、樊城后，又乘胜南掠“邾城以东至历阳”的所谓“江西”地区②。接替陶侃出镇上流的庾亮积极经营北伐，遣大将毛宝率精兵驻屯在陶侃

① 《晋书》第 104 卷《石勒载记上》，中华书局点校本 1974 年版，第 2 712～2 715 页；《资治通鉴》第 87 卷《晋纪》怀帝永嘉四年至五年（310—311 年），中华书局 1956 年版，第 2 754～2 769 页；陈再勤：《魏晋南北朝时期南北边境地带蛮族的地理考察》，武汉大学博士学位论文，1997 年，第 6 页。

② 《晋书》第 105 卷《石勒载记下》，中华书局点校本 1974 年版，第 2 746～2 750 页；《资治通鉴》第 95 卷《晋纪》成帝咸和五年至七年（330—332 年），中华书局 1956 年版，第 2 977～2 983 页。

认为不宜置戍的邾城。咸康五年（339 年）八月，石虎的 2 万铁骑突然来攻，邾城失守，毛宝身死，晋守军几乎全军覆没（详见本书第四章第三节）。在这些石赵军队时来攻掠，晋军也不曾稳固设防的地区，往往是“群夷”的天下。不知毛宝率军驻镇邾城以后，是否如陶侃所担心的，曾凭借武力压迫和剥削过当地的西阳夷蛮，也不知石虎大军之攻灭邾城，西阳蛮是否曾招引过赵军，或者对赵军的军事行动有所配合。

在桓温出镇荆州时期，曾西取巴蜀，再兴北伐之师，其统治力量相对强大，于是试图加强对西阳蛮的控制。桓温曾“遣西阳太守滕畯出黄城，讨蛮贼文卢等”，破斩文卢，传首建康①。黄城在今黄陂，与西阳相邻，文卢所率当为西阳蛮的一支。桓冲、桓石秀、桓云都曾以江州刺史（治寻阳）或都督司豫二州军事兼领镇蛮护军、西阳太守，也是为了镇抚西阳蛮。桓冲曾上表以其戚属王荟补江州刺史，称“寻阳北接强蛮，西连荆郢，亦一任之要”②。寻阳北接之“强蛮”，就是西阳蛮，可见其势力强盛。东晋末年，刘毅任江州都督，为了排挤江州刺史庾悦，上表以豫章为江州治所（原治寻阳），但又称“寻阳接蛮，宜示有遏防，可即州府千兵以助郡戍”，后刘毅“遣其亲将赵恢领千兵守寻阳”③，表明对西阳蛮的“遏防”始终是江州的要务。

在东晋时期，西阳蛮的活动主要集中在五水地区，有关他们在五水流域以北的活动鲜见记载，但这不过反映了东晋朝廷对五水以北地区的失控更为严重。西晋惠帝末年在江夏发动武装起事的张昌，《晋书》第 100 卷本传称其“本义阳蛮也”。义阳郡，晋太康中分南阳置，治今河南新野，东晋时移治今河南信阳，其辖区包括今湖北襄阳北及枣阳、随州、应山及河南信阳等地，这些地区大抵位于《宋书》第 97 卷《夷蛮传》所称西阳蛮分布区的北部。张昌起事时，史称“江沔间一时焱起”，“江夏、

---

①《晋书》第 98 卷《桓温传》，中华书局点校本 1974 年版，第 2 572 页。

②《晋书》第 74 卷《桓彝传》，中华书局点校本 1974 年版，第 1 941～1 949 页。

③《晋书》第 85 卷《刘毅传》，中华书局点校本 1974 年版，第 2 209 页。

义阳士庶莫不从之”，所谓“江沔间”，大致是江夏、襄阳、南郡、义阳等地，亦包括五水以北乃至义阳三关一带。推测张昌所属之“义阳蛮”，与西阳蛮同属一族，均属廪君蛮的后裔①。《魏书》第 37 卷《司马楚之传》载楚之因刘裕当国后大肆诛杀司马氏，“乃亡匿诸沙门中济江，自历阳西入义阳、竟陵蛮中”。观司马楚之的逃亡路线，自历阳（今安徽和县）西行，想必是通过江淮之间的豫州，再进入西阳五水，北上义阳，然后又继续西行至竟陵（今钟祥），再进入其叔父、荆州刺史司马休之所在的江陵。他本来可以溯江而上至江陵，那是最近便的，但他在逃亡过程中最重要的是安全，他走的路线，在竟陵以东，均是西阳蛮亦即刘宋时豫州蛮的活动区域，这些地方国家的统治力量相对薄弱，已如前述，从西阳蛮再进入竟陵蛮区，这已是其叔父司马休之的势力范围了（竟陵本属雍州都督区，但当时雍州刺史鲁宗之与休之是同盟）。后来司马休之被刘裕击走，司马楚之“乃亡于汝颍之间”，这次楚之逃亡，恐怕仍然是走的旧路线，不过是逆行，而且到义阳后，便北折进入“汝（南）颍（川）”地区，在那里聚众对抗刘裕，后降北魏。

总之，东晋时期，在地处南北之交、国家统治力量相对薄弱的西阳郡及其以北地区，以五水为中心的西阳蛮乘机崛起，不断向周边（主要是向北，南则限于大江）拓展，其活动范围大抵北至五水上游乃至“义阳三关”一带，东至豫州境，西则至大洪山以东安陆郡一带。

包括荆州流民起事在内的两晋之际的持续动乱，西晋统一帝国的瓦解和十六国东晋的南北分立，还使得诸蛮族部落“无所忌惮”地向襄阳、南阳及“陆浑以南”的广大地区成批北迁，已见之于上引《魏书》第 101 卷《蛮传》。两晋时期史籍上关于他们的活动记载不多，但从这些不多的记载中仍可见其变动之迹。

据《资治通鉴》第 104 卷所载，晋孝武帝太元元年（376 年）三月，

---

①《晋书》第 100 卷《张昌传》，中华书局点校本 1974 年版，第 2 612～2 613 页；万绳楠：《魏晋南北朝史论稿》第六章，安徽教育出版社 1983 年版，第 128 页。

“秦兵寇南乡，拔之，山蛮三万户降秦”。本条胡注称：“襄阳以西，中庐、宜城之西山，皆蛮居之，所谓山蛮也。宋齐以后，谓之雍州蛮。”前面谈到三国时期的租中夷在魏、吴政权的军事压力下，已有北迁南乡郡者。西晋灭吴后杜预还镇襄阳，曾“攻破山夷，错置屯营”，这里的“山夷”大概也就是襄阳、南乡等地的山居蛮族①。南乡一郡降秦的“山蛮”就多达3万户，足见前引《魏书》第101卷《蛮传》所称刘石乱后北迁诸蛮“满于山谷”，绝非虚言。至刘宋时期，宛洛、襄沔地区几乎无处无蛮，他们当然不是突然出现的，而是两晋之际成批北迁并长期生息繁衍的结果。

三国时的租中夷以今宜城西南的上黄为中心。东晋时在上黄南部及西南的沮、漳流域有所谓“沮漳蛮”，在上黄东南的沔水流域，有所谓“竟陵蛮”。

《晋书》第99卷《桓玄传》：“移沮漳蛮二千户于江南，立武宁郡。”《宋书·州郡志三》荆州武宁太守条：“晋安帝隆安五年（401年），桓玄以沮、漳降蛮立。”《资治通鉴》（第112卷晋安帝隆安五年，401年）亦载有此事，胡三省注曰：“（沮、漳）二水上下皆蛮所居也。”按沮水源出今保康西南，南过今远安、当阳，在当阳东南与源出今南漳县西南的漳水会合，经今枝江南入长江②。这一带历来为夷蛮等少数族聚居地，三国时为租中夷一部，东晋时则直称为沮漳蛮，表明当地蛮族种落有较大发展，已自成一独立群体。按桓玄移沮漳蛮户立郡之前，其父桓温已有类似举措。《南齐书》第15卷《州郡志下》：“（桓温）以临沮西界，水陆纡险，行径裁通，南通巴、巫，东南出州治，道带蛮、蜑，田土肥美，立为汶阳郡，以处流民。”同书第58卷《蛮传》所载略同。临沮在今远

① 《晋书》第34卷《杜预传》，中华书局点校本1974年版，第1 031页。

② 郦道元著、陈桥驿校证：《水经注校证》第32卷《沮水》《漳水》，中华书局2007年版，第752～754页；谭其骧：《中国历史地图集》第3册第53～54图“西晋荆州”，地图出版社1982年版。

安西北沮水边，其河谷地带有肥美的土地，桓温在此地立郡，显然是为了统治和剥削当地蛮、蜑，以及逃往蛮区的流民。临沮“西北接梁州新城，东北接南襄城，南接巴、巫二边，并山蛮凶盛，据险为寇”①，汶阳郡的建立，也许还在于对这些山蛮有所控制。桓温是在沮水流域蛮民聚居区就地设郡，桓玄则是通过军事征服手段，将沮漳蛮民强制移出设郡，从而导致蛮族迁徙。武宁郡统乐乡、长宁二县，汶阳郡统僮阳、沮阳、高安三县，沮漳蛮民的一部分就可以设置二郡五县，整个沮漳蛮的人户之众可以推知。

至于“竟陵蛮”，已见于上引《魏书》第37卷《司马楚之传》。竟陵（今钟祥）毗邻襄阳柤中，长期隶属雍州都督区，竟陵蛮应该和沮漳蛮一样，原本属于三国时“柤中夷”，亦即南朝时“雍州蛮”或“沔中蛮”的一支。刘宋时的“竟陵蛮”非常活跃，从东晋时首次出现“竟陵蛮”一名，表明竟陵郡的蛮族在东晋时得到很大发展。

东晋时三峡地区的蛮族也有发展。《宋书》第97卷《夷蛮传》称：“宜都、天门、巴东、建平、江北诸郡蛮，所居皆深山重阻，人迹罕至焉。前世以来，屡为民患。”这一带正是三国时期建平、宜都二郡夷的活动范围。其中天门郡治今湖南石门县，吴时分武陵郡北部立，今鄂西南的鹤峰县即在其辖区中，前面已谈到，属于武陵蛮的天门郡蛮族在三国时就与建平、宜都二郡夷有密切联系。

盖因居地“深山重阻”，建平、天门等地的蛮族与外部素少交往，但在东晋时期却有变化。《南齐书》第58卷《蛮传》称：“晋太兴三年（320年），建平夷王向弘、向瓂等诣台求拜除，尚书郎张亮议：‘夷貊不可假以军号。’元帝诏特以弘为折冲将军、当平乡侯，并亲晋王，赐以朝服。”按三国时期建平、宜都二郡夷蛮分属于众多的“君长”之下，未闻有称王者。两晋之际，他们不仅自封为王，而且还主动向晋廷提出政治要求，元帝竟打破常规，破例除拜他们为将军、王侯，以为羁縻，足见

①《南齐书》第58卷《蛮传》，中华书局点校本1972年版，第1 008页。

建平蛮拥有很强的政治、军事实力，他们与外部世界的联系在加强，其社会组织结构似乎也较前代紧密。此外，“天门蛮”一词也在东晋时见诸史籍。成帝时出任天门太守的陈頵，史称在任期间“殊俗安之”①。所谓“殊俗”，意指当地居民多为蛮族，习俗与汉族不同，同时还表明陈頵之前的地方官，与当地蛮民关系紧张。据《晋书》第9卷《孝武帝纪》载，宁康二年（374年）十一月，“天门蜑贼攻郡，太守王匪死之，征西将军桓豁遣师讨平之”。蜑为蛮族别称②，以天门郡名名蛮，表明天门郡内的蛮族种落繁盛，已从武陵蛮夷的通称中独立出来。他们的暴动，当因太守王匪的严刻统治，造成“殊俗”不安所致，但最后仍惨遭荆州刺史、领护南蛮校尉桓豁的血腥镇压。东晋末年，晋将王镇恶任武陵内史，也曾残酷镇压和掠夺蛮民。前引《宋书》第97卷《夷蛮传》称建平、天门等地蛮族“前世以来，屡为民患”，“前世”可远溯汉魏，但主要还是指两晋。“屡为民患”，既说明这一带的蛮族非常活跃，也表明两晋时期，当地政权对蛮族的统治加强，压迫加深，从而引起了蛮民的反抗。

而在今湖北地区设置专门的军事机构来治理和镇抚蛮族，也是始于两晋。据《晋书》第24卷《职官志》，荆州最早的治蛮机构是晋武帝设于襄阳（荆州治所）的南蛮校尉，惠帝元康（291—299年）中南蛮校尉例为荆州刺史兼领，东晋初省，但不久又复置于江陵（荆州治所）。南蛮校尉为军府，不领郡县，其主要职能是治理荆州境内蛮民，实际上就是专职镇压荆州境内蛮族的反抗。史籍所见最早任南蛮校尉的是王戎，他大约在晋武帝咸宁（275—280年）年间以荆州刺史兼领③。南蛮校尉也

---

① 《晋书》第71卷《陈頵传》，中华书局点校本1974年版，第1 894页。

② 《说文解字》第十三上虫部新附：“蜑，南方夷也。”中华书局1963年版，第283页。常璩撰、任乃强校注：《华阳国志校补图注·蜀志》亦载巴郡有蜑民，上海古籍出版社1987年版，第158页。参见《资治通鉴》第133卷《宋纪》苍梧王元徽二年七月条胡三省注，中华书局1956年版，第4 183页。

③ 《太平御览》第242卷《职官部四〇》，中华书局1960年版，第1 146页；《晋书》第43卷《王戎传》，中华书局点校本1974年版，第1 232页。关于王戎任荆州刺史时间，详考不赘。

有由郡守（通常是南郡太守）兼领或者另委人专任者，特别是“晋宋之际，刺史多不领南蛮，别以重人居之”①。

东晋安帝时，又“于襄阳置宁蛮校尉”，“以授鲁宗之”②。鲁宗之义熙元年（405年）参与平定桓玄余党，以功迁雍州刺史，其任宁蛮校尉盖在此时。义熙十一年（415年）在刘裕的攻击下，鲁宗之与荆州刺史司马休之一同北奔姚秦。东晋时宁蛮校尉大概仅宗之一任，不过南朝时宁蛮府却是常置的。南蛮及宁蛮校尉均置有长史、司马、参军等府佐。

东晋时又有镇蛮、安远等护军，镇蛮加西阳等郡太守，安远加武陵内史③。安帝时庾亮任江州刺史时，曾拔隐士周邵为镇蛮护军、西阳太守④，后来桓冲、桓云及桓石秀均以江州刺史兼领镇蛮护军、西阳太守职，已见上文。东晋义熙中，王镇恶曾任安远护军、武陵内史，当时还有以宁蛮护军加西阳、寻阳等郡太守者⑤。

荆州南蛮校尉之外，东晋时又增置宁蛮校尉及镇蛮、安远等护军，显然是因为襄阳、西阳及武陵地区的蛮族集团趋于活跃，官府不得不就近常设治蛮机构，以便随时弹压，并保持经常性的威慑。

综上所述，可知两晋时期今湖北地区的蛮族，曾发生大规模的迁徙运动。其中有蛮民主动迁徙，也有地方政权强制其迁徙。主动迁徙，自然是为了寻求较好的生存环境，因而多是从山区向河谷平原迁徙，或者向王朝统治力量较薄弱的地区迁徙。迁徙运动扩大了他们的活动范围，生存环境的改善，则有利于他们的发展。总的来说，东晋时期的蛮族，无论在人口数量、分布地域方面，还是在经济军事实力以及活跃程度方

---

① 《南齐书》第22卷《豫章文献王嶷传》，中华书局点校本1972年版，第407页；吴永章：《湖北民族史》，华中理工大学出版社1990年版，第75页。

② 《晋书》第24卷《职官志》，中华书局点校本1974年版，第747页；《宋书》第40卷《百官志下》，中华书局点校本1974年版，第1 255页。

③ 《宋书》第40卷《百官志》，中华书局点校本1974年版，第1 255页。

④ 余嘉锡：《世说新语笺疏·尤悔》，上海古籍出版社1993年版，第902页。

⑤ 《宋书》第45卷《王镇恶传》，中华书局点校本1974年版，第1 368页；同书第48卷《朱龄石传》，第1 422页；同书第49卷《虞丘进传》，第1 441页。

面，均较前代有显著的发展。发展中的蛮族，或者说实力增强后的蛮族，不断地同官府发生冲突，大规模的有义阳蛮张昌发动的起事，小规模的“抄掠”、寇盗则所在多有，这通常是由官府的残暴统治引致。张昌起事，兵锋直指荆州都督治所襄阳，并杀掉都督、镇南大将军、新野王司马歆，就因为司马歆“为政严刻，蛮夷并怨”①。正是为了防范和镇压蛮民，封建国家在蛮族聚居区设置了校尉、护军等治蛮机构。这些机构从无到有，从少到多，也从一个侧面反映了蛮族集团的活动范围扩大，势力增强。

第二节 南朝时期蛮族的空前活跃及其与汉族的融合

入宋以后，今湖北地区的蛮族进入空前活跃的时期。首先，其分布范围进一步扩大，活动能量显著增强；其次，蛮族与官府的矛盾进一步加剧，压迫与反压迫的斗争发展成为激烈的武装冲突；再次，南北政权对蛮族的争夺加剧，蛮族的向背深刻影响到南北边境形势。但另一方面，南朝也是蛮汉民族之间频繁接触、密切交往以至不断融合的时期。与之相应，南朝政权针对蛮族的统治方式上也发生了重大转变。

一、蛮族分布范围的进一步扩大

《宋书》第97卷《夷蛮传》将境内蛮族分为两大部分，一是荆、雍州蛮，一是豫州蛮。后者虽以豫州命名，却又称“西阳五水蛮”，可见这支蛮族本以西阳五水为中心。可以说，刘宋时期蛮族的分布地主要在湖北。《南齐书》第58卷《蛮传》谓境内蛮族“布荆、湘、雍、郢、司等五州界”，则在今湖北境内诸州，是无州无蛮。《宋书》同传说荆、雍州蛮“种落稍多，户口不可知也”，仅官府所俘获者，“盖以数百万计”；豫州蛮“北接淮汝，南极江汉，地方数千里”。《南齐书》同传说“种类繁

① 《晋书》第38卷《宣五王·扶风王骏传》，中华书局点校本1974年版，第126页。

多，言语不一”，同书第15卷《州郡志下》说荆州“境域之内，含带蛮蜑”，巴州“山蛮寇贼”，雍州“疆蛮带沔”，“部领蛮左”。南朝蛮族分布之广，户口之众，从上引中已可概见。

兹据诸史所载及前人已有研究①，对南朝时期湖北区内蛮族分布情况，按当时州郡区划（以刘宋时为准），略作疏列。

1. 荆州

“巴东、建平、宜都、天门四郡蛮”、“峡中蛮”：今川东、鄂西接壤之长江三峡地区及鄂西南、湘西北交界地区。又有“巴建蛮”、“宜都蛮”、“天门蜑”、“租中蛮”、“信州蛮蜑”等目（《宋书·夷蛮传》、《沈攸之传》，《南齐书·蛮传》，《梁书·阴子春传》，《陈书·欧阳頠传》，《魏书·蛮传》，《周书·蛮传》、《武帝纪上》、《陆腾传》，以及《晋书·孝武帝纪》）。

“南郡临沮、当阳蛮”、“沮漳蛮”：今沮、漳河流域的当阳、远安、荆门以及南漳等地。又有“荆州蛮”、“西沮蛮”、“南襄城蛮”、“北上黄蛮”以及汶阳郡、武宁郡蛮等名称（《宋书·夷蛮传》，《南齐书·蛮传》，《梁书·胡僧祐传》，《周书·贺若敦传》，《北史·陆法和传》及《北齐书·陆法和传》）。

2. 雍州

“雍州蛮”：今襄阳及其以南的宜城、南漳，以东的枣阳，以西的谷城、丹江口，以北的河南南阳地区及内乡、淅川等地。又有“沔中蛮”、“沔北诸蛮”、“缘沔诸蛮”、“沔曲诸蛮”、“襄阳诸山蛮”、“樊邓诸山蛮”、“南阳蛮”、“顺阳蛮”、“湖阳蛮”、“安定郡蛮”、“丹淅二川蛮”，以及“竟陵蛮”等名目。按竟陵（治今钟祥）虽属郢州，但地接雍州，属雍州督区，更重要的是该地的“竟陵蛮”与“雍州蛮”、“缘沔蛮”似同属一种落，

---

① 周一良：《南朝境内之各种人及政府对待之政策》，《魏晋南北朝史论集》，北京大学出版社1997年版，第45、96页；周伟洲：《南朝蛮族的分布及其对长江中下游地区的开发》，江苏省六朝史研究会等编，《古代长江下游的经济开发》，三秦出版社1989年版，第36页；吴永章：《湖北民族史》第六章，华中理工大学出版社1990年版，第71页。余不备注。

故一并纳入"雍州蛮"中(《宋书·夷蛮传》、《文帝纪》、《沈庆之传》、《宗越传》、《张邵传》、《刘义宣传》,《南齐书·蛮传》、《高帝纪》、《张敬儿传》、《王奂传》,《魏书·蛮传》、《李崇传》、《崔挺传》,《周书·宣帝纪》、《宇文护传》、《杨忠传》)。雍州宁蛮府在南齐时领24郡,郡民自然以蛮族为主。

3. 郢州、司州、豫州

"郢州蛮"、"司州蛮"、"豫州蛮":中心地带为今鄂东北地区。东至黄梅、广济,西至黄陂、孝感、安陆,北至鄂豫交界的随州、河南信阳、光山一线(《宋书·夷蛮传》,《南齐书·蛮传》)。这一带的蛮族又可分为以下几支。

"西阳蛮",一称"五水蛮"、"西阳五水蛮":位于西阳五水流域,五水即巴水(今名同)、蕲水(今名同)、希水(希今作浠)、赤亭水(今举水)、西归水(今倒水)①,其地约当今黄冈地区。西阳郡内的"西陵蛮",与西阳郡相邻的"(南)新蔡(治今武穴东)蛮"、"寻阳蛮"或"江州(治今江西九江)蛮","晋熙(治今安徽潜山)蛮"等,亦属"西阳蛮"分支(《宋书·夷蛮传》、《沈庆之传》、《庾悦传》,《南齐书·蛮传》、《曹虎传》)。

"竟陵蛮":今钟祥,见上雍州。

"郧山蛮"、"汉东蛮"及"大阳蛮":今随州西南,南至安陆、京山一带的大洪山区②。"汉东蛮"一称"大阳蛮"。按"大阳蛮"以首领桓诞而著称,又有"东荆州蛮"、"龙山雉水蛮"、"滍水诸蛮"、"鲁阳蛮"、"(桐柏山)群蛮"等名目(《宋书·沈庆之传》、《柳元景传》,《魏书·世宗纪》、《蛮传》、《韦珍传》,《水经注·滍水》,《资治通鉴·梁纪》武帝天监七年,508年)。魏延兴二年(472年)桓诞"拥沔水以北,滍叶以

① 谭其骧:《中国历史地图集》第4册第34～35图"南朝齐荆州、郢州、湘州",地图出版社1982年版。

② 吴永章:《湖北民族史》,华中理工大学出版社1990年版,第86页。

南八万余落”附魏，魏立东荆州以安置之，其活动范围甚大，大抵以南阳盆地东缘低山丘陵区的朗陵（今河南确山西南）和比阳（今河南泌阳县）为中心，西北至鲁阳（今河南鲁山）山区丘陵，东南至桐柏（今河南桐柏）山区及缘边低山丘陵。《资治通鉴·宋纪》宋明帝泰豫元年（472年）大阳蛮桓诞降魏条胡三省注曰：“此即五水蛮也。宋置大阳戍于蕲阳县西，此县即汉江夏郡蕲春县也。”一般认为大阳蛮出于鄂东蕲水流域五水蛮，盖本于此。近有研究者认为大阳蛮，至少桓诞幼时成长于其中的大阳蛮可能在大洪山区①。但以桓诞及其后裔为首的大阳蛮，从南朝境内北迁，是明确无疑的，从他们后来的活动范围来看，《魏书》第101卷《蛮传》所谓“陆浑以南”的山谷布满了“渐得北迁”的“诸蛮”，至少在桓诞附魏以后，这些“诸蛮”中，“大阳蛮”特别是其中的“鲁阳蛮”，应占有相当比重。梁、魏对峙时，大阳蛮的活动随着北魏占领梁司州义阳而向南推进，达于汉东即南朝司州南部（宋前期属郢州），即南齐时“雍、司二州蛮”（《南齐书·武帝纪》、《陈显达传》），因此我们将之纳入郢、司州蛮族讨论。

“弋阳西山蛮”：今河南潢川、光山、新县、信阳一带，南至今湖北麻城境及麻城西豫、鄂交界的义阳三关一带。又有“司州蛮”、“豫部蛮”、“光城蛮”、“定州蛮”等名称（《宋书·夷蛮传》、《殷琰传》、《州郡志二》，《梁书·安成王萧秀传》，《魏书·世宗纪》、《肃宗纪》、《蛮传》、《田益宗传》）。这一支蛮族以田氏家族为首，长期依违于南北政权之间，故其活动范围大，且多在南北之间移动，南则以今麻城为中心（《梁书·萧秀传》，《水经注·江水》举水条），但其种族仍属西阳蛮分支②。

---

① 陈再勤：《魏晋南北朝时期南北边境地带蛮族的地理考察》第二章，武汉大学博士学位论文，1997年，第51页。上述大阳蛮活动范围，即取陈再勤博士学位论文说，见论文第32～52页。

② 《南齐书》第58卷《蛮传》，中华书局点校本1972年版，第1 009页。

"巴陵马营蛮"：活动于巴陵郡"缘江"，今监利、岳阳、洪湖、赤壁市沿长江地区（《梁书·安成王萧秀传》）。

在南朝郢、司二州今湖北境内，亦设立了大量的左州郡县，这些左郡县自以蛮民为主，是不待说的。

4. 梁州

（南）新城郡蛮：今房县（《南齐书·蛮传》，《宋书·沈庆之传》"南新郡蛮"当即南新城郡蛮）。

上庸郡蛮：今竹山西南（《宋书·邓畹传》）。

梁州"南接巴、巫二边"蛮：今神农架林区、兴山与巴东、秭归、宜昌接境地带（《南齐书·蛮传》）。

梁州境内诸蛮，或与雍州沮漳蛮种属相同，或与荆州巴建峡中蛮种属相同，但他们地居深山，"并山蛮凶盛，据险为寇贼"，具体种属已难究明。

在南朝今湖北地区，除了上述诸蛮族种落以外，还有一些见于记载者，如《宋书·沈庆之传》中之"幸诸山犬羊蛮"、"白杨山蛮"，估计也在今湖北境内，只是其地望已难考定。

但仅从上述，已可知南朝今湖北地区的蛮族分布之广，可以说遍地是蛮。这是蛮族迁徙及活动范围扩大，蛮族种落繁衍、人口增加的表现。

二、压迫与反压迫斗争的加剧

随着蛮族活动范围的扩大，蛮族与官府的矛盾趋于激化，蛮族的反抗加强，封建国家的镇压亦加剧。

蛮族的反抗通常与官府的政治压迫和经济掠夺联系在一起。《宋书》第97卷《夷蛮传》末"史臣曰"："自元嘉将半，（蛮）寇慝弥广，遂盘结数州，摇乱邦邑。于是命将出师，恣行诛讨。"元嘉为宋文帝年号（424—453年），蛮族纷起暴动于"元嘉将半"之际，也就是元嘉十年（433年）以后。据《宋书》第97卷《夷蛮传》，在宋少帝景平二年（424年）也就是宋文帝刘义隆自荆州入承大统之年，以及元嘉六年（429年）、七年（430 年），荆州宜都蛮帅石宁等、建平蛮帅张雍之等、宜都蛮帅田生等，都曾诣阙上献，以表示对宋王朝的臣服和拥戴。但“其后沔中蛮大动，行旅殆绝”。“沔中蛮”即雍州地区蛮族。当时在雍州任都督、刺史并兼领宁蛮校尉的是张邵（元嘉五年至八年在任，428—431 年）。《宋书》本传称：“丹、淅二川蛮屡为寇，邵诱其帅，因大会诛之，悉掩其徒党。既失信群蛮，所在并起，水陆断绝。”后来朝廷还发现，张邵“在雍州营私蓄聚，赃货二百四十五万”，可见雍州群蛮暴动，全因张邵的残暴、“失信”和贪赃“营私”所致。愤怒的蛮民还准备在张邵的儿子张敷自襄阳返建康途中加以劫持，表明参加反抗的群蛮不限于丹、淅地区，还包括襄阳南沔水流域的蛮民，看来雍州境内蛮人诸部相互间有密切联系。

元嘉八年（431 年）接替张邵出镇雍州的刘道产，以“善抚诸蛮”著称。《宋书》本传称：“在雍部政绩尤著，蛮夷前后叛戾不受化者，并皆顺服，悉出缘沔为居……（元嘉十九年卒，442 年）及丧还，诸蛮皆备衰绖，号哭追送，至于沔口。”这些“叛戾不受化者”，其中还有深山的“远蛮”①，迁到汉水两岸成为编户，也不尽是刘道产德政所感，荆州刺史刘义季表称道产“自镇汉南，境接凶寇，政绩既著，威怀并举”。所谓“威”，自然是凭借武力。刘道产的德政不在于不要武力，而在于不仅仅诉诸武力，对出为编户的蛮民还“怀”之柔之，更不像他的前任张邵，背约弃义，诱杀蛮酋，袭击蛮众，以致“失信群蛮”，所以刘道产为蛮民所爱戴。宽厚的蛮民对刘道产的死特别悲痛，恐怕还夹杂着对自己前途的担心，因为以往的经验告诉他们，像刘道产这种“父母官”毕竟太少了。

刘道产在雍州的抚蛮政绩可谓人亡政息。《宋书》第 77 卷《沈庆之传》：“元嘉十九年（442 年），雍州刺史刘道产卒，群蛮大动，征西司马朱修之讨蛮失利，以庆之为建威将军，率众助修之。修之失律下狱，庆之专军进讨，大破缘沔诸蛮，禽生口七千人。进征湖阳，又获万余口。”同书蛮传、柳元景传也都谈到自刘道产死后，群蛮又“大为寇暴”。总

---

①《宋书》第 77 卷《柳元景传》，中华书局点校本 1974 年版，第 1 981 页。

之，自刘道产卒官雍州刺史后，雍州蛮与官府的对抗升级。元嘉二十二年（445年）宋文帝“欲经略关河”，“重镇”雍州，以皇子、武陵王刘骏，即以后的孝武帝，出任雍州都督、刺史、宁蛮校尉。但由于“蛮寇大甚，水陆梗碍”，刘骏竟不能顺利赴任，中途“停大堤（今宜城北）不得进”。当时“蛮数千人忽至（大堤），乘高矢射雨下”。刘骏只好“缘道讨伐”，且战且进，后沈庆之分军“掩讨”，“大破之，降者二万口”，方抵达襄阳。到镇后，驿道蛮、郧山蛮又反叛，沈庆之等与荆州军及台军共同讨伐，共俘获10万余口，雍州局面才初步稳定下来①。

大抵自“元嘉将半”，荆、雍州境内蛮族，如竟陵郡蛮、天门溇中蛮、随郡蛮、沔北诸蛮、西阳五水蛮等，不堪官府的压迫和歧视，相继起事；而自元嘉后期，具体说在元嘉二十二年（445年）武陵王刘骏出镇雍州之后，宋廷“命将出师，恣行诛讨”，大举伐蛮。伐蛮主将就是上面说到的沈庆之，雍州军则为伐蛮主力。史称庆之“连年讨蛮，所向皆平殄”。元嘉二十六年（449年）随王刘诞出镇雍州，沈庆之又随诞赴镇。当时“雍州蛮又为寇”，沈庆之率后军府中兵柳元景、随郡太守宗悫诸将凡2万余人，分“八道俱进”，“伐沔北诸山蛮”。“诸军并斩山开道，不与蛮战，鼓噪上山，冲其腹心，先据险要，诸蛮震扰，因其惧而围之，莫不奔溃”，“自冬至春，因粮蛮谷”，最后大破诸山蛮，“斩首三千级，虏生蛮二万八千余口，降蛮二万五千口，牛马七百余头，米粟九万余斛”。既而“庆之复率众军讨幸诸山犬羊蛮”，“蛮被围守日久，并饥乏，自后稍出归降，庆之前后所获蛮，并移京邑，以为营户”。但蛮民并没有停止反抗，上引《宋书》第77卷《沈庆之传》又称：“（元嘉）二十九年（452年），亡命司马黑石、庐江叛吏夏侯方进在西阳五水，诳动群蛮，自淮、汝至于江沔，咸罹其患。十月，遣庆之督诸将讨之，诏豫、荆、雍（按：还有江州）并遣军，受庆之节度”，柳元景、宗悫、薛安都、宗

① 《宋书》第77卷《沈庆之传》，中华书局点校本1974年版，第1 997页；同书第83卷《武念传》，第2 112页。

越等皆隶其下。如前文所述，这支讨蛮之师后为武陵王刘骏所用，在沈庆之的率领下攻入建康，将刘骏送上帝座。直到孝建二年（455 年）四月，这次蛮民起事才被豫州刺史王玄谟勉强弹压下去①。关于元嘉年间伐蛮，《宋书》第 97 卷《夷蛮传》末“史臣曰”有云：“于是命将出师，恣行诛讨，自江汉以北，庐江以南，搜山荡谷，穷兵罄武，系颈囚俘，盖以数百万计。至于孩年耋齿，执讯所遗，将卒申好杀之愤，干戈穷酸惨之用，虽云积怨，为所亦甚。”其伐蛮之残暴不仁，于斯可见。

宋孝武帝大明（457—464 年）年间，蛮民起事再掀高潮。大明四年（460 年），郢州“西阳五水蛮复为寇，（沈）庆之以郡公统诸军讨之，攻战经年，皆悉平定，获生口数万人”。大明中，荆州“巴东、建平、宜都、天门四郡蛮为寇，诸郡民户流散，百不存一”，一直到宋明帝及宋末顺帝时期，官府多次遣军攻伐，但“终不能禁，荆州为之虚敝”②。宋明帝泰豫元年（472 年）出任荆州刺史、南蛮校尉的沈攸之，阴谋起兵，为扩大兵员，充实府库，残酷“扑讨蛮、蜑”。他曾“遣军入峡讨蛮帅田五郡等”，“蹙迫群蛮，骚扰山谷”，“断其盐米”；又为“责赕”，“伐荆州界内诸蛮，遂及五溪，禁断鱼盐”，酉溪蛮王田头拟因沈攸之“责赕千万”，“发气死”。于是“群蛮怒”，“蛮部大乱”，导致蛮区所在郡县“民人流散，存者无几”。直到萧齐建立，武陵酉溪蛮，司州蛮，南襄城蛮，北上黄蛮，仍纷纷起事，后来荆、湘二州刺史萧嶷遣重兵镇压，始得平息③。而在沈攸之残酷伐蛮之际，雍州沔北大阳蛮首领桓诞于泰豫

---

① 《宋书》第 76 卷《王玄谟传》，中华书局点校本 1974 年版，第 1 975 页；《南史》第 79 卷《夷貊传下》，中华书局点校本 1975 年版，第 1 982 页。参《建康实录》第 13 卷宋孝武帝孝建二年（455 年）四月条，张忱石点校本，中华书局 1986 年版，第 475 页。

② 《宋书》第 77 卷《沈庆之传》，中华书局点校本 1974 年版，第 2 003 页；同书第 97 卷《夷蛮传》，第 2 397 页。

③ 《宋书》第 74 卷《沈攸之传》，中华书局点校本 1974 年版，第 1 932～1 937 页；《南齐书》第 22 卷《萧嶷传》，中华书局点校本 1972 年版，第 405 页；同书第 58 卷《蛮传》，第 1 007 页。

元年（472 年）又拥 8 万余落蛮民投降北魏。

齐武帝永明（483—494 年）年间，先是巴建蛮首领向宗头与黔阳蛮首领等 5 000 人起事，与官军发生激战，接着湘州蛮相继起事，“雍司二州蛮、虏屡动”，至大明末年，西阳蛮首领田益宗率部曲 4 000 余户，襄阳蛮首领雷婆思等率户千余，先后投附北魏。梁天监（502—519 年）年间，梁境蛮族纷纷投附北魏，梁遣将“沿襄沔上下，破掠诸蛮”。梁朝时荆、雍二州边界地区“蛮左数反”，蛮族首领文道期率领蛮众活动在汶阳郡一带，与北方政权勾结，“积为边患”，直到梁末才被镇压。梁时峡中蛮冉氏、向氏、田氏部落尤盛，“余则大者万家，小者千户，更相崇僭，称王侯，屯据三峡，断遏水路”。梁末至陈朝，今湖北地区为西魏、北周控制，当地蛮族亦非常活跃，特别是三峡地区，蛮民多次发动起事，周朝亦频遣大将征讨，曾采取极其残酷的手段，如周将陆腾南破信州蛮族后，“乃积其骸骨于水逻城侧，以为京观。后蛮蜑望见，辄大号哭”。周军还自巫县经巴东、秭归一线筑城置戍。直到北周武帝天和（566—571 年）末年，周军才最后平息峡中蛮民的叛乱①。

三、南北政权对蛮族的利用与争夺

南朝时期蛮族的活跃，还反映在南北政权对蛮族的争夺和利用上。

由于南北交界地带多有蛮族聚居，南北政权都极力利用蛮人作为边境屏蔽。据《梁书》第 24 卷《萧景传》，天监八年（509 年），萧景在雍州刺史、宁蛮校尉任上，魏荆州刺史元志将兵 7 万，驱迫群蛮，群蛮悉渡汉水来降，萧秀僚佐皆以“蛮累为边患，可因此除之”，萧秀认为

① 《南齐书》第 58 卷《蛮传》，中华书局点校本 1972 年版，第 1 008～1 009 页；同书第 3 卷《武帝纪》，第 53 页；《魏书》第 101 卷《蛮传》，中华书局点校本 1974 年版，第 2 246～2 248 页；《周书》第 49 卷《蛮传》，中华书局点校本 1971 年版，第 887～890 页，参同书陆腾、司马裔、田弘等传；《陈书》第 11 卷《淳于量传》，中华书局点校本 1972 年版，第 179 页。关于蛮民暴动情况，请参朱大渭：《南朝少数民族概况及其与汉族的融合》，《六朝史论》，中华书局 1998 年版。

“（蛮族）穷来归，我诛之不祥。且魏人来侵，吾得蛮以为屏蔽”，乃开樊城受降①。又据同书第 22 卷《萧秀传》，天监十三年（514 年），魏“叛蛮”田鲁生、鲁贤、超秀三兄弟据蒙笼城（今麻城东）降梁，梁武帝即分别委以北司州、北豫州、定州刺史，“为北境捍蔽”。《魏书》第 45 卷《裴骏传》则提到骏子、魏郢州刺史裴询“以凡司戍主蛮酋田朴特地居要险，众逾数万，足为边捍，遂表朴特为西郢州刺史”。所谓“屏蔽”、“捍蔽”、“边捍”，就是让这些蛮族部落保边捍境，同时扰乱敌境，以缓冲对方的攻势。而在南北交战时，这些边境地带的蛮民总是照例被当作前驱，或作为策应，以助军威。上面谈到的“蛮酋田朴特”，就在梁将李国兴进攻郢州时，“与（裴）询掎角，为表里声援”，“郢州获全，朴特颇有力焉”。魏孝文帝太和四年（齐建元二年，480 年），乘南朝萧道成废宋自立，大举南伐，大阳蛮首领桓诞“请为前驱，乃授使持节、南征西道大都督，讨义阳”。当时南齐雍、司州边境蛮民“传虏（魏军）已近，又闻官尽发民丁”，亦纷纷起兵。后来北魏六镇、秦陇镇民起事后，境内“二荆、西郢蛮大扰动”，梁武帝亦乘机攻魏，“樊城（按：一作楚城）诸蛮并为前驱”。至于南北政权发动边蛮攻击对方的事例，如齐武帝时蛮首桓诞与“雍、司二州界蛮、虏（魏军）相扇动，据南阳故城”，魏明帝时梁将曹义宗“鼓动顺阳蛮夷缘边寇窃”，可以说史不绝书，兹不赘举②。

当时南北政权都非常注意以官爵吸引、招徕敌境的蛮族酋豪，而“群蛮酋帅”也乐意利用南北矛盾，“互受南北朝封爵”③，依违其间。仅

---

① 《资治通鉴》第 147 卷《梁纪》武帝天监八年（509 年）三月，中华书局 1956 年版，第 4 592 页。

② 《魏书》第 101 卷《蛮传》，中华书局点校本 1974 年版，第 2 246 页；同书《崔挺传》，第 1 240 页；《南齐书》第 58 卷《蛮传》，中华书局点校本 1972 年版，第 1 007～1 008 页；同书第 26 卷《陈显达传》，第 490 页。

③ 杜佑撰、王文锦等点校：《通典》第 187 卷《边防三·南蛮上》序略，中华书局 1984 年版，第 997 页。

据《魏书》第101卷《蛮传》所载，自延兴二年（472年）至正光（520—525年）中，南朝境内的蛮族就有13次拥众降魏的事件，其中有3次人数不详，其余10次有16万余户，以每户5口计，约有80万人。当然，北朝边境的蛮族也有南附的，北附的蛮民中也有随后南降的，但总的来看，似乎在招徕蛮族方面，北魏更为成功。蛮族的向背对南北边境形势影响甚巨。如北魏孝文帝延兴二年（472年）大阳蛮首领桓诞拥沔北蛮族8万余落附魏后，这一支蛮族长期活跃于今鄂、豫交界地带即南朝雍、司二州北境。他们曾多次配合魏军南征，直到魏宣武帝时代，“（梁武帝）萧衍（军）每有寇抄，（桓诞子、南荆州刺史桓）叔兴必摧破之”。正光中因北魏内乱，叔兴又“拥所部南叛”。孝文帝太和十七年（493年），光城蛮田益宗率部4 000余户渡淮入魏后，曾在魏、齐争夺义阳三关的战役中发挥重要作用，所谓“当时安危，在益宗去就”。田益宗的几个儿子后来叛魏投梁，不过他们又自南朝“遣使求附（魏）”①。

四、从蛮府到左郡县

南朝时期蛮族势力的发展，活跃程度的增强，使他们成为一支重要的社会力量。由于对蛮族的治理，不仅关系到南朝在蛮区的统治，而且还关系到边境地带的安危，所以南朝自刘宋时代就十分重视治蛮问题。除了命将出师残酷镇压以外，宋、齐两朝还在统治方式上有所改革，那就是在蛮民聚集区设置所谓“左郡县”等特殊政区，以加强对蛮民的行政管理。

专为蛮民设置的郡县，最早的可能是隆安五年（401年）桓玄移“沮漳降蛮”所立之武宁郡。但该郡郡守不是蛮人，也不是在蛮区就地设立，这大概是武宁郡不以“左”名的原因。史籍所见最早设置的左郡，

① 《魏书》第61卷《田益宗传》，中华书局点校本1974年版，第1 370～1 374页；吴永章：《湖北民族史》，华中理工大学出版社1990年版，第105页。

可能是南豫州的南陈左郡，据考在宋武帝永初（420—422 年）年间即已设立[①]。南朝时期左郡、县的大量出现，是在刘宋文帝以后及南齐时代。下面主要依据《宋书·州郡志》（下简称“宋志”）和《南齐书·州郡志》（下简称“齐志”），将今湖北地区左郡、县的设置情况，略依当时州郡疏列如下[②]：

司州

东随二左郡（约治今广水东北一带）　何时置无考。大明八年（464 年）省二郡立宋安县，属义阳郡，明帝时省宋安县入环水县（宋志 36/1 105 司州义阳郡）[③]。

安蛮左郡（治今安陆一带）　初为安蛮县，寻为郡，大明八年（464 年）省为县，属安陆，泰始初立为左郡，宋末省（宋志 36/1 105 司州安陆郡）。

宋安左郡（治今河南信阳南，辖地至今湖北广水境）　宋文帝时立，领拓边、绥慕、乐宁、慕化、仰泽、革音、归德 7 县。后省，又复置（宋志 37/1 117 荆州前序）。齐领 3 县（齐志 15/280 司州）。

安蛮左郡（治今黄陂北）　齐领 6 县（齐志 15/280 司州）[④]。

永宁左郡（治今应城西南）　齐置，领 4 县（齐志 15/280 司州）。

东义阳左郡（治今河南信阳南及湖北广水、大悟一带）　齐置，领 4 县（齐志 15/280 司州）。

东新安左郡（约治今随州、安陆一带）　齐置，领 9 县（齐志 15/280 司州）。

---

① 胡阿祥：《南朝宁蛮府、左郡左县、俚郡僚郡述论》，《历史地理》第 13 辑，上海人民出版社 1996 年版。

② 胡阿祥：《南朝宁蛮府、左郡左县、俚郡僚郡述论》，《历史地理》第 13 辑，上海人民出版社 1996 年版；吴永章：《湖北民族史》，华中理工大学出版社 1990 年版，第 88～90 页。并请参照本书第一章第二节第四小节。

③ 斜线前为《宋书》或《南齐书》卷数，后为页码，均为中华书局点校本，下同。

④ 胡阿祥：《南朝宁蛮府、左郡左县、俚郡僚郡述论》，谓即宋安蛮左郡，《历史地理》第 13 辑，上海人民出版社 1996 年版。

新城左郡（约治今应城、孝感一带） 齐置，领4县（齐志15/280司州）。

围山左郡（约治今应城、孝感一带） 齐置，领6县（齐志15/280司州）。

建宁左郡（治今麻城西南） 宋立（见下郢州建宁左郡条），齐领2县（齐志15/281司州）。

北随安左郡（治今随州北一带） 齐置，领2县（齐志15/281司州）。

东随安左郡（约治今应山东北一带） 齐领3县（齐志15/281司州）①。

郢州

蕲水左县（治今浠水东） 元嘉二十五年（448年），以豫部蛮民立建昌、南川、长风、赤亭、鲁亭、阳城、彭波、迁溪、东丘、东安、西安、南安、房田、希水、高坡、直水、蕲水、清石等18左县，属郢州西阳郡。大明八年（464年），赤亭、彭波并阳城，其余不详何时省（宋志37/1 128郢州西阳郡）。齐仍置蕲水左县（齐志15/277郢州西阳郡）。

东安左县（当在今浠水、英山、蕲春一带） 元嘉二十五年（448年）以豫部蛮民立，后省，永光元年（465年）复以西阳郡蕲水、直水、希水三屯立东安左县（宋志37/1 128郢州西阳郡）。齐仍置（齐志15/277郢州西阳郡）。

建宁左郡、建宁左县（治今麻城西南） 先为西阳郡建宁县，后立为建宁左郡，大明八年（464年）省郡为建宁左县（宋志37/1 128郢州西阳郡）。齐复为左郡，见上文司州建宁左郡条。

希水左县（治今浠水） 元嘉二十五年（448年）以豫部蛮民立。当于后省，又复置（宋志37/1 128郢州西阳郡）。齐仍置（齐志15/277郢州西阳郡）。

---

① 胡阿祥：《南朝宁蛮府、左郡左县、俚郡僚郡述论》，《历史地理》第13辑，上海人民出版社1996年版。谓即宋东随左郡。

阳城左县（当治今麻城、新洲、红安一带）　先属建宁左郡，大明八年（464 年）省西阳郡赤亭、阳城、彭波三左县并建宁左郡之阳城县，而改属西阳郡（宋志 37/1 128 郢州西阳郡）。

义安左县（当治今浠水、英山、蕲春一带）　泰始二年（466 年）以来流民立（宋志 37/1 128 郢州西阳郡）。齐改为左县（齐志 15/ 277 郢州西阳郡）。

方城左郡（约治今鄂东长江北一带）　齐置，领 2 县（齐志 15/ 277 郢州）。

义安左郡（约治今鄂东长江北一带）　齐置，领 1 县（齐志 15/ 278 郢州）。

南新阳左郡（当治大洪山西、南侧一带）　齐置，领 5 县（齐志 15/ 278 郢州）。

北遂安左郡（当治大洪山西、南侧一带，或今黄州区、浠水一带）永明三年（485 年）前置，领 5 县（齐志 15/278 郢州）。

新平左郡（当治今安陆、京山一带）　永明六年（488 年）前置，领 3 县（齐志 15/278 郢州、南齐书 58/1 009 蛮传）。

宜人左郡（当治今安陆、京山一带）　永明六年（488 年）前置，领县不详（齐志 15/278 郢州、南齐书 58/1 009 蛮传）。

建安左郡（治今应城西南）　齐置，领 1 县（齐志 15/278 郢州）。

雍州

南齐时宁蛮府所领郡县，未以“左”名。《南齐书》第 15 卷《州郡志下》雍州条称：“部领蛮左，故别置蛮府焉。”可知宁蛮府所领郡县，实质上为左郡县。宁蛮府领郡县不见《宋志》，以下所列，仅据齐志 15/284—287 雍州宁蛮府：

南襄郡（治今南漳）　领 4 县。

蔡阳郡（治今枣阳西南）　领 6 县。

安定郡（治今南漳西）　领 6 县。

义安郡（治今襄阳西北）　领 9 县。

南襄城郡（治今桐柏西北） 领县不详。

广昌郡（治今枣阳） 领县不详。

析阳郡（治今河南西峡） 领县不详。

汉广郡（治今河南南阳南） 领县不详。

北义阳郡（治今河南泌阳西北） 领县不详。

北襄城郡（治今河南方城东） 领县不详。

另有西新安郡（领4县）、义宁郡（领5县）、北建武郡（领6县）、永安郡（领4县）、怀化郡（领7县）、武宁郡（领5县）、新阳郡（领8县）、高安郡（领2县）、左义阳郡、东襄城郡、怀安郡、北弘农郡、弘农郡、中襄城郡等，其治不详今所，当在今襄阳、丹江口、枣阳、钟祥及河南南阳一带。

江州

阳唐左县（当治今广济、黄梅一带） 大明八年（464年）置（宋志36/1 091江州南新蔡郡）、齐仍置（齐志15/262江州南新蔡郡）。

仅就上列统计，宋、齐两朝在今湖北地区（宁蛮府所统左郡县中一部分在今河南南阳地区，另有在鄂豫、鄂皖交界处）设置左郡40余，左县140余（尚不包括中途废罢者，另有十多个左郡不详所领县数，或许本无属县），可见其分布地域甚广，尤以当时的雍州、司州及郢州最为集中。不过雍州宁蛮校尉府所部领的“蛮左”郡县，史籍上并不称为左郡县，但与左郡县并无实质性区别。比照雍州宁蛮府之例，荆州南蛮校尉府等，也应领有郡县，即实质上的“左郡县”，但史籍不载，故上列左郡县并不完全。

如前所述，两晋时期今湖北地区所设置的南蛮校尉、宁蛮校尉及镇蛮护军等治蛮机构，南朝时依然存在。但其中的南蛮校尉府曾几经废置。宋泰始五年（468年），以“巴州三峡险阻，山蛮寇贼”，“分荆、益州五郡置三巴校尉”，治白帝（今重庆奉节）。三巴校尉之置，显然是为了镇压川、鄂三峡地区的蛮族，其后亦几经废置，最后于齐永明元年（483

年）废罢，所属郡县“各还本属”①。这些校尉、护军等治蛮机构，作为军府（或称蛮府，或相对于都督、将军府称小府），有“兵籍”、“府屯”②，其主要职能是对蛮族实施武装镇压。宋齐设置的所谓左郡、左县，却有一些新的特点。

由于蛮在当时是一种含有民族歧视的贬称，蛮人并不自称为蛮，而且“其相呼以蛮，则为深忌”③。宋齐治蛮郡县之名，考虑到蛮族心理，以“左”代“蛮”，加以回避，较之“镇蛮护军”、“宁蛮校尉”等名称，可能蛮人更容易接受。从宋齐统治者对治蛮郡县名称的斟酌，以及蛮人对本族族名的深忌，表明朝廷和蛮民双方，都在有意回避、模糊汉蛮间的界限，显示出蛮族与汉族融合的进程——蛮汉界线之趋于缩小，同时显示出左郡县是以民事管理为主的行政机构，不似校尉、护军以军事镇压为主。军事镇压旨在随时讨服不宾，而民事管理则在于经常性地治理已然顺化之民。南齐时襄阳的宁蛮府下统左郡县，据考察，“已完全演变为治理蛮区的地方行政机构”，南朝时南蛮校尉、三巴校尉相继废罢，而宁蛮府却长期存在，或与之有关④。

在统治方式上，左郡县例以归服的蛮族首领出任守、长，以保持蛮族旧有的统治方式，不打乱其原有的社会组织形式、聚居方式及生活方式，不干预其内部事务，所谓“羁縻”而已⑤，带有某种程度的民族自治色彩。当然左郡县必须奉朝廷正朔，即在政治上承认朝廷的权威，也

---

① 《宋书》第8卷《明帝纪》，中华书局点校本1974年版，第166页；《南齐书》第15卷《州郡志下》，中华书局点校本1972年版，第275页；同书第2卷《高帝纪下》，第36页。

② 《宋书》第44卷《谢晦传》，中华书局点校本1974年版，第1347页；郦道元著、陈桥驿校证：《水经注校证》第35卷《江水》，中华书局2007年版，第802页。

③ 《隋书》第31卷《地理志下》，中华书局点校本1973年版，第897页。胡阿祥：《南朝宁蛮府、左郡左县、俚郡僚郡述论》一文中关于“左”字含义的研究回顾，《历史地理》第13辑，上海人民出版社1996年版，第186页。

④ 杨德炳、王延武：《魏晋南北朝时期蛮族对长江中游地区开发作用之探讨》，中国唐史学会等编：《古代长江中游的经济开发》，武汉出版社1988年版，第305页。

⑤ 吴永章：《湖北民族史》，华中理工大学出版社1990年版，第91页。

就是《南齐书》第58卷《蛮传》所说的"保落奉政"。

左郡县的行政规模通常较小。左郡的属县一般不多，而如宋司州东随二左郡，并不属州，而属义阳郡，后二左郡废罢，仅并为宋安一县。左郡县的划分，大抵依蛮族原有部落组织结构及单位来确定，即胡三省所谓"盖因群蛮部落分署为郡也"①。元嘉二十五年（448年）在西阳郡设置的蕲水、直水、希水三左县，废罢后为"三屯"，后又合为一县②，蛮族本以部落为单位屯住，故又以部曲相称③，一"屯"大概就是一个部落单位，亦即一"落"。这样，左郡县所领户口就不可能很多，如宋南豫州的边城左郡，元嘉二十五年（448年）以豫部蛮民立，属弋阳郡，凡七县，大明时领四县有户417，口2 479，一县不过百余户600余口而已④。

左郡县的设置，有利于向蛮民征收赋税，调发力役、兵役。西晋"户调式"对"夷人"的赋调负担有具体规定，并依"远夷"、"（更）远（的夷）"及"极远（的夷）"而轻重有别。夷人亦以户（极远者以人）为单位输纳，并低于一般编户。东晋时"蛮陬赕布，不有恒准"，盖为临时责纳，没有形成定制⑤。上文中曾谈到，荆州刺史沈攸之曾以武力伐蛮"责赕"，多至千万，使蛮族首领不堪负担而自杀。当时人释"赕"为"蛮夷赎罪货"⑥，则"责赕"本是针对"不宾"的蛮夷，带有惩罚和强征的性质，所以说"不有恒准"。《宋书》第97卷《夷蛮传》称，"蛮民顺附者，一户输谷数斛，其余无杂调"，"蛮无徭役，强者又不供官税，

① 《资治通鉴》第135卷《齐纪》高帝建元二年（480年）条胡注，中华书局1956年版，第4 234页。

② 《宋书》第37卷《州郡志三》，中华书局点校本1974年版，第1 128页。

③ 《三国志》第56卷《吴书·朱然传》注引晋人习凿齿《襄阳记》，中华书局点校本1959年版，第1 307页。

④ 《宋书》第36卷《州郡志二》，中华书局点校本1974年版，第1 080页。

⑤ 《晋书》第26卷《食货志》，中华书局点校本1974年版，第790、783页。

⑥ 《资治通鉴》第133卷《宋纪》明帝泰豫元年（472年）七月条胡注引何承天《纂文》，中华书局1956年版，第4 172页。

结党连群，动有数百千人，州郡力弱，则起为盗贼，种类稍多，户口不可知也”。据之可知，官府要对蛮民征发赋役，必须以蛮民“顺附”为前提，而且还必须对蛮民的户口数有一定程度的掌握。《宋书》第97卷《夷蛮传》载天门溇中县令（按：溇中为蛮民聚居区）“徭赋过重蛮不堪命”，以至蛮民揭竿而起；同书《自序》称沈亮任南阳太守时“边蛮畏服皆纳赋调”；南朝蛮民服兵役、徭役的事例也不少①；可见顺附的蛮民有固定的赋役负担，而且还不轻。左郡县本是为安置顺附蛮民而设立的，过去的部落首领成为郡县守长，所属蛮民也就成为郡县编籍之户，作为编户的蛮民之有赋役特别是兵役负担，自不待言。

入梁以后，左郡县不再见于记载。以前的左郡县，有的去掉了“左”字，如梁改齐通左郡为齐通郡，建宁左郡为建宁郡，大多数恐怕是废并了。校尉、护军也渐次废除。左郡县的消失，标志着封建统治的深化，由于左郡县蛮民的赋役已渐与汉人编户拉平，没有必要再作区别；治蛮机构的废罢还标志着蛮族与汉族融合的深化，汉蛮民族界限的进一步消失。梁朝时蛮族仍很活跃，特别是边境地带的蛮族。萧梁曾对蛮族首领，特别是自北朝来降的蛮族首领，任为刺史②，这似乎是在以往左郡县基础上升格为左州，但这些州并不以左名，数世之后，甚至一世之后，州刺史不再以蛮族首领充任，这些州也就和一般的州没有二致了。

五、蛮族与汉族的融合

两晋南朝时期，今湖北地区的蛮族，经过长时期的政治动荡，民族迁徙，以及依违、反复于南北政权之间，他们同汉族的交往，包括和平友好的或剑与火的交往，都较以往任何一个时代更为频繁，程度更深。蛮族社会的内部，除了一部分“僻处山谷者”外，发生了历史性的变化。

---

① 朱大渭：《南朝少数民族概况及其与汉族的融合》，《六朝史论》，中华书局1998年版；吴永章：《湖北民族史》，华中理工大学出版社1990年版，第97页。

② 《梁书》第22卷《萧秀传》，中华书局点校本1973年版，第344页。

比如社会经济取得长足发展，阶级分化加剧，社会组织结构以及生活方式和习俗，也有若干变化①。这些变化的一个重要表现，就是与汉民族的融合加深。

如上所述，大批左郡县的设置及自然消失，标志着大批蛮民完成了从部落民到国家编户的转变，从而成为一家一户的个体小生产者，负担国家赋役。“赋役本身就是封建性质的剥削方式，所以进入封建政权的统辖，实质上就是纳入封建生产方式的范畴。”②《隋书》第82卷《南蛮传》前序简洁而准确地记述了这一部分蛮民的变化：“南蛮杂类，与华人错居……稍属于中国，皆列为郡县，同之齐人，不复详载。”同之“齐人”，也就是同之“齐民”（《隋书》史臣避唐讳改），《隋书》认为这一部分被纳入郡县体制的蛮民，久而久之，他们作为国家编户齐民，与一般汉族百姓没有任何差异，已完全融合于汉族社会之中。他们既已失去蛮族特征，因而《隋书》“不复详载”，于是将他们排除于《南蛮传》之外。

上文谈到，南朝特别是刘宋时代，曾发动连续不断的“伐蛮”战争。官军深入蛮区，“搜山荡谷，穷兵罄武”，杀戮之外，又将大批蛮民驱迫下山，沦为“囚俘”，仅上述沈庆之10年伐蛮，所俘蛮民就不下于20万。南朝时沦为“生口”的蛮民，“盖以数百万计”。这一批蛮民，或被强迁至京师等地充作“营户”即兵户，或被赏赐给官僚贵族作为奴婢、部曲，沈庆之本人就是“产业累千金，奴僮千计”。史籍还记载宋孝武帝大明五年（461年），诏令“（外戚尊属）可各给蛮户三，以供洒扫”③。这数十百万被俘的蛮民以营户、奴婢、部曲等低下的身份，散居于京师等地，他们被称作“蛮户”，可见仍保持着家庭及家庭经济，因此，他们中的大多数应该是士庶地主的大田庄上的依附劳动者。他们远离蛮区，与出身汉族的大批依附农民一道，参加到南方经济的开发活动中，同时，

---

① 吴永章：《湖北民族史》，华中理工大学出版社1990年版，第107页。

② 朱大渭：《南朝少数民族概况及其与汉族的融合》，《六朝史论》，中华书局1998年版，第407页。

③《宋书》第41卷《后妃·文帝袁皇后传》，中华书局点校本1974年版，第1 286页。

自身也逐渐地融入于汉族人民中。

上引《隋书》第 82 卷《南蛮传》载述列入郡县的蛮民“同之齐人（民）”时，特别提到他们“与华人错居”。同书第 31 卷《地理志下》荆州后序又称：“（荆州）南郡（治今荆州）、夷陵（治今宜昌西北）、竟陵（治今钟祥）、沔阳（治今仙桃西南）、沅陵（治今湖南沅陵）、清江（治今五峰西北）、襄阳（治今襄阳）、舂陵（治今枣阳）、汉东（治今随州）、安陆（治今安陆）、永安（治今新洲）、义阳（治今河南信阳）、九江（治今江西九江）、江夏（治今武汉南）诸郡，多杂蛮左，其与夏人杂居者，则与诸华不别。其僻处山谷者，则言语不通，嗜好居处全异。”这一地区较之南朝的荆、雍、郢、司诸州，以及今天的湖北地区，约略相当而稍小（南朝雍州的南阳地区，今鄂西北房县、竹山一带，鄂东浠水、蕲春、黄梅一带，不在其内），当时的主要蛮区大抵在其中。《隋书》作者实际上触及了南朝时期今湖北境内蛮民与汉族融合的一个重要原因，即蛮汉人民的错居杂处。如果说，左郡县的设置使蛮民在政治、经济生活中与汉人的差别消失，那么，蛮汉人民的错居杂处，则使蛮汉人民在“言语”、“嗜好”，即文化、习俗方面趋同，最后融为一体。对于民族特征来说，文化、习俗的重要性绝不会亚于政治、经济。

正是在南朝时期，如前文所述，蛮族人民因各种机缘，纷纷走出深山，离开原居地，与汉民错居杂处，将他们的生活范围扩展到整个今湖北地区。如在雍州地区，从宛城到襄阳的驿路沿线，由西而东再由北而南的沔水两岸，到处分布着蛮人的村落。另一方面，政治斗争中的失意者，当局的反叛者，逃避赋役的汉族百姓，“多逃亡入蛮”。蛮汉间的贸易则自东晋以来即已展开①。蛮汉人民的杂居共处，造成了蛮汉民族之

① 上述方面，《宋书》第 77 卷《柳元景传》、第 65 卷《刘道成传》、第 83 卷《宗越传》、第 97 卷《夷蛮传》、第 100 卷《自序》，《魏书》第 52 卷《阴仲达传》、第 101 卷《蛮传》，均有相关记载，此不赘述，均为中华书局点校本 1974 年版。详见张泽洪：《魏晋南朝蛮、僚、俚族与汉族的融和》，《楚雄师专学报》1989 年第 2 期。

间频繁接触、密切交往以至不断融合的新局面。时至隋代，虽然在今湖北境内的长江三峡及清江流域等山谷偏僻之地，仍有蛮人活动①，但在南朝时蛮汉错居的广大地区，昔日的蛮民因在各方面"与诸华不别"，民族特征消失，已无可指认。当然，由于当时蛮族的经济与文化发展水平都低于汉族，融合过程虽是相互接近而趋同的过程，但主要还是蛮族向汉族靠拢，所以蛮汉融为一体，主要还是表现为蛮族融入汉族的汪洋大海之中。

① 吴永章：《湖北民族史》，华中理工大学出版社 1990 年版，第 109～113 页。

第九章　曲折发展的经济与文化

第一节　人口的变动

人口是社会物质生活的必要条件之一，作为社会经济范畴的人口，则是生产力的首要因素。可以这样说，古代社会的经济发展与人口升降，经济开发重心和人口分布重心，往往带有一致性。魏晋南北朝时期，是今湖北地区人口剧烈变动的时期。变动的主要方面，是北方人口大量南迁本区，本区蛮族成批出山。这样的变动，应该表现为人口的显著增长，但反映在国家户版上的人口数量却还在减少。显然，在籍户口，或者说国家所控制的户口，并不等于实际户口，而且也与六朝时湖北的社会经济发展状况不相符合。

一、在籍户口的减耗

两汉时期，今湖北地区的在籍户口增长显著。兹以两汉时辖区大致相同，且辖区基本上在今湖北的南郡、江夏二郡为例：

表 9-1

	西汉(2 年)		东汉(140 年)		东汉较西汉增加户口数及百分比(%)				出处
	户	口	户	口	户	%	口	%	
南郡	125 579	718 540	162 570	747 604	36 991	29.5	29 064	4	《汉书》第 28 卷及《后汉书》第 22 卷
江夏	56 844	219 218	58 434	265 464	1 590	2.7	46 246	21	
合计	182 423	937 758	221 004	1 013 068	38 581	21	75 310	8	

上列可见，东汉时南郡、江夏二郡户口较之西汉时均有增长，特别是江夏郡。

按两汉时期，今湖北襄阳、随州以北地区属南阳郡。西汉南阳郡有36县，其中今湖北地区9县（国），东汉南阳地区37县，今湖北地区10县①，则两汉南阳郡内今湖北地区的县数约占全郡的四分之一。若依此比例计算，西汉（年份同上表，下文东汉时同）南阳郡有户359 316，口1 942 051，则其中湖北地区有户89 829，口485 512；东汉南阳郡有户528 551，口2 439 618，则湖北有户132 137，口609 904。两相比较，东汉时期湖北增加42 308户，124 392口，增加比例分别为47%和26%，其增长幅度远高于上述南郡、江夏二郡。这大概是因为“帝乡”南阳为功臣豪强、宗室外戚所聚，其经济、文化都非常发达的缘故。

若将南阳地区也计算在内，东汉时湖北的户、口分别达到35万和162万②，较西汉分别增长30%和14%，增长幅度是可观的。

六朝时期的户口统计资料既不准确，又不完备。据有关史籍所载，吴国仅有两组全国总户口数。一是吴大帝赤乌五年（242年），有户523 000，口2 400 000万；一是吴末帝天纪四年（280年）吴亡时图籍所载户口，户523 000，吏32 000，兵230 000，男女口2 300 000③。两组户口数字相差38年，竟全无增长，且口数反倒还有所减少。而东汉荆、扬、交三州相当于孙吴辖境的户口数有200余万户，849万余口，分别是孙吴户、口

① 《汉书》第28卷上《地理志上》，中华书局点校本1962年版，第1 563页；《后（续）汉书·志》第22卷《郡国志四》，中华书局点校本1965年版，第3 476页；谭其骧：《中国历史地图集》第2册第22～23图“西汉荆州刺史部”，第49～50图“东汉荆州刺史部”，地图出版社1982年版。

② 当时江夏有平春等4县属今河南，南郡巫县属今四川，但荆州长沙郡下隽县、武陵郡孱陵县，扬州庐江郡寻阳县，益州汉中郡上庸、房陵二县，属今湖北，故以上述南郡、江夏及南阳10县户口，作为湖北户口，是大致相当的。

③ 《晋书》第14卷《地理志上》前序，中华书局点校本1974年版，第414页；《三国志》第48卷《吴书·三嗣主传》注引《晋阳秋》，中华书局点校本1959年版，第1 177页。其他史籍所载，详见梁方仲：《中国历代户口、田地、田赋统计》，甲表13及所注资料来源，上海人民出版社1980年版，第39页。

的 3.9 倍和 3.7 倍。《通典·食货》所载曹魏户（663 423）、口（4 432 881），较之《后汉书·志》所载东汉时相当区域的户（5 648 700）、口（31 371 069），相差更是惊人，后者分别是前者的 8.5 倍和 7.1 倍①。

三国时今湖北分属魏、吴，地交南、北，曹、孙、刘三家都曾在这里激烈角逐，大量的人口或死于兵燹，或流徙于他地，或被南北政权强制性迁移，即庞统所谓“荆州荒残，人物殚尽”，其在籍户口的减耗比例，绝不会低于魏、吴两国的平均数。

著籍户口数字的下降直到西晋平吴，天下重归一统后，才略见回升。《晋书》第 14 卷《地理志上》前序载晋太康元年（280 年）户口数，分别为 2 459 840 户，16 163 863 口②，较之东汉时仍减耗严重。兹据“晋志”所载，表列晋太康中今湖北地区户数如下（有的郡错入湖北境，如弋阳郡 7 县，有户 16 700，其中 3 县在湖北，遂按县平均户数 2 385 户计算，得 7 155 户，表中县数即作 3 县，并加括号区别。有的县不详今所，只能大致估计。下同。关于西晋郡县今地，主要参考上引谭其骧《中国历史地图集》第 3 册有关图幅）。

表 9-2

州郡	县数	户数	出处（《晋书》卷/页）
豫州弋阳郡	（3）	7 155	14/422
荆州江夏郡	7	24 000	15/454
荆州南郡	11	55 000	15/455
荆州襄阳郡	8	22 700	15/455
荆州顺阳郡	（4）	10 048	15/455

① 以上东汉相当于吴、魏辖区及人口的推定，均据唐长孺：《魏晋南北朝隋唐史三论》，武汉大学出版社 1993 年版，第 24～25 页。

② 《三国志》第 22 卷《陈群传》裴注引《晋太康三年地记》作 377 万，疑为 277 万之讹，中华书局点校本 1959 年版，第 636 页。

续表

州郡	县数	户数	出处（《晋书》卷/页）
荆州义阳郡	(6)	9 498	15/455
荆州新城郡	4	15 200	15/456
荆州魏兴郡	(2)	4 000	15/456
荆州上庸郡	(5)	9 540	15/456
荆州建平郡	(5)	8 250	15/456
荆州宜都郡	3	8 700	15/456
荆州南平郡	(2)	3 500	15/456
荆州武昌郡	(6)	12 686	15/457
荆州长沙郡	(2)	6 000	15/457
扬州庐江郡	(1)	420	15/460
合计		196 697	

上表显示西晋时期湖北著籍户接近20万，已是孙吴全境52万户的38%，其人口较之孙吴有显著增长，是不容置疑的。据泰始六年（270年）所立之《南乡太守郛休碑》①，当时南乡郡有户17 130，至太康（280—289年）中，改自南乡郡的顺阳郡已有20 100户，十余年增加了近3 000户，以太康元年（280年）户均6.57计算，增加人口19 700余，其增长速度是非常之快的。但以西晋户口与同是统一王朝的东汉比，东汉今湖北地区有编户35万，是西晋湖北户数的175%，可见仍属减耗，不过较孙吴时有所回升而已。

东晋一朝，官方的户口统计资料缺如。从当时人的议论来看，国家控制的编户数量非常之少，所谓“户口凋寡，不当汉之一郡”，“江左区区，户不盈数十万”，大概比孙吴时强不了多少。湖北一带，永和元年（345年），大臣何充谓“荆楚国之西门，户口百万”，以一户5口计，合

① 陆增祥：《八琼室金石补正》第9卷，文物出版社1985年版，第45页。

户 20 万，较之西晋时荆州 38 万户，虽辖区有缩小，但减耗仍很明显。及至东晋末年刘毅都督荆州，表称“荆州编户不盈十万”，户口耗减得更为惊人①，足见东晋，至少东晋末年，荆州著籍人户确属“凋寡”。

《宋书·州郡志》所载刘宋大明八年（464 年）户口是南朝硕果仅存的一组州郡户口数字。下面据以列出今湖北地区州郡户口表（州郡辖区错入湖北境者，如司州义阳郡，领县 7，有户 8 031，口 41 579，县均 1 147 户，户均 5.18 口，其中 1 县在今湖北，下表中县数即作 1 县，并加括号区别，并取县均户数作 1 147 户，再乘以户均口数，得 5 941 口。其余如之。户口缺载，以“?”表示。有的县今所不详，只能大致估计。关于宋郡县今地，主要参考上引谭其骧《中国历史地图集》第 4 册有关图幅）。

表 9-3

州郡	县数	户数	口数	出处（《宋书》卷/页）
江州南新蔡郡	4	1 730	8 848	36/1 091
司州义阳郡	(1)	1 147	5 941	36/1 104
司州随阳郡	4	4 600	?	36/1 105
司州安陆郡	2	6 043	25 084	36/1 105
荆州南郡	6	14 544	75 087	37/1 117
荆州南平郡	(2)	6 196	22 524	37/1 118
荆州宜都郡	4	1 843	34 220	37/1 119
荆州汶阳郡	3	958	4 914	37/1 121
荆州新兴郡	3	2 301	9 584	37/1 121
荆州南河东郡	4	2 423	10 487	37/1 122
荆州建平郡	7	1 329	20 814	37/1 122
荆州永宁郡	2	1 157	4 274	37/1 123
荆州武宁郡	2	958	4 914	37/1 123

① 《晋书》第 98 卷《桓温传》，中华书局点校本 1974 年版，第 2 574 页；同书第 77 卷《何充传》，第 2 030 页；同书第 85 卷《刘毅传》，第 2 208～2 209 页。

续表

州郡	县数	户数	口数	出处（《宋书》卷/页）
郢州江夏郡	7	5 072	23 810	37/1 124
郢州竟陵郡	6	8 591	44 375	37/1 125
郢州巴陵郡	(3)	3 890	18 987	37/1 126
郢州西阳郡	10	2 983	16 120	37/1 127
雍州襄阳郡	3	4 024	16 496	37/1 136
雍州新野郡	(3)	2 541	8 875	37/1 137
雍州顺阳郡	(3)	1 782	9 900	37/1 138
雍州京兆郡	3	2 307	9 223	37/1 138
雍州始平郡	4	2 797	5 512	37/1 139
雍州扶风郡	3	2 157	7 290	37/1 139
雍州南上洛郡	2	144	477	37/1 140
雍州广平郡	4	2 627	6 293	37/1 141
雍州义成郡	2	1 521	5 101	37/1 141
雍州冯翊郡	3	2 078	5 321	37/1 142
雍州南天水郡	4	687	3 122	37/1 142
雍州建昌郡	2	732	4 261	37/1 142
雍州华山郡	3	1 399	5 342	37/1 143
梁州新城郡	6	1 668	7 594	37/1 147
梁州上庸郡	7	4 554	20 653	37/1 147
梁州新兴郡	2	?	?	34/1 146
梁州魏兴郡	(2)	?	?	37/1 145
雍州河南郡	5	3 541	13 470	37/1 140（大明中分沔北为境）
合计		96 783	445 446	

上表中有几个郡的户口失载，估计加上这些郡，湖北地区也不过10万余户，50万余口。东晋户口数字不详，估计刘宋不会比东晋增加多少。较之西晋时湖北近20万编户，则下降一半。

《宋书·州郡志》载刘宋大明中有户90万余，口517万余，较之孙吴时52万户，240万口，似有较大增长，实则不然。因刘宋所辖区域远过于孙吴，若除去蜀汉、曹魏故境，刘宋户口实与孙吴相仿佛。至明帝泰始三年（467年），淮北4州及豫州淮西地区尽为北魏所占，又损失大量编户。齐祚短促，梁末大乱，“坟籍亦同灰烬”，故两朝官方户口数字均不见记录。史载崔祖思于齐建元元年（479年）上表论政事，称“今户口不能百万”，次年，虞玩之又上表，称“今户口多少，不减（宋）元嘉（424—453年）”①，可知齐初编户与宋元嘉全盛之时相当，将近百万，即相当于《宋书·州郡志》所载大明户口。而齐初疆域蹙于刘宋元嘉、大明时代，则宋、齐之际在编户口较前有所增长，或者说有所回升。梁武帝大同（535—546年）末年，正是全盛之时，贺琛却上疏称“天下户口减落，诚当今之急务，虽是处凋流，而关外弥甚。……东境户口空虚”②。“关外”指与北朝交境的“淮汝潼泗”地带，“东境”却是一向号称殷实的会稽地区，结果“是处凋流”，由此可见，不管实际户口如何，梁廷控制的编户数量绝不会很多。经侯景之乱，立都江陵的梁元帝政权，“文轨所同，千里而近，人户著籍，不盈三万”③，所控制的编户已是少得可怜。陈代后期丧失长江以北地区及西部的益、宁二州，在南朝中疆域最小，当时在籍户口，《隋书》第29卷《地理志上》说有60万户。《北史》第11卷《隋本纪上》载：陈亡时户口只有50万。“盖昔人好举成数，其户数当在五十、六十万之间也。”④ 五六十万户，与孙吴时期约略相当，不过陈朝所辖地域要小一些；较之刘宋大明中相对区域的户口数，也大致差不多。则整个六朝时期，在长达300多年的岁月里，史籍所载江南户籍上的户口几乎不见增长。

---

① 《南齐书》第28卷《崔祖思传》，中华书局点校本1972年版，第519页（《南史·崔祖思传》所载上表时间有误，详考不赘）；同书第34卷《虞玩之传》，第609页。

② 《梁书》第38卷《贺琛传》，中华书局点校本1973年版，第543页；《资治通鉴》第159卷《梁纪》武帝大同十一年（556年）条，中华书局1956年版，第4 929页。

③ 《南史》第8卷《梁本纪下》，中华书局点校本1975年版，第244页。

④ 吕思勉：《两晋南北朝史》第十七章第三节，上海古籍出版社1983年版，第935页。

六朝时期国家控制的户口既如此寡少，其中湖北地区的户口情况亦可推知。如上所述，湖北地区户口数可知的东汉、西晋、刘宋三朝，也是一路下降。其中东晋末年，今湖北地区基本包括在内而其整个辖区远远大于湖北的荆州，“户口不盈十万”；以江陵为中心，其所辖范围亦不应小于今湖北的梁元帝统治时期，户口“不盈三万”。可见六朝时期湖北地区的在籍户口同样未见增长，如东晋末、梁末，则减耗到无以复加的地步。还可以举出一个具体的例子。上文谈到，东晋安帝隆安、元兴（397—404 年）之际，桓玄“以沮漳降蛮”设立武宁郡，当时降蛮有 2 000 户，但到刘宋大明八年（464 年），60 多年过去了，武宁郡在籍户口非但没有增加，反倒减少了 1 000 余户，只剩 958 户。

六朝时著籍户口总的来说是趋于减少，但其中也有较大波动。如西晋太康中，号称大治，“牛马被野，余粮栖亩”，“于时有‘天下无穷人’之谚”，当时的户口应较太康初有较大增长。但到永嘉之乱，国家控制的户口又急遽下降。东晋统治阶级内部矛盾虽连绵不断，但南方社会环境总的来说还是比较安定的，至太元年间，所谓“百许年中无风尘之警”，在籍户口又应该有较大增长。但至东晋末年司马道子、元显父子专政，孙恩起事，桓玄之乱，偏安东南的江左政权又遭到重大打击，尤以三吴地区为烈，编户数量自然再次锐减。刘宋元嘉时期，南齐永明时期，梁武帝在位前期、中期，政治相对清明，社会稳定，南方经济取得长足发展，“氓庶繁息”、“民户繁育”、“百姓无鸡鸣犬吠之警”之类的记载①，颇见于史，当时在籍户口应有较大增长。但元嘉末宋、魏交兵，“自江、淮至于清、济，户口数十万，自免于湖泽者，百不一焉，村井空荒，无复鸣鸡吠犬”②，明帝泰始中又因宗室相图尽失淮北之地，后来的南齐内争，梁末侯景之乱，都促使编户急速降落。在籍人口的这种激烈变动，当时的湖北地区概莫能外，只是由于户籍人口资料的散失，或毁于兵火，

① 《宋书》第 54 卷《孔季恭传》“史臣曰”，中华书局点校本 1974 年版，第 1 540 页；《南齐书》第 53 卷《良政传》序，中华书局点校本 1972 年版，第 913 页。

② 《宋书》第 95 卷《索虏传》“史臣曰”，中华书局点校本 1974 年版，第 2 359 页。

今天已难详悉而已。

二、实际户口的增长

著籍户口并不等于实际人口，六朝时期著籍户口的减耗，也不足以说明当时的实际人口状况。揆诸史籍，与六朝时期湖北地区著籍户口的一路下降相反，我们看到的是实际户口的迅速增长。

首先是北方人民成批南迁本区。

汉魏之际，北方兵戈扰攘，破坏严重，而“荆州丰乐，国未有衅”，这里成为北人避乱南迁的一个重要目标。《三国志》第21卷《卫觊传》、《晋书》第26卷《食货志》都谈到关中百姓“流入荆州者十余万家”，不过这一批流入荆州的关中人在曹操得荆州后大都北返[①]，可能只有一少部分人成为真正的移民。

西晋末年的动乱，北方流民又一次纷纷涌入荆州。先是关中流民经汉中流入巴蜀，其中有相当一部分人（葛剑雄教授估计近10万）就近进入荆州北部。流入巴蜀者后来又顺长江而下，辗转进入江湘（葛剑雄教授估计有近20万）[②]。据《晋书》第66卷《刘弘传》，晋末“流人在荆州十余万户”。尽管他们中的很多人或死于艰苦的迁徙生活，或被统治者残酷杀害，如永嘉五年（311年）荆州刺史王澄一次就残杀已降的巴蜀流民8 000余人[③]，其被俘或降于晋军者又随军而迁，但毕竟有一部分在荆州定居下来。

如前文第七章所述，东晋以至刘宋时期，北方流民仍在不断南迁至今湖北地区，大量的侨州郡县因之而建立，其中尤以襄阳为最。那里曾经侨置过梁州、秦州、司州，以及长期稳定设置的侨雍州。那里的户口实以侨民为主，所谓“旧民甚少，新户稍多”，《宋书》第37卷《州郡志

---

① 黎虎：《六朝时期荆州地区的人口》，中国魏晋南北朝史学会编：《魏晋南北朝史论文集》，齐鲁书社1991年版，第32页；葛剑雄主编：《中国移民史》第2卷，福建人民出版社1997年版，第273页。

② 葛剑雄主编：《中国移民史》第2卷，福建人民出版社1997年版，第308、319页。

③《晋书》第43卷《王澄传》，中华书局点校本1974年版，第1 240页。

三》所载雍州著籍民户 38 975，其中土郡领户 17 149，侨郡领户 21 826，侨郡领户超过土郡①，实际上这也是所有侨立郡县的一般情况。当时还有大量的北方移民为“豪族并兼，或客寓流离，民籍不立”，或“多庇大姓以为客”②。东晋南朝除全国性土断以外，还在雍州及司、郢二州单独进行土断，其目的就在于使流民著籍，同时也想将投附于大姓豪强的依附户口检出附籍。宋大明中雍州刺史王玄谟在雍州推行土断，“郡县流民不愿属籍，讹言玄谟欲反，时柳元景宗强，群从多为雍部二千石（郡守），乘声皆欲讨玄谟”，当时王玄谟只得“罢之”，至少是没能彻底实施③。雍州侨姓大族柳氏之所以反对土断，以致兴兵起事，就在于土断损害了他们的既得利益，即收编其依附户口，可见大批侨民并没有纳入侨郡县编籍。若将他们都计算进来，侨民的真实数字，势必大大超过户籍上侨州郡县所统的侨寓人口总数。

其次是大批蛮民主动或被强制迁出山区，构成六朝时期湖北经济开发的重要劳动力资源。如前文所述，自永嘉之乱以来，大批山居蛮民主动北徙，或向平原河谷地区迁徙，如沔中地区、西阳地区，那里几乎成了蛮民的天下。而自元嘉中叶以降，刘宋以武力逼降或“伐蛮”所俘掠的蛮口数量之众，乃“以数百万计”，仅元嘉十九年（442 年）至大明四年（460 年）这近 20 年间，以沈庆之为主帅的伐蛮，就虏掠蛮口 20 余万人。元嘉八年（431 年）刘道产为宁蛮校尉、雍州刺史时，“（诸蛮）前后不附官者，莫不顺服，皆引出平土”，“缘沔为村落，户口殷盛”④。宋、齐二代，在今湖北境内设置了大量的左郡左县，因各种原因出山的

---

① 因北河南、弘农二郡户数缺载，故雍州总户数据《宋书·州郡志》雍州条下所列。其中侨郡中有土县，土郡中亦有侨县，姑一并忽略不计。

② 余嘉锡：《世说新语笺疏·政事》，上海古籍出版社 1993 年版，第 183 页；《南齐书》第 14 卷《州郡志上》，中华书局点校本 1972 年版，第 255 页。

③《资治通鉴》第 128 卷《宋纪》孝武帝大明元年（457 年），中华书局 1956 年版，第 4 031 页；《宋书》第 76 卷《王玄谟传》，中华书局点校本 1974 年版，第 1 975 页；《南齐书》第 24 卷《柳世隆传》，中华书局点校本 1972 年版，第 451 页。

④ 并见本书第八章第二节第五小节所引《宋书》夷蛮传、沈庆之传、刘道产传、柳元景传，《魏书》蛮传等。

蛮民，有的被纳入左郡县中，渐次成为朝廷编户，但还有相当一部分被收为兵户，作为生口赏给朝廷勋贵，沦为奴婢部曲等低贱身份者，而他们都是地主大土地上的劳动者。此外，在今湖北境内，特别是在鄂西北、鄂西南及鄂川交界的三峡地区，仍有不少蛮人“僻处山谷”，他们的户口也不能在国家户籍上反映出来①。

六朝时期编籍户口数百年不见增长，与此间南方经济的迅速发展极不相称，也与当时的实际人口相距甚远。仅上述北人南迁和蛮民出山两项，即可见六朝时期今湖北地区的实际户口绝不应如在籍户口那样寡少。

著籍户口的减少，首先是由于人民的大规模流亡所致。“荆楚四战之地，五达之郊”，在六朝时期是南北矛盾、荆扬矛盾及蛮汉民族矛盾的集中之地，人民负担特别沉重，编户流失的现象也最为突出，所谓“井邑残亡万不余一”，“旧楚萧条，仍岁多故，荒民散亡”②。如宋末沈攸之任荆州刺史时，“遇民如草”，尽户为军，“从来积年，永不解甲”，“将吏一人亡叛，同籍符伍充代者十余人”。过去巴东、建平、江夏、竟陵并为名郡，在沈攸之统治时期，均被“残坏”，“民人流散，存者无几”③。萧梁时号称“天下户口几亡其半”，梁武帝多次下诏要求流民“还本”④。大同九年（543 年）张缵出任湘州，可能采取了一些减轻编民负担的措施，“在政四年，流人自归，户口增益十余万”⑤，适从反面说明了严刑重赋导致人民流亡的严重情形。如上一章所述，流亡人民中有不少人逃往山越、蛮夷等少数族聚居的深山莽林之处。

其次是户籍伪滥，即上引《南齐书》第 34 卷《虞玩之传》所云，

---

① 黎虎：《六朝时期荆州地区的人口》，中国魏晋南北朝史学会编：《魏晋南北朝史论文集》，齐鲁书社 1991 年版。

②《宋书》第 54 卷“史臣曰”，中华书局点校本 1974 年版，第 1 540 页；《南齐书》第 22 卷《萧嶷传》，中华书局点校本 1972 年版，第 407 页。

③《宋书》第 74 卷《沈攸之传》，中华书局点校本 1974 年版，第 1 931～1 938 页。

④《南史》第 70 卷《郭祖深传》，中华书局点校本 1975 年版，第 1 722 页；《梁书》第 2～3 卷《武帝纪》，中华书局点校本 1973 年版，第 57～ 90 页。

⑤《梁书》第 34 卷《张缵传》，中华书局点校本 1973 年版，第 502 页。

“或户存而文书已绝，或人在而反托死叛”，“或抱子并居，竟不编户，迁徙去来，公违土断”。东晋咸康中庾亮在荆州，曾以“西阳一郡，户口差实，非履道真纯，何以镇其流遁”，提拔名士周邵为西阳太守、镇蛮护军①。西阳郡所在郢州及相邻的司州，历来“流杂繁广”，南齐初吕安国曾奉命“土断郢司二境上杂民”，“并加区判，定其隶属”，实际上也就是清定户籍、土断流民②。

再次，为数众多的屯田民、兵户、吏户，以及僧尼白徒，皆不入州郡户籍，或“不贯民籍”。宋永初二年（421 年），刘裕下令限制荆州吏员，经压缩后的都督府和州府的吏额仍有 15 000 人。梁天监中，安成王萧秀在荆州任上，“使长史萧琛简府州贫老单丁吏，一日散遣五百余人”③。元嘉初刘粹出任雍州刺史，“在任简役爱民，罢诸沙门二千余人，以补府史（吏）”④。雍州沙门之众，吏额之多，由此可见。

最后，同时也是最重要的，是世家豪族荫附户口对国家编户的分割，即大量的人民流入私门⑤，这也是大批流亡农民及脱漏户籍者的基本归宿。这些封建依附者拥有佃客、复客、部曲、属名、程荫等各种名目，其中除了极少一部分为法律允许或君主特许外，绝大多数都是不贯户籍的私属。东晋时世代统治荆州的谯国桓氏，其“部曲遍于荆楚”；任职荆州多年的陶侃，“家僮千余”，其子陶称有部曲五千；堪称雍州伐蛮统帅的沈庆之，后在娄湖“广开田园之业”，“奴僮千计”⑥。萧梁时号称“太

---

① 余嘉锡：《世说新语笺疏·尤悔》，上海古籍出版社 1993 年版，第 903 页。

②《南齐书》第 29 卷《吕安国传》，中华书局点校本 1972 年版，第 538 页；同书第 24 卷《柳世隆传》，第 451 页。

③《宋书》第 3 卷《武帝纪下》，中华书局点校本 1974 年版，第 57 页；《梁书》第 22 卷《萧秀传》，中华书局点校本 1973 年版，第 344 页。

④《宋书》第 45 卷《刘粹传》，中华书局点校本 1974 年版，第 1 380 页。

⑤ 唐长孺：《魏晋南北朝隋唐史三论》，武汉大学出版社 1993 年版，第 23～30、83～94 页。

⑥《晋书》第 118 卷《姚兴载记》，中华书局点校本 1974 年版，第 2 994 页；同书第 66 卷《陶侃传》，第 1 779 页；同书第 73 卷《庾亮传》，第 1 923 页；《宋书》第 77 卷《沈庆之传》，中华书局点校本 1974 年版，第 2 003 页。

半之人并为部曲”。原隐于江陵百里洲的梁将陆法和有部曲五千，“通呼为弟子”，其中还有“蛮弟子八百”，当时部曲作为私兵通称，并不一定就是依附劳动者，但也有部曲从事农业生产的事例。南阳人张孝秀，“有田数十顷，部曲数百人，率以力田”，即为众所周知并常为论者引用的史实①。

如果将以上诸端所得户口加在一起，绝不会少于当时的在籍户口，如果不是更多的话②。可以说六朝时期今湖北地区始终保持着相当数量的人口，实际户口远过于在籍户口。只是这一雄厚的人力资源，并不是都用在经济开发上。大量北来的侨民，出山的蛮众，甚至本来荷锄扶犁的农民，都被强征为操戈执戟的士兵或者私部曲，“从来积年，永不解甲”，而且往往是被用作地方军政长官争权固位的战争工具。正是政治军事形势对本区人口过程的严重干扰，导致户口波动频繁，甚至发生剧烈变动，在籍户口时升时降，以至经历六朝数百年，徘徊起伏，未见增长，较之两汉，则是有降无升，一路下降。这种不稳定的人口过程，显然与当时编户齐民大量沦为田客部曲等依附户口这一时代趋势有关。

第二节　农业的艰难发展

前近代的社会经济建立在农业基础之上，不妨说是以农业为代表的。六朝时期今湖北地区的农业发展，主要表现为土地的垦辟与水利的兴修，以及粮食生产及渔牧业的进步，基本特点则是发展不平衡。不平衡不仅表现在地区的差异上，还表现在发展过程的艰难曲折上。

---

① 何之元：《梁典高祖事论》，《文苑英华》第 754 卷，中华书局 1966 年版，第 3 948 页；《北齐书》第 32 卷《陆法和传》，中华书局点校本 1972 年版，第 427～429 页；《梁书》第 51 卷《处士·张孝秀传》，中华书局点校本 1973 年版，第 752 页。

② 王育民：《中国人口史》第三章，江苏人民出版社 1995 年版，第 122～128 页。

一、土地垦辟及经营形式

六朝时期今湖北地区的土地垦辟，大体可分为屯田、军府及州郡公田等官府屯垦，地主庄田垦辟、自耕农小面积垦荒等私家垦殖，以及寺院及蛮田等社会集团垦殖三类经营方式。

三国鼎立时期，“三方之人，志相吞灭，战胜攻取，耕夫释耒”，而在诸如“江淮之乡”等南北交界之地，因争战不绝，常驻大军，无法维持正常的小农生产，故“尤缺储峙”①。三国边境屯田就是在这种情况下发展起来的。而地交南北，在三方角逐中居有重要战略地位的今湖北地区，屯田素称发达。

大概在建安十三年（208 年）曹魏占领荆州后，便在“襄樊上下、汉水左右之地”屯田。建安二十四年（219 年）孙权袭杀关羽，将蜀汉势力逐出荆州，曹操“以荆州遗黎及屯田在颍川者逼近南寇，皆欲徙之”，为司马懿所劝止，“其后诸亡者悉复业”②。曹魏在沔北南阳地区也有民屯，南阳典农治于淯阳县。正始（240—249 年）中魏征南将军王昶在荆州，“诸军散屯”，“广农垦殖，仓谷盈积”③。

孙吴至迟在建安十年（205 年）以前即已实行屯田制。黄武五年（226 年），吴大将陆逊“以所在少谷，表令诸将增广农亩”，孙权不仅认为“甚善”，还“亲自受田”，示与官兵“均等其劳”，从而进一步扩大了屯田规模。吴军士兵“春惟知农，秋惟收稻，江渚有事，责其死效”，自孙权时即形成制度，可以说凡有吴军驻屯之地，即有屯田④。前文已述，

---

① 《晋书》第 26 卷《食货志》，中华书局点校本 1974 年版，第 782 页。

② 《晋书》第 1 卷《宣帝纪》，中华书局点校本 1974 年版，第 3 页；《资治通鉴》第 68 卷《汉纪》献帝建安二十四年（219 年），中华书局 1956 年版，第 2 172 页。

③ 郦道元著、陈桥驿校证：《水经注校证》第 31 卷《淯水》，中华书局 2007 年版，第 728 页；《三国志》第 27 卷《魏书·王昶传》，中华书局点校本 1959 年版，第 749 页。

④ 《三国志》第 47 卷《吴书·吴主传》，中华书局点校本 1959 年版，第 1 132 页；同书第 61 卷《吴书·陆凯传》，第 1 407 页；高敏主编：《魏晋南北朝经济史》第四章，上海人民出版社 1996 年版，第 209～216 页。

今湖北境内，吴沿长江一线，西自西陵，东至柴桑，置有十多个都督或督，驻屯重兵，以扼守江防，孙吴在湖北的屯田，也主要分布在长江防线两岸宜耕之地。据《水经注·江水》，江陵县城南江洲上有奉城，“故江津长（今沙市一带）所治……亦曰江津戍也。戍南对马头岸，昔陆抗屯此，与羊祜相对”；陆水经下隽县（今通城）北，“北对金城，吴将陆涣所屯也”；“江水左得中阳水口，又东得白沙口，一名沙屯，即麻屯口也……南直蒲圻洲，水北入百余里，吴所屯也（约在今嘉鱼西、蒲圻北）”。“江之右岸有船官浦，历黄鹄矶西而南矣，直鹦鹉洲之下尾，江水溠曰洑浦，是曰黄军浦，昔吴将黄盖军师所屯，故浦得其名”；武水口有屯田，其地“南直武洲，洲南对杨桂水口，江水南出也。通金女、大文、桃班三治（冶），吴旧屯所在”（今武昌北湖即武钢一带）；“江水左则巴水（今巴河，黄冈、浠水界河）注之，水出雩娄县之下灵山，即大别山也……南历蛮中，吴时旧立屯于水侧，引巴水以溉野”；“江之右岸，富水（今名同，在阳新县境）注之，水出阳新县之青湓山，西北流迳阳新县……又西北迳下雉县（今阳新东）……后并阳新。（富）水之左右，公私裂溉，咸成沃壤，旧吴屯所在也”；在今鄂州、浠水一带沿江，“尚方作部，诸屯相接，枕带长江”①。另据有关史传，寻阳，襄阳地区魏、吴接壤处，也有孙吴的屯田。

魏、吴屯田，特别是孙吴，屯田区主要在长江两岸水网地区，其分布取决于军事镇守的需要，不一定有现成的耕地可资利用，所以屯田的过程，就是土地垦辟的过程；有些地区，如魏国在襄阳、南阳的屯田区，是开发程度较高的地区，但因地处争战之地，若非以军屯形式耕垦，就只能抛荒；所以三国时期的屯田，无论是生荒地的开辟，还是抛荒地的重垦，都表现为土地耕种面积的扩大。不过屯田的目的，主要还是为军

---

① 郦道元著、陈桥驿校证：《水经注校证》第34～35卷《江水》，中华书局2007年版，第797～810页。其中有的“屯”，可能主要指军事屯守，不一定是屯田。金女等三冶所设“屯”，也不一定是屯田。

队提供粮饷，屯田与军事有冲突时，屯田必须服从军事，而在南北战争中，破坏对方的屯田及其收获物，也是打击对方的经常性手段。

魏、吴两国的屯田都有军屯、民屯两种类型，两类屯田者的身份与剥削方法，以及管理机构，均不相同。军屯的管理系统，与军队编制系统大体上一致。民屯专设典农官管理，有别于郡县系统。只是孙吴的典农官，与军屯乃至郡县行政系统，有组织管理一体化的倾向，从而出现三种管理权集于一身的现象。魏、吴屯田，无论是军屯还是民屯，其性质均属国有土地的一种经营形式，但在魏、吴之间，军屯与民屯之间，在耕作方式（是集体耕种还是一家一户耕种）上，剥削方式（如民屯中持官牛者与持私牛者的租额差别）上，以及其他等等方面，还存在着诸多差异，有些问题限于史料，一时还不得其详。曹魏屯田在魏、晋禅代之际，正式下令废除。孙吴屯田制在孙权之后，亦逐渐解体。西晋灭吴颁布占田课田法，等于废除了孙吴屯田制①。

西晋初年宣布废罢屯田为郡县，北方内地屯田已基本废止，但在与东吴交界的襄沔地区，屯田反倒有较大发展。晋武帝“将有灭吴之志”，以羊祜为都督荆州诸军事。本书第三章曾经谈到，羊祜在荆州任上，曾施计使孙吴撤掉石城（今钟祥）守军，“于是戍逻减半，分以垦田八百余顷”，后来又“进据险要，开建五城，收膏腴之地”，在他离任时，晋荆州军粮“有十年之积”。当时羊祜和东吴荆州守将陆抗竞相推行睦邻外交，均在边境屯田，史称“二境交和”，“吴晋之间，余粮栖亩而不犯”，可知双方屯田都取得很大成绩。西晋时，“荆州又置监佃督一人”，盖为管理荆州屯田事宜而特设。继羊祜镇荆州的杜预，灭吴后，曾“因兵威，徙（吴）将士屯戍之家以实江北”，荆州吴国故境的屯田，以及晋襄沔地区的屯田，当因南北统一，相继废罢。

① 高敏主编：《魏晋南北朝经济史》上册，上海人民出版社 1996 年版，第 192～222 页；童超：《东吴屯田制述论》，谷川道雄主编：《地域社会在六朝政治文化上所起的作用》，玄文社 1989 年版。

统一未久南北重告分裂，在东晋南朝时期，今湖北地区的屯田又再度复兴。

东晋初年元帝曾下诏，要求各地守将兴立屯田以解决军粮问题，“其非宿卫要任，皆宜赴农，使军各自佃作，即以为廪”。当时后军将军应詹曾建议仿效曹魏，“广建屯田，又于征战之中，分带甲之士，随宜开垦”，亦即军屯、民屯并举。明帝时（323—325 年）温峤又上疏建议推行军屯，“诸外州郡将兵者及都督府非临敌之军，且田且守”，又指出“缘江上下，皆有良田，开荒须一年之后即易”。史称温峤的建议多被采纳①。元帝时，周访以梁州刺史镇襄阳，“务农训卒”，继任之甘卓，亦“散兵使大佃”，大兴屯田。成帝咸和（326—334 年）年间陶侃任荆州刺史，“练核庶事，勤务稼穑，虽戎阵武士，皆劝厉之”，“是以军民勤于农稼，家给人足”；庾亮、庾翼兄弟相继镇荆州时，都准备以襄阳为北伐基地，在汉沔一带“并佃并守，修进取之备”，“且田且戍”，“广农畜谷”，以伺机北伐。但由于朝廷掣肘，加之他们本来也无意全力北伐（详前文第四章），所以这些计划都不曾付诸实施。孝武帝太元四年（379 年）苻秦军队占领襄阳，在沔北兴建屯田，种植水稻，太元七年（382 年）荆州刺史桓冲曾遣军攻襄阳，“焚烧沔北田稻（《苻坚载记》作“焚践沔北屯田”），拔六百余户而还”。后来苻秦大举攻晋，桓冲自荆州移镇江南南平郡孱陵县的上明（今松滋西北境长江南岸），因其“田土膏良”，进行屯田，以“资业军人”②。

南朝屯田在东晋基础上又有发展。宋文帝元嘉五年（428 年），雍州刺史张邵在襄阳“筑长围，修立堤堰，开田数千顷，郡人赖之富赡”。元

① 《晋书》第 26 卷《食货志》，中华书局点校本 1974 年版，第 791～792 页；同书第 67 卷《温峤传》，第 1 789 页。

② 以上并见《晋书》周访、甘卓、庾亮、庾翼、庾和、桓冲诸传及苻坚载记，陶侃事见上引余嘉锡：《世说新语笺疏・政事》注引《晋阳秋》，上海古籍出版社 1993 年版，第 178 页。详参黎虎：《六朝时期江沔地区的屯田和农业》，中国唐史学会等编：《古代长江中游的经济开发》，武汉出版社 1988 年版，第 111 页。

嘉二十年（443年）萧思话出镇雍州，“遣土人庞道符统六门田，（郡将武）念为道符随身队主”，“六门”即沔北新野一带的“六门陂”，是西晋杜预在汉召信臣所创“召堰”工程基础上修建的水利灌溉系统（详下）。萧思话以军队管理的“六门田”，自然是官府屯田。元嘉二十二年（445年）刘骏镇襄阳，曾修复六门堰，结果公私获利，“雍部由是大丰”①。《水经注·江水》称南平郡（治今公安西）南与武陵郡交界处，“渊潭相接，悉是南蛮府屯”，当是晋、宋时荆州南蛮校尉府的军屯所在。宋明帝末沈攸之出任荆州，“聚敛兵力，养马至二千余匹，皆分赋逻将士，使耕田而食，廪财悉充仓储”，可见沈攸之是以将士屯耕。他还在枝江县西“堰湖开渎田，多收获，因以（获湖）为名”②。齐明帝建武四年（497年），侍中徐孝嗣“表立屯田”，“欲使刺史二千石躬自履行，随地垦辟。精寻灌溉之源，善商肥确之异。州郡县戍主帅以下，悉分番附农……所启允合，请即使至徐、兖、司、豫，爰及荆、雍，各当境规度，勿有所遗。别立主曹，专司其事。田器耕牛，台详所给”。当时明帝已病重，虽见采纳，但“竟不施行”③。梁朝初建即大兴屯田。天监元年（502年）萧憺任荆州刺史，以“军旅之后，公私空乏”，乃“厉精为政，广辟屯田”。天监年间，裴邃任竟陵太守时，“开置屯田，公私便之”，后任北梁、秦二州刺史，“复开创屯田数千顷”；郑绍叔任司州刺史，“广田积谷，招纳流民，百姓安之”。中大通二年（530年），陈庆之任南、北司州刺史，“停水陆转运，江湖诸州并得休息。开田六千顷，二年之后，仓廪充实”④。

---

① 《宋书》第46卷《张邵传》，中华书局点校本1974年版，第1 395页；同书第83卷《武念传》，第2 112页；同书第81卷《刘秀之传》，第2 073页。

② 《南史》第37卷《沈攸之传》，中华书局点校本1975年版，第966页；李吉甫撰、贺次君点校：《元和郡县图志》（下册）所附《阙卷遗文》第1卷《山南道》，中华书局1983年版，第1 051页。

③ 《南齐书》第44卷《徐孝嗣传》，中华书局点校本1972年版，第773页。

④ 《梁书》第22卷《太祖五王·萧憺传》，中华书局点校本1973年版，第354页；同书第28卷《裴邃传》，第414页；同书第11卷《郑绍叔传》，第209页；同书第32卷《陈庆之传》，第464页。

屯田之外，东晋南朝的军府和州郡县都有“公田”或“官田”，往往是以“吏”、“兵”屯耕。《晋书》第 81 卷《朱序传》曾载朱序“表求故荆州刺史桓石生府田百顷，并谷八万斛”，这个“府”显然是指荆州军府，一次拨给朱序的荆州军府田就达百顷，可见荆州府田面积之大。东晋南朝荆州军府、州府都拥有为数众多的吏，根据《晋书》第 70 卷《应詹传》、《宋书》第 92 卷《徐豁传》所载文武吏员耕种军府及州郡公田之例，荆州军府田必定是以吏和兵耕种的，这实际上也是一种军屯。《宋书》第 2 卷《武帝纪中》载义熙八年（412 年）刘裕平定荆州后下书曰：“州郡县屯田池塞，诸非军国所资，利入守宰者，今一切除之。”这里所说的“屯田池塞”，都与山林川泽的开发有关，既有农业性开发，也有手工业性开发，往往还带有垄断性①。

关于六朝时期湖北地区土地垦辟中的地主庄田垦殖，突出地表现在河洲湖渚的开发上。

据《水经注·沔水》，发源于秦岭山脉自西而东的沔（汉）水，在襄阳县城的西北与檀溪水汇合。檀溪“水侧有（东晋）沙门释道安寺”，溪北为东汉末名士徐庶、崔州平故宅。沔水继续东流，至襄阳东、樊城南，向南急转弯，于是形成很大的沙洲，“有东白沙，白沙北有三洲，东北有宛口，即淯水所入也”，自南阳盆地流来的淯水又在这里汇入沔水（因淯水流经南阳郡治所宛城，故其入沔处称为“宛口”），二水相合，沙洲就更加发育。襄阳县东沔水中的江心洲鱼梁洲就位于此处，东汉末年这里居住着名士庞德公，另一位名士司马徽“宅（鱼梁）洲之阳”。庞德公的族人庞统则在沔北的“南白沙”即“白沙曲（洲）”居住。《襄阳耆旧记》称德公“居沔水上，至老不入襄阳城，躬耕田里”②；《水经注》称同居洲上的司马徽“望衡对宇，欢情自接，泛舟褰裳，率尔休畅”，庞统弱冠去拜访他时，他正“采桑于树上”③；他们在洲上过着自由自在的隐士生

① 唐长孺：《南朝的屯、邸、别墅及山泽占领》，《历史研究》1954 年第 3 期。

② 黄惠贤：《校补襄阳耆旧记》，中州古籍出版社 1987 年版，第 12 页。

③《三国志》第 37 卷《蜀书·庞统传》，中华书局点校本 1959 年版，第 953 页。

活，那里有供农桑生产的“田里”，也有供家族住行的“衡宇”。“沔水又东南迳蔡洲”，位于“襄阳县南八里，岘山东南一里”的沔（汉）水中的“蔡洲”，因东汉末蔡瑁家族所居而得名。《襄阳耆旧记》蔡瑁条：“瑁家在蔡洲上，屋宇甚好，四墙皆以青石结角，婢妾数百人，别业四五十处。”直到西晋永嘉末年被流民军王如举宗屠灭，蔡氏家族的后裔一直都很富裕，“宗室甚强，共保于洲上”。《水经注》又称，“（蔡）洲东岸西有泂湖，停水数十亩，长数里，广减百步，水色常绿，杨仪居上泂，杨颙居下泂，与蔡洲相对，在岘山南广昌里”。杨仪、杨颙是杨氏家族中的著名人物，随刘备入蜀当了大官，已见上文第七章。他们同是杨氏，但属于远房同宗，可知泂湖湖渚边蟠居着杨氏的若干支房。与蔡洲蔡氏家族和泂湖杨氏家族邻近的，是“宗族富盛世为乡豪”的习氏，“沔水又东南迳邑城北，（东汉）习郁襄阳侯之封邑也”，他们在与沔水通流的襄阳湖、白马陂一带经营着鱼池。西晋末山简镇襄阳，就常来这里游赏宴饮，而且是不醉不归，我们在前文中也已谈到。《晋书》第43卷《山简传》还称，“诸习氏荆土豪族有佳园池”，则不仅有池，还有田园。总之，自东汉末年以来，襄阳附近的河洲湖渚已得到很好的开发，有大姓豪强聚族居住，有别墅，有园圃桑林，有田里，还有鱼池。东汉末避难南迁襄阳的北方人士不少，他们中的颍川徐庶、博陵崔州平，颍川司马徽定居在河洲湖渚，琅邪诸葛亮躬耕于隆中浅山，这可能与襄阳附近的良田沃地已为当地豪族所占有关，如襄阳第一流豪族蔡氏，蔡洲之外，有别业数十处，可见其田产之多，同时也表明，在当地想连片地占领土地，已有困难。据上述情况，可以说，沔水流域河洲湖渚的开发大概在东汉后期特别是东汉末年形成高潮①。三国分立，襄阳成为三方争夺的焦点，当地豪族纷纷外迁，或北或南或西，但他们的乡里并未完全破坏。直到西晋末年，这里还活跃着他们的后裔，他们的园池、田里、房屋还在，仍是当地的豪富，如习氏、蔡氏。但经历永嘉之乱，以及长期的南北分裂，

① 上田早苗：《后汉末期襄阳的豪族》，《东洋史研究》第28卷第4号，1970年版。

这里的河洲湖渚之地，甚至平川沃野，都一度荒芜无人了。

在唐代及以前的荆江统一河床形成之际，由于穴口汊道众多，沙洲大量发育。据估计，南北朝时期今湖北境内长江中的沙洲数量，约比现在多三至四倍，其中有些久经开发的大型沙洲，如陆溪口对岸的练洲，已靠岸成陆。在蒲圻山北有由南洲（一名擎洲）和白面洲合并的大沙洲，晋太康元年（280 年）于洲头设置蒲圻县（今赤壁市西北长江边），统称为蒲圻洲。嘉鱼县城所在地六朝时为江中之中洲，其后逐渐靠岸成陆。今嘉鱼下流，六朝以前还有一个由沙阳洲和龙穴洲合并形成的大沙洲，晋太康中于此置沙阳县①。这些久经开发的沙洲，在西晋时足以设县，表明魏晋时期这些洲的开发程度及速度都超过以往。下面再略举数例，以进一步说明。

《水经注·江水》："江水出（西陵）峡东南流，迳故城洲，洲附北岸，洲头曰郭洲，长二里，广一里，上有步阐故城……吴西陵督步骘所筑也。孙皓凤凰元年（272 年），骘息阐复为西陵督，据此城降晋。"这是《水经注》所见长江冲破西陵峡后的第一个洲，孙吴时该洲成为西陵督的治所。自此洲而下，一直到今江西境，长江中洲渚之多，不胜枚举。

江水"又东南过夷道县北②……（县东故城）北有湖里渊，渊上橘柚蔽野，桑麻暗日"。又"东过枝江县南，沮水从北来注之，江水又东迳上明城北，晋太元中，苻坚之寇荆州也，刺史桓冲徙渡江南，使刘波筑之，移州治此城。其地夷敞，北据大江，江汜枝分，东入大江，县治洲上，故以枝江为称"。则汉代旧县枝江及东晋所筑上明城，均在江洲之上。《水经注》又引刘宋盛弘之《荆州记》："（枝江）县旧治沮中，后移出百里洲西，去（南）郡百六十里，县左右有数十洲槃布江中，其百里

① 中国科学院《中国自然地理》编辑委员会编：《中国自然地理——历史自然地理》，科学出版社 1982 年版，第 93～97、113～114 页。

② 此句为《水经》经文，以下为郦道元注文，为简便起见，本文所引《水经注》，一般不分别标明经文与注文，特此说明。

洲为最大也。中有桑田甘果，映江依洲。自县西至上明东及江津，其中有九十九洲。”据之可见南朝时枝江一带江洲分布及开发情况。《太平御览·地部三四》引梁萧世诚《荆南志》：“枝江县界内洲大小凡三十七，其十九有人居，十八无人。”则梁代枝江县内江洲的一半以上已有居民。据《水经注》，“（枝江）县东二里有县人刘凝之故宅……凝之字志安，兄盛公高尚不仕。凝之慕老莱、严子陵之为人，立屋江湖，非力不食”。刘凝之《宋书》第93卷《隐逸传》有传，传称他“推家财与弟及兄子，立屋于野外”。他的房子既建在“野外”的“江湖”洲渚之上，又“非力不食”，显然要在那里从事农业或渔业。“（枝江）县东南二十里的富城洲上，有道士范侪精庐。”

江水南过江陵县南，“县江有洲，号曰枚回洲”，还有故乡洲、郍里洲、龙洲、宠洲及燕尾洲等，这些洲渚在六朝时大都得到开发①。

据《晋书》第92卷《文苑·罗含传》，桓温出镇荆州时，其别驾罗含“以廨舍喧扰，于城西池小洲上立茅屋，伐木为材，织苇为席而居”。所居之处“竹果荫宇”，后世称为罗公洲②。梁萧世诚《荆南志》称：“高沙湖在枚回洲上，翠泽平皛，水陆弥旷，芰荷殷生，鳞羽滋阜，湖南林野清旷，可以栖托，故征士宗炳昔常家焉。”③《南齐书》第54卷本传载隐士刘虬“精信释氏”，“以江陵西沙洲去人远，乃徙居之”。《北史》第89卷《艺术上·陆法和传》称，陆法和在梁末“隐于江陵百里洲，衣食居处，一与戒行沙门同”，与他一起在“江津”沙洲上生活的还有为数上千的蛮弟子，他还曾在赤沙湖洲上建有佛塔。江陵县江南岸的郍洲，即《水经注》中的郍里洲，在萧梁时居民已达数百家④。上引足见，江陵境内的江洲上生息着大量的居民。据《太平御览·地部三一》引《渚

① 郦道元著、陈桥驿校证：《水经注校证》第34卷《江水》，中华书局2007年版，第793～797页。

②《晋书》第92卷《文苑·罗含传》，中华书局点校本1974年版，第2 403页；《艺文类聚》第61卷《居处部一》引《罗含别传》，中华书局1965年版，第1 095页。

③《太平御览》第66卷《地部·湖》所引，中华书局1960年版，第315页。

④《梁书》第22卷《太祖五王·萧憺传》，中华书局点校本1973年版，第354页。

宫旧事》，称江陵五叶湖，“昔湖测（侧）有主人张披，五叶同居，因以为名”，则这些洲渚上的居民，有的已历经数代。

据《世说新语·任诞篇》，桓冲任荆州刺史时，“临江，去（荆州）二百里”的阳岐村，居住着隐士刘遗民。侍中张玄奉命出使荆州，路经阳岐，“俄见一人持半小笼生鱼，径来造船”，求借船上的脍具作鱼脍。张玄知是刘遗民，因“素闻其名”，故热情地接待了他。张玄很想同刘交谈，但刘遗民专心脍鱼，吃完便走，与张玄很少说话。张玄又慕名拜访刘家，刘遗民设浊酒相待，不料“方共对饮，刘便先起，云：‘今正伐荻，不宜久废’”，张玄无可奈何，只好告辞。这位清高的隐士刘遗民又见于同书《栖逸篇》及《晋书》第 94 卷《隐逸传》①。他住在长江边，除了捕鱼伐荻外，也有桑田。他既高蹈不仕，平时又不愿意接受荆州官员的“赠贶”，想必也有稻田。上引《荆州记》谈到江洲上有“映江依洲”的“桑田甘果”，充分体现了洲渚的开发。据《南史》第 50 卷《刘虬传》，与刘遗民同族的刘虬隐居于江陵百里洲时，梁武帝正出任荆府谘议参军，二人“早相知闻”，萧衍曾因一时匮乏，“遣就虬换谷百斛”。刘虬听从其子刘之遴的建议，直接将舂好的大米付给萧衍。可见隐居于江陵西沙洲的刘虬，经营着收益颇丰的稻田。在佛学、绘画等方面造诣极深的名士刘虬，想必不会亲自下稻田劳作，耕种者若非田客，即为奴僮。

上举事例，已可概见六朝湖北长江洲渚上的土地垦殖情况。上述孙吴时代沿江的屯垦，也大抵是在洲渚上进行的。晋、宋时期分布于“渊潭相接”地区的南蛮府屯，沈攸之在枝江东获湖所开渎田，也是官方组织的洲渚垦殖行为。

值得注意的是，上述洲渚上的居民中，不少人是佛、道信徒，隐士逸民，他们中有的还在洲渚上建立起了精庐、佛塔。洲渚人烟稀少，环境清幽，非常适合于他们的宗教及隐逸生活；而洲渚土地肥沃，水源充

① 关于刘遗民，上引余嘉锡：《世说新语笺疏·任诞》有考，上海古籍出版社 1993 年版，第 750 页。

足，也非常适宜农业生产，渔业及水产业资源之丰富更不待言，从而成为他们的可靠的物质生活保障。与南阳刘氏先后南迁江陵的南阳庾诜，也是一位处士，“经史百家无不该综”，“而性托夷简，特爱林泉。十亩之宅，山池居半”。他虽说号称“不治产业”，但有一次“乘舟从田舍还(宅)”，就“载米一百五十石”①。看来他的田舍和住宅并不在一起，可能是由其田客耕种经营的。他是乘舟到田舍去的，则其田舍多半也在江洲湖渚上，而且其稻田面积必然不小。梁僧祐《弘明集》第6卷所载释道恒《释驳论》称沙门“垦殖田圃，与农夫齐流”，与六朝湖北的长江洲渚垦殖情况完全符合。不仅受戒沙门，包括居士、隐逸，均积极参与洲渚垦殖，较之一般贫苦农民，他们的垦殖规模还更大一些。

讨论六朝时期湖北地区的土地垦辟，不能忽视蛮族的贡献。由于蛮族多居山险之地，他们进行的垦辟活动往往与山地的开发有关。唐人樊绰所著《蛮书》称“蛮治山田，殊为精好”。《宋书》第77卷本传载沈庆之攻伐雍州蛮时，因“蛮田大稔，积谷重岩，未有饥弊，卒难禽剪”，遂下令“诸军并斩山开道，不与蛮战，鼓噪上山，冲其腹心”，夺其积粮，“自冬至春，因粮蛮谷”。“大破诸山”蛮后，缴获“米粟九万余斛”。从中可见山区蛮族的粮食生产已达到相当水平。上引《沈庆之传》中所谓“蛮田”，类似于今之梯田②。《梁书》第3卷《武帝纪下》大同八年(542年)三月条载：“是月，于江州新蔡、高塘立颂平屯，垦作蛮田。”宋、齐时江州南新蔡郡（约在今黄梅、武穴一带）曾设置阳唐左县，为蛮民聚居区，所谓“垦作蛮田”，盖利用蛮民垦田技术开辟耕地，以供当地蛮民屯耕。看来蛮民在土地垦辟和耕作方面，已形成了独具特色的技术。

蛮民聚居区以山区为主，但也间有河谷平原，特别是在蛮民活动范

① 《梁书》第51卷《处士·庾诜传》，中华书局点校本1973年版，第750页。

② 杨德炳、王延武：《魏晋南北朝时期蛮族对长江中游地区开发作用之探讨》，中国唐史学会等编：《古代长江中游的经济开发》，武汉出版社1988年版。

围扩大的六朝时期。位于沔南的柤中蛮区，三国时就号称“沔南之膏腴沃壤”，“土地平敞，宜桑麻，有水陆良田”；沮漳蛮区，汶阳郡的“水白田甚肥腴”，即水、旱蛮田都很肥沃（详见本书第八章）。《水经注·沔水》：“又东过中庐县东，维水自房陵县维山东流注之。……县故城南有水出西山，山有石穴出马，谓之马穴山。……其水东流百四十里，径城南，名曰浴马港。……然候水诸蛮，北遏是水，南壅维川，以周田溉。”据之可知，蛮区的膏腴沃壤是蛮民通过长期辛勤劳动，包括兴筑水利工程而垦辟出来的。

二、水利事业的兴修

水利是农业的命脉，对于以稻作为主的南方尤其如此。上述六朝湖北的土地垦殖活动中，往往与水利事业的兴修相联系。如孙吴在鄂东巴水之侧所立屯田，即“引巴水以溉野”；在阳新县富水两岸所立屯田，“公私裂溉，咸成沃壤”。宋张邵在雍州创田数千顷，是“筑长围修立堤堰”的结果；沈攸之在获湖，候水诸蛮在沔水流域，都通过堰湖遏河，垦辟出良田。

湖北地区特别是汉水流域的水利建设历史悠久，可以上推到西汉乃至先秦的楚国①。六朝时期，这些地方的农水工程，或承袭前代旧迹，续有修复、发展；或有新创，在诸多方面有所进步。

两汉时邵信臣、杜诗相继出任南阳太守，曾在襄沔地区建立著名的六门堰水利工程。据《水经注·湍水》，这些工程“汉末毁废，遂不修理。晋太康三年（282年），镇南将军杜预复更开广，利加于民，今废不修矣”；同书《淯水篇》又云，“杜预继信臣之业，复六门陂，遏六门之水，下结二十九陂，诸陂散流，咸入朝水……六门既陂，诸陂悉断”。

① 《史记》第29卷《河渠书》，中华书局点校本1959年版，第1 407页；《汉书》第89卷《循吏·召信臣传》，中华书局点校本1962年版，第3 642页；上引郦道元著、陈桥驿校证：《水经注校证》第28卷《沔水》，第667～670页。

《晋书》第 34 卷《杜预传》则称此水利工程“浸原田万余顷，分疆刊石，使有定分，公私同利”。宋文帝元嘉二十二年（445 年）武陵王刘骏出镇雍州时，该工程已是“芜决稍积，久废其利”。后经南阳太守沈亮建议，由刘骏的录事参军刘秀之主持，对六门堰进行了修复，数千顷公私良田因堰水灌溉，获得大丰收①。上引《水经注·湍水》称六门堰“今废不修”，《水经注》约于北魏孝明帝（516—528 年在位）时代成书，则宋以后，六门工程又废毁失修。

据《水经注·沔水》，曹魏景元（260—264 年）中胡烈任襄阳太守（治襄阳），在山都县（治今襄阳西北）境“补塞（沔水）堤决，民赖其利”，百姓刊石树碑，赞扬其功德。沔水流过山都县，就到了襄阳县境，这一带洲渚甚多，园池相接，已见上述。这些园池的最初兴建，都需要一定的水利设施。沔水流至邔县、宜城县一带（今宜城境），这里有著名的水渠木里沟。《水经注·沔水》称：

> （沔水）又南过宜城县东……夷水又东注于沔。昔白起攻楚，引西山长谷水，即是水也。旧堨去城百许里，水从城西灌城东，入注为渊，今熨斗陂是也。水溃城东北角，百姓随水流，死于城东者数十万，城东皆臭，因名其陂为臭池。后人因其渠流，以结陂田城西。陂，谓之新陂，覆地数十顷。西北又为土门陂……（夷水）又东出城，东注臭池。臭池溉田，陂水散流，又入朱湖陂，朱湖陂亦下灌诸田。余水又下入木里沟，木里沟是汉南郡太守王宠所凿故渠，引鄢水也，灌田七百顷。白起渠溉三千顷，膏良肥美，更为沃壤也。

当年秦将白起遏蛮水攻楚宜城，使数十万楚民化为鱼鳖，这一惨祸

① 《宋书》第 81 卷《刘秀之传》，中华书局点校本 1974 年版，第 2 073 页；同书第 100 卷《自序》，第 2 452 页。

如果说有一点历史补偿的话，那就是宜城一带的木里沟、新陂、朱湖陂及熨斗陂等水利设施，均渊源于此役。这些水利设施，将宜城一带成百数千顷土地，滋润得“膏良肥美”。一直到《水经注》成书的时代，仍在发挥着效益。

魏嘉平元年（249年）王基出任荆州刺史，曾就伐吴事宜向朝廷报告说，“今江陵有沮、漳二水，溉灌膏腴之田以千数。安陆左右，陂池沃衍”①。可见当时在沮、漳流域，因得益于二水溉田，已形成一个较大面积的农业灌区。这一带以后为蛮民聚居区，号称“水白田甚肥腴”，亦当与沮、漳二水灌溉有关。而从候水诸蛮遏维水溉田，可知蛮民已掌握了兴造水利设施灌溉农田的相应技术。

六朝湖北境内长江两岸的农田水利方面，上文已多有涉及，这里再举一例。上文谈到东晋荆州刺史桓冲为避前秦军锋移镇上明（今松滋西北境长江南岸一带）。宋王应麟《通鉴地理通释·晋宋齐梁形势考》云：“上明故城亦谓桓城，在江陵府松滋县西一里，居上明之地，而桓冲所筑，故兼二名……明犹渠也。晋末朱龄石开三明引江水以灌稻田。后堤坏，遂废。”按上明地当“江汜枝分”之处，“其地夷敞”，又有渠道引江水灌溉，无怪乎“田土膏良”（出处见上）。值得注意的是，上明的水渠，须有“堤”保护，一旦堤坏，便废毁无用。

长江堤防的修筑，至迟始于东晋。《水经注·江水》：“江陵城地东南倾，故缘以金堤，自灵溪始，桓温令陈遵造。遵善于方功，使人打鼓，远听之，知地势高下，依傍创筑，略无差矣。”陈遵所造江陵金堤，被认为开后世荆江大堤的先河②。主持金堤修筑的陈遵，是一位杰出的水工专家，但我们对他了解不多，其事迹似乎仅见于《水经注》。他在筑堤及地形测量方面的高超技术，应是长期水工实践的结

---

① 《三国志》第27卷《魏书·王基传》，中华书局点校本1959年版，第752页。

② 今有关论者多主此说。如李文澜：《江汉平原开发的历史考察》（上篇），中国唐史学会等编：《古代长江中游的经济开发》，武汉出版社1988年版。

果。黄河流域的堤防至迟始于战国，西汉时已出现在河滩上用堤垸围成的田庐、聚落①。东晋时荆江出现堤防，不知是否与两晋之际北民南迁有关。

江陵城西迎江水，南濒大江，地势又“东南倾”，故洪水威胁主要来自城西、城南。《水经注·江水》所谓“缘以金堤”，系指金堤绕城而筑。据考察，金堤起于江陵城西、沮漳河以东的灵溪，由江陵城西南向东延伸，经城南而到达城东南。金堤的主要作用在于保护荆州城②。

自此以后，荆江堤防时见于史，与当地人民的生活、生产，关系越来越紧密。本书第一章曾谈到东晋孝武帝太元十九年（394 年），“蜀水大出，漂浮江陵数千家”，刺史殷仲堪“以堤防不严”，受到贬降军号的处分。维修堤防，成为荆州军政长官的重要任务，因为一旦失修，被洪水冲决，就要造成严重的生命财产损失。刘宋时曾“缘城堤边，悉植细柳，绿条散风，清阴交陌”。萧齐永明八年（490 年），荆州刺史巴东王萧子响反叛朝廷，与台军在江津对峙，台军“筑城燕尾洲”，叛军“宿江堤上”③。梁天监六年（507 年），荆州大水，“江溢堤坏”，刺史萧憺亲率将吏，冒雨抢修，才免于东晋太元十九年（394 年）的惨祸再次发生。陈宣帝太建元年（569 年），时荆州为北周所占，陈将章昭达引军攻江陵，“决龙川宁邦堤，引水灌江陵城”，后来周军与陈军在“西堤”交战，击退陈军④。总之，江陵附近的荆江堤防自东晋以来，历经南朝，都是江陵城抵挡江水威胁的重要屏障。

上述东晋末朱龄石开三明渠引江水溉稻田，后来“堤坏田遂废”，则

① 《汉书》第 29 卷《沟洫志》，中华书局点校本 1962 年版，第 1 692 页。

② 程鹏举：《古代荆江北岸堤防考辨》，《历史地理》第 8 辑，上海人民出版社 1990 年版。

③ 《艺文类聚》第 89 卷《木部下·杨柳》，中华书局 1965 年版，第 1 531 页；《南齐书》第 40 卷《武十七王·萧子响传》，中华书局点校本 1972 年版，第 705 页。

④ 《梁书》第 22 卷《太祖五王·萧憺传》，中华书局点校本 1973 年版，第 354 页；《周书》第 28 卷《陆腾传》，中华书局点校本 1971 年版，第 473 页。

上明的江堤主要在捍卫田庐。齐明帝建武二年（495 年）正月下诏，要求“守宰亲民之主”，“严课农桑”，其中“固修堤防”亦被纳入“考校殿最”即政绩考核中①。但从总的方面来看，东晋南朝时期荆江堤防的修筑尚属起步，主要还在于保护城镇。

在前面的章节中，我们还谈到西晋杜预镇荆州时，“开杨口，起夏水达巴陵千余里，内泄长江之险，外通零桂之漕”，将长江水系通过夏水、杨水与汉水联通。这是一个巨大的水利工程，杜预之后，东晋初年，刘宋元嘉中，又续有修浚②。这一水利工程的修建主要还在于漕运及政治军事控制，但我们相信，它对于当地的农业生产，包括农业灌溉，也可能有一定帮助。上述六朝湖北的水利建设，较之前代有突出进步。但另一方面，水利工程的失于维修，或人亡政息、堤堰毁废，并不少见；因战争需要人为破坏堤防、陂堰的事也时有发生。这样的例子还有，兹不赘举。总的来说，在六朝时期南北交争之地的湖北，水利工程兴建得不少，能经常性地保养维修、发挥效益的却很少。

三、粮食与桑麻

上述表明，六朝湖北的土地垦辟和农田水利工程，大多与稻作生产的发展有关。特别是在江洲河渚地区，土地的垦辟即意味着稻田面积的扩大，水利工程的兴修则意味着稻作单位面积产量的提高，“陂池沃衍”，必有“膏腴之田”。南朝人盛赞襄沔一带的名优水稻蝉鸣稻“香闻七里”，又有“六月蝉鸣稻，千金龙骨渠”之句③，将水稻生产与灌溉渠道联系

① 《南齐书》第 6 卷《明帝纪》，中华书局点校本 1972 年版，第 87 页。

② 详见上引李文澜：《江汉平原开发的历史考察》（上篇），中国唐史学会等编：《古代长江中游的经济开发》，武汉出版社 1988 年版。

③ 庾肩吾：《谢东宫赉米启》，严可均辑：《全上古三代秦汉三国六朝文·全梁文》第 66 卷，中华书局 1958 年版，第 3 341 页；庾信：《奉和永丰殿下言志诗十首（之六）》，逯钦立辑校：《先秦汉魏晋南北朝诗·北周诗》第 4 卷，中华书局 1983 年版，第 2 389 页。张泽咸：《试论汉唐间的水稻生产》，《文史》第 18 辑，中华书局 1983 年版。

在一起。

水稻耕作技术也有明显进步。前述吴主孙权对陆逊增广屯田的建议非常赞成，并以身垂范，将自己“车中八牛，以为四耦”。吴立国江南，屯田以水稻生产为主，这从前列吴荆州屯田的事例亦可见知，则稻田已出现犁耕。梁宗懔《荆楚岁时记》：“四月也，有鸟名获谷，其名自呼，农人候此鸟，则犁杷（耙）上岸。”所谓犁杷（耙）上岸，显然是指稻田耕作中的犁耙，已完成整田程序，农民准备播种，表明南方稻作中的犁牛耕耨正在推广。

总的来说，六朝时期，南方稻作农业已初步形成一种有别于两汉时期所谓“火耕水耨”的新的稻作方式，其基本特征就是陂塘、渠道灌溉系统的大量出现，这在长江下游表现得尤为明显。它表明当时的南方社会在有效利用当地丰富的水利资源方面，取得了长足的进展，并为唐代南方稻作的更大发展打下了基础①。不过六朝湖北农业最发达的地区主要还是在“缘江上下”及汉水流域，在鄂西等山区地带，火种、火耕水耨的生产方法尚占相当大的比重。

麦、粟等旱田粮食作物，在六朝时期的湖北地区也有一定的发展。湖北尤其是鄂、豫交界地带，地接中原，本来就是水旱间作，加之六朝时期大量北人南迁，旱作面积似有所扩大。据《南齐书》第54卷《高逸·庾易传》，齐临川王萧映镇荆州，上表推荐庾易任官，并“饷麦百斛”。庾易本南阳人，两晋之际徙居江陵。萧映赏赐麦类给他，表明面食已是当地居民，特别是侨民的食物构成之一，而且荆州的仓廪里必定有为数不少的麦类。上引《荆楚岁时记》中还谈到二月食大麦粥，此外，薄饼、汤饼也是时令食物；又称五月夏至日“取菊为灰，以止小麦蠹”，表明小麦的贮存技术方面，已积累了丰富的经验。前面曾谈到南齐徐孝嗣于明帝时建议屯田，称“今水田虽晚，方事菽麦，菽麦二种，益是北

---

① 牟发松：《火耕水耨与南方稻作农业的发展》，中国唐史学会等编：《古代长江中游的经济开发》，武汉出版社1988年版。

土所宜，彼人便之，不减粳稻”，并希望立即遣使到徐、兖、司、豫及荆、雍地区，“当境规度”。他的建议显然是在这些州的北方侨民区种植菽麦。因为南方始终还是以稻作为主。

六朝湖北的桑麻生产也有一定地位。长江中游地区的纺织原料自古以来就兼有丝麻，六朝时也是如此，这从《隋书》第24卷《食货志》所述东晋南朝的赋调内容——“丁男调布绢各二丈，丝三两，绵八两……丁女并半之”，即可看出。不过麻在荆楚人民的日用纺织原料结构中，居有更重要的地位，因而种植更为普遍①。桑蚕在襄阳一带似乎特别发达，《南齐书》第15卷《州郡志下》称“襄阳左右，田土肥良，桑梓野泽，处处而有”。同书第55卷《孝义·韩系伯传》称“襄阳土俗，邻居种桑树于界上为志”。租中一带夷蛮少数族聚居地，也有发达的桑麻生产，已见于上述。《荆楚岁时记》称正月十五晚上，“迎紫姑，以卜将来蚕桑，并占众事”，可见荆楚人民对养蚕业颇为重视。

四、林、渔、牧诸副业

六朝湖北的果木种植，仍以传统的柑橘最具特色。楚人屈原《橘颂》和《史记》“江陵千树橘”的记载，足见湖北柑橘种植历史的悠久。孙吴时襄阳人李衡在武陵龙阳汜洲上垦辟柑橘园的故事，常为论史者征引②。在宜都、枝江的江洲上，“橘柚蔽野”，“桑田甘果映江依洲”的情形已如上述。兹将盛弘之《荆州记》现存佚文中有关柑橘种植的资料移录几段如下：

> 橘洲在郡南四里，对南津，常看如下，及至夏水怀山，诸洲皆没，橘洲独在。③

---

① 赵丰：《唐宋前后长江中游地区纺织原料结构的变迁》，中国唐史学会等编：《古代长江中游的经济开发》，武汉出版社1988年版。

② 《三国志》第48卷《三嗣主传》，中华书局点校本1959年版，第1 157页。

③ 《太平御览》第22卷《时序部·夏》引，中华书局1960年版，第108页。

> 枝江有名甘。[①]
>
> 宜都郡旧江北有甘园，名宜都甘。[②]

另外，梁徐陵《咏甘》诗有“朱实挺荆南”，“千株挺荆国”之句，北周李元操《园中杂咏橘树》诗，有“嘉树出巫阴，分根徙上林”句[③]。这些都表明六朝时期的荆州，其柑橘种植仍是名闻南北。《荆州记》还有“房陵南居有名李”、“宜都出大枇杷”等记载。

在渔牧及诸副业方面，以渔业发展最为突出。

“饭稻羹鱼”是南方传统的食物结构，它是基于南方农渔并重的生产结构的。湖北地区自古以来号称水乡泽国，长江、汉水纵横境内，众多湖泊罗布其间，为渔业发展提供了丰富的自然资源。当时渔业虽以捕捞为主，但人工养鱼方面也有所进步。襄阳城南著名的习家鱼池，《水经注·沔水》载云：

> （沔水）又东入侍中襄阳侯习郁鱼池。郁依范蠡养鱼法作大陂，陂长六十步，广四十步，池中起钓台，池北亭，郁墓所在也。列植松篁于池侧沔水上，郁所居也。又作石洑，逗引大池水于宅北，作小鱼池，池长七十步，广二十步，西枕大道，东北二边限以高堤，楸竹夹植，莲芡覆水，是游宴之名处也。

习郁为东汉人，东晋名士习凿齿即为其后。这一鱼池在两晋南朝时为襄阳名胜，西晋永嘉中山简以荆州刺史出镇襄阳，常到池旁游赏饮宴，“未尝不大醉而还”，已见前文。但既名“鱼池”，且按照“养鱼法”修建而成，养鱼自是其基本功能。又据《太平御览·地部·湖》所引《武昌记》

---

① 《太平御览》第966卷《果部·甘》引，中华书局1960年版，第4 284页。

② 《初学记》第28卷《甘》引，中华书局1962年版，第680页。

③ 《初学记》第28卷《甘·橘》引，中华书局1962年版，第680～681页。

载："武昌长湖，通江，夏有水，冬则涸。于是靡所产植。陶太尉立塘以遏水于此，常自不竭。因取琅琊郡隔湖鱼、菱以着湖内。菱甚美，异于他故①，所产鲋鱼，乃长三尺。"陶侃曾任武昌太守，后任荆州刺史、都督，亦曾治武昌，不知他遏塘养鱼植菱是在何时。据考察，陶侃所遏陂塘是鄂东南水利工程的滥觞，但这个塘的主要功能似乎不是溉田，而是水产养殖。值得注意的是，陶侃还专门从外地引进了优良的鱼、菱品种②。

陶侃早年当过"鱼梁吏"，即主管官方的鱼池，他在武昌遏塘养鱼也许与这一段经历有关。孙吴时亦曾设置渔官。前述东晋义熙八年（412年）刘裕平定刘毅后，曾下令荆州罢除一切"非军国所资"的官立"屯、田、池、塞"，所谓池，当是以渔业为主的水产经营。

捕鱼业方面，上文曾谈到隐居于江陵阳岐村的刘遗民，在江边捕鱼，借张玄船上脍具作鱼脍的故事。武昌（今鄂城）樊口出产的武昌鱼，襄阳岘山下的槎头缩项编③，均为六朝时湖北地区的著名渔产。关于捕鱼方面的记载甚多，这里再举一例，以概其余。

东晋初甘卓任梁州刺史镇襄阳，颇有治声。其中一条是，"州境所有鱼池，先恒责税，卓不收其利，皆给贫民"。后王敦在荆州起兵反叛朝廷，甘卓不附，发兵勤王。但犹豫不进，后回师襄阳，散兵田作。"襄阳太守周虑等密承（王）敦意，知（甘）卓无备，诈言湖中多鱼，劝卓遣左右皆捕鱼，乃袭害卓于寝，传首于敦。"④ 可见捕鱼业在襄阳官私经济

① 乐史撰、贺次君等点校：《太平寰宇记》第112卷《江南西道十·鄂州》武昌县"五丈湖"条所载略同，当采于《武昌记》，其中"异于他故"，"故"作"处"，当是。中华书局2007年版，第2 281页。

② 黄惠贤：《公元三至十九世纪鄂东南地区经济开发的历史考察》（上篇），中国唐史学会等编：《古代长江中游的经济开发》，武汉出版社1988年版。

③《三国志》第61卷《吴书·陆凯传》，中华书局点校本1959年版，第1 401页；习凿齿撰、黄惠贤校补：《校补襄阳耆旧记》第3卷《岘山》，中州古籍出版社1987年版，第56页。

④《晋书》第70卷《甘卓传》，中华书局点校本1974年版，第1 863～1 866页。

中均占有一定的地位。

畜牧业方面，首先谈传统的养猪业。考古资料证明，家猪的圈养在汉代已成为普遍方式，特别是将厕所和猪圈建在一起，可兼收养猪、积肥之效。随州东城区东汉墓出土的陶猪圈（M1：66)，圈上左侧附厕所一间，下以一立柱承托，厕门下刻有象征楼梯的阴线七条，厕所底中间有一长方形斜洞，与下面的猪圈相通①。郭家垴孙吴墓（M2215）中出土的陶猪和陶圈栏，呈长方形，上附一长方形厕所，栏内一只大母猪的腹下附有两只小猪仔②。以上显示了东汉六朝以来湖北地区养猪业与积肥相结合的情形。

据《水经注·沔水》，西晋末荆州刺史刘弘曾在邵县（今宜城东北）木兰桥边“大养猪”，“襄阳太守曰：‘此中作猪屎臭，可易名猪兰桥。’百姓遂以为名也”。此桥“左右丰蒿荻”，《初学记·豕》引《襄阳耆旧传》称“此桥近荻，有蕺菜”，则刘弘之所以在木兰桥旁养猪，或因该地饲料丰富之故。刘弘作为荆州刺史，不知他养的猪是自己私人所有，还是州府所有，但可以确知的是，这是一种带有“猪场”性质的大规模饲养。

南方少马，使东晋南朝在与十六国北朝的军事对抗中，常处劣势。但在当时的今湖北地区，养马业似比南方其他地区要相对发达一些。宋孝武帝孝建三年（456 年）五月，曾诏令“荆、徐、兖、豫、雍、青、冀七州统内，家有马一匹者，蠲复一丁”③。上述七州，荆、（侨）雍二州在今湖北境，其余均在江北或河北，可见当时荆州有一批养马的民户。宋末沈攸之在荆州“素蓄士马”，起兵时有“铁马二千”。雍州民风劲悍，多习骑射，“襄阳白铜蹄”是南朝劲骑之所出，故齐末梁武帝起兵，“雍

① 王世振等：《湖北随州东城区东汉墓发掘报告》，《文物》1993 年第 7 期；龚良：《“溷”考释》，《中国农史》1995 年第 14 卷第 1 期。

② 贺忠香：《湖北三世纪考古与社会经济试探》，中国唐史学会等编：《古代长江中游的经济开发》，武汉出版社 1988 年版。

③《宋书》第 6 卷《孝武帝纪》，中华书局点校本 1974 年版，第 118 页。

州士马，呼吸数万”，仅流民帅康绚就有“私马二百五十匹”，这些我们在前文中均已谈及。六朝湖北地区养马业稍盛，可能与大量的北民南迁有关。

第三节 波动中发展的手工业、商业

相对于两汉，三国时代的商业活动和私人手工业急剧衰落，一个时期内几乎陷于停顿。但商品货币经济没有也不可能完全绝迹，当时在孙吴境内，沿江上下的商业活动还得到一定程度的发展。东晋南朝时期，手工业、商业在魏晋基础上又有明显进展，较之商品货币经济相对落后的十六国北朝，出现显著的差异①。以上关于六朝时期手工业、商业发展大势的估计，完全适合于今湖北地区。

一、纺织业

与耕相对的织，是当时农村家庭手工业的主体。如前所述，六朝时期的纺织业以麻织业为主，农民作为调物上交给国家的纺织品，亦以麻布为主。南朝乐府民歌中大量出现的“白纻”，即为苎麻织品②。《后汉书》第49卷《王符传》注引宋盛弘之《荆州记》：“秭归县室多幽闲，其女尽织布，至数十升。”“升”即“升越”，是一种精织的麻布，僻在峡中的乡间妇女均能纺织，可见当时麻织技术水平之高。六朝时还有所谓“筒中布”。西晋时南郡太守刘肇曾以“筒中细布五十段”贿赂荆州刺史王戎，王戎因此“为司隶所纠”；萧梁时，又有人于鄱阳王萧恢任郢州刺史时，“时有进筒中布者，恢以奇货异服，即命焚之”③。显然，“筒中

① 唐长孺：《魏晋南北朝隋唐史三论》，武汉大学出版社1993年版，第39、130页。

② 赵丰：《唐宋前后长江中游地区纺织原料结构的变迁》，中国唐史学会等编：《古代长江中游的经济开发》，武汉出版社1988年版。

③《晋书》第43卷《王戎传》，中华书局点校本1974年版，第1 232页；《南史》第52卷《梁宗室下·萧恢传》，中华书局点校本1975年版，第1 294页。

布”是一种纺织精细的珍品麻布，并非大众消费品。

随着荆楚地区蚕桑业的发展，丝织业也有较大进步。齐武帝时，诏令荆州出钱500万，郢州300万，司州250万，雍州500万，大量和市绢、绵、布、米等，表明当时今湖北地区蚕桑丝织业的分布已十分普遍①。梁刘孝威有《都县遇见人织率尔寄妇诗》②：

妖姬含怨情，织素起秋声。度梭环玉动，踏蹑佩珠鸣。经稀疑杼涩，纬断恨丝轻。葡萄始欲罢，鸳鸯犹未成。

诗中所见丝织品的花纹式样有葡萄、鸳鸯等复杂的图案，可见都县（今宜城东南）的织女已掌握相当高超的丝织技术。但这类丝织品只能是统治阶级才能享用的奢侈品。总的来说，当时南方的丝织业发展迅速，但从数量、质量和工艺方面，同北方相比还有很大差距。南北朝后期自江陵来到北方的颜之推就认为：“河北妇人，织纴组紃之事，黼黻锦绣罗绮之工，大优于江东也。”③ 齐永元元年（499年），齐军一度攻克魏军占领的南乡郡马圈城（今南阳西南），但因齐军入城后“竞取城中绢”，“不复穷追魏军”，以致遭魏军反击，几乎全军覆没④，表明北方的丝织品对南人有很大的吸引力。

二、矿冶业

六朝湖北的矿冶业集中在武昌郡（今鄂州、黄石）一带，基本上由

① 杜佑撰、王文锦等点校：《通典》第12卷《食货十二·轻重》，中华书局1988年版，第288页。

② 逯钦立辑校：《先秦汉魏晋南北朝诗·梁诗》第18卷，中华书局1983年版，第1 877页。

③ 颜之推撰、王利器集解：《颜氏家训集解》第1卷《治家》，上海古籍出版社1980年版，第62页。

④《南齐书》第26卷《陈显达传》，中华书局点校本1972年版，第491页。

官府垄断经营。《太平御览·兵部·剑》引陶弘景《刀剑录》称："吴主孙权黄武五年（226 年）采武昌山铜铁，作十口剑，万口刀，各长三尺九寸，刀头方皆是南钢越炭作之，上有大吴篆字。"湖北孙吴墓中出土了大量的刀、剑、戟、弩等铜铁兵器，以实物资料证实了陶弘景的记载。1977 年自鄂城钢铁厂发掘的一口古井中，出土一件罐形铜釜，釜肩铭文为"黄武元年（222 年）作三千四百卌八枚"，釜腹铭文为"武昌官"，说明黄武元年武昌官府作场，一次就生产了这类铜釜 3 438 件①。

考古发掘证明，会稽和武昌是六朝时期南方最大的两个铜镜产地。武昌出土的铜镜品类多，产量高，仅孙吴墓中出土的铜镜就有近百枚。其中有一枚上有铭文："黄武六年（227 年）十一月丁巳朔七日丙辰会稽山阴作师鲍唐……家在武昌……"记载了这面铜镜的制造日期及工匠姓名、籍贯、现址等。这位来自会稽郡的铜镜作师现居武昌，他大概是孙权定都武昌后自建业迁来的千余家之一②，也可能是专门从会稽延请或抽调来的制镜师。武昌的铜镜曾在今湖南长沙出土，甚至还远行日本③。

《晋书》第 15 卷《地理志下》载荆州武昌郡鄂县"有新兴、马头铁官"。《宋书》第 39 卷《百官志上》称"江南诸郡县有铁者，或置冶令，或置丞，多是吴所置"，晋鄂县新兴、马头二冶，当沿自孙吴。据《水经注·江水》所引宋庾仲雍《江水记》，此二冶刘宋时犹存。《太平御览·资产部·冶》引《武昌记》："北济湖，本是新冶塘湖。元嘉初发水冶。水冶者，以水排冶。（鄂）令颜茂以塘数破坏，难为功力，茂因废水冶，以人鼓排，谓之步排。湖日因破坏，不复修治，冬月则涸。"则晋宋时武昌的冶铁业在孙吴的基础上还有所发展，一度利用水利鼓风机械即"水排"冶铁，后因塘破失修，湖水冬涸，水排"难为功力"，只好改用人

① 鄂城县博物馆：《湖北鄂城发现古井》，《考古》1978 年第 5 期。

② 郦道元著、陈桥驿校证：《水经注校证》第 35 卷《江水》，中华书局 2007 年版，第 807 页。

③ 贺忠香：《湖北三世纪考古与社会经济试探》，中国唐史学会等编：《古代长江中游的经济开发》，武汉出版社 1988 年版。

工，即所谓“步排”。

武昌一带的铜矿资源也很丰富。据考古发掘，武昌邻近的大冶铜绿山，拥有丰富的铜铁矿，早自先秦时即已开采冶炼，三国时期仍有相当的规模。《太平御览·地部·白雉山》引《江夏图经》称，白雉山（今大冶东）“南出铜矿，自晋宋梁陈以来，常置立炉冶烹炼”。则该铜矿历南朝四代而不废。据《读史方舆纪要·湖广·大冶县》，晋宋以来，白雉山不仅有铜场，还有钱监，其铜灶遗迹，至清代犹存。同书《湖广·江夏县》冶唐山条，还谈到“晋宋时因山置冶”①。此外，梁宗懔《荆楚岁时记》称七夕时“人家妇女或以金、银、鍮石为针”，鍮石即现代的黄铜（铜锌合金），可见当时已懂得冶炼铜锌合金了。

六朝时铜的最大消耗是用于铜钱及佛像的铸造，其事迹显明，此处从略。

三、造船业

六朝立国江南，以长江为屏障，军队亦以舟师为主，故历来注重造船。东吴的造船基地当首推福建沿海，内河则主要在长江流域，其中武昌是一个重要的造船基地。《三国志》第47卷《吴书·吴主传》注引《江表传》称：“（孙）权于武昌新装大船，名为‘长安’，试泛之钓台圻。”据《太平御览·舟部·舟》引《武昌记》，这艘“长安”号一名“大舡”，可“容敌士三千人”②。东晋时武昌仍设有船官，陶侃出镇荆州时曾在武昌大造船舰，造船剩下的竹头废料竟“积之如山”。后桓温伐蜀，又在这里建造战船③。

---

① 顾祖禹撰、贺次君等点校：《读史方舆纪要》第76卷，中华书局2005年版，第3 542、3 523页。以上参前引黄惠贤：《公元三至十九世纪鄂东南地区经济开发的历史考察》（上篇）、贺忠香《湖北三世纪考古与社会经济试探》，均载中国唐史学会等编：《古代长江中游的经济开发》，武汉出版社1988年版。

② “敌”当作“战”，郦道元著、陈桥驿校证：《水经注校证》第35卷《江水》作“载坐直之士三千人”，可证。中华书局2007年版，第807页。

③《晋书》第66卷《陶侃传》，中华书局点校本1974年版，第1 774页。

夏口、江陵、襄阳，也有造船基地。陶侃曾命朱伺在夏口“作大舰”①。宋末沈攸之任郢州刺史，在夏口“缮治船舸，营造器甲”，后任荆州刺史，又在江陵“装战舰数百千艘，沉之灵溪里”。沈攸之反叛前，执政萧道成的世子萧赜，也就是以后的齐武帝，曾对郢州守将柳世隆说，“攸之一旦为变，焚夏口舟舰沿流而东，则坐守空城，不可制也”，表明夏口是长江上流最大的船港②。直到陈朝时，后梁萧岿仍在江陵“多造舟舰，置于青泥水中”③。齐末萧衍在襄阳，预先伐竹木沉于檀溪，后来起兵，很快就装船三千艘④。后来隋朝灭陈，除杨素在信州（今重庆奉节）大造战舰外，另有介州刺史李衍奉诏在“襄州道营战船”⑤。

除了官府造船外，六朝民间造船也很盛行。西晋末年杜弢领导巴蜀流民起义，与官军在长江中游及湘水流域多次发生激战，双方均以“舟师”为主。流民军拥有大量船只，并在船上“作桔槔打官军船舰”⑥。桔槔本是利用杠杆原理建造的一种原始的提水工具，流民军船上所置桔槔，大概是一种类似“拍”（见下文）的抛射石块之类的装置。晋宋间西阳五水蛮十分活跃，由于地理环境的特点，他们水上活动较多，且长于水战⑦。无论是流民军，还是蛮民，他们的船舰，除了缴获之外，只能是自己建造。隋灭陈后，曾专门下诏禁止南方私人造船：“吴、越之人，往承弊俗，所在之处，私造大船，因相聚结，致有侵害。其江南诸州，人

① 《晋书》第 81 卷《朱伺传》，中华书局点校本 1974 年版，第 2 120 页。

② 《宋书》第 74 卷《沈攸之传》，中华书局点校本 1974 年版，第 1 931 页；《南史》第 37 卷《沈攸之传》，中华书局点校本 1975 年版，第 966 页；《南齐书》第 24 卷《柳世隆传》，中华书局点校本 1972 年版，第 447 页。

③ 《陈书》第 10 卷《程文季传》，中华书局点校本 1972 年版，第 174 页；同书第 11 卷《章昭达传》，第 184 页。

④ 《梁书》第 1 卷《武帝纪上》，中华书局点校本 1973 年版，第 4 页。

⑤ 《隋书》第 54 卷《李衍传》，中华书局点校本 1973 年版，第 1 362 页。

⑥ 《晋书》第 66 卷《陶侃传》，中华书局点校本 1974 年版，第 1 772 页；同书第 58 卷《周访传》，第 1 579 页；同书第 81 卷《朱伺传》，第 2 121 页。

⑦ 《晋书》第 66 卷《陶侃传》，中华书局点校本 1974 年版，第 1 770 页；《宋书》第 97 卷《夷蛮传》，中华书局点校本 1974 年版，第 2 398 页。

(民)间有船长三丈已上，悉括入官。”[①] 从中可见南方民间造船历久成俗，而且能造出使官家感到有威胁的大船。

六朝时期包括湖北在内的南方造船技术，特别是战船建造，有明显的进步。其一，是适应水战的需要，战舰趋向于大型化，如上述孙吴时武昌所造“长安”巨舰即是。其二，是在战船上配备拍击敌船的“拍”，所谓“拍舰”。“拍”大抵是利用杠杆原理装置拍竿抛射石块之类，或者直接用拍竿打击敌船的一种机械装置[②]。

四、制瓷、造纸及兵器业

青瓷是六朝时期最有代表性的手工业产品。湖北出土的六朝青瓷器大致可分为日常生活用具和模型明器两类。大抵在东晋以后，渐以日用瓷器为主，明器较少。日用瓷器有盘口壶、鸡首壶、盘、罐、盏、杯、果盒、唾盂、香薰、水盂、盆、樽、洗、灯、虎子、水注、插座、砚等近20种；模型明器有房屋、井、仓、灶、磨、碓、案、臼、鸡鸭笼等10余种[③]。精品如武汉何家大湾齐永明三年（485年）刘觊墓所出莲花尊，盖面浮雕莲瓣，盖口密合；颈上部饰仰莲，下刻忍冬；椭圆形的腹壁上饰覆莲，下饰仰莲，中间以忍冬纹相隔；喇叭形圈足，肩部有耳。釉色为青中略带黄绿，光润匀薄，造型精美，制作工巧，为南朝长江中游青瓷的代表作[④]。六朝鄂城墓中所出大型的双系青瓷羊座和以蛙盂作盖纽的三足青瓷砚，亦属精品，且系本地所产[⑤]。据分析，以鄂州为中心的湖北六朝青瓷，绝大部分与六朝青瓷代表窑的早期越窑不是一个窑系，

---

① 《隋书》第2卷《高祖纪下》，中华书局点校本1973年版，第43页。

② 许辉等主编：《六朝经济史》第六章第三节，江苏古籍出版社1993年版，第339页。“拍竿”见《隋书》第48卷《杨素传》，中华书局点校本1973年版，第1 283页。

③ 杨宝成主编：《湖北考古发现与研究》第六章第三节，武汉大学出版社1995年版，第296页。

④ 湖北省博物馆：《武汉地区四座南朝纪年墓》，《考古》1965年第4期。

⑤ 蒋赞初：《鄂城六朝考古散记》，《江汉考古》1983年第1期。

应属于地方产品；这种地方产品较越窑产品处于一种相对落后的地位。遗憾的是，关于六朝青瓷器的窑口问题，迄今无确切答案，关键在于湖北省内尚未发现这一时期的窑址①。

《初学记·文部·纸》引盛弘之《荆州记》曰："枣阳县百许步，蔡伦宅，其中（臼?）具存，其傍有池，即名蔡子池。伦，汉顺帝时人，始以鱼网造纸，县人今犹多能作纸，盖伦之遗业也。"《太平御览·文部·纸》所引略同。按《荆州记》作于刘宋，而枣阳县至隋文帝时始改广昌县置，枣阳实乃耒阳之误②。尽管蔡伦宅不在枣阳，但湖北在六朝时仍可能是纸产地。宋苏易简辑《文房四谱·纸谱》，称荆州刺史陶侃（平郭默后加领江州刺史）曾献给晋帝"纸三千枚，并墨"，同书所引梁陶弘景《真诰》中又谈到"荆州白纸"；元鲜于枢《笺纸谱》载称梁元帝萧绎为湘东王、荆州刺史时，曾"上武帝纸万幅，又奉简文红笺五千番"，又云"特送五色三万枚"③。晋宋时荆州所辖甚广，但梁湘东王萧绎出任荆州时，辖区基本上在今湖北境内，如果萧绎送给其父、兄的纸产自本州，则当地的造纸业颇具规模。

孙吴时武昌兵器制造业的发达，已见于上引陶弘景《刀剑录》。南朝时荆州、襄阳都设有专门制造武器装备的"作部"。宋末荆州刺史准备反叛，"荆州作部岁送数千人仗，攸之割留之，簿上云'供讨四山蛮'"。可知荆州作部所生产的武器除了自用外，按规定还须上交一定数量给朝廷④。据《南齐书》第40卷《武十七王·萧子懋传》，懋出任雍州刺史时，见郁林王年幼即位，"密怀自全之计，令作部造器仗"，这是襄阳的作部。同书同卷《鱼复侯萧子响传》称子响出镇荆州时，曾"令内人私

---

① 杨宝成主编：《湖北考古发现与研究》，武汉大学出版社1995年版，第300页。

② 详考见黄惠贤：《公元九世纪前江南造纸业的发展》，《襄阳师专学报》1989年第2期。

③ 上行俱见黄惠贤：《公元九世纪前江南造纸业的发展》，以及王仲荦：《魏晋南北朝史》（上册）第六章第七节，上海人民出版社1979年版，第485页。

④《南史》第37卷《沈攸之传》，中华书局点校本1975年版，第966页。

作锦袍绛袄，欲饷蛮交易器仗”，表明蛮族在军器手工业生产方面拥有很高的技术。其后萧子响在荆州反叛，率领所部“将万钧弩三四张，宿江堤上”，与台军对峙。次日交战，“于堤上放弩”，将台军击败。这种杀伤力很强的万钧弩[①]，不知是不是他从蛮民处交易来的。

还有一些手工业门类，如城市建筑，六朝时也有很大进步，留待下面讨论商业时再谈。其他门类，由于资料缺乏，一并从略。

六朝时湖北的手工业生产虽然取得一定进步，但它主要表现为官府手工业的发展，其产品主要是满足国家的军事政治需要，或者为统治阶级提供奢侈消费品。一般百姓的手工业则是作为小农经济的补充。因此，手工业产品作为商品进入市场的终究有限。

五、趋于活跃的商业

六朝时期，湖北地区农业、手工业总的来说是在向前发展，与之相应，商业也有日趋活跃的倾向。

相对于长江下游，长江中游社会经济的发展要逊色一些，但地主官僚通过种种方式——“或使创辟田园，或劝兴立邸店，又欲舳舻运致，亦令货殖聚敛”，特别是通过经营商业聚敛财富，却是一种普遍的现象。南朝政府“仍崇关廛之税”[②]，即通过征收商税来增加财政收入，对商业活动是一种认可，从而也在一定程度上冲淡了歧视商业的心理，客观上促进了商业的发展。东晋南朝从事商业的人口有所增加，史称“人竞商贩，不为田业”，“下及工商流寓僮仆不亲农桑而游食者，以十万计”[③]。

---

① 《宋书》第1卷《武帝纪上》载卢循攻建康，刘裕亲率官军抗击，以“军中多万钧神弩，所至莫不摧陷”，此“万钧神弩”，当即萧子响之“万钧弩”。中华书局点校本1974年版，第22页。

② 《梁书》第25卷《徐勉传》，中华书局点校本1973年版，第384页；《魏书》第68卷《甄琛传》，中华书局点校本1974年版，第1 510页。

③ 《隋书》第24卷《食货志》，中华书局点校本1973年版，第689页；《晋书》第26卷《食货志》，中华书局点校本1974年版，第791页。

六朝荆州境内，交通大动脉长江横贯东西，长江最大支流的汉江水系自北而南，湘江、赣江二大水系经洞庭湖、鄱阳湖分别由南而北，一齐汇入荆州境内的长江干流，加之荆州对于经济、政治中心所在的扬州，有顺流之势，因而对于商业发展来说，具有得天独厚的条件。当时在荆、扬二州之间的大江之上，在襄阳、夏口、建康之间的汉江、长江流域，帆樯如林，商旅不绝。宋郭茂倩《乐府诗集·西曲歌》中有不少反映沿江商旅频繁来往，商妇估客依依惜别的诗篇，这里不妨稍作引录。

那呵滩

沿江引百丈，一濡多一艇。上水郎担篙，何时到江陵。
江陵三千三，何足持作远。书疏数知闻，莫令信使断。
闻欢下扬州，相送江津湾。愿得篙橹折，交郎到头还。

三洲歌

送欢板桥湾，相待三山头。遥见千幅帆，知是逐风流。
风流不暂停，三山隐行舟。愿作比目鱼，随欢千里游。
湘东酃醁酒，广州龙头铛。玉樽金镂碗，与郎双杯行。

陈释智匠《古今乐录》称：“(那呵滩）多叙江陵及扬州事，那呵，盖滩名也。”①《宋书》第37卷《州郡志三》载荆州治所江陵“去京都水三千三百八十（里)”，“江陵三千三”，说的正是往返于建康与江陵间的商船。商客自江陵东下建康，其情侣一直送到江津②，仍难舍难分，内心希望篙断橹折，使此行作罢。当商船自建康西返时，因是上水，要用

① 以上见郭茂倩：《乐府诗集》第48～49卷及《西曲歌·那呵滩》题解所引，中华书局1979年版，第707、714页。

②《旧唐书》第29卷《音乐志二》称：“江南谓情人为‘欢’。”“江津岸”，今荆州沙市南长江边。

篙撑船，用“百丈”即纤绳拉船，速度就慢得多，故而其情侣有“何时到江陵”的期盼。《古今乐录》又云：“三洲歌者，商客数游巴陵三江口往还，因共作此歌。”《旧唐书》第29卷《音乐志二》谓“三洲，商人歌也”。歌中“板桥湾”、“三山”均为建康城南地名。又据《水经注·湘水》，“巴陵三江口”为湘水自巴陵（今湖南岳阳）入江之口。“巴陵西对长洲，其洲南分湘浦，北届大江，故曰三江也……或谓之三江口”。西曲《乌夜啼》亦称：“长樯铁鹿子，布帆阿那起。诧侬安在间，一去数千里。……巴陵三江口，芦荻齐如麻。执手与欢别，痛切当奈何。”① 则“三洲歌”说的是往返于巴陵、建康间的商船，从“湘东酃醁酒”、“广州龙头铛”，可知此船或上溯湘江进入今湖南、广东境。不同于“那呵滩”的是，“三洲歌”中送商客的情侣住在建康城，商船扬着“布帆”，“逐风”逆流而上。当然，送客者还担心商客追逐“风流”而将她忘却，“愿作比目鱼，随欢千里游”。下面再引三阙西曲。

襄阳乐

朝发襄阳城，暮至大堤宿。大堤诸女儿，花艳惊郎目。
上水郎担篙，下水摇双橹。四角龙子幡，环环江当柱。
江陵三千三，西塞陌中央。但问相随否，何计道里长。
人言襄阳乐，乐作非侬处。乘星冒风流，还侬扬州去。

石城乐

布帆百余幅，环环在江津。执手双泪落，何时见欢还。
大艑载三千，渐水丈五余。水高不得渡，与欢合生居。

莫愁乐

莫愁在何处，莫悉石城西。艇子打两桨，催送莫愁来。

---

① 郭茂倩：《乐府诗集》第47卷《西曲歌上》，中华书局1979年版。

闻欢下扬州，相送楚山头。探手抱腰看，江水断不流。

《古今乐录》称："襄阳乐者，宋随王诞之所作也。诞始为襄阳郡。元嘉二十六年（449 年），仍为雍州刺史。夜闻诸女歌谣，因而作之。所以歌和中有'襄阳来夜乐'之语也。"《旧唐书·音乐志二》称："石城，宋臧质所作也。石城在竟陵，质尝为竟陵郡，于城上眺瞩，见群少年歌谣通畅，因作此曲。"又曰："'莫愁乐'，出于'石城乐'，石城有女子名莫愁，善歌谣。"《古今乐录》称"莫愁乐亦云蛮乐"。"大堤"在今宜城，"石城"即宋竟陵郡所治，在今钟祥，"西塞"在今黄石，约当江陵、建康之中，"渐水"即今钱塘江。以上三曲反映的是自襄阳顺汉水进入长江，东下建康甚至深入三吴腹地的商船。襄阳"北接宛洛，跨对楚沔"，溯唐白河直达黄河平原南缘，西北走武关通关中，南有荆襄驿道至江陵，更有汉水下通长江，所以襄阳在六朝南北交通、商贸上居有极其重要的地位①。上引三曲均产生于刘宋全盛之元嘉时代，如本书前文所述，这一时期正是宋文帝"重镇"襄阳之时，雍州都督、刺史大都有政绩，经济发展较快，襄阳号为"乐土"②。与之相应，商贸趋于活跃，上述描写歌妓妖艳、商贾冶游以及沿汉水都市繁华的夜生活，正是在这样的背景下产生的。以后齐武帝因"布衣时尝游樊邓，登阼以后，追忆往事"，作有《估客乐》；梁简文帝亦曾出镇襄阳，后作有《雍州曲》三首。这些诗歌大抵都与客商艳女、声色之娱有关，可知襄阳、宜城等地的商业之繁华，终南朝不替。所谓"大堤"的宜城，在宋时设蓝田侨郡，善于经商的胡族集团，以康氏为首流寓于此，沔水流域又是蛮族聚居地，"莫愁乐亦云蛮乐"，襄沔商旅之活跃，声色歌舞之盛，或与此不无关联（参上注严耕望文）。

---

① 严耕望：《荆襄驿道与大堤艳曲》，《唐代交通图考》第 4 卷，台北历史语言研究所专刊之八十三，1986 年版，第 1 039 页。

② 《旧唐书》第 29 卷《音乐志二》，中华书局点校本 1975 年版，第 1 066 页。

上述西曲并非向壁虚构，生动活泼的场景，缠绵悱恻的别情，亦非虚构能得。实际上，长江、汉水流域的商贸，就是在自然经济地位相对升重的三国时代也依然存在。吴主孙休在位时，“州郡吏民及诸营民”，“皆浮船长江，贾作上下”，是史家经常征引的史实；吕蒙趁关羽北围襄樊，率军袭占荆州，关羽还蒙在鼓里，因为吕蒙的舟师西上时，将精兵藏在船舱内，而使“白衣摇橹，作商贾人服，昼夜兼行”，以致关羽沿江的守军毫无察觉，显然是因为平时江中商船太多，使他们习见而不察①。西晋元康中石崇出任荆州刺史，曾“劫远使商客，致富不赀”，甚至“劫夺杀人”②，这些“远使商客”，多半来自水路。

东晋南朝江面上的商船更多。两晋之际陶侃任武昌太守时，“山夷多断江劫掠，侃令诸将诈作商船以诱之”，结果发现是西阳王司马羕的部下。桓玄起兵进攻建康，同时遏断江路，“商旅遂绝，于是（朝廷）公私匮乏，士卒唯给麸橡”③。宋张畅为南郡太守、南蛮校尉，见荆州刺史南谯王刘义宣“有异图”，遣门生荀僧宝到建康告密，结果“僧宝有私货，止巴陵不时下。会义宣起兵，津路断绝，遂不得前”。宋明帝初年吴喜率军平定荆州，乘兵威“恣意剽虏，赃私万计”，“又遣部下将吏，兼因土地富人，往襄阳或蜀、汉……兴生求利，千端万绪”，“货易交关”，后“从西（荆州）还，大艑小艒，爰及草舫，钱米布绢，无船不满。自喜以下，迨至小将，人人重载，莫不兼资”④。南齐初年临川王萧映出任荆州刺史，到任后“尝致钱还都（建康）买物，有献计者，于江陵买货，至

① 《三国志》第48卷《吴书·三嗣主传》，中华书局点校本1959年版，第1 158页；同书第54卷《吴书·吕蒙传》，第1 278页。

② 《晋书》第33卷《石崇传》，中华书局点校本1974年版，第1 006页；上引余嘉锡：《世说新语笺疏·汰侈》引王隐《晋书》，上海古籍出版社1993年版，第877页。

③ 《晋书》第66卷《陶侃传》，中华书局点校本1974年版，第1 770页；同书第64卷《简文三子传》，第1 739页。

④ 《宋书》第46卷《张畅传》，中华书局点校本1974年版，第1 399页；同书第83卷《吴喜传》，第2 118页。

都还换，可得微有所增。映笑曰：‘我是贾客邪，乃复求利。’”献计者当是根据一般通例①。萧梁时郭祖深曾在奏书中说，“今商旅转繁，游食转众，耕夫日少，杼轴日空”②。梁天监六年（507年）荆州发大水，州城附近的江堤溢坏，后经修复，而江南岸的邴洲，因地势低洼，“数百家见水长惊走，登屋缘树”，荆州刺史始兴王憺“募人救之，一口赏一万（钱），估客数十人应募救焉，州民乃以免”③。这些为数众多的估客敢于在汹涌的江水中救人，除了“重赏之下必有勇夫”以外，还在于他们拥有较大的船只，他们当是沿江上下从事长途贸易的客商。

六朝时期政治上三国鼎立或南北分裂，但这并没有使东西、南北诸政权之间的商业交流完全停止，当然，这种贸易多是在遣使报聘的名义下进行的。三国时代，蜀国的锦、马就曾远销孙吴，亦有商人货易于吴、蜀之间，而他们自必取道荆州④。魏、吴对置江夏郡，魏将王经出任江夏太守（治上昶城，今云梦南）时，大将军曹爽曾“附绢二十匹，令交市于吴”。西晋时，晋弋阳郡与吴毗邻，“南北为互市”，双方边将“多相袭夺以为功”。但当时人对这种“袭夺互市”的行为颇不以为然⑤。东晋荆州牧陶侃曾“遣兼长史王敷聘于（石）勒，致江南之珍宝奇兽”；前秦时曾于“丰阳县立荆州，以引南金奇货，弓竿漆蜡，通关市，来远商，于是国用充足，而异贿盈积矣”。前秦在毗陵东晋的丰阳（今陕西山阳）设州招商，主要是为了吸引东晋梁州、荆州等地以及扬州南部的商货和商贾⑥。据研

① 《南史》第43卷《齐高帝诸子传下》，中华书局点校本1975年版，第1 079页。

② 《南史》第70卷《郭祖深传》，中华书局点校本1975年版，第1 720页。

③ 《梁书》第22卷《太祖五王传》，中华书局点校本1973年版，第354页。

④ 李剑农：《魏晋南北朝隋唐史经济史稿》第五章，生活·读书·新知三联书店1959年版，第85～86页；《三国志》第63卷末注引葛洪《神仙传》，中华书局点校本1959年版，第1 427～1 428页。

⑤ 《三国志》第9卷《魏书·夏侯尚传》注引《世说新语》，中华书局点校本1959年版，第304页；《晋书》第61卷《周浚传》，中华书局点校本1974年版，第1 658页。

⑥ 《晋书》第105卷《石勒载记下》，中华书局点校本1974年版，第2 747页；同书第112卷《苻健载记》，第2 870页。

究，当时在前凉治下的姑臧、前秦治下的长安以及东晋治下的襄阳等地都设有互市机构，往来于各地进行贸易的人称“互市人”，经由他们之手，商货可自凉州辗转抵达东晋的襄阳，从而使传统的“丝绸之路”贸易由长安延伸到襄阳。正是由于这一条路线上商人、僧侣往来颇多，故凉州统治者与东晋互通信使，多假扮成商贾①。

据有关佛传，来自天竺的佛僧佛驮跋陀罗，曾在长安预言有五艘船舶发自其本乡（即印度），后来众僧不见船来，认为他“虚而无实”，“显异惑众”。东晋义熙八年（412年）佛驮跋陀罗来到荆州，“遇外国舶至，既而讯访，果是天竺五舶”。佛驮跋陀罗曾在交趾搭乘外商船队至青州，他大概是基于亲身经历以及孙吴以来南海诸国船舶大量来华这一事实而作出的预言，这一预言后来在荆州得到应验，虽属偶然，却表明东晋时，来自印度的商船竟溯江抵达江陵②。又据《法苑珠林·敬佛篇·观佛部》，东晋永和五年（349年）又有广州商船驶抵江陵。据《梁书》第54卷《诸夷·中天竺国传》，“孙权黄武五年（226年），有大秦贾人字秦论，来到交趾，交趾太守吴邈遣送诣（孙）权”。时孙吴都武昌（今鄂州），孙权应该是在武昌接见大秦商人秦论。20世纪50年代在鄂州五里墩121号西晋墓中，出土一件波斯萨珊王朝出产的玻璃碗，据考察，此碗为孙吴时自海路传入③。

《晋书》第66卷本传称陶侃任武昌太守时曾“立夷市于郡东，大收其利”。所谓“夷市”主要是针对武昌江对岸的西阳五水蛮的。上面

① 说见朱雷：《东晋十六国时期姑臧、长安、襄阳的“互市”》，中国唐史学会等编：《古代长江中游的经济开发》，武汉出版社1988年版。

② 梁释慧皎撰、汤用彤校注：《高僧传》第2卷《译经中·佛驮跋陀罗传》，中华书局1992年版，第70页；参梁释僧佑撰、苏晋仁等点校：《出三藏记集》第14卷《佛驮跋陀传》，中华书局1995年版，第541～543页。

③ 以上分别见：释道世著、周叔迦等校注：《法苑珠林校注》第13卷，中华书局2003年版，第458页；《梁书》第54卷，中华书局点校本1973年版，第798页；王仲殊：《试论鄂城五里墩西晋墓出土的波斯萨珊朝玻璃碗为吴时由海路传入》，《考古》1995年第1期。

还曾谈到南齐时荆州刺史萧子响“私作锦袍绛袄，欲饷蛮交易器仗”之事。当时荆州境内蛮汉之间的商业交换并不少见，如南齐初，北上黄蛮首领文勉德率众围攻汶阳郡，荆州刺史萧嶷遣将讨平，“勉德请降，收其部落，使戍汶阳所治城子，令保持商旅，付其清通”。这些“商旅”中不少是到蛮区经商的，当时就有建康民汤天获远至襄阳蛮区行商①。

上述可见，六朝湖北境内沿长江、汉江两岸，有一批重要的都市。六朝社会经济的发展特别是商贸的兴旺，给它们带来了繁华，它们的存在又进一步促进了商贸的发展。江陵是长江上游（六朝以江州为中流）的政治、经济中心，也是六朝除首都建康以外最重要的都会。“荆州物产，雍、岷、交、梁之会……良皮美罽，商赂所聚”②。襄阳地交南北，为边境重镇，“四方凑会”。“江夏、竟陵、安陆，各置名州，为藩镇重寄”，夏口城鹦鹉洲下尾的黄军浦，“亦商舟之所会也”③。武昌曾在孙吴时期两度被定为首都，还都建业时这里仍是陪都和上流重镇。当时曾从建业移民“千家以益之”，他们中间想必有东吴政要的家属以及江东富室。这里建有皇都必备的宫殿建筑、林园，当然也辟有墓区。考古发掘表明，东吴墓中的随葬品很丰富，特别是东吴晚期墓中，出土了大量的青瓷器和金银饰品，其官府手工业的繁荣，已见于上述④。仅仅保障当地官吏及驻军所需，这里也必然存在着较发达的商业。直到两晋之际，陶侃还在这里设置夷市，并取得较大的效益。不过也是在东晋中叶以后，江陵作为上流的政治、经济中心，地位日益重要，武昌的东邻寻阳、西

---

① 《南齐书》第58卷《蛮传》，中华书局点校本1972年版，第1 008页；同书第40卷《武十七王·萧子响》，第705页。

② 《南齐书》第25卷《张敬儿传》，中华书局点校本1972年版，第471页。

③ 《隋书》第31卷《地理志下》荆州后序，中华书局点校本1973年版，第897页；上引郦道元著、陈桥驿校证：《水经注校证》第35卷《江水》，中华书局2007年版，第805页。

④ 参上引黄惠贤：《公元三至九世纪鄂东南地区经济开发的历史考察》（上篇），中国唐史学会等编：《古代长江中游的经济开发》，武汉出版社1988年版。

邻夏口正在崛起，及至南朝，武昌的政治军事地位，以及与之密切相关的经济地位，都相应衰落了①。

商业的发展是以市场为舞台的。六朝湖北地区日益繁茂的商业贸易活动，使州县城郊及津埠渡口等交通枢纽之处，形成了许多大大小小的各类交易市场，上引《乐府·西曲》中即可略见其盛况。吴嘉禾三年（234 年），陆逊北攻魏襄阳，南返时，遣将周峻等“击江夏新市、安陆、石阳，石阳市盛，峻等奄至，人皆捐物入城……斩首获生，凡千余人”，可知石阳县的市场和市民，就集中在城外水埠边②。刘宋时自荆州分立的郢州（治今武汉），市场兴盛。据《梁书》第 9 卷《曹景宗传》，“景宗在州，鬻货聚敛。于城南起宅，长堤以东，夏口以北，开街列门，东西数里”。这些临街所开之门，应当是用以“鬻货”的店铺或邸店。《北史》第 89 卷陆法和本传称其梁末任郢州刺史时：“列肆之所，不立市丞，牧佐之法，无人领受，但以空槛籥在道间，上开一孔以受钱，贾客店人，随货多少，计其估限，自委槛中。所掌之司，夕方开取，条其孔目，输之于库。”从中可见郢州列肆之盛及商贸之繁③。晋宋之际荆州刘盛公、凝之兄弟俱以高逸著称，但他们仍须时常到江陵的市场“买易”。宋元嘉中衡阳王刘义季出镇荆州，时逢“荆州年饥，义季虑凝之馁毙，饷钱十万。凝之大喜，将钱至市门，观有饥色者，悉分与之，俄顷立尽”。刘义季担心凝之饿死，但不是送粮食给凝之，而是送的钱币，显然是因为可以在江陵市场上购得粮食，他得到钱后果然就来到了江陵市场，不过是“周用之外，辄以施人”，由上引可知，这里的市场是有“门”的，显然有市丞管理，有如陆法和任刺史以前的郢州市，不像上述石阳城外水埠

---

① 郭黎安：《略论东吴两晋时期的武昌》，谷川道雄主编：《地域社会在六朝政治文化上所起的作用》，玄文社 1989 年版，第 256 页。

② 《三国志》第 58 卷《吴书·陆逊传》，中华书局点校本 1959 年版，第 1 351 页。传作嘉禾五年，误，详考不赘。

③ 王素：《南朝夏口地区社会经济杂考》，中国唐史学会等编：《古代长江中游的经济开发》，武汉出版社 1988 年版。

边的市场，郢州曹景宗临街所开店肆，后者有类于南朝时长江下游出现的非官方市场的草市[①]。《宋书》第92卷《良吏传·序》称宋元嘉中“凡百户之乡，有市之邑，歌谣舞蹈，触处成群”；《南齐书》第53卷《良政传·序》称齐永明中“十许年中，百姓无鸡鸣犬吠之警，都邑之盛，士女富逸……盖以百数”；说明在南朝相对安定的一段时期内，市场趋于繁盛。从商税在东晋南朝财政收入中占有相当重要的地位[②]，亦可推知。

商业的发展必待货币为媒介。据《隋书》第24卷《食货志》，“梁初唯京师及三吴、荆、郢、江、湘、梁、益用钱，其余州郡则杂以谷帛交易”，可知今湖北境大部分位于货币流行的区域之内。这里未提到雍州（治今襄阳）。上文曾谈到，齐武帝时诏令各州出钱大规模和市绢、绵、布、米等，其中雍州出钱500万，与荆州相同，较郢州多出200万。宋张邵任雍州刺史，营私蓄聚赃货245万，其中或有实物；张兴世任雍州刺史，“拥雍州还资，见钱三千万”；南齐曹虎“好货贿”，出任雍州刺史时“得见钱五千万”，仅给萧衍（梁武帝）就借钱达17万之多[③]。齐末萧衍起兵雍州，因“用度不足”，留守的萧衍子萧伟“取襄阳寺铜佛，毁以为钱”；“富僧藏镪，多加毒害”[④]。可见雍州用钱也很普遍。钱在当时社会经济生活中的作用，从上面的论述也可看出。此类事例尚多，毋庸备举。六朝时期国家的货币政策很不稳定，曾造成“钱

① 《宋书》第93卷《隐逸·刘凝之传》，中华书局点校本1974年版，第2 285页；《北堂书钞》第136卷《服饰部三·屐第八十六》，中国书店1989年版，第559页。上引唐长孺：《魏晋南北朝隋唐史三论》第二篇第一章，武汉大学出版社1993年版，第131～134页。

② 上引唐长孺：《魏晋南北朝隋唐史三论》第一篇第一章，武汉大学出版社1993年版，第137～142页。

③ 《宋书》第46卷《张邵传》，中华书局点校本1974年版，第1 394页；《南齐书》第51卷《张欣泰传》，中华书局点校本1972年版，第881页；同书第30卷《曹虎传》，第564页，《南史·曹武（虎）传》“五千万”作“七千万”，中华书局点校本1975年版，第1 154页。

④ 《南史》第52卷《梁宗室传下》，中华书局点校本1975年版，第1 291页。

荒”、“钱滥”，以及通货膨胀或紧缩，实物货币也占有相当的比重。这种情况与商品经济的发展，交换的频繁，从而对货币需求的急增也有密切关系①。

六朝时荆州曾出现较大的商业资本。早在汉魏之际，有江陵徐母，以卖豆豉为业，积累“资产巨万”；东晋义熙中有江陵赵姥，以沽酒为业；萧梁时有江陵刘氏，以卖鳝羹为业。后两人是否也同江陵徐母一样取得很大经济效益，史无详载。但他们以此为生，则是明确的②。值得特别注意的是，南朝荆州还出现了典当业。《南史》第70卷《循吏·甄法崇附孙甄彬传》：

> 彬有行业，乡党称善。尝以一束苎就（荆）州长沙寺库质钱，后赎苎还，于苎束中得五两金，以手巾裹之，彬得，送还寺库。道人惊曰：“近有人以此金质钱，时有事不得举而失，檀越乃能见还。”辄以金半仰酬。往复十余，彬坚然不受。……卒还金。

江陵长沙寺创办于东晋（详下文）。据《南齐书》第38卷《萧颖胄传》，齐末萧颖胄在荆州起兵响应在雍州举事的萧衍，“换借富赀，以助军费。长沙寺僧业富，沃铸黄金为龙数千两，埋土中，历相传付，称为下方黄铁，莫有见者，乃取此龙，以充军实”。看来这种典当性质的高利贷经营，为寺院聚敛了巨量的财富。

上述六朝商业活动中有一个突出的现象，即贵族、官僚经商的普遍化。《南史》第77卷《恩幸·沈客卿传》称“旧制军人士人，二品清官，并无关市之税”，可知南朝贵族官僚及军人经商，享有免税特权。除特权

① 许辉等主编：《六朝经济史》第七章第三节，江苏古籍出版社1993年版，第379～393页。

② 余知古撰、夏日新校点：《渚宫旧事》第4卷《江陵徐母》，武汉大学历史系魏晋南北朝隋唐史研究室编：《魏晋南北朝隋唐史资料》第16辑，武汉大学出版社1998年版，第188页。

阶层经商外，民间商贩的队伍也有扩大的趋向，所谓“人竞田贩，不为田业”①。此外还有寺院僧侣。六朝市场上的商品中，有相当一部分是由享有免税特权的贵族官僚及富商大贾通过长途水运转贩而来，也有地方官卸任后从当地攫夺的所谓“还资”。上面曾谈到刘宋将领吴喜，自荆州卸任时的“还资”，大船小船，“无船不满”。南齐时豫章王萧嶷曾出镇荆州，还京后“荆州还资”装在一间库房里，因失火被烧，“评直三千余万”；齐褚炫曾任江夏内史，也有还资17万，但仍号称清廉②。“还资”中有的是现钱，更多的是当地土特产或其他货物，但这些货物除少部分直接享用外，大部分将通过商业交换变成货币。值得注意的是，在市场上流通的各种农产品中，粮食仍是大宗。据《宋书》第84卷《孔觊传》，大明八年（464年），孔觊自江夏内史征为司徒左长史，其弟道存代任江夏，当时“东土大旱，都邑米贵，一斗将百钱，道存虑（孔）觊甚乏，遣吏载五百斛米饷之”，孔觊拒绝接受，令吏将米载回江夏，吏云，“自古以来，无有载米上水者，都下米贵，乞于此货之”。从吏的回答中可知，在当时的粮食转贸中，其总的流向是由长江中游地区流向下游。

第四节　六朝湖北的文化与风俗

六朝时期，是南方经济开发和文化发展的重要时期，由于佛教的深入传播，社会风俗也发生了显著变化。一如经济开发，六朝荆州的文化发展也落后于下游的扬州，其主要形象似乎是“兵强财富，地逼势危”。但在六朝三个多世纪中，战争和动乱终归是暂时的，荆楚地区不但在社会经济方面取得如上所述的发展，在人文方面也有明显进步。

---

① 简修炜等主编：《六朝史稿》第四章，华东师范大学出版社1994年版，第154～158页。

②《南齐书》第22卷《萧嶷传》，中华书局点校本1972年版，第418页；同书第32卷《褚炫传》，第583页。

一、荆州学派及官私立学

东汉末年刘表统治荆州期间，由于数以千计的“关西、兖、豫学士”聚集在荆州，使荆州代替洛阳成为全国的学术中心。刘表在荆州建立学校，设立学官，“资养”士人，有组织地发展学术文化事业，特别是重视经学研究，即所谓“改定五经章句”，并大量收集图书，从而使荆州州学成为当时全国唯一的官学，并形成了经学史上著名的荆州学派①。荆州学派以官学为主，始于建安元年（196 年），或更早一点的初平元年（190 年）即刘表以镇南将军、荆州牧出镇荆州时②，他在州兴办官学，所谓“广开雍泮”，“亲行乡射”，“作文学，延朋徒”，“讲明经术”，“作雅乐”③。与官学相辅相成的则是当时兴盛的荆州私学，如“初平中避乱荆州”的陈国颍容，“聚徒千余人”讲学。又如荆州南阳郡章陵县（治今枣阳南）人谢该，是当世“名儒”，《春秋左氏》专家，“门徒数百千人”，建安年间，河东学者乐详曾就“《左氏》疑滞数十事”专程从南阳步行到乐详的私学请益问难④。荆州本土学人和大量外地流徙人士之间的学术交流即当时所谓“游学”活动，如建安初诸葛亮在荆州“与颍川石广元、

① 关于汉末荆州学派的研究成果，比较全面的考察及研究史概述，较早的有程元敏：《季汉荆州经学》（上、下），“上”见《汉学研究》1986 年第 4 卷第 1 期；“下”见 1987 年第 5 卷第 1 期。最新的代表性成果为瞿安全、王奎：《荆州学派及其影响研究》，湖北人民出版社 2013 年版。下文中涉及的其他研究将随文注出。

② 《三国志》第 6 卷《魏书·刘表传》及裴注引《英雄记》，中华书局点校本 1959 年版，第 210～212 页；《后汉书》第 74 卷下《刘表传》，中华书局点校本 1965 年版，第 2 419～2 421 页；《资治通鉴》第 59 卷《汉纪》献帝初平元年（190 年）三月，中华书局 1956 年版，第 1 913 页。

③ 《资治通鉴》第 62 卷《汉纪》献帝建安元年（196 年），中华书局 1956 年版，第 1 993 页。严可均校辑：《全三国文》第 56 卷阙名二《刘镇南碑》，《全上古三代秦汉三国六朝文》，中华书局 1958 年版，第 1 362 页。王粲：《荆州文学记官志》，《艺文类聚》第 38 卷《礼部·学校》，上海古籍出版社 1999 年版，第 693 页。

④ 《后汉书》第 79 卷下《儒林传》颖容传、谢该传，中华书局点校本 1965 年版，第 2 584 页。

徐元直、汝南孟公威等俱游学”①，也多以私学为平台。私学既能分享到官学资源如藏书、师资、交流平台乃至学术氛围，同时又能广招学徒，更自由地开展教学、研究活动，其研习范围似较官学更为广泛，如原则上官学不授诸子之学，私学却有研习、讲授，而诸子学中的道家对于荆州学派作为开启玄学的先声而言，是不可或缺的要素。总之，官学和私学相互补益、相得益彰，才构成完整意义上的荆州学派②。

荆州学派最重要的成果即是刘表组织，受刘表之命主持荆州学政的宋衷和綦毋闿所主编的《五经章句后定》，以古文经学为其特色。易学也是荆州学派的重要内容，宋衷堪称汉末易学大家，其《周易注》兼采象数与义理，其注解《太玄》亦不重占验而重义理③，马国翰认为宋衷易注“有见乎发挥旁通之妙”，而处于王弼、郑玄即象数派易帝与义理派易学之间④。宋氏易学虽总体上未脱汉代易学窠臼，但仍有别开生面之处，即已崭露义理易学之倾向。论者总结荆州学派的学术成就有三：在乱世中保存文化，发展学术；培养了一批经学人才；在古文经学和易学方面比较突出，比较注重义理，崇尚简约⑤。这是平实而中肯的评价。

荆州学派的学术得到广泛传播，影响深远，特别是对玄学的兴起有先导之功。汤用彤先生早就指出：三国时期的玄学，以宋衷为代表的“荆州一派见解最新”，以郑玄为代表的“北派最旧”，开创魏晋玄学的王弼，“实际就是上承荆州一派易学‘新经义’的大师”。玄学成立的两个主要因素之一，即是通过“研究《周易》《太玄》等而发展出的一种‘天道观’”，而宋衷正是研究这两部书的专家。“宋氏重性与天道，辅嗣（王弼）好玄理”，中经“从宋忠（按：即宋衷）读《太玄》而更为之解”的

---

① 《三国志》第35卷《蜀书·诸葛亮传》，中华书局点校本1959年版，第911页。

②⑤ 瞿安全、王奎：《荆州学派及其影响研究》，湖北人民出版社2013年版，第121、366～367、376～377页。

③ 唐长孺：《汉末学术中心的南移与荆州学派》，谷川道雄主编：《地域社会在六朝政治文化上所起的作用》，玄文社1989年版；瞿安全、王奎：《荆州学派及其影响研究》，湖北人民出版社2013年版，第187～205、372～374页。

④ 马国翰辑：《玉函山房辑佚书·周易宋氏注》，广陵书社2004年版，第128页。

王肃，二者从而在学理上“一脉相传”①。唐长孺先生先后论证指出：王肃“年轻时从荆州学派的宋忠读《太玄》，多少受新经学影响。《南齐书》第39卷《陆澄传》称王肃《易》注‘在玄（郑玄）、弼（王弼）之间’，可见其《易》注……一部分也出于荆州之学，和王弼同出一源。……宋忠的注《易》和《太玄》基本态度是在于扫除象数，而注意发挥理论，这正是新经学的道路”。宋忠的“《周易注》和《太玄经注》开辟了清除象数占验的新易学道路”，“荀爽、宋忠、王肃、王弼之间，似乎有一条脉络可寻。……荆州的学术广泛传播，西至益州，东达吴会，北及中原，在不同程度上都受荆州学术的影响”②。正如余英时先生所说，尽管“荆州学之内容今已不能详知，然其《易》与《太玄》之新注为汉晋间天道观转变之关键所在，王弼、何晏之形上学即承此而起，此今人之定论也”③。对于荆州学与魏晋玄学之间或者说宋衷与王弼之间的学术联系，学界尚有不同认识④，但有一点是不容置疑的，那就是以宋衷为代表的荆

① 汤用彤：《王弼之周易论语新义》《魏晋思想的发展》，《中国现代学术经典·汤用彤卷》，河北教育出版社1996年版。以王肃之学出于宋衷，首发于蒙文通《经学抉原》，汤氏从其说而论证发挥，详见上揭程元敏《季汉荆州经学》，此不赘述。

② 唐长孺：《读抱朴子推论南北学风的异同》，《魏晋南北朝史论丛》，生活·读书·新知三联书店1955年版。唐长孺：《汉末学术中心的南移与荆州学派》，谷川道雄主编：《地域社会在六朝政治文化上所起的作用》，玄文社1989年版。

③ 余英时：《士与中国文化》，上海人民出版社2003年版，第307页。

④ 如程元敏论证指出，王弼易学并非“渊源于宋衷易学”，亦“不曾祖述王肃”。说见程撰：《季汉荆州经学》，《汉学研究》1986年第4卷第1期、1987年第5卷第1期。新近出版的瞿安全、王奎：《荆州学派及其影响研究》（湖北人民出版社2013年版，第403～454页），对程说有所折中，认为宋衷—王肃—王弼一线传承说不无问题，即使成立“也只能说明宋衷易学是象数派易学向义理派易学过渡的中间环节，仍不能说明宋衷易学经由王肃而开启王弼玄学”。值得注意的是，王葆玹认为王弼玄学来源于宋衷，而无须经过王肃及古文经学，则对通过否定宋衷—王肃之间的传承来否定宋衷—王弼之间的渊源，不啻釜底抽薪。王葆玹：《正始玄学》第一章第三节“《太玄》学与荆州学”，齐鲁书社1987年版，第17～21页。由于宋衷著述不传，今日学者所论，多凭其残文佚句，释读理解不免各有所见，总之，宋衷、王弼之间的学术关系还有待进一步厘清。

州学派之解经偏重义理，与王弼解《易》之摈落象数而专阐玄理①，荆州学派“改定五经章句，删划浮辞，芟除繁重”，与“王弼之解《易》要约明畅”②，二者虽程度有别，但理路是相通的，倾向是相同的。总之，若从玄学发展的总体脉络和内在理路而言，宋衷—王肃—王弼一线的传承关系似不可否认，荆州学派至少可以视为汉代象数易学向魏晋义理易学的过度环节，它为未来玄学的兴起作了人才和学理上的准备，也是无可否认的。我们看到，作为荆州学派学术成果汇编的所谓《荆州八帙》，直到南朝仍是玄学清谈家必须研习的基本著作③。

建安十三年（208 年）刘表去世，尸骨未寒，曹魏大军即已压境，

① 《三国志》第 28 卷《魏书·钟会传》（中华书局点校本 1959 年版，第 796 页）裴注引“孙盛曰”，称王弼《周易注》“至于六爻变化，群象所效，日时岁月，五气相推，弼皆摈落，多所不关”。汤用彤先生论王弼以老庄解《易》，以言为象之代表，象为意之代表，主张“解《易》要当不滞于名言，忘言忘象。……王弼依此方法，乃将汉易象数之学一举而廓清之，汉代经学转为魏晋玄学，其基础由此而奠定矣”。汤用彤：《言象之辩》，《中国现代学术经典·汤用彤卷》，河北教育出版社 1996 年版。

② 严可均校辑：《全三国文》第 56 卷阙名二《刘镇南碑》，《全上古三代秦汉三国六朝文》，中华书局 1958 年版，第 1 362 页；刘勰著、范文澜注：《文心雕龙注》第 4 卷《论说第十八》，人民文学出版社 1958 年版，第 328 页。

③ 《南齐书》第 33 卷《王僧虔传》，中华书局点校本 1972 年版，第 598 页。汤用彤《王弼之周易论语新义》认为：王僧虔所撰《诫子书》中称为“言家口实”的《荆州八帙》，是荆州学派的经学学术成果汇编。《中国现代学术经典·汤用彤卷》，河北教育出版社 1996 年版。其后学者对《荆州八帙》的作者、内容，颇有不同意见。牟润孙：《论魏晋以来之崇尚谈辩及其影响》第五节“荆州学派”，疑此书并非刘表时荆州学派著作，推测其书或为东晋庾亮、桓温出镇荆州时诸名士之清谈玄学著作。牟润孙：《注史斋丛稿（增订本）》，中华书局 2009 年版。然而牟氏此说，如其自称的“别无确据”。江左名士好清谈玄学而绝少著述，王僧虔《诫子书》中所举诸玄谈必读书，率为汉魏西晋著述。窃以为《荆州八帙》即使不是刘表时荆州学派专著，荆州学派著述亦当包括在内。因为两汉以来下至宋、齐，荆州作为全国学术中心，出现具有全国性影响的学派，唯有刘表时的荆州学派。诚如上揭唐长孺先生《汉末学术中心的南移与荆州学派》所云，东汉以来学业散在家门，如果说全国还有学术中心，那就是（首都）洛阳。正是因为董卓之乱洛阳彻底破坏，数以千计避乱而来的外地“学士”使荆州因缘际会代替洛阳成为全国的学术中心，其学术影响得到广泛传播。故鄙意以为“论注百氏”的《荆州八帙》只有在这种情况下才能产生，而其他时代并无产生的背景条件。

刘琮束手投降。其后荆州为曹、刘、孙三家分割，荆州人士亦一分为三，荆州官学自然停办，这一学术中心也顷刻瓦解了。再后关羽覆败，魏、吴对峙荆州，南北争夺激烈，都不遑顾及文教。直到西晋时羊祜出镇荆州，始在襄阳“开设庠序”；杜预继羊祜镇襄阳，亦“修立泮宫”。史称他们的兴学立教，使“江汉怀德，化被万里”，起到军事威慑所不能及的教化作用。《水经注·沔水》称：“（襄阳）城南门道东有三碑，一碑是晋太傅羊祜碑，一碑是镇南将军杜预碑，一碑是安南将军刘俨碑，并是学生所立”，这些学生当是就读于荆州州学。安南将军刘俨，于史传无考，他大概继羊、杜之后，也曾在当地兴教立学，故学生一并为他立碑①。西晋末动乱频仍，荆州战火不绝，斯文坠地，学校复废。

东晋初年，“学校陵迟”，“经籍道息”，后“江、扬二州，先渐声教”②，荆州仍处在动荡纷争之中。王敦居上流，志在篡夺，无意文事；陶侃镇荆州，勤政务实，虽“号为多士”，也不闻有兴学之举。至庾亮出镇荆州，方在武昌“盛修学校，高选儒官”，以江夏孟嘉为劝学从事。并下令：“参佐大将子弟，悉令入学，吾家子弟，亦令受业。四府博学识义通涉文学经纶者，建儒林祭酒，使班同三署，厚其供给，皆妙选邦彦，必有其宜者，以充此举……若非束脩之流，礼教所不及，而欲阶缘免役者，不得为生。”当时荆州属郡中也有的准备重建郡学。庾亮还在荆州与谢尚“共为朝廷修雅乐”③。久废的荆州州学得到恢复。但当时荆、扬矛盾仍然尖锐，庾亮又志在北伐，且不久病故，学校办得如何，可以想知。

---

① 《晋书》第34卷《羊祜传》《杜预本传》，中华书局点校本1974年版，第1 014、1 031页。

② 《晋书》第70卷《甘卓传》，中华书局点校本1974年版，第1 862页；《宋书》第14卷《礼志一》，中华书局点校本1974年版，第360页。

③ 《宋书》第14卷《礼志一》，中华书局点校本1974年版，第364页；同书第19卷《乐志一》，第540页；《太平御览》第265卷《职官部·（州）从事》引《孟嘉别传》，中华书局1960年版，第1 241页。

其后庾翼、桓温相继镇荆州，“专事军旅”，学校又废，连当年庾亮、谢尚研制的太乐乐器，也堆在库房里朽坏了①。再后来的荆州刺史王忱、殷仲堪、桓玄，都精通并热衷于玄学清谈，幕府里笼罩着玄谈的气氛，兴立以儒学为主要科目的州学，他们似乎没有兴趣。

南朝荆州学校的复兴，当推南齐初荆州刺史萧嶷在任之时。《南齐书》第22卷萧嶷本传称：“其（建元二年，480年）夏，于南蛮园东南开馆立学，上表言状。置生四十人（《南史》本传作三十人），取旧族父祖位正佐台郎，年二十五以下十五以上补之，置儒林参军一人，文学祭酒一人，劝学从事二人，行释菜礼。”儒林祭酒由号称“四海国士”的琅琊王秀之出任②。萧嶷任荆州刺史时“资费”雄厚，仅现钱每年就有4 000万，尚不包括布、米，因此他有足够的财力支持办学。他离任后荆州州学是否还在坚持，史无详言。但到梁天监七年（508年）安成王萧秀出镇荆州时，《梁书》本传又称“立学校，招隐逸”，则荆州官学至少在齐、梁之际又一度废罢。梁朝中后朝，湘东王萧绎曾久镇荆州，后来又在江陵称帝。萧绎在荆州期间曾致力于文教，主要表现在以下几个方面。

其一是兴办学校。《艺文类聚·礼部·学校》录有梁元帝《请于州立学校表》《召学生教》。又《梁书·儒林·贺玚附子贺革传》称：“出为西中郎湘东王谘议参军，带江陵令。王初于府置学，以革领儒林祭酒，讲《三礼》，荆楚衣冠听者甚众。”萧绎所立学校有州学、府学二种。后者似乎不限于生徒，而是向所有的士大夫开放。

其二是开设玄学科目，招收学生，亲自授课。《颜氏家训·勉学》：“《庄》《老》《周易》，总谓三玄。武皇（梁武帝）、简文，躬自讲论……元帝在江、荆间，复所爱习，召置学生，亲为教授，废寝忘食，以夜继朝。”颜之推说他当时“颇预末筵，亲承旨音，性既顽鲁，亦所不好云”，

---

①《晋书》第23卷《乐志下》，中华书局点校本1974年版，第697页。

②《南齐书》第46卷《王秀之传》，中华书局点校本1972年版，第799页。

可知梁元帝的授课对象也不仅仅是生徒，还包括士大夫。萧绎称帝后，仍继续亲授三玄课程。承圣三年（554 年）十月，北周大军业已压境，萧绎还在龙光殿从容讲述《老子》，不过殿下聆听的百官却是身着戎装（见本书第六章第二节）。

其三是搜集书籍。萧绎所著《金楼子》第 2 卷为《聚书篇》，较为详细地记载了他长达 40 年的聚书过程。萧绎遣王僧辩平定侯景之乱后，“（建康）文德（殿）之书，及公私典籍”，“悉送荆州，故江表图书，因斯尽萃于（萧）绎矣”①，总数大约有七八万卷。

侯景之乱后，不仅图书典籍尽聚荆州，而且建康的许多文人学士亦辗转来到江陵，这里再一次成为全国的文化中心。但如前所述，不过数年时间，由于西魏破江陵，这些书籍大多化为灰烬，人物或死或迁，这一文化中心弹指间灰飞烟灭。

此后荆州大部为西魏（北周）及其附庸后梁占据。北周天和（566—571 年）中李昞出任安州总管（治今安陆），其子李渊（即以后的唐高祖）与楚州（治今孝感北）刺史许法光的儿子许绍一同上学，由博士（即教师）吴琰任教。李渊建唐称帝后曾在给许绍的敕书中回忆此事，称“同游庠序”云云，则他们所上之学，当是安州总管府所立官学②。

除官学外，亦有私家立学。据《水经注·沔水》，曹魏时阴县（治今老河口市西北）令刘熹③，“雅好博古，教学立碑，载生徒百有余人”。这些学生是在“雅好博古”的刘熹私人所设学馆里受业，还是刘熹所开办的阴县官学学生，史载不详，已难确定。上引《沔水篇》又载汎水迳汎阳县（今谷城西）故城南，“又东迳学城南……旧说，昔者有人立学都

① 《隋书》第 49 卷《牛弘传》，中华书局点校本 1973 年版，第 1 299 页。

② 《旧唐书》第 59 卷《许绍传》，中华书局点校本 1975 年版，第 2 328 页；王仲荦：《北周地理志》第 5 卷《山南道下》安州、岳州条，中华书局 1980 年版，第 450、465 页。

③ 刘熹，《文选》第 38 卷任彦升《为范始兴作求立太宰碑表》注引《荆州图》作刘喜，中华书局 1977 年版，第 542 页。

于此，值世荒乱，生徒罔依，遂共立城以御难，故城得厥名矣”，则此学校显然是私家所立。杨守敬《水经注疏·沔水篇》认为，“立此城之生徒，或谓即阴县令刘熹所聚教”，则上述刘熹在阴县所办学校或属私立。又《梁书》第48卷《儒林·太史叔明传》称：“（叔明）少善《庄》《老》，兼治《孝经》《礼记》，其三玄尤精解，当世冠绝……邵陵王（萧）纶好其学，及出为江州，携叔明之镇。王迁郢州，又随府，所至辄讲授，江外人士皆传其学焉。”太史叔明所至之处，皆开馆讲授，以售其学，当属于私人讲学。应该指出的是，自东汉以来学术散在家门，家学庭训，或者延师于家，或者开馆授徒于乡，或“锄则带经”边劳动边自学，或者游学于外，这些各种形式的私家讲学，其在学总人数及成效都超过官学，只是受资料所限，不能详论了。

二、名士风流

永嘉乱后，大批名士南渡，本来盛行于京洛的玄学清谈，随着这些渡江名士传播到南方。其中有不少名士即是取道荆州南来。如在玄理微言方面被认为上接王弼，风姿俊爽每使观者如堵的名士卫玠，就是南行至江夏，经武昌、豫章，然后抵达建康的①。两晋之际先后出镇荆州的王澄、山简、王敦等人，原本就是中朝名士。如前所述，当时荆州的局势非常复杂，而王澄、山简在任，无不“日夜纵酒”，他们任诞不羁、不理政事的“名士风范”，给他们自己，也给荆州人民带来了或者说加重了灾难。王敦之后坐镇荆州的陶侃，出身贫寒，当官以勤政务实著称，当时“武昌号为多士”，如名士殷浩、庾翼，均在其幕府中，但陶侃尤恶“《老》《庄》浮华”，“谈戏废事”，想必这些名士们在他的手下也不敢放谈三玄②。及至庾亮出镇荆州，麾下名士麇集，玄谈转盛。《世说新语·容止》：

① 《晋书》第36卷《卫玠传》，中华书局点校本1974年版，第1 067页。

② 《晋书》第66卷《陶侃传》，中华书局点校本1974年版，第1 778页。

> 庾太尉在武昌，秋夜气佳景清，使（佐）吏殷浩、王胡之之徒登南楼理咏。音调始遒，闻函道中有屐声甚厉，定是庾公。俄而率左右十许人步来，诸贤欲起避之。公徐云："诸君少住，老子于此处兴复不浅！"因便据胡床，与诸人咏谑，竟坐甚得任乐。

本段主要描述庾亮潇洒自如的举止。陶侃曾赞扬庾亮"非惟风流，兼有为政之实"，虽然陶侃看重的是后者，但他的"风姿神貌"，使得本来对他心怀芥蒂的陶侃"一见便改观"①。庾亮不仅"美姿容"，而且"善谈论，性好《庄》《老》"。他有一次到佛寺里去，看见一尊卧佛，曰："此子疲于津梁（他老先生是为普度众生而累倒了的啊）。"意味深长而简捷、诙谐，"于时以为名言"②。其佐吏殷浩，堪称东晋最有名的清谈家；王胡之亦"好达玄言"③。在这个"气佳景清"应该是皓月当空的"秋夜"，他们聚首在武昌（治今鄂州）南楼上"理咏"、"谑咏"，即是共同探析玄理，所谓"谈玄"。

庾亮的僚属中有参军孙盛，他有两个儿子，一个字齐庄，一个字齐由。据《世说新语·言语》，有一次孙盛带着他们跟随庾亮到武昌的一个山林里去打猎，"庾公不知，忽于猎场见齐庄，时年七八岁，庾谓曰：君亦复来邪？（孙齐庄）应声答曰：所谓'无小无大，从公于迈'（语出《诗经·鲁颂·泮宫》）"。后来孙盛又带着他们兄弟去拜访庾亮，庾亮分别问了他们的字，听说是"齐由"、"齐庄"，又问"欲何齐"，他们说欲齐许由、庄周，庾亮又问齐庄，"何不慕仲尼而慕庄周？"他回答说，"圣人生知，

---

① 余嘉锡：《世说新语笺疏·容止》，上海古籍出版社1993年版，第615页，参本书第四章第二节。

② 《晋书》第73卷《庾亮传》，中华书局点校本1974年版，第1 915页；余嘉锡：《世说新语笺疏·言语》，上海古籍出版社1993年版，第102页。

③ 《晋书》第77卷《殷浩传》，中华书局点校本1974年版，第2 043页；余嘉锡：《世说新语笺疏·赏誉》注引《王胡之别传》，上海古籍出版社1993年版，第487页。

故难企慕”。齐庄、齐由都在庾亮开办的官学里读书，他们小小年纪就能迅捷、贴切地运用《诗经》上的典故，并且能清楚地知晓庄周和孔子的区别，对庾亮的提问作出玄谈风格的机智回答，显然是得益于他们经常参加名士的游猎、玄谈等活动，从而耳闻目染，潜移默化所致，而不仅仅是从学校习得。大量的名士来到荆州，对当地人士的影响，由此可知。

桓温出镇荆州时，人士之盛堪称空前。《渚宫旧事·晋代》：“（桓）温在镇三十年，参佐习凿齿、袁宏、谢安、王坦之、孙盛、孟嘉、王珣、罗友、郗超、伏滔、谢奕、顾恺之、王子猷、谢玄、罗含、范汪、郝隆、车胤、韩康等，皆海内奇士，伏其知人。”① 桓温的外镇生涯中，在荆州有 20 年，而上述参佐大都在荆州任过职。

《世说新语·政事》称“桓公在荆州，全欲以德被江、汉，耻以威刑肃物，令史受杖，正从朱衣上过”。这种较为宽松的条件，使他幕下的“海内奇士”们，得以在荆州充分显示任诞、品题及谈玄等名士风韵。

方外司马谢奕。据《世说新语·简傲》，谢奕任桓温参军，犹与桓温“推布衣交。在温坐，岸帻（衣装简率，不着官服）啸咏，无异常日。宣武（桓温，下同）每曰：‘我方外司马。’遂因酒，转无朝夕礼。桓舍入内（卧室），奕辄复随去。后至奕醉，温往主（温妻南康长公主）许避之。主曰：‘君无狂司马，我何由得相见’”。

傲参军王子猷。《晋书》本传称：“性卓荦不羁，为大司马桓温参军，蓬首散带，不综府事。”他后来继任荆州刺史桓冲的骑兵参军，一次，“桓（冲）问曰：‘卿何署？’答曰：‘不知何署，时见牵马来，似是马曹。’桓又问：‘官有几马？’答曰：‘不问马（语出《论语》），何由知其数？’又问：‘马比死多少？’答曰：‘未知生，焉知死！’（语出《论语》）”②

美食家罗友。《世说新语·任诞》：“罗友作荆州从事，桓宣武为王车

① 余知古撰、夏日新校点：《渚宫旧事》，《魏晋南北朝隋唐史资料》第 16 辑，武汉大学出版社 1998 年版，第 200 页。

② 余嘉锡：《世说新语笺疏·简傲》，上海古籍出版社 1993 年版，第 773 页。

骑（王洽）集别，友进，坐良久，辞出。宣武曰：‘卿向欲咨事，何以便去？’答曰：‘友闻白羊肉美，一生未曾得吃，故冒求前耳，无事可咨。今已饱，不复须驻。’了无惭色。”又称“（罗友）性嗜酒，当其所遇，不择士庶”。

作蛮语的蛮府参军。《世说新语·排调》：“郝隆为桓公南蛮参军。三月三日会，作诗。不能者，罚酒三升。隆初以不能受罚，既饮，揽笔便作一句云：‘娵隅跃清池。’桓问：‘娵隅是何物？’答曰：‘蛮名鱼为娵隅。’桓公曰：‘作诗何以作蛮语？’隆曰：‘千里投公，始得蛮府参军，那得不作蛮语也。’”自谓位不配才。同篇又云：“郝隆七月七日出日中仰卧，人问其故，答曰：‘我晒书。’”自誉满腹经纶。

《世说新语·排调》称谢安初出东山，就任桓温司马。“于时人有饷桓公药草，中有‘远志’。公取以问谢：‘此药又名小草，何一物而有二称？’谢未即答。时郝隆在座，应声答曰：‘此甚易解：处则为远志，出则为小草。’谢甚有愧色。”郝隆旨在嘲笑谢安始隐而终出，这是一种委婉而幽默的人物品题。

《世说新语·赏誉》：“谢太傅（安）为桓公司马，桓诣谢，值谢梳头，遽取衣帻，桓公云：‘何烦此！’因下共语至暝。”桓、谢二人促膝“共语至暝”，想必不外是玄学清谈，尽管桓温并不以此道见长。

值得注意的是，在桓温幕下的名士群中，有一批荆州土著人士。如孟嘉为江夏人（见上文），车胤为南平（治今公安西北）人，罗友、习凿齿为襄阳人，罗友兄罗崇亦曾为桓温荆州从事。罗含为桂阳（治今湖南郴州，时属荆州）人。范汪为南阳顺阳（治今河南淅川南）人。车胤父为南平郡功曹，当是本地大族。胤博学多通，机悟敏速，年少时即为南平郡太守王胡之所赏拔，长大后，“以辩识义理”为桓温所知。“清通于多士之世，官至选曹（吏部）尚书。”① 任诞不拘的罗友，后亦官至广、益二州刺史。罗含《晋书》第92卷《文苑》中有传。他先任庾亮荆州从

① 《晋书》第83卷《车胤传》，中华书局点校本1974年版，第2 177页；余嘉锡：《世说新语笺疏·识鉴》“车胤”条，上海古籍出版社1993年版，第408页。

事，与江夏太守谢尚为“方外之好”。后为桓温参军。本传称：“温尝使含诣（江夏郡守谢）尚，有所检劾。含至，不问郡事，与尚累日酣饮而还。温问所劾事，含曰：‘公谓尚何如人?’温曰：‘胜我也。’含曰：‘岂有胜公而行非邪！故一无所问。’温奇其意而不责焉。”有人称颂罗含“可谓荆楚之材”，桓温说：“此自江左之秀，岂惟荆楚而已”，可见他对罗含非常看重。后官至侍中、长沙相。孟嘉以风度温藉、盛德清操著称，曾任庾亮劝学从事，后为桓温参军。《世说新语・识鉴》称：“嘉喜酣畅，愈多不乱。温问：‘酒有何好，而卿嗜之?’嘉曰：‘明公未得酒中趣尔。’又问：‘听伎，丝不如竹，竹不如肉，何也?’答曰：‘渐近自然。’”可见孟嘉的举止言谈以及玄学造诣，实与侨人名士无异。但在侨姓的心目中，与南人还是有距离的。襄阳习凿齿长于文史，善尺牍论议，亦被桓温罗致幕内。《世说新语・言语》曾载习凿齿与青州伏滔“论青楚人物”，二人争相列举本州名人大德，争论往复，以较优长。同书《排调》又载习凿齿与太原孙绰互以籍贯相嘲。虽属戏语，仍反映了南北人士之间的疏离感。

在东晋后期殷仲堪出镇荆州期间，玄谈风气极盛。殷仲堪本是一个有名的清谈家，自称“三日不读《道德经》便觉舌本间强”。当时桓玄弃职归国（玄袭温爵南郡公），优游荆州，“常与殷荆州仲堪终日谈论不辍”，“每相攻难”①。《世说新语・排调》称：

> 桓南郡与殷荆州语次，因共作了语。顾恺之曰：“火烧平原无遗燎。”桓曰：“白布缠棺竖旒旐（出殡时灵柩前幡旗）。”殷曰：“投鱼深渊放飞鸟。”次作危语。桓曰：“矛头淅米剑头炊。”殷曰：“百岁老翁攀枯枝。”顾曰：“井上辘轳卧婴儿。”殷有一参军在坐，云：“盲人骑瞎马，夜半临深池。”殷曰：“咄咄逼人！”仲堪眇目故也。

① 余嘉锡：《世说新语笺疏・文学》，上海古籍出版社1993年版，第243页。

这实际上是桓、殷之间的一种智力交锋。殷仲堪虽在玄学造诣上要高于桓玄，但在政治权术上却不是桓玄的对手，后来终于为桓玄所杀。

南朝时出镇荆州者多是宗室，其幕僚亦多玄学、文学之士。如元嘉九年至十六年（432—439 年）出镇荆州的临川王刘义庆，爱好文义，“招聚文学之士，近远必致”，并编辑了一部以清谈为中心内容的《世说新语》，有的学者认为此书即是刘义庆及其所招聚的文士共同编成①。南齐豫章王嶷镇荆州，开馆立学，已见上述，其群吏中，刘绘、乐蔼、张稷皆为才学之士。齐随郡王萧子隆“有文才”，在荆州“好辞赋，数集僚友”，“流连晤对，不舍日夕”，著名文士谢朓即在其幕下②。梁湘东王萧绎（即梁元帝）镇荆州时，僚佐中文士尤多，文事亦繁，已见上述。其他如梁永阳王萧敷任随郡内史，“唯置酒清言”，陈孙玚任郢州刺史，“常于山斋设讲肆，集玄儒之士，冬夏资奉”③，就不一一列举了。

上面已经谈到，东晋时期，以出镇荆州的侨姓高门为主的名士风流，对当地人士提高玄学清谈方面的修养不无作用。进入南朝以后，从南阳迁居江陵的宗、刘、乐、庾诸族，多以玄学（包括佛学）、文学、艺术见长；就是尚武善战的雍州（襄阳）侨姓集团中，那些步入社会上层的家族，如河东柳氏，京兆韦氏，甚至“将家儿”张欣泰，都在力图文士化。这些我们在本书第七章中已有详述。西魏破江陵，以及隋灭陈后，那些仍在北方政治舞台上活动的荆楚人士，大抵是具有文化传统的家族④。

三、佛教传播

佛教在东汉初年已传入中国，至东汉末年渐在北方流行，并开始向

① 周一良：《〈世说新语〉和作者刘义庆身世的考察》，《魏晋南北朝史论集续编》，北京大学出版社 1991 年版，第 21 页。

②《南齐书》第 47 卷《谢朓传》，中华书局点校本 1972 年版，第 825 页。

③《南史》第 51 卷《梁宗室上·萧敷传》，中华书局点校本 1975 年版，第 1 273 页；《陈书》第 25 卷《孙玚传》，中华书局点校本 1972 年版，第 321 页。

④ 牟发松：《汉唐间的荆州宗氏》，《文史》第 44 辑，中华书局 1998 年版，第 81～96 页。

南方传播。最早到今湖北地区传播佛教的是大月支人支谦，他大约在魏黄初二年至五年（221—224年）之间来到武昌（今鄂州）。孙吴黄武三年（224年），天竺沙门维祇难、竺将炎来到武昌，支谦与他们共同译出《法句经》，这是南方最早的译经活动。孙权在武昌先后兴建了昌乐寺（院）、慧宝寺等佛教寺院。《佛祖统纪》第35卷谓昌乐寺建于黄初元年（220年），恐不确，因当时孙权尚在公安，推测昌乐寺应是孙权为安置前来传法的支谦所建。不过昌乐寺终归是荆州也是南方最早的佛寺①。

1956年在今武昌发掘出孙吴永安五年（262年）的古墓，墓中出土的陶俑，前额正中塑出一个圆突，即模仿佛祖释伽的“白毫相”。同墓中还出土一件鎏金铜带饰，上面镂刻着一尊佛像，立于莲花台座上，头顶有背光和肉髻，上身袒露，有披带飘拂，下身穿裙。此像虽镂刻于铜带饰上，却被公认为我国现存年代最早的一尊金铜佛造像。另外，在鄂州的孙吴、西晋墓葬中，还出土了具有佛像图纹装饰的青铜镜6面，青瓷器3类4件，这些文物大部分可能制作于孙吴时期。它们的出现应该是佛教传播和流行的结果。不过这些佛像作为装饰图纹，突出的是其装饰性，而不同于单独雕塑铸造的作为供养膜拜对象的佛像②。

西晋时期，佛教在荆州的传播区域有所扩大。《佛祖统纪》第36卷称“荆州都督羊祜日供给武当山寺”。西晋荆州治襄阳，则襄阳在西晋时出现了佛寺。据《法苑珠林》第95卷引《灵鬼志》，晋南郡有一个姓欧的议曹掾“得病经年”，“巫、医备至”而不见好转，其子晚上“梦见数沙门来视其父，明旦便往诣佛图见诸沙门，问佛为何神”，则西晋的南郡（治今江

① 汤用彤：《汉魏两晋南北朝佛教史》第六章，《中国现代学术经典·汤用彤卷》，河北教育出版社1996年版，第93～98页；夏日新：《魏晋南北朝时期荆州地区佛教的传播和发展》，谷川道雄主编：《地域社会在六朝政治文化上所起的作用》，玄文社1989年版。

② 湖北省文物管理委员会：《武昌莲溪寺东吴墓清理简报》，《考古》1959年第4期；程欣人：《我国现存古代佛像最早的一尊造像》，《现代佛学》1964年第2期；贺忠香等：《鄂城六朝文物的佛像装饰与南方佛教》，《文物》1997年第6期。

陵）也有了佛图（寺院）。不过当地人对佛教的了解很少，不知“佛为何神”，可见佛教还只是刚刚传入该地。《高僧传》第1卷引庾仲雍《荆州记》，称晋初有沙门“得财物立白马寺于荆城东南隅”，不知欧议曹掾的儿子“往诣”之佛图是否即是此白马寺①。有学者根据方志资料统计，西晋有佛寺57所，其中荆州8所，当时荆州范围甚大，今湖北境内有6所②。

两晋之际，特别是后赵灭亡后，北方政局混乱，战火不息，大批佛教徒相率南迁东晋境内，其中最著名的是道安师徒。一般认为在晋哀帝兴宁三年（365年），道安受襄阳大姓、名士习凿齿邀请，率徒众400余人来到襄阳，先止于白马寺，一时“四方学士，竞往师之”，“（道）安以白马寺狭，乃更立寺，名曰檀溪，即清河张殷宅也。大富长者，并加赞助，建塔五层，起房四百”。在创寺过程中，得到地方长官、大族以及苻秦方面的支持③。道安在襄阳期间，每年亲讲两遍《放光般若经》，传道授法之余，又对大小品《般若经》进行研究。并主持翻译、整理佛经，编制目录，沟通南北佛典交流，还与各地僧侣保持广泛的联系，从而使襄阳成为当时的佛教中心之一。道安还派遣弟子到江陵创建佛寺，其弟子昙翼就先后建造了长沙寺、上明寺及西寺等，道安本人还一度应邀到江陵讲经④。道安著名弟子先后南下驻锡江陵的，有上明寺竺僧辅、昙徽，长沙寺昙翼、法遇、昙诫等。太元四年（379年）前秦攻下襄阳，将道安及习凿齿等送往关中，道安弟子慧远、慧持也离开襄阳到荆州上明寺，他们二人后来又到庐山。慧远在庐山创立了著名的东林寺，使庐

① 夏日新：《魏晋南北朝时期荆州地区佛教的传播和发展》，谷川道雄主编：《地域社会在六朝政治文化上所起的作用》，玄文社1989年版。

② 张弓：《汉唐佛寺文化史·寻蓝篇一》，中国社会科学出版社1997年版，第28页。

③ 释慧皎撰、汤用彤校注：《高僧传》第5卷《义解二·释道安传》，中华书局1992年版，第179页。参任继愈主编：《中国佛教史》第2卷第2章，中国社会科学出版社1985年版，第160～177页。

④ 吉川忠夫：《道安教团在襄阳》、朱雷：《释道安与襄阳》，均载谷川道雄主编：《地域社会在六朝政治文化上所起的作用》，玄文社1989年版。

山在东晋末发展为江南的佛教中心，慧持后西上益州，在那里“大弘佛教”。总之，道安教团的南下，不仅推动了荆州地区的佛教发展，而且使佛教在江南得到更广泛的传播①。

前、后秦灭亡后，又有不少佛教高僧南徙荆州。据统计，《高僧传》《续高僧传》中，共出现东晋佛寺 52 所，其中南郡有 9 所，襄阳郡有 2 所，武昌郡有 2 所，今湖北境凡 13 所，约占两传所载佛寺总数的四分之一。根据方志汇计，今湖北境内的佛寺数量还要更多一些②。总之，由于北方佛教高僧的南徙，荆州的佛教传播有了很大的进展。

南朝时期，荆州地区的佛教有了更显著的发展，在以佛教为国教的梁朝尤为显著。其主要表现为：

其一，信仰佛教的社会阶层扩大，人数增多，上自世家大族，下到普通百姓，乃至贱民奴婢，几乎每一个阶层都有人信教。从《高僧传》第 7 卷《义解·慧观传》称晋宋之际，“荆楚之民回邪归正者（即信佛者）十有其半”，可以概见。

其二，是僧尼数量增多。《南史》第 70 卷载梁郭祖深上书，称都下（建康）“僧尼十余万”，“所在郡县不可胜言。道人又有白徒，尼则皆蓄养女，皆不贯人（民）籍，天下户口几亡其半”，虽不无夸大以耸动视听，但僧尼人数之多可证诸史传。宋文帝时臧质出镇雍州等地，“姬妾百房，尼僧千计”；刘粹出任雍州刺史，“在任简役爱民，罢诸沙门二千余人”③。江陵长沙寺，东晋末还只有 400 余僧，至南朝末年，发展到“僧众凑集千有余人”；荆州河东寺，“自晋宋齐梁陈氏僧徒常数百人，陈末隋初有名者三千五百人，净人数千”。有的学者主要根据《高僧传》《续

---

①④ 夏日新：《魏晋南北朝时期荆州地区佛教的传播和发展》，谷川道雄主编：《地域社会在六朝政治文化上所起的作用》，玄文社 1989 年版。

② 张弓：《汉唐佛寺文化史》，中国社会科学出版社 1997 年版，第 30～32 页。

③《宋书》第 74 卷《臧质传》，中华书局点校本 1974 年版，第 1 918 页；同书第 45 卷《刘粹传》，第 1 380 页。

高僧传》，对南北朝时期僧人生长地点进行了统计，共得513位僧人，南方有233人，其中荆、雍二州41人，而南郡有11人，襄阳有14人。该学者又对南北朝时期高僧活动地点的分布进行了统计，江汉沅湘地区有119人，活动于南郡的有71人，襄阳有21人①。这些统计数字在资料来源上不无局限，但仍有助于说明今湖北地区僧人数量众多的一般情形。

其三，是佛寺数量的增多及规模的扩大。宋、齐两代，荆州地区见于记载的新建佛寺有琵琶寺、五层寺、灵收寺、新寺、三层寺、祇洹氏、永业寺。宋孝武帝时自荆州新分置的郢州治所夏口，在宋大明五年（461年）创建了头陀寺。梁代荆州又兴建了瑶光寺、瓦官寺、普贤尼寺、寿王寺，雍州新建了慈觉寺、平等寺、卧佛寺，郢州新建了招提寺、晋安寺。原有的寺院也在继续扩大，江陵长沙寺经过扩修，在南朝末有“殿宇大小千五百间”，僧数上千，成为“天下称最、东华第一”的特大寺院②。

其四，是佛教寺院经济的逐步发展，这一点上文已有论述，此处从略。

六朝时期，荆楚地区在佛学理论方面也有建树，并具有地域特点。东晋成帝时过江的支愍度所创立，带有明显的“格义”特点的“心无义”论，曾因沙门道恒宣扬，“大行荆土”。后因慧远等人“攻难”，遂告衰微，不过直到东晋末年，桓玄、刘遗民等人仍执此义③。晋、宋之际，义学兴起，而“涤除弥漫寺院的浮华清谈，以佛义探讨取代竞夸虚玄，倡起真正佛学义林的，是道安”。安公在襄阳白马寺、檀溪寺，历15年“斋讲不倦”。在襄阳“分张徒众”，更把义学风气广布江南，其中昙翼在

① 周振鹤主编：《中国历史文化区域研究》，复旦大学出版社1997年版，第82～98页。

② 夏日新：《魏晋南北朝时期荆州地区佛教的传播和发展》，谷川道雄主编：《地域社会在六朝政治文化上所起的作用》，玄文社1989年版。

③ 陈寅恪：《支愍度学说考》，《金明馆丛稿初编》，上海古籍出版社1980年版，第141～167页。

江陵立长沙寺，教化“荆楚士庶”；慧远曾在江陵上明寺传法。这两寺属于以檀溪为中心的荆襄义林①。梁僧慧球，“年十六出家，住荆州竹林寺”，后从僧渊受《成实论》，“至年三十二，方还荆土，专当法匠。讲集相继，学侣成群，荆楚之间，终古称最，使西夏义僧，得与京邑抗衡者，球之力也”②。这是《成实论》在荆楚的传播。荆楚亦为律学重镇之一。号称“青眼律师”的西僧卑摩罗叉，曾往荆陕（时号荆州为陕西）传法，“皆宣通《十诵（律）》”，“大弘律藏”，在江陵辛寺传道时，“析文求理者，其聚如林”。青眼律师在辛寺的弟子慧猷，“大明《十诵》，讲说相续”，刘宋时“陕西律师莫不宗之”。江陵琵琶寺的释僧隐，“游心律苑，妙通《十诵》”，江陵上明寺的成具律师，“亦善《十诵》③。东晋隆安（397—401年）中，罽宾佛僧昙摩耶舍东来中国，曾南游江陵，止于辛寺，大弘禅法”，前来就学者300余人。宋初又有昙摩蜜多自蜀“出峡止荆州，于长沙寺造立禅阁”，号曰大禅师，其后江陵习禅者不少，上面谈到的上明寺僧隐律师，不仅“深解律要”，而且“学尽禅门”，在他的影响下，“禅慧之风，被于荆楚”。刘宋以后，佛僧群趋义学，禅法渐衰，但荆州仍有行禅法者，不过大抵来自北方④。

六朝时期佛教的传播对社会生活影响甚巨，下文将主要就风俗变迁方面略加探讨。

---

① 张弓：《汉唐佛寺文化史·科门篇二·义林》，中国社会科学出版社1997年版，第414～416页。

② 《高僧传》第8卷《义解·释慧球传》，上引汤用彤校注本，中华书局1992年版，第333～334页。

③ 《高僧传》第2卷《译经中·卑摩罗叉传》，第11卷《明律》释慧猷、僧隐及成具诸传，上引汤用彤校注本，中华书局点校本1992年版，第64、428～443页。

④ 《高僧传》第1卷《译经上·昙摩耶舍传》，上引汤用彤校注本，中华书局1992年版，第42页；同书第3卷《译经下·昙摩蜜多传》，第121页；汤用彤：《汉魏两晋南北朝佛教史》，《中国现代学术经典·汤用彤卷》，河北教育出版社1996年版，第572页。

四、风俗变迁

六朝时期今湖北地区的世风民俗多沿先秦两汉之旧，这从宗懔《荆楚岁时记》所载民间节日行事，如正月贴门神，进椒柏酒，三月三日“四民并出江渚池沼间，临清流为流杯曲水之饮”，五月五日浴兰节，分别见于汉代的《风俗通》《四民月令》《周礼》郑注及《楚辞》，可以见知。但六朝时期荆楚风俗也有若干变化，其中最重要的表现，是佛教流行后对荆楚社会风俗的影响。

《荆楚岁时记》为侨居江陵的南阳宗懔所著。宗懔是梁元帝江陵政权的重要人物，西魏破江陵后入关中（见本书第六章第二节，第三章第二节）。《荆楚岁时记》是专记荆楚岁时风习的第一部著作。此书虽早佚，但仍有不少佚文，是研究六朝荆楚风俗的重要资料。

《荆楚岁时记》现存佚文所载与佛教有关的风俗行事，主要有如下数条。

其一：

> 二月八日，释氏下生之日，迦文成道之时。信舍之家，建八关斋戒、车轮宝盖、七变八会之灯。平旦执香花绕城一匝，谓之“行城”。①

“迦文成道之时”，应指释迦牟尼悟道成佛之日，汉地佛教通常定为农历十二月八日，即所谓“腊八节”，亦称“成道节”。二月八日，则是所谓“佛出家节”。传说释迦牟尼于此日夜半逾城出家。“释氏下生之

---

① 此据宋金龙校注本《荆楚岁时记》，山西人民出版社 1987 年版，第 31 页。宋校注本以《宝颜堂秘笈》万历刊本为底本。以下所引《秘笈》本以外的佚文，则参据宋校注本所附佚文及日本“东洋文库”（324 号）本《荆楚岁时记》补佚，守美屋都雄译注、布目潮沨等补订，平凡社 1978 年版。

日”，自然是指释迦牟尼降生，汉地佛教通常定为四月初八。但同时又有二月八日降生之说，隋杜台卿《玉烛宝典》第2卷、第4卷曾引据多种佛经以证。《宝典》又引据梁特进沈约之说，谓四月八日未必可信。沈约所论意味着梁朝本以二月八日为佛诞节。事实上荆楚地区二月、四月皆有佛诞纪念活动，正如《玉烛宝典》第4卷所云，“后人每二月八日巡城围绕，四月八日行像供养，并其遗化，无废两存”。这样荆楚地区在二月八日便有几个佛教节日（出家、成道、佛诞）重合，场面盛大可观。据宗懔所记，有八关斋法会，有装饰象征佛法的菩提树、宝塔及宝盖伞的法车，有敷演佛经故事的各色彩灯，最壮观的当是“执香花绕城一匝”的所谓“行城”。行城源于印度的行像，东晋法显西行取经，至中天竺摩揭提国巴连弗邑，知当地每年二月八日有行像仪式，他又曾目击于阗国盛大的行像活动。法显归国后晚年居住在江陵辛寺，行城风俗不知是否由法显导入荆楚？《玉烛宝典》第2卷称二月行城时的幡彩香花，“道俗唯刻镂锦彩为之”，下引《荆楚岁时记》云：“谢灵运孙名兹藻者，为荆府咨议，云今世新花，并其祖灵运所制。”这里的“今世”，自是指宗懔生活的时代。这段话当出于宗懔原书正文，可知原书所记行城事远比辑本详细①。

其二：

> 四月八日，诸寺设斋，以五色香水浴佛，共作龙华会。荆楚人相承，四月八日迎八字之佛于金城，设幡幢鼓吹，以为法乐。四月八日，长沙寺阁下有九子母神，是日市肆之人无子者，供养薄饼以乞子，往往有验者。
>
> 四月八日，有染绢为芙蓉，捻蜡为菱藕。

---

① 关于《荆楚岁时记》的流传、辑佚整理，以及本小节有关内容，详见牟发松：《关于〈荆楚岁时记〉的几个问题》，湖北省历史学会等编：《南国名都江陵》，湖北教育出版社1993年版；夏日新：《魏晋南北朝时期荆州地区佛教的传播与发展》，谷川道雄主编：《地域社会在六朝政治文化上所起的作用》，玄文社1989年版。

则四月八日荆州诸寺照例有浴佛之庆，有道俗、士女参加的龙华法会。“幡幢鼓吹”，张灯结彩，一派节日气氛。是日到金城迎八字佛（文殊菩萨），当是行像仪式。金城为江陵郭内子城。是日供九子母神以求子，似为荆楚特别习俗。九子母神即“鬼子母神”，为“二十天”之一。其形象为中年妇女，怀抱小儿，膝下绕数儿，相传她曾生下五百鬼子（或说一万），皆为大力士，后皈依佛法，为二十护法神之一。唐义净《南海寄归内法传》称印度诸寺多供养此神，有病及无子嗣者，若经常奉祀皆能如愿。梁荆州长沙寺供有此神，但供养乞子仅限于浴佛节，不知何故。

其三：

> 四月十五日，僧尼就禅刹挂搭，谓之“结夏”，又谓之“结制”。此节限于出家佛徒。至此日行脚游方之僧投寺院暂住，以免外行伤害草木虫类。

其四：

> 七月十五日，僧尼道俗悉营盆供诸寺。

此节本于《盂兰盆经》。盂兰是天竺语“倒悬”的译音，盆是汉语，指盛供品的器皿。是日广设百味五果，超度地狱宗亲，并兼及无家饿鬼，即以供盆解除先亡倒悬之苦。大约在晋宋之际，盂兰盆会首先在荆楚等地由寺院向民间推广，由于《盂兰盆经》中目犍连救母的故事与民间根深蒂固的孝悌观念极易契合，因而盂兰盆会很快成为约定俗成的岁时法会，《荆楚岁时记》将它载入荆楚人民的固定岁时行事之中。梁武帝时始将此节引进宫廷，使盆斋的传布带有官方化①。与宗懔同时，且同在萧

① 张弓：《中古盂兰盆节的民族化衍变》，《历史研究》1991年第1期。

绎荆州政权里任职的颜之推，在所著《颜氏家训·终制篇》中交代其子孙，说儒家四时祭祀亡亲，意在尽孝，但因杀生祭祖，按内典（佛经）则“翻增罪累”，因此他训诫子孙以斋供、盂兰盆供来代替儒家的四时祭祀。可见盂兰盆会习俗已深入人心。

其五：

> 十二月八日为腊日。……村人并击细腰鼓，戴胡公头，及作金刚力士以逐疫。沐浴，转除罪障。

腊日前夜，“击鼓驱疫，谓之逐除”，或称“大傩”，此俗中国古已有之，可上溯至先秦。据《后（续）汉书·礼仪志》，在此驱疫（即逐厉鬼）仪式中为首的，是所谓“方相氏”，亦即《周礼·夏官》中的“方相氏”，由中黄门装扮，“黄金四目，蒙熊皮，玄衣朱裳，执戈扬盾”。但在梁代，“方相氏”却由“佛家之神”的金刚力士取代，他们手中的武器也应该是金刚杵。由“方相氏”而金刚力士，反映了佛教对传统风俗的渗透。至于“沐浴转除罪障”，显然也是佛教用语。

其六：

> （正月一日）长幼悉正衣冠，以次拜贺。进椒柏酒，饮桃汤。……各进一鸡子。……梁有天下，不食荤，荆自此不复食鸡子，以从常则。

宗懔所记荆楚元旦特色食品，按传说或能避邪祛疾，或能保健养身。但梁代因信佛不食荤，食鸡子竟至取消。众所周知，梁武帝笃信佛教，布衣素食，并著有多篇断酒肉文，以致宗庙祭祀亦不血食。上行下效，当时有不少人或自觉或被迫“以从常则”，而斋戒蔬食。如果说，前述腊日驱疫仪式中“方相氏”被金刚力士悄然取代，是佛教对传统习俗“和平演变”式的渗透，那么，传统元旦节日食品中鸡子的取消，则是佛教对传统习俗的强力干预。上述荆楚传统习俗的变迁，正是通过最高统治者的号召和强制，以及社会风俗的潜移默化来逐步实现的。

夏日新先生对《荆楚岁时记》中的节日习俗，如元日、人日、正月十五日的行事及其源流演变作了实证考索，生动展示了当时荆楚地区的社会生活画面。他还指出，《荆楚岁时记》所载渊源于荆楚地区的节日习俗，后来以各种形式流传到全国，成为中华民族岁时节令文化的重要组成部分①。如流传至今的端午节竞渡，即起源于荆楚地区人们对屈原的怀念。另外，《荆楚岁时记》正月有“（立春）为施钩之戏”条。施钩本是起源于荆楚并带有地方特色的传统游乐活动，即自古以来流行于南郡、襄阳一带的“牵钩之戏”，唐代以后称为拔河，流播全国，成为后世民间流行的一种娱乐形式。本条隋杜公瞻注“求诸外典，未有前事”，遂转求内典，从佛经中寻找根据，进而推测可能是“外国之戏”。从杜注的态度，可见一些本来古已有之的传统习俗，也在被人为地与佛教联系起来，说明佛教文化已深深地融入荆楚的社会生活和精神生活中。

据《隋书》第31卷《地理志下》荆州后序载江汉地区的“牵钩之戏”：“云从讲武所出，楚将伐吴，以为教战，流迁不改，习以相传。钩初发动，皆有鼓节，群噪歌谣，振惊远近，俗云以此厌胜，用致丰穰。其事亦传于他郡。梁简文帝之临雍部，发教禁之，由是颇息。”按梁简文帝萧纲普通四年（523年）出镇雍州，这一延续千载，其活动具有武勇、团体特色的“牵钩之戏”，被简文帝下令禁止，恐怕主要是出于政治稳定的考虑。论者或从“牵钩之戏”起源于“楚将伐吴，以为教战”出发，认为萧纲禁止此戏，是因为他“站在维护中央政权的立场上，不希望可能威胁中央的地方势力成长，因此不希望这种源自楚国攻打吴国军事训练的风俗流传，也不希望其背后蕴含的意义深入人心”。这种分析深入到萧纲复杂的心理活动层面，或求之过深，尚须其他资料佐证，但不无新

① 夏日新：《汉唐之际的民众与社会》第四章“汉唐之际社会习俗的推移”，湖北人民出版社2010年版。

意，可备一说①。

《隋书·地理志下》荆州后序又称“大抵荆州率敬鬼，尤重祠祀之事，昔屈原为制《九歌》，盖由此也”。六朝时期，荆楚人民在供奉本土诸神之外，又把佛家之神请上自己的神坛，如上述之“九子母神”。此外，荆楚人民还创造了新的神灵，即地域人神。如郢州的鲁山（今武汉汉阳）有“吴将鲁肃神祠”，即“鲁山人神”；东晋时荆州刺史殷仲堪死后被宣称为“荆州之神”；还有保佑桑蚕丰收的蚕神“紫姑”；等等②。

《隋书·地理志下》荆州后序又称：“自晋氏南迁之后，南郡、襄阳，皆为重镇，四方凑会，故益多衣冠之绪，稍尚礼义经籍焉。”这里应当是指南阳宗、刘、乐、庾等大姓南迁江陵，成为当地的文化大族。至于东晋时期的襄阳，由于“胡亡氐乱”，大批北方流人侨寓，蛮民成万落地北迁，使得这里民风劲悍，俗尚勇武，人习骑射。但到南朝后期，如前所述，他们中的一部分，如河东柳氏，其后代已投戈习文。所谓“稍尚礼义经籍焉”，正是指的他们。可以说，南朝时期的荆楚地区，由于大批北方侨民的南迁，也引起了当地风习的变化。

《隋书·地理志下》荆州后序还记载了荆楚地区的丧葬习俗：“其死丧之纪，虽无被发袒踊，亦知号叫哭泣。始死，即出尸于中庭，不留室内。敛毕，送至山中，以十三年为限。先择吉日，改入小棺，谓之拾骨。拾骨必须女婿，蛮重女婿，故以委之。拾骨者，除肉取骨，弃小取大。当葬之夕，女婿或三数十人，集会于宗长之宅，著芒心接篱，名曰茅绥。各执竹竿，长一丈许，上三四尺许，犹带枝叶。其行伍前却，皆有节奏，歌吟叫呼，亦有章曲。传云盘瓠初死，置之于树，乃以竹木刺而下之，故相承至今，以为风俗。隐讳其事，谓之刺北斗。既葬设祭，则亲疏咸哭，哭毕，家人既至，但欢饮而归，无复祭哭也。其左人则又不同，无

---

① 洪廷妸：《东晋南朝时期荆楚地域文化与“荆楚人”意识》，魏斌主编：《古代长江中游社会研究》，上海古籍出版社2013年版。

② 李文澜：《汉唐荆楚鬼神文化的时代特征》，郑学檬等主编：《唐文化研究论文集》，上海人民出版社1994年版，第245页。

衰服，不复魄。始死，置尸馆舍，邻里少年，各持弓箭，绕尸而歌，以箭扣弓为节。其歌词说平生乐事，以至终卒，大抵亦犹今之挽歌。歌数十阕，乃衣衾棺敛，送往山林，别为庐舍，安置棺柩。亦有于村侧瘗之，待二三十丧，总葬石窟。"此段记载的前一部分，是讲荆楚地区一般百姓的丧葬习俗，从"其左人"开始，则是蛮族的丧葬习俗。但前者仍夹杂着蛮族遗俗，与儒家丧礼的繁文缛节不合。后者似无祭仪，葬礼原始质朴，重在抒发对死者的怀念之情，不重形式。今三峡地区在魏晋南北朝时期属于蛮人聚居区，该地区六朝隋唐墓所见的多人葬习俗中的"拾骨"葬，正是上引《隋书·地理志》所记述的极具蛮左特色的丧葬习俗，而这一葬俗已成为从考古学上区分蛮人与长江中下游"夏人"的重要指标①。在以北人为主的《隋书》作者眼中，这些丧葬习俗都很落后，行文中不免透露出一种轻视的笔调。如前所述，在南朝时期，蛮族与汉族人民的交流增加，融合加深，相当一部分蛮民，在社会组织及言语习俗方面，"与诸华不别"，但从蛮汉风俗相融相杂的角度来看，"史籍所记之蛮俗，大部分当即为荆楚地区的普遍风俗"②，这也意味着汉、蛮双方的生活习俗都发生了变化。

五、人文成就

六朝时期今湖北地区的人文发展，取得了显著的成就，出现了一大批著名文士及著作，以及富有地方特色的民歌——西曲。

1. 习凿齿及《汉晋春秋》《襄阳耆旧记》(附地方史志)

习凿齿（？—384），字彦威，东晋襄阳人，世为乡豪，《晋书》第82卷有传。凿齿少而博学，才情秀逸，以文笔著称。"荆州刺史桓温辟为从

① 贺世伟：《三峡地区六朝隋唐墓所见的多人葬习俗》，魏斌主编：《古代长江中游社会研究》，上海古籍出版社2013年版。

② 鲁西奇：《释"蛮"》，鲁著：《人群·聚落·地域社会：中古南方史地初探》，厦门大学出版社2012年版。

事，江夏相袁乔深器之，数称其才于温，转西曹主簿，亲遇隆密”，后升为治中，别驾。桓温对他十分器重，他也很感激桓温的提拔。后因桓温久任荆州都督，居上游，握重兵，与宰相、琅邪王司马昱的矛盾越来越尖锐，而习凿齿却称赞司马昱为“生平所未见”，因此“大忤（桓）温旨，左迁为户曹参军”，后又出任荥阳太守。淝水之战前夕，苻丕攻陷襄阳，释道安和习凿齿被俘，甚受苻坚礼遇，号称“昔晋氏平吴，利在二陆；今破汉阳，获士才一人有半耳（以习凿齿有足疾）”。未久以疾回襄阳，继而东晋收复襄阳，“朝廷欲征凿齿，使典国史，会卒，不果”。

习凿齿精通玄学、佛学、文学，但最擅长的还是史学，其代表作是《汉晋春秋》。这是一部编年体史书，上起汉光武帝，下迄西晋愍帝。《隋书》第33卷《经籍志》著录47卷，《晋书》本传及两唐志作54卷。此书早已亡佚，清人有辑本。该书三国时期采用蜀汉年号纪年，以司马昭平蜀作为“汉亡而晋始兴”标志，也就是以晋承汉统，将曹魏排斥在正统之外，故其书虽中包曹魏，却只以“汉晋”名书。习凿齿所采用的新正统史观，使《汉晋春秋》在中国史学发展史上具有一席之地，并影响深远。

南朝史学家裴松之对《汉晋春秋》极为重视，他在为陈寿《三国志》作注时，大量引用此书，采取习氏的史论。唐刘知几《史通》肯定了习凿齿的正统论，在秉笔直书方面也评价较高。北宋司马光编《资治通鉴》，处理三国史事，沿用陈寿的《三国志》，而不取《汉晋春秋》的正统标准。南宋朱熹编《通鉴纲目》，承《汉晋春秋》以蜀汉为正，并在编撰过程中对习氏的正统论作了新的发挥。习凿齿的正蜀伪魏，实际上是为偏安江南的东晋政权争取正统地位，而宋室南渡，偏安之局有类东晋，故南宋君臣对习氏的理论情有独钟，这一点四库馆臣已有正确的揭示①。

习凿齿所著《襄阳耆旧记》共5卷，记载自战国至东晋襄阳地区的

① 《四库总目提要》第45卷《史部·正史类一·三国志》，中华书局1965年版，第403页。

人物事迹，山川地理，及城邑古迹。此书亦早佚，有清人及近人辑本数种。此书保留了战国至东晋襄阳地区的许多珍贵资料，尤以东汉三国为详，所载汉代（含三国）人物包括不同的社会阶层，且半数是正史不为之立传的，因而此书具有重要的史料价值①。

值得注意的是，上揭习凿齿《襄阳耆旧记》、宗懔《荆楚岁时记》之外，两晋南朝时期记载荆楚地方历史的著作成批涌现。类似习著的有晋张方《楚国先贤传》（一作《楚国先贤志》），“隋志”、“两唐志”有著录，《三国志》宋裴松之注、《后汉书》唐李贤注、《文选》唐李善注，以及《艺文类聚》《初学记》《太平御览》等类书，颇有征引②；晋高范撰《荆州先贤传》（一作《荆州先德传》），“两唐志”有著录，多种类书有征引③。还出现了以晋范汪《荆州记》④ 为最早、宋盛弘之《荆州记》⑤ 为代表的多种

① 黄惠贤：《校补襄阳耆旧记序》，《校补襄阳耆旧记》卷首，中州古籍出版社 1987 年版。

② 《隋书》第 33 卷《经籍志二》（作《楚国先贤传赞》），中华书局点校本 1973 年版，第 974 页；《旧唐书》第 46 卷《经籍志上》（作《楚国先贤志》，作者误作杨方），中华书局点校本 1975 年版，第 2 001 页；《新唐书》第 58 卷《艺文志二》，中华书局点校本 1975 年版，第 1 479 页。诸书征引，请参见刘纬毅辑：《汉唐方志辑佚》，北京图书馆出版社 1997 年版，第 120～123 页。按：《太平御览》卷首附录《太平御览经史图书纲目》中，除列张方贤（“贤”为衍文，或字方贤？）《楚国先贤传》外，又列有不具撰人之《楚国先贤传》，不知是重出（《经史图书纲目》颇有重出者），或别为一书，中华书局 1960 年版。

③ 《旧唐书》第 46 卷《经籍志上》，中华书局点校本 1975 年版，第 2 001 页；《新唐书》第 58 卷《艺文志二》，中华书局点校本 1975 年版，第 1 479 页。《北堂书钞》《太平御览》征引此书，或作《荆州先德传》，佚文请参见刘纬毅辑：《汉唐方志辑佚》，北京图书馆出版社 1997 年版，第 113 页。

④ 《太平御览》卷首附录《太平御览经史图书纲目》，中华书局 1960 年版。范汪，《晋书》第 75 卷有传。

⑤ 《隋书》第 33 卷《经籍志二》，中华书局点校本 1973 年版，第 983 页。王谟《盛宏（弘）之荆州记·序录》称：“《荆州记》作者数家，惟盛宏之最著，诸书称引，盛记亦最多。”王谟辑：《汉唐地理书钞》，中华书局 1961 年版，第 322 页。盛记辑本，以陈运溶辑本最为系统、条理，见王谟《汉唐地理书钞》附陈运溶《麓山精舍辑本》，中华书局 1961 年版，第 322～338 页。参见刘纬毅辑：《汉唐方志辑佚》，北京图书馆出版社 1997 年版，第 208～223 页。

《荆州记》，如宋郭仲产《荆州记》[①]，宋庾仲雍《荆州记》[②]，宋刘澄之《荆州记》[③]，梁元帝萧绎《荆南地志》（或作《荆南志》《荆南地记》）[④]，以及不详撰人之《南荆州记》[⑤]，《荆州土地记》[⑥]，《荆州地理记》[⑦]，《荆州图记》[⑧]，《荆州图副记》[⑨] 等。另外，还有宋郭仲产《南雍州（治今

---

① 《新唐书》第 58 卷《艺文志二》，中华书局点校本 1975 年版，第 1 503 页；王谟辑：《汉唐地理书钞》，中华书局 1961 年版，第 339～341 页；陈运溶辑：《麓山精舍辑本》，王谟辑：《汉唐地理书钞》附，中华书局 1961 年版，第 415 页。

② 《太平御览》卷首附录《太平御览经史图书纲目》，中华书局 1960 年版；陈运溶辑：《麓山精舍辑本》，王谟辑：《汉唐地理书钞》附，中华书局 1961 年版，第 414～415 页。

③ 《初学记》第 7 卷《地部下・湖》引，中华书局 1962 年版，第 140 页。陈运溶辑刘澄之《荆州记》（王谟：《汉唐地理书钞》附陈运溶《麓山精舍辑本》，中华书局 1961 年版，第 416 页），以澄之为萧齐人，实为宋人，说见张国淦编著：《中国古方志考》，中华书局 1962 年版，第 474 页。

④ 《隋书》第 33 卷《经籍志二》，中华书局点校本 1973 年版，第 984 页；《新唐书》第 58 卷《艺文志二》，中华书局点校本 1975 年版，第 1 504 页；《梁书》第 5 卷《元帝本纪》作《荆南志》，中华书局点校本 1973 年版，第 136 页；《南史》第 8 卷《梁本纪・世祖孝元皇帝》作《荆南地记》，中华书局点校本 1975 年版，第 246 页。

⑤ 《初学记》第 8 卷《州郡部・山南道》引，中华书局 1962 年版，第 183 页。刘纬毅谓此南荆州为陈天嘉二年（561 年）置于河东（治今松滋）者，故推测作者为陈人，刘纬毅：《汉唐方志辑佚》，北京图书馆出版社 1997 年版，第 329 页。按：《初学记》此条系于“事对・熊川、龙井”下，称熊川、龙井在均州（治今丹江口市）。

⑥ 刘纬毅据北魏贾思勰《齐民要术》已引，推测此书“当为晋或宋初之作”。刘纬毅辑：《汉唐方志辑佚》，北京图书馆出版社 1997 年版，第 114 页。张国淦编著：《中国古方志考》，中华书局 1962 年版，第 474 页。

⑦ 《北堂书钞》第 94 卷《冢墓》引，中国书店 1989 年版，第 359 页。刘纬毅谓其“约南朝之作”，可从，刘纬毅辑：《汉唐方志辑佚》，北京图书馆出版社 1997 年版，第 329 页。

⑧ 陈运溶辑：《荆州图记》，王谟辑：《汉唐地理书钞》附陈运溶《麓山精舍辑本》，中华书局 1961 年版，第 422～425 页。张国淦编著：《中国古方志考》，中华书局 1962 年版，第 491 页。

⑨ 陈运溶辑：《荆州图副》，王谟辑：《汉唐地理书钞》附陈运溶《麓山精舍辑本》，中华书局 1961 年版，第 426～427 页；张国淦编著：《中国古方志考》，中华书局 1962 年版，第 491～492 页。或因《荆州图副》又名《荆州图副记》《荆州图记》，故刘纬毅将上揭陈运溶所辑《荆州图记》《荆州图副》二书，合二为一，辑于《荆州图副》名下，刘纬毅辑：《汉唐方志辑佚》，北京图书馆出版社 1997 年版，第 229～234 页。刘纬毅谓此书“约晋宋人所作”，或因北魏郦道元《水经注》曾引此书。

襄阳）记》①，梁鲍至《南雍州（治今襄阳）记》②，不详撰人之《雍州（治今襄阳）记》③，以及宋郭缘生《武昌先贤志》④、宋史荃《武昌记》⑤，宋庾仲雍《汉水记》⑥，齐张莹《汉南（治今宜城）纪》⑦，齐梁之际人伍端休《江陵记》⑧、庾诜《续（伍端休）江陵记》⑨，晋袁山松《宜都山川记》⑩，等等⑪。这类地方史志将特定的地域（包括政区和自

---

① 《旧唐书》第46卷《经籍志上》，中华书局点校本1975年版，第2 014页；刘纬毅辑：《汉唐方志辑佚》，北京图书馆出版社1997年版，第206～207页。

② 《隋书》第33卷《经籍志二》，中华书局点校本1973年版，第985页；刘纬毅辑：《汉唐方志辑佚》，北京图书馆出版社1997年版，第302～304页。

③ 《太平御览》第185卷《居处部·斋》引，中华书局1960年版，第897页。刘纬毅推测此书“当为南朝梁时之作”，刘纬毅辑：《汉唐方志辑佚》，北京图书馆出版社1997年版，第304页。

④ 《隋书》第33卷《经籍志二》，中华书局点校本1973年版，第975页；《旧唐书》第46卷《经籍志上》（作《武昌先贤传》），中华书局点校本1975年版，第2 001页；《新唐书》第58卷《艺文志二》，中华书局点校本1975年版，第1 480页；刘纬毅辑：《汉唐方志辑佚》，北京图书馆出版社1997年版，第234页。

⑤ 《太平御览》卷首附录《太平御览经史图书纲目》（按：作者作史苓），中华书局1960年版。刘纬毅辑：《汉唐方志辑佚》，北京图书馆出版社1997年版，第114页；张国淦编著：《中国古方志考》，中华书局1962年版，第477页。

⑥ 《隋书》第33卷《经籍志二》，中华书局点校本1973年版，第984页。《旧唐书》第46卷《经籍志上》，中华书局点校本1975年版，第2 015页；《新唐书》第58卷《艺文志二》，中华书局点校本1975年版，第1 505页。

⑦ 刘纬毅辑：《汉唐方志辑佚》，北京图书馆出版社1997年版，第293～294页。

⑧ 《梁书》第51卷《处士·庾诜传》，中华书局点校本1973年版，第751页；《太平御览》卷首附录《太平御览经史图书纲目》（“端”讹作“瑞”），中华书局1960年版；张国淦编著：《中国古方志考》，中华书局1962年版，第490页。

⑨ 《梁书》第51卷《处士·庾诜传》，中华书局点校本1973年版，第751页；张国淦编著：《中国古方志考》，中华书局1962年版，第490页。按：此书未见佚文存世。

⑩ 陈运溶辑：袁山松《宜都山川记》（“松”误作“崧”），王谟辑：《汉唐地理书钞》，中华书局1961年版，第354～358页；刘纬毅辑：《汉唐方志辑佚》，北京图书馆出版社1997年版，第117～120页；张国淦编著：《中国古方志考》，中华书局1962年版，第497～498页。按：《新唐书》第58卷《艺文志二·地理类》有“李氏《宜都山川记》一卷”，不知是别为一书，或李氏为袁山松之误，中华书局点校本1975年版，第1 505页。

⑪ 孙继民：《六朝时期两湖方志的流传和辑佚》，《江汉论坛》1986年第8期。

然山川）和人文联系在一起，结集为一书，是地方社会和地域文化发展到一定程度的产物，也反映了当地社会风尚和地域文化的凝结与认同①。

2. 西曲

乐府诗歌中的西曲歌，是六朝时期流传于长江中游荆、郢、雍（樊邓）诸州的民歌。《宋书·乐志一》称："随王诞在襄阳，造《襄阳乐》；南平穆王为豫州，造《寿阳乐》；荆州刺史沈攸之又造《西乌飞哥（歌）曲》；并列于乐官，哥词多淫哇不典正。"宋志详述吴声各曲的起源，而于西曲仅有上引简略记载，盖因西曲直到刘宋时始由民歌发展为贵族乐曲，而"宋志"作者又多为宋臣，故语焉不详。据考察，西曲的主要部分产生于宋、齐、梁三代。这三代的帝王或长期任官于荆雍一带，或起自上游，荆楚地区的文人武士也随之大量进入中央政权，使得西曲歌被大量引入乐府，走进宫廷。如上所述，西曲的兴起与江汉地区商业发展和城市繁茂也有极大关系。

西曲现保存在宋郭茂倩所编《乐府诗集》中的曲调有30多种，歌辞100多首。歌辞内容以反映男女恋情，特别是商贾和伎女之间的别愁离绪为主，但从中仍可窥见当时商业城市和长途贩贸的情况。西曲歌辞多写得清新活泼，朴素自然，常用双关语和谐音，极富表现力。其表达男女恋情或明朗大方，火辣辣的直露；或哀婉缠绵，闻之令人动容。本节上文已有引录，此处从略。

西曲歌是六朝时期荆楚地区绽开的一朵艺术奇葩，它真挚的思想内容和活泼的艺术形式，对后世特别是唐代诗歌的创作产生了积极的影响。如以西曲《襄阳乐》中的大堤为主题的唐诗，就有20多首，李白、孟浩

① 永田拓治则从王朝统治地方的角度来看待东汉魏晋间各地"耆旧传""先贤传""家传"的大量出现，即王朝通过控制并选定先贤，表彰先贤，优待先贤子孙，来稳固国家对地方的统治，正是"王朝对先贤掌握和管理的意图，特别是乡里社会对上计内容的敏感反应"，促成了这类杂传编纂的流行。永田拓治：《上计制度与"耆旧传""先贤传"的编纂》，魏斌主编：《古代长江中游社会研究》，上海古籍出版社2013年版。

然、李贺、施肩吾、刘禹锡等著名诗人皆有拟作①。

3. 庾信与《哀江南赋》

庾信（513—581），字子山，祖籍南阳新野（今属河南），西晋末永嘉之乱时迁居江陵，《周书》第41卷有传。庾信自幼聪敏绝伦，博览群书。早年仕于梁朝，文章与徐陵齐名，因风格轻艳，当时称为“徐庾体”。其父名肩吾，同是宫体诗的倡导者。侯景攻破建康，庾信逃奔江陵。梁元帝承圣三年（554年）受命出使西魏，适值西魏出兵伐梁，即被扣留。不久西魏破江陵，信遂仕于西魏、北周，官至开府仪同三司。当时北周君主王公都爱好南朝文学，对庾信极为信重。庾信亲历建康、江陵的两次覆亡，流落异乡，虽官位高显，但亡国之痛与羁旅之悲，使其创作风格由早年的轻艳绮丽而转变为苍凉悲壮，语言亦深沉老练。

庾信的诗、赋、骈体文均取得很高成就，其代表作为《哀江南赋》。赋中除了感慨地陈叙家世本末及自身遭遇外，更多的笔墨放在追溯故国梁朝由极盛而至衰亡的经过及缘由，抒发了对梁皇室腐朽无能、自相残杀的愤慨，对故国覆灭后痛定思痛的悲壮情怀，所有这一切，都是源于对故国山河、人民的深情挚爱。他虽怀念乡国，但因仕于北朝——那是灭掉自己祖国的敌国，因而又不便明显表露自己的情绪，于是这篇哀悼梁国的赋，就以“哀江南”为题，通篇除“金陵瓦解”一句明显提到梁朝首都地名外，其余几乎全用典故堆砌。但这些典故被作者运用得恰切而灵活，使之能委婉曲折地表现出自己丰富、深刻的思想感情，给读者造成的印象仍具有现实感，且饱满有力。这篇赋的句法以四六句为主，杂以三、五、七、八、九等多种句式，间之以发端或转折虚词，从而使全篇气势起伏缓急有致，毫无呆板滞涩之感，作者慷慨悲壮的激情，始终汹涌跌宕于词章结构之间，震撼着读者的心弦，激起强烈的共鸣。可

① 王运熙：《论吴声与西曲》，《乐府诗述论》，上海古籍出版社1996年版，第420～454页；增田清秀：《乐府の历史的研究》第十三章《宋梁及び唐の大堤と大堤典》，创文社1975年版，第336页。

以说，这一篇抒发故国兴亡和个人身世的鸿篇巨制，无论是思想内容还是艺术形式，都达到了前所未有的高度，标志着这一文体的最高成就①。其中用古典以述“今事”——即作者当日之时事，使古事今情，融会混同，“别造一同异俱冥，今古合流之幻觉，斯实文章之绝诣，而作者之能事也”②。陈寅恪先生《读哀江南赋》对庾信赋中“今典”的揭示，充分展现了庾信在文学艺术领域的高深造诣。

后人对庾信的诗赋评价很高，杜甫《戏为六绝句》中的“庾信文章老更成，凌云健笔意纵横”，堪称代表。庾信的诗赋对唐代的诗歌创作，以及对于南朝文学的北传，都产生了重要的影响③。

4. 宗炳及《画山水序》(附庾肩吾《书品》)

宗炳（375—443），字少文。本传列于《宋书》第93卷《隐逸传》中。祖籍南阳涅阳，西晋末永嘉之乱时迁居江陵。关于其家世已详于本书第七章第二节。宗炳的一生以隐逸为特征。忘情于世俗，致力于寻求自己理想的人生和生活。史称他“妙善琴书，精于言理，每游山水，往辄忘归”；“好山水，爱远游，西陟荆、巫，南登衡岳”。但忘归总有归时，后来终于因老疾还江陵。自叹“名山恐难遍睹，唯当澄怀观道，卧以游之”，故“凡所游履，皆图之于室”。六朝时人物画已经成熟，山水画尚在萌发。宗炳开创了六朝的山水画，所著《画山水序》则是中国绘画史上第一部山水画论④。

《画山水序》美学思想的基本点是“含道应物”、“澄怀味像”。“山水以形媚道”，画家应该以“道”去指导“形”，并“以形写形，以色貌色”。前者的“形”与“色”是已经带有主观倾向的形与色，由此出发，才能去

---

① 胡国瑞：《魏晋南北朝文学史》第六章第三节、第八章第四节，上海文艺出版社1980年版，第156、202页。

② 陈寅恪：《读哀江南赋》，《金明馆丛稿初编》，上海古籍出版社1980年版。

③ 唐长孺：《论南朝文学的北传》，《武汉大学学报》1993年第6期。

④ 宗炳：《画山水序》，载张彦远《历代名画记》第6卷，《丛书集成初编》第1646号，中华书局1985年版，第208页。

控制后者的作为客观因素的“形”与“色”。前者的“道”，实即玄学的“道”。所谓“澄怀”，就是净化心灵，澄明胸怀，这是审美所必须具备的心境和心态。所谓“味像”，就是玩味、体察宇宙万象的形态及其所包孕的意味、意义。“澄怀”是“味像”的心理前提和条件，只有“澄怀”，抱着虚静、坐忘的心态才能“味像”，而后者是前者的目的。宗炳的画论从玄学的高度提示了山水和“道”、客体和主体之间的深刻关系。山水是主体“澄怀味像”的对象，也是主体之道的负载对象，从而山水便进入主体的审美范围。宗炳的画论为当时的山水画的兴起作了理论准备。

他自己正是在这种理论的指导下从事山水画创作的。《画山水序》称：“余眷恋庐、衡，契阔荆、巫，不知老之将至。愧不能凝气怡身，伤跕石门之流，于是画象布色，构兹云岭。”山水画便成为山水之志、山水审美意识的载体。这与《宋书》本传所谓“卧游”，即心游、神游，同出一辙①。

上面提到的庾信父肩吾，曾著有《书品》②，与钟嵘《诗品》、谢赫《画品》鼎足而三，成为齐、梁时期美学理论的代表性著作。他模仿“九品论人”的人物品评方式，把汉到齐、梁时的120多名书法家分为三等九品；在书法的品评中，将书法艺术的灵动、飘渺、韵致，比喻为音乐，而且“无以察其音声”，这是运用玄学思想对书法艺术所作的细腻的形而上的体验③。

5. 戴凯之及《竹谱》(附医术)

戴凯之，字庆预，宋武昌（治今鄂州）人。曾任职南康（今江西赣州）相，才章富健，所著《竹谱》④，是我国最早的一部竹类植物专著。

《竹谱》全书以韵文为纲，以散文形式逐条进行解释。开篇即概括了

---

① 吴功正：《六朝美学史》第五章第一节，江苏美术出版社1994年版，第335页。

② 庾肩吾：《书品序》，严可均校辑：《全上古三代秦汉三国六朝文·全梁文》第66卷，中华书局1958年版，第3 343页。

③ 吴功正：《六朝美学史》第五章第二节，江苏美术出版社1994年版，第414页。

④ 戴凯之：《竹谱》，《丛书集成初编》第1352号，中华书局1985年版。

竹类植物的特点，指出竹体“既刚且柔，非草非木”，是植物界的一个大类。接着指出了竹类的共同特征和分布特点。全书主要内容则是记述各种竹的名称、形态、生境、产地和用途。《竹谱》在前人竹类研究基础上，首次对我国竹类资源进行了系统的概括和总结，对后世产生了深远的影响①。

顺便指出，据《晋书》第85卷《魏咏之传》，东晋任城人魏咏之“生而兔缺”，即嘴唇有裂缝。“年十八，闻荆州刺史殷仲堪帐下有名医能疗之”，遂专程去荆州就医。医生告诉他：“可割而补之，但须百日进粥，不得语笑。”咏之回答说：“半生不语，而有半生，亦当疗之，况百日邪！”于是医生给他做了手术，咏之遵医嘱“闭口不语，唯食薄粥”，结果手术成功。这是一千多年前在荆州进行的一例成功的外科手术，表明当时我国已经有了成熟的整形外科②。

---

① 白寿彝总主编：《中国通史》第五卷第二十七章，上海人民出版社1995年版，第980页。

② 朱大渭：《魏晋南北朝的中医外科医术》，《六朝史论》，中华书局1998年版，第74页。

大　事　记

219年（汉建安二十四年）

刘备夺取曹魏汉中，自立为汉中王。

关羽攻樊城，大破曹军。

孙权袭杀关羽，占领荆州。

襄阳、樊城大水。

220年（汉延康元年　魏黄初元年）

曹操死。曹丕废汉称帝，建立魏国。

221年（魏黄初二年　蜀章武元年）

刘备称帝，国号仍为汉，史称蜀汉。

孙权向魏国称臣，被封为吴王，自公安徙都于鄂，更名武昌。

刘备兴师攻吴。

222年（蜀章武二年　吴王孙权黄武元年）

蜀吴猇亭（夷陵）之战，吴将陆逊以火攻大破蜀军，刘备败退白帝城。

吴遣使至蜀请和，蜀遣使至吴以回应。

223年（魏黄初四年　蜀建兴元年　吴黄武二年）

魏攻吴江陵，不克。

刘备死，太子刘禅即位，诸葛亮辅政。

蜀遣邓芝使吴，吴蜀复盟。

224年（吴黄武三年）

天竺沙门维祇难、竺将炎至武昌，与先至武昌的大月支沙门支。谦一同译法句经。
吴使张温至蜀。

226年（魏黄初七年　吴黄武五年）

吴陆逊上表屯田。
魏文帝曹丕死，明帝曹叡即位。
吴攻魏江夏、襄阳，不克。
孙权令采武昌铜、铁，制造刀、剑。

227年（魏太和元年　蜀建兴五年）

魏孟达叛魏归蜀。魏司马懿发兵攻之，次年正月克新城，斩孟达。

228年（魏太和二年　吴黄武七年）

魏三路攻吴。西路由司马懿率领，向江陵，不克。

229年（蜀建兴七年　吴黄龙元年）

孙权称帝，自武昌迁都建业。
蜀遣陈震使吴，贺孙权称帝，吴蜀订立盟约，中分天下。

234年（蜀建兴十二年　吴嘉禾三年）

诸葛亮率众10万出斜谷攻魏，屯五丈原，病逝军中。
吴应蜀约发兵三路攻魏，西路由陆逊率领，向襄阳。不克而退。

239年（魏景初三年）

魏明帝死，皇太子曹芳继位，时年八岁，司马懿、曹爽辅政。

241年（魏正始二年　吴赤乌四年）

吴大举攻魏，朱然围樊城，诸葛瑾攻柤中，魏将司马懿来救，吴军退。

249年（魏嘉平元年）

司马懿发动高平陵事变，杀曹爽遂专魏政。

250年（魏嘉平二年　吴赤乌十三年）

魏分道攻吴巫、秭归、夷陵、江陵，多有虏获。

252年（吴建兴元年）

孙权死，太子亮即位，诸葛恪执吴政。

253年（吴建兴二年）

吴执政诸葛恪被杀，恪弟、公安督诸葛融被迫自杀。

257年（吴太平二年）

吴夏口督孙壹奔魏。

258年（吴永安元年）

吴丞相孙琳废吴主孙亮为会稽王，迎立琅邪王孙休，是为景帝。吴主孙休杀丞相、荆州牧孙琳。

260年（魏景元元年）

魏执政司马昭杀魏帝，另立常道乡公曹奂，是为元帝。

263年（魏景元四年　蜀炎兴元年）

魏发兵攻蜀，刘禅降，蜀亡。

264 年（吴元兴元年）

吴景帝孙休死，末帝乌程侯孙皓继位。

265 年（晋泰始元年 吴甘露元年）

吴迁都武昌。

魏执政司马昭死，其子司马炎代魏称帝，建立晋国，魏亡。

266 年（晋泰始二年 吴宝鼎元年）

吴自武昌还都建业。

268 年（晋泰始四年 吴宝鼎三年）

吴分路攻晋江夏、襄阳，皆败还。

269 年（晋泰始五年 吴建衡元年）

晋羊祜出任都督荆州诸军事，镇襄阳。

270 年（晋泰始六年 吴建衡二年）

吴陆抗出任都督信陵、西陵、夷道、乐乡、公安诸军事，以防晋吴夏口督孙秀降晋。

272 年（晋泰始八年 吴凤凰元年）

吴西陵督步阐降晋，晋杨肇、羊祜率军赴西陵援接，陆抗击退晋军，攻拔西陵。

274 年（吴凤凰三年）

吴大将荆州牧陆抗死。

276 年（晋咸宁二年）

荆州五郡大水，流 4 000 余家。

278 年（晋咸宁四年）

晋荆州都督羊祜死，杜预代镇荆州（襄阳）。

279 年（晋咸宁五年　吴天纪三年）

晋分水陆六路，大举攻吴。王戎向武昌，胡奋向夏口，杜预向江陵，王濬领巴、蜀之兵，顺江东下。

280 年（晋太康元年　吴天纪四年）

晋灭吴，统一全国。

杜预还镇襄阳。

283 年（晋太康四年）

河南及荆、扬等六州大水。

284 年（晋太康五年）

晋荆州都督杜预死。

289 年（晋太康十年）

晋遣诸王出镇，楚王玮都督荆州诸军事，淮南王允都督扬、江二州诸军事。

290 年（晋太熙元年）

晋武帝死，晋惠帝即位。

291 年（晋元康元年）

贾后杀汝南王亮、楚王玮，“八王之乱”由此始。

分荆、扬十郡置江州。

294 年（晋元康四年）

上庸郡地震，山崩，地陷裂。

295 年（晋元康五年）

荆、扬等六州大水。

298 年（晋元康八年）

荆、豫等五州大水。

关中连年饥荒，李特率流民入蜀。

301 年（晋永宁元年）

秦、雍流民推李特为首，在巴蜀起事。

303 年（晋太安二年）

张昌在安陆起事，攻占郡治江夏，据荆、扬五州。刘弘出任荆州刺史，率军镇压。

304 年（晋永兴元年）

张昌被杀。

李特侄李雄称成都王，建成汉，匈奴左贤王刘渊称汉王，建汉国，十六国开始。

306 年（晋光熙元年）

惠帝死，弟司马炽即位，是为怀帝。

荆州刺史刘弘死。

307年（晋永嘉元年）

琅邪王睿出镇建业。

分荆州、江州八郡置湘州。

309年（晋永嘉三年）

大旱，江、汉、河、洛皆干涸可涉。

宜都夷道山崩。

山简出任都督荆、湘等州军事。

310年（晋永嘉四年）

雍州流民推王如为首，在南阳、襄阳一带起事。

311年（晋永嘉五年）

石勒攻破江夏。

蜀流民共推杜弢为首，在荆、湘发动大规模起事。

汉刘曜攻陷洛阳，俘怀帝至平阳，史称“永嘉之乱”。

312年（晋永嘉六年）

晋征讨都督王敦遣陶侃、周访等共击杜弢，雍州流民首领王如降王敦。

313年（晋建兴元年）

汉主刘聪杀晋怀帝，秦王司马业在长安即位，是为愍帝。

315年（晋建兴三年）

两湖地区流民军首领杜弢败死。

316 年（晋建兴四年）

汉刘曜进兵关中，愍帝降，西晋亡。

317 年（晋建武元年）

琅邪王司马睿即晋王位于建康，史称东晋。
周访击败杜曾，汉、沔流民起事被平定。

318 年（晋太兴元年）

司马睿称帝，是为东晋元帝。
武昌、西阳地震，山崩。

322 年（晋永昌元年）

王敦起兵武昌，攻入建康，还屯武昌，遥控朝政。
王敦袭杀梁州刺史甘卓。
元帝忧愤死，明帝即位，王导辅政。

323 年（晋太宁元年）

王敦自领扬州牧，移镇姑孰，密谋篡晋。

324 年（晋太宁二年）

王敦再次举兵反，明帝下令讨伐王敦。敦病死，兵众溃散。

325 年（晋太宁三年）

陶侃出任都督荆湘等州军事、荆州刺史。
明帝死，成帝即位，年仅五岁，皇太后庾氏临朝称制。

327 年（晋咸和二年）

苏峻、祖约之乱爆发。

江陵地震。

328 年（晋咸和三年）

苏峻攻破建康，庾亮、温峤、陶侃等共讨苏峻。

329 年（晋咸和四年）

苏峻之乱平定。

陶侃以平苏峻功，迁太尉，都督荆、襄、雍、梁、广、交、宁七州军事。

332 年（晋咸和七年）

石勒遣将攻陷襄阳，留兵戍守。陶侃遣桓宣克复樊城、襄阳，率军镇之。

334 年（晋咸和九年）

陶侃死，庾亮出任都督江、荆等州军事，领江、荆、豫三州刺史。

339 年（晋咸康五年）

石虎遣将攻陷郝城，掠汉东 7 000 余户而归。

340 年（晋咸康六年）

庾亮死，其弟翼代任都督江、荆等州军事，荆州刺史。

343 年（晋建元元年）

庾翼抗表北伐，翼弟冰出镇江州，为翼后援。

344 年（晋建元二年）

庾冰死，庾翼复督江州。

晋康帝死，穆帝即位。

345 年（晋永和元年）

庾翼死。桓温出任都督荆、雍等州军事，荆州刺史。

347 年（晋永和三年）

桓温灭成汉。

349 年（晋永和五年）

石虎死，后赵内乱。

桓温上疏北伐，进屯安陆。

351 年（晋永和七年）

苻健建前秦。

后赵亡。

桓温声言北伐，率大军东下，移军武昌，因朝议不许，还镇江陵。

353 年（晋永和九年）

殷浩北伐，大败。

354 年（晋永和十年）

桓温因朝野之怨，逼朝廷废浩为庶人。

桓温北伐攻秦，军至灞上，因缺粮，退兵至襄阳。

356 年（晋永和十二年）

桓温自江陵第二次北伐，占领洛阳，留兵戍守而还，徙洛阳三千余家于江、汉之间。

357年（晋升平元年）

前秦苻坚即位，得王猛辅政。

364年（晋兴宁二年）

桓温先后加都督中外诸军事、录尚书事、扬州牧等职，并征其入朝，温进至赭圻。

江陵地震。

365年（晋兴宁三年）

桓温移镇姑孰，弟豁任荆州刺史，弟冲任江州刺史。

道安教团至襄阳。

369年（晋太和四年）

桓温伐燕，大败。

371年（晋成安元年）

桓温专权，废晋帝司马奕，另立会稽王昱为帝，是为简文帝。

373年（晋宁康元年）

桓温死。桓豁任征西将军，进督荆、宁等州军事；桓冲任都督扬、江等州军事，扬、豫二州刺史。

376年（晋太元元年　前秦建元十二年）

前秦灭前凉，灭代，统一北方，与东晋隔淮水相对峙。

377年（晋太元二年）

桓豁死，桓冲继任都督江、荆等州军事，荆州刺史。

桓豁表朱序任梁州刺史，镇襄阳。

谢玄于京口组建北府兵。

379 年（晋太元四年）

前秦陷襄阳，攻淮南。

道安、习凿齿被秦军俘送至长安。

381 年（晋太元六年）

前秦兵 2 万侵竟陵，为晋将桓石虔所破。

383 年（晋太元八年）

桓冲率大军攻秦襄阳、武当等地。

前秦大举南侵，晋、秦淝水之战，秦大败。

384 年（晋太元九年）

桓冲死。桓石民出任荆州刺史。

389 年（晋太元十四年）

桓石民死。王忱出任都督荆、益、宁三州诸军事，荆州刺史。

392 年（晋太元十七年）

王忱死。殷仲堪出任都督荆、益、宁三州诸军事，荆州刺史。

394 年（晋太元十九年）

荆州大水，冲走江陵数千家。

396 年（晋太元二十一年　魏皇始元年）

后燕慕容垂引兵袭魏平城，还军途中病死。

魏王拓跋珪始建天子旌旗，称尊改元。魏大举伐燕，平并州，建台省。

晋孝武帝死，安帝继位。

398年（晋隆安二年）

兖州刺史王恭起兵京口，殷仲堪、桓玄推恭为盟主，举兵东下。王恭兵败被杀。朝廷以桓玄为江州刺史，黜殷仲堪为广州刺史，寻复其职，还镇荆州。

399年（晋隆安三年）

荆州大水，平地三丈，殷仲堪竭仓廪以赈饥民。

桓玄袭据江陵，杀殷仲堪，控制荆州。

400年（晋隆安四年）

朝廷任桓玄为都督荆、雍等州军事，荆州刺史。

401年（晋隆安五年）

桓玄移沮漳降蛮置武宁郡。

402年（晋元兴元年）

晋帝下诏讨桓玄，玄起兵东下，攻入建康，自总百揆，专擅朝权。

403年（晋元兴二年）

桓玄废晋称帝，国号楚。

404年（晋元兴三年）

晋将刘裕自京口起兵讨桓玄，玄挟安帝还江陵，复聚兵东下，后败死。

405年（晋义熙元年）

刘毅攻占江陵，攻灭荆、湘、江、豫等地桓玄余党。

安帝还建康。

刘裕以弟道规为都督荆、宁等州军事，荆州刺史。

410年（晋义熙六年）

晋执政刘裕率军攻灭南燕。

蜀谯纵遣桓谦攻荆州，后秦亦遣将助攻，皆为刘道规所破。道规又击破来攻的卢循大将徐道覆。

412年（晋义熙八年）

刘裕以弟道规为豫州刺史，以原豫州刺史刘毅为荆州刺史。

刘裕矫诏讨刘毅，毅兵败自杀，裕整顿荆州。

司马休之任都督荆、雍等州军事，荆州刺史。

415年（晋义熙十一年）

刘裕发兵讨司马休之，雍州刺史鲁宗之起兵应休之。刘裕攻克江陵，休之、宗之败奔后秦。

刘裕以弟道怜为都督荆、湘等州军事，荆州刺史。

416年（晋义熙十二年）

刘裕北伐后秦，次年晋军攻占长安，灭后秦。

418年（晋义熙十四年）

刘裕受相国、九锡，晋爵为王，杀安帝，另立恭帝。

刘裕子义隆代道怜镇荆州。

420 年（宋永初元年）

刘裕废晋称帝，建立宋国，南朝始此。

421 年（宋永初二年）

宋武帝下诏限荆州州府军府之将、吏数额。

422 年（宋永初三年）

宋分荆州十郡置湘州。

宋武帝刘裕死，宋少帝立。

424 年（宋元嘉元年）

宋少帝被废杀，宜都王、荆州刺史刘义隆被迎至建康即位，是为宋文帝。

谢晦任都督荆、湘等州军事，荆州刺史。

426 年（宋元嘉三年）

谢晦举兵江陵，兵败被俘杀。

宋文帝弟刘义康任都督荆、湘等州军事，荆州刺史。

429 年（宋元嘉六年）

刘义康入相，江夏王义恭出镇荆州。

432 年（宋元嘉九年）

荆州刺史刘义恭任南兖州刺史，临川王刘义庆出镇荆州。

439 年（宋元嘉十六年　北魏太延五年）

宋文帝弟刘义季出镇荆州。

北魏灭北凉，统一北方，十六国结束。

442年（宋元嘉十九年）

雍州蛮起事，为宋将沈庆之镇压，万余人被虏、杀。

444年（宋元嘉二十一年）

宋文帝弟刘义宣出镇荆州。

445年（宋元嘉二十二年）

宋武陵王刘骏出任都督雍、梁等州军事，雍州刺史。

宋将沈庆之、柳元景击败襄沔诸蛮，获10万余口。

449年（宋元嘉二十六年）

广陵王刘诞出镇雍州。

割荆州襄阳、南阳等五郡予雍州；以江州军府文武，湘州入台。

税租，悉给雍州。

450年（宋元嘉二十七年　北魏太平真君十一年）

宋将沈庆之连年伐雍州蛮，斩获蛮民数以万计。

北魏大举攻宋，军临长江，后于瓜步议和。

452年（宋元嘉二十九年　北魏兴安元年）

北魏太武帝被杀。文成帝即位。宋文帝乘机北伐，荆州军向许洛，雍州军向潼关，均无功而还。

宋五水蛮起事，沈庆之率军讨之。

453年（宋太初元年）

宋太子刘劭杀文帝自立，武陵王骏起兵杀刘劭，即帝位，是为孝武帝。

454年（宋孝建元年）

宋南郡王、荆州刺史刘义宣、江州刺史臧质举兵反叛，皆败死。

宋分荆州置郢州，罢南蛮校尉府。

455年（宋孝建二年）

雍州刺史武昌王刘浑自号楚王，被废，自杀。

457年（宋大明元年）

宋实行土断。雍州刺史王玄谟在州土断，受到侨民反对。

464年（宋大明八年）

宋孝武帝死，子刘子业继位，是为前废帝。

466年（宋泰始二年）

宋晋安王刘子勋在寻阳称帝，诸方镇纷起响应，沈攸之诸军至寻阳杀子勋，乱平。

宋明帝尽杀孝武帝子。

471年（北魏延兴元年）

北魏献文帝传位太子宏。宏即位，是为孝文帝。

472年（宋泰豫元年　北魏延兴二年）

宋大阳蛮帅桓诞率8万余落降魏，北魏任桓诞为东荆州刺史。

477年（宋昇明元年）

执政萧道成废宋帝苍梧王，立安成王刘准，是为顺帝。

荆州刺史沈攸之起兵反萧道成，次年春兵败自杀。

雍州大水。

479 年（齐建元元年）

萧道成废宋称帝，建立齐国。

480 年（齐建元二年）

齐荆、湘、雍、郢、司五州蛮反叛，皆为齐军镇压。

482 年（齐建元四年）

齐高帝萧道成死，太子萧赜继位，是为武帝。

487 年（齐永明五年　北魏太和十一年）

齐蛮首桓天生联合雍、司二州蛮起兵，请北魏发兵相助，为齐军击败，奔北魏。

490 年（齐永明八年　北魏太和十四年）

齐巴东王、荆州刺史萧子响被告谋反，齐帝遣将讨之，杀子响。

北魏冯太后死，孝文帝亲政。

493 年（齐永明十一年　北魏太和十七年）

齐光城蛮帅田益宗、襄阳蛮帅雷婆思相继率部附北魏。

494 年（齐建武元年　北魏太和十八年）

齐西昌侯萧鸾废杀郁林王，另立新安王萧昭文，复废而自立，是为齐明帝。

北魏迁都洛阳。

498年（齐永泰元年　北魏太和二十二年）

齐明帝死，太子萧宝卷继位，是为东昏侯。

北魏攻陷齐沔北诸郡。

499年（齐永元元年　北魏太和二十三年）

齐将陈显达率大军攻魏，欲复沔北诸郡，为魏军大败

魏孝文帝死，太子元恪继位，是为宣武帝。

500年（齐永元二年）

齐大阳蛮首田育丘等率部附北魏。

齐雍州刺史萧衍、西中郎将长史萧颖胄分别在襄阳、江陵起兵，奉南康王、荆州刺史萧宝融为主。

501年（齐中兴元年）

萧宝融在江陵称帝，是为和帝。

萧衍攻入建康，废杀齐帝萧宝卷。

502年（梁天监元年）

萧衍称帝，建立梁国。

503年（梁天监二年　北魏景明四年）

魏分兵攻梁，次年春，攻克梁义阳。

魏荆州蛮起兵，次年被魏军镇压。

505年（梁天监四年　北魏正始二年）

北魏攻梁雍州，大败梁兵，梁雍州蛮首田青喜率部降魏。

507年（梁天监六年）

江陵大水，江堤溢坏。

508年（梁天监七年　北魏永平元年）

北魏悬瓠军主白早生降梁，悬瓠以南至安陆诸城皆归附于梁，魏寻皆收复失地。

齐光城蛮帅田益宗率群蛮降魏，魏置十六郡五十县以安置之。

514年（梁天监十三年　北魏延昌三年）

魏蛮帅田鲁生等叛魏降梁，攻取光城以南诸戍，魏击败鲁生，复置郡戍。

521年（梁普通二年　北魏正光二年）

魏南荆州刺史桓叔兴率部降梁。

梁义州刺史及边城太守率部降魏。

533年（梁中大通五年　北魏永熙二年）

北魏贺拔胜攻梁雍州，煽动诸蛮，沔北下笮戍等四城荡为废墟。

534年（北魏永熙三年　东魏天平元年）

魏将高欢攻占洛阳，北魏孝武帝西逃关中，投奔宇文泰。

高欢另立元善见为帝，是为东魏孝静帝，欢自专朝政。

宇文泰寻杀死孝武帝，另立元宝炬为帝，是为西魏文帝，泰自专朝政。北魏分裂为东、西魏。

547年（梁太清元年　东魏武定五年）

东魏权臣高欢死，大将侯景据河南叛归西魏，复致书梁武帝求降。

梁武帝以侯景为河南王，景降梁。梁将萧渊明率军攻东魏，兵败被俘。

548年（梁太清二年　东魏武定六年）

东魏慕容绍宗大败侯景，悉复旧境，复求与梁通好，梁许之。

侯景起兵叛梁，渡江围台城，史称侯景之乱。

549年（梁太清三年）

侯景陷台城。

梁武帝死，侯景立太子萧纲为帝，是为简文帝。

梁湘东王、荆州刺史萧绎为大都督中外诸军事、承制，陈霸先起兵广州。

萧绎遣将攻讨河东王、湘州刺史萧誉，其弟岳阳王、雍州刺史萧詧进攻萧绎以救誉，大败而还，投奔西魏。

550年（梁大宝元年　北齐天保元年　西魏大统十六年）

西魏陷梁安陆，尽有汉东之地。

萧绎攻杀河东王、湘州刺史萧誉，西魏封岳阳王詧为梁王。

东魏权臣高洋废魏称帝，建立齐国，史称北齐。

551年（梁大宝二年）

侯景督师西上攻萧绎，下郢州，兵败巴陵，还建康。

侯景废简文帝，立豫章王萧栋，寻迫栋让位，自称皇帝，国号汉。

552年（梁承圣元年）

陈霸先、王僧辩等击败侯景，收复建康。侯景被杀。

梁武陵王、益州刺史萧纪在成都称帝。

萧绎在江陵称帝，是为梁元帝。

553年（梁承圣二年　西魏废帝二年）

萧纪东下攻萧绎，兵败被杀。

西魏陷梁益州。

554年（梁承圣三年　西魏恭帝元年）

西魏围攻江陵。梁元帝焚所聚古今图书十四万卷。

西魏破江陵，梁元帝被俘杀。西魏掠江陵府库珍宝、俘虏北归，以萧詧为梁王，使守江陵空城。

555年（梁绍泰元年　西魏恭帝二年　北齐天保六年）

萧詧在江陵称帝，称藩西魏，史称后梁。

梁将王僧辩等迎晋安王、江州刺史萧方智至建康，即梁王位。复拥立北齐所遣送萧渊明为帝，向齐称藩。陈霸先于京口起兵，袭杀王僧辩，废萧渊明，拥立萧方智为帝，是为敬帝。

557年（陈永定元年　北周明帝元年）

西魏周公宇文觉称天王，建立周国，都长安，史称北周。旋被周晋公宇文护所废，另立周明帝。

陈霸先废梁称帝，建立陈国。

559年（陈永定三年）

陈霸先死，其侄陈蒨即位，是为文帝。

566年（北周天和元年）

周信州蛮首冉令贤等据巴峡起事，为周军击败。

568年（陈光大二年）

陈将吴明彻攻后梁江陵，兵败回师。

570 年（陈太建二年）

陈遣将攻后梁江陵，兵败回师。

571 年（北周天和六年）

周将基、平、鄀三州划属后梁。

573 年（北周建德二年）

安州大旱，涢水绝流。

577 年（北周建德六年）

北周灭齐。

580 年（北周大象二年　陈太建十二年）

周宣帝死，隋国公杨坚摄政。周相州总管尉迟迥起兵攻杨坚，郧州总管司马消难起兵应迥。迥败死，消难奔陈。

581 年（北周大定元年　隋开皇元年）

杨坚废周称帝，建立隋国。

庾信死。

582 年（陈太建十四年　隋开皇二年）

陈宣帝陈蒨死，太子陈叔宝即位，是为陈后主。

隋罢江陵总管，后梁帝得专制其国。

585 年（隋开皇五年）

隋复置江陵总管，以监后梁。

587 年（陈祯明元年　隋开皇七年）

隋召后梁帝萧琮入朝，遣崔弘度领兵戍江陵。

后梁安平王岩等驱男女 10 万余口投奔陈后主，隋文帝遂废后梁国。

隋文帝向高颎取陈之策，命杨素在永安大造战船。

588 年（陈祯明二年　隋开皇八年）

隋诏暴陈后主罪状，发兵八路攻陈。

589 年（陈后主祯明三年　隋开皇九年）

隋灭陈，统一南北。

参考文献

[1] 班固.汉书[M].北京:中华书局,1962.

[2] 陈寿.三国志[M].2版.北京:中华书局,1982.

[3] 范晔.后汉书[M].北京:中华书局,1965.

[4] 房玄龄,等.晋书[M].北京:中华书局,1974.

[5] 李百药.北齐书[M].北京:中华书局,1972.

[6] 李延寿.北史[M].北京:中华书局,1974.

[7] 李延寿.南史[M].北京:中华书局,1975.

[8] 令狐德棻,等.周书[M].北京:中华书局,1971.

[9] 刘昫,等.旧唐书[M].北京:中华书局,1975.

[10] 欧阳修,宋祁.新唐书[M].北京:中华书局,1975.

[11] 沈约.宋书[M].北京:中华书局,1974.

[12] 司马迁.史记[M].2版.北京:中华书局,1982.

[13] 魏收.魏书[M].北京:中华书局,1974.

[14] 魏徵,令狐德棻.隋书[M].北京:中华书局,1973.

[15] 萧子显.南齐书[M].北京:中华书局,1972.

[16] 姚思廉.陈书[M].北京:中华书局,1972.

[17] 姚思廉.梁书[M].北京:中华书局,1973.

[18] 宝唱.比丘尼传[M]//大正新修大藏经:50,No.2063.东京:日本大正一切经刊行会,1922—1934.

[19] 毕沅.晋书地理志新补正[M]//二十五史刊行委员会.二十五史补编.北京:中华书局,1955.

[20] 陈桥驿.水经注校证[M].北京:中华书局,2007.

[21] 戴凯之.竹谱[M]//丛书集成初编:No.1352.北京:中华书局,1985.

[22] 杜佑.通典[M].北京:中华书局,1988.
[23] 范文澜.文心雕龙注[M].北京:人民文学出版社,1958.
[24] 方恺.新校晋书地理志[M]//二十五史刊行委员会.二十五史补编.北京:中华书局,1955.
[25] 顾祖禹.读史方舆纪要[M].北京:中华书局,2005.
[26] 郭茂倩.乐府诗集[M].北京:中华书局,1979.
[27] 洪亮吉.东晋疆域志[M]//二十五史刊行委员会.二十五史补编.北京:中华书局,1955.
[28] 洪亮吉.十六国疆域志[M]//二十五史刊行委员会.二十五史补编.北京:中华书局,1955.
[29] 洪饴孙.三国职官表[M]//二十五史刊行委员会.二十五史补编.北京:中华书局,1955.
[30] 洪齮孙.补梁疆域志[M]//二十五史刊行委员会.二十五史补编.北京:中华书局,1955.
[31] 洪亮吉,等.补三国疆域志补注[M]//二十五史刊行委员会.二十五史补编.北京:中华书局,1955.
[32] 黄惠贤.校补襄阳耆旧记[M].郑州:中州古籍出版社,1987.
[33] 黄焯.经典释文汇校[M].北京:中华书局,2006.
[34] 慧皎.高僧传[M].北京:中华书局,1992.
[35] 李步嘉.越绝书校释[M].武汉:武汉大学出版社,1992.
[36] 李昉,等.太平御览[M].北京:中华书局,1960.
[37] 李昉,等.文苑英华[M].北京:中华书局,1966.
[38] 李吉甫.元和郡县图志[M].北京:中华书局,1983.
[39] 林宝.元和姓纂[M].北京:中华书局,1994.
[40] 刘纬毅.汉唐方志辑佚[M].北京:北京图书馆出版社,1997.
[41] 陆增祥.八琼室金石补正[M].北京:文物出版社,1985.
[42] 逯钦立.先秦汉魏南北朝诗[M].北京:中华书局,1983.
[43] 马国翰.玉函山房辑佚书[M].扬州:广陵书社,2004.

[44] 欧阳询.艺文类聚[M].北京:中华书局,1965.
[45] 彭定求,等.全唐诗[M].上海:上海古籍出版社,1986.
[46] 浦起龙.史通通释[M].上海:上海古籍出版社,1978.
[47] 钱大昕.廿二史考异[M].上海:上海古籍出版社,2004.
[48] 任乃强.华阳国志校补图注[M].上海:上海古籍出版社,1987.
[49] 司马光.资治通鉴[M].北京:中华书局,1956.
[50] 释宝唱.比丘尼传[M]//大正新修大藏经:No.2063.东京:日本大正一切经刊行会,1924—1934.
[51] 僧祐.出三藏记集[M].北京:中华书局,1995.
[52] 万斯同.齐方镇年表[M]//二十五史刊行委员会.二十五史补编.北京:中华书局,1955.
[53] 王谟.汉唐地理书钞[M].北京:中华书局,1961.
[54] 王利器.颜氏家训集解[M].上海:上海古籍出版社,1980.
[55] 王树民.廿二史札记校证[M].订补本.北京:中华书局,1984.
[56] 王鸣盛.十七史商榷[M].上海:上海书店出版社,2005.
[57] 吴廷燮.东晋方镇年表[M]//二十五史刊行委员会.二十五史补编.北京:中华书局,1955.
[58] 吴廷燮.宋齐梁陈方镇年表[M]//张舜徽.二十五史三编.长沙:岳麓书社,1994.
[59] 吴增仅,等.三国郡县表附考证[M]//二十五史刊行委员会.二十五史补编.北京:中华书局,1955.
[60] 萧统.文选[M].北京:中华书局,1977.
[61] 谢钟英.三国疆域表[M]//二十五史刊行委员会.二十五史补编.北京:中华书局,1955.
[62] 徐坚,等.初学记[M].北京:中华书局,1962.
[63] 徐文范.东晋南北朝舆地表[M]//二十五史刊行委员会.二十五史补编.北京:中华书局,1955.
[64] 许慎.说文解字[M].北京:中华书局,1963.

[65] 许嵩. 建康实录[M]. 北京:中华书局,1986.
[66] 严可均. 全上古三代秦汉三国六朝文[M]. 北京:中华书局,1958.
[67] 乐史. 太平寰宇记[M]. 北京:中华书局,2007.
[68] 永瑢,等. 四库全书总目[M]. 北京:中华书局,1965.
[69] 余嘉锡. 世说新语笺疏[M]. 修订本. 上海:上海古籍出版社,1993.
[70] 虞世南. 北堂书钞[M]. 北京:中国书店,1989.
[71] 张彦远. 历代名画记[M]//唐五代画论. 长沙:湖南美术出版社,1997.
[72] 臧励龢. 补陈疆域志[M]//二十五史刊行委员会. 二十五史补编. 北京:中华书局,1955.
[73] 宗懔. 荆楚岁时记[M]. 东京:平凡社,1978.
[74] 宗懔. 荆楚岁时记[M]. 太原:山西人民出版社,1987.
[75] 周叔迦,等. 法苑珠林校注[M]. 北京:中华书局,2003.
[76] 白寿彝,等. 中国通史:第 5 卷[M]. 上海:上海人民出版社,1995.
[77] 陈寅恪. 金明馆丛稿初编[M]. 上海:上海古籍出版社,1980.
[78] 陈垣. 二十史朔闰表[M]. 北京:中华书局,1962.
[79] 傅乐成. 汉唐史论集[M]. 台北:联经出版事业公司,1977.
[80] 葛剑雄,吴松第,曹树基. 中国移民史:先秦至魏晋南北朝时期[M]. 福州:福建人民出版社,1997.
[81] 高敏. 魏晋南北朝经济史[M]. 上海:上海人民出版社,1996.
[82] 胡阿祥,孔祥军,徐成. 中国行政区划通史:三国两晋南朝卷[M]. 上海:复旦大学出版社,2017.
[83] 胡国瑞. 魏晋南北朝文学史[M]. 上海:上海文艺出版社,1980.
[84] 黄惠贤,李文澜. 古代长江中游的经济开发[C]. 武汉:武汉出版社,1988.
[85] 湖北省社会科学院历史研究所. 湖北简史[M]. 武汉:湖北教育出版社,1994.
[86] 简修炜,庄辉明,章义和. 六朝史稿[M]. 上海:华东师范大学出版

社,1994.
[87] 江陵县县志编纂委员会.江陵县志[M].武汉:湖北人民出版社,1990.
[88] 李剑农.魏晋南北朝隋唐史经济史稿[M].北京:生活·读书·新知三联书店,1959.
[89] 李善邦.中国地震[M].北京:地震出版社,1981.
[90] 梁方仲.中国历代户口、田地、田赋统计[M].上海:上海人民出版社,1980.
[91] 鲁力.魏晋南朝宗王问题研究[M].武汉:武汉大学出版社,2013.
[92] 鲁西奇,潘晟.汉水中下游河道变迁与堤防[M].武汉:武汉大学出版社,2004.
[93] 鲁西奇.人群·聚落·地域社会:中古南方史地初探[M].厦门:厦门大学出版社,2012.
[94] 吕思勉.两晋南北朝史[M].上海:上海古籍出版社,1983.
[95] 牟发松.唐代长江中游的经济与社会[M].武汉:武汉大学出版社,1989.
[96] 牟发松,毋有江,魏俊杰.中国行政区划通史:十六国北朝卷[M].上海:复旦大学出版社,2017.
[97] 牟润孙.注史斋丛稿[M].增订本.北京:中华书局,2009.
[98] 瞿安全,王奎.荆州学派及其影响研究[M].武汉:湖北人民出版社,2013.
[99] 任继愈.中国佛教史:第2卷[M].北京:中国社会科学出版社,1985.
[100] 石泉,蔡述明.古云梦泽研究[M].武汉:湖北教育出版社,1996.
[101] 谭其骧.中国历史地图集[M].北京:地图出版社,1982.
[102] 汤用彤.中国现代学术经典:汤用彤卷[M].石家庄:河北教育出版社,1996.
[103] 唐长孺.三至六世纪江南大土地所有制的发展[M].上海:上海人民出版社,1957.

[104] 唐长孺. 魏晋南北朝史论丛[M]. 北京:生活·读书·新知三联书店,1955.
[105] 唐长孺. 魏晋南北朝史论拾遗[M]. 北京:中华书局,1983.
[106] 唐长孺. 魏晋南北朝隋唐史三论[M]. 武汉:武汉大学出版社,1993.
[107] 田余庆. 东晋门阀政治[M]. 北京:北京大学出版社,1989.
[108] 田余庆. 秦汉魏晋史探微[M]. 北京:中华书局,1993.
[109] 万绳楠. 魏晋南北朝史论稿[M]. 合肥:安徽教育出版社,1983.
[110] 王育民. 中国人口史[M]. 南京:江苏人民出版社,1995.
[111] 王葆玹. 正始玄学[M]. 济南:齐鲁书社,1987.
[112] 王运熙. 乐府诗述论[M]. 上海:上海古籍出版社,1996.
[113] 王仲荦. 魏晋南北朝史[M]. 上海:上海人民出版社,1979—1980.
[114] 王仲荦. 北周地理志[M]. 北京:中华书局,1980.
[115] 吴功正. 六朝美学史[M]. 南京:江苏美术出版社,1994.
[116] 吴永章. 湖北民族史[M]. 武汉:华中理工大学出版社,1990.
[117] 夏日新. 汉唐之际的民众与社会[M]. 武汉:湖北人民出版社,2010.
[118] 许辉,蒋福亚. 六朝经济史[M]. 南京:江苏古籍出版社,1993.
[119] 严耕望. 唐代交通图考[M]. 台北:历史语言研究所,1986.
[120] 严耕望. 中国地方行政制度史:魏晋南北朝地方行政制度[M]. 台北:历史语言研究所,1990.
[121] 杨宝成. 湖北考古发现与研究[M]. 武汉:武汉大学出版社,1995.
[122] 余英时. 士与中国文化[M]. 上海:上海人民出版社,2003.
[123] 中国科学院中国自然地理编辑委员会. 中国自然地理:历史自然地理[M]. 北京:科学出版社,1982.
[124] 周振鹤. 中国历史文化区域研究[M]. 上海:复旦大学出版社,1997.
[125] 周一良. 魏晋南北朝史札记[M]. 北京:中华书局,1985.
[126] 周一良. 魏晋南北朝史论集续编[M]. 北京:北京大学出版社,1991.
[127] 周一良. 魏晋南北朝史论集[M]. 北京:北京大学出版社,1997.
[128] 张弓. 汉唐佛寺文化史[M]. 北京:中国社会科学出版社,1997.

[129] 张国淦.中国古方志考[M].北京:中华书局,1962.
[130] 增田清秀.乐府の历史的研究[M].东京:创文社,1975.
[131] 竺可桢.竺可桢文集[M].北京:科学出版社,1979.
[132] 朱大渭.六朝史论[M].北京:中华书局,1998.
[133] 安田二郎.晋宋革命和雍州(襄阳)的侨民:从军政统治到民政统治[C]//刘俊文.日本中青年学者论中国史:六朝隋唐卷.上海:上海古籍出版社,1995:116-144.
[134] 安乡县文物管理所.湖南安乡西晋刘弘墓[J].文物,1993(11):1-12.
[135] 陈长琦.南朝时代的幼王出镇[J].华南师范大学学报,1996(1):101-109.
[136] 陈国灿.六朝时期江陵大族的替变[C]//谷川道雄.地域社会在六朝政治文化上所起的作用.京都:玄文社,1989:159-166.
[137] 陈琳国.论南朝襄阳的晚渡士族[J].北京师范大学学报,1991(4):20-27.
[138] 程元敏.季汉荆州经学(上)[J].汉学研究,1986(4):211-264.
[139] 程元敏.季汉荆州经学(下)[J].汉学研究,1986(5):229-263.
[140] 陈勇.刘宋时期的皇权与禁卫军[J].北京大学学报,1988(3):120-128.
[141] 陈再勤.魏晋南北朝时期南北边境地带蛮族的地理考察[D].武汉:武汉大学,1997.
[142] 程鹏举.古代荆江北岸堤防考辨[C]//中国地理学会历史地理专业委员会《历史地理》编委会.历史地理:第八辑.上海:上海人民出版社,1990:70-76.
[143] 鄂城县博物馆.湖北鄂城发现古井[J].考古,1978(5):358.
[144] 高明士.开皇七年:隋代统一战争转守为攻的关键年代[C]//朱雷.唐代的历史与社会.武汉:武汉大学出版社,1997:100-116.
[145] 龚良."溷"考释[J].中国农史,1995(14):90-95.
[146] 郭黎安.略论东吴两晋时期的武昌[C]//谷川道雄.地域社会在六朝

政治文化上所起的作用. 京都:玄文社,1989:252-258.
[147] 韩国磐. 谈谈刘弘[C]//中国魏晋南北朝史学会. 魏晋南北朝史研究. 武汉:湖北人民出版社,1996:1-9.
[148] 贺世伟. 三峡地区六朝隋唐墓所见的多人葬习俗[C]//魏斌. 古代长江中游社会研究. 上海:上海古籍出版社,2013:216-230.
[149] 贺忠香. 湖北三世纪考古与社会经济试探[C]//中国唐史学会,湖北省社会科学院历史研究所. 古代长江中游的经济开发. 武汉:武汉出版社,1988:213-221.
[150] 贺忠香,喻少英. 鄂城六朝文物的佛像装饰与南方佛教[J]. 文物,1997(6):60-67.
[151] 湖北省博物馆. 武汉地区四座南朝纪年墓[J]. 考古,1965(4):176-184.
[152] 湖北省文物管理委员会. 武昌莲溪寺东吴墓清理简报[J]. 考古,1959(4):189-197.
[153] 胡阿祥. 东晋南朝侨州郡县的设置及其地理分布(上)[C]//中国地理学会历史地理专业委员会《历史地理》编委会. 历史地理:第八辑. 上海:上海人民出版社,1990:88-100.
[154] 胡阿祥. 东晋南朝侨州郡县的设置及其地理分布(下)[C]//中国地理学会历史地理专业委员会《历史地理》编委会. 历史地理:第九辑. 上海:上海人民出版社,1990:210-227.
[155] 胡阿祥. 南朝宁蛮府、左郡左县、俚郡僚郡述论[C]//中国地理学会历史地理专业委员会《历史地理》编委会. 历史地理:第十三辑. 上海:上海人民出版社,1996:180-192.
[156] 黄惠贤. 公元三至九世纪鄂东南地区经济开发的历史考察(上篇)[C]//中国唐史学会,湖北省社会科学院历史研究所. 古代长江中游的经济开发. 武汉:武汉出版社,1988:166-196.
[157] 黄惠贤. 公元九世纪前江南造纸业的发展[J]. 襄阳师专学报,1989(2):74-81.

[158] 黄惠贤.蔡瑁及其亲族:地域社会在六朝政治文化上所起的作用[C]//谷川道雄.地域社会在六朝政治文化上所起的作用.京都:玄文社,1989:145-153.

[159] 吉川忠夫.道安教团在襄阳:地域社会在六朝政治文化上所起的作用[C]//谷川道雄.地域社会在六朝政治文化上所起的作用.京都:玄文社,1989:36-43.

[160] 葭森健介.魏晋时期的中央政界与地方社会:围绕西晋刘弘墓的发掘问题[C]//中国魏晋南北朝史学会.魏晋南北朝史研究.武汉:湖北人民出版社,1996:10-20.

[161] 何德章.释"荆州本畏襄阳人"[C]//中国魏晋南北朝史学会.魏晋南北朝史研究.武汉:湖北人民出版社,1996:191-199.

[162] 洪廷妸.东晋南朝时期荆楚地域文化与"荆楚人"意识[C]//魏斌.古代长江中游社会研究.上海:上海古籍出版社,2013:190-215.

[163] 蒋赞初.鄂城六朝考古散记[J].江汉考古,1983(1):34-38.

[164] 李文澜.江汉平原开发的历史考察(上篇)[C]//中国唐史学会,湖北省社会科学院历史研究所.古代长江中游的经济开发.武汉:武汉出版社,1988:44-70.

[165] 李文澜.汉唐荆楚鬼神文化的时代特征[C]//郑学檬,冷敏述.唐文化研究论文集.上海:上海人民出版社,1994:245-257.

[166] 黎虎.六朝时期江沔地区的屯田和农业[C]//中国唐史学会,湖北省社会科学院历史研究所.古代长江中游的经济开发.武汉:武汉出版社,1988:108-128.

[167] 黎虎.六朝时期荆州地区的人口[C]//中国魏晋南北朝史学会.魏晋南北朝史论文集.济南:齐鲁书社,1991:32-55.

[168] 罗新.青徐豪霸与宋齐政治[C]//原学:第一辑.北京:中国广播电视出版社,1994:147-175.

[169] 鲁迅.魏晋风度及文章与药及酒之关系[C]//魏晋风度及其他.上海:上海古籍出版社,2000:185-198.

[170] 牟发松. 火耕水耨与南方稻作农业的发展[C]//中国唐史学会,湖北省社会科学院历史研究所. 古代长江中游的经济开发. 武汉:武汉出版社,1988:222-249.

[171] 牟发松. 关于荆楚岁时记的几个问题[C]//湖北省历史学会. 南国名都江陵. 武汉:湖北教育出版社,1993:133-147.

[172] 牟发松. 汉唐间的荆州宗氏[C]//文史:第四十四辑. 北京:中华书局,1998:81-96.

[173] 上田早苗. 后汉末期襄阳的豪族[J]. 聂早英. 译. 襄阳师专学报,1988(3):48-56.

[174] 孙继民. 六朝时期两湖方志的流传和辑佚[J]. 江汉论坛,1986(8):60-64.

[175] 孙继民. 试析梁元帝时期的迁都之议[C]//谷川道雄. 地域社会在六朝政治文化上所起的作用. 京都:玄文社,1989:216-225.

[176] 谭其骧. 晋永嘉丧乱后之民族迁徙[J]. 燕京学报,1934(15):51-76.

[177] 唐长孺. 南朝的屯、邸、别墅及山泽占领[J]. 历史研究,1954(3):95-114.

[178] 唐长孺. 汉末学术中心的南移与荆州学派[C]//谷川道雄. 地域社会在六朝政治文化上所起的作用. 京都:玄文社,1989:138-144.

[179] 唐长孺. 论南朝文学的北传[J]. 武汉大学学报,1993(6):59-71.

[180] 王世振,王善才. 湖北随州东城区东汉墓发掘报告[J]. 文物,1993(7):52-65.

[181] 王素. 南朝夏口地区社会经济杂考[C]//中国唐史学会,湖北省社会科学院历史研究所. 古代长江中游的经济开发. 武汉:武汉出版社,1988:30-43.

[182] 王仲殊. 试论鄂城五里墩西晋墓出土的波斯萨珊朝玻璃碗为吴时由海路传入[J]. 考古,1995(1):81-87.

[183] 夏日新. 魏晋南北朝时期荆州地区佛教的传播和发展[C]//谷川道雄. 地域社会在六朝政治文化上所起的作用. 京都:玄文社,1989:

204-215.
[184] 夏日新.校点《渚宫旧事》[C]//魏晋南北朝隋唐史资料:第十六辑.1998:128-222.
[185] 薛军力.刘宋初期对强藩的分割[J].天津师大学报,1995(5):52-57.
[186] 杨德炳.东汉至南北朝时期荆州地区大姓豪强地位的变化[C]//谷川道雄.地域社会在六朝政治文化上所起的作用.京都:玄文社,1989:173-186.
[187] 杨德炳.谯国桓氏与淝水之战[C]//魏晋南北朝隋唐史资料:第十四辑.武汉:武汉大学出版社,1996:21-29.
[188] 杨德炳.刘弘与应詹[C]//魏晋南北朝隋唐史资料:第十六辑.武汉:武汉大学出版社,1998:14-21.
[189] 杨德炳,王延武.魏晋南北朝时期蛮族长江中游地区开发作用之探讨[C]//中国唐史学会,湖北省社会科学历史研究所.古代长江中游的经济开发.武汉:武汉出版社,1988:299-317.
[190] 永田拓治.上计制度与"耆旧传""先贤传"的编纂[C]//魏斌主编.古代长江中游社会研究.上海:上海古籍出版社,2013:158-189.
[191] 章冠英.两晋南北朝时期民族大变动中的廪君蛮[J].历史研究,1957(2):67-85.
[192] 张弓.中古盂兰盆节的民族化衍变[J].历史研究,1991(1):136-146.
[193] 张琳.东晋南朝时期襄宛地方社会的变迁与雍州侨置始末[C]//魏晋南北朝隋唐史资料:第十五辑.武汉:武汉大学出版社,1997:36-49.
[194] 张琳.南朝时期的雍州中下层豪族[J].武汉大学学报,1997(6):76-80.
[195] 张泽洪.魏晋南朝蛮、僚、俚族与汉族的融合[J].楚雄师专学报,1989(2):25-32.
[196] 张泽咸.试论汉唐间的水稻生产[C]//文史:第十八辑.北京:中华书局,1983:33-68.

[197] 赵丰.唐宋前后长江中游地区纺织原料的变迁[C]//中国唐史学会,湖北省社会科学院历史研究所.古代长江中游的经济开发.武汉:武汉出版社,1988:404-422.

[198] 周伟洲.南朝蛮族的分布及其对长江中下游地区的开发[C]//江苏省六朝史研究会,江苏省社科院历史所.古代长江下游的经济开发.西安:三秦出版社,1989:36-53.

[199] 朱雷.东晋十六国时期姑臧、长安、襄阳的互市[C]//中国唐史学会,湖北省社会科学院历史研究所.古代长江中游的经济开发.武汉:武汉出版社,1988:197-208.

[200] 朱雷.释道安与襄阳:地域社会在六朝政治文化上所起的作用[C]//谷川道雄.地域社会在六朝政治文化上所起的作用.京都:玄文社,1989:154-158.

[201] 祝总斌.晋恭帝之死和刘裕的顾命大臣[J].北京大学学报,1986(2):55-70.

本卷修订后记

日居月诸，斗换星移，《湖北通史・魏晋南北朝卷》初版至今，倏乎已有二十春秋。本卷出版以来，承学界同仁谬予称引，数十种专著、论文以及硕博学位论文，或引用其中论点或载入参考文献，《中央民族大学学报（哲学社会科学版）》2018 年第 5 期杜镇《魏齐鲁阳蛮王问（文）氏动向：以〈问度墓志〉为核心》，可能是最新近的一篇。杜氏在文中引用本卷关于“北魏延兴二年（472 年）至正光（520—525 年）中南朝境内的蛮族就有 13 次拥众降魏事件”，以佐证所论“汉沔荆襄蛮酋桓氏、田氏、雷氏在北魏的大致去向”。海外学者，如日本学者北村一仁「『荒人』試論—南北朝前期の国境地域」（日本《東洋史苑》60・61 合并号，2003 年），韩国学者洪廷妸《东晋南朝时期荆楚地域文化与“荆楚人”意识》（韩国东洋史学会编《东洋史学研究》第 118 辑，2012 年），均曾引用本卷成果，洪氏文中引用达 5 次之多。

本卷初版以来，笔者也发现有不少论述失当乃至失误之处，也有友人当面或驰函指正其中疏失。如湖北大学吴成国《刘宋“分荆置郢”与夏口地位的跃升》（《湖北大学学报（哲学社会科学版）》2004 年第 6 期），引用了本卷成果，同时也发现了卷中所称“梁人张缅《南征赋》对宋代分割荆州之举评价极高”（初版第 188 页）云云，有张冠李戴之误，《南征赋》作者实为《梁书・张缅传》中所附缅弟张缵。吴君或念师生之缘，并未在论文中指出，而是当面委婉告知。吴君所指出的当然只是本卷中的疏误之一，借此机会向吴君以及其他以各种方式指出卷中疏误之处的同仁们致以由衷的谢忱。

因《湖北通史》被选入湖北省文化工程《荆楚文库》，得以再版，有机会对本卷作一次全面校订、修改，不胜欣慰。此次修订，首先，对本卷论述中的不当及失误之处，进行了改订；其次，对注释方式、参考文献等按统一标准作了规范；最后，根据本卷（初版）出版后新问世的研究成果，作了增订。其中较为重要的增订有如下诸端。

首先是对第一章的“水系变迁”“自然灾害”部分作了补充。前者利用了鲁西奇、潘晟《汉水中下游河道变迁与堤坊》有关汉水河道历史变迁方面的新成果，后者对诸书关于东晋成帝咸和二年（327 年）“江陵地震”的不同记载及其此次震灾与政局的关系，重新进行了考证，还根据史料在魏晋南北朝湖北“灾害简表”中增加了一个类目即火灾。除增加太兴中武昌火灾外，原表中永嘉四年（310 年）十一月“襄阳大疫”条，亦改作“襄阳火”。以上增订，对于深入全面了解当时湖北的水文环境及自然灾害状况，当不无裨益。

其次是对第一章第二节“政区建置沿革”的修订，这可能是本卷修订幅度最大、增改内容最多的部分，主要是依据刚刚出版的周振鹤主编《中国行政区划通史》（2017）的《三国两晋南朝卷》（胡阿祥等著），以及笔者参与撰写的《十六国北朝卷》。行政区划的设置、增删等沿革变迁，与当地的政治、军事乃至经济、社会的发展关系非常密切。希望本次增订能为湖北地区的经济史、政治史研究，乃至湖北各地的区域史研究，提供不可或缺的空间观照和政治地理背景。

最后是对第九章第四节“六朝湖北的文化与风俗”部分的增订，其中有关“荆州学派”和“人文成就”增补的内容最多。魏晋南北朝时期因南北分立，地处南北之交的湖北，长江由西而东横贯境内，汉水自西北蜿蜒南来，二水交汇于夏口（今武汉）；东晋南朝荆州居上流之重：锁钥益州扬州间万里长江第一关（三峡），当雍州（今襄阳）、湘州（今长沙）间南北水陆之冲，军事上既是京师建康（今南京）的屏障亦是其威胁。总之，当时湖北在政治、军事上具有极其重要的地位，孙吴一度移都武昌（今鄂城），梁末元帝定都江陵，湖北甚至成为整个南方政权的政治中心，这些本卷中已有详述。实际上湖北在东汉末年刘表出任荆州刺史驻节襄阳之时，一度麇集了来自“关西兖豫”的千数学士，人文学术之盛让湖北一时成为当之无愧的全国人文中心，当时形成的所谓“荆州学派”，即是湖北对中国学术文化宝库的重大贡献。此次增订对之多著笔墨，原因即在于此。对比梁元帝之定都江陵，彼时晋朝南渡以来两个半世纪的文化积累，人物风流，文物图书，尽萃于此，而“读书万卷”的元帝在城破兵败之际，却移怒诿过于书，将公私经籍共约十万余卷付之一炬，不禁令人吁嘘。希望在“荆州学派”“人文成就”方面的内容增订，能为经济强势崛起中的湖北，在文化发展方面提供可资借鉴的历史信息，提高文化自信。

其余修订增补之处不能一一。自2003年笔者由楚之吴，告别故乡湖北，流落海上，在地域史研究上的关切也相应转移到江南，因而在修订中，没能贡献更多的专题研究新成果，不免心存憾歉。今后应当像时刻关注家乡的社会经济发展一样，继续致力于家乡历史的研究，以期为家乡的文化建设略尽绵薄之力。

牟发松

2018年10月23日定稿